元代畫家作品題跋詩文彙編（上）

佘　城
王邦彥　編著
卓之玉

文史哲出版社印行

國家圖書館出版品預行編目資料

元代畫家作品題跋詩文彙編 / 佘城,王邦彥,
卓之玉編著. -- 初版. -- 臺北市：文史哲
出版社, 民 110.08
　2 冊： 公分
　ISBN 978-986-314-560-8（全套，平裝）
　ISBN 978-986-314-561-5（全套，精裝）

　1.題跋　2.元代

791.7　　　　　　　　　　　　110011965

元代畫家作品題跋詩文彙編（全2冊）
編 著 者：佘 城 ，王 邦 彥 ，卓 之 玉
出 版 者：文 史 哲 出 版 社
http://www.lapen.com.tw
e-mail：lapen@ms74.hinet.net
登記證字號：行政院新聞局版臺業字五三三七號
發 行 人：彭　　　正　　　雄
發 行 所：文 史 哲 出 版 社
印 刷 者：文 史 哲 出 版 社
臺北市羅斯福路一段七十二巷四號
郵政劃撥帳號：一六一八〇一七五
電話886-2-2351-1028・傳真886-2-2396-5656
精裝二冊定價新臺幣 2,600 元
平裝二冊定價新臺幣 1,600 元
二〇二一年（民一一〇）八月初版

序

　　是書之編輯，乃鑒於中國歷來文人、詩家喜好題跋書、畫蹟，無論前人流傳或時人作品，都喜賞鑑而後書寫一段詩或文章，抒發自己感想和見解，蔚為中國繪畫發展史上特有之現象，也是一項饒具意義的特色，為世界其他民族國家所未有。其中又以元代流行，尤為熱絡。

　　元代由於國情特殊，蒙古外族建立的政權下，漢人雖然仍能掌握社會文化的發展，但是文人憚於政治忌諱，詩文創作多轉向與政無關的自然事物和日常生活描寫，而題詠繪畫即是其中的一項。這類題跋繪畫的詩文，除了具有文學價值外，還涉及繪畫史學的關連，更具重大意義。

　　元人題跋繪畫詩文，又可分為題跋古人畫蹟、題跋時人畫蹟兩類。題跋當代畫家作品詩文，題跋者皆為文人墨客，也有畫家本人者；題跋內容豐富多樣，包括了抒發對作品的感想、讚美畫家藝術的高超、評論繪畫的技法、闡述美學的觀點等等，詩文固然豐饒了元代文學範疇，對於研究元代繪畫發展，尤具甚大助益。此一風尚延續明、清而未戢息。

　　因此，元代畫家作品題跋詩文，儼然可以視為元代繪畫史研究不可或缺的資料。揆其重要性。

　　首先，這些題畫詩文中，出現不少畫家，為過去畫史所不見記載者，堪以彌補畫史遺闕。

　　其次，題跋詩文中許多記事，為過去畫史記載簡略的畫家事蹟，拾遺補闕，增添內容，促進對於畫家更多的認識瞭解。

　　再次，這些題跋詩文者，都是引領社會風尚、帶動文化發展階層的人物，他們的觀點和看法，正代表著社會存在的思想。因此，從此可以看出元代繪畫發展的美學觀。

　　還有，就是這些詩文題跋畫作，名目繁多，對於關心元代繪畫或研究畫史者而言，可以獲得更多訊息，擴大既有的見識範疇。

　　以上凡是，說明這些元代畫家作品題跋詩文，堪稱治理元代繪畫史不可或缺的珍貴資料，具有非凡意義與重要性。這也是本書編寫的主旨。

　　但是，由於資料蒐集皆來自閱覽前人著作，書海浩瀚，個人工作餘暇，窮力閱覽搜尋，終究有限。因此，尚有許多未能觸及的書籍，掛一漏萬，沒有收錄到的為數不少，誠為遺憾亦屬無奈。冀望一本初衷，能夠賡續蒐羅，未來續編補遺以繼。

　　合力完成此書者，卓之玉女士，為我執教文化大學藝研所碩專班學生，勤奮好學，有志於繪畫史研究；王邦彥君為之玉夫婿，也熱愛繪畫藝術，工作精敏。二人負責資料的整理、排比、篩選，以及編輯規畫、手寫稿轉換成電腦打字等工作，備極辛苦，特此一提，以不沒其功。

　　在此特別感謝之人，台北文史哲出版社負責人彭正雄先生，一生以宣揚中華傳統文化為志業，不遺餘力。鼓勵並支持本書出版，令人敬佩。

　　本書編著，是為喜愛中國傳統繪畫特別是元代繪畫史者，略盡棉薄，提供一份瀏覽資料。由於收集不夠完備，書內也難免有所訛誤，尚望博雅廣識之士，不吝賜教指正，不勝感激。是為序。

　　　　　　　　　　　　　佘　城　二〇二一年六月十八日於台北

凡　例

一、本書收錄畫家，以活動於元代者為對象。

二、元代畫家以時間而言，可以分為：一生中前段時間活動於南宋，後面活動在元代者，如錢選、趙孟頫、顏輝之輩即是；一生徹頭徹尾生活於元代者，如黃公望、朱德潤、吳鎮、王淵、顧安之輩即是，此類人數最多；青壯時期生活於元代，晚後時間活動於明代者，如方從義、王蒙、倪瓚、徐賁之輩即是。以上，本書概以元代畫家身份匡列之。

三、本書收錄畫家作品題跋詩文，皆為來自閱覽書籍記載，無有抄錄現有流傳存世畫蹟實物者。

四、本書所閱覽記載收錄資料的書籍，首以元代文人詩、文集為主，由於元代文人題跋書畫風氣盛行，題跋時人者尤多。次為明人著作，明代文人題跋風氣漸戢，而且愈後愈少。再為明清兩代崛興專事收錄前代流傳書畫蹟的著述，盛極一時，其中收錄元代畫家作品甚多，留有不少詳盡記載題跋。

五、元代畫家作品題跋詩文收錄，鑒於：一者，元人詩、文集中，有的是為明、清人蒐羅散佚遺作裒集成書者，或增添補遺者，資料來源皆為流傳後世畫蹟，見於書畫著錄專書。二者，明清人撰述流傳書畫蹟著錄專書甚多，其間有的出於相互抄錄。因此，形成混淆情形。即畫家同一作品題跋，輾轉抄錄，出現多處記載，甚至畫名也有所改換異動。例如明袁華《耕學齋詩集》卷八，有〈題倪雲林山居圖〉，而明朱存理《珊瑚木難》卷六，也有〈題倪雲林山居圖〉，題詩相同；明朱存理《珊瑚木難》中，有〈題己道人墨梅〉詩，而清高宗敕編《御定歷代題畫詩類》，也收有此詩；明虞堪《希澹園詩集》中，有〈寄朱叔重畫山水卷〉詩，而朱存理《鐵網珊瑚・書品》中，有〈贈畫師朱叔重敘〉詩，畫名不同，而詩文一樣；明胡風《徐氏書畫鈔》中，記載有元胡長孺題跋〈錢舜舉臨三高士圖〉文，而朱存理《鐵網珊瑚・書品》中，則有胡長孺題〈錢舜舉畫列女圖跋〉，兩者內容全同；朱存理《鐵網珊瑚・書品》卷四中，收有元〈黃大癡畫〉王逢題跋，而清吳升《大觀錄》卷十七，收有王逢題跋〈黃公望天池石壁圖〉，畫名不一，題詩內容雷同；甚至清卞永譽《式古堂書畫彙考・畫考》中，記有元察伋題跋趙孟頫〈蕃馬圖〉詩，又有馮子振題跋〈趙承旨白鼻騧圖〉，不同題者，畫名亦異，詩文則完全相同。此類情形，經匯集比對，剔除多餘，擇一而收錄之。

六、書中畫家排序，採取姓名筆劃，從一而後依順序臚列。

七、每一畫家，下附小傳，再下為條列題跋作品，包括品名、內容、題跋者姓名、詩文內容、資料出處書籍等。

八、作品題跋詩文多者，題跋者排序儘可能按時間早晚順序，其依據：如有詩文著作者，依《國立故宮博物院善本舊籍總目》中，所編排順序以定；無著作者，約莫推測其時間穿插安置；完全不清楚者，則置於末尾。

九、為方便讀者找尋畫家，特製“畫家人名索引表”置於書前。

十、書後，另附資料收集“閱覽書目”，俾供讀者參考。

畫 家 人 名 索 引

元代畫家作品題跋詩文彙編（上）

卜子敬

小傳：不見畫史記載。身世不詳。

〈題卜子敬所畫修竹軒圖為夏仲南賦〉　　　　　　　　　　　　明・汪廣洋

　道人家在南山巔，長日罷讀秋水篇。邇來種竹不數本，稍覺窗戶生雲煙。龍稍交交翠欲舉，恍疑泊近湘江渚。鸞鳳翻影雲背來，高處風驚夜深語。東湖隱者亦好歌，手把綠玉披紫荷。清晨梳頭踏曙色，到此徒倚聆秋珂。卜君之畫迥不俗，卜君之容美如玉。明朝擬買好東絹，請君寫我篔簹谷。（汪廣洋《鳳池吟稿》、卷二）

上清道士

小傳：不見畫史記載。身世不詳。

〈（上清道士）頤菴圖〉　　　　　　　　　　　　　　　　　　明・胡儼

　上清真人方壺徒，寄我頤菴之畫圖。淋漓猶帶元氣濕，筆力直與造化俱。蒼松入雲幾千尺，石壁倚澗青模糊。其中茅菴絕低小，綠蘿陰陰兔絲裊。琴瑟在几書連床，終日怡然卻紛擾。青山萬古不改色，下有雷鳴合羲畫。逢人須是慎樞機，養生豈在充脊核。妻孥幸爾免飢寒，兒孫尚願保清白。閒來石上橫鳴琴，時有玄鶴相和吟。天風不斷飄靈籟，山高高兮水自深。流雲滿地直堪把，瑤台玉樹秋瀟洒。紫髯九尺古仙人，獨跨白騾如白馬。紅蕉之衣輕盈盈，欣然邀我吹玉笙。丹霞明滅降仙侶，陰壑慘淡愁山精。聳身凌空不可執，七十二峯烟霧濕。飈輪直度閶風遙，落葉翻飛溪雨急。自從作官三十年，素餐無補心茫然。樂天老去思香社，摩詰平生愛輞川。幾回欲築洪崖圃，今日圖中忽驚覷。怳然境遇神明交，一如夢裏游天姥。可憐多病鬢星星，猶向天池接鳳翎。衰顏漸覺同蒲柳，徒對秋風想茯苓。（胡儼《頤庵文選》、卷下）

小薛王

小傳：蒙古人，為泰定帝第三子。（見《中國畫家人名大辭典》、五頁）

〈題小薛王畫虎〉　　　　　　　　　　　　　　　　　　　　　元・鄧文原

　禮樂河間雅好儒，曾陪校獵奉鑾輿。畫長靈圓觀游後，政暇嘉賓燕集餘。蛺蝶圖工人去久，驪虞詩好化行初。宗藩翰墨留珍賞，憑仗相如賦子虛。（清高宗《御定歷代題畫詩類》、卷一〇〇）

于友直

小傳：不見畫史記載。身世不詳。

〈贈于友直寫生〉　　　　　　　　　　　　　　　　　　　　　　　明・凌雲翰

于翁畫法出清新，氣韻依稀似院人。拈筆經營方匠意，解衣盤礴自通神。蟲魚草木知資識，月露風雲絕點塵。老去始知真有益，眼中無物不陽春。（凌雲翰《柘軒集》、卷二）

巳上人

小傳：不見畫史記載。身世不詳。

〈題巳上人墨梅〉　　　　　　　　　　　　　　　　　　　　　　　元・鄭　洪

故園梅樹三年別，長憶看花溪雪晴。巧出疎籬便蕭散，近遭碧水更分明。揚州何遜足興，茅屋巳公無俗情。畫圖忽見轉愁絕，遙想月華枝上生。（清《御定歷代題畫詩類》、卷八十五）

太禪安公

小傳：不見畫史記載。身世不詳。

〈南堂禪師像贊〉　　　　　　　　　　　　　　　　　　　　　　　明・宋　濂

南堂和上既入滅，其得法弟子太禪安公思慕之弗置，乃繪其像，來求予贊。贊曰：

樹般若幡，有舌如霆。當空一震，百蟄咸醒。松源之宗，獨造其妙。手折蓮花，臨風自笑。（宋濂《宋學士文集》、卷十）

戈叔義

小傳：蜀人，身世不詳，善畫竹。（見《中國畫家人名大辭典》、一○頁）

〈題戈叔義墨竹〉　　　　　　　　　　　　　　　　　　　　　　　元・虞　集

江頭雨裏寫娟娟，更作新梢入晚烟。還有數竿題未徧，龍吟清夜渭溪邊。（虞集《道園遺稿》、卷五）

不芒尊師

小傳：不見畫史記載。身世不詳。

〈（不芒尊師畫）贈雲林道士鄧君序〉　　　　　　　　　　　　　　明・宋　濂

臨川有山曰雲林，列三十六峯，延亘五十餘里。其降勢旁魄，壓閩嶠而凌麻姑，拱華相而望龍虎，靈氣參會，非樂道者莫能居之。在唐之初，有鄧師郼自鄱陽來，采藥山中，築瑞雲觀以為鍊大丹之所。既沒且口，忽從羅浮寄書還，啟棺而視之，唯劍履存。其後裔多出羽人，若仲修君亦其諸孫也。仲修生有出塵之趣，遂入上清宮為道士，探窺中天根之冗，及抽添沐浴之候，遵而行之，用志不分，忽遇異人仙巖之上，出青囊靈書，增益其所未能。太乙真人知其然，又授以清淨無為之說，使合渚至道。仲修欣然言曰：「吾本粗云立矣，當思有以利於物乎？」乃習召雷役鬼神之術，晝夜存心若與明靈居。歲丙申，錢浦大旱，土毛盡焦，縣大夫徧走郡，望日愈赤如火。仲修仗劍登八卦壇，叩齒集神飛符，空濛中雲膚寸而起，頃刻靈封，幾不辨色，迅霆一聲起壇東，大雨如瀉。自時厥後六七年間，東浙則蘭溪，西浙則嚴陵，江東則貴溪，或值亢陽，越部風紀之賢，揔戎鎮戍之將，州邑長貳之官，無不致辭仲修。仲修出而應之，其致雨咸如錢浦，時人奇仲修，謂有弭災之功云。洪武四年秋八月，上召嗣天師沖虛真人至京，仲修實輔行。九月晦，入覲，賜食禁中，既而辭還山。五年三月，復詔中書徵有道之士六人，而仲修與焉。未幾，遂選仲修專祝祠之事，留居朝天宮。會天不雨，京尹請仲修禱之。仲修入室，凝神而坐，雷雨又隨至。上悅，出尚方白金以賜焉。嗚呼，天地之間不過陰陽二氣而已，有能佑其化機而轉移之，則雨暘可得而求矣。昔者董仲舒以春秋災異之變，惟陰陽所以錯行，故求雨閑諸陽縱諸陰，其止雨反是行之，當時未嘗不得其所欲，此蓋吾儒之事也。奈何古學失傳，章甫逢掖之徒棄而不講，而道家者流得以倣而行之，亦可以一慨矣。夫然而天地一太極也，吾心亦一太極也，風霆雷雨皆心中所以具，苟有人焉不參私偽，用符天道，則其應感之速槌於桴皷矣。由是可見一心之至靈，上下無間，而人特自昧之爾。仲修游方之外，得諸師秘，文行之之久，翛翛不為物役，其能感鬼神禦災難也宜哉。所以昭被寵渥，道光前人而今聞長世也，且不忘本，以雲林自號。不芒尊師繪三十六峰圖遺之，予因為敍文繫於圖後。蓋圖以昭其先，而序以著其行云。（**宋濂《宋學士文集·鑾坡後集》、卷十**）

巴延守仁

小傳：不見畫史記載。身世不詳。

〈題巴延守仁教授竹石有序〉　　　　　　　　　　　　　　　元·王逢

守仁，蒙古氏。至正甲申，以禮經領江浙鄉薦，中書不第，例釋褐出身，由是任宗晦書院山長。繼長二戴書院。後豪右，占田二傾有奇。代流滯十年，再中壬寅鄉貢。第艱于北上，丞相達實公權授安定院長，平章張士信尋改為烏程教諭。累幣請，不赴。明年，有大臣言之朝，始勅除平江教授。時士信柄政，守仁遂放遊九峰、三泖間，託寫竹石以自見志節在，寒苦內士咸高之。予聲之，詩云：

廣文窮益堅，竹石硯池出。勢卻虞人旌，籟隱伶倫律。渭川春暗雨，淇園寒落日。鳳深蒼梧雲，茅簷花復實。（**王逢《梧溪集》、卷四**）

巴　林

小傳：不見畫史記載。身世不詳。

〈巴林龍畫題詠跋〉　　　　　　　　　　　　　　　　　　　　元・唐　元

夫龍，靈動也，能隱顯大小，噓風雲激海水而上之。世固有不得而見之者矣，故比類為聖人，而麟翁嘗以是而讚老聃氏。嗟夫，山龍見於舜服，龍盾見於小戎，此龍之為畫亦甚古也。余竊怪上古至治，龜龍游沼而海濱之人，龍挂於於秋仲，惟見髣髴，若全體呈露，則滔天為災，其游沼固未敢盡信。今世畫者又能一一肖似於頭角鱗甲間，何從而得真耶？雖然龍有豢氏，則人得以擾之，固可褻而觀之矣。伯亮，蒙古氏，暇日作此卷，徵同志題詠，且請余為敘首，余謂人不可得見之者，神龍也。豢而擾之者，可以烹而食之。觀伯亮所畫噓風雲激海水，隱以自居，得無近是歟。（唐元《筠軒集》）

〈題巴林水墨龍虎圖〉　　　　　　　　　　　　　　　　　　　元・唐　元

噓雲而興，澤周八極。成功不居，寒潭畫寂。奮威利爪，百獸莫當。風低黃蘆，慎汝行藏。（唐元《筠軒集》）

月　海（釋）

小傳：不見畫史記載。身世不詳。

〈僧月海蘭蕙〉　　　　　　　　　　　　　　　　　　　　　　明・凌雲翰

光風轉蕙汎崇蘭，墨潤渾疑露未乾。春色夜來深似海，空留清影月中看。（凌雲翰《柘軒集》、卷一）

水鑑道人

小傳：不見畫史記載。身世不詳。

〈贈水鑑道人寫真〉　　　　　　　　　　　　　　　　　　　　元・范　梈

鑑盡公卿寫畫真，此心澄徹故通神。世間未用論滄海，何日河流照得人。（范梈《范德機詩》集、卷六）

牛自牧

小傳：不見畫史記載。身世不詳。

〈牛自牧畫竹寄馮宗泰求題〉　　　　　　　　　　　　　　　　元・胡　布

蒼鸞七葉紫金苞，露冷葳蕤憶舊巢。分得一枝來嶰谷，掣鼇竿上化龍梢。(胡布《元音遺響》、卷七)

牛 熙

小傳：不見畫史記載。身世不詳。

〈題牛熙百猿圖歌〉　　　　　　　　　　　　　　　　　　　明・劉 嵩

石崖盤士截飛嵐，萬木叢薄秋風酣。野猿呼群出山南，什什伍伍旁交參。黑毛黃毳長毿毿，白面碧眼狠以眈。聯拳踯躅睆且含，接足照影垂虛潭。去君相逐聚若談，背側俯仰意各貪。或行或据或引探，抱者六七懸者三。攀枝挾蔓緣松楠，危不畏險乃所湛。蜀門峽陰雲水涵，啼霜叫月客不甘。三聲已覺生憂悁，如此三百寧能堪。嗟哉牛熙筆如錟，苦心貌此何精覃。瑤池飄忽空入驂，君子所化乃不慚。(劉嵩《槎翁詩集》、卷四)

元 子

小傳：不見畫史記載。身世不詳。

〈元子遊戲竹木〉　　　　　　　　　　　　　　　　　　　　元・薩都剌

元君磊落誰與同，禿筆一掃俗子空。蕭梢瘦竹臥疎雨，槎枒老樹懸春風。野人臥病在京口，見君此畫心神融。何人識此歲寒景，為我進入蓬萊宮。(薩都剌《薩天錫詩集》、後集)

元 公

小傳：不見畫史記載。身世不詳。

〈題郭、元二公畫壁〉　　　　　　　　　　　　　　　　　　元・薩都剌

兩山出沒如虎頭，爭奇角怪不肯休。一山如龍入雲去，一山化作長江流。崚嶒相雄不相下，欲向人間索高價。應中有客語如狂，龍者可先江者亞。一笑上馬歸醉眠，麴生使我多妄言。酒醒忽記夜來語，先者姓郭亞者元。(薩都剌《薩天錫詩集》、卷後)

元 生

小傳：不見畫史記載。身世不詳。

〈墨竹行贈元生〉　　　　　　　　　　　　　　　　　　　　元・吳師道

洋州太守天下無，墨竹一幅千金俱。當今李公得其法，聲價絕代傾鴻都。元郎眉宇清

如水，早年放筆仍相似。靜臨真態燈月下，獨玩天機風雨裏。渭川千畝春林深，瀟湘一片秋雲陰。引竿鼓棹咫尺近，弔古渺渺愁人心。東城重來春欲暮，寫遍人家屏與素。墨痕醉袖兩淋漓，蹀躞馬蹄花滿路。古來奇士非畫師，能事不受塵埃覊。胸蟠成竹手不知，根源一一葉與枝。我生愛竹忘朝飢，歸來城南結茅茨。當窗萬箇志已足，安得與子同幽期。風帆落日翠袖遠，高歌把酒長相思。（吳師道《吳正傳先生文集》、卷四）

卞與善

小傳：不見畫史記載。身世不詳。

〈題卞與善梅花圖〉　　　　　　　　　　　　　　　　　　元・郭　鈺

騎驢灞橋烏帽側，千里相思玉堂客。夜窗酒醒月窺人，一掬精神尚如雪。（郭鈺《靜思集》、卷十）

尹從善

小傳：不見畫史記載。身世不詳。

〈（尹從善）集清畫序〉　　　　　　　　　　　　　　　　　元・朱德潤

自庖犧氏仰觀天文，俯察地理，因龍馬負圖以畫八卦，象在其中矣。故蒼頡作書之義，與畫體同而文異，蓋自鳥跡既茫，如小篆日之為口，口之為川，口之為山，口之為鳥，口之為蟲，口之為冠。類皆象其物形而製字。蓋字書者，吾儒六藝之一事，而畫則字書之一變也。周官教六書，二曰象形，其義著矣。後世以楷易隸，以隸易篆，然猶有左圓右畫方之意焉。僕少小喜作書畫，至日漸月漬，不覺為玩物喪志之習。今屢為人求取，乃欲罷不能。然於風和日明，傍花隨柳之時。觀山川林壑遠近之勢，感春夏草木榮悴之變。朝清而夕昏，遠淡而近濃。憑高覽遠，亦足以樂天真而適興焉爾。秘書尹君從善，質淳而美，氣清而和，且好古博雅。暇日求諸名勝，作為繪事，以寓遊覽之意，可謂篤於清事者矣。故為序其義，題曰集清，而圖之於左。（朱德潤《存復齋文集》、卷四）

尹楚皐

小傳：不見畫史記載。身世不詳。

〈送畫者尹楚皐序〉　　　　　　　　　　　　　　　　　　元・邵亨貞

江漢以南，古為楚地。羅浮衡岳洞庭雲夢瀟湘廬皐，世號奇偉秀絕者咸萃焉。夫楚在三代盛時，殷武之詩嘗抑其強大。春秋書法不使與中國齒，良有以也。至入秦而國除，更兩漢六朝唐宋之化。而人物乃盛，郡邑之名亦隨時以易。數千百年而下，幽人勝士猶不忘其初名。至今形之文詞，取以名其居名其人名其物者往往有之。當時列國若齊魯晉鄭宋衞，皆不與焉。吾嘗意其有取於山川之勝人物之盛，而舍詩人春秋之所陋也。惟山川之樂，雖王公貴人有終身慕羨不得一至其處者。而遁世放曠之士迺居處遊歷其間，得以為歡歌術業之資。以娛其生，較之孰得而孰失也。覃懷尹安卿，非楚產也。而能慕騷人風度，始援筆寫蘭蕙。即有成趣，既又歷覽江漢勝概。萃其所尤以為圖畫，志可尚也。縉紳之士嘉其能，為待文以最之。有曰是宜號楚臯，則為無負所學。及觀其畫，皆瀟灑縱逸可喜。於是益信其於山川奇偉秀絕者，果有得也。今復將遠遊，以窮平日所未至而廣其學。則斯名豈徒假哉，遂為之歌，曰。楚之山水兮幾千萬里，周流而歷覽兮惟適所止。思古之人兮弗可致，聊延佇於澗谷之間兮撫遺雖而興起。攬荃蘭兮蕭艾，深援余毫兮殆將求其苦心。道里綿邈兮曷從，執珪而越吟。悠哉悠哉將晏兮其可以窮幽尋。（邵亨貞《野處集》）

毛元升

小傳：身世不詳。工畫花鳥。（見《中國畫家人名大辭典》、二〇頁）

〈毛元升畫薔薇〉　　　　　　　　　　　　　　　　　　　元・唐　肅

色是昭陽第一人，縷金衣薄不勝春。毛生能畫非延壽，不得黃金也逼真。（清高宗《御定歷代題畫詩類》、卷八十八）

毛述古

小傳：不見畫史記載。身世不詳。

〈毛述古山水〉　　　　　　　　　　　　　　　　　　　　明・王　翰

近山青青綰髻螺，遠山淡淡浮黛蛾。喬松蔭石鐵作柯，白雲帖水迷磵阿。幾家老屋岩石側，長林落林秋瑟瑟。枯槎側倒枕長溪，路入陰崖行轉窄。樓台隱隱出木末，山下僧歸背夕日。渡項市散賣魚歸，平蕪落日蒼烟堆。兒子柴門指相似，遙望沙嘴孤帆開。行人走迭山店宿，髯客跨驉如跨鹿。蒼頭苦怨行李重，步武跛鼈胼生足。畫工以畫傳其意，人生所貴在寡欲。蜀山楚水天下險，君胡為乎苦跋躓。此閣題作行路難，非寫烟霞樂心曲。（王翰《梁園寓稿》、卷二）

毛楚哲

小傳：身世不詳。工畫葡萄。（見《中國畫家人名大辭典》、二〇頁）

〈題畫葡萄，故人毛楚哲作〉　　　　　　　　　　　　　　元・丁鶴年

西域葡萄事已非，故人揮洒出天機。碧雲涼冷驪龍睡，拾得遺珠月下歸。（丁鶴年《鶴年詩集》、卷二）

毛學士

小傳：不見畫史記載。身世不詳。

〈毛學士畫牛〉　　　　　　　　　　　　　　　　　　　元・金哈剌

毛翁年八十，信筆畫吳牛。漠漠平原曉，瀟瀟遠樹秋。客窗生野興，牧笛起鄉愁。早晚妖氛靜，桃林得自由。（金哈剌《南遊寓興詩集》、２２／ｂ）

毛澤民

小傳：不見畫史記載。身世不詳。

〈題李州銘所藏毛澤民山水〉　　　　　　　　　　　　明・陶宗儀

竹雪子，能畫山，醉來解衣盤礴贏，筆力甚似荊與關。版凳橋西慒憧樹，灰堆峰前鴨觜灘。夕霏翳壓氣淹藹，春瀑出硐聲潺湲。遠岫離離斷復連，湘娥綰結風前鬟。若非子真谷口宅，定有太乙玄都壇。竹雪子，玉筍班，面帶河朔氣，態度美且嫺。鳥跡印沙文錯落，蝸涎行壁勢回環。物物本然具畫理，妙處豈在鐫琢間。脫略畦町掃邊幅，八法默契烏絲闌。寸楮片縑亦可愛，令人咫尺思躋攀。此圖忽落李君手，時復把看多歡顏。老余撫景感真游，清盥題詩卷送還。（清高宗《御定歷代題畫詩類》、卷十四）

方子玄

小傳：不見畫史記載。身世不詳。

〈方子玄為錢德鈞作木村圖〉　　　　　　　　　　　　元・龔璛

太湖三萬六千頃，分得一村如斷槎。獨立蒼茫子玄子，故將秋色畫詩家。（龔璛《存悔齋稿》）

方 厓（釋）

小傳：僧，身世不詳。善畫墨竹。（見《中國畫家人名大辭典》、二二頁）

〈次韻寄開元方厓禪師竹〉　　　　　　　　　　　　　元・釋至仁

菩提宿將冠周郎，一振玄機百怪藏。叢竹萬竿當戶直，娑羅雙樹寄雲長。雁鴻幾度秋無信，風雨何時夜對床。因讀新詩增感慨，爽溪晴雪野梅香。（釋至仁《澹居稿》、頁三）

〈題大方厓竹〉　　　　　　　　　　　　　　　　　　　　　　　元・許 恕

十年不見方厓老，不寫幽蘭寫竹枝。依舊聽秋秋月色，古苔春雨玉參差。（許恕《北郭集》、卷二）

〈題方厓墨蘭〉　　　　　　　　　　　　　　　　　　　　　　　元・倪 瓚

蕭散重居寺，春風蕙草生。幽林蒼蘚地，綠葉紫璃莖。早悟聞思入，終由幻化成。虛空描不盡，明月照敷榮。（倪瓚《倪雲林先生詩集》）

〈題方厓臨水蘭〉　　　　　　　　　　　　　　　　　　　　　　元・倪 瓚

蘭生幽谷中，倒影還自照。無人作妍暖，春風發微笑。(顧瑛《草堂雅集》、卷六)

〈方厓師畫〉　　　　　　　　　　　　　　　　　　　　　　　　明・高 啟

畫圖忽見白雲峯，茶屋香台樹幾重。身若在師行道處，晚來唯訝不聞鍾。（高啟《高太史大全集》、卷十七）

方彥登

小傳：不見畫史記載。身世不詳。

〈方彥登詩後序〉　　　　　　　　　　　　　　　　　　　　　　元・黃 溍

彥登少好畫，以善畫名江湖間已久。俄棄去，而歸治舉子業，下筆亹亹，文采論議有過人者。試有司，一不合輒復棄去。不入場屋，杜門讀書。習為古文辭，然未及有大撰著。間出為歌詩，皆清俊可喜。今所存者僅百餘篇，蓋彥登死時年三十有四，故其可見者若此而已。使假之以年，將併棄之。而進於聖賢之學矣，豈遽止於是耶，古者民之師，帥必欲其英髦而長育之道德。明秀可為公卿者胥此焉出，中材之下亦不大失為善士。所謂肆成人有德小子有造是也。今也長育之者，既非有其實，幸有不待上之教誨而思自拔於流俗，庶幾有志之士矣。又天閼之如此，豈非天哉。故予不敢以彥登所已至者為可恃而不朽，獨憫其志之有進無退未知所終極而死也。嗚呼，悲夫彥登之詩有鄉先生江山縣尹致仕徐君所為序。評品已詳，姑識其歲月於卷左，以抒予哀云爾。（黃溍《金華黃先生文集》、卷十八）

方季長

小傳：不見畫史記載。身世不詳。

〈方季長所作梅竹，方號竹墅〉　　　　　　　　　　　　　　　　明・淩雲翰竹裏梅花巧耐寒，正如紅袖倚闌干。詩翁傳得春風面，曾在山家別墅看。竹傳唐帖雙鈎法，梅效徐家沒骨圖。誰道茂林春已暮，不知春色在西湖。（凌雲翰《柘軒集》、卷一）

〈方季長畫〉　　　　　　　　　　　　　　　　　　　　　　明・凌雲翰

家山移在畫閣間，桑柘連村水一灣。知是方干高隱處，白雲長為護柴關。（凌雲翰《柘軒集》、卷一）

方從義

小傳：道士。字無隅，號方壺。江西貴溪人。居上清宮。善畫山水，師法米芾、高克恭，作品有逸趣。（詳見《中國畫家人名大辭典》、二二頁）

〈方方壺惠山舟行圖〉　　　　　　　　　　　　　　　　　　　　自　題

至正戊子十月，過訪白雪先生，舟次惠山，作此奉贈碧法道友。方方壺。（清卞永譽《式古堂書畫‘彙考・畫考》、卷四）

〈方上清倣小米雲山圖并題〉　　　　　　　　　　　　　　　　　自　題

石路絕經過，山雲自去來。欲共麋鹿群，當有幽深處。方方壺為華林先生寫。（清卞永譽《式古堂書畫‘彙考・畫考》、卷四）

〈方方壺東晉風流圖〉　　　　　　　　　　　　　　　　　　　　自　題

吳思敬家，藏禊帖極佳，又求僕圖之。夫以右軍之毫翰，豈可再著筆耶？乃復惶恐寫之如此。

歲在上章困敦子月六日，上清羽士方方壺，是日極凍。（清吳升《大觀錄》、卷十九）

〈方方壺雲林鍾秀圖卷〉　　　　　　　　　　　　　　　　　　　自　題

雲林鍾秀。洪武丁巳，方壺子作贈鄧止菴還朝。（清吳升《大觀錄》、卷十九）

〈方方壺武夷放櫂圖〉　　　　　　　　　　　　　　　　　　　　自　題

武夷放棹。叔董僉憲周公，近採蘭武彝，放櫂九曲，相別一年，令人翹企。因倣巨然筆意圖此，奉寄仲宣，幸達之。至正己亥冬，方方壺寓烏君山識。（清吳升《大觀錄》、卷十九）

〈方方壺□江秋興圖短卷〉　　　　　　　　　　　　　　　　　　自　題

□江秋興。歲在著雝涒歎八月初吉，時雨方霽，桂香橙黃，鬼谷山人方方壺為此繪事，

以適興也。（清李佐賢《書畫鑑影》、卷五）

〈方方壺攜琴訪友短卷〉　　　　　　　　　　　　　　　　自　題

　　至正丁未九月廿七日，上清羽客方壺作。（清李佐賢《書畫鑑影》、卷五）

〈方方壺五老秋風圖軸〉　　　　　　　　　　　　　　　　自　題

　　金峰上人來為疏山第一座，訪予山中，作此為贈。金門羽客方方壺。（龐元濟《虛齋
名畫續錄》、卷一）

〈方方壺攜琴訪友圖軸〉　　　　　　　　　　　　　　　　自　題

　　攜琴訪友。上清方壺老人戲筆。戊午夏五。（龐元濟《虛齋名畫續錄》、卷七）

〈方方壺雲山圖軸〉　　　　　　　　　　　　　　　　　　自　題

　　歲旃蒙大荒落閏月，鬼谷山人方方壺為韓致靜，作於第一軒九福地。（清龐元濟《虛
齋名畫錄》、卷七）

〈方方壺倉頡作字圖〉　　　　　　　　　　　　　　　　元・鮮于樞

　　石間點筆撚吟鬚，雄覽江山為發舒。脫口欲令神鬼泣，臨池清逼右軍書。（清高宗《御
定歷代題畫詩類》、卷三十三）

〈方方壺松巖蕭寺圖（并序）〉　　　　　　　　　　　　元・黃公望

　　方壺此卷，高曠清遠。可謂深入荊關之堂奧矣，鄙句何足以述之，愧愧。

　　浩渺滄江數千里，幾幅蒲帆挂秋水。曉風吹斷綠蘿烟，百疊青峰望中起。梵王宮闕倚
雲開，七級浮屠倒影來。山人久已謝朝市，日踞江頭百尺台。松篁叢雜多啼鳥，隔岸人
家丸彈小。此圖此景入天機，誰能髣髴方壺老。（清《御定歷代題畫詩類》、卷二十一）

〈方壺畫山水歌〉　　　　　　　　　　　　　　　　　　元・虞　集

　　方壺之山在海中，世人欲見知無從。壺中仙人閔昏濁，綵筆手開三五峰。亭亭兩個老
松樹，萬壑千崖閱今古。憶昔長從王子喬，坐聽秋風最高處。世人畫山非不多，不識真
山奈若何。君看昆崙上丹穴，芝泉玉樹森婆娑。東望方壺應不遠，飛渡九州如過電。便
從海上問金公，莫待浮杯水清淺。（虞集《道園學古錄》、卷二十八）

〈方壺作仙遊山圖〉　　　　　　　　　　　　　　　　　元・虞　集

　　身在山中底用圖，偶然點染出方壺。數枝古樹雲連屋，一箇橫橋水滿河。門外縱教車

馬過，鑑中不計稻粱儲。等閑直遇尋師者，指與雲端一翠藹。錢維善題。（虞集《道園學古錄》、卷二十九）

〈（方從義）玄帝畫像贊〉　　　　　　　　　　　　　　　　　　　　元・虞　集

玄帝像，吳興趙公子昂寫其夢中所見者，而上清羽士方壺子之所臨也，青城山樵者虞集述贊之，曰：

吳興趙公，前代公族。神明氣清，靜處貞獨。乃夢天人，被髮跣足。玄衣寶劍，坐臨崖谷。再拜稽首，仰視退伏。念昔敬事，存思莊肅。敢意接對，光耀心目。如聞教言，知子誠篤。爾善繪事，追步顧陸。凡吾真儀，子善記錄。審而傳之，與世瞻矚。傍有介士，玉板金籙。曰帝告汝，錫爾榮祿。冉冉而升，夢亦遂覺。明月在戶，香彩遍屋。取火亟寫，神運掌握。豪分無失，三十其幅。丹青既成，齋弁韞匵。有當受授，先事穆卜。而其秘夢，初不以告。晚有相師，泄其玄躅。人始得傳，錦標鈿軸。方壺仙人，潔以薰沐。臨池擬容，識以玄玉。有得之者，昭事毋瀆。上帝臨女，介爾景福。（虞集《道園學古錄》、卷二十九）

〈方壺臨董元山水〉　　　　　　　　　　　　　　　　　　　　　　元・虞　集

雨餘千澗共潺湲，老樹橫橋任往還。盡日春雲生不斷，道人共對董元山。（虞集《道園遺稿》、卷五）

〈方方壺惠山舟行圖〉　　　　　　　　　　　　　　　　　　　　　元・吳全節

年河當日逢仙家，七朵蓮花變金色。洪崖得道隱山東，夜夜神光丹室白。聖元立極黃河清，崆峒清問通神明。作者七人不可作，道非常道名難名。玄門後學龍虎山人吳全節。（清卞永譽《式古堂書畫‘彙考・畫考》、卷四）

〈題為壺子天台圖送曹士安省親還上清〉　　　　　　　　　　　　　元・丁　復

仙人飆車竟獨往，我家天台不得還。六十江上老為客，半夜夢中無數山。雲飛舍下兩白髮，桃熟溪頭雙綠鬢。更煩爾祖方壺子，寫我與君劉阮間。（丁復《檜亭集》）

〈方方壺道士為危太素畫雲林二首〉　　　　　　　　　　　　　　　元・吳師道

抱朴先生學大還，偶然為客未歸山。迵陽坊里看圖罷，夢遶白雲青樹間。
海上三山樓觀開，壺仙早晚御風回。畫成定勝人間境，為問何因寄得來。（吳師道《吳正傳先生文集》、卷九）

〈方壺墨竹〉　　　　　　　　　　　　　　　　　　　　　　　　　元・黃鎮成

　　方壺仙人灑香墨，矛戟縱橫八法中。青鸞舞罷秋水闊，珊瑚飛佩凌天威。（黃鎮成《秋聲集》、卷四）

〈方壺道士作荒山白雲圖寄豫章楊顯民〉　　　　　　　　　　　　元・陳　旅

　　之子讀書處，亂山生白雲。林花晴冉冉，巖瀑暝紛紛。畫此何為者，持之以贈君。謂宜作春雨，舒卷只成文。（陳旅《安雅堂集》、卷二）

〈題方壺為鍾伯鏞作青山白雲圖〉　　　　　　　　　　　　　　　元・李　存

　　老硯磨不了，年年只故我。羞將白髮眼，看此山雲圖。（李存《俟菴集》、卷七）

〈題道士方壺作平林遠水圖〉　　　　　　　　　　　　　　　　　元・李　存

　　數年霜雪滿頭顱，那得幽深築一區。遠水平林在何處，煩君更為問方壺。（李存《俟菴集》、卷十一）

〈謝方壺惠墨竹〉　　　　　　　　　　　　　　　　　　　　　　元・李　存

　　仙人特寫一竿竹，寄此山中幽且獨。昨宵風雨不曾過，似聽滿窗秋簌簌。（李存《俟菴集》、卷十）

〈題方壺畫記後〉　　　　　　　　　　　　　　　　　　　　　　元・李　存

　　右邵菴先生為龍虎山中方君方壺所作畫記者也。方壺蓋學仙中之穎然者，故先生獨舉河圖及羲皇畫卦以發明其妙，大而天之日月星辰，地之山嶽河海，變而陰陽鬼神，微而昆蟲草木，舉皆出吾畫中而不遺。然則畫形似者，俗見也。由無形而有形，雖有形終歸於無形，畫能如是，其至矣乎？非仙者孰與於此。（元・李存《俟菴集》、卷十一）

〈方方壺攜琴訪友圖軸〉　　　　　　　　　　　　　　　　　　　元・郯　韶

　　曾過蓬島訪茅君，路入中峰紫翠兮。琪樹寒生雙硯雨，石門秋臨半潭雲。捲簾山色當牕見，拂幾溪聲入坐聞。何日暫辭塵眼累，青松白鶴日為群。洪武十八年冬十一月廿又七日，郯韶題。（清龐元濟《虛齋名畫錄》、卷七）

〈方方壺畫軒岐論道圖，為道士何仲旭賦〉　　　　　　　　　　　元・劉永之

　　彩筆發神秘，仙山開畫圖。靈文隱玉笈，石扉啟金樞。窹寐軒岐術，結交蘇董徒。羽服繫羅帶，笻杖懸藥壺。行當謝塵服，從子崑崙墟。（劉永之《劉仲修先生詩集》、卷一）

〈題方方壺畫仁智圖，為道士玉點困賦〉　　　　　　　　　　　　元・劉永之

玉檢神仙記，瓊台羽士家。軒窗明日月，冠佩剪雲霞。白鶴窺殘奕，青童掃落花。憶曾訪丹術，楓逕駐輕車。（劉永之《劉仲修先生詩集》、卷三）

〈題袁九霄所藏方方壺萬壑秋雲圖〉　　　　　　　　　　　　　元・劉永之

故篋重看翰墨新，秋雲萬壑起嶙峋。殷勤持贈京華客，却憶京華泪霑巾。　方壺子居京師最久，頗負才尚氣，眾目為狂士，而公卿大夫反以是賢之。老歸江南，益以翰墨自豪。每念疇昔，則凄然興感，往往見之文字。今因題此畫，贈其故人袁九霄，而謂當時朝士十存一二，彼此傷懷，亦其一也。因如方壺子非遺世者，而世反遺之，可為慨惜。（劉永之《劉仲修先生詩集》、卷三）

〈題方壺子墨竹〉　　　　　　　　　　　　　　　　　　　　　元・劉永之

雨濕碧琅玕，蒼苔遺故跡。悵然懷遠人，欲制山陽笛。（劉永之《劉仲修先生詩集》、卷三）

〈為高安何思恭題方壺所畫山水〉　　　　　　　　　　　　　　元・劉永之

古象山中白晝間，紫烟樓觀鳳笙寒。試分玉井三秋露，戲寫方壺九疊山。老樹糢糊常帶雨，茅茨瀟灑鎮臨湍。知君隱處渾如此，持向荷峰錦水看。（清高宗《御定歷代題畫詩類》、卷十三）

〈方方壺雲林圖〉　　　　　　　　　　　　　　　　　　　　　元・柯九思

仙人危太樸，屏跡雲林間。河車運金液，九轉成大還。苦辛三十載，得道鬢已斑。弱水政清淺，蓬萊那可攀。嬌娥時金屋，霜露零秋山。勿猜松柏操，不及桃李顏。（柯九思《丹邱集》錄自元詩選、一〇二頁）

〈題方方壺畫〉　　　　　　　　　　　　　　　　　　　　　　元・釋大圭

方壺老人年九十，醉把金壺傾墨汁。染得蓬萊左股青，烟霧空濛樹猶濕。危樹過客徐徐行，白石下見溪流清。仙家樓館在何處，雲中髣髴聞雞聲。古台蒼蒼烟景暮，藥草春深滿山路。招取吹笙兩玉童，我欲凌風從此去。（清高宗《御定歷代題畫詩類》、卷十三）

〈為王中潤題方壺子海雲圖〉　　　　　　　　　　　　　　　　元・呂不用

窮巷卑棲歲月徂，故人忽寄海雲圖。絞人室擁虹霓好，蜃氣接連島嶼孤。幽契空思從濯髮，高情因仰嘆浮桴。畫公傳是神仙子，挩信人間絕代無。（呂不用《得月稿》、卷四）

〈方壺松巖蕭寺〉　　　　　　　　　　　　　　　　　　　　　元・吳　鎮

方壺終日痼煙霞，寫得湖山事事嘉。湖上煙籠梵王宅，山深雲覆羽人家。詩翁佇立搜新句，穉子閒來掃落花。幾處歸帆何處客，一聲啼鳥夕陽斜。（清高宗《御定歷代題畫詩類》、卷二十一）

〈題方方壺遙山古木圖，為桂元芳賦〉　　　　　　　　　　　元‧成廷珪

千年老蛟方蛻骨，蹇偃長身擘厓出。山樵熟視不敢近，似有雷霆護神物。仙人來自方壺山，何以寫此留人間。樛枝風動鐵交屈，蒼皮雨溜苔斕編。蘿溪先生讀書處，對面高標起煙霧。會將用汝作雲槎，八月因之上天去。（成廷珪《居竹軒詩集》）

〈寄謝方方壺寫寄遙山古木〉　　　　　　　　　　　　　　元‧成廷珪

鬼谷陰陰苔蘚斑，只除猿鶴伴高閒。月光或在藤蘿外，劍氣常留水竹間。每讀內篇消永日，還將生紙寫遙山。衰翁可是無仙骨，不得相從共往還。（成廷珪《居竹軒詩集》）

〈題方方壺為危素所作雲林圖〉　　　　　　　　　　　　　元‧成廷珪

宇宙有此雲林山，三十六峰如翠鬟。雲林先生讀書處，長松芝草非人間。白雲裁衣亦自足，青精製飯何曾慳。朝光空濛起舒眺，人跡迥絕窮躋攀。青天蕩蕩海月出，照見先生冰雪顏。惟有方壺契幽眇，貌得彷彿來塵寰。宮中聖人正問道，布衣召入蓬萊班。玉堂給札縱揮灑，金櫃啟鑰煩修刪。於今聽履上霄漢，聖人未放先生還。山中喪亂復何有，飛瀑落澗空潺湲。青林鳥啼野花發，白晝虎嘯松風閒。朝廷宴坐見圖畫，亦應懷我雙佩環。方壺生在何處，胡不同來玉京住。魚龍夜落河漢秋，卻泛靈槎共歸去。（成廷珪《居竹軒詩集》）

〈方壺仙人山水圖歌，次虞翁生韻〉　　　　　　　　　　　元‧張　雨

廿載與別青城翁，邇聞壺子忻相從。倒披鹿裘躡芒屨，長揖門前華蓋峯。手提幛子双松樹，彷彿韋侯筆踪古。八兮為寫山水歌，翁真曾到方壺處。方壺出雲雲更多，意中摸索如翁何。杳冥獨見小員闕，宮殿曾曾如馺娑。恐似幽經累王遠，日中不取驚雷電。方丈西山水際九千丈，歸來莫怪濱洲淺。（張雨《句曲外史貞居先生詩集》、卷三）

〈上清方方壺作墨畫贈毛起宗提點〉　　　　　　　　　　　元‧張　昱

風火鍊仙骨，雲雷鑄鼎文。壺公探造化，圖寄大毛君。（張昱《可閒老人集》、卷一）

〈題何幼恭所藏方方壺洪崖圖〉　　　　　　　　　　　　　元‧鄧　雅

洪崖蓄元氣，蒼然太古色。乾坤一砥柱，巨靈豈能擘。眾山非不高，蒙翳多荊棘。茲崖獨荒涼，乃有古仙蹟。偉哉方壺仙，善畫人莫識。揮毫奪神功，白晝天昏黑。（鄧雅

《玉笥集》、卷一　）

〈方壺吞吐雲夢圖，為劉二紹賦〉　　　　　　　　　　　　元・胡　布

　　天地一俯仰，有形具吾中。驅之布海嶽，納則包鴻蒙。浩氣溢八垠，浮寰融化工。卷舒事在我，至道豈污隆。偉造廓神設，括囊非外容。恢圖卑贊育，沖抱懌屯蒙。徹迹飲太和，澄心一醇空。茫茫剛風外，素籥以還終。（胡布《元音遺響》、卷一）

〈方壺雨後青山圖，為劉二紹賦〉　　　　　　　　　　　　元・胡　布

　　磊塊在胸中，天瓢洗空翠。祥風淨六合，運廓大無外。遐崎仰英芒，貞剛礪奇瑰。堪輿安覆燾，日月任顯晦。形肖幻天設，混成稟神萃。壺子仙者流，迹我乾坤蛻。（胡布《元音遺響》、卷一）

〈方壺聳壑昂霄圖〉　　　　　　　　　　　　　　　　　　元・胡　布

　　出門見奇石，舉首日月蔽。砥柱屹中天，孤高障元氣。膏泉譎成澤，伏蜃下窮底。露夕散涼飆，秋芳藹叢桂。山樊容偓僳，浩素澄涯涘。潛德貴頤貞，達人知坎止。（（胡布《元音遺響》、卷一）

〈題方壺所畫山川出雲圖，為余昱方賦〉　　　　　　　　　元・胡　布

　　川嶽萃露氣，風雲相吐吞。搴舒彌六合，卷退歸無垠。大宇何昭昭，虛中炳離文。雨暘日時若，蒸搏生氤氳。欻起亙塊圠，崩騰乘厚坤。用舍不稽方，澹然天地春。壺子握機兆，達觀契天真。一揮九雲夢，吐納安足云。此道付知者，昱方為後昆。有才屬雅望，玄理窮轜轅。晶爾好心手，幻成璀璨繁。毫端儼造設，舉動紛騰騫。要眇納元包，浮休無窮門。太虛非象識，一畫亦已煩。擴此神化周，傳心竟何言。相期軼埃盍，湛囧邀淵源。（胡布《元音遺響》、卷二）

〈題方壺嶰谷朝陽〉　　　　　　　　　　　　　　　　　　元・胡　布

　　老壺心受李後王，筆力肩齊金少海。時於毫素洒清泠，幾葉瀟湘發天籟。玉鈎金錯勢不同，屈鐵盤薄驚神工。干將錯莫閟秋影，劍羽淅瀝吹霜風。綠金莖上日杲杲，甘露盈條翠香好。掣鼇東海筋幹存，待鳳蒼梧繁實老。餘梢裊裊千虹霓，伶倫取韻成參差。鈞天九奏欲備薦，韶護雲英相倡隨。養蒙濡澤空山道，松古梅芳交逸操。侵天蔽日會有時，九夏炎威迹如掃。壺子天機龍虎精，虛心勁節邈生成。隃麋煖暉璃瑤色，繭楮寒芒風雨聲。置之高軒光雪墅，鳳味蒼涼楚雲暮。玉軸冷風莫卷舒，鶯翎神采將飛驚。（胡布《元音遺響》、卷三）

〈題方壺雲山蕭寺圖〉　　　　　　　　　　　　　　　　　　元‧胡　布

　　山人行樂溪樓東，蒻帽衲子欣相逢。相逢相攜成一笑，老刹有路山南通。山南青瓊十二峰，雲嵐列綵蒼暈重。請君為我激長嘯，萬木古壑號天風。行雲躡屧度飛澗，龍光走潭碧珠粲。雄山之神不敢呵，物變金沙界長坂。長坂迴塘紫篠林，薔蔔花香貝葉深。歷歷晨鐘翠微出，朝光斜切玉山岑。一延浮沙青錦織，喬林偃羽寒蛟色。金繩耿光搖佛日，鐵鳳交簪威梵國。世尊寥寥空殿秋，龍象慘戚陰風颸。山僧逢迎禮闊略，遙指寶華當白樓。白樓之西小有洞，僧伽文釋三千象。瞿曇石上說根源，旃檀閣裏參疑夢。山人瞑坐山雨飄，醍醐味冷夙煩消。從此靜通成大徹，迴頭世火謾焚燒。出塵真出塵中幻，浪說三途起八難。此軀此相即真空，八難何曾有空幻。畫裏寰區塵眼塵，風雲色界幻天真。壺仙為幻區中眼，難幻區中眼外人。（胡布《元音遺響》、卷三）

〈題方壺寄虞還淳金錯刀〉　　　　　　　　　　　　　　　　元‧胡　布

　　老壺胸宇珠璣海，散作文章敷五采。筆端磊砢金錯刀，染風雲噫大醜。璃枝矯矯浴月明，劍羽獵獵吹秋清。千年龍髯老不化，幾葉鳳哢寒無聲。金張華館苦欲置，購以千金人莫貰。殷勤寫寄虞仙家，虛堂白日雷霆氣。虞仙霞佩凌空翔，扶之納帛虎盤囊。臨風莫展青瑤軸，會化神龍去紫蒼。（胡布《元音遺響》、卷三）

〈題方壺臨金顯宗金錯刀贈劉二紹〉　　　　　　　　　　　　元‧胡　布

　　卯金飛書子壺子，欲覓琅玕寫生紙。壺子篋中金錯刀，少海天機忍相遺。拂開蜀昶古硬黃，信筆揮搨騰干將。虬枝獵獵閟秋影，龍氣習習吹寒芒。玉竿蒼涼屈鐵利，鉤距生風漲清沘。上清宮裏狻猊成，題以保成摹筆戲。幽軒白石對此君，勁節虛心為寫真。仙翁帝子俱物化，劍羽空餘鸑鷟文。卯金珍龔置邃閣，太乙青藜映銛鍔。披圖長嘯挹清芬，天外冷風灑寥廓。（胡布《元音遺響》、卷三）

〈題方壺古木風湍圖，為潘真卿賦〉　　　　　　　　　　　　元‧胡　布

　　畸人平生山水癖，經行嶺略多奇蹟。見圖何啻坐山樊，悅目洗心看水石。何物昂藏挺老株，青蒼點綴忽成圖。天風撼裂起毫素，龍氣閩溟漲當交衢。攣拳培塿森涼玉，遠挹泓渟湛寒綠。飛湍九折天外來，萬壑瑤華灑空谷。猗惟應龍潛九淵。靜者一志安林泉，眼中偃蹇柱碧落。絕似端倪窮化先。畸人流玩有餘暇，何意同心在林下。老壺仙筆世罕傳，半幅瀟湘玉無價。山城鑒賞如雲屯，寶子新作同瓏璠。因之毫墨感知己，泠風卷送潘黃門。（胡布《元音遺響》、卷三）

〈題方壺雲崖圖，為后山湯導師賦〉　　　　　　　　　　　　元‧胡　布

　　一片生絹萬里同，高堂相對似山中。崖堪作柱支寰宇，雲欲為霖布太空。金碧光搖閩

嶂日，松杉聲韻虎溪風。陶潛靜裏觀心法，蓮漏何煩問遠公。（胡布《元音遺響》、卷六）

〈為史天然題方壺畫〉　　　　　　　　　　　　　　　　　　　　　　　元・胡　布

　　半幅冥濛灑間寥，小山叢桂便堪招。嵐飛絕壁千峰曉，日麗中天萬□銷。威鳳有巢饑啄竹，祖龍無穴蟄通潮。披圖老矣滄洲思，擬學天然樂一瓢。（胡布《元音遺響》、卷六）

〈方壺畫竹寄周知州〉　　　　　　　　　　　　　　　　　　　　　　　元・胡　布

　　太守題封金瀊沆，壺仙折寄玉琳琅。鳳翎幾葉瀟湘露，留作高軒九夏涼。（胡布《元音遺響》、卷七）

〈題方壺半窗風雨竹〉　　　　　　　　　　　　　　　　　　　　　　　元・胡　布

　　折得琅玕幾葉青，冷風入手翠濤輕。金苞不展湘葃露，灑向秋窗作雨聲。（胡布《元音遺響》、卷七）

〈題方壺畫江雲渭樹寄黃子邕〉　　　　　　　　　　　　　　　　　　　元・胡　布

　　壺子慇懃畫裏詩，寄來工部慰相思。都將魏闕風雲意，散作湖江汗漫期。（胡布《元音遺響》、卷七）

〈題方方壺畫鐘山隱居圖〉　　　　　　　　　　　　　　　　　　　　　明・宋　濂

　　予十年不作詩，見方壺子此圖不覺逸興頓生。會仲修請題，欣然命筆。第塵土襲人者久，殊不能佳耳。詩曰：
　　飄飄方壺子，本是仙者倫。固多幻化術，筆下生生雲。白雲縹緲間，拔起青嶙峋。似是朱湖洞，笙鶴遙空聞。豈無許飛瓊，烹芝嗡華芬。鍊師從何來，面帶山水文。相期守規中，結庵在雲村。心游象帝先，神棲太乙根。我噯上清訣，衛以龍虎君。內涵玄命秘，一氣中夜存。行當去菜葯，共入無窮門。（宋濂《宋學士文集》、卷七十）

〈（方方壺）潛溪圖歌為宋景濂賦〉　　　　　　　　　　　　　　　　　明・劉　基

　　金華山水天下希，潛溪龍門尤絕奇。群峰峻極河漢上，一峰獨立芙蓉陂。先生結廬在其下，文追班楊兼賈馬。乘興為作潛溪圖，丹崖翠麓神仙居。東望日出樹如蘇，溪流穿林還度谷。十里一達五里伏，龍湫吐景生白虹。藤蘿振雨松呼風，却憶往時清夜月。帝女乘雲下天關，鍾鏞鏗鉤蕭鼓發。霓裳羽衣飄滅没，初平騎牛前啟行。長髯參影飛玉霜，秦娥吹生玄鶴舞。牽牛河鼓凝寒芒，相思迢迢頻入夢。夢駕兩鷺從一鳳，覺來毛髮猶爽泝。目送征鴻度空碧，山有蔬，水有魚，幽澗有泉清可歠。何時上疏乞亥骨，寄聲先遣雙飛鳧。（劉基《誠意伯劉文成公文集》、卷十一）

〈仙岩圖序〉　　　　　　　　　　　　　　　　　　　　　　　明・危　素

　　信之貴溪，南行八十里，至龍虎山，余嘗從漁者買小舟，泛溪流行數里，得仙岩。自舟中仰望峭壁萬仞，眾岩棊布如輨轆酒瓷，仙倉仙棺不可勝數。有三人者，同坐岩中，俯觀流水，然或隱或顯，意非飛仙不能到也。樵者雖極力攀緣至絕頂，僅可俯窺，而石磴嵌空，終莫能即。至順中，居民繫長緪大樹，上縣竹籠，坐一人其中，稍至仙棺岩前，以長鈎鈎二棺墜溪水中，棺皆柟木所制，一棺有有玉連環而已，或云堯時民避水其上，故其遺蹤存焉。余嘗辨之，堯時河水為患耳，其橫流泛濫惡得至此境耶。緣藤蘿而上，有大岩，可容數百人。益折而上，至其巔，甚平曠，浮圖師架岩為宮室。復登舟，行數里，至桃原，太史范先生嘗為之記。及舍舟入山，造演法觀，漢張天師鍊丹處，猶彷彿可見。又有水簾洞者，瀑流瀉崖上，若縞練飛而雷霆吼。入洞中，可坐，雖疾趨，衣巾必沾濕。至鄒君岩，亂石為門扉，中多黃精、薯蕷、鶺鴒之屬。鄒尊者，古仙人也。大抵千岩萬壑，草木秀潤，非遯世好奇之士無因而至。方壺生學道於龍虎，心迹超邁，不汙塵垢。時時寫山水，有奇趣，若武夷、匡廬、恆岱、華不注諸山，數為余圖之，而仙岩者，又常所坐臥其間者也，然其遊方之外，莫可測度，興之所至，不問姓名亦漫與之，否則雖一筆一輕與之。紫陽王君達善得其所寫仙岩圖，寄至京師求余志之，因序所嘗遊者，而惜其汩沒世事而不知返也。**（危素《說學齋稿》、卷三）**

〈題方壺王維詩意圖〉　　　　　　　　　　　　　　　　　　明・林　弼

　　能詩羽客方壺子，解寫高人王右丞。幽興不隨流水盡，閒心長伴白雲層。空林積雨迷苔徑，細浪生風失石稜。坐對畫圖懷別業，南山千仞碧崚嶒。**（林弼《林登州集》、卷六）**

〈題方壺子墨竹〉　　　　　　　　　　　　　　　　　　　　明・林　弼

　　方壺仙人御風還，雲外珊瑚響佩環。吹徹鳳笙山月冷，參差玉管落人間。**（林弼《林登州集》卷七）**

〈書平林烟雨圖〉　　　　　　　　　　　　　　　　　　　　明・林　弼

　　武夷神仙窟宅，其景萬狀，晦翁櫂歌已盡其奇。烟雨平林，五曲景也，方壺外史寫而為圖，殆得趣於登覽之餘者。金華高士楊君南峰得而愛之。夫景在天地間，隨寓而形，無彼此也。矧金華洞天之勝，有異於武夷者乎？高士歸八詠樓，日對谿山，其有得於平林烟雨之趣，亦云飫矣，而猶玩是圖不置焉。蓋樂之深非惟愛其真，雖其似者猶愛之，抑所寓古心無失者耶？**（林弼《林登州集》卷二十三）**

〈題方壺寄黃郎中渭雲紅樹圖併書〉　　　　　　　　　　　　明・劉　崧

　　春樹重重綠，江雲冉冉生。圖傳龍虎客，書寄鳳凰城。花底趨瓊珮，松陰奏玉笙。何

時騎兩鶴，方駕上蓬瀛。（劉嵩《槎翁詩集》、卷四）

〈為南山張道士題黃石圖〉　　　　　　　　　　　　　　　明・劉　嵩

　　方壺道人畫黃石，曾過東阿親見之。奇花夜發星火迸，神穴夏通雷雨垂。玉芝下茁紫雲蓋，琪樹上列黃金枝。近聞縣徙穀城北，好去駸駸陳荇祠。（劉嵩《槎翁詩集》、卷六）

〈方方壺畫〉　　　　　　　　　　　　　　　　　　　　　明・凌雲翰

　　畫到方壺思不群，亂山佳處屋平分。溪頭艇子如梭大，只許先生載白雲。（凌雲翰《柘軒集》、卷一）

〈方壺雲山爛熳圖同胡士恭博士題〉　　　　　　　　　　　明・蘇伯修

　　我家海嶽之畫圖，乃是小米手所摹。丹崖翠壁走雲氣，北連恒碣南衡廬。長風中來吹不斷，疑有鬼物陰卷舒。石林倏開復冥漠，雷雨欲至愁颼颼。分張尚覺天地窄，慘澹直與造化俱。斯人一去三百載，流傳筆力到方壺。舊聞仙岩二十四，雲窗霧牖仙者都。錦溪朝朝玉氣合，瓊林夜夜丹光噓。方壺揮毫托真趣，生紙染出才尺餘。天高不見青鳥下，樹老似有玄猿呼。上清羽士欣入手，珍重不減千明珠。展觀使我長太息，如此雲山何處無。武陵桃花春正開，淮南桂樹秋不枯。強顏笑傲金馬署，嗟我豈是東方徒。乞歸何幸優詔許，遠遊便以雲為車。蒼梧既醉虞帝墓，會稽更探神禹書。左攀東海若木枝，右折西華青天渠。尋真逕度弱水去，飛行安用邛杖扶。豈無清冷可洗耳，亦有沆瀣堪充虛。我自持盃酌阿母，誰能搔痒招麻姑。鬢髮不受皓雪變，日月任使跳丸如。玄圃羅浮若解石，擬出海嶽相歡娛。（蘇伯修《蘇平仲文集》、卷十五）

〈南華謫居圖記〉　　　　　　　　　　　　　　　　　　　明・蘇伯修

　　洪武元年夏，國子祭酒許先生，謫韶州，即唐宰相張文獻公祠以居，祠在州城之北，而城南有山，曰南華，直乎祠之前，其岡巒起伏，草木行列，朝霏夕靄，不出戶域可以盡得之。先生著書間暇，時時臨眺而樂焉，曰：「使吾為此州人，奚其不可也。」於是號南華逸人，且屬龍虎山道士方壺子繪之縑素云。初上行幸金華，訪求文懿公之後，得先生，召之見，未至，而乘輿還京師。驛召先生赴京師一見，與語，大說，為立京學，命為教授，鑄印使佩之，仍命入傅皇太子及諸王。已而改京學為國子學，拜博士。未幾，學陞正四品，拜祭酒，出入兩宮且垂十年，自稽古禮文之事。至於人材之進退，時政之弛張，無不預議，先生感奮圖報，是是非非無所顧忌，所為學校修廢舉墜更規設法，以教養者數十事，無不施行，其見知於上者至矣。然只不勝夫人之媢嫉也。會先生嘗以學官什器用之私室，吾路因以移用官物坐之。章入，上覽之而笑，而媒孽先生者不已。於是，韶州之命行矣。夫以文學侍從之賢，一旦以微言而遠謫嶺海間，去親戚而伍夷獠，人將不勝其戚戚，先生不惟不戚戚，且安而樂焉。觀其自號，有終焉之志，此其學問之過人為何如。蓋君子求在我者而已矣。使其中有所愧，何徑而能安，使其中無所愧，何往而不安。是以吾祖文忠公之安置惠州，自言譬如原是惠州秀才，累舉不第，北歸之望已絕，方自肆於山水之間，惟日不足，何曾以謫為意也。今先生之志，豈不猶之吾視哉。不然蠻邦窮裔，連山複壁，蛇虫之所潛，瘴癘之所聚，此羈人遷客之所以悲思無聊而不勝者，又何足樂也。余故著先生出處之故，覽斯圖者得以考焉。（蘇伯修《蘇平仲文集》、卷四）

〈方壺道人山水歌〉　　　　　　　　　　　　　　　　　　　　明・童　冀

吾聞瀛海中有方壺山，瓊台銀闕非人寰，秦皇漢武不可到。何人醉夢遊其間，乃是龍虎山中學仙子。十年辟穀餐芝髓，青天白日無羽翰。肉重骨凡飛不起，雲濤浩渺煙蒼茫。海天萬里遙相望，神交意會忽有得。身外萬事俱亡羊，歸來醉吸三斗墨。淨洗胸中舊荊棘，解衣盤礴反閉關。日對雲林寫蕭瑟，爾來得名三十春。眼高四海空無人，殘縑斷楮落人世。衣光明月作奇珍。君不見樂善堂中三尺紙，開眼應須淪萬里。自言曾是揮洒時，颯颯風煙生筆底。祇今此境絕代無，卻向君家看畫圖。平生三島惜未到，拭目始見真方壺。方壺之山果何處，咫尺波濤隔煙霧。欲從坡老借飛車，釣竿一拂珊瑚樹。（童冀《尚絅齋集》、卷二）

〈題方壺畫為斯貞姪賦〉　　　　　　　　　　　　　　　　　　明・劉彥昺

巨然畫與書法同，縱筆所至生秋風。墨飛元氣瀉沉澀，青摩斗極連崆峒。遠岫平林斷還續，苔根斜迸山泉綠。釣倚丹楓野老磯，門垂碧柳幽人屋。壺公騎鯨白雲鄉，壟樹綠泫烟草黃。風流文采今寂寞，對畫泪痕沾我裳。（劉彥昺《劉彥昺集》、卷五）

〈題方方壺寫大王峰圖〉　　　　　　　　　　　　　　　　　　明・藍　仁

余復嬰近以方壺所寫大王峯轉惠，暇日展玩，殊有幽趣，因題。

方壺畫山世有名，生紙一幅塗縱橫。孤峰倚天旭日上，危石拔地秋風生。壯遊曾來拾瑤草，夢裏武夷清未了。紫陽五曲五門荒，金老三間茅屋小。興來族筆起層巒，萬仞嵯峨咫尺間。龍洞靈煙含宿雨，鶴壇星月滿空山。武林道士余三一，來憩松根講周易。十年不出鬢垂絲，九轉將成眼如漆。新圖千里寄神交，東南一柱青天高。願授神方服石髓，共聽仙樂鳴雲璈。閒窗持贈深有意，念我衰年住塵世。便欲呼兒挽鹿車，從此相隨入蒼翠。（藍仁《藍山集》、卷一）

〈題（方壺畫）雲松九江秀色圖〉　　　　　　　　　　　　　　明・藍　仁

淵明柳，太白松，九江千載生清風。後來張籍學稽古，志操却與前賢同。早年仕宦遊閩中，白頭不歸鄉井空。長思故業勞夢寐，舊攬秀色積幽衷。琵琶亭，香炉峰。傷離恨別不足較，尋幽望遠將誰從。題書扸小未，揮筆煩壺公。青山白雲負輕策，落霞秋水浮孤蓬。昨日携圖來叩戶，品題愧我非才雄。江山如此遊不到，惆悵一生田舍翁。（藍仁《藍山集》、卷一）

〈題方方壺畫垂綸意〉　　　　　　　　　　　　　　　　　　　　明・藍　仁

　漁父空頭白，生涯一舸微。欲浮滄海去，又逐暮潮歸。雲樹遠重重，川平夕有風。買魚呼不應，船過釣台東。（藍仁《藍山集》、卷六一》

〈題方方壺風雲高仙圖〉　　　　　　　　　　　　　　　　　　　明・藍　仁

　仙人來往馭飆車，豈料遺蹤入畫圖。林下曾逢騎一虎，雲間常想度雙鳧。千峯夜月簫聲遠，萬里晴天劍影孤。未遂滄州瑤草願，夢隨飛珮過方壺。（　藍仁《藍山集》、卷三）

〈題程芳遠所得方方壺寫大王峰〉　　　　　　　　　　　　　　　明・藍　智

　魏王煉丹武夷頂，石洞千年松檜冷。憑虛樓閣散虹光，積翠峰巒蕩雲影。狂歌披髮有金公，曾共方壺隱此中。半夜龍神問丹訣，西風一鶴度遼東。方壺愛此不得住，西入仙巖種琪樹。尋常一筆掃雲煙，三十六峰在庭戶。鵝湖之水春茫茫，梅林獨客又還鄉。壺中點染出小米，溪上嵯峨懷大王。我昔曾陪幔亭宴，別來歲月如飛電。王母青鸞夜不歸，神君白馬秋難見。金蟾谷口久相期，鐵笛巖前漫一吹。錦浪芙蓉晴混濛，翠屏茅屋晚參差。洞門鐵鎖蒼苔靜，芝草琅玕滿幽逕。黃金大藥鼎煙微，白木長鑱山雪盛。更約幽人把釣過，扁舟白髮弄清波。劉郎載酒題春酒，九曲桃花入夢多。(藍智《藍澗集》、卷二)

〈題方方壺垂綸圖〉　　　　　　　　　　　　　　　　　　　　　明・藍　智

　霜落江頭楓樹林，鱸魚正肥江水深。扁舟坐釣者誰子，白髮不知憂世心。濠梁魚我相忘久，日煖絲綸輕在手。隔篷呼婦炊香秔，艤棹呼兒買春酒。芦花兩岸秋茫茫，食魚豈必河之魴。青天無雲月在水，扣舷靜夜歌滄浪。崎嶇道路恐豺虎，烟波不受人間苦。久無渭水獵非熊，那有客星動明主。嗟予塵土具二毛，方壺員嶠秋風高。持竿明日拂雲海，一舉會須連六鼇。（藍智《藍澗集》、卷二）

〈題羅浮日觀圖〉　　　　　　　　　　　　　　　　　　　　　　明・藍　智

　上清方方壺為廬陵牛牧子畫，筆力雄偉與山海稱。牧子授其徒存一，以為壯觀南金。予來武夷，存一清詩，為歌長句。存一，吳姓，金華人。時至正丁未四月也。

　青牛老人眼如漆，曾上羅浮觀海日。三更波浪湧金輪，五色雲霞曜丹室。是時海宇無纖埃，罡風不動天門開。赤烏刷羽影騰翥，六龍攬轡晃徘徊。下視人寰皆夢境，西樓未轉銀河影。因看草木曙光遲，始信蓬萊春晝永。歸來化國望堯天，武陵廬阜清輝連。人生萬事駒過隙，回首羅浮心惘然。乾坤澒洞風塵起，振衣思入空青裏。漱精亦足致神仙，曝背猶堪獻天子。春山茫茫多白雲，大藥功成弟子兮。石崖夜繞龍虎氣，玉佩晨朝鸞鶴群。嗟我十年茅屋下，葵藿微忱空在野。臨風卻憶魯陽戈，日斜更對方壺畫。（藍智《藍澗集》、卷二）

〈題方壺小畫〉　　　　　　　　　　　　　　　　　　　　　　明·高　啟

夕陽數峯遠，藹藹江南思。烟外有鐘聲，山僧獨歸寺。（高啟《高太史大全集》、卷十六）

〈題方壺墨竹〉　　　　　　　　　　　　　　　　　　　　　　明·林　鴻

明月高懸白玉盤，仙人居處近虛寒。一枝鳳尾金風裏，清露時時滴石壇。（林鴻《鳴盛集》、卷四）

〈書上清方壺醉墨山水〉　　　　　　　　　　　　　　　　　　明·王　恭

林下多白雲，溪口繞水木。長嘯鸞鶴群，翛然在空谷。悠悠山色閑，浩浩波光綠。寄醉墨壺中，惟應道機熟。（王恭《草澤狂歌》、卷三）

〈題方壺茂林雲外圖〉　　　　　　　　　　　　　　　　　　　明·王恭

嶺南林公谷壽，自號雲外道人，上清方壺為寫茂林雲外圖，索余題其上。

嶺南山水新寧少，況是君家茂林妙。林間瀟洒薜蘿衣，雙寫飄然凌翠微。連嵐過雨看城黛，片片雲來度滄海。誰識孤雲是此心，此心更在孤雲外。蕭散無心任去來，因風幾度到瑤台。暝隨西頂龍飛去，晴帶空江鶴共回。自言放浪雲林久，大道由來賤芻狗。曲几冥看老氏書，衡門靜對先生柳。樂山樓上興悠悠，遙惟卻卷橫湖秋。一聲長笛飛霜裏，雲影離離半寒水。壺公醉墨天下聞，況是仙都鸞鶴群。而余大夢獨未覺，不知雲為君兮君為雲。（王恭《白雲樵唱集》、卷二）

〈題方壺清響生琳琅〉　　　　　　　　　　　　　　　　　　　明·王　恭

壺丘仙客寫琳瑯，金薤臨風片影涼。夜半蒼梧飛夢到，冷冷瑤瑟滿瀟湘。（王恭《白雲樵唱集》、卷四）

〈題鄭浮丘家藏方壺水墨風竹〉　　　　　　　　　　　　　　　明·王　恭

仙墨香銷鳳影殘，上池涼水夜初乾。似將帝子蒼梧瑟，共作秋聲萬葉寒。

天籟蕭蕭何處鳴，湘江雲葉助秋聲。幾多金薤琳琅影，何限丹丘別裏情。（王恭《白

雲樵唱集》、卷四）

〈題馮公夙家藏方壺神嶽瓊林圖〉　　　　　　　　　　　　　　明・王　恭

　　吾愛方壺子，翩翩列仙流。嚥津結龍虎，消遙與天遊。有時發仙秘，戲掃瓊林秋。趨然粉墨外，坐使真華愁。茲峯表神嶽，漫漫元氣浮。祥飇轉琪樹，蕭颯珊瑚鈎。玄鳳隱朝景，三花媚靈湫。伐毛紫霞裏，濯足泉蘿幽。黃金變綠髓，千歲栖蓬丘。世人哂丹汞，飯稻甘蜉蝣。披圖有遐想，其將方外求。（王恭《白雲樵唱集》、卷一）

〈方壺竹〉　　　　　　　　　　　　　　　　　　　　　　　　　明・王　恭

　　一鶴東飛出楚雲，手携湘綠下人群。幾多金薤琳琅影，散入秋聲夜夜聞。（王恭《白雲樵唱集》、卷四）

〈題方壺為牛自牧畫羅浮日觀圖〉　　　　　　　　　　　　　　　明・鄭　潛

　　羅浮入海搖坤軸，蕩漾深涵九淵綠。瞳瞳日觀舒紅光，起看夜半金烏浴。金烏浴罷紫輪升，照見山人舊茅屋。閃閃千巖氣欲丹，溶溶萬頃雲如玉。是時山人牛自牧，曾向山頭逢鬼谷。歸來嘯傲對烏君，千里羅浮在林麓。方壺仙伯天機熟，元氣淋漓秋一幅。弟子得之猶寶笈，求我品題期自勗。我方臥病如孤鶴，斗室甕大愁局促。灑然神氣一飛揚，立向雲間散心目。安得與爾臨扶桑，濯髮滄浪睇晴旭。（鄭潛《樗菴類稿》、卷一）

〈朝天宮觀方道士所畫三山圖三首〉　　　　　　　　　　　　　　明・袁　凱

　　東流弱水不勝塵，漢武樓台空自陳。欲借橫江孤鶴去，須憑南嶽魏夫人。
　　巨魚出沒浪波腥，東望三山路杳冥。安得秦皇射蛟手，為操強弩下滄溟。
　　方壺少小學為仙，筆底三山豈偶然。見說麻姑頭總白，不知何用得長年。（袁凱《海叟集》、卷四）

〈題楊南秀才藏方方壺枯木圖序〉　　　　　　　　　　　　　　　明・龔　斅

　　楊南秀才者，會稽家子，廣信幕長張君邦秀之甥，玉山貳宰胡公本道之高弟也。洪武壬子，二公並舉秀才，居今官。乙卯春，甥舅師徒相睽者踰三年，一日，具行李書冊來省，謁于冰玉溪山間，因得龍虎羽人方方壺以幅楮寫老樹枯藤圖以遺，珍玩之餘，裝潢為軸，需余序之，余曰：「謬矣哉，方壺之畫也。」楊南秀才年富而才俊，神清而氣腴，吾方以棟梁之材期之，今乃繪擁腫樗散之木以為贈，豈志士之心哉？夫人幼學壯行，固將大有為於世，不與草木俱腐可也，是行也豈渭陽之情久乖音問，良心之發不能自己者乎？抑前日所學于師者，有未能洞徹其蘊奧，將假館以卒其學乎？有志之士，宜於此而觀其懷抱矣。若夫溪壑之幽，畫圖之妙，他日名成身退，徐而論之，未為晚也。（龔斅

《鷺湖集》、卷五）

〈方壺墨竹為劉亨道題〉　　　　　　　　　　　　　　　　　　　明・龔𣝗

　粉箋錯落生簹簹，琅玕翠羽參差光　。玉堂夜半秋雨涼，西風瑟瑟吹鳳凰。金門羽人方壺老，曾向方壺拾瑤草。晚歲歸來長萬竿，清陰滿地無人掃。清陰不掃真可憐，殘陽曉月爭嬋娟。戲拈禿筆一追寫，卻立四顧心茫然，劉郎展玩不忍釋。邀我題詩寫空碧，此詩此畫非等閒，願爾卷懷聊自適。（龔𣝗《鷺湖集》、卷一）

〈題方壺青山白石圖〉　　　　　　　　　　　　　　　　　　　　明・鄭　真

　方壺跨鶴上青天，供奉先生亦已仙。想像風流何處覓，雲山雲水故依然。皋比坐擁畫堂春，日日青山看白雲。海嶽一高歸未得，鷓鴣聲斷思繽紛。（鄭真《滎陽外史集》、卷九十）

〈題方壺閒雲潭影〉　　　　　　　　　　　　　　　　　　　　　明・鄭　真

　點點遙山落影邊，水光雲影兩悠然。俗塵不到林深處，一片靈台萬古天。（鄭真《滎陽外史集》、卷九十）

〈題方壺溪山勝處〉　　　　　　　　　　　　　　　　　　　　　明・鄭　真

　萬疊溪山萬丈溪，兩舟相逐過林西。幽棲不作金鑾夢，莫遣哀猿夜半啼。（鄭真《滎陽外史集》、卷九十）

〈題方壺山水〉　　　　　　　　　　　　　　　　　　　　　　　明・鄭　真

　花草重重潤塏春，卜居祇欲謝囂塵。道逢谷口耕雲客，莫是當年鄭子真。（鄭真《滎陽外史集》、卷九十）

〈題方壺枯木圖〉　　　　　　　　　　　　　　　　　　　　　　明・鄭　真

　石林蒼竹藹雲煙，古木蕭蕭雨露邊。莫道散材無用處，藤蘿何事苦相纏。（鄭真《滎陽外史集》、卷九十）

〈題方壺溪山秋興〉　　　　　　　　　　　　　　　　　　　　　明・鄭　真

　文筆峰頭晚翠濃，風流墨客笑臨卬。林泉拌得千鍾醉，揮寫平生錦繡胸。（鄭真《滎陽外史集》、卷九十）

〈題方壺真人奇峯雪霽圖歌〉　　　　　　　　　　　　　　　　　明・張宇初

岷峨太古雪，萬劫崑崙巔。壺仙灑墨總冰玉，劍閣巉岏西極天。層峯浪湧何奇絕，暖動魚龍湘水裂。霽色初分款段橋，松濤夜度峨眉月。滄江老屋山之幽，極浦陰崖迴凍流。袁安門巷三尺白，古木煥爛珊瑚鉤。笑我支離臥丘壑，瓊樹瑤芳翳溟溟。大澤重裘霧靄深，春風漸轉梅花角。衰倦謝毫端，披圖意忻愕。輞川遺興邈復追，靜對孤光隱寥廓。
（張宇初《峴泉集》、卷四）

〈題方壺寶晉雲烟圖歌〉　　　　　　　　　　　　　　　明・張宇初

　昔與奉常輩，丹青耽妙年。披圖且覽句，撫慨心茫然。壺仙胸宇丹青府，燕趙歸來隘吳楚。襄陽逸法訴荊關，海岳風流雄萬古。自緣宿契海岳情，雲烟浩蕩窮滄溟。山浮群樹清瀨遠，雨洗半峰孤堉明。濕嵐餘靄紛夏綠，墅渚輕風散鳧鷺。移家願卜水雲拗，長竿獨倚清溪曲。奉常高弟俊彥流，泮水橫經今幾秋。鷲湖秀色賦真賞，對此宛臥滄江幽。畫意非苟精神情，會應少落月秋空。江海思浪擬，乘槎度林杪。北海高風須力追，清衿氣吐雲烟姿。曹劉沈謝興莫比，溟鯤一躍凌天池。（張宇初《峴泉集》、卷四）

〈題方壺真人墨竹歌〉　　　　　　　　　　　　　　　　明・張宇初

　方壺之山倚空勢，陰壑長竿動千歲。壺子衿情海鶴閑，墨華縱寫雲烟趣。遂令倍價重南金，怒髮揚眉鮮輕與。只今寥落散驪珠，太息鯨濤渺仙逝。我昔瓊台立雪時，每許餘光發驥騄。廿年弄翰興莫追，春籜秋筠覽蒼翠。雲臥丹丘不記年，短筇幾顧滄波棄。儗招六逸卜芳隣，曠芳浮緣衰懶至。坐閱孤標共歲寒，冰霜豈折凌霄朵。蚤慕還丹煉汞鉛，靜探雅操消塵繫。束書須叩劉長生，台悅何如澹中味。（張宇初《峴泉集》、卷四）

〈題方壺真人淇篆堂墨竹行〉　　　　　　　　　　　　　明・張宇初

　方壺子，仙之徒。烟霞朵度冰雪膚，青年適志走燕趙。胸吞雲夢隘八區，手調玄黃仙掌露。華岳崑溟肆吞吐，貝闕金門汗漫期。照耀奎章渺三顧，振衣便作江南歸。江雨湖雲春滿衣，鶴髮仙翁愛蓬首。丹光久與雲龍飛，絕崖一笑天地驚。顛倒銀河橫玉繩，狂瀾浩蕩作霖雨。碧玉萬疊冷風生，人間謂竹總形似。太陰里入淵龍怒，滄海揚塵塹劫空。此幅目是風雷護，方壺子，天與遊，琅玕忽墮鳧仙裔。鐵網珊瑚銀漢秋，平津劍躍尤神變。夢斷鈞天日華遠，吳楚湖山阮謝情。篔簹翠黛平湖淺，淇篆高堂意綿邈。溪靄林霏濕空潤，夜聞天籟繞舍鳴。惱我囊琴與鯨角，浮生轉燭江海空。荒岡野渚喧寒蛩，赤縣滄洲不可圖。坐聽落葉聲悲雄，欲假長竿釣秋水。獨漱寒泉時洗耳，浩歌漫有千古思，高臥空山紫蘿雨。（張宇初《峴泉集》、卷四）

〈題方壺水石圖〉　　　　　　　　　　　　　　　　　　明・詹　同

　古壁之間屋漏痕，淋漓元氣凝清渾。道人山中守龍虎，十日不見烟塵昏。拂拭填作一枯木，下有碎石分崑崙。斷劍挿入怪厓底，老蛟迸出秋雲根。神君怒立被玄髮，欲騎鐵騎超天門。當時揮灑妙莫測，鬼神驚走如星奔。青城仙伯絕筆久，覩此髣髴其人存。玄同隱者臥松雪，得畫遠寄來江村。卻憶麻姑洞口樹，使人一夜勞心魂。（清高宗《御定歷代題畫詩類》、卷七十四）

〈方方壺攜琴訪友圖軸〉　　　　　　　　　　　　　　　　　明‧王　璲

　　紫府深沉白畫閑，仙人歸去邈難攀。當時暫謫來塵世，寫遍江南雨後山。
　　洪武乙丑十月二日，青城山人王璲題。（清龐元濟《虛齋名畫錄》、卷七）

〈題方方壺枯木竹石圖〉　　　　　　　　　　　　　　　　　明‧李昌祺

　　空山百尺樹，質性何貞堅。夭矯修篁側，寂寞磐石邊。亭亭任重姿，屹立思擎天。造化偶遺棄，值彼蓬萊仙。寫之若憐才，崢嶸老龍騫。朔風振群木，節操欣獨全。寄言玩物者，毋貴春花妍。（李昌祺《運甓漫稿》、卷一）

〈方方壺攜琴訪友圖軸〉　　　　　　　　　　　　　　　　　明‧徐有貞

　　蒼山萬疊路應迷，春到陽林鳥自蹄。仙客欲尋仙館去，不知花好在前溪。東海徐有貞題。（清龐元濟《虛齋名畫錄》、卷七）

〈題方方壺畫〉　　　　　　　　　　　　　　　　　　　　　明‧沈　周

　　琵琶嶺上丹經熟，海岳庵頭墨法真。草樹依然黃鶴遠，江南思煞未歸人。（沈周《石田先生集》、七〇二頁）

〈方方壺雲林鍾秀圖卷〉　　　　　　　　　　　　　　　　　明‧沈　周

　　上清山子本天仙，下謫來修水墨緣。聞道琵琶嶺頭月，照歸黃鶴又年年。
　　此圖方壺先生所作，用米氏之法，將化而入神矣。觀之正不知何為筆？何為墨？必也心與天游者，始可詣此。先生觀化已久，遺蹟在人間，如可想見其丰骨。敬題是絕少寄仰止云。後學沈周。（清吳升《大觀錄》、卷十九）

〈方方壺崇山峻嶺圖〉　　　　　　　　　　　　　　　　　　明‧吳　寬

　　上清樓閣萬山中，百折丹梯鳥道通。我欲置身巖壑裏，白雲深處覓仙翁。（清高宗《御定歷代題畫詩類》、卷三十二）

〈題陳大宅方壺子層層雲樹圖〉　　　　　　　　　　　　　　明‧周　玄

　　昔年曾記秦川客，雲樹參差去欲迷。日暮孤舟行不盡，鷓鴣啼過渭城西。（清高宗《御

定歷代題畫詩類》、卷七十三）

〈方方壺畫〉 明・文徵明

　煙沉密樹蒼山暝，波捲長空白鳥迴。細雨斜風簑笠具，釣船何事却歸來。新波獵獵弄風蒲，雨後雲山半有無。一段勝情誰領略，欲從畫裏喚方壺。（明文徵明《甫田集》、卷二）

〈方方壺攜琴訪友圖軸〉 明・周　鼎

　青山影裏梵王宮，綠樹森森潤水重。欲向此間友猿鶴，碧雲深處渺難從。嘉禾周鼎題。（清龐元濟《虛齋名畫錄》、卷七）

　〈方方壺□江秋興圖短卷〉 明・葉見泰

　武昌博士延陵裔，去歲相逢今又會。入門示我雲林圖，坐見晴山落空翠。山深老屋何處尋，蒼藤古樹秋陰陰。携尊不歸石上月，解簪欲訪邱中琴。我家只在重崿下，白鶴元猿舊同社。一官羈絆賦歸遲，短髮蕭蕭雪盈把。先生授徒居學宮，雅志亦欲巢雲松。他年問訊藏書室，想在匡廬五老峯。南陽葉見泰。（清李佐賢《書畫鑑影》、卷五）

〈方方壺□江秋興圖短卷〉 明・王世貞

　方方壺在勝國，於趙吳興輩亡所推讓，畫家者流，登之逸品。此卷江山秋興，從董、巨、大小米來，而遒勁古雅，別有結構，非凡筆也。留余山房，時一展玩，以當臥遊。吳人王世貞。（清李佐賢《書畫鑑影》、卷五）

〈方方壺攜琴訪友圖軸〉 清・笪重光

　元方方壺及張伯雨，俱為方外，高品名噪一時。而方上清尤以畫得名，所作小幅輒有深趣，不落作者畦逕。余向藏其萬松仙館圖，今已失之，深用惘然。此攜琴訪友圖，山光明滅，樹石隱見，有一望無際之致，尤足寶愛。康熙辛未冬十月廿有七日，江上外史笪重光識。（清龐元濟《虛齋名畫錄》、卷七）

方景賢

　小傳：畫史不見記載。身世不詳。

〈題方景賢護法寺壁枯木竹石〉 元・吳　萊

　山從崑崙西北來，北徑黃河積石到碣石，南亘青城峨嵋萬里壓南嶽。天台南嶽山頭夜見日，天台絕頂下視東海如一杯。仙奕壇開，纖篁掃雨。嫋嫋碧神丹，鼎冷老檜拔出號風叱雷，就中一片頑皮凍骨老石塊。勢若千百歲，後突兀偃蹇角起相磓。山人前身本在南嶽祝融峰下住，踏上天台石橋看瀑布。東峰月上學寫影，山精野魅哀號涕泣。愛惜枯樹白道獸拄杖，拄開蛇口起不得。蛟子龍孫盤旋糾結塞滿行路，硯泓一滴淡墨水。漲作玄雲黑雨歸無處，槎槎牙牙蒙蒙茸茸。蜻蜓翼薄但如縠，蔽殺三尺蒿蓬。崑崙山前回龍顧祖有此勝絕景，覷史天上天光照著下土境界。缺缺齾齾，不辨西東。東海老仙笑上面，桑田海水，海水桑田。翻翻覆覆，眼曾親見秦皇漢武，修宮廣室，盡寫巴蜀。材大如梁，柱小似薪。櫨何嘗識遍帝令，混沌七日死天下。盲聾見草悅見豺戰，未問神龍有力時，飛入長安城中載宮殿。（吳萊《淵穎吳先生文集》、卷二）

王大年

小傳：畫史不見記載。身世不詳。

〈題王大年畫〉　　　　　　　　　　　　　　　　　　　　元・張　昱

舟楫為生計，沙鷗識此情。百事浮世事，九鼎一絲輕。（張昱《張光弼詩集》、卷四）

王子良

小傳：畫史不見記載。身世不詳。

〈題王子良畫龍虎〉　　　　　　　　　　　　　　　　　　元・袁彥章

葉公龍，裴公虎，磊落聲華動今古。生綃一幅價千金，餘者紛紛無足數。爵溪王君人中英，寫龍寫虎尤兼能。高堂幾度看揮掃，倏儵筆底風雲生。龍子龍子爾勿為點睛，虎子虎子爾勿為添翼。點睛猶自飛入雲，添翼那堪恣凶逆。人間正此畏橫行，若使能飛人掃跡。（袁彥章《書林外集》、卷六）

王元凱

小傳：畫史不見記載。身世不詳。

〈題四明王元凱畫三姬弄釵圖〉　　　　　　　　　　　　元・納　延

秦虢夫人夜不歸，太真留宿宴宮闈。席當瑤砌香茵薄，花落金鐏碧露微。笑玩寶釵爭殢酒，醉憑玉几不勝衣。畫圖貌得嬋娟趣，藝苑流傳絕代稀。（納延《金台集》、卷一）

王元載

小傳：畫史不見記載。身世不詳。

〈王元戴御史為沈禹錫畫洞庭圖〉　　　　　　　　　　　　　元・釋大訢

　　白簡風生嶽色秋，揮毫能為故人酬。霜華慘澹青楓樹，日腳微茫杜若洲。萬化胚胎元氣濕，巨靈斧鑿五丁愁。何時聽徹鈞天樂，從此乘雲八極游。（釋大訢《蒲室集》、卷五、四珍二）

〈題王元載御史為潘彥賓作幽人瞻綠圖〉　　　　　　　　　　元・洪焱

　　曳杖緣芳沚，引睇涉前林。修篁鬱葱蒨，亭構邃沈沈。零露發春姿，流雲滋夏陰。蒼輝度行袂，碧影赴橫琴。美色非所貴，高節良可欽。歲月自流邁，霜霰日交侵。青青乃不渝，瑟瑟有餘音。比物思衛風，瞻望意何深。爰求詩人體，實獲君子心。永言託嘉喻，聊用寫幽襟。（洪焱《杏庭摘稿》）

王白雲

　　小傳：畫史不見記載。身世不詳。

〈題王白雲畫〉　　　　　　　　　　　　　　　　　　　　　明・貝　瓊

　　璚台人去後，麋鹿自成群。樹濕才經雨，山昏又出雲。仙家三叠外，春水一支分。獨坐扁舟客，櫂歌時遠聞。（貝瓊《清江詩集》、卷七）

王本中

　　小傳：元朝長洲人，善竹石。（見《中國畫家人名大辭典》、三十五頁）。

〈和題吳閒閒京館王本中醉作竹石壁〉　　　　　　　　　　　元・薩都剌

　　硯池花落丹水香，步虛白日聲琅琅。江西道士愛瀟洒，新粉素壁如秋霜。王郎酒酣衫袖濕，醉眼朦朧電光急。玄龍雲重雨腳斜，白兔秋高月中泣。倦游借榻日觀東，恍惚夜夢三湘中。鷓鴣啼斷江路遠，青林雨暗春濛濛。（元《乾坤清氣》、卷四）

王本善

　　小傳：畫史不見記載。身世不詳。

〈次韻玉琊雲隱圖〉　　　　　　　　　　　　　　　　　　　元・金　涓

　　番陽王本善，故居懷玉山之北，號曰玉琊雲隱。鄉先達進士董公為之記，和陽王使君為之賦，又得星源韓徵君為之圖。余嘗過本善所寓，見其淨掃一室，琴書畫畫與弓劍雜前。培桂植菊，怪石纖蒲，幽潔可愛，蓋能審已推兮。隨所遇而安，視竊名尺籍而有所顧願者不同科也。乃次使君韻，附於卷末，以釋其幽思云。

馬上劍三尺，山中雲半間。無人尋草迹，有虎臥柴關。解甲端陣後，懸弓定地還。胡為思舊隱，畢竟復誰閒。（清《御定歷代題畫詩類》、卷四十五）

王立中

小傳：畫史不見記載。身世不詳。

〈破窗風雨圖〉　　　　　　　　　　　　　　　　　　　　　　　　　自　題

紙窗風破雨泠泠，十載山中對短檠。老矣江湖歸未遂，畫間如聽讀書聲。

劉君性初，以破窗風雨自居，諸公賦詩成卷，因作此圖并題絕句於左。至正廿六年歲在丙午暮春之初，遂寧人王立中彥強。（明朱存理《鐵網珊瑚·書品》、卷四）

王立本

小傳：鄞人，善花卉。（見《中國畫家人名大辭典》、三十六頁）。

〈題王立本山水圖〉　　　　　　　　　　　　　　　　　　　　　　明·貝　瓊

我有愛山癖，每欲名山去。秦溪一日寄新圖，欹枕高堂覩雲霧。何年王宰留真跡，青城天彭接太白。金堂石室猶可識，大樹小樹參天直。千盤百折分秋毫，木客時與行人遭。一門通天劍閣險，三峽漲雪瞿塘高。小舟如鳧爭入浦，嘔啞臥聽双鳴櫓。拾遺近在浣花溪，却面龍湫結茅宇。豺狼塞路何由通，采芝只有商山翁。安得相從向絕境，振衣千仞來天風。（貝瓊《清江詩集》、卷三）

王玉峰

小傳：畫史不見記載。身世不詳。

〈贈畫史王玉峰〉　　　　　　　　　　　　　　　　　　　　　　元·葉　顒

百頃風生畫寒，萬山重叠起毫端。前身莫是王摩詰，畫出娥眉擁翠鬟。（葉顒《樵雲獨唱》、卷四）

王玉淵

小傳：畫史不見記載。身世不詳。

〈王玉淵畫龍贊〉　　　　　　　　　　　　　　　　　　　　　　元·吳師道

天雲垂，海水立。震萬里，雨八極。神哉沛，劍復寂。淵清泠，玉一滴。（吳師道《吳正傳先生文集》、卷十一）

王　生

小傳：畫史不見記載。身世不詳。

〈題王生臨道子橫吹等圖後〉　　　　　　　　　　　　　　　元・王　惲

　　書與畫同一關紐，唐賢善臨書，宋人工點本，要之極形似而出神爽為佳。蒲江王生，以讀書餘暇，游藝丹青，於臨放為尤能。蓋致思詳雅，不為法度窘束，筆與意會，將天天機所到。近為予點道子馬融橫吹，營邱寒江晚捕為可見。昔龍眠作李北平射邊騎圖，觀矢之所直，迺應弦斃也。若向作著矢狀，則風斯在下矣。知此則能造微入妙，文甫其沈潛可也。丙子清明日，書於行館之敬止堂。（《中州名賢文表》、卷二十八）

〈題王生畫幀〉　　　　　　　　　　　　　　　　　　　　　明・虞　堪

　　薄命長乘海上槎，展圖驚見好林廬。明年若遂歸耕計，牛角繆觡管掛書。（虞堪《鼓枻藁》、五六頁）

〈題王生所畫春山圖〉　　　　　　　　　　　　　　　　　　明・虞　堪

　　山中幽事夢不盡，愛我王生每畫之。春及把犁耕綠野，曉來携甖汲青漪。桃花泛處漁舟杳，藤刺長時鳥道危。四十漂淪歸計拙，一看一畫一題詩。（虞堪《鼓枻稿》、二八頁下）

王　自

小傳：畫史不見記載。身世不詳。

〈跋三堂王自寫真〉　　　　　　　　　　　　　　　　　　　元・段成已

　　解衣盤礴真畫史，不待濡毛知可矣。葛巾草服常畫我，意欲置我山巖裏。虎頭於今幾百年，與渠誰後復誰先。翛然蛻跡乘風去，一笑相逢喜拍肩。（段成已《二妙集》補遺、3／a）

王　行

小傳：字止仲，號半軒，又號楮園，自稱淡如居士。長洲人，時人謂之王潑墨。（見《中國畫家人名大辭典》、三十六頁）。

〈畫竹喻〉　　　　　　　　　　　　　　　　　　　　　　　自　題

　　善畫者不求似，非不求似也，不迫於形似也。譬之臨書，迫於形似，則薛道祖之按模脫墼矣。今日乍晴，瀾伯求寫雨意，因費一池水墨，形雖不似，意實似之，脫墼之誚不

到我矣。如疑此說，當從米老質之。（王行《半軒集》、卷一）

〈題（自）畫〉　　　　　　　　　　　　　　　　　　　　　　自　題

月下相逢縞袂寒，松枝清露濕烟鬟。祇因翠羽能歌舞，留得春風滿醉顏。（王行《半軒集》、卷十）

〈題自作畫〉　　　　　　　　　　　　　　　　　　　　　　　自　題

戊辰三月望，過湯氏小林居，時中留宿，漉酒之餘，適水墨在案，因灑翰滿紙，不覺淡雲濃樹隱映虛遠，而青山穆然，自不改色。予方歎靜者有常而動者無滯，時中乃曰：「是足為畫也已。」明日裝潢成卷，徵題，為寫當時意趣如此。

高館良宵睡意遲，葛巾重著半醺時。都將滿抱林泉興，付與閑窗墨半池。（王行《半軒集》、卷十）

王汝雲

小傳：畫史不見記載。身世不詳。

〈畫竹王汝明，為賦〉　　　　　　　　　　　　　　　　　　元・葉顒

永和年間王子猷，月林吟嘯最風流。禿錐渴飲三斗墨，為寫琅玕萬頃秋。元延年間文與可，四絕聲名落江左。渭川千畝在心胸，噴飯滿案饞唾墮。此君高蹈只如此，二老遺踪成坎坷。王生畫竹妙逼真，清奇不愧前朝人。情空意定偶一掃，坐令寒岩空谷回陽春。我疑此子有神助，不然何以得此胸次。瑩潔不受纖埃侵，孤標勁節冠古今。霜容冰彩勢百尋，往往青鸞偕鳳。飛來錯認舞且吟，常訝涼颸生座右。耳邊自聽蒼龍吼，煩君留意重珍藏，倘遇雲雷恐飛去。（葉顒《樵雲獨唱》、卷二）

王佐山人

小傳：畫史不見記載。身世不詳。

〈題王佐山人畫〉　　　　　　　　　　　　　　　　　　　　明・林弼

山光雜空翠，雲影澹晴暉。古渡舟誰繫，虛齋人未歸。石苔秋雨積，野樹晚風微。便欲拋塵事，垂綸柳外磯。（林弼《林登州集》、卷四）

王君章

小傳：畫史不見記載。身世不詳。

〈題王君章山水，古桌人〉　　　　　　　　　　　　　　　　　　　元・龔璛

　　山中古寺秋陰，有客携笻獨尋。歸來自可一榻，江南落盡楓林。（龔璛《存悔齋稿》）

王君陽

　　小傳：畫史不見記載。身世不詳。

〈題王君陽所畫老木〉　　　　　　　　　　　　　　　　　　　　　元・許有壬

　　池州驛有王君陽所畫老木，滕玉霄跋語，二君皆故人，為作數語。

　　何年髯王來此驛，怒磔蒼髯挽椽筆。想當奮筆一掃時，亂擁槎牙出東壁。千霜百霆摧不盡，坐使根柯成鐵石。誰謂毫端一寸鋒，辦此人間萬牛力。玉霄狂老亦可人，蛟蚪繚亂雲烟濕。芳醪萬斛酹不死，愈覺吐辭清可挹。當時京國俱從游，滿幅持來渾不惜。天涯一見眼為明，相逢況復曾相識。我今妄受車服維，所至規規專一室。跫然不待足音來，二妙真堪慰岑寂。（許有壬《至正集》、卷七）

王均章

　　小傳：畫史不見記載。身世不詳。

〈題海虞錢氏所藏王均章虞山圖〉　　　　　　　　　　　　　　　　明・吳寬

　　扁舟昆湖去，憶向虞山還。當時迫日暮，未得窮躋攀。至今三短章，寂寥不重刪。安知六載後，依然見茲山。諒無愚公愚，賴有頑仙頑。頑仙隱居處，深林置柴關。丹竈火常伏，藥闌苗載芟。高情付縑素，丹青色斑斑。茲山卧平野，隱然不成環。逶迤亦甚遠，攢蹙何其慳。咫尺見百里，群峰互垂鬟。飛鳥歸易沒，浮雲出偏閒。拂衣最奇麗，空巖故潺潺。天風或稍定，石壁仍潺潺。仙宮對佛寺，妙境非人寰。獨憐仲雍暮，誰為剪榛菅。短棹載書卷，浩歌水雲間。髼髵歸菴翁，往來寶嚴灣。竊祿本無補，乞身亦多艱。卧游畢舊願，坐嘯開塵顏。（清高宗《御定歷代題畫詩類》、卷三）

王宏正

　　小傳：畫史不見記載。身世不詳。

〈唐十八學士登瀛洲圖，王宏正白描〉　　　　　　　　　　　　　　元・舒頔

　　天策將軍龍鳳姿，十八人者皆英奇。乾坤旋轉豈無意，風雲會合固有時。唐虞盛際九官爾，而此乃復一倍之。神物在淵眾鱗集，五彩下德百羽隨。後來可惜貴才俊，祇遣上古歌雍熙。河汾夫子講孔道，弟子僅以功名期。當時房杜亦可喜，管仲器小寧無譏。儒冠一著道士服，豈為老氏談無為。穎達祖漢疏經義，宜於聖奧初未知。歐虞褚薛尚筆翰，

一戈何足窮毫釐。魏徵王珪差解事，亦足以格君心非。玄武門前起倉卒，手足之血親淋漓。此時此獠可撲殺，斂昏仆碑竟何其。斗米三錢戶不開，小康不補大義虧。瀛洲一登老生顛，丈夫須作真男兒。護龍河頭生紫氣，鬱鬱蔥蔥天宇彌。金陵豈無此學士，醫官酒保登天墀。奎章開閣亦太甚，天歷詔書無乃危。布衣無能坐長夜，獨搔短髮頻欷歔。老妻笑人小女起，走把青鏡臨鬚眉。西家好酒睃來吃，無用勞煩閻畫師。（舒頔《貞素齋集》、卷五）

王廷珪

小傳：畫史不見記載。身世不詳。

〈題王廷珪畫〉　　　　　　　　　　　　　　　　　明・林弼

秋色晴山迴，烟光野水連。空林輞川外，古樹草堂前。天地留詩卷，江湖老釣船。美人隔雲漢，對此思悠然。（林弼《林登州集》、卷四）

王良與

小傳：畫史不見記載。身世不詳。

〈題王良與白沙翠竹圖〉　　　　　　　　　　　　　元・張仲深

半身生世祇飄零，長記扁舟過洞庭。隱隱龍堆連楚澤，泠泠鳳吹泣湘靈。地偏水落星沈草，天濶風高翠刷翎。從此携家謀卜築，疎簾清簟諷騷經。（張仲深《子淵詩集》、卷四）

〈題王良與捕魚圖〉　　　　　　　　　　　　　　　元・張仲深

迤南水陸干戈滿，直北關山祲霧多。船尾斫魚船首飲，人生只合老漁蓑。（張仲深《子淵詩集》、卷六、四珍二）

王奇峯

小傳：越人，善畫山水。（見《中國畫家人名大辭典》、三十五頁）。

〈題王奇峯明秀〉　　　　　　　　　　　　　　　　元・張伯淳

觀王君此圖，胸次不止一丘一壑而已。當至元戊子己丑間，識君於越，後八年重逢，知君道賈日起，然則圖豈徒哉。漢劉子政谷子雲諸子，深究陰陽變化之理，皆世名儒，周少卿論著五行，史臣不能舍儒林而置他傳。君儒者，挾此以往，固當有遇。（張伯淳《養蒙文集》）

王季學

小傳：畫史不見記載。身世不詳。

〈題王季學墨畫水仙〉　元・朱德潤

逃禪老人楊補之，以墨暈淡作梅蘭水仙之屬。甚得花卉之態度，而筆意清勁，有書法存焉。至楊叔雅趙子固，則又效補之之法。今觀王季學所作，蓋學其學者也。（朱德潤《存復齋續》集、四五頁）

王東甫

小傳：畫史不見記載。身世不詳。

〈題道士王東甫圖畫〉　元・張昱

金銀樓閣在三山，東甫何妨屢往還。信是神仙在平地，鸖飛元不離人間。（張昱《張光弼詩集》、卷三）

王治書

小傳：畫史不見記載。身世不詳。

〈雨中謝王治書作松石見贈〉　元・胡助

秋雨入毫素，挩是無聲詩。犖确小崢嶸，欝欝蒼髯姿。下有伏龜苓，上有巢鶴枝。清風古君子，寫此胸中奇。咫尺千仞勢，歲晚相娛嬉。愧貽知已贈，永與白雲期。（胡助《純白齋類稿》、卷四）

〈題（王）治書所贈松柏石〉　元・胡助

高人在昔例能畫，不比俗流空索價。偶然盤礴得新意，落筆豈在宏偃下。拂拭絹素生秋色，為誰作此好松石。一株翠柏飽風霜，我益敬之古遺直。獨行犖确山徑中，衣冠似是商山翁。心期綿邈贈歸客，中有歲寒千古風。（胡助《純白齋類稿》、卷五）

王迪簡

小傳：字庭吉，號戢隱。越人，善畫水仙。（見《中國畫家人名大辭典》、三十五頁）。

〈王戢隱寫水仙〉　元・張雨

剡藤政索山陰畫，月佩風裳滿眼飄。記得年年春雪後，金鴉觜斷水精苗。（顧瑛《草堂雅集》、卷五）

〈題王戴隱畫山水〉　　　　　　　　　　　　　　　　　　元・張　翥

額黃銷盡玉嬋娟，翠袖凝愁倚莫烟。舊日漢宮三十六，更無秋露泣銅仙。（顧瑛《草堂雅集》、卷四）

王春陽

小傳：畫史不見記載。身世不詳。

〈丹青歌贈王春陽，用其神丹歌韻〉　　　　　　　　　　　　元・方　回

世上若無鍾子期，破琴勿為俗子嗤。人間亦有王昭君，奈何眾女嫉娥眉。我粗能詩子能畫，筆力豈不山可移。希聲絕色識者少，妾婦嗃嗃仍嘻嘻。宣和畫史我嘗讀，山水王詵併郭熙。儋州禿翁早題品，元祐文章眾首推。坡詩一句不收拾，熙豐孽黨遺群兒。大坡小坡俱寫竹，黜不登載無一枝。河東顯征領節度，賊賈時實籌兵帷。謂此昏椓亦善畫，繆取人主玉色怡。畫之是非且不辨，國勢竟隨閹宦瘯。花光墨梅方盛行，乃坐山谷屏斥為。簡齋五詩動萬乘，此等佳作亦棄之。五月十日一水石，王宰見賞杜拾遺。如許名手無其名，可謂世衰人才衰。筒不肯破菜不潑，朝士閟籍塗粉脂。正邪稍稍分茶飴，萬事盡如畫譜意。焉得炎正不中微，雪蘇黃寃尚伊洛。始覺七政齊衡璣，錦囊玉軸鎖御府。徑與宗祐同灰飛，米元章史論稱公。遺物太倉存一稊，子能畫亦能詩。眾人不識不必疑，相逢但當醉如泥。（方回《桐江續集》、卷二十四）

〈題王春陽倣王晉卿山水圖〉　　　　　　　　　　　　　　　元・方　回

煙江疊嶂子能學，都尉後身王姓同。詩畫驚逢兩奇麗，賞音吾媿玉堂翁。東坡大全集第十七卷，為王詵晉卿都尉賦烟江疊嶂十四韻。晉卿和之，東坡賞其奇麗。蓋畫與詩俱奇麗也。古杭東衢王君倣晉卿著色山水，翠峰碧潤，丹樓粉墻，極一時之美，而自題之詩亦佳，豈果晉卿後身歟。惜乎所遇之老夫，不能如玉堂蘇公也。（方回《桐江續集》、卷二十四）

王炳文

小傳：畫史不見記載。身世不詳。

〈黃州畫史王炳文自號臨皋漁隱〉　　　　　　　　　　　　　明・管時敏

短棹煙波學釣徒，秋風舉網得鮮鱸。幾時說與吾鄉味，為寫坡仙赤壁圖。（管時敏《蚓竅集》、卷八）

王時敏

　　小傳：畫史不見記載。身世不詳。

〈題王時敏畫梅二首〉　　　　　　　　　　　　　　　　　　　元・宋 禧

　　江邊翠閣為誰開，野老看花雨裏來。怪殺王郎乘酒興，直教玉女下瑤台。王郎作畫復啣杯，我為題詩日幾迴。簾外不知春雨落，硯邊猶見暮花開。（宋禧《庸菴集》、卷九）

〈在賀溪題時敏畫梅〉　　　　　　　　　　　　　　　　　　　元・宋 禧

　　半月看花住賀溪，王郎幾度醉如泥。無端驛使徵求急，東閣吟詩不暇題。（宋禧《庸菴集》、卷十）

〈題王時敏所作倪氏孝思庵壁上老梅圖〉　　　　　　　　　　　元・宋 禧

　　老梅變化殊有神，素壁不能容大身。王郎擲筆苦抑塞，百花雲暗江南春。（宋禧《庸菴集》、卷十）

〈十一月十二日，過竹山胡氏書舍，觀王時敏梅畫，賦詩一首〉　元・宋 禧

　　竹山書舍王徵士，長說鄰翁與往來。翰墨曾揮銀燭夜，兒郎捻慕玉堂才。故人一去雲霄遠，老我初過歲月催。冬日南窗對圖畫，梅花臨水為誰開。（宋禧《庸庵集》、卷六）

〈為胡生懋題王時敏紅梅畫〉　　　　　　　　　　　　　　　　元・宋 禧

　　去年京洛寸心酸，歸到江南淚未乾。泣血只疑花濺淚，故園不作杏花看。（宋禧《庸庵集》、卷九）

〈為倪原道題王時敏畫梅〉　　　　　　　　　　　　　　　　　元・宋 禧

　　繁花亂插酒船迴，作客王郎醉莫哀。且向賀溪尋賀老，鐵心作賦已成灰。（宋禧《庸庵集》、卷十）

〈題王時敏畫〉　　　　　　　　　　　　　　　　　　　　　　元・宋 禧

　　今年辛亥八月下旬，予與王時敏游上虞賀溪。半月，乃過小山陳氏書舍，而時敏有儒士之徵，使者繼至。明旦，還吾邑，猶為陳子範等作墨梅數紙，且為賦詩，可見其迂之甚矣。故予題其畫，以記一時之事。

　　誰憐迂甚王徵士，不管江頭驛使催。秋晚小山叢桂下，為人猶寫數枝梅。（宋禧《庸庵集》、卷十）

王起宗

小傳：畫史不見記載。身世不詳。

〈次韻王起宗勉為高子明繪松巖圖〉　　　　　　　　　　　　　　元・方 回

松下客携琴，巖中人讀書。聲氣相應求，妙寫入畫圖。洒落真意趣，冷淡閒工夫。體中脫不佳，明窗時自娛。誰方策龍驤，萬里簫雲衢。卿自用卿法，未用輕賢愚。（方回《桐江續集》、卷二十五）

〈題王起宗畫雪扇六言〉　　　　　　　　　　　　　　　　　　元・方 回

何必見戴安道，月圓夜雪晴時。烏府王起宗畫，□□□虛谷詩。（方回《桐江續集》、卷二十六）

〈題郎川紀勝圖并序〉　　　　　　　　　　　　　　　　　　　元・方 回

燕然張暠汝明，岱宗王勉起宗。十□□□屬大司農，嘗寮古潤，汝明還家有潁灣。四十五頃，母及子孫眷聚六百指。讀書賦詩自樂，久不知起宗官況，後乃知其為□西廉訪僉事行台御史，俯就建平□□□□相思，自大都過江南訪之，桐川道中，鞍馬不期而遇，相從為十日遊。趙宗善畫，繪□郎川紀勝圖，各為長句，紫陽方回亦尾而歌之。

維汝明父起宗父，古潤嘗僚佐農扈。釃酒金山焦山寺，□馬昇州揚州府。歌詩千百南北傳，一別十年散還聚。駃致五秩知天命，雙鬢更無絲一縷。昔賢相思即命駕，車而不笠莫敢侮。汝明家在軍都，田十五頃清潁灣。母及子孫六百指，仰事俯育身久閒。大江之南雁北向，故人聞綴行台班。合眼有時得相見，不過夢中空往還。起宗籍籍□□史，□□易退仕如止。桐川大邑當孔道，弦歌聲□□□□。斷橋流水來者誰，兩彎相逢各驚喜。丹青慘澹繪為圖，邃□幽穿知幾里。右軍蘭亭未足誇，摩詰輞川焉丁擬。紫陽洞天虛谷春，亦荷老筆為寫真。踰七望八盍早往，滄浪日渥冠纓塵。二公妙齡挾才藝，往往見知今宰臣。省□□□夕有命，再使堯舜風俗醇。錦囊此軸且捲起，未可□□□繪蕁。（方回《桐江續集》、卷二十六）

〈題王起宗畫松岩圖〉　　　　　　　　　　　　　　　　　　　元・楊 載

雲起重岩鬱凌亂，長松落落樹直榦。若人於此結茅屋，爽氣飄然拂霄漢。艤舟之子何逍遙，從者傴僂携一瓢。山中無日不閒假，跋涉相顧凌風飆。始知王宰用意高，使人觀圖鄙吝消。世間未必有此景，塗抹變幻憑秋毫。丹青遊戲故足樂，收絕視聽搜冥寞。向來為政殊不惡，乃爾胸中有丘壑。（楊載《翰林楊仲弘詩集》、卷五）

〈題王起宗御史江山煙靄圖〉　　　　　　　　　　　　　　　　明・劉 基

繡衣御史乘驄暇，貌得江山煙靄圖。日落風雲連紫極，天寒波浪隔蒼梧。魚龍縱壑深

無底，猿鳥歸巢暝不呼。羈旅傷心綠百感，可堪回首憶吾廬。（劉基《誠意伯劉文成
公文集》、卷十六）

〈跋（王起宗）毳馬圖後〉　　　　　　　　　　　　　　　　　　　明・陳謨

畫馬，貴得其神駿氣骨固為上，毛色即次之，蓋神駿之表也。古今畫史，著色者多，
散毛者少，殆可畧略之。然韓幹畫肉不畫骨，忍使驊騮喪氣，肉不可忽而忽其毛可乎？
魯人頌僖公牧事有成，別其群凡十有六品，而古人吉事尚文，率毛馬而頌之，毛色之可
貴尚矣。吾又意畫者之於毛，或詳，或畧，各極天趣。亦由工書者為正為行，短長肥瘠，
神妙自然，政未易優劣之爾。吳興趙公畫太宗拳毛騧，毫忽入微，殆有古法。妙王傳王
起宗倣吳興筆，為憲副劉君子高作毳馬圖。神駿氣骨復溢出於毛色之外，信佳製也，因
志於其後，余又聞腹間旋毛，為一日千里之徵，而此畫概見之，惜余不善相，然亦可見
毛之不容忽略如此哉。（陳謨《海桑集》、卷七）

王 冕

小傳：字元章，號老村，又號煮石山農、又山農、飯牛翁，又與楊維楨同號會稽外史。諸暨
人，居會稽。善寫竹石，尤工墨梅。（見《中國畫家人名大辭典》、三十七頁）。

〈（自題）墨梅〉　　　　　　　　　　　　　　　　　　　　　　　　自 題

老仙醉吸墨數斗，吐出梅花个个真。相見莫嫌顏色異，山林別是一般春。我家洗研池
邊樹，朵朵花開淡墨痕。不要人誇好顏色，只留清氣滿乾坤。（王冕《竹齋詩集》、八七
頁）

〈王元章畫梅〉　　　　　　　　　　　　　　　　　　　　　　　　自 題

明潔眾所忌，難與群芳時。貞真歲華晚，只有天地知。荒苔叢篠路縈迴，繞潤新栽百
樹梅。花落不隨流水去，鶴來常帶白雲回。買山自得居山趣，處世渾無濟世材。昨夜月
明天似洗，嘯歌行上讀書台。

飯牛翁即煮石道者，閒散大夫新除也。山農近日號老村，南園種菜時稱呼。元章字，冕名，
王姓，今年老異於上年，須髮皆白，腳病行不得，不會奔趨，不能諂佞，不會詭詐，不能干
祿仕，終日忍飢過，畫梅作詩，讀書寫字，遣興而已，自唱曰："既無知己，何必多言。"
呵呵。（明朱存理《鐵網珊瑚・書品》、卷四）

〈王元章雙清圖〉　　　　　　　　　　　　　　　　　　　　　　　自 題

長卷至正七年四月八日，寫于蕭然山戴氏畫樓。是日，風雨大作，客興挹鬱，適與直
攜長紙索予寫梅，拂紙揮毫，便覺瀟爽，如明月雪霽放舟洞庭林屋之下，精神飛動，不

知人世之紛紜何如也。遂縱為作推篷橫看勒竹，以副命曰雙清圖云。王冕識。（清吳升《大觀錄》、卷十八）

〈王元章墨竹〉　　　　　　　　　　　　　　　　　　　　自　題

　瀟湘三君子，是伊親弟兄。所期持大節，莫負歲寒盟。

　赤城陶君，故家子也。余寓西湖之東，九成時來會，談論竟日，退有不忍捨者。其仲季皆清爽，真芝蘭玉樹，不下晉人王謝家也。遂書而歸之。己丑歲夏五月二十二日，會稽王冕寫。（清吳升《大觀錄》、卷十八）

〈王元章三君子圖軸〉　　　　　　　　　　　　　　　　　自　題

　己丑歲夏五月二十二日，會稽王冕寫。瀟洒三君子，是伊親弟兄。所期持大節，莫負歲寒盟。赤城陶君九成，故家子也，淳粹雅澹，有出塵風韻，讀書之暇，每以翰墨自適。余寓西湖之東，九成時來會，談論竟日，退有不忍舍者，其仲季皆清爽，真芝蘭玉樹，不下晉之王謝家也，遂題而歸之。（龐元濟《虛齋名畫續錄》、卷一）

〈題王元章墨梅〉　　　　　　　　　　　　　　　　　　元・釋子賢

　我家繞屋梅花樹，況在清溪白石邊。雲霽月明疏影小，讀書猶記十年前。（顧瑛《草堂雅集》、卷十四）

〈題王元章梅〉　　　　　　　　　　　　　　　　　　　元・丁　復

　三年不見王徵士，一見梅花如見人。風致山陰頻夢夜，雪晴江上又逢春。毫端只作尋常寫，意度真同造化神。聞道耶溪新買宅，想栽千樹作比隣。（丁復《檜亭集》）

〈題王元章梅〉　　　　　　　　　　　　　　　　　　　元・于　立

　老鶴歸來不受呼，野橋江樹雪糢糊。西湖處處皆桃李，省識春風到畫圖。（顧瑛《草堂雅集》、卷十一）

〈題王元章梅〉　　　　　　　　　　　　　　　　　　　元・熊夢祥

　紫禁春醲雪未消，年年香冷只飄颻。許身入畫酬清賞，不嫁東風過小橋。（顧瑛《草堂雅集》、卷六）

〈題王元章寫紅梅〉　　　　　　　　　　　　　　　　　元・柯九思

　花姑射燕支襯露華，一枝楚楚進天家。君王不作梁園夢，金水河邊厭杏花。（柯九思《丹邱集・錄自元詩選》、六十頁）

〈畫梅行會稽王元章惠以梅且題其上依題酬之〉　　　　　　　　　元・邵亨貞

　　道人畫梅墨色爛，頃刻畫成還自歎。不教么鳳識貞心，故遣苔花封老榦。空江歲晏冰
雪寒，江上月明人倚闌。隔江美人相見難，誰其致之白雲間。美人為我話疇昔，感此孤
高混荊棘。春風一夜到寒窗，坐使化工長太息。嗟予清絕忘世緣，得此似挹羅浮仙。歲
寒相對深崖巔，夢中梨雲豈其然。（邵亨貞《蟻術詩選》、卷四）

〈題王元章梅〉　　　　　　　　　　　　　　　　　　　　　　　元・張　渥

　　照水疏花冰有暈，橫窗瘦影玉無痕。孤山月冷黃昏後，拄杖曾敲處士門。（顧瑛《草
堂雅集》、卷七）

〈題徐仲原所藏王冕畫紅梅〉　　　　　　　　　　　　　　　　　元・成廷珪

　　羅浮仙子絳綃裳，也欲隨時學艷粧。今日北人渾見慣，杏花同色不同香。（成廷珪《（居
竹軒詩集》）

〈王元章白描梅〉　　　　　　　　　　　　　　　　　　　　　　元・鄭元祐

　　王郎筆底無纖塵，只有萬斛江南春。疏花冷蕊禁不得，珠明玉潤前森陳。珊瑚交柯撐
鐵網，金鎗鑠日張龍鱗。咸平處士西湖濱，風雪滿頭肌肉皴。長歌短吟梅樹下，聲詩寫
得梅花真。王郎晚歲劉溪雪，艤舟孤山一問津。色香揖塵盡奪取，高揮大抹駭世人。舊
時娟娟裏湖月，清光長照無疎親。（鄭元祐《僑吳集》、卷二）

〈王元章梅〉　　　　　　　　　　　　　　　　　　　　　　　　元・鄭元祐

　　明月西湖上，清光儗舊時。東風露消息，香雪滿南枝。（鄭元祐《僑吳集》、卷六）

〈王元章梅〉　　　　　　　　　　　　　　　　　　　　　　　　元・鄭元祐

　　孤山無復有梅花，寂寞咸平處士家。留得王髯醉時筆，歲寒仍舊發枝槎。（鄭元祐《僑
吳集》、卷六）

〈題王元章墨梅〉　　　　　　　　　　　　　　　　　　　　　　元・鄭元祐

　　舊時月色有誰歌，拔劍王郎髯已皤。惆悵春風舊詞筆，南枝香少北枝多。（鄭元祐《僑
吳集》、補遺）

〈題王冕墨梅有引〉　　　　　　　　　　　　　　　　　　　　　元・王　逢

　　冕，會稽狂士。少明經，取科第，不中，遂放曠江海間，士之負才氣者爭與游。嘗轄牛游京
城，名貴咸側目。平生嗜畫梅，有自題，云“冰花個個團如玉，羌笛吹他不下來”。或以是

刺時，欲執之。一夕，遁去。

霜落銀河月在天，美人松下鬥嬋娟。一枝倒影吳牛角，曾比知章踏酒船。（王逢《梧溪集》、卷五）

〈題山農畫梅〉　　　　　　　　　　　　　　　　　　　　　元・貢性之

大庾嶺頭春信早，十月梅開照青昊。曾騎官馬隴頭來，百里梅花夾馳道。夫君元是嶺南人，自言家近羅浮邨。種梅遶屋一萬樹，玉為肌骨冰為魂。得官遠向西湖住，喜與林逋作賓主。夢回酒醒霜月寒，又見梅花在牕戶。笑倩旁人為寫真，相看如見嶺頭春。一聲長笛月欲落，腸斷梅花身後身。（清《御定歷代題畫詩類》、卷八十四）

〈題王元章梅〉　　　　　　　　　　　　　　　　　　　　　元・陳　基

武陵溪上桃千樹，亦有寒梅照水開。一種春風標格在，太平恩澤為栽培。（顧瑛《草堂雅集》、卷一）

〈為王漢章題王山農畫梅〉　　　　　　　　　　　　　　　　元・宋　禧

山陰狂客王山農，平生游戲梅花中。梅花解作忘機友，雪天月夜長相逢。腰圍固有食肉相，忍餓惟知罵卿相。清癯仙質愛梅花，寫神迥出緇塵上。湯楊墨跡世上傳，山農與之爭後先。只今片紙不易得，豪家豈惜黃金錢。推篷之圖為誰作，爛熳千花競交錯。逸興可發文章家，走筆花前風雨落。我昔避地留梅川，梅川孤舟花底眠。冰霜滿眼畫無路，桃源誰送漁郎船。王家高堂對圖畫，白首忘愁了諸債。南風洒洒吹寒花，往事令人感時邁。（宋禧《庸菴集》、卷二）

〈題王山農畫梅〉　　　　　　　　　　　　　　　　　　　　元・宋　禧

山陰道上每相逢，當日梅花在眼中。笑我題詩無一字，吐辭不及廣平公。（宋禧《庸菴集》、卷九）

〈王山農畫梅〉　　　　　　　　　　　　　　　　　　　　　元・宋　禧

山農作畫愛梅花，身後聲名擅一家。獨倚寒村誰泯滅，吟詩空恨夕陽斜。（宋禧《庸菴集》、卷十）

〈題王山農畫圖〉　　　　　　　　　　　　　　　　　　　　元・宋　禧

閏三月廿二日，過北郭王氏書舍觀酴醾，留飲花下酒酣，為題王山農畫圖，時立夏已九日矣。春歸北郭看酴醾，卻見梅花為賦詩。二十四番花信後，薰風不似朔風吹。（宋禧《庸菴集》、卷十）

〈楊世通求題王元章畫梅〉　　　　　　　　　　　　　　　　　元・呂不用

　　和靖孤墳草木長，梅花神契久荒唐。山陰翰墨春池水，祕畫黃昏月裡香。（呂不用《得月稿》、卷二）

〈王元章梅〉　　　　　　　　　　　　　　　　　　　　　　　元・金哈剌

　　東閣西湖春意多，香凝玉砌影沈波。而今見畫風霜裏，尤愛昂藏鐵石柯。（金哈剌《南遊寓興詩集》、四十九頁）

〈王元章梅竹，為省椽鄭起清賦〉　　　　　　　　　　　　　　元・金哈剌

　　老幹懸厓花不繁，長梢分葉翠成竿。冰霜莭操誰能似，只有薇郎耐歲寒。（金哈剌《南遊寓興詩集》、五十四頁）

〈天香閣觀王元章梅，次其所題詩韻〉　　　　　　　　　　　　元・張　憲

　　天香閣下秋氣清，上人邀我閣下行。舉頭驀見王冕畫，使我塵埃双眼清。摩挲素壁如鏡平，上有萬點水花明。若非華光騁三昧，誰使造化驅百靈。繁枝久不林下見，老幹忽來堂上生。拳攣礌磈鶴膝凸，屈曲盤拏猿背撐。薄寒似覺霜氣勁，慘淡似有參星橫。酒家門前曉月落，羅浮夢裏春風輕。枝間積雪擬待伴，樹杪翠衣疑有聲。皎如姑射太綽約，靜似處子多娉婷。鐵石心腸不挂念，冷蕊疏香偏動情。短籬倒照日杲杲，野橋春水過泠泠。空懷孤山已半世，不到西湖今十星。何當結茅里閭近，相與把杯懷抱傾。閒扶竹杖石上坐，起持鐵笛風前鳴。君不見梅花艇子浮如萍，浮遍鑑湖八百里。胡為送死將軍營，烏乎胡為送死將軍營。（張憲《玉笥集》、卷六）

〈題會稽王冕翁畫梅〉　　　　　　　　　　　　　　　　　　　元・丁鶴年

　　永和筆陣在山陰，家法惟君悟最深。寓得梅花兼二妙，右軍風致廣平心。（丁鶴年《鶴年詩集》、卷二）

〈題王元章梅花圖〉　　　　　　　　　　　　　　　　　　　　明・劉　基

　　道人紅顏映髭雪，欲與梅花鬥清潔。夢魂化作梅花神，貌得梅花最奇絕。高軒落筆當晴曦，北風吹樹寒雲垂。九霄露洗珠玉蕊，野水影動龍蛇枝。勞生苦被煩熱惱，見此令人暢懷抱。虛堂夜半明月入，玄鶴一聲驚絕倒。四湖處士骨已槁，湖上淡煙迷蔓草。石壇日夜長蒼苔，紫脫瑤英為誰好。羅浮山在何處，聞道其間無散木。只有梅花三萬樹，黃初平在金華。山中白羊許借我，與爾並駕凌飛霞。（劉基《誠意伯劉文成公文集》、卷十一）

〈題王元章梅花圖〉　　　　　　　　　　　　　　　　　　　　明・劉　基

　　會稽老王拙且痴，能畫梅花稱絕奇。春聰走筆生古怪，中有窈窕傾國姿。人生得閑真
是好，得閑不閑惟此老。布袍闇茸髮不梳，一生只被梅花惱。天生梅實可和羹，爾梅有
花結不成。世間花實摠尤物，不如圖畫終古無榮枯。（劉基《誠意伯劉文成公文集》、卷
十一）

〈王元章墨梅并次詩韻〉　　　　　　　　　　　　　　　　　　　明・凌雲翰

　　山陰陳迹老莓苔，為探梅花踏雪來。傳得一枝溪上景。眼明相見亦驚猜。（凌雲翰《柘
軒集》、卷一）

〈題葛原良所藏王元章所作梅鳥圖〉　　　　　　　　　　　　　　明・謝　肅

　　翠袖佳人天外倚，縞衣仙女月中尋。十年一覺悲歡夢，都把春情付雪禽。　右梅竹白
鳥。

　　雪餘梅發映春空，咫尺仙凡有路通。為問綠衣歌舞後，更誰曾到合歡宮。　右梅花翠
鳥。（謝肅《密菴藁》、卷戊）

〈題畫梅和王山農韻并序〉　　　　　　　　　　　　　　　　　　明・錢　宰

　　王煮石梅花一枝，系以長歌，幾四十年矣。俯仰今昔，有懷故人，因次韻于後，但顛倒縱橫，
　　不倫不理，不能不為韻所牽也，觀者必發一笑。

　　江南春來白雪爛，落月橫參夜將半。縞衣綽約如故人，踏風梨雪敧老榦。北風獵，天
正寒，彷彿風葅憑西闌。迺知山人竟不死，夜煮白石青松間。高情撫世無今昔，溪上梅
花沒荒棘。憶曾揮翰洒溪雲，一枝寄與春消息。花前喚酒寫長歌，花下呼兒掃落花。若
一揚州何遜宅，定是西湖處士家。山人愛梅心獨苦，笑爾豪吟玉堂樹。山顛水際日看花，
鳳詔鸞書招不去。解衣盤礡兩袖垂，腕指所至皆天機。南枝著花玉色起，北枝凍壓玄霜
飛。自從上苑成塵土，無復當年舊歌舞。源上桃花不記秦，九畹芳蘭已忘楚。不如山人
臥雲松，破屋長在梅花東。傳家別有花作譜，放手直欲先春風。見花如見山人面，誰道
人間亡是公。（錢宰《臨安集》、卷一）

〈題王煮石推篷圖〉　　　　　　　　　　　　　　　　　　　　　明・錢　宰

　　粲粲晴林截素霓，夢回何處覓新題。畫簷壓檻江南屋，短棹推篷雪後溪。落月欲分花
上下，春風不隔樹高低。何當一見冰霜表，放棹孤山煙水西。（錢宰《臨安集》、卷二）

〈題王煮石梅花〉　　　　　　　　　　　　　　　　　　　　　　明・錢　宰

　　煮石山人今永別，見花長作故人看。縞衣綽約春來瘦，風葅嚴凝雪後寒。每憶荒烟啼

翠羽，笑扶明月下飛鸞。何煩宋玉相招得，環佩歸來露未乾。（錢宰《臨安集》、卷二）

〈題王元章梅〉　　　　　　　　　　　　　　　　　　　明・虞堪

　　髯君畫梅若天造，冰雪肝腸屢傾倒。騎驢曾上燕南道，罵人不識梅花好。囊空無錢遂歸早，把酒對花心懆懆。夜半歌呼發酒狂，縱說花王被花惱。江南三月春風顛，柳絮梨花不堪掃。雪罨枝梢頗綴繁，那似山中昔懷抱。憶君誓不委露草，若欲尋之畏行潦。聞道關門空讀書，十年不見今應老。羌笛吹時不下來，而今正合窮幽討。君不聞咸平處士骨，枯槁白鶴翩翩度瑤島。（虞堪《希澹園詩集》、卷一）

〈題王冕畫梨花鳥〉　　　　　　　　　　　　　　　　　明・釋一初

　　隻鳥交交語晚晴，東闌花發近清明。梨園弟子傷春去，一夜新愁白髮生。（清《御定歷代題畫詩類》、卷一一一）

〈題王冕梅花揭篷圖〉　　　　　　　　　　　　　　　　明・釋溥洽

　　王郎寫梅如寫神，天機到手驚絕倫。自言臨池得家法，開縑散作江南春。酒酣豪叫呼霜皴，寶泓倒飲陰靡熏。龍跳虎臥意捷出，縱橫錯漠迷芳塵。繁花不消千樹雪，古苔蝕盡樛枝鐵。縞衣綽約珮瓃明，夜夜貞心照寒月。嗟予落魄西湖濱，夢魂幾度入梨雲。東風吹香趁流水，斷橋愁送波沄沄。一杯不到孤山土，忽見王郎已千古。還君此圖歌莫哀，原草青青隔烟雨。（清《御定歷代題畫詩類》、卷八十四）

〈題王元章梅花和韻〉　　　　　　　　　　　　　　　　明・顧璘

　　墨池五夜飛玄霜，素靈幻出梅花芳。草堂忽爾見春色，氣序不得由勾芒。空山慘凜層崖裂，千枝萬枝綴瓊雪。水晶屏風疎影寒，舉頭卻見黃昏月。江笛橫飄黃鶴韻，遷人莫報長沙信。欲取寒芳寄遠書，轉愁旅思催蓬鬢。簾外青香撲酒缸，千金莫惜日飛觴。解道明珠交玉體，風流獨羨陳思玉。狐裘蒙茸不知冷，醉臥花前不須醒。夢來直上羅浮顛，占卻梅林千萬頃。（顧璘《息園存稿詩》、卷七）

〈和王元章梅花為段主事子辛賦〉　　　　　　　　　　　明・陸深

　　畫堂六月飛嚴霜，客持此幅梅花芳。乍窺疑浮初月影，細對忽麗繁星芒。寒垣風高吹石裂，嶺南天低不受雪。何以孤山處士家，一段西湖弄華月。海花此時殊有韻，青鳥遙傳海山信。度水盈盈玉雪膚，含風裊裊堆鴉鬢。萬種心情春酒缸，起為花神酹一觴。誰憐白賁元無價，空復紅芳號假王。會稽山農骨已冷，夢入梅花呼不醒。巡簷且索屋三間，負郭何須田三頃。（陸深《儼山集》、卷二）

〈次韻題王山農墨梅〉　　　　　　　　　　　　　　　　明・文徵明

　　西湖老樹凌風霜，敷英奕奕先群芳。貞姿不作兒女態，煙然冰玉生寒芒。窮寒襲人膚
欲裂，幽人自咏孤山雪。至今秀句落人間，暗香浮動黃昏月。卻恨無人續高韻，墨痕聊
寄江南信。不關素質暗緇塵，剛愛鉛煤點新丐。慌疑寒影照昏釭，劇畫無塩誰濫觴。逃
禪已遠嗣者寡，彷彿尚記山農王。山農何處骨已冷，展卷今人雙目醒。何因為喚玉妃魂，
極目晴波湖萬頃。（**文徵明等《文氏五家集》、卷四**）

〈王元章倒枝梅畫〉　　　　　　　　　　　　　　　　　明・徐　渭

　　皓態孤芳壓俗姿，不堪復寫拂雲枝。從來萬事嫌高格，莫怪梅花著地垂。（**徐渭《徐
文長三集》、卷十一**）

王　庶

　　小傳：畫史不見記載。身世不詳。

〈題王庶山水〉　　　　　　　　　　　　　　　　　　　元・虞　集

　　蜀人偏愛蜀江山，圖畫蒼茫咫尺間。駟馬橋邊車蓋合，百花灘上釣舟閒。亦知杜甫貧
能賦，應嘆揚雄老不還。花重錦官誰得見，杜鵑啼處雨斑斑。（**虞集《道園遺稿》、卷三**）

王　章

　　小傳：畫史不見記載。身世不詳。

〈題王章紅梅〉　　　　　　　　　　　　　　　　　　　明・林　弼

　　妖嬈暫借杏桃色，鐵石終存冰雪心。額粉風飄粧鏡盡，臉霞春酒入杯深。（**林弼《林
登州集》卷七**）

王振鵬

　　小傳：字朋梅，仁宗賜號孤雲處士。永嘉人，善工界畫。說者謂其運筆和墨，毫分縷析，左
　　　　　右高下，俯仰曲折，方圓平直，曲盡其體而氣勢飛動，不為法拘。元季界畫可為第一。
　　　　　不在郭恕先之下，周文矩、趙伯駒輩殆弗如也。（見《中國畫家人名大辭典》、三十五
　　　　　頁）。

〈王孤雲避暑圖卷〉　　　　　　　　　　　　　　　　　自　題

　　大元皇慶王子仲春，孤雲處士王振鵬畫。（**龐元濟《虛齋名畫錄》、卷二**）

〈王孤雲龍舟圖〉　　　　　　　　　　　　　　　　　　　　　　　自　題

　崇寧間，三月三日開放金明池，出錦標，與萬民同樂。詳見夢華錄。至大庚戌，欽遇仁廟青
宮千春節，嘗作此圖進呈，題曰：

　三月三日金明池，龍驤萬斛紛遊嬉。歡聲雷動喧鼓吹，喜色日射明旌旐。錦標濡沫能
幾許，吳兒顛倒不自知。因憐世上奔競者，進寸退尺何其癡。但取萬民同樂意，為作一
片無聲詩。儲皇簡淡無嗜慾，藝圃書林悅心目。適當今日稱壽觴，敬上千秋金鑑錄。
恭惟大長公主，嘗覽此圖，閱一紀餘。今春教再作，但目力減于曩昔，勉而為之，深懼不足呈
獻。時至治癸亥春暮，廩給令王振鵬百拜謹畫謹書。（清吳升《大觀錄》、卷十八）

〈王孤雲積墨角抵圖〉　　　　　　　　　　　　　　　　　　　　　元・鄧文原

　昔神禹鑄鼎象物，使民知神奸，入山林川澤，不逢不若，然則鬼物可得見耶？神怪聖
人所不語，此殆畫工欲使觀者知幽明，理殊，同一戲劇耳。集賢直學士鄧文原敬題。（清
吳升《大觀錄》、卷十八）

〈王孤雲避暑圖卷〉　　　　　　　　　　　　　　　　　　　　　　元・吳　澄

　延祐間，大司農買住進栽桑圖，說仁廟以農桑為衣食之本。此圖甚善，命刊印千帙，
散之民間。時王振鵬素被眷愛，乃繪避暑圖，設經御覽，不幾啟主上以晏安耶。唐尹繼
昭畫姑蘇台、阿房宮，千棟萬柱，極其壯麗。說者謂于此不無勸戒，蓋侈靡中寓規諷也。
余謂振鵬圖此，倘亦無逸帝鑑之意乎，後有作者亦將觀感於斯。至治癸亥四月望後二日，
翰林學士吳澄跋。（清龐元濟《虛齋名畫錄》、卷二）

〈王振鵬錦標圖〉　　　　　　　　　　　　　　　　　　　　　　　元・袁　桷

　界畫家以王士元、郭忠恕為第一。余嘗聞畫史言，尺寸層疊皆以準繩為則，殆猶修內
司法式，分秒不得踰越。今聞王君以墨為濃淡高下，是殆以筆為尺也。僚九秋奕未嘗以
繩墨論，孫吳之論兵，亦猶是也。然嘗聞鑒古之道，必由其侈靡者言之，余於畫斷有取
焉。龍舟之圖得無近似，不然，昔之所傳者安得久遠至是耶（袁桷《清容居士集》、卷
四十五）

〈王孤雲積墨角抵圖〉　　　　　　　　　　　　　　　　　　　　　元・袁　桷

　青天白日，其呈怪獻醜，乃敢若是。昔人嘗云，有錢鬼可使，無錢鬼揶揄。作斯圖者，
其無乃逆旅，燈下見其情狀耶？抑亦貂裘珠帽，視褻人子，類以此目之耶？翰林直學士
袁桷敬題。（清吳升《大觀錄》、卷十八）

〈王孤雲龍舟圖〉　　　　　　　　　　　　　　　　　　　　　　　元・趙　巖

飛龍來往幾千艘，樓閣凌雲濺碧流。諫諍此時無廣德，漢家天子御仙舟。趙巖。（清吳升《大觀錄》、卷十八）

〈金明池龍舟爭標圖〉　　　　　　　　　　　　　　　　　　　　元・趙　巖

轟天簫鼓混魚龍，樓閣重簾濕翠紅。奪得錦標休漫喜，卻疑敵國在舟中。趙巖。（美國紐約佳士得藝品拍賣公司/1994年11月30日拍賣目錄81頁）

〈王孤雲積墨角抵圖〉　　　　　　　　　　　　　　　　　　　　元・趙　巖

奇形詭狀何猙獰，也是蝸蠻有戰爭。不必治安言政事，如今宣室問蒼生。趙巖。（清吳升《大觀錄》、卷十八）

〈金明池龍舟爭標圖〉　　　　　　　　　　　　　　　　　　　　元・陳　棨

五雲深處架飛橋，簾幕低垂十二樓。萬乘冕旒瞻鳳闕，千人旗鼓競龍舟。畫闌長柳無窮樂，怪石奇花不盡幽。奪取錦標成底事，當年大業幸揚州。陳棨敬題。（美國紐約佳士得藝品拍賣公司/1994年11月30日拍賣目錄81頁）

〈王孤雲龍舟圖〉　　　　　　　　　　　　　　　　　　　　　　元・王　毅

金明池上錦標寒，水面交爭勝負難。往事百年堪一笑，至今猶作畫圖看。御史中丞王毅敬題。（清吳升《大觀錄》、卷十八）

〈王孤雲龍舟圖〉　　　　　　　　　　　　　　　　　　　　　　元・吳全節

龍舟疊鼓出江城，送得君王遠玉京。惆悵金明池上水，至今嗚咽未能平。玄教大宗師吳全節謹題。（清吳升《大觀錄》、卷十八）

〈王孤雲龍舟圖〉　　　　　　　　　　　　　　　　　　　　　　元・馮子振

金明池上張水嬉，百棹賈勇建鼓旂。按欄切雲人俯砌，但覺洶洶鳴春漪。東西夾岸瞠萬目，黃帽長年看不足。是時恰值宣和全盛時，消得輕綃寫晴淥。前集賢待制馮子振奉皇姊大長公主命題。（清吳升《大觀錄》、卷十八）

〈王孤雲積墨角抵圖〉　　　　　　　　　　　　　　　　　　　　元・馮子振

年來鬼弄人，狡獪出幻戲。崖公亦兒嬉，隊伍連鼓吹。獸吻魑魅頤，顛倒垂舞袂。擎梯旋注盎，駭汗增妙意。跳躑向虛空，渾如履平地。生蛇縛樊龍，鱗鬣尚黏綴。獵圍鏖虎貙，賈勇雷電拂。戈旂誇戰鬥，獰卒彌旦氣。最大後將麾，胡床揣尊貴。代閑鐵門限，失笑詎玩世。魍魎曾問景，莊周語言謎。幽冥一理耳，分別自愚智。百齡千萬齡，伸屈

時不易。懸知碧桃花，長孿老仙孿。五窮莫移檄，文字安敢崇。集賢待制馮子振奉皇姊大長公主命題。（清吳升《大觀錄》、卷十八）

〈金明池龍舟爭標圖〉　　　　　　　　　　　　　　　　　　　元・馮子振

　生浪龍舟沸鼓旗，萬人夾岸宥山移。當年大業揚州恨，錦纜牙檣不是隋。龍舟爭錦標於報君不信之場，此畫得之，如今大業行幸之君，能灑灑日月於千乘萬騎之奔，則一千八百里之揚汴，猶之東西州也。前集賢待制馮子振奉 皇姊大長公主命題。（美國紐約佳士得藝品拍賣公司/1994 年 11 月 30 日拍賣目錄 81 頁）

〈王孤雲龍舟圖〉　　　　　　　　　　　　　　　　　　　　　元・張 珪

　萬棹齊奔競出頭，錦標奪得志應酬。吳儂識此爭先著，一度贏來便可休。中書平章政事張珪敬題。（清吳升《大觀錄》、卷十八）

〈王孤雲積墨角抵圖〉　　　　　　　　　　　　　　　　　　　元・張 珪

　王生灑墨畫成圖，比似牛蠅意不殊。鬼態從教百巇嶮，幽人胸次自愉愉。中書平章政事張珪敬題。（清吳升《大觀錄》、卷十八）

〈王孤雲龍舟圖〉　　　　　　　　　　　　　　　　　　　　　元・王 約

　前代池塘土一丘，荒滛無度恣嬉遊。燕山虎踞龍蟠地，何處能容此樣舟。集賢大學士王約謹題。（清吳升《大觀錄》、卷十八）

〈王孤雲積墨角抵圖〉　　　　　　　　　　　　　　　　　　　元・王 約

　鬼物冥冥莫可知，人為還似鬼奔馳。畫師本自閒遊戲，笑我題詩却是癡。集賢大學士王約謹題。（清吳升《大觀錄》、卷十八）

〈王朋梅東涼亭圖，延祐中奉敕所作草也〉　　　　　　　　　　元・虞 集

　灤水東流紫霧開，千門萬戶起崔嵬。坡陁草色如波浪，長是鑾輿六月來。（虞集《道園遺稿》、卷五）

〈跋（王振鵬）大安閣圖〉　　　　　　　　　　　　　　　　　元・虞 集

　世祖皇帝在藩，以開平為分地。即為城郭宮室，取宋熙春閣材於汴。稍損益之，以為此閣，名曰大安。既登大寶，以開平為上都，宮城之內不作正衙。此閣歸然，遂為前殿矣。規制既穩，秀傑後出，誠無以加也。王振鵬受知仁宗皇帝，其精藝名世，非一時僥倖之倫。此圖當時甚稱上意，觀其位置經營之意，寧無堂構之諷乎。止以藝言，則不足

盡振鵬之惓惓矣。（虞集《道園學古錄》、卷十）

〈王孤雲積墨角抵圖〉　　　　　　　　　　　　　　　　　元・魏必復

　十朋抵角魚龍戲，百怪躑躅獅豹跧。題評無足起新意，徒費舒卷筆硯間。集賢侍講學士中奉大夫致仕魏必復跋。（清吳升《大觀錄》、卷十八）

〈王孤雲積墨角抵圖〉　　　　　　　　　　　　　　　　　元・陳　灝

　鬼墨不勝奇，胷中生百戲。參差有鬼頭，人鬼原無二。前集賢大學士陳灝敬題。（清吳升《大觀錄》、卷十八）

〈王孤雲龍舟圖〉　　　　　　　　　　　　　　　　　　　元・陳　灝

　畫人胸次見忠貞，意氣規模一味清。想像當時同樂日，披圖似有舊歡聲。集賢大學士陳灝敬題。（清吳升《大觀錄》、卷十八）

〈王孤雲積墨角抵圖〉　　　　　　　　　　　　　　　　　元・王　觀

　鬼神本無形，所可見者精怪耳。王生作此圖，蓋世間真有是戲，豈欲見夫幽明之一致也耶？前通事舍人王觀敬題。（清吳升《大觀錄》、卷十八）

〈王孤雲龍舟圖〉　　　　　　　　　　　　　　　　　　　元・陳　實

　天子淳風翊聖朝，瑤階長奏太平謠。縉紳文武風雲際，肯向龍舟奪錦標。儒學題舉陳實敬書。（清吳升《大觀錄》、卷十八）

〈王孤雲龍舟圖〉　　　　　　　　　　　　　　　　　　　元・李　洄

　致心四果阿羅地，不見西川競渡人。却見陶輪輕擲處，峨眉積雪錦江春。李洄敬題。（清吳升《大觀錄》、卷十八）

〈王孤雲積墨角抵圖〉　　　　　　　　　　　　　　　　　元・李　洄

　伯牙援琴，寫風林海濤，作水仙操，凡物移神情而心得其趣也。今是卷抵戲戰鬥，眩見萬狀，亦可謂深入其趣矣。或曰，反是則仙。至治三年季春廿有三日，監修國史長史李洄，奉皇姊大長公主教拜手稽首敬書。（清吳升《大觀錄》、卷十八）

〈王孤雲龍舟圖〉　　　　　　　　　　　　　　　　　　　元・杜　禧

　古人以畫家十三科，山水為第一，界畫次之。此圖極為謹細，一時之所尚也。翰林編修杜禧敬題。（清吳升《大觀錄》、卷十八）

〈王孤雲積墨角抵圖〉　　　　　　　　　　　　　　　元・杜　禧

　　魚龍百戲角觝之技，而舞絚高絷，足踏梯竿瓮釜，又吞刀弄瓦等，極為巇嶮艱難。其餘諸技流，莫能及也。故目之為鬼，百戲是技也。方之精絕，惟鬼物可以能之。畫工因其名稱繪為斯圖，蓋有取之也。至於山海有經，楚辭天問所著，又燃犀、牛渚、朱衣異類之迹，皆稱其形貌，未嘗言其機巧也。翰林國史院編修官杜禧。（清吳升《大觀錄》、卷十八）

〈王孤雲龍舟圖〉　　　　　　　　　　　　　　　　　元・趙世賢

　　縱然奪得錦標回，賈勇爭先亦可嗤。寄語金明池上月，何如修禊且流杯。集賢大學士趙世賢敬題。（清吳升《大觀錄》、卷十八）

〈王孤雲積墨角抵圖〉　　　　　　　　　　　　　　　元・李源道

　　東坡題石氏畫院，舉穎賓語云，鬼神賴畫而識，蓋畫龍易，畫人物難，難者貴其似也。此圖展卷，不覺目恍神忧。昔韓昌黎作送窮文，滿七除二尚不堪，其揶揄怪狀累百，果可把玩耶。翰林院侍讀學士李源道敬題。（清吳升《大觀錄》、卷十八）

〈王孤雲避暑圖卷〉　　　　　　　　　　　　　　　　元・陳敬宗

　　右避暑圖，乃孤雲處士筆也。用意精密，運墨神巧，設施布置無毫髮滲漏，信非孤雲不能為矣。觀圖中山水濚迴，樹木交蔭，重樓綺閣，參差於霄漢之表，曠樹曲欄，繚繞於澗壑之隈，棟梁梯徑，采飾服玩，靡不曲盡情態。一展閱間，而若清風習習，涼沁肌骨，真似身居華清、仁壽，而炎氛為之退舍矣，豈徒嘯咏於溪流樹影者所可企哉？得是珍之，則龍皮扇、澄水帛，又何足重乎？四明陳敬宗題。（龐元濟《虛齋名畫錄》、卷二）

〈王孤雲積墨角抵圖〉　　　　　　　　　　　　　　　元・陳庭實

　　狐鳴集嘯何須怪，神降童謠不足云。鬼戲圖中供一笑，昌黎漫作送窮文。儒學提舉陳庭實謹題。（清吳升《大觀錄》、卷十八）

〈王振鵬金明池錦標圖〉　　　　　　　　　　　　　　元・柳　貫

　　金明池上水如空，矯矯龍舟乘旋風。忽看碬極百戲出，似與阿旁萬戶通。青春仗衛夾城內，白日樓台橫吹中。東都天子方醼樂，欲致秦皇漢武功。（柳貫《柳待制文集》、卷六）

〈王孤雲積墨角抵圖〉　　　　　　　　　　　　　　　元・柳　貫

席上傳芭問楚巫，乘濤被荔果何如。殊形怪狀齊披露，豈止睽狐載一車。國子博士柳貫。
（清吳升《大觀錄》、卷十八）

〈題王孤雲界畫山水圖〉　　　　　　　　　　　　　　　　元・柯九思

　滿地山河如繡，迴巖樓閣凌風，幾度春風秋雨，不知秦苑吳宮。（柯九思《丹邱集》
錄自元詩選、五二頁）

〈題王孤雲潑墨角抵圖〉　　　　　　　　　　　　　　　　元・柯九思

　鬼物戲人，經傳備載，夫且戲人，寧不自戲。王君此圖其自戲耶？戲人耶？觀是圖者
觀其戲，無所戲乃得之。鑒書博士柯九思敬題。（清卞永譽《式古堂畫考》、卷十八）

〈題王朋梅界畫大都池館圖樣〉　　　　　　　　　　　　　元・張　昱

　國初以來好時節，冶綠妖紅蓋阡陌。樂遊盡是勳貴家，人鬧馬嘶聽不得。細漆闌干輂
子車，同載女子如薤花。車上馬上目相許，蝴蝶夢滿東西家。牡丹台畔夜如晝，花炤銀
燈大於斗。正月飲到三月中，樂地歡天古無有。一朝花謝春復歸，門鎖池園空綠苔。簾
前塵覆珊瑚樹，案上蝶棲鸚鵡杯。豪華盡逐東流往，百年丹青化草莽。當時命酒徵歌人，
此日題詩畫圖上。（張昱《可閒老人集》、卷一）

〈王孤雲避暑圖卷〉　　　　　　　　　　　　　　　　　　明・葉　盛

　元王振鵬，仁宗賜號孤雲處士，畫稱一時之絕，界畫極工緻，即唐宋諸名家弗能過也。
此卷宮殿臺閣、亭榭軒砌，俱極詳備，又能廓落地勢，映帶池塘，真神品也。展玩累日，
不忍去手，書此以識。景泰三年三月三日，及庵葉盛。（龐元濟《虛齋名畫錄》、卷二）

〈題王朋梅為朱澤民畫水閣圖〉　　　　　　　　　　　　　明・王世貞

　孤雲宿世一畫師，丹青自結元君知。行逢鎮東兩鬥奇，沘筆為寫無聲詩。簷牙四縮天
棘絲，角影倒插寒漣漪。空青排闥月滿厄，醉睡不記東君誰。二仙仙去亭何之，有圖髣
髴猶可追。即今此圖隨亦墮，是水可亭亭可居。不朽況有諸賢辭。（清《御定歷代題畫
詩類》、卷一一四）

王清觀

　小傳：畫史不見記載。身世不詳。

〈跋王清觀所畫姚玉像并詞〉　　　　　　　　　　　　　　元・劉　壎

　王郎妙人貌，麗質填新腔，為姚華出色，諸才子敲金戛玉從之。天風何來，醒我病目，

便如坐花前聽檀板。因憶景定間，老照為盱城諸名伎寫真成軸，號花間仙集。予時年少，與秋潭、月觀、月厓、月林共賦焉，今非用此故事乎？觀獵心情，筆翩翩復欲下。顧夕陽在山，慨然而慶，未能免俗。聊附氏名寄語玉郎，幸勿笑，曰：「汝非西州皇甫規，何為恥不入黨？」大德丁未夏五。（劉壎《水雲村稿》、卷七）

王啓明
小傳：畫史不見記載。身世不詳。

〈題隱居圖，處州王啟明〉　　　　　　　　　　　　　　　　　　元・張　昱
　隱居萬山中，日夕有佳色。時於巖上石，蒸起雲氣白。桑麻鬱相望，雞犬識巷陌。中林芳草地，不有車馬轍。為與城市遠，似覺囂塵絕。原田既膏腴，且是宜稼穡。溪流既清駛，且是利舟楫。耕漁鄙夫事，富貴要不得。但見桃花開，不知何歲月。寄謝丹青人，吾將安蹇劣。（張昱《張光弼詩集》、卷一）

王　淵
小傳：字若水，號澹軒。錢塘人，一作臨安。幼習丹青，親承趙松雪指授，故多得古法，無
　　　一筆院體。花鳥師黃筌，山水師郭熙，人物師唐人。尤精水墨竹石，當代絕藝，所謂
　　　天機溢發，肖古而不泥古者也。（見《中國畫家人名大辭典》、三十五頁）。

〈王若水枯荷鶺鴒圖〉　　　　　　　　　　　　　　　　　　　　自　題
　鶺鴒蜂飛鳴玉動，流水中荇帶參差。至正丙午，錢塘王淵若水畫。（清吳升《大觀錄》、卷十八）

〈題王若水為仙都宮主趙虛一畫蒼崖古木圖〉　　　　　　　　　　元・柳　貫
　金門騗客住仙都，玉立蒼官五大夫。微月滿空笙鶴下，一林秋影散龍胡。（柳貫《柳待制文集》、卷六）

〈王若水山水〉　　　　　　　　　　　　　　　　　　　　　　　元・劉永之
　谷口寒潮上，厓陰宿霧開。石橋通窈窕，金棧倚崔嵬。樹暗茅堂閉，波明桂棹回。山中花落盡，為報豫章台。（劉永之《劉仲修先生詩集》、卷三）

〈黃民尚所藏王若水陶令歸來圖〉　　　　　　　　　　　　　　　元・李孝光
　連山兮雲中，綠樹兮重重。行人兮始歸，佇立兮秋風。鄉予息兮柳下，治田兮牆東。誰令去此兮幾失予躬，諒非子之不知兮逢彼之窮。嗚呼，知我者西鄰老翁。（李孝光《五

峰集》、卷二）

〈題王若水幽禽圖〉　　　　　　　　　　　　　　　　　　　元・潘　純

　花間幽鳥愛幽棲，揀得春風最好枝。只有江南王若水，白頭描寫是徐熙。（顧瑛《草堂雅集》、卷六）

〈題王若水畫〉　　　　　　　　　　　　　　　　　　　　　元・張　雨

　疏竹蕭蕭依日暮，寒光無語淡交懼。拙鳩且莫閑催雨，留得山花數日看。（張雨《貞居集補遺》、卷上）

〈題王若水墨鳩〉　　　　　　　　　　　　　　　　　　　　元・王　逢

　澹竹花開碧草叢，日暄風靜見沙蟲。鵓鳩不忘相呼逐，偶與孤臣飲啄同。（王逢《梧溪集》、卷二）

〈王若水綠衣使圖〉　　　　　　　　　　　　　　　　　　　元・楊維禎

　綠方翠頂珠冠纓，西來萬里隴山青。金雞一鳴天下白，此鳥一鳴天下平。金精稟氣清徼直，言語兮明藏不得。宮中未聞家國事，共愛聰明好顏色。殿中袞衣誰小戲，宮中錦朋搖虎翅。皁鵰御史不彈邪，拜賜君王綠衣使。（清《御定歷代題畫詩類》、卷九十八）

〈王若水雪羽圖軸〉　　　　　　　　　　　　　　　　　　　元・楊維禎

　石邊叢竹長還低，石罅萱花發又齊。畫史能添生物意，牝雞將子牡雞蹄。

　老鐵禎在雲間小蓬壺，試老陸錢心穎、葉茂實墨也。（清龐元濟《虛齋名畫錄》、卷七）

〈為王雲谷題王若水畫〉　　　　　　　　　　　　　　　　　元・宋　禧

　吾鄉王雲谷先生奉其母夫人，官中吳時，錢唐王若水處士，以其親年過八十，且有祿養之樂，為作萱塘竹雀圖贈之，其年至正癸未也。其後二十有八年，予過邑之東山，雲谷出此圖以觀，感慨之際，為題五十六字。

　江南四月薰風涼，鶴髮慈親坐北堂。萱草花開百憂遠，竹林筍生三尺長。野鶴哺雛依翠石，水禽得伴傍銀塘。年光物色都堪畫，此樂人間不可忘。（宋禧《庸菴集》、卷六）

〈題王若水畫三首〉　　　　　　　　　　　　　　　　　　　元・宋　禧

　棠梨結實荊條並，石菊開花草色齊。風葉一枝秋色冷，月中還許錦雞棲。

　一雙山鵲翫春暉，天上秋期總不知。也好衝花如繡羽，暮棲荊棘最高枝。

　擇枝小鳥雌雄近，出土幽昏子母齊。誰向綠窗成獨宿，銀燈花落聽兒啼。（宋禧《庸

蓭集》、卷九）

〈題王若水畫翎毛〉　　　　　　　　　　　　　　　　　　　元・張　昱

　喔喔雄雞起曉光，豈同雌雄在山梁。雲中鷹隼無虛爪，羽翼低飛好自防。
東風吹水碧漪漪，不放桃花自在飛。莫怪野鳧驚不定，溪頭弋者未忘機。（張昱《可閒
老人集》、卷二）

〈題王若水畫〉　　　　　　　　　　　　　　　　　　　　　　元・張　昱

　萱草花開日又西，太湖石畔鷦鴣啼。竹枝不是江南曲，唱得樽前思欲迷。（張昱《張
光弼詩集》、卷三）

〈題若水臨周昉畫，用虞先生韻〉　　　　　　　　　　　　　元・張　昱

　一片行雲出畫簷，東風吹恨滿眉尖。凌波鵠崎塵生步，舞鏡鸞迴月照奩。楊柳綠肥羞
裊娜，櫻桃紅熟昕香甜。風流更有驚人處，呼下冊青語未淹。（張昱《張光弼詩集》、
卷六）

〈王若水雪羽圖軸〉　　　　　　　　　　　　　　　　　　　元・張　昱

　畫圖應是祝雞翁，萱草花前竹兩叢。一旦雄鳴破昏曉，日輪飛出海波東。

　若水道人王淵為郭原忠寫雪羽圖，真得意筆也。可閒老人廬陵張光弼題。（龐元濟《虛齋名
畫錄》、卷七）

〈王若水畫筍竹桃雀圖〉　　　　　　　　　　　　　　　　　元・胡　布

　綠蔭籬落引遊絲，景物春融萬彙遲。老翠拂去無並榦，嬌紅照日有爭枝。毫端點染成
幽鳥，浙右風流好畫師。昨夜小軒披尺素，東風淑氣藹簾帷。（胡布《元音遺響》、卷六）

〈題王若水畫棘針野雉〉　　　　　　　　　　　　　　　　　元・鄭　東

　棘針野雉雉於翔，有煜其章，隱而弗見，於雉何傷。一章
　雉於止，翟翟其尾，雖離於棘，於雉何恥。二章
　雉於雊，孰捫爾喝，凡民多言，亦孔之疚。三章　　（顧瑛《草堂雅集》、卷七）

〈題王若水梨花山鵲圖〉　　　　　　　　　　　　　　　　　元・鄭　東

　庭北梨花爛漫開，一隻山鵲忽飛來。人生有幾清明節，日日春風醉百迴。（顧瑛《草
堂雅集》、卷七）

〈王若水著色萱花山雀〉　　　　　　　　　　　　　　　　　　元・雪　宣

露晞萱草弄暗暉，短棘離離石徑微。獨愛山禽自無恙，白頭不向上林飛。雪宣題。（明都穆《鐵網珊瑚》、卷六）

〈王若水著色萱花山雀〉　　　　　　　　　　　　　　　　　　元・范　立

棘枝雙立白頭翁，花石分明錦繡中。因憶湧金池上去，畫欄十二倚東風。（明都穆《鐵網珊瑚》、卷六）

〈王若水著色萱花山雀〉　　　　　　　　　　　　　　　　　　元・賈兼善

奔走紅塵四十秋，鬢免如雪為多愁。山禽日對忘憂州，何事年來也白頭。（明都穆《鐵網珊瑚》、卷六）

〈王若水著色萱花山雀〉　　　　　　　　　　　　　　　　　　元・顧　祿

王孫懷林黃金彈，不到離離短棘叢。紅紫畫棟風日美，一雙間戲白頭翁。（明都穆《鐵網珊瑚》、卷六）

〈王若水著色萱花山雀〉　　　　　　　　　　　　　　　　　　元・王彥文

凱風吹彼棘薪稍，孝子從知母氏勞。移得萱花當此樹，白頭山鳥亦來巢。（明都穆《鐵網珊瑚》、卷六）

〈王若水雪羽圖軸〉　　　　　　　　　　　　　　　　　　　　明・王汝玉

居閑觀養雞，生聚同一理。雄鳴常司晨，五德具全美。雌伏復引雛，蕃息殊可喜。畫史妙天趣，移向筆鋒底。揭來當座隅，朝夕玩無已。青城山人王汝玉題。（清龐元濟《虛齋名畫錄》、卷七）

〈王若水水墨芙蓉〉　　　　　　　　　　　　　　　　　　　　明・黃伯成

已惜紅娥口墨粉，更憐青女染玄霜。木花也作芙蓉看，自與芙蓉細比量。伯成。（清龐元濟《虛齋名畫錄》、卷七）

〈王若水湖石潮雞圖軸〉　　　　　　　　　　　　　　　　　　元・盧允農

王郎寫生尤出奇，豪端慣寫隻潮雞。淋漓翠石更陰潤，間以花竹相因依。大雄叩叩向風立，矮雌喔喔穿花入。引雛籬落相呼頻，銜食哺之如不及。雖言羽物偏塞深，還具天然子母心。卻憐春曤螣虫出，不知啄拾來相尋。日哺一飽棲莎際，彼獨殘生此攸濟。嗟人何用苦營營，得失從來有常勢。竹泉生。（清龐元濟《虛齋名畫續錄》、卷一）

〈題王若水畫松石高人圖〉　　　　　　　　　　　　　　　　　明・劉　嵩

　盤松如龍石如虎，傍有高人鬚髮古。千年海上憶安期，一日山中見巢父。龍變乘雲虎可騎，四海逍遙隨所之。桃花源裏有路到，莫遣時人先得知。（劉嵩《槎翁詩集》、卷四）

〈題王若水戴勝二首〉　　　　　　　　　　　　　　　　　　　明・陶宗儀

　桑樹柔條葉已空，晚來獨立語東風。織紝自是閨房事，喜得頻催早獻功。片疎翎列頂旗，娟娟文羽攬春輝。邊庭大將能如汝，獻捷封侯戴勝歸。（清高宗《御定歷代題畫詩類》、卷九十七）

〈王若水為畫秋江眾禽圖〉　　　　　　　　　　　　　　　　　明・袁　凱

　錢唐王宰心思長，欲與造化爭毫芒。下筆百鳥相趨蹌，前身豈是孤鳳凰。江頭芙蓉花正開，花下細浪亦縈迴。駕鵞貼貼天際來，雄雌相隨氣和諧。一雙鴛鴦睡沙尾，野鳧翩翩唼菰米。群鷗爭浴故未已，傾落枯荷葉中水。鶺鴒飛飛多急難，睢鳩意度誠幽閒。乃知良工有深意，不在丹青形似間。姑蘇台前秋氣孤，五羊城下煙疎疎。此時此景真相似，獨少扁舟歸釣魚。宰也至今成老夫，愛我不辭為此圖。我今親老無可養，慎勿重添反哺鳥。（袁凱《海叟集》、卷二）

〈王若水石榴枇杷圖〉　　　　　　　　　　　　　　　　　　　明・張　寧

　涼風蕭颯紅錦裳，翠袍漸染胭脂香。琅玕枝重壓欲折，青女欲拆珍珠囊。金鋼碾碎鴉鶻石，絳綃迸出玲瓏色。葡萄酒盡蔗漿空，一顆靈丹透詩骨。

　東州奇花凌早寒，吳山月廊夜半酣。何人誤作上林賦，病骨卻思黃脂丸。同時不數楊家果，三寸吳湘空萬顆。會須載酒醉西園，一樹黃金墜枝墮。（張寧《方洲集》、卷五）

〈王若水水墨芙蓉〉　　　　　　　　　　　　　　　　　　　　明・王務道

　浣華溪上秋風急，方里橋西野水明。窈窕一枝誰與贈，篇詩題寄錦官城。（龐元濟《虛齋名畫錄》、卷七）

〈王若水雪羽圖軸〉　　　　　　　　　　　　　　　　　　　　明・無為子

　澹軒花鳥、竹石，稱當代絕藝，則自幼得趙文敏指授也。觀淵此圖，天機逸發，肖古而不泥古者乎？神樂寓所觀并題。（龐元濟《虛齋名畫錄》、卷七）

〈王若水水墨芙蓉〉　　　　　　　　　　　　　　　　　　　　明・趙希孔

　歌罷秋風□□□，御羅蹙繡翠雲□。石闌露氣清如□，記得尋詩葉上題。希孔。（龐元濟《虛齋名畫錄》、卷七）

〈王淵黃鶯折枝〉　　　　　　　　　　　　　　　　　　　　　　　明・都 穆

　王若水黃鶯折枝，絹畫，甚工，惜絹色稍闇。（明都穆《鐵網珊瑚》、卷八）

王提舉

　小傳：畫史不見記載。身世不詳。

〈題王提舉界畫宮殿圖〉　　　　　　　　　　　　　　　　　　　　明・張 紳

　吳蠶擇繭銀絲光，輕毫界墨秋痕香。宮中千門復萬戶，知是阿房是未央。樓上美人朝未起，十二珠簾隔秋水。香銷玳瑁舞筵間，夢斷芙容駕帳底。八窗玲瓏金鎖開，君王已在迎仙台。霓旌鳳輦雲間合，翠管銀笙天上來。君不見咸陽一火三月紅，野花啼鳥爭春風。當時亡國知何處，盡在如今圖畫中。（清高宗《御定歷代題畫詩類》、卷一一三）

王勝甫

　小傳：婺源人，善傳神。（見《中國畫家人名大辭典》、三十五頁）。

〈傳神說贈婺源王勝甫〉　　　　　　　　　　　　　　　　　　　　元・陳 櫟

　藝之精者，為能使造化出乎吾手；孝之純者，欲常使親在吾目。噫！豈易與俗人言哉。道與之貌，天與之形。百人百殊，千人千異。一物各具之極，皆自萬物統體之極出焉，此造化之造化也。而精于傳神者，一心即鏡照之於內，兩眼亦鏡照之于外。得之心，寫之繪素，無異于鏡鏡其人。始也道與之貌，天與之形。今道也天也自吾手出，非吾手之造化而何。故曰藝之精者，為能使造化出乎吾手。勝甫以之，今夫人寓形宇內有盡，而子孫之心無盡。他年親日遠日忘，所賴以傳遠者神是已。子孫嘗逮事者，見之如親常在目中固也。不逮事者，亦可于此識其形容，雖不逮事猶逮事也。老蘇有言平居聞一善，必問其人之姓名與其長短大小美惡之狀。又或誌其人平生所嗜好，以想見其為人。嗟夫，此於外人且然，況子孫之於親乎。子孫欲見之而不可得，今得見所傳神，則世美思于心。世傳荷于身，敢懈而不益虔乎？故曰孝之純者，欲常使親在吾目，孝子慈孫以之。人生壯老，容隨年換，自記其顏此在其身，責未在子孫。世有不珍襲先世之容，張以驅禽雀護禾黍者，有捫其絹用糊廚者，有付婢以紉履者。斯人也不有其先若此，沒身難矣。而況能有子孫乎，固書之以為世戒。（陳櫟《定宇集》、卷十六）

王景南

　小傳：畫史不見記載。身世不詳。

〈題王景南山木圖〉　　　　　　　　　　　　　　　　　　　　　　元・張天英

千年古樹立蒼石，三峯兩峯天出雲。青溪道士坐船上，自按玉簫人不聞。（顧瑛《草堂雅集》、卷三）

王斯文
小傳：畫史不見記載。身世不詳。

〈題楊少愚梅花便面九里山王斯文畫〉　　　　　　　　　元・貢性之

新製齊紈似月圓，縠紋如水鬥嬋娟。回從九里山前過，折取梅花上采烟。（貢性之《南湖集》、卷下）

王楚善
小傳：畫史不見記載。身世不詳。

〈題王楚善梅二首〉　　　　　　　　　　　　　　　　元・郭　鈺

百年孤榦長苔衣，數點寒花映竹扉。昨夜東風消息到，主人扶醉月中歸。

江雲欲雪角聲哀，冷蕊商量開未開，記得玉堂揮采筆，萬花晴昊照深杯。（郭鈺《靜思集》、卷十）

王楚皋
小傳：畫史不見記載。身世不詳。

〈題王楚皋墨梅歌〉　　　　　　　　　　　　　　　　明・劉　嵩

江西寫梅誰最豪，近年亦數王楚皋。一枝半蕊忽落紙，已覺酒興生風濤。醉來據案急揮掃，攲樹崩崖雜枯槁。乃翁白髮苦吟詩，自是長沙風格老 。君藏此圖何清奇，昔所未逢今見之。橫梢欲挂明月佩，冷蕊盡亞青瓊枝。是時七月苦炎熱，恍惚當窓濯飛雪。長疑素質夢中見，便擬臨風向之折。吁嗟王郎今已無，江南萬木愁凋枯。忽呼斗酒酬清賞，莫負當年冰玉圖。（劉嵩《槎翁詩集》、卷四）

王　熙
小傳：畫史不見記載。身世不詳。

〈題故元端本堂殿臣王熙臨宋徽宗雪雁圖〉　　　　　　明・胡　儼

端本堂中酒未銷，侍臣圖畫寫前朝。豈知夜半征車發，雪落沙場雁影遙。（胡儼《頤庵文選》、卷下）

〈題元臣王熙端本堂所臨宣和雪天芦雁圖〉　　　　　　　　　　明・夏原吉

　宣和失馭宋綱墮，端本堂臣素所知。何事不陳車覆戒，卻臨圖畫媚當時。（夏原吉《忠
靖集》、卷六）

〈題王熙臨宣和雪天蘆雁〉　　　　　　　　　　　　　　　　明・金幼孜

　端本堂中迹已空，興亡摁在畫圖中。惟有艱難河上路，年年飛雪送歸鴻。（金幼孜《金
文靖集》、卷五）

王夢麟

　小傳：畫史不見記載。身世不詳。

〈題畫史王夢麟卷〉　　　　　　　　　　　　　　　　　　　元・成廷珪

　老翁窮居廣陵市，四壁蕭然祇圖史。題詩不博一文錢，空瓦磨窮空費紙。不如鄉里諸
妙年，翰墨游戲王公前。解衣盤礡作山水，一幅何惜千金捐。何人最得滄洲趣，麟也於
今稱獨步。狂吟寄興肯相過，畫我東橋竹居趣。（成廷珪《居竹軒詩集》）

王壽衍

　小傳：畫史不見記載。身世不詳。

〈王眉叟溪山對月圖〉　　　　　　　　　　　　　　　　　　元・程鉅夫

　明月照飛瀑，倒瀉清溪曲。溪上一株松，亭中人似玉。（程鉅夫《雪樓集》、卷二十九）

〈王眉叟溪月圖〉　　　　　　　　　　　　　　　　　　　　元・袁桷

　水清不受觸，月高不受浴。空景兩相忘，松風進虛谷。之人閱直靜，引手還在目。服
之飛上天，溪流淨如玉。（袁桷《清容居上集》、卷五）

〈題王眉叟真人溪居對月圖〉　　　　　　　　　　　　　　　元・虞集

　長松千尺起，白石下磷磷。隱居愜素念，燕坐見閑身。溪流宛無異，月色亦常新。悠
悠宇宙內，住亭名主人。（虞集《道園遺稿》、卷一）

〈題（王眉叟）墨蘭〉　　　　　　　　　　　　　　　　　　元・黃溍

　月溪畫蘭，傳者絕少。政如深林孤芳，人不可即，迴睨夫託根於堦庭玉樹間者，殆與
薺麥俱茂矣。（黃溍《金華黃先生文集》、卷二十一）

〈題夏頤貞所藏王眉叟真人（臨）馬遠溪月堂卷〉　　　　　　　　元・邵亨貞

憶過餘不王塵山，開玄堂下水潺潺。只今惟見溪頭月，白鶴沖天不可攀。（邵亨貞《蟻術詩選》、卷七）

王翠巖

小傳：畫史不見記載。身世不詳。

〈王翠巖寫竹，求詩亦與弓〉　　　　　　　　　　　　　　　　元・趙孟堅

古畫畫物無定形，隨物賦形皆逼真。其次祖述有師繩，如印印泥隨前人。尚疑屋下重作屋，參以新意意乃足。魏晉而來幾百年，羲獻斷絃誰解續。何況高束李杜編，江湖競買新詩讀。願君種取渭川一千畝，飽飯逍遙步捫腹。風晴煙雨畫入君，心胸吐出毫端自森蕭。員大夫來，子章何錄錄。

三詩蓋梅竹譜也，然胸中無詩者見之扞格。翠巖得詩後數月，忽問余曰："所求畫竹詩耳，乃及李杜編，何也？"余笑曰："非君不解，世人無君言耳。作詩必此詩，定非知詩人，不聞斯語耶？"皇甫袁工學於斯，聞余詩，欣然求詩，正恐胸中無詩種又扞格也。識者為余一撥，余老不事多言云。景定元禩良月六日，所寓邸乃鹽橋王氏家，二鼓燈下書，諸王孫趙孟堅子固彝齋居士記。（明朱存理《珊瑚木難》、卷四）

王隱齋

小傳：畫史不見記載。身世不詳。

〈王隱齋墨梅〉　　　　　　　　　　　　　　　　　　　　　　元・陸文圭

曾看月下挂疏影，更憐雪後折橫枝。逋仙此詩真是畫，王生非畫却成詩。（陸文圭《牆東類稿》、卷二十）

王 蒙

小傳：字叔明，一作叔銘。號黃鶴山樵，又署黃鶴山人、黃鶴樵者、黃鶴山中樵者。自稱香光居士。趙孟頫甥，素好畫，得舅氏法，頗能神似，更泛濫唐宋名家，而以王維、董源為宗，故其縱逸多姿，又往往出其舅氏規格之外。說者謂：若使叔明專師松雪，未必不為松雪所掩也。叔明平生不用絹素，惟於紙上寫之，其得意之筆，常用數家皴法，山水多至數千重，樹木不下數十種，徑路迂迴烟靄微茫，曲盡山林幽致，或謂山水師巨然，甚得其用墨法，秀潤可喜，亦善人物。洪武乙丑，以惟庸案被逮，卒於獄。（見《中國畫家人名大辭典》、三十六頁）。

〈王叔明畫寒林鍾馗〉　　　　　　　　　　　　　　　　　　　自 題

　　昔在大都，嘗見董北苑畫寒林鍾馗，洪武甲子，在海上外孫陶振家守歲，因想像其意作此一紙。(明都穆《鐵網珊瑚》、卷六)

〈竹月歌〉　　　　　　　　　　　　　　　　　　　　　　　　自 題

　　竹聲愛呼月，聲清月更清。明光照竹影，篩碎澹黃冰。嫦娥怨孤眠，種桂不種竹。有風吹桂花，堆作黃金粟。我愛竹間月，結屋竹間住。夜夜推出門，嫦娥不肯去。遺我一片玉，照人毛骨寒。軒轅鑄不成，掛在青雲端。無奈白兔翁，搗玉作仙藥。散與世間人，年年生白髮。白髮今滿頭，古今人共愁。杜康采萱子，釀酒能忘憂。竹聲為我吹，明月為我照。顧影呼麴生，三人共飲笑。風定竹聲靜，明月在青天。天地為衾枕，容我一醉眠。擺脫世間事，夢到羲皇前。為我言至道，理極歸容玄。滄海一杯水，太華一微塵。醉形不　醉心，一醉三千春。黃鶴山人王叔明畫并詩。(明朱存理《珊瑚木難》、卷四)

〈王叔明寄情圖并題〉　　　　　　　　　　　　　　　　　　　自 題

　　獨坐古松下，蕭條遺世心。青山引屏障，流水奏鳴琴。安得忘機士，與我息煩襟。幽情寄豪楮，逴然聞足聲。黃鶴山中樵者王蒙畫并題。(清卞永譽《式古堂書畫彙考‧畫考》、卷之四)

〈黃鶴山樵丹台春曉圖〉　　　　　　　　　　　　　　　　　　自 題

　　丹台春曉。至正十有四年五月。吳興王叔明為子安作。(清吳升《大觀錄》、卷十七)

〈黃鶴山樵泉石閒齋圖〉　　　　　　　　　　　　　　　　　　自 題

　　沖懷澹如水，萬境猶虛空。忽聞還山詔，喜入衰顏紅。山中何所有，手種石上松。茅屋閒無人，恒有雲氣封。清燈照佛龕，爐烟裊松風。砏崖噴飛泉，赴壑如撞鐘。群响自起滅，聞聲本無窮。塵消諸念寂，夢覺非有蹤。九旬談一妙，政爾開盲聾。孰持去來影，觀作真實同。去隨流水遠，歸與雲相從。無心任玄化，泊然齊始終。秋風動江漢，波濤皆朝宗。雲帆挂海日，渺渺五湖東。黃鶴山樵者王蒙畫并題。(清吳升《大觀錄》、卷十七)

〈王叔明林泉讀書圖〉　　　　　　　　　　　　　　　　　　　自 題

　　林泉讀書。

　　虎闘龍爭萬事休，五湖明月一扁舟。綠簑衣上雪颼颼，雪月光中垂釣鉤。釣得鱸魚春酒熟，仙娃仙酤嬌睡足。彫胡炊飯研鱸羹，一縷青煙燃楚竹。篷窗曉對洞庭山，七十二峰青似玉。

調古世寡和，材疏自無群。種玉閟奇術，還舟隱玄文。披裘負薪士，拾金世所無。雖無箕穎節，亦不慕為勳。石田長芝草，暮春自耕耘。曲肱抱耒耜，長歌至日曛。所樂長在茲，沒歲復何云。

余觀邵氏聞見錄，宋南渡後，汴京故老呼妓于廢囿中飲，歌太白秦樓月一闋，座中皆悲感莫能仰視，良由此詞乃北方懷古，故老易垂泣也。余亦嘗填憶秦娥一闋，以道南方懷古之意：花如雪，東風夜掃蘇堤月，蘇堤月，香消南國幾回圓缺，錢塘江上潮聲歇，江邊楊柳誰攀折，西陵渡口古今離別。自太白倡此曲之後，繼踵者甚眾，不過花間月下、男女悲歡之情，就中能道者，惟有：花蹊側，秦樓夜訪金釵客，江梅風韻，海棠顏色，尊前醉倒君休惜，不成去後空相憶，山長水遠，幾時來得。自完顏涖中土，其歌曲淫哇喋嘍之音，能歌此憶秦娥者甚少。有能歌者求余畫，故為畫此詞之意。王蒙。（清吳升《大觀錄》、卷十七）

〈王叔明湖山清曉圖軸〉　　　　　　　　　　　　　　　自　題

　　湖山清曉。至正三年七月八日，畫於白蓮精舍。黃鶴山樵王蒙。（清吳升《大觀錄》、卷十七）

〈王叔明層嵐蕭寺圖軸〉　　　　　　　　　　　　　　　自　題

　　層嵐蕭寺，黃鶴山樵王蒙畫。（清吳升《大觀錄》、卷十七）

〈王叔明聽雨樓圖卷〉　　　　　　　　　　　　　　　　自　題

　　至正廿五年四月廿七日，黃鶴山人王叔明於盧生聽雨樓中畫。生名恒，字士桓。時東海雲林生同在此樓。（清吳升《大觀錄》、卷十七）

〈黃鶴山樵鐵網珊瑚圖〉　　　　　　　　　　　　　　　自　題

　　鐵網網得珊瑚枝，寄與東吳范高士。翠鳳飛來毛羽寒，石化青羊叱不起。金鼎夜煉天地根，閉門不識桃花春。吳烟拂草瀛州綠，鳥啼花落空愁人。百壺美酒恣傾倒，銷盡春愁人不老。却從鶴背看塵寰，四海如杯嵩筆小。黃鶴山中樵者王叔明畫并題。（清吳升《大觀錄》、卷十七）

〈王蒙青弁隱居圖〉　　　　　　　　　　　　　　　　　自　題

　　至正廿六年四月，黃鶴山人王叔明畫青弁隱居圖。（清吳升《大觀錄》、卷十七）

〈王蒙夏日山居圖〉　　　　　　　　　　　　　　　　　自　題

　　夏日山居。戊申二月。黃鶴山人王叔明為同玄高士，畫於青邸陶氏之嘉樹軒。（清吳升《大觀錄》、卷十七）

〈王叔明黃鶴草堂圖〉　　　　　　　　　　　　　　　　　　　　自　題

　　山中舊是讀書處，谷口親耕種秔田。寫向畫圖君貌取，只疑草鶴堂前□。黃鶴山人王蒙。（清吳升《大觀錄》、卷十七）

〈王叔明雙松垂釣圖〉　　　　　　　　　　　　　　　　　　　　自　題

　　一個釣船千頃月，兩株松樹滿山秋。只今老作江南客，水國漁鄉到處留。王蒙畫并題。（清吳升《大觀錄》、卷十七）

〈黃鶴山樵仿董源谿山行旅圖〉　　　　　　　　　　　　　　　　自　題

　　谿山行旅，先在余收藏，及觀此筆意全從北苑出，實叔明未變本家體時傑作也。丁卯子月十九日。其昌。（清吳升《大觀錄》、卷十七）

〈王蒙竹趣圖〉　　　　　　　　　　　　　　　　　　　　　　　自　題

　　竹趣圖。王蒙為怡雲上人寫。（清吳升《大觀錄》、卷十七）

〈王蒙修竹遠山圖軸〉　　　　　　　　　　　　　　　　　　　　自　題

　　修竹遠山。昔文湖州作暮靄橫看，宋思陵題識卷首。觀其筆力不在郭熙之下，于樹石間寫叢竹，乃自其肺腑中流出，又不可以筆墨蹊徑觀也。子文廣文出紙，求畫修竹遠山，惜乎僕之筆力不能似郭，寫竹又不敢彷彿湖州也哉。至若拙樸鄙野，縱意塗耶，可以寫一時之趣，姑塞廣文之雅意云。黃鶴山中人王蒙。（清吳升《大觀錄》、卷十七）

〈王叔明夏山高隱圖〉　　　　　　　　　　　　　　　　　　　　自　題

　　夏山高隱。至正二十五年四月十七日，黃鶴山人王蒙為彥明徵士，畫於吳門之寓舍。（清吳升《大觀錄》、卷十七）

〈黃鶴山樵關山蕭寺圖〉　　　　　　　　　　　　　　　　　　　自　題

　　關山蕭寺。

　　獨立風前認去鴻，阮生何用哭途窮。空江水急寒潮上，大野風來落日紅。木葉亂飛蕭帝寺，雲晴偏護楚王宮。酬恩千里懷孤劍，行李關河慘淡中。

邊城鼓角怨清秋，起坐遙生關塞愁。露氣下垂郡樹白，星光亂點大江流。百年南北人空老，萬井沉世升若浮。不為五湖歸興急，要登嵩華看神州。黃鶴山樵王蒙叔明詩畫。（清吳升《大觀錄》、卷十七）

〈黃鶴山樵蘿薜圖〉　　　　　　　　　　　　　　　　　　　　　自　題

綠蘿蔓蒼壁，花香散春雲。松房孤定回，裒裟留夕曛。山高蘿月白，獨立露滿巾。迴風振層巔，崖雪灑餘芳。昔在淨名空，雨花不霑身。心空諸觀寂，漏盡本無因。孰與幽境會，賞竟去纖塵。心期後來者，矯首空嶙峋。

　　余在龍河濟，玄津持此卷，求余畫蘿薛圖并賦此詩。老全空一見，頷之而微笑。是夜，余閉戶熟睡，夜深扣戶甚急，起觀之，乃全室也，口誦前詩數過，相與唫笑，至五鼓方去。及旦，遂題于卷首。香光居士王蒙叔明識。（清吳升《大觀錄》、卷十七）

〈王叔明靜深秋曉圖〉　　　　　　　　　　　　　　　自　題

　　靜深秋曉。黃鶴山中人王蒙，為貞伯左司畫。（清李佐賢《書畫鑑景》、卷五）

〈王叔明松窗讀易圖卷〉　　　　　　　　　　　　　　自　題

　　松窗讀易圖。至正己未秋日，黃鶴山人王蒙。（清李佐賢《書畫鑑影》、卷五）

〈王叔明松山圖〉　　　　　　　　　　　　　　　　　自　題

　　至正廿有二年秋九月，黃鶴山人王蒙畫於玉鱗塢中。（清李佐賢《書畫鑑影》、卷二十）

〈王叔明鶴巢圖〉　　　　　　　　　　　　　　　　　自　題

　　鶴巢松樹偏，人訪蓽門稀。黃鶴山中樵者王蒙畫。（清李佐賢《書畫鑑影》、卷二十）

〈王叔明雅宜山齋圖〉　　　　　　　　　　　　　　　自　題

　　雅宜山齋。黃鶴山人王叔明，為雅宜生陳惟允畫，時至正十八年四月也。（清李佐賢《書畫鑑影》、卷二十）

〈王叔明贈陳惟允秋山蕭寺圖軸〉　　　　　　　　　　自　題

　　秋山蕭寺（篆書）。黃鶴山樵王蒙叔明，為秋水惟允賢契作。（近代龐元濟《虛齋名畫錄》、卷七）

〈元王叔明怡親堂圖卷〉　　　　　　　　　　　　　　自　題

　　黃鶴山人王蒙為張君志所寫。（清龐元濟《虛齋名畫錄》、卷二）

〈王叔明葛稚川移居圖軸〉　　　　　　　　　　　　　自　題

　　葛稚川移居圖，蒙昔年與日章畫此圖，已數年矣。今重觀之，始題其上。王叔明識。（清龐元濟《虛齋名畫續錄》、卷一）

〈王叔明松窗讀易圖卷〉　　　　　　　　　　　　　　　　元・吳 澄

　鬱鬱泰山松，灑灑崖上竹。廛居遠城市，屣脫去塵俗。朝觀碧山爽，夕看透窗綠。窗前有君子，細把周易讀。奇哉黃鶴生，繪入丹青軸。此畫非輞川，像出王維族。讀易松窗下，圖史清風續。嗟呼丹青在，物永人何速。感今更懷舊，歲月如轉轂。倘遂江南遊，是處我當卜。臨川吳澄書于白雲軒之北牖。（清李佐賢《書畫鑑影》、卷五）

〈王叔明古木竹石圖軸〉　　　　　　　　　　　　　　　　元・白 珽

　口中鐵網珊瑚樹，石上銀鈎翡翠梢。烏夜亂啼江月落，檀欒飛影下窗坳。八十翁白珽題。（清龐元濟《虛齋名畫錄》、卷七）

〈王叔明為姚子章林泉清話圖〉　　　　　　　　　　　　　元・黃公望

　霜楓雨過錦光明，磵壑雲寒暝色生。合是兩翁忘世慮，相逢山水自多情。（清高宗《御定歷代題畫詩類》、卷五十）

〈王叔明為陳惟允畫天香書屋圖〉　　　　　　　　　　　　元・黃公望

　華堂敞山麓，高棟傍巖起。悠然坐清朝，南山落牕几。以茲謝塵囂，心逸忘事理。古桂日浮香，長松時向媚。彈琴送飛鴻，拄笏來爽氣。寧知采菊時，已解哦松意。《御定歷代題畫詩類》、卷一一五）

〈王蒙畫著色桃源圖〉　　　　　　　　　　　　　　　　　元・黃溍

　溪山盡處避秦人，遠近桃花歲歲春。我欲扁舟覓仙路，武陵何處見通津。（明都穆《鐵網珊瑚》、卷七）

〈王叔明丹山瀛海圖卷〉　　　　　　　　　　　　　　　　元・陳 方

　人生不富貴，何如學神仙。神仙之居隔海水，閣縹渺棲雲煙。居中有人白玉佩，從之必授陰符篇。我年十五頗好道，生龜脫筒無夙緣。龍馳虎走髮欲白，忍能坐受凡火煎。只今四十轉多病，安得灌溉筋骨堅。業風動地海波立，且復齷齪荒山巔。通玄道士知姓全，前朝外家籍蟬聯。目擊不待以口傳，高冠岌岌衣翩翩。子當箕歷星斗旋，有文祕在瓊山邊。鬼神當受子所鞭，鴻濛一氣根先天。子必護持勿棄捐，人閒大藥長綿綿。采之以時性要圓，風霆出沒皆自然。琅函玉岌陳真編，子今歸買苕上船。我亦理棹沙舟前，遙知登堂拜家慶。挑燈笑語夜不眠，王祥冰魚曉入饌。閔損蘆花寒獨賢，男兒名節當愛惜。玉皇香案在寸田，水晶宮中不受暑。菱葉參差渡南浦，膠山九月望君來，石壇夜掃黃花雨。陳方子真。（清龐元濟《虛齋名畫續錄》、卷一）

〈王叔明天香書屋圖〉　　　　　　　　　　　　　　　　　　元・柯九思

　潁川有高士，落落無常居。不愛城市遊，乃向巖壑廬。開牕俯西野，縱目聊自娛。青山望中來，白雲與之俱。森森芳桂林，濯濯朝雨餘。良時會佳朋，尊酒散襟裾。豈無榮寵念，窮達各有途。山來不必麾，山去不必呼。仙人王子蒙，揮洒作新圖。優游自成趣，奚必谷名愚。（柯九思《丹邱集・錄自元詩選》、九七頁）

〈題黃鶴樵叟竹石〉　　　　　　　　　　　　　　　　　　　元・柯九思

　風落湘江秋正波，重瞳消息竟如何。竹間猶有斑斑淚，應是英皇恨更多。（柯九思《丹邱集・錄自元詩選》、一〇一頁）

〈題黃鶴山樵劍閣圖〉　　　　　　　　　　　　　　　　　　元・柯九思

　天梯石棧自相鈎，造物玄功筆底偷。挂起碧窗相對處，滿堂風色劍關秋。（柯九思《丹邱集・錄自元詩選》、一一九頁）

〈王叔明為危太樸二十幅〉　　　　　　　　　　　　　　　　元・柯九思

　黃鶴峰頭數往還，興來吮墨寫青山。圖中景物知何限，消盡襟懷一段閒。（柯九思《丹邱集・錄自元詩選》、一二五頁）

〈王叔明天香深處圖卷〉　　　　　　　　　　　　　　　　　元・張翥

　植物之於人，五七載、十載止矣，鮮克終其身至一世、二世，繼者尤未見其人，此正謂娛目契心，若菊與蓮於栗里，營道與雒於姚與魏者。至保其家學業門閥一世二世及八九世，歷國三姓幾四百載不變，子孫繼之不改，若郡之周氏之桂，千百不一見。周氏之桂在宋東京時，亭之以天香，堂之以仙桂，而又樓之以天雨清芬矣。金歷宋歷元而今，周氏徙居吳，其孫敏所居，復有所謂天香深處者。敏謂余，言其祖諱武仲者，登宋哲宗紹聖四年辛丑進士，五子又同登元符進士，第堂與樓亭相繼建於紹聖、元符間，自今癸丑上溯六甲而得辛丑，三百三十六載矣，至敏九世矣。又能復舉進士、典教官，桂無恙也，其流芳之遠，固非娛目契心一時者比，是可尚也，千百不一二見也，非五七十載止也。敏之言，乃曰：「方建樓與亭堂時，吾族方盛大，吾祖歷官吏部尚書，居室宏麗高爽，極一時之盛。吾父祖尤能。聞之長者，宋南渡，周氏居吳，累世至敏，以清約自守，所居卑陋，不能繼先世，敏不肖莫大於是。先生幸有以教我。」嗚呼！富貴在天，學業在己，故可勉以同者人事，不可強而同者天道。可同者人，故能同於四百載之後，越九世而不難。不可同者天，故雖欲自其身，以及其子若孫而不易。君子於此固當樂道觀化，而知外物為不足恃也。雖然余聞善守必通，能屈者必伸，四百年間，周氏可謂善守而能屈矣，能無通且伸乎？叔明王君既畫天香深處堂，予因題其牓者云。河東張翥。（清李

佐賢《書畫鑑影》、卷五）

〈叔明松壑秋雲圖〉 　　　　　　　　　　　　　　　　　元・吳 鎮

　萬壑瀠迴磴道長，崇岡交亙轉蒼蒼。疎松過雨虛闌淨，古木回風曲岸涼。邨舍幾家門半啟，漁梁何處水流香。扁舟凝望雲千頃，不覺西林下夕陽。（清高宗《御定歷代題畫詩類》、卷一）

〈王叔明卷〉 　　　　　　　　　　　　　　　　　　　元・吳 鎮

　短縑幾許容丘壑，鬱鬱喬林更著山。應試王郎胸次好，未教消得此身閒。（清高宗《御定歷代題畫詩類》、卷十二）

〈王叔明林泉清話圖〉 　　　　　　　　　　　　　　　元・吳 鎮

　落日秋山外，霜林莫靄中。相看無俗處，生事有誰同。（高宗《御定歷代題畫詩類》、卷四十六）

〈王叔明雙松垂釣圖〉 　　　　　　　　　　　　　　　元・鄭元祐

　何郎酷似舅，北上何如歸。森然五色筆，終當補袞衣。不應畫松并畫石，時如其舅作戲劇。遂昌山人。（清吳升《大觀錄》、卷十七）

〈王叔明松窗讀易圖卷〉 　　　　　　　　　　　　　　元・鄭元祐

　趙松雪畫，冠絕古今。叔明於松雪為甥舅，寫此松窗讀易圖，用意幽閒，筆法洒落。雖不似于趙千里輩青綠之飾，其淺淡雅素之妙，自是一家丰度，宜與松雪翁並馳繪圖也。伯庸億世傳之，毋忘其始。至正丁酉二月八日，鄭元祐識。（清李佐賢《書畫鑑景》、卷五）

〈觀倪元鎮王叔明詩畫〉 　　　　　　　　　　　　　　元・張 憲

　梜長女垣低，桃開小樓近。憑闌望春色，撫髀嘆天運。主人愛遠客，清酌倒芳醞。坐深頮有泚，飲餘臉生暉。黃鶴素豪宕，雲林靄聲聞。畫圖寶名筆，詞章騁雄韻。諷誦心神驚，披閱目力紊。予生慕膏馥，殘剩苦拾攟。君教本家庭，翰墨抱遺訓。青顏羨軒昂，白髮厭孤憤。仰珍明月珠，俯愧蜣蜋糞。高玩固可憐，退思當自奮。（張憲《玉笥集》、卷五）

〈王叔明聽雨樓圖卷〉 　　　　　　　　　　　　　　　元・錢惟善

　一榻春深雨滿樓，杏梢微濕五更頭。東風更綠江南岸，賣劍家家盡買牛。荷氣香飄竹外樓，雨聲滴破采菱舟。南風一夜生新漲，魚鳥還知此樂不。積雨生涼轉蓐收，梧梧初賣滿城秋。鄰家不識予心樂，也愛書聲在小樓。天地嚴凝萬壑冰，不堪寒雨灑孤燈。一樓清氣猶宜雪，紙帳生春睡未能。曲江錢惟善。（清‧吳升《大觀錄》、卷十七）

〈王叔明天香深處圖卷〉　　　　　　　　　　　　　　　　　　元‧李　祁

邃館隱重岡，（闕）……，古今書在榻。至正庚申九月，隴西李祁題。（清李佐賢《書畫鑑影》、卷五）

〈用王叔明韻題畫〉　　　　　　　　　　　　　　　　　　　　元‧倪　瓚

王郎筆力追前輩，海岳新圖入臥遊。獨鶴眠松猶警露，孤猿挂樹忽驚秋。陶潛宅畔五株柳，范蠡湖中一葉舟。同煮茯苓期歲莫，殘生此外更何求。（倪瓚《倪雲林先生詩集》、卷四）

〈王叔明畫〉　　　　　　　　　　　　　　　　　　　　　　　元‧倪　瓚

筆精點妙王右軍，澄懷臥遊宗少文。王侯筆力能扛鼎，五百年來無此君。（倪瓚《倪雲林先生詩集》）

〈王叔明聽雨樓圖卷〉　　　　　　　　　　　　　　　　　　　元‧倪　瓚

河潤樓低雨如洗，秖疑身宿孤篷底。清晨依檻看新晴，依舊山光清滿几。聽雨憐君隱市中，我憂徭役苦為農。田家那得風波險，朝朝愁雨又愁風。荊蠻民倪瓚。
虛牖濛濛含宿霧，瀑流潤响來何處。江湖近向枕邊鳴，林風又送簫前去。挾水隨雲自往還，根塵不染性安閒。多情一種姣兒女，淚滴天明翠被寒。

至正廿五年歲在乙巳，盧士恒携至綠綺軒見示，輒走筆次貞居外史詩句以寄意云，陶篷寄亭中人，概諸名勝，當不默然也。後十又八年四月九日，瓚記。（清吳升《大觀錄》、卷十七）

〈王蒙為德機寫雨後嵐新圖〉　　　　　　　　　　　　　　　元‧倪　瓚

磵響風前激，嵐光雨後新。何人深此趣，黃鶴山中人。瓚。（清李佐賢《書畫鑑影》、卷十一）

〈題黃鶴山樵畫匡山讀書圖〉　　　　　　　　　　　　　　　元‧呂思誠

黃鶴山人美如玉，長年愛山看不足。醉拈禿筆掃秋光，割截匡山雲一幅。詩豪每憶青蓮仙，結巢讀書長醉眠。我欲因之攬秀色，雙鳧飛角香炉前。（元‧呂思誠《來鶴亭集》、卷八）

〈黃鶴山人竹石〉　　　　　　　　　　　　　　　　　元‧沈夢麟

　　愛此一拳玉，上倚珊瑚枝。綠鳳忽飛下，墨池雲起時。始聞蟄雷動，復見涼風吹。相期保貞節，黃鶴今何之。（沈夢麟《花谿集》、卷二）

〈題王黃鶴枯木竹石〉　　　　　　　　　　　　　　　元‧沈夢麟

　　鷗波亭下水光微，黃鶴翔翔振羽衣。冰壑風生蒼雪下，墨池雲起紫鸞飛。枯梢有待乘槎客，露石曾支織女機。搔首風流今已矣，摩挲令我重歔欷。（元‧沈夢麟《花谿集》、卷三）

〈題王黃鶴小幅〉　　　　　　　　　　　　　　　　　元‧沈夢麟

　　每向西湖載酒過，小風輕雨聽漁歌。王君又寫孤山意，從此令人入夢多。（沈夢麟《花谿集》、卷三）

〈王叔明琴鶴軒卷〉　　　　　　　　　　　　　　　　元‧沈夢麟

　　音樂之至古者，莫如琴；羽族之至清者，莫如鶴，之二物者形質不相似也，動植不相侔也，而其聲音之感，嘗流通乎上下者，何哉？是故虞廷摶拊而鳥獸率舞，瓠巴鼓瑟而游魚出聽，伯牙鼓琴而六馬仰秣，此琹所以為聖人之雅樂，所以為神仙之騏驥也，信乎聲音感通之妙如是焉。予嘗假館于錢塘城東之湯鎮，彼有學者錢以良，人品清修，好讀書，能臨晉人帖，又善鼓琴。其父仲仁氏，扁其軒曰琴鶴，嘗令其子求文為記，予嘗諾之，而老懶不能即應其請。一旦，與以良同客城府，時初秋，餘暑未退，復同舟還館。所行未數里，雷雨大作，少焉風止雨休，陰雲解散，明月在天，清風襲人，灑然有秋意。舟至岸下，以良邀予入室，張燈啜茶，取琴彈之。初操宮羽曲，鏗然若奔湍之落高岡也。再操商角調，飄然若柳絮之御微風也。餘馨未終，有鶴戛然長鳴，若自海南而來者，嘹嘹然若奏鈞天於帝所焉，鏘鏘焉若舞霓裳于桂宮焉，吾琴彈于下鶴聲應于上，將翱將翔，將上將起，若雄倡而雌從也，母呼而子應也，盤旋乎吾屋之上，久之而不去。時夜將二鼓，燭亦將滅，鶴聲漸遠，吾琴亦歇。以良請作歌返之，歌曰：「太音寥寥兮，聽者其誰。新聲哇滛兮，我心傷悲。琴兮琴兮，微斯人吾誰與歸。」再歌曰：「有鶴兮高飛，聲冷冷兮來海湄。感琴聲而來下，嗟吾人兮曾不如一羽之微。」歌畢，以良乃下榻西齋，扶予入偃息。予乃陶然一覺，不知東方明矣。以良給筆札請書之，為〈琴鶴軒記〉。時洪武十五年歲在壬戌秋七月下澣，吳興華溪沈夢麟玄昭甫識。（清吳升《大觀錄》、卷十七）

〈王叔明琴鶴軒卷〉　　　　　　　　　　　　　　　　元‧沈夢麟

　　錢塘城東之安溪，曰錢以良氏，好讀書博古。大夫士喜與之游，命其軒曰琴鶴，累徵鄙詩。

予嘉其志之不凡，為賦唐律一首，若求文章，吾不能也，吳興沈夢麟。

喬梓陰陰綠滿林，每緣琴鶴敍明簪。五音誰和南風曲，一羽猶懷萬里心。柳絮雲浮春淡淡，仙衣露濕夜沈沈。西牕剪燭相期久，一洗哇滛為子吟。沈夢麟。（清吳升《大觀錄》、卷十七）

〈王叔明古木竹石圖〉　　　　　　　　　　　　　　　　　元·楊維楨

黃鶴山人多意氣，真是高亭老仙士。揮毫彷彿如有神，怪石嶙峋筆端起。琅玕玉樹生雲煙，畫圖奪得江南春。爾來遨遊東海上，持贈玉崖之高人。兩翁相對遂傾倒，醉裡不知天地老。持竿共結滄洲期，一釣猶嫌六鰲小。鐵笛道人題。（清卞永譽《式古堂書畫彙考·畫考》、卷之四）

〈王叔明雙松垂釣圖〉　　　　　　　　　　　　　　　　　元·楊維楨

高亭筆如高吏部，能寫千歲髯龍真。疾風不動丘山重，恰似王蒙雙柱臣。鐵笛道人。（清吳升《大觀錄》、卷十七）

〈王叔明古木竹石圖軸〉　　　　　　　　　　　　　　　　元·楊維禎

喬枝干雲霄，勁節凌霜雪。巀然石一拳，期口補天缺。會稽楊維禎。（清龐元濟《虛齋名畫錄》、卷七）

〈（王蒙）臥雲軒記〉　　　　　　　　　　　　　　　　　元·陳　基

行中書右丞吳陵王公，即居第東偏築室若干楹，壘石為小山，引水為池沼。藥畦花徑，紆餘委折，朝光暮景，與雲日爭變化。間與所知角巾，逍遙引觴，淋漓酣謌，夷猶浩然有脫屣軒裳蟬蛻富貴之意。嘗自誦曰：「世無赤松子，則范少伯、張子房何如人也」。因自題其顏曰「臥雲軒」。黃鶴山人最善畫，凡卉木烟霞，山光水色，可以狀夫軒之勝者，廬無不曲盡其態。士大夫因相與傳玩之，且曰：「王公古之人傑也，曩在畎畝已有憂天下之心，今以內聖外王之學，尊主芘民之道，出將入相為時宗臣，蓋布衣之極矣。於是一丘一壑，以臥雲自高不亦宜乎？」又曰：「夫雲隨時而隱見，因人而卷舒者也。故在泰山則觸石而起膚寸而合不崇，朝而雨於天下，在赤松則御之以上下，為雨師以事神農，在少伯子房則乘之以從勾踐高祖。談王伯為萬乘師，由神農至今不知綿歷幾千百載矣。黃帝氏嘗以紀官，保章氏嘗以占歲，漢世祖氏嘗以命台。今公所處則少伯之位，所行則子房之道，所掌則黃帝之官，所致以為豐稔則保章氏之歲，所策勳以圖不朽則世祖氏之台也。」由是而觀，赤松不可及矣，然為雨師以福四海，是未嘗忘乎斯世也。少伯子房宜無所可否矣。然三致千金之產，是貨殖之流，公之所不屑焉者也。若夫閉門辟穀，若無意乎世間之事矣。然卒以計定太子安劉氏，此社稷之臣，公之所欣、慕焉者也。

彼南陽東山之徒，識者不以其堅臥為高，而以其復起為賢，九原可作，公其與之乎？吾聞之，古之君動不違乎時，靜不外乎物，故散之則彌，綸覆六合，雲之跡也。斂之則消，液入無形，雲之心也。跡可畫也，心不可畫也，而況可言乎？雖然，姑為記之，以待忘言者。至正二十三年歲癸卯四月乙巳，臨海陳基記。（元‧陳基《夷白齋藁》、卷三十一）

〈林泉讀書圖〉　　　　　　　　　　　　　　　　　　　　元‧張昱

　高情自愛樂林泉，華屋藏修度歲年。書簡韋編曾幾絕，硯盤鐵造亦磨穿。牙籤插架封芸葉，銀燭臨窗散蠟烟。黃鶴山樵如得意，丹青為作畫圖傳。（張昱《可閒老人集》、卷四）

〈王叔明琴鶴軒卷〉　　　　　　　　　　　　　　　　　　元‧張光弼

　幽居琴鶴以怡情，童子何知預我清。羽翼如傳兩階舞，微絃為和九皋鳴。山林在昔多迂士，畫史行人有重名。好託丹青留後日，莫忘清獻舊家聲。盧陵張光弼。（清吳升《大觀錄》、卷十七）

〈題王叔明溪山圖〉　　　　　　　　　　　　　　　　　　元‧陳汝秩

　前身應是王摩詰，黃鵠溪山似輞川。薜荔十尋懸綠樹，芙蓉千仞倚青天。長歌不用來招隱，閉戶當應疏草玄。怪底西流波浪惡，披圖莫上五湖船。（（清高宗《御定歷代題畫詩類》、卷八）

〈王叔明雙松垂釣圖〉　　　　　　　　　　　　　　　　　元‧王元徵

　曾聞城市有聞人，莫道蓬萊無處尋。一幅畫圖常在目，百年榮辱不關心。雲山遠近來春色，烟樹微茫帶夕陰。自是山中風味好，令人幾度憶王君。

　至正丁卯八月望日，金壇王元徵題，時年六十有九，因不能近視，惜乎污此佳畫也。（清吳升
　　《大觀錄》、卷十七）

〈王叔明松窗讀易圖卷〉　　　　　　　　　　　　　　　　元‧釣鰲叟

　遠山潑黛摩蒼空，近山叠翠高巃嵷。中有白雲如匹練，連蜷舒卷迷西東。猶是巍峨泰山嶺，蒼松鬱秀若老龍。人家倚傍松間住，茅茨矮矮君可容。君家手持周易讀，坐向松窗近綠樹。山深市遠人迹稀，雞犬猿鶴相親處。我昔讀書溪山間，飽看翠紫浮螺鬟。池邊洗硯觀魚躍，松下吟詩待鶴還。一從膺薦走千里，眼中看盡佳山水。每逢奇處輒徜徉，如在丹青畫屏裏。于今見畫心悠然，卻憶王維寫輞川。不知何處有此景，我欲移家營數椽。澄波道人釣鰲叟達題于碧梧軒中。（清李佐賢《書畫鑑影》、卷五）

〈王蒙畫水墨丹台春曉圖〉　　　　　　　　　　　　　元・俞　和

　　王蒙水墨丹台春曉圖（篆題）。桐江俞和。至正十有四年五月。吳興王叔明為子安作。
上無題。佳品也（篆書）。（明都穆《鐵網珊瑚》、卷七）

〈觀下竺王叔明畫壁〉　　　　　　　　　　　　　　　元・釋明秀

　　千巖萬壑倚天開，風雨蒼蒼半壁苔。吟苦不山月上，只疑黃鶴又飛來。（元《古今禪
藻集》、卷二十）

〈王叔明黃鶴草堂圖〉　　　　　　　　　　　　　　　元・王　禋

　　滿眼荊溪入畫圖，數椽茅屋倚蒼梧。秔田二頃躬耕處。坐石看山酒旋沽。三山王禋。
（清吳升《大觀錄》、卷十七）

〈王叔明黃鶴草堂圖〉　　　　　　　　　　　　　　　元・周　尚

　　陰崖積鐵樹斑斑，老董風流足可攀。便欲結茅依此地，讀書松底聽潺潺。周尚。（清
吳升《大觀錄》、卷十七）

〈王叔明黃鶴草堂圖〉　　　　　　　　　　　　　　　元・鄭維翰

　　井屋迢迢隔翠微，我將潛跡荷鉏歸。自緣不露囊中穎，豈嘆人間識者稀。煙柳垂垂平
野沼，風曲翼翼接交畿。却因偶得耕鉏暇，石壁草蘿製作衣。鄭維翰。（清吳升《大觀
錄》、卷十七）

〈王蒙為僧古林畫芝蘭室圖〉　　　　　　　　　　　　元・釋來復

　　王著維摩師子床，芝蘭為友產清香。商巖采到連莖瑞，楚畹移來奕葉光。春雨苾芻還
並秀，曉風簷蔔每同芳。也知臭味通元化，物我冥觀與世忘。蒲庵。（清屬鶚《東城雜
記》、卷上）

〈王叔明聽雨樓圖卷〉　　　　　　　　　　　　　　　元・鮑　恂

　　更深樓外何蕭瑟，半帶滄江遠樹風。疑是千林霜葉下，坐殘一穗燭花紅。斯人雅致今
安在，此夕幽懷孰與同。老我題詩成感慨，雨聲有盡思無窮。

　　　吳郡盧君山甫，歿迨二十年，而斯樓尚存。予抵吳，惜不得見其人。今其子士恒攜張外史所
　　　題詩炎炎來示，予覽之不勝感慨，遂為賦此。至正廿五年四月一日。攜李鮑恂書。（清吳升
　　　　《大觀錄》、卷十七）

〈王叔明聽雨樓圖卷〉　　　　　　　　　　　　　　　元・韓　奕

少年聽雨歌樓上，銀燭昏羅帳。壯年聽雨客舟中，天闊雲低，斷雁叫西風。而今聽雨僧廬下，鬢已星星也，悲歡離合總無情，一任空堦點滴到天明。

　　右竹山先生所賦之詞。今偶獲觀此卷，因舉是詞誠甫，俾書卷末。夫聽雨，一也，而詞中所云不同如此。蓋同者耳也，不同者心也。心之所發情也，情之遇于景、棧于物，其感有不同耳。誠甫中年人，有樓聽雨，吾意其與在僧廬之下者，同其情。誠甫乃曰：「吾聽雨，吾知在吾之樓而已。」遂書。竹山姓蔣，名捷，字勝慾，義興人，卷中諸先輩之先輩。詞之腔虞美人也。韓奕。(清吳升《大觀錄》、卷十七)

〈王叔明丹山瀛海圖卷〉　　　　　　　　　　　　　　　　元・金崖主人

　　山為城，海為池，龍伯有國東海陲。我皇仁風被八極，其上錫貢多珍奇。樗杜子，雪獅獼，跨海來拜天人師。神鰲彭濤雪山白，浪花作雨青天低。龍驤何啻萬斛重，大風開帆秋葉飛。手提隻履慈領西，七條挂在扶桑枝。城頭鼓響，城下馬嘶。人從大唐國裏歸。金崖主人。(清龐元濟《虛齋名畫續錄》、卷一)

〈王叔明竹石圖〉　　　　　　　　　　　　　　　　　　　元・海　漁

　　誰斸巖巖華岳根，幽奇又見竹成文。急呼米老拜石丈，更喚坡翁友墨君。海漁。(清卞永譽《式古堂書畫彙考・畫考》、卷之四)

〈三奇石後銘〉　　　　　　　　　　　　　　　　　　　　明・宋　濂

　　三奇石後銘為吳士朱孟辯作，孟辯獲石聚寶山間，製為山玄膚，玉芝朵，斷雲角三名，其友王蒙先生圖而銘之。銘遂甚至不容繼，孟辯強予述之。信乎珠玉在側覺我形穢也，其辭曰：右一　　山玄膚，割紫蕤，星寶魄，石抱腴。蒼水使者佩失琚，山鬼環守目睢盱。內藏一升白龍酥，餐之凌霄躡双臬。奮迅八極游清都，山玄膚，玉為徒。右二　　玉芝朵，自天墮，量翠霞，裁猗儺。煅以九陽真煩火，有聲泓嘈玉之瑳。不學三秀脆而夥，韓終欲攖意仍叵。青鳥傳信似需我，玉芝朵，青嬭嬭。右三　　斷雲角，鬼斧琢。秀稜稜，文斳斳。霓旌難攀泝寥廓，手析祥氛鄄一握。尚帶蛟龍氣旁魄，神母變幻資彙簫。上衝牛斗光如羅，斷雲角，鎮書幄。(宋濂《宋學士文集》、卷三十)

〈王蒙為僧古林畫芝蘭室圖〉　　　　　　　　　　　　　明・危　素

　　築室古城曲，樹此蘭與芝。異芳間奇石，宛有山林姿。芝蘭日長茂，離披滿前墀。綠葉泫朝露，五色含晴暉。道人方燕坐，境寂神不馳。色香了無取，眼鼻忽若遺。嗟予老京洛，無地結茅茨。浩歌望江水，白雲有餘思。臨川危太樸。(清厲鶚《東城雜記》、卷上)

〈王叔明聽雨樓圖卷〉　　　　　　　　　　　　　　　　明・張 紳

　　山窗聽春雨，冷氣襲病膚。舖床閉齋閣，衣被薰香爐。風燈苦屢挑，夜茗亦再呼。煩
囂悉迸逐，妙理在跏趺。憶子草樓底，茲情還有無。齊郡張紳。草樓聽夜雨，春燈隔重
簾。鉼中新茗煮，奩裡舊香添。風珮潛歸浦，雲璇亂綴簷。作驚來湛湛，更覺去纖纖。
頗被風相妬，還疑雪與兼。喜隨漁艇泊，愁怕客窗淹。頭白盧徵士，高情苦未厭。雲門
山人張紳重題。(清吳升《大觀錄》、卷十七)

〈題王叔明竹石圖，叔明趙文敏公之甥〉　　　　　　　　　　　　明・劉 嵩

　　王郎寫竹出吳興，瀟灑縱橫似更能。昨日蒲菴菴裡見，雲根風骨更崚嶒。(劉嵩《槎
翁詩集》、卷七)

〈黃鶴山樵泉石閒齋圖〉　　　　　　　　　　　　　　　　明・釋妙聲

　　三年京國住，奉詔得還山。猿鶴驚猶識，雲松故自閒。銅鉼爪蛻綠，筍座豹遺斑。莫
執龍香缽，留將在世間。東皋妙聲書。(清吳升《大觀錄》、卷十七)

〈為林子山題王叔明所作羌山隱居圖〉　　　　　　　　　　　　明・凌雲翰

　　詩人頭未白，又欲隱羌山。好把無聲意，先傳滿世間。(凌雲翰《柘軒集》、卷一)

〈王叔明畫次張一笑韻〉　　　　　　　　　　　　　　　　明・凌雲翰

　　高人自是愛林泉，每向山中枕石眠。今日偶然溪上去，松風吹轉槲頭船。(凌雲翰《柘
軒集》、卷一)

〈題王叔明山居圖〉　　　　　　　　　　　　　　　　　明・凌雲翰

　　王叔明為芝塘俞子賢作山居圖於尚友堂，後為鄭敬常所得，俾題其上。
　　畫把交遊迹已陳，西莊依舊鎖松筠。也知谷口煙霞趣，造物應留待子真。(凌雲翰《柘
軒集》、卷一)

〈題王叔明茅山圖〉　　　　　　　　　　　　　　　　　明・貝 瓊

　　一峯插天三萬丈，眾峯旁聯不相讓。我行未盡天下奇，王宰寫山工異狀。靄靄勾曲雲，
蒼蒼溧陽樹。天高去鳥沒，日落行人度。茅君已千年，浪憶燒丹處。猶疑風雨夜，騎虎
山頭遇。平生好山獨未歸，山中桃花如雨飛。相從采朮定何日，長向雲間瞻翠微。(貝
瓊《清江詩集》、卷三)

〈王蒙為僧古林畫芝蘭室圖〉　　　　　　　　　　　　　　明・徐大章

草中惟有芝蘭好，不數宜男指佞賢。近喜亦從蕭寺種，誰云獨許謝庭專。尋常道氣留君子，窈窕風姿媚佛天。何用栴檀林下住，只將瀟洒度年年。始豐徐大章一夔。(清厲鶚《東城雜記》、卷上)

〈題黃鶴仙人畫〉　　　　　　　　　　　　　　　　　　　　　明・高 啟

何處畫相同，湘南與峽東。江來落日外，山出抄秋中。綠桂騷人宅，青蓮釋子宮。鍾鳴樵谷暗，船散市橋空。風樹驚猿落，烟蕪去鳥通。平生遊楚興，對此轉無窮。(高啟《高太史大全集》、卷十三)

〈王叔明聽雨樓圖卷〉　　　　　　　　　　　　　　　　　　明・高 啟

春雲靄江郭，鳩鳴朝夢餘。樓中風颯至，懷抱淡雲除。歷歷樹聲亂，蕭蕭窗影虛。如何門外客，泥潦復行車。渤海高啟題。(清吳升《大觀錄》、卷十七)

〈王叔明聽雨樓圖卷〉　　　　　　　　　　　　　　　　　　明・王 肯

雲林夜澄寂，有雨彌更佳。漠漠著樹穩，霏霏度簷斜。入靜意所便，爭喧競浮誇。弛張任橐籥，細大無根第。妙運出玄造，至理亡紛拏。變化本因妄，聲聞耳生瑕。不如且置之，攝心靜無譁。危坐不須寐，呼童剪燭花。臥龍山民王肯。(清吳升《大觀錄》、卷十七)

〈王叔明聽雨樓圖卷〉　　　　　　　　　　　　　　　　　　明・王 謙

山風滿樓來雨腳，耳底蕭蕭生遠情。還丹化鶴度句曲，破屋無人住洛城。酒停深夜蒼燈在，簾近餘寒濕葉鳴。版上漆書空爪跡，繞簷依舊落春聲。。觀張外史所題山甫盧隱君聽雨樓詩，詞翰瀟灑，令人有超然之想。噫，故物也，士恒其慎藏之。四月七日，王謙寫於客居。(清吳升《大觀錄》、卷十七)

〈王叔明長史畫〉　　　　　　　　　　　　　　　　　　　　明・楊 基

白雲英英山簇簇，綠蘿陰垂樹如屋。鳴琴彈罷坐碧蘚，手搖羽扇坦其腹。南風徐來生晚涼，衣裳颯然荷染香。世間萬事若流水，呼吸湖光醉一觴。(楊基《眉菴集》、卷二)

〈王蒙畫西山圖〉　　　　　　　　　　　　　　　　　　　　明・楊 基

楚山迢遞隔江齊，江上人家盡向西。缺處每逢新月上，淡中長映夕陽低。清憐爽氣晴猶濕，紫護烟光畫欲迷。無復滕王高閣上，珠簾暮雨正淒淒。(楊基《眉菴集》、補遺)

〈(王蒙)梁溪漁友圖詩序〉　　　　　　　　　　　　　　　　明・王 行

　　予友呂志學父，掌教錫山，聲聞著矣，年六十，有退休之志，自號梁溪漁友。其鄉里也好事者為繪之圖，大夫士咸為之詠歌焉。歌咏浸多，裒為卷軸，徵予紀其事於圖而冠以詩，予不得而辭也。晉宗少文志好名山，而足跡不能遍至。乃畫圖四壁，臥以遊之，以適其意。今志學身處黌宮，厥有職業，不得時至其鄉樂其林園煙水之勝。斯圖既展，則神情超然。邈乎自得，蓋似於宗少文矣。或曰古稱同類曰友，志學儒者也。顧乃友於漁，漁其類乎。不然也，同志曰友耳，志苟同，奚必論其迹哉，張子同有道之士也。謂誠漁耶而以漁自居，漁父辭至今傳于世，詎必食於漁然後為漁哉。志學之所尚可見矣，志學絃誦之餘，每多賦咏，予時見之未嘗不喜。其氣益昌意益暢，詞益修而指益遠。蓋老而愈工久而彌篤者也，則為之咏歌者無率然之作也哉。求為之序，蓋亦宜矣。且志學居吳中時，吳之文人才士多與之交。轉首二十年，故舊凋落。今為之賦漁友者，當時之人十無二三。使諸名勝無恙，則其卷軸之富又當何如，得不重予之感乎，此予之文所以不得而辭也。詩在卷首者幾首，某郡某人，某郡某人。好事繪為圖者，黃鶴山人王蒙叔明也。（王行《半軒集》、卷六）

〈題王黃鶴竹石便面〉　　　　　　　　　　　　　　　　　　　明・陶宗儀
　　貌得筸篁墨未乾，蕭蕭離立萬琅玕。此君心事堅如心，一握清風拂面寒。（清高宗《御定歷代題畫詩類》、卷八十二）

〈觀王叔明所畫松下奕棋圖〉　　　　　　　　　　　　　　　　明・顧祿
　　十日一水五日山，王侯妙筆無荊關。山如蒼龍騰入霄，漢表水似白虹瀉出溪潭間。長松直下有巨石，風雨剝落莓苔斑。兩翁對奕盤礡坐其上，笑語自若終日無愁顏。飢來豈待事烟火，瑤草紫芝俱可餐。不知何年修習到此地，知有神仙境界無人寰。我今讀書三十載，抗塵走俗猶未閒。問翁不語愈覺心自恧，高風逸韻邈矣終難攀。安得翁能示神異，授以九轉入爐丹。圖中之景果然真有否，便欲御風一去何須還。（清高宗《御定歷代題畫詩類》、卷四十九）

〈黃鶴山樵鐵網珊瑚圖〉　　　　　　　　　　　　　　　　　　明・顧祿
　　珊瑚千年生海底，至寶終當遇奇士。黃鶴仙人狡獪徒，笑蹋靈鰲輕掣起。波濤洗盡泥沙根，元氣尚帶龍宮春。裹藏什襲贈知己，長生范老非常人。明窗玩之驚絕倒，世間一任韶華老。釣竿猶記拂長柯，三點神山眼中小。顧祿奉題。
　　鶴山老樵列仙徒，玉崖先生名世士。一時傾蓋兩相逢，作畫賦詩高興起。欣然為寫竹數根，旁有古樹回陽春。蛟龍盤拏鳳鸞舞，清風自然能逼人。金壺墨汁都傾倒，壓盡蘇公并米老。須臾更著石嶙峋，海上移來蓬股小。

僕既題詩于上，興猶未已。再賦一首，贅於下方，尚希玉崖文兄清覽云。吳郡顧祿。（清吳升《大觀錄》、卷十七）

〈謝伯誠所藏王叔明狼山圖〉　　　　　　　　　　　　　　　明‧袁 華

憶昨鼓楫遡大江，海門一點狼山碧。安得振衣躡層顛，東望扶桑初日赤。忽見此圖心目明，石壁鐵削苔花青。仙翁白狼不復見，金銀佛宇開岩扁。上方台觀雲中起，下瞰鼉濤千頃水。平原宅相放舟過，吮墨含毫柁樓裏。江南有客頎而長，夢覺池塘春草芳。生平愛畫久成癖，題詩緘封遙寄將。千古風流猶未弭，翩翩王謝佳公子。日暮相思江水深，獨立汀洲折蘭芷。（袁華《耕學齋集》、卷七）

〈王叔明畫雲山圖歌〉　　　　　　　　　　　　　　　　　明‧袁 凱

有客來自高句麗，遺我一幅丈二紙。纖白只如松頂雲，光明不減吳江水。藏之篋笥今七年，妻孥愛惜如紈綺。至正乙巳三月初，王郎遠來訪老夫。升堂飲茶禮未畢，索紙為畫雲山圖。初為亂石勢已大，橐駝連拳馬牛臥。忽焉拔地高入天，欲墮不墮令人怕。其陽倒挂扶桑日，其陰積雪深千尺。日射陰厓雪欲消，百谷春濤怒相激。林下丈人心自閒，被服如在商周間。問之不言喚不返，源花漠漠愁人顏。老夫見之重歎惜，何由致我共絕壁。王郎王郎莫愛惜，我買私酒潤君筆。（袁凱《海叟集》、卷二）

〈王叔明聽雨樓圖卷〉　　　　　　　　　　　　　　　　　明‧釋道衍

勝國之季，兵變之餘，前輩翰墨存者無幾，間獲一見如遇佳彝兒□，不由不使人忻艷也。聽雨樓詩句，句曲外史及一時名流所作，詞翰兼美，亦希世之寶也。吳中處士士恒父，一日出示于予。予展觀之，卷中作者多予故友，茲覩其辭翰，儼若覿彼風度。士恒宜珍藏于家，慎勿輕示人焉。洪武二年春二月二日，吳僧道衍。（清吳升《大觀錄》、卷十七）

〈題黃鶴山人畫竹〉　　　　　　　　　　　　　　　　　　明‧胡 奎

黃鶴仙人去不返，可恨此君相見晚。高堂六月生秋風，見畫令人意蕭散。（胡奎《斗南老人集》、卷五）

〈題黃鶴山人畫松〉　　　　　　　　　　　　　　　　　　明‧胡 奎

黃鶴山頭白雲飛，黃鶴仙人去不歸。一箇長松深谷裏，秋風吹老女蘿衣。（胡奎《斗南老人集》、卷五）

〈題王叔明為瑛上人所畫松亭雅集〉　　　　　　　　　　　明‧虞 堪

仙人王子喬，吹笙度人世。天目山前騎鶴來，五彩虛空畫無際。岨崍岡頭十八公，恰在
己公茅屋東。要予賦詩請莫笑，石上精魂今古同。(虞堪《希澹園詩集》、卷一)

〈題王叔明所畫巖居羅漢〉　　　　　　　　　　　　　　　　　明・虞　堪

　金錫曾飛海上峰，歸來巖窟坐蒙茸。已探娑竭珠宮藏，幾度長安半夜鐘。席上銜花馴
雜鳥，鉢中聽法隱黃龍。寫真畫變還摩詰，應為人間嘆未逢。(虞堪《希澹園詩集》、
卷三)

〈王蒙為僧古林畫芝蘭室圖〉　　　　　　　　　　　　　　　　明・釋如蘭

　芝蘭百本繞階墀，曄曄瓊英間玉薤。楚畹風光搖綠葉，漢廷春雨長銅池。香飄衣袂堪
紉佩，味入齋廚足療飢。謝氏芳華歸寶石，封胡羯末宛同時。白雲峰釋如蘭。(《東城雜
記》、卷上)

〈題天童萬松圖〉　　　　　　　　　　　　　　　　　　　　　明・釋宗泐

　小白市，太白峰，二十里松居其中。一徑陰陰翠羽蓋，半空直直蒼髯龍。太白之峰分
九隴，壯哉千古之佛宮。香雲不動梵唄含，樓閣倒影清池空。左菴昔年此說法，山谷答
響撞鉅鐘。只今九重城裏住，夢魂夜夜鄞江東。錢塘有客曰王蒙，為君寫此千萬松。座
間慘慘起陰霧，屋底颯颯生清風。何來禪子松下度，長衫大笠携一筇。亦有騶從三四公，
青林路口衣裳紅。我初展卷欲大叫，海上湧出高巃嵸。雲端縹緲下玉童，有路似與天相
通。自憐平生不一到，吁嗟老矣將焉從。還君此閣袖手坐，有目只送南飛鴻。(釋宗泐
《全室外集》、卷四)

〈溪山圖歌〉　　　　　　　　　　　　　　　　　　　　　　　明・釋宗泐

　王侯作畫世無敵，下筆直與造化爭神力。生綃一幅寫溪山，萬疊烟雲開霽色。連峰不
斷松杉青，石厓噴瀑飛寒冰。山中逸客茅作亭，桃源路入花冥冥。何處溪山有如此，吳
山腳插吳溪水。放船半出蘆塘灣，收綸撥棹誰家子。乃知王侯妙入神，縱意所到皆天真。
右丞糢糊輞川雪，北苑爛漫江南春。劉卿平生學岐伯，長向吳山采名藥。天子呼來住玉
京，橘樹間圍舊時宅。我識劉卿恨不早，治我沉痾如電掃。王侯著意作此圖，為我殷勤
致懷抱。劉卿重畫輕黃金，世人那得知其心。江上秋風吹客襟，高歌一曲溪山吟。(釋
宗泐《全室外集》、卷四)

〈黃鶴山樵泉石閒齋圖〉　　　　　　　　　　　　　　　　　　明・釋宗泐

　天竺日章法師得旨還山，王侯叔明作泉石閒齋圖，予乃題詩并為贈行。

　春詔還故山，江船復東下。獨飄如飛鴻，秋日照平野。王侯贈新圖，山水儼幽雅。石

厓天際高，茅屋長松下。清香散佛龕，妙觀了空假。白雲席上生，碧溜堦前瀉。乃知遺世情，獨有還山者。安得添吾我，閒齋共瀟洒。洪武乙卯秋。龍河宗泐書。（清吳升《大觀錄》、卷十七）

〈黃鶴山樵蘿薜圖〉　　　　　　　　　　　　　　　　　　　明・釋宗泐

石壁挂青蘿，禪房在其下。松枝裁作扉，茅覆不用瓦。若人百念忘，襟懷自瀟灑。行看塢雲生，坐聽巖泉瀉。怡然朝復曛，在境無取舍。于中亦不存，何有空與假。一從入山來，見山不見野。寒拾千載人，誰是同流者。壬戌秋，全室叟宗泐識。（清吳升《大觀錄》、卷十七）

〈黃鶴山樵蘿薜圖〉　　　　　　　　　　　　　　　　　　　明・釋如磯

開士栖禪蘿薜下，茅舍繞堪庇風雨。堦前咫尺生白雲，簷底尋常臥馴虎。一念情忘萬□融，印心不用楞伽句。飢有松花渴有泉，破屋自牽蘿薜補。愧我移居山不深，又著袈裟聯驚序。聖恩念者賜還鄉，濯足靈泉訪支許。會稽具菴如磯。（清吳升《大觀錄》、卷十七）

〈黃鶴山樵蘿薜圖〉　　　　　　　　　　　　　　　　　　　明・釋弘道

懸崖荔薜接雲長，正愛幽居在上方。涼月紛紛秋弄景，晴陰冉冉晝生香。故依青壁置蘭若，差勝翠微開竹房。況是千年搖落後，盤空秀色更蒼蒼。中吳弘道。（清吳升《大觀錄》、卷十七）

〈黃鶴山樵蘿薜圖〉　　　　　　　　　　　　　　　　　　　明・釋守彝

青蘿薜下一僧房，長日惟燒一炷香。風在竹欄人在定，鳥啣紅柿落紫床。

余侍先師於南屏時，見題此卷，意不盡述復一絕，迨今四十八年矣。西宗意藏更出示，故書於後。前中峰守彝書。（清吳升《大觀錄》、卷十七）

〈黃鶴山樵蘿薜圖〉　　　　　　　　　　　　　　　　　　　明・釋正需

山房以蘿薜名者，乃昔濟上人禪息之所也。上人名玄津，性純粹清雅，以解吟工書鳴于禪林，當時名公多重之者。王君叔明繪為山房圖，題詩識之，全空、存翁、具菴、同菴、止菴諸老師，皆聲詩詠美。玄津既歿，餘五十年，詩卷今為西宗意藏主所有。喬來南屏，一日，西宗出卷示余，且曰：「意生也晚，志慕古人，當宗門全盛時，諸老宿以道學相傾，意以時是不得身侍巾舄于其間。為欲巖居谷處，草座麻衣，世慮淡如，獨慕古之心，時往來于憶也。忽交與有好事者，以蘿薜山房詩卷見遺，展玩欣然，如親接對古老顏色，因自喜以所居山房就名蘿薜，其圖與詩如予素有而復歸于余者也。緬維昔也

　　玄津，親見老而身得之，今日余也，心慕諸老而重得之，相去五十餘年，固雖親見心慕之有殊，而其所得于中者則一也。況吾氏設教，死生輪迴，形影檔繫，又烏知昔日之玄津非余今日之西宗耶？今余之西宗非昔日之玄津耶？嗜好既同，繾性不異，一而二，二而一者也，敢質之于師為何如？"予頷之，曰："子之言，信辨矣、美矣，予言無以加矣。雖然子以生晚，不及親見古人，而志慕之者慕其道也，夫道目擊耳聞無何不在，顧力行何如耳？豈不聞靈雲師之于桃花，孚上座之于畫，角擊竹聲，見弄獅子，皆足以發明向上一著。子慕古人，志在古道，盍以靈雲輩自任，豈求于彼而不察乎此，必俟得古道于古人耶？子其勗諸若乃山房，名實今昔不二，諸老師所賦詩見之矣。"是為記。宣德五年秋九月初吉，淨慈天台沙門釋正需書。（清吳升《大觀錄》、卷十七）

〈黃鶴山樵蘿薜圖〉　　　　　　　　　　　　　　　　　　明・釋大振

　　蒼珉迿纖根，翠蔓鬱盤結。葉密珠纓懸，枝斷釵股折。悠悠爐篆銷，寂寂啼鳥歇。味禪坐深更，虬髯弄明月。前普福住山大振。（清吳升《大觀錄》、卷十七）

〈王蒙為僧古林畫芝蘭室圖〉　　　　　　　　　　　　　　明・釋夷簡

　　不以芝療飢，豈用蘭為佩。芝秀蘭自馨，植此一室內。道人結習盡，與物了無礙。白晝敞禪扉，群峰遠相對。南屏山人。（清厲鶚《東城雜記》、卷上）

〈王叔明樂琴書屋卷〉　　　　　　　　　　　　　　　　　明・釋夷簡

　　琴聲相繼讀書聲，座覺乾坤氣獨清。一曲高山泥水遠，千編深雪小窗明。音非妙指安能發，學必通經可得成。富貴人生俱有道，韓公何論短長檠。方外夷簡。（清吳升《大觀錄》、卷十七）

〈黃鶴山樵蘿薜圖〉　　　　　　　　　　　　　　　　　　明・釋彝簡

　　青山多綠蘿，綿綿挂石壁。秀色無春冬，佳氣連朝夕。中有坐禪房，巖扉窅而寂。日出芝草香，煙消琪樹碧。心空境亦忘，居安身自適。不學解空人，天花繞其席。洪武十七年四月一日南屏山人同菴彝簡記。（清吳升《大觀錄》、卷十七）

〈王叔明琴鶴軒卷〉　　　　　　　　　　　　　　　　　　明・釋福震

　　仙鶴久不見，披圖成慨慷。清昔發指端，霜翩鷺翱翔。古松不改色，歲寒寧蒼蒼。丁卯年十一月廿二日，承以良高士出黃鶴老人手蹟，因閱而有感賦之，北禪舊住山福震。（清吳升《大觀錄》、卷十七）

〈王叔明琴鶴軒卷〉　　　　　　　　　　　　　　　　　　明・董　存

琴鶴軒亭事事幽，塵氛遠隔松陰稠。高風邁古豈易及，清氣逼人殊未休。綠綺梅花三弄月，玉田芝草九皋秋。焚香供客更煮茗，汎此野航溪上頭。野齋道人董存。（清吳升《大觀錄》、卷十七）

〈王叔明松窗讀易圖卷〉　　　　　　　　　　　　　　　　　　明・吳餘慶

　　古來江南山水好，層嶂疊峰青不了。上有白雲時往還，下有清谿正環繞。蒼松古檜挂煙蘿，孤鶴窮猿下林樹。石巖千仞高嵯峨，中藏草堂何深窈。高人愛此卜幽棲，買田築室擬終老。林頭多貯聖賢畫，倚窗謾讀肆窮討。野服芒鞋瘦竹筇，徜徉樂處人知少。嗟予失腳走紅塵，十年風雨長安道。今雖解組歸已遲，城居未免人事擾。見畫忽教心所慕，吾得卜問為適抱。揮毫特為一長吟，才薄非誠聊草草。正統甲子夏四月朔，宜黃吳餘慶書。（清李佐賢《書畫鑑影》、卷五）

〈王叔明琴鶴軒卷〉　　　　　　　　　　　　　　　　　　　　明・釋永隆

　　一軒松障靜，琴鶴最相宜。月下携將去，風前弄撫時。清彈發宮徵，妙舞按歌辭。好是神仙宅，幽深世絕奇。上虞沙門永隆。（清吳升《大觀錄》、卷十七）

〈王叔明琴鶴軒卷〉　　　　　　　　　　　　　　　　　　　　明・陸溥源

　　秋宵月色朗，照在軒宇中。堦前宛如畫，長松颯颯生。清風風清月，月朗有餘興。焚秋歛衽盤雙脛，對月長歌撫雅琴。聲聲美美來仙禽，霜翮翩翩倏然舞。七絃鑑鏘時再鼓，宮音相宜徵音度，商音嘹亮羽音苦。林深竊聽者妖精，辟易遠遁潛其形。抽絃促軫變古調，太始音稀杳真渺。香消月落興亦闌，松梢露濕鶴羽寒。戞戞長鳴欲高舉，雄雌相應還相與。物情感應自何如，瓠已鼓瑟聞游魚。古來物理有如此，琴鶴依然意豈殊。山陰陸溥源。（清吳升《大觀錄》、卷十七）

〈王叔明琴鶴軒卷〉　　　　　　　　　　　　　　　　　　　　明・費良弼

　　披襟敞南軒，少選檐楹月。白鶴海上來，毛衣姹蘭雪。抽琴命善手，願寫中懷結。三疊寄微音，澄虛自怡悅。費良弼。（清吳升《大觀錄》、卷十七）

〈王叔明琴鶴軒卷〉　　　　　　　　　　　　　　　　　　　　明・釋宗珂

　　三尺孤琴鶴一隻，幽居絕似畫圖中。朱絃度曲徽音遠，雪羽承懼舞袖空。長夏薰風香蕙草，清秋涼月影梧桐。何當掛錫蒼松上，旦夕相遇樂事同。括蒼僧宗珂。（清吳升《大觀錄》、卷十七）

〈王叔明琴鶴軒卷〉　　　　　　　　　　　　　　　　　　　　明・金彥禎

公子弄瑤軫，仙禽振雪翎。舞時風過席，彈處月當庭。叔夜傳無譜，浮丘相有經。高懷似清獻，千古足儀型。方泉金彥禎。（清吳升《大觀錄》、卷十七）

〈題王叔明墨竹，為鄭叔度賦〉　　　　　　　　　　　　　　　明・方孝儒

吳下王蒙藝且文，吳興趙公之外孫。黃塵飄蕩今白髮，典型遠矣風流存。華亭米芾稱善畫，每觀蒙畫必歎詫。謂言妙處逼古人，世俗相傳倍增價。昔年夜到南屏山，高堂素壁五月寒。壁間舉目見修竹，煙雨冥漠蛟龍蟠。呼童秉燭久不寐，細看醉墨王蒙字。固知蒙也好天趣，畫師豈解知其意。分枝綴葉人所知，要外枝葉求神奇。天機貴足不貴似，此事不可傳諸師。麟溪鄭君好奇士，愛畫猶能賞其趣。嗚呼世間作者非不多，鄭君甚少可奈何。（方孝儒《遜志齋集》、卷十九）

〈岱宗密雪圖賦〉　　　　　　　　　　　　　　　　　　　　明・姚　綬

猗與泰岱，維嶽之宗。軼溟涬，超鴻濛。走梟繹，奔龜蒙。干乾元而直上，奠坤維于大東。肆燔柴以致堅，因吉土而升中。克禋嚴乎周禮，登禪卑乎漢封。既天下之為小，豈齊魯之班隆。伊何參其崔嵬，抑孰擅其尊崇。曷徵求於岢嶁，匪幻惑於崆峒。谷風扇而春綠，海日生而朝紅。潤壑紛乎其爭流，嵫崦蔚乎其相通。披豐草之委翳，藹嘉禾之菁葱。故於景也宜有密雪，雲同一色靉集。維業欻爾，飄揚霏微，零亂激烈。顛崖撲藪，流泉明滅。僕夫旋其役車，室人塞其傍穴。爾乃牛羊下來，飛鳥迴絕，迺岡迺巘。高平瑩潔，迺紀迺堂。迂遠昭晰，皎長風之玉樹，凝大塊之瓊屑。若夫廟貌孔碩，朱甍飛甍。晃素光之玲瓏，蕩清景之依稀。差若角梨花於夜徑，沾柳絮於春衣。金城澹而失色，銀海眩而生輝。於斯時也，剡曲之舟未返，洛陽之枕方安。又豈知岱宗地位之若是其寬歟，盤旋起伏，崒嵂嶙峋。仰止是圖，行止斯干，嗟攀躋之罔由，托繪事以縱觀。在昔黃鶴山樵，為州郎官，高古意趣，付之筆端，閱九寒暑，始克告成，由點染之神妙，度布置之艱難。前保有者，宛丘後人，什襲愛護，縑墨如新，洞物情之靡常。齊理數之屈信，既楚弓之得失，擴襟抱於無垠。粵維雲東仙館所峙，其中虛明，儲古圖史，壬寅卯月，爰記得此。喜而作賦，貂續先士，為岱宗以敷陳，壽乎者於不死。烏乎，維嶽降靈，生周申甫，屏翰于國，煒燁于古。篤生口口，世步其武。如樵隱淪，研穎是伍。發秘藏於庖犧，首履歷於神禹。追輞川之逸駕，闖北苑之藝圃。故予覩天機之流動，卹良工之心苦。予蓋將自游藝而克廣，收造化之眾府。（姚綬《穀菴集選》、卷一）

〈元王叔明怡親堂圖卷〉　　　　　　　　　　　　　　　　　明・解縉紳

怡親堂記。言昔之孝者，曾子為能養親之志，而曾元則養口體者也，二者均之為能養矣，鄒孟氏每不足於元而多子輿者，豈無其意哉？夫廣廈細旃，安車板輿，服有輕煖，食則滫瀡，此眾人之所謂孝，而君子不謂也。惟能從容將順，深愛和氣之孚洽，如春溢

冰泮，有以悅其志而慰其意也，油然天倫之樂，藹然慈孝之情，略無芥蒂於其間，是乃君子之所謂孝，而曾子終身以行之者也。嗟夫！中世以降，得見眾人之孝斯可矣，求如曾子其人者，不亦難哉？永豐張志所氏，其先君文惠，嘗守揚州，墓宿草矣，志所與其兄弟，築堂以奉其母，顏曰怡親，蓋將從事於斯也，且求余記。余亟喜之，以為志所不徒能養，而思有以怡悅其親也，是不以眾人之所以事親者有其親，而有志乎曾子之志者，予安得而不喜之也。然而悅親有道，反身不誠，不可得而悅也，欲誠其身亦明乎善而已，不和志所果能踐其言否也。予聞志所倜儻負奇氣，好交游，鄉黨稱之，朋友信之，則能踐其言也審矣，誠能踐言，又豈非善學乎曾子者歟？雖然事親如曾子，而孟子猶曰可也而已，豈以其孝為有餘哉？志所尚勿以孝為有餘，則愛親之誠終始無間，信乎為純孝人矣。遂書於堂以俟。永樂四年四月十六日，翰林學士兼右春坊大學士同郡解縉紳書。(近代龐元濟《虛齋名畫錄》、卷二)

〈黃鶴山樵鐵網珊瑚圖〉　　　　　　　　　　　　　　　　　　明‧范　立

天上仙人王子喬，由來眼空天下士。黃鶴山中臥白雲，使者三徵那肯起。崑崙樹老盤金根，春鸞對舞瑤台春。昨朝贈我神錦段，謂我九老仙都人。閬苑花前因醉倒，謫下人間容易老。百花樓中作酒狂，一聲鐵篴乾坤小。

升中文兄示及叔明王公所寄詩畫，令僕品題之。僕隨口和韻，升中歎賞既久，即命書以冠其顛云。玉崖范立奉和。

黃鶴仙翁有詩寄，非比尋常書畫士。天入丹山鸞鳳飛，雷驚陸地蛟龍起。人生如寄萍無根，相逢意氣皆如春。東吳文學最瀟灑，二王猶是風流人。長仙醉來玉山倒，散盡黃金數東老。更期李白共飱霞，誰謂壺中天地小。

黃鶴仙翁寄予詩畫，兩學賢友俱有和章。明牕展玩，珠明玉潤，照耀後先，其修篁古木，清趣不減在於崑閬間也，喜不自己。余初效顰之後，復續此詩，以謝諸公之嘉貺云爾。錢唐范立。(清吳升《大觀錄》、卷十七)

〈黃鶴山樵鐵網珊瑚圖〉　　　　　　　　　　　　　　　　　　明‧王彥文

王公外家襲金紫，不比尋常韋布士。一時結納多譽髦，早歲聲華倏然起。閒移翠竹當雲根，更有古樹枝人春。自云珊瑚出鐵網，投贈豈與塵中人。范君相見即傾倒，喜盍朋簪成二老。玉壺滿泛紫流霞，痛飲狂歌天地小。益齋王彥文奉和前韻。(清吳升《大觀錄》、卷十七)

〈黃鶴山樵鐵網珊瑚圖〉　　　　　　　　　　　　　　　　　　明‧沈　瑜

黃鶴山人名畫史，自昔才華冠多士。淋漓醉墨寫幽篁，翠梢搖搖拂雲起。古樹槎牙鐵石根，虯枝糾結江南春。苕華空繞外家宅，玉堂仙去今何人。清樽却憶花前倒，我亦倡

酬繼諸老。高堂落筆風雨驚，不覺氣吞雲夢小。沈瑜奉和。（清吳升《大觀錄》、卷十七）

〈黃鶴山樵鐵網珊瑚圖〉　　　　　　　　　　　　　　　　　明・張　禮

玉崖命和前韻，謹賦詩，曰：山骨嶙峋浸秋水，虎視耽耽如冑士。青鸞三五閬風來，下立瑤背不飛起。坡頭有樹蟠虬根，上凌霄漢中含春。只疑老蛟出海底，化作千歲之神人。眼觀此圖嘆絕倒，飛上香爐尋五老。一醉試醉湖江仙，望望君山隔雲小。諸生張禮。（清吳升《大觀錄》、卷十七）

〈黃鶴山樵鐵網珊瑚圖〉　　　　　　　　　　　　　　　　　明・胡　儼

王公獨得天然趣，揮毫不效丹青士。淡墨銀箋掃畫圖，琅玕屈鐵參差起。碧苔暗水流石根，深山花落黃鸝春。琴書几杖白晝靜，何自致我塵埃人。高平之仙非潦倒，醉後狂歌不知老。有約盧敖賦遠遊，九點齊烟望中小。豫章胡儼次韻。（清吳升《大觀錄》、卷十七）

〈元王叔明怡親堂圖卷〉　　　　　　　　　　　　　　　　　明・胡　儼

怡親堂記。永豐張志所，蚤喪父，篤於奉母，顏其堂曰怡親。翰林修撰曾君子啟來為徵記。夫怡，和也。和之為言，順也。人子之事，莫大乎事親，事親莫大乎順。世之為子，能養者足矣，至於纖毫無違，順適其志，雖曾元有所未盡，況其他乎？今夫游惰而不立，好利而從欲，勇狠以危身，亡行義而棄於人，凡所以戚其親而不顧者，比比有之，求乎能養又不可得也。能養而和順於親，稽之古人則有之矣，然皆處人倫之常，未足為難，雖以曾參之孝，僅得其可。蓋凡人子之能為，皆職分所當為也。故曰：不得乎親不可以為人，不順乎親不可以為子。必求乎人倫之至，處其難而克盡其道者，其惟大舜乎？舜不幸遭乎頑嚚，古今所難處者，而能使之烝烝，又幡然底豫，而天下化之，其於子職為何如？嗚乎！此怡親之大者，非聖人不能也，方其未得乎親，天下之士悅之，妻帝之二女，富有四海，尊為天子，舉不足以解憂，遑遑然如窮人無所歸，而負罪引慝，夔夔齊慄之心未嘗少替，嗚乎，此其親烏得不底豫也哉？求其所以能若是者，亦曰順而已矣。志所以不得養父，幸其母之存，故奉之也，尤篤敬順之意。昆弟子婦，朝夕升堂，承顏奉歡，凡所以怡親者，無所不用其情，則親之和樂可知矣。余喜其得安人倫，以盡子道，且其先君文惠，又嘗為揚州守，有能名，皆可書也。故為記之。永樂三年歲在乙酉夏六月，國子祭酒豫章胡儼書。（清龐元濟《虛齋名畫錄》、卷二）

〈題王叔明畫黃鶴山圖為喻彥行賦〉　　　　　　　　　　　　明・王　璲

我昔曾遊黃鶴山，山人留我閉松關。山中風雨經十日，萬壑千巖空翠間。別來浪迹遊湖海，歲月茫茫不相待。回首東南頻夢飛，山空鶴去人何在。畫裏依稀記往年，山光山色挩依然。尋遊常有山中客，揮手誰招鶴上仙。竹陰深鎖秋窓曙，疑是山人吟笑處。人生行樂付東流，萬事浮雲挩何許。我欲山中訪舊遊，酒船橫渡洞庭秋。清歌黃鶴歸來曲，消盡胸中萬古愁。（王璲《青城山人集》、卷二）

〈題黃鶴山人畫〉　　　　　　　　　　　　　　　　　　　明・王　璲

　獨臥茅廬學孔明，半生心事已無成。都將黃鶴山中趣，寫作煙霞物外情。（王璲《青城山人集》、卷八）

〈王叔明樂琴書屋卷〉　　　　　　　　　　　　　　　　　明・王彥文

　琴為養性之器，書所以載道，人孰弗知之，然之知非難。故世之所能，無足較好為難，予于昔人得其一二焉。但惜其好之不正，則未免有書滛傳癖之譏，以至嗜于琴至或破之者，此可見樂之為尤難也。蓋樂于琴者，指雖著于梓桐之上，神則超越乎八表。樂于書者，目雖注于鉛槧之間，心則淹貫于載，自非真樂，豈能此哉？清河張公有秩，早以明經登第，策對大廷，賜進士出身，為天子耳目官。其于揚清激濁，糾繆繩愆，信能書其職矣。退食之餘，不忘琴書之適。故顏其偃息之地為樂琴書屋，此可見其志之所樂，不在于他者矣。頃居母氏之喪，來歸淞上，琴之不援者幾三載，至于讀禮則未嘗少輟焉。一旦繡衣，既更行將舉武于青雲之上，乃授簡岸序以求文。予閒吾夫子之所喜在易，有韋編三絕于琴，則傳猗蘭之操。今張公之樂琴書，既知養性適情之道，又素明于潔淨精微之學，則其所樂無非聖人之正，又豈有滛癖嗜好或破之失哉？故敢以此而聲于卷尾云。洪武二十三年十月初吉，益齋王彥文跋。（清吳升《大觀錄》、卷十七）

〈王叔明樂琴書屋卷〉　　　　　　　　　　　　　　　　　明・釋守仁
　大雅振頹傚，所喜心所任。聖經止偏陂，所悅良在心。廼知稽古學，優游書與琴。結廬剪荒穢，歲月亦已深。盛年掇高科，巍峨列朝簪。清霜飛白簡，晴日垂甘霖。進以佐堯舜，退以娛山林。所用合所遇，不但古與今。所合適所樂，豈徒禮與者。淵乎滄溟波，仰止泰華岑。余生亦成癖，孑孑三江潯。驅馳愧衣食，投老空長吟。長于沙門守仁。（清吳升《大觀錄》、卷十七）

〈王叔明樂琴書屋卷〉　　　　　　　　　　　　　　　　　明・釋清濬
　晴簷蔭重綠，高堂靄餘清。適意琴與書，聊以悅吾情。移林散綵帙，觸指發希聲。端居頗閒暇，客至無送迎。凭几雨乍來，鈎簾月初生。至樂有如此，士林播嘉名。雲谷沙門清濬。（清吳升《大觀錄》、卷十七）

〈王叔明樂琴書屋卷〉　　　　　　　　　　　　　　　　　　　明・釋溥洽

　我琴恒挂壁，我書亦滿床。彈琴復讀書，為樂殊未央。薰風拂瑤軫，涼露浮縹囊。聲希得天趣，糟粕將勿忘。陶公亮可作，此意非荒唐。天竺沙門溥洽。（清吳升《大觀錄》、卷十七）

〈題王叔明枯木竹石〉　　　　　　　　　　　　　　　　　　　明・高得暘

　吾鄉畫手鶴山樵，鶴去山空不可招。真跡幸留王宰石，疏篁老樹共蕭蕭。（清高宗《御定歷代題畫詩類》、卷七十四）

〈題黃鶴山人王叔明畫〉　　　　　　　　　　　　　　　　　　明・平　顯

　我昔見之湖上居，當門萬朵翠芙蓉。承平公子有故態，文敏外孫多異書。閒吮彩毫消白日，夢騎黃鶴上清虛。此圖定倚吳山圖，醉點南屏春雨餘。（（清高宗《御定歷代題畫詩類》、卷一二０）

〈王蒙竹趣圖〉　　　　　　　　　　　　　　　　　　　　　　明・王　羽

　蟄龍翻空翠濤響，玉虹吐雨秋波爽。天風吹出讀書聲，時有幽人自來往。錢唐王羽。（清吳升《大觀錄》、卷十七）

〈王蒙竹趣圖〉　　　　　　　　　　　　　　　　　　　　　　明・張　肯

　滿屋書聲雜碢聲，一簾山色雨初晴。蕭蕭翠竹添幽趣，更有琴樽趣亦清。
　竹本無趣，人自得竹之趣，猶淵明之得圖趣耳。畫者題者，其亦得竹之趣乎？文中藏之亦同得此趣者矣。丁丑歲十月望日，浚儀張肯識。（清吳升《大觀錄》、卷十七）

〈王蒙竹趣圖〉　　　　　　　　　　　　　　　　　　　　　　明・謝　縉

　澗底茅茨六月寒，清風遶榻翠檀旁。此君別有何清趣，卷幔令人不厭看。謝縉。（清吳升《大觀錄》、卷十七）

〈王蒙竹趣圖〉　　　　　　　　　　　　　　　　　　　　　　明・偶　桓

　雲峯參天列翠屏，石泉飛雪灑崆峒。竹聲琴趣清如許，塵世誰能洗耳聽。義陽偶桓。（清吳升《大觀錄》、卷十七）

〈為李瑞卿寺丞題王叔明義興山水圖〉　　　　　　　　　　　　明・吳　寬

　陽羨山深懶杖藜，臥遊二日路仍迷。雲中望見乘舟者，始識遙通罨畫溪。（清高宗《御定歷代題畫詩類》、卷三）

〈王叔明山水圖〉 明‧吳　寬

　黃鶴高樓已搥碎，空有江南黃鶴山。山深有客持樵斧，終日置身林木間。臨風高歌白石爛，隔水或看秋雲還。老夫亦有幽居興，對此徑欲遺柴關。（清高宗《御定歷代題畫詩類》、卷十二）

〈王叔明邨舍圖〉 明‧吳　寬

　田間雨過騎秧馬，箔底烟生餒火竈。偶看王翁邨舍景，翛然午枕到江南。（清高宗《御定歷代題畫詩類》、卷四十六）

〈題王叔明野艇觀畫圖〉 明‧吳　寬

　泊舟野水際，不作水嬉謀。舟中載書卷，隱志於焉求。坐處書在手，臥時書枕頭。何須有酒飲，始足銷吾憂。日暮漁翁返，臨溪勸少留。還乘明月出，同向太湖遊。（清高宗《御定歷代題畫詩類》、卷四十八）

〈王叔明天香深處圖卷〉 明‧張達善

　金颷動天關，（闕）……，尚擬登雲達。曩余與遜學同對策，……清河張達善。（清李佐賢《書畫鑑影》、卷五）

〈王叔明天香深處圖卷〉 明‧陳　沂

　右王叔明所作天香深處圖（闕）……。石亭陳沂。（清李佐賢《書畫鑑影》、卷五）

〈題王叔明湖山清曉圖〉 明‧莫士安

　青山屏列水涯畔，白雲繚繞山腰半。分明曉色澄素秋，顛倒湖光接銀漢。江霞滅盡海暾生，巴雪消多河冰泮。岌嶪巔崖高莫梯，回合源泉淨堪盥。天遠匡廬秋杳冥，雨足沅湘春汗漫。濃於藍汁可染衣，赭若童顏未加冠。盤谷繚通百折深，縱嶺危撑半空斷。潤橋陰合蹋新涼，渚閣香凝坐平旦。短屐扶藜野興濃，輕舠聚網波紋散。南灣農鄰猶閉關，西崦人家未炊爨。僧寺樓台松滿林，漁屋軒窗柳遮岸。陶令秫田誰為耕，邵侯瓜地親將灌。種桃莫問武陵津，采芝偶得商於伴。書封雁帛感蘇卿，繪鮓鱸絲羨張翰。濯纓欲待滄浪清，挽衣空歌白石爛。樹樹巖花嵐霧重，葉葉汀蒲水風亂。蛺蝶暖依芳草飛，鷦鴂晴入叢篁喚。荇藻翻容避釣魚，杉栟不借尋巢鸛。壁帙芸枯粉蟲生，岫幌藤穿蒼鼠竄。翠墮梧桐借翦圭，冪結絲蘿愛垂幔。米家尚存書畫船，吳綾不減錦繡段。人來西北淹壯遊，地擁東南隔奇觀。標靈顯秀環故居，汛影浮暉在吟案。誰能高深故不兢，我為登臨每無憚。當時對景真髣髴，邂次圍闌舊凝翫。丹青物色眼停瞬，鐵石心腸顏為汗。蹤跡頓忘今昔非，記憶方驚歲年換。半生自笑不歸去，兩足其如有羈絆。泉石膏肓百慮增，

塵土心胸一朝澣。湖山如此慰相思，天地茫然寄長歎。（清高宗《御定歷代題畫詩類》、卷二十一）

〈王叔明畫谿山高隱〉　　　　　　　　　　　　　　　　　　　　明・都 穆

王叔明畫谿山高隱，層巒叠嶂，楓丹栗黃，勃鬱滿紙，而不失清遠秀潤之致。覽之，雲霧滃然，隨几席間，恨不移家其中也。（明都穆《鐵網珊瑚》、卷八）

〈黃鶴山樵蘿薜圖〉　　　　　　　　　　　　　　　　　　　　　明・項元汴

元王叔明蘿薜山房圖詠，墨妙筆精，項元汴購于海鹽天寧僧舍，用價四十金，後有高僧詞翰。嘉靖甲子春記。（清吳升《大觀錄》、卷十七）

〈王叔明丹山瀛海圖卷〉　　　　　　　　　　　　　　　　　　　明・項元汴

元王蒙叔明畫丹山瀛海圖，墨林項元汴真賞，原價參拾兩。明萬曆三年春日置。百字號。（清龐元濟《虛齋名畫續錄》、卷一）

〈王叔明樂志論圖（五段）卷〉　　　　　　　　　　　　　　　　明・王穉登

王叔明樂志論，筆法全師王右丞，疏蕩而不病於放，綿密而不嫌於弱，無趙善長輩俗陋之氣，信如倪元鎮詩云“王侯筆力能扛鼎，五百年來無此君”，非真賞之士不能為此言。嘉靖甲子夏五月，王穉登。

叔明籀筆師石鼓，與畫法當稱雙美耳。後三日，穉登重題。

嘗見何元朗言，此卷藏雲間張黃門家，想慕踰十年而始見於此，快甚。又題。

頃見無錫談參軍家一橫幀，乃是著色，亦此圖，法用顧愷之，與此卷微不同。萬曆甲申秋八月，重閱因書，穉登。（清李佐賢《書畫鑑影》、卷五）

〈王叔明松窗讀易圖卷〉　　　　　　　　　　　　　　　　　　　明・徐 溥

奇物之在兩間者何限，然其顯晦有遇有不遇焉。顧人之求者亦有限，其得其失亦有幸有不幸焉。噫！莫非有造物者，主於冥冥耳。余初在祕閣，辱楊太史檢此相示，余深慕之。今及廿載，何意孫君一旦攜贈，欣愛而閱，恍若夢中，誠不世之遇耶。豈奇物之淪落已久，茲當顯名於世，余幸而得之耶。殆生平難必之事，而余適當其會也，守而傳之則已，銘之不朽矣。正德乙亥春三月上浣之吉，荊溪尚志齋逸人玉堂徐溥記。（清李佐賢《書畫鑑影》、卷五）

〈王叔明樂志論圖（五段）卷〉　　　　　　　　　　　　　　　　明・項聲表

往，余家藏有叔明先生畫喬岳初秋與秋山蕭寺圖，孟氏售之吳門徐若水，其南村草堂圖則余質之里中曹瞻明，俱以力綿不能復歸。嗣後廿餘年，見黃編修家出二卷，一蘇文忠書前赤壁賦，一黃鶴山樵畫此樂志論圖，時均議值，蘇卷以膏腴十畝、銅三百斤、宋板資治通鑑百本，共作價一百兩，又現權參拾兩易之。此圖卷，亦議以現權八十兩，勿之許而去。歲餘，輒聞賊破京師。又歲餘，禾城兵潰，一爕蕩然，人民流散，遑問法書與名畫乎？余所購蘇卷，質之高寓公，已不復取而詎意閟。又五載，忽得是圖重持問余，遂留之，價遜前矣。迺知神物與人相合，定有夙緣，不可強也。越旬日，又遂於福城禪房，見前朝內藏黃鶴山樵畫淨漚室圖卷，筆不逮於此，而神圖僧象品不及山林隱逸之致為高，已為天府墨寶，非際元黃，人間未易覯此矣，則是圖卷當何如鄭重耶。己丑三月修禊後三日，項聲表識。

時用白銀拾伍兩、漢玉玦壹枚、宋靈璧壹架、影木書廚壹對相易，古人身負盛名，技必兼精，叔明畫無論已觀其籀書之妙，豈後學所能彷彿點畫者乎？賞玩斯理，非潛心涵詠咀味未許近道也。雨窗暇展不能已，於嘆賞研畫一墨題之。己丑新夏，項叔遠。（清李佐賢《書畫鑑影》、卷五）

〈王叔明黃鶴草堂圖〉　　　　　　　　　　　　　　　　明·董其昌

癸亥四月十一日，晉陵唐君俞持贈。元人題此圖，有「老董風流足可攀」，謂吾家北苑也。後二日，吳江道中觀并記。其昌。

叔明有青弁圖，與此圖同一筆法。其昌。（清吳升《大觀錄》、卷十七）

〈王蒙青弁隱居圖〉　　　　　　　　　　　　　　　　明·董其昌

筆精墨妙王右軍，澄懷觀道宗少文。王侯筆力能扛鼎，五百年來無此君。倪雲林讚山樵詩也。此圖神氣淋漓，縱橫瀟灑，實山樵平生第一得意山水，倪元鎮退舍宜矣。庚申中秋日，觀於金閶門季白文舟中，其昌。

天下第一王叔明畫。其昌。（清吳升《大觀錄》、卷十七）

〈題王叔明湖山清曉圖〉　　　　　　　　　　　　　　明·王世貞

誰捐吳綾寫蕭瑟，乍看無乃王摩詰。即非摩詰或思訓，敢謂黃鶴樵人筆。黃鶴夜半不肯眠，欲換凡翼求真筌。吸將三斛碧沆瀣，吐作八尺青嬋娟。空青濛碧猶未已，似有天雞喚山起。零露枝枝瓔珞珠，初陽處處薄萄綺。問余展卷胡留連，欲言不言心惘然。市朝少進車馬急，方信此中殊有天。（清高宗《御定歷代題畫詩類》、卷二十一）

〈王叔明樂志論圖卷（共五段）〉　　　　　　　　　　明·程邃

古今文章翰墨，遭逢賞識確有理數，苟不遇至性針鋒篤好者，恆罹劫灰，何可勝計。此卷初藏何元朗，嗣為王百谷，反覆贊歎發明，諸家鑑別源流與作者、書學、畫學之神髓，無遺憾。俄而傳舍得叔遠項君寶全。不數年，繇陳章侯為周元亮有，忽而歸張穉庵。余每相從，拍案叫絕，穉庵感動，謂余：「百凡討論，入心入手，無隱無飾。」輒相讓，以從余所好。其還里之日，以漢玦、宣鑪納行李，交友脫贈相重之道復如此，識不負古人，可告後人也。（清李佐賢《書畫鑑景》、卷五）

〈王叔明樂志論圖（五段）卷〉　　　　　　　　　　　　　　明・陳洪綬

　　□癡從嘉禾來，得之項氏。項氏用印信，贗本紛云，畫家賞鑑家多耳食，彼真筆出，時人皆燕石之矣。此本其捉刀者，見凡五六矣。此本真華冠牟尼，即篆書亦在第一乘。老遲洪綬書於護蘭草堂，辛卯孟冬。（清李佐賢《書畫鑑影》、卷五）

〈王叔明夏日山居圖軸〉　　　　　　　　　　　　　　　　清・林　瀚

　　黃鶴山人標格清，胸中丘壑何縱橫。興來捉筆一揮灑，蒼崖翠石煙雲生。人家住在山之麓，隱映門牆蔽林木。橫經讀罷鼓瑤琴，薰風微動窗前竹。司業先生最愛山，無緣長得青山看。時張此圖向高壁，彷彿楊子江天寬。三山林瀚，為少司成費先生題。（近代龐元濟《虛齋名畫錄》、卷七）

〈王叔明夏日山居圖軸〉　　　　　　　　　　　　　　　　清・高　宗

　　蒼山雅解朱明障，灌木還饒翠蔭籠。結宇名符瀼水上，不□今昔辨殊同　瀼防別墅，亦有嘉樹軒，與山樵寫圖處名同，故云。　乾隆戊寅，御題。（近代龐元濟《虛齋名畫錄》、卷七）

〈王叔明天香深處圖卷〉　　　　　　　　　　　　　　　　清・高　宗

　　葉自青青花自黃，披圖千載發天香。傳神不朽宜斯在，未必周家永占堂。癸未仲秋。御題。（清李佐賢《書畫鑑影》、卷五）

〈王叔明樂志論圖卷（共五段）〉　　　　　　　　　　　　清・成親王

　　予昔購黃鶴山樵聽雨樓圖於宋牧仲之裔，白金五百兩，畫筆較此樂志論圖則老，而元明人題跋真贗參半，遭割裂攙雜非完卷矣。此圖與趙臨黃庭經絹本，有人寄賣諸城劉石庵相國處，予以百六十金得之，松雪楷法至黃庭卷，可謂觀止。此圖籀法與繪事之精妙，俱極致。王百穀、陳老蓮、程穆倩及項氏二跋皆完，尤無遺憾。且舅甥妙蹟同日而得之，亦奇遇也。叔明遭亂隱居，不為降志，卒以胡惟庸家觀畫而瘐死，法莫濫命莫冤矣。余曾見內府所藏叔明聽松圖，實上品也。嘉慶辛酉七月望，成親王識。（清李佐賢《書畫鑑景》、卷五）

〈元王叔明怡親堂圖卷〉　　　　　　　　　　　　　　　　　　　清·梁章鉅

　余於元四家畫，尤愛黃鶴山樵，故所收獨夥。此卷最後得而致佳，是宋漫堂先生舊藏物。恭兒見而欲之，余謂堂以怡親名，畫以怡親作，前人跋之詳矣。恭兒之母已逝十二年，覯此得無所動於中乎？然余十齡，先慈即見背，恭兒失恃之年，已在授室生子之後，庭幃之樂勝余多矣。余久為孤露之人，實不忍對此，因以畀之。篆首之楊尹銘，寧波人，洪武初，以工書徵為中書舍人，篆學同伯琦。後兩跋之胡若思、解大紳，皆明初聞人，不必贅云。道光甲辰九秋，福州梁章鉅記於北東園時年七十。（清龐元濟《虛齋名畫錄》、卷二）

〈元王叔明怡親堂圖卷〉　　　　　　　　　　　　　　　　　　　清·鐵　保

　讀畫論文，令人蓼莪之思油然而生，是為有關名教文字，野園同年取以名堂，其至性有過人者，遂作榜書而復識於卷末。嘉慶十一年二月既望，鐵保拜題。（清龐元濟《虛齋名畫錄》、卷二）

〈元王叔明怡親堂圖卷〉　　　　　　　　　　　　　　　　　　　清·吳　雲

　叔明畫法工細者，悉出外家所授。而其天機清妙，胸中又富有卷軸，凡皴染山石，布置林木，能於松雪外別具邱壑，自成宗派。至今論元四家畫，莫不推重叔明，亦由其能獨樹一幟，故不為外家所掩也。余生平見叔明畫頗夥，而煊赫著名約六七種，以此怡親堂卷與林泉清集圖軸為甲觀。過雲樓主人以重值購得此卷，屬為品題，因書數語，以志眼福。同治十二年癸酉閏六月中澣，歸安吳雲識。（清龐元濟《虛齋名畫錄》、卷二）

王儀伯

　小傳：不見畫史記載。身世不詳。

〈跋王儀伯尚書窠石〉　　　　　　　　　　　　　　　　　　　元·朱德潤

　可以置之巖壑，可以用之巖廊。其將接風雲，薄日月。又奚必問其梧栢豫章，固將因筆墨以發其光。（朱德潤《存復齋文集》、卷七）

王　履

　小傳：字安道，號奇翁，崑山人。自元入明。博及群書，精醫、工、詩、文，善畫山水。說
　　　　者謂其行筆秀勁，布置茂密。（見《中國畫家人名大辭典》、三十七頁）。

〈王安道蒼崖古樹圖〉　　　　　　　　　　　　　　　　　　　元·佚　名

　古樹蒼蒼楓葉丹，此中別似一人間。如何忽起思鄉念，不是臺山是雁山。（闕款）

（清卞永譽《式古堂書畫彙考・畫考》、卷之三）

〈王安道蒼崖古樹圖〉　　　　　　　　　　　　　　　　　　　　明・董其昌

　　王安道，名履，崑江人，精於醫，訪藥秦中，不得遂，游華山，作詩記，奇絕。有華
山圖四十幅，向在武揮家，王弇洲先生曾令陸叔平摹二十許幅。及俞質父錄其詩與序，
此圖細潤古雅，又非華山圖筆法，更自超也。玄宰題。（清卞永譽《式古堂書畫彙考・
畫考》、卷之三）

王　翰

　　小傳：不見畫史記載。身世不詳。

〈寫望雲圖寄溫陵劉子中〉　　　　　　　　　　　　　　　　　　　　　自　題

　　開窗見停雲，美人別經載。以茲一時意，聊寄千里珮。曖曖春復深，悠悠歲云邁。遲
爾浩蕩心，空山日相待。（元・王翰《友石山人遺稿》、四頁上）

王禧伯

　　小傳：不見畫史記載。身世不詳。

〈謝茂先家藏王禧伯疎林沐雨圖〉　　　　　　　　　　　　　　　　　元・楊宏道

　　伸臂縵能引卷窺，修篁如截葉低垂。行雲不散山堂暮，常記鉤窗臥看時。（楊宏道《小
亨集》、卷五）

王　繹

　　小傳：字思善，號癡絕，睦人居杭州。年十二三已能丹青，亦解寫真。小像特妙，著寫像秘
　　　　訣及采繪法。（見《中國畫家人名大辭典》、三十六頁）。

〈張德常小像〉　　　　　　　　　　　　　　　　　　　　　　　　　元・鄭元祐

　　向年，予客荊溪岳君仲遠家。仲遠中表姻戚多，若王君仲德其一也。仲德以宋閥閱居
州市，時延至金壇張天民先生，訓飭其子弟。居久之，先生德孚其身，行孚其人，凡溪
大家無不敬慕之。於是買田築室，請先生挈家荊溪之上。今吳縣尹德常，則先生家子也。
德常日侍其親，內則家庭，外而朋友故舊，人人得其歡心。暇輒讀書講學，德業滋進，
於是德常充然為荊溪之逸民。夫何淮甸兵興，而荊溪遂為戎首向，所謂田園屋廬，盡為
瓦礫。德常遂與先生辟地來吳，以才名著聞，起家吳縣丞，由丞陞尹，縣遭元旱焚刼，
而德常能涵煦以仁恩，自非才美，兼具其能若是乎？遂昌鄭元祐與德常有世契，見其松

石小像而喜，為之題於其上云。（明朱存理《鐵網珊瑚・書品》、卷八）

〈倪、王合寫竹西像卷〉 元・鄭元祐

　　三泖之水東流，九峰之雲高浮。篤生隱人，是為楊候。楊候之生，才質具美，能濟之以方，來之講學，兼本之以夙聞詩禮，此所以行脩備而文，辭邕而醇。自號竹西子，欲追踪乎葛天民，人謂其草玄之遺裔，而不滯于其出處進退。此所以不戚戚于貧賤，不汲汲于富貴，既無慙於次。公之灑脫，亦無忝于大年之秀，此所以江海知名而畝畝躬耕，夸非溢美，論斯稱情。吾聞其初度在邇，壽星騰輝乎泖水，吾題其像既以文，若揆之心宜以禮。能若此，則添千祀而一成純，匪但以八千歲為春秋而已也。至正二十二年壬寅歲春二月，遂昌山尚左老人鄭元祐明德甫題。（清吳升《大觀錄》、卷十八）

〈倪、王合寫竹西像卷〉 元・王　逢

　　瞳碧而方，氣清而蒼。髮之短不知心之長，有五畝之園、一鑑之塘。日晏坐于株堂，物與我其相忘。其泰宇定而發天光耶？席帽山人王逢敬題。（清吳升《大觀錄》、卷十八）

〈良常張先生畫像贊〉 元・倪　瓚

　　誦詩讀書，佩先師之格言。登山臨水，得曠士之樂全。非仕非隱，其幾其天。雲不雨而常潤，玉雖工而匪鐫。其據於儒依於老逃於禪者歟。
　　錢唐王生思善，畫德常時年四十二矣，東海倪生贊之曰：云云德常，高情虛夷。意度閑雅，顧非顧長康之丘壑。置身曹將軍之凌烟潤色，又那緣得其氣韻耶。王生蓋亦見其善者幾耳。
　　今日因過德常草堂，出此圖求贊，且欲作樹石其旁，乃先綴數語像上，樹石俟它日補為之。（倪瓚《倪雲林先生詩集》）

〈張德常小像〉 元・倪　瓚

　　錢塘王生思善畫，德常時年四十二矣。東海倪生贊之，曰：「云云德常，高情虛夷，意度閑雅，顧非顧長康之丘壑置身，曹將軍之陵烟潤色。又那緣得其氣匀耶，王生蓋亦見其善者幾耳。」今日，因過德常草堂，出此圖求贊，且欲作樹石其傍。乃先綴數語像，其樹石俟他日補為之。（明朱存理《鐵網珊瑚・書品》、卷八）

〈倪、王合寫竹西像卷〉 元・倪　瓚

　　嚴陵王繹寫，勾吳倪瓚補松石，癸卯二月。（清吳升《大觀錄》、卷十八）

〈倪、王合寫竹西像卷〉 元・楊維楨

　　汝豈無相漢之籌，而遽從赤松之游。汝豈無霸越之莢，而自理鴟夷之舟。仙蹤寄乎葛杖，勁氣吞乎吳鉤。集車轍乎戶外，登歌吹于西樓。不識者以為傲世之叔夜，其識者以為在鄉之少游。抱遺叟在雲間小蓬臺書。（清吳升《大觀錄》、卷十八）

〈倪、王合寫竹西像卷〉　　　　　　　　　　　　　　　　　　　　元・馬 琬

　鬚眉蔚蒼，胸懷之淵亮。其所同者，不異中人之規模。其所異者，不同眾志之趨向。抱豪傑之才而不屑于濟用，其輪困之膽而不輕於肆放。故揮金有五陵俠士之風，然愛客有四國公子之量。當天下無事，託詩酒以娛嬉。方海內爭雄，遠候王以高尚。所以冠林中之巾，曳長房之杖，放浪乎西疇南畝之間，逍遙乎九峰三泖之上。噫！微斯人吾誰與望。扶風人馬文璧謹贊。（清吳升《大觀錄》、卷十八）

〈張德常小像〉　　　　　　　　　　　　　　　　　　　　　　　　元・馬 治

　冠綸巾服，素衣靜式。後昆動，揚前徽。濯埃氛於宴景，澹山水之清揮，吾固知其夷險一節，出處顯然之間。惟德之常而從容於道機者。馬治。（明朱存理《鐵網珊瑚・書品》、卷八）

〈張德常小像〉　　　　　　　　　　　　　　　　　　　　　　　　元・王 蒙

　冠口雲之崔嵬，佩鳴玉之琳琅。丹青彷彿其形似，氣象已絢爛乎文章。深注意於林泉而托跡乎軒裳，畊釣於荊溪，笑傲於良常。豈岫之閑雲，亦九畹之孤芳。故將縱浪大化，游泳天和，周旋罄折。口追琢磨於躬，有光而奕，世其昌者耶。黃鶴山人王蒙謹題。（明朱存理《鐵網珊瑚・書品》、卷八）

〈倪、王合寫竹西像卷〉　　　　　　　　　　　　　　　　　　　　元・蘇大年

　竹西楊隱君神贊：前不即于漢廷，後不薄于魏府。悠然泉石之間，樂與漁樵為伍。岐泣之淚未乾，不樂之心自與。久知其為懷玉之隱仙，又行將為雞窠之老父。此竹西翁所以為天地之全人，有光於四知之華譜也。西門居士蘇大年。（清吳升《大觀錄》、卷十八）

〈倪、王合寫竹西像卷〉　　　　　　　　　　　　　　　　　　　　元・高 淳

　挺立雪之標，而陋執戟之卑。振關西之望，而識天下之奇。量江海而不畦，趨烟霞而不羈。輕探囊之金玉，重集戶之簪裾。故瞻具乎雲間，而譽流乎海隅。但見萬竹之西，高樓渠渠，雲山不礙，有琴有書。蕭然為山澤臞，矯然為列仙儒長。欣欣宇宙而襟韻自殊，頹仰自如也。勾吳生高淳敬贊。（清吳升《大觀錄》、卷十八）

〈倪、王合寫竹西像卷〉　　　　　　　　　　　　　　　　　　　　元・錢 鼐

　董然而嚴，昂然而廉。有龐其眉，有長其髯。巾逍遙而簪，服上古而襜。其閒情若陸

龜蒙，其仙趣若劉海蟾。其動也以恬養智，其靜也以智養恬。燕處乎風篁之西，嘯傲乎雲山之尖。世方酣戰乎觸蠻，吾方淡游乎羲炎。其豈杜德機，而物不可得覘者乎？東海艾衲散民錢鼎，敬贊于海上之飛鯨樓。（清吳升《大觀錄》、卷十八）

〈倪、王合寫竹西像卷〉　　　　　　　　　　　　　　　　　　明‧茅　毅

雪鬢霜鬚，山巾野服。進不榮于軒冕，退不厭于草木。種數畝之田，開一區之宇。圖書左右，雲山几席。此非商頻之皓翁，即崆峒之仙客。虛白道人茅毅贊。（清吳升《大觀錄》、卷十八）

〈倪、王合寫竹西像卷〉　　　　　　　　　　　　　　　　　　明‧釋靜慧

鶴立長身大布儒，綠光瞳子雪眉鬚。才名恥列三王後，文物看來兩晉無。牛度玉關廻紫氣，龍眠滄海抱遺珠。霓君更著東維輩，畫老雲林五老圖。靜慧。（清吳升《大觀錄》、卷十八）

王繼學

小傳：不見畫史記載。身世不詳。

〈寄題曹元賓尚書臨流圖，王繼學參政畫〉　　　　　　　　　　　元‧虞　集

昔聞適炎服，中道臨清漪。濔濔蕩荒日，悠悠動寒颷。來者何滔滔，逝者不可追。聖有川上嘆，晝夜固如斯。解纓手自濯，浩蕩忘險夷。高人今摩詰，萬里同襟期。抽豪寫幽思，滯雨更題詩。三年反田里，春河釋冰澌。舟楫繫野樹，灌沐晞晨曦。上堂喜懼集，艱章謝親慈。入室換野服，登山采靈芝。庶以求年壽，豈惟療朝飢。開囊見舊物，感慨深係之。歲晚金石友，看雲立多時。憐我不共看，寄言令我知。來鴻春苦早，去燕秋易衰。道遠不相覿，加餐慰遐思。（虞集《道園學古錄》、卷二十七）

王鑑堂

小傳：不見畫史記載。身世不詳。

〈贈寫神王鑑堂〉　　　　　　　　　　　　　　　　　　　　　元‧邵亨貞

江心百鍊銅，照物無遁形。人於天地間，方寸尤神靈。不知子都姣，有目若晦冥。之子頗絕特，炯炯矍瞳青。豪端化工在，妍醜任使令。凌烟重一代，傅岩貴千齡。自古賢達士，德義斯可銘。慎勿薄固陋，更參相心經。（邵亨貞《蟻術詩選》、卷一）

古　清（釋）

小傳：不見畫史記載。身世不詳。

〈撫州僧古清畫龍作双劍圖求一詩虞公有敍〉　　　　　　　　　元・張　雨

　　畫龍畏真龍，此語聞已熟。真龍豈常見，畫手非一族。阿師何善幻，神物如豢畜。金壺酒一滴，海水為翻覆。向來董羽輩，斯藝亦云獨。龍眠早畫馬，恐復墜馬腹。晚更寫佛像，滿月照岩谷。師何專於龍，意若龍眷屬。龍文且成佛，回向恐不足。請寫双樹林，長禮金仙足。（張雨《句曲外史貞居先生詩集》、卷二）

北　山（釋）

小傳：不見畫史記載。身世不詳。

〈題北山蘭蕙同芳圖〉　　　　　　　　　　　　　　　　　　　明・張以寧

　　秋露春風各自妍，幽香併到雨華前。道人不是騷愁客，慣讀南華第二篇。（張以寧《翠屏集》、卷二）

〈題北山上人褉畫二軸〉　　　　　　　　　　　　　　　　　　明・劉　嵩

　　流水花間過，長松石上生。烟霞開古色，風雨送秋聲。

　　修竹江南好，平居有所思。清憐霜後樹，繁愛雨中枝。（劉嵩《槎翁詩集》、卷七）

北圃老人

小傳：不見畫史記載。身世不詳。

〈（北圃老人）墨竹歌〉　　　　　　　　　　　　　　　　　　元・虞　集

　　南風吹雪盡成竹，北圃老人寫群玉。枯梢不逐蛟龍化，密葉紛堪鳳鸞宿。數枝東出好兄弟，楚楚劍佩微聞聲。兩枝又如父携子，老者偃蹇稚者榮。我昔西游洋州驛，破綠燒梗具朝食。摧殘僅同蓬與麻，太守清貧那復得。羅山甘竹笋乃佳，移根便欲從山家。雲風春嶺即持去，為我更作風枝斜。（虞集《道園遺稿》、卷二）

半閑道人

小傳：不見畫史記載。身世不詳。

〈半閑道人畫卷〉　　　　　　　　　　　　　　　　　　　　　明・淩雲翰

　　餘杭佳山水，我昔曾一遊。緬懷邱園隱，自得林塘幽。映門盡嘉樹，隔岸皆平疇。豈惟慕巢許，亦復談伊周。毋以半閑號，忘此終身憂。苟懷豫逸志，不與乾剛侔。願子慎明德，勗哉企前修。（凌雲翰《柘軒集》、卷三）

玉 田（釋）

小傳：不見畫史記載。身世不詳。

〈題三韓沙門玉田花鳥圖〉　　　　　　　　　　　　　　　　　　　明・危 素

畫史幽居得物情，毫端春色可憐生。高僧已是禪心定，花鳥逢人更不驚。（危素《雲林集》、卷下）

玉 澗（釋）

小傳：不見畫史記載。為西湖上竺寺僧，一名若芬，字仲石，本為浙江婺縣曹氏子。

〈玉澗禪師山水〉　　　　　　　　　　　　　　　　　　　　　　　元・吳師道

玉澗詩多畫上題，如何此畫不題詩。依稀樹石皆游戲，一筆全無却更奇。（吳師道《吳正傳先生文集》、卷九）

〈玉澗和尚西湖圖〉　　　　　　　　　　　　　　　　　　　　　　明・劉 基

大江之南風景殊，杭州西湖天下無。浮光吐景十里外，叠嶂湧出青芙蓉。百年王氣散荊棘，惟有歌舞留歡娛。重樓峻閣競鉛黛，媚柳嬌花使人愛。老僧不善兒女情，故作牥豪見真態。想其泚筆欲畫時，高視畫工如小兒。千岩萬壑吾意匠，夸娥巨靈吾指麾。却憶往年秋雨夕，畫舫衝煙度空碧。蒼茫不辨雲與山，但覺微風響芦荻。湏臾冷月迸深霧，時見松杉半昏黑。開尊命客彈焦桐，扣舷大笑驚海童。鮫人唱歌魚鼇應，水底影動双高峰。只今倏忽成老翁，可憐此槳難再逢。愁來看畫欲自適，誰知感生愁轉劇。（劉基《誠意伯劉文成公文集》、卷十四）

〈題玉澗枯木畫後〉　　　　　　　　　　　　　　　　　　　　　　明・王 直

玉澗本婺人，曹氏子，為上竺寺僧，名若芬，字仲石，寫雲山以寓意，當時求之者甚眾，其後歸老故山，依澗作亭。扁曰玉澗，因以為號，此幅蓋其戲作，筆勢縱逸，意氣豪放，雖枯朽之餘，而生意存焉。觀者當以九方皋相馬法視之也。（王直《抑菴文後集》、卷三十六）

玉 關（釋）

小傳：不見畫史記載。身世不詳。

〈題玉關雪中竹石老木圖〉　　　　　　　　　　　　　　　　　　元・許有壬

　　郊原觸目荒寒天，中有清致誰能傳。此君特立節素著，枯槎亦復回春妍。僵龍櫻雲欲飛去，翠鸞曳風寒自舞。蒼頑虎踞不記年，一霄變化誰玉汝。笑談萬象歸神奇，天工能畫自不知。是中有隱隱佳句，却彼玉關先得之。俗師用色勢益窘，林下風姿豈脂粉。玉關佳處色是空，為君重作丹青引。（許有壬《至正集》、卷七）

〈玉關臨商德符山水〉　　　　　　　　　　　　　　　　　　　　元・許有壬

　　商家滇蜀得山時，心與山逢手豈知。兔起鶻來君試看，不從商學有餘師。（許有壬《至正集》、卷二十三）

白如瑩（釋）
　　小傳：不見畫史記載。身世不詳。

〈和旴僧白牛師金山見龍〉名如瑩，號牧所　　　　　　　　　　　元・劉詵

　　白牛牧所不嫌遠，世界大千隨處見。前身是龍工畫龍，親向雲濤玩奇變。槎牙滿腹生甲髯，濡墨未掃神先徧。華堂薄射黃金鱗，高幛淋漓水晶殿。長身真許仙叟騎，怒甲已從神禹見。旁觀辟易不敢攖，硯有風雲筆生電。江南嚴冬喧雷車，驚雹滿城飛石轉。頗疑天官下取圖，未識人間餘幾片。嗚呼，僧緣去世誰敢許，相望高風千萬古。（劉詵《桂隱詩集》、卷二）

白雲孫
　　小傳：不見畫史記載。身世不詳。

〈題白雲孫畫〉　　　　　　　　　　　　　　　　　　　　　　　明・凌雲翰

　　風雨虛空不可憑，如何上下恣飛騰。神仙變化誰能識，笑殺終南譚景昇。道本無形詎可參，分明秋月印寒潭。機鋒到處俄相直，不數前三與後三。（凌雲翰《柘軒集》、卷二）

旦景初
　　小傳：不見畫史記載。身世不詳。

〈題旦景初簽司畫〉　　　　　　　　　　　　　　　　　　　　　元・虞集

　　旦公山堂城東南，畫圖古檜何髬髵。城中無山有山癖，直藉毫墨窮幽探。旦公彈琴古檜下，鬱鬱窗戶生晴嵐。春雨時來鶴鳴谷，秋聲夜作龍吟潭。先皇畫坐群玉府，內使趣

召飛双驂。畢宏韋偃出中祕，營丘北苑開縢緘。是時旦公主舒卷，一二文士相交參。旦公歸來坐成想，亦頗拈筆為梗楠。伯熙奉詔每有作，礧砢相並將無慚。嗟予懷歸亦已久，摩挲老目百不堪。山中豈乏真偃蹇，可容白髮抽朝簪。（虞集《道園學古錄》、卷二）

本長老

小傳：不見畫史記載。身世不詳。

〈本長老秋山圖〉　　　　　　　　　　　　　　　　　　　　元・陳 基

青山青入空，紅樹照山紅。白雲掩冉青蓮宮，得非天台華頂峯。太古削出金芙蓉，上人深居山幾重。足迹不與人間通，邇來流漫天南東。與世高談臨濟宗，時時飛錫洞庭野。或東或西無定蹤，我欲從之渺何許。昨日寄書索吾語，披圖恍欲凌風雨。上人無心我無句，有山便與山作主。無山亦可隨方住，我為上人作是觀。物我相忘吾與汝。（陳基《夷白齋薰補遺》、八頁）

永 先（釋）

小傳：不見畫史記載。身世不詳。

〈中峰永先和尚醉墨圖〉　　　　　　　　　　　　　　　　　明・劉 基

老先行腳遍天下，五湖七澤胸中吞。淋漓醉墨落人世，恍忽目擊瀟湘存。蒼梧飛龍去不還，洞庭赤沙流水渾。九疑竹枝餘淚痕，澧蘭沅芷化蕭艾。古木雨炫寒煙昏，雲帆縹渺向何處。波浪漰洞驕魚黿，我生胡為覉旅間。感時覿物生愁怨，還君此畫歌一曲，悲風慘淡來崑崙。（劉基《誠意伯劉文成公文集》、卷十四）

司馬世榮

小傳：不見畫史記載。身世不詳。

〈司馬世榮寫神〉　　　　　　　　　　　　　　　　　　　　元・劉仁本

絕憐司馬妙傳神，蚤歲聲名動搢紳。劍珮英雄趨虎豹，衣冠勳業上麒麟。杜陵老去丹心苦，彭澤歸來白髮新。好為衰容圖野服，秋風江上理絲綸。（劉仁本《羽庭集》、卷二）

丘文中

小傳：不見畫史記載。身世不詳。

〈題江陰丘文中山水〉　　　　　　　　　　　　　　　　　　元・貢師泰

老龍渴飲池中墨，飛上半天成崷岉。雲烟著地凝不開，白畫神驅太陰黑。筆端巧奪造化功，咫尺峰巒千萬重。長林似灑楓葉雨，虛亭不動松花風。隔江更有山無數，江上扁舟繞半渡。他年白髮許重來，為君別寫容城賦。（貢師泰《玩齋集》）

丘　郎
　小傳：不見畫史記載。身世不詳。

〈白雲書舍圖，為掾史褚德剛賦〉　　　　　　　　　　　　　　　　明・劉　嵩
　褚君本是河南褚，家在臥龍山下住。一從辟掾入中書，長憶龍山讀書處。山中白雲相卷舒，褚君臥雲方讀書。清池有魚林有笋，甘旨升堂時起居。在家不知事親樂，游宦還應念城郭。山頭日望白雲飛，鴻雁離離向空落。丘郎自是同鄉人，念子遠游情最親。為拈彩筆寫幽思，物色正與秦山隣。問君何年辭別墅，蘿月松烟淡如許。山猶接石護遺書，雲已從龍作甘雨。人生重是君親恩，田園荒蕪安足論。由來榮養須食祿，孝子忠臣同一門。（劉嵩《槎翁詩集》、卷三）

田　君
　小傳：不見畫史記載。身世不詳。

〈田君寫真〉　　　　　　　　　　　　　　　　　　　　　　　　　元・范　杼
　田君力幹成霜鐵，一筆能開萬豪傑。揔是人間敵海愁，但自不忘泓穎別。我所思兮大江濱，欲往致之道路兮。安得煩君寫作巫山與洛中，有美人兮泛波上之遊鴻，行巖巔之素雲。嗚乎，此君不可見，獨立乾坤淚如霰。（范杼《范德機詩集》、卷四）

田景延
　小傳：清苑人。山水人物、花鳥下筆逼真，尤工寫真。（見《中國畫家人名大辭典》、七十四頁）。

〈田景延寫真詩序〉　　　　　　　　　　　　　　　　　　　　　　元・劉　因
　清苑田景延善寫真，不惟極其形似，併與東坡所謂意思朱文公所謂風神氣韻之天者而得之。夫畫，形似可以力求，而意思與天者必至於形似之極而後可以心會焉，非形似之外，又有所謂意思與天者也，亦下學而上達也。予嘗題一畫卷云：煙影天機滅沒邊，誰從毫末出清妍。畫家也有清談弊，到處南華一嗒然。此又可謂學景延不至者之戒也。至元十二年三月望日容城劉某書。（劉因《靜修集》）

申屠子邁

小傳：不見畫史記載。身世不詳。

〈題申屠子邁畫馬圖〉　　　　　　　　　　　　　　　　　元・虞　集

徐容齋先生題子邁十八時所畫馬，其言忠厚而嚴，止得前輩立體。吳興之言微婉，苟用其言致力於讀書而有得焉，則自然不暇於逐末矣。清河之言正而毅，筆墨之間猶足見其掀髯之氣，而皆不可復見矣。俯仰可勝慨然，子迪以其先兄手筆甚寶藏之，藹然孝弗之意。故可與諸老之言並傳子孫也。（**虞集《道園學古錄》、卷十**）

石盞公

小傳：不見畫史記載。身世不詳。

〈墨竹歌（為共崗處士石盞公作）〉　　　　　　　　　　　　元・王　惲

吾生愛竹兼嗜石，手不能書漫成癖。憶從林下七賢游，終日摩挲弄寒碧。山河一自隔黃壚，塵土填浙百憂集。得君此畫忽洒然，元氣淋漓障猶濕。滿空月露下寒梢，人去山陰鎖幽寂，又如湘妃廟前風雨晴翠。袂紛披，山鬼泣，幾竿迸出太古崖。老節雪欺初不惜，表將一片歲寒心。不與繁華競朝夕，東欄牡丹鶴翎紅。西沼扶蓉紺珠色，歌鍾傾國樂芳年。以色事人能幾日，何如鴨江居士詩。骨清而癯手種此，君忘肉食，不須柱杖，敲人門。萬斛清風破窗北，月中看竹掃秋影。妙得於心發之筆，興來落紙出意表，擬學湖州滅形迹。嗚呼，湖州已矣蕭郎遠，今代名家澹游客。君不見李杜文章萬丈光，一日齊名偉高適。（**王惲《秋澗先生大全文集》**）

石　巖

小傳：字民瞻，京口人。工書畫。（見**《中國畫家人名大辭典》、七十五頁**）。

〈石民瞻畫鶴溪圖〉　　　　　　　　　　　　　　　　　　元・仇　遠

鶴溪近與練湖連，一鏡秋水清無邊。依稀淮岸瀟湘浦，慣見月虹書畫船。山翁幾年吳下客，溪草溪花未相識。筆牀茶灶丈玄直，肯與鷗沙分半席。仇遠。（**明朱存理《鐵網珊瑚・書品》、卷八**）

〈題石民瞻蘭石、鄧覺非畫蘭〉　　　　　　　　　　　　　元・龔　璛

石子畫石，積墨如山。化為鄧林，蘭生竹間。我懷古人，見此粲者。草木臭味，日月瀟灑。（**龔璛《存悔齋稿》**）

〈石岩參政山水圖贊〉　　　　　　　　　　　　　　　　　元・朱德潤

周官六計，廉善敬能。考治居上，臨民政成。肅肅道公，直哉惟清。謹持憲度，百司是
懲。入贊大機，式佐阿衡。千載丹青，用垂令名。（朱德潤《存復齋文集》、卷七）

〈石民瞻山圖〉　　　　　　　　　　　　　　　　　　　　　　　　　　元・朱德潤

　女媧鍊五色，大磈補不牢。至今西天首，天近山常高。嵯峨蒼雲表，百鳥不敢巢。仙
人十二樓，城闕金岧嶢。下連丹砂井，皓氣沖寂寥。似聞笙竽韻，有客醉仙桃。採芝者
誰子，霞冠赤霜袍。平持長年書，遊我同遊遨。我今胡不樂，失志在蓬蒿。思仙不得去，
作圖謝塵囂。終當訪王子，跨鳳騰九霄。（朱德潤《存復齋文集》、卷八）

〈石民瞻畫鶴溪圖〉　　　　　　　　　　　　　　　　　　　　　　　　　元・張　雨

　白鶴翩翩入太清，溪流不盡松風聲。髯翁筆底有仙路，倩渠更寫芙蓉城。張雨（明朱
存理《鐵網珊瑚・書品》、卷八）

史　杠

　小傳：字柔明，號橘齋道人。好學深思，讀書餘暇弄筆作人物、山水及花竹翎毛，咸精到（見
　　　　《中國畫家人名大辭典》、七十七頁）。

〈史公總帥子明命題其弟柔明所寫平江捕魚圖〉　　　　　　　　　　　　　元・王　惲

　史公總帥子明命題其弟柔明所寫平江捕魚圖，乃以樂府感皇恩歌之。古人稱文章與畫同一關
　紐，所媿辭意恐不稱於畫也。

　疊嶂際清江，楓林輝映，潮落波平鏡光靜，六朝興廢都付漁郎，煙艇尊鱸香正美。秋
風冷，笳皷歸來風雲增勝。夢裏無煩，想幽景風流。公子寫出五湖高興，畫中還領取江
山影。（王惲《秋澗先生大全文集》）

史朱好

　小傳：不見畫史記載。身世不詳。

〈畫史朱好古卷〉　　　　　　　　　　　　　　　　　　　　　　　　　　元・李孝光

　真宰篏槖籥，笑睨造化爐。皷金鑄賢智，搏士作下愚。畫史天機精，竊見造化樞。盤
礴解衣縱，當窗吮鉛朱。沾塗狡兔翰，神氣如走珠。手掣巨鼇簪，撩寮生肌膚。六丁拔
山來，下無根與株。海風吹之凝，纍纍插江湖。其中有幽人，傲兀不可呼。已知畫手好，
令我心躊躇。五湖風雨夕，徑去理釣舟。子技亦精絕，白玉無疵瑕。誰令薦天子，遣之
畫雲台。一朝被賞識，富貴真萌芽。但訪青牛居，乞受黃金壺。（李孝光《五峰集》、卷
五）

史景福

小傳：不見畫史記載。身世不詳。

〈題史景福山水，為文璧〉　　　　　　　　　　　　　　元・龔璛

晴雲藹藹未出山，好山屹屹能參天。遠者大者青綿綿，依依石間得流泉。清樾離離蔭我前，高堂對此冰雪懸。忽如載之書畫船，摻執子手翛翛然。（龔璛《存悔齋稿》）

史誠道

小傳：不見畫史記載。身世不詳。

〈贈史誠道，寶婺軍千戶，善草書并畫，許益之先生門下〉　　　元・袁彥章

聞君袍笏繼家聲，游宦金華復四明。百萬甲兵新將帥，三千禮樂舊書生。畫中魚鳥天機活，筆下龍蛇世眼驚。武略已精文術妙，少年應許致隆平。（袁彥章《書林外集》、卷三）

史　謹

小傳：不見畫史記載。身世不詳。

〈蜀山圖為寗總制畫并題〉　　　　　　　　　　　　　　自　題

峭壁懸厓翠入天，蠶叢開國已茫然。錦江東去龍門險，劍閣西來鳥道懸。丞相陣圖沙磧裏，少陵詩興草堂前。分明舊日經行處，似覺猿聲到耳邊。（明・史謹《獨醉亭集》、卷中）

西　村

小傳：不見畫史記載。身世不詳。

〈西村畫山水，為羅傳道邑令題〉　　　　　　　　　　　明・朱同

飛泉千尺乘長虹，嵐氣散作烟空濛。秋林高下見村屋，古寺如聽雲間鐘。樓台依約樹表，溪橋野艇行人小。西村畫癖嗟余同，對此興與秋天杳。（朱同《覆瓿集》、卷二）

宇　南

小傳：不見畫史記載。身世不詳。

〈題光孝寺訥無言長老所藏宇南畫龍〉　　　　　　　　元・柯九思

道人畫龍龍絕奇，何處人間曾見之。上京清暑朝初退，太液池邊看雨時。（柯九思《丹邱集‧錄自元詩選》、九二頁）

〈題光孝寺訥無言長老所藏（宇南）畫龍〉　　　　　　　　　元‧王　逢

　　柯敬仲博士題云“道人畫龍龍絕奇，何處人間曾見之。上京清暑朝初退，太液池邊看雨時”。畫龍者，號宇南。

　　宇南自是冀北驄，醉墨幻出朝天龍。奎章博士既家食，一詩寓意懷文宗。鼎湖攀號不可得，虬髯倒景風威黑。似掀金陵之畫壁，反顧蒼生望雲霓。詩成恍覺龍能吼，霖雨化作山人酒。（王逢《梧溪集》、卷五）

同長老

　　小傳：不見畫史記載。身世不詳。

〈寄雪竇同長老，嘗許畫蘭不至〉　　　　　　　　　　　　元‧戴表元

　　高高山頂寺，更有最高人。定起松鳴屋，吟圓月上身。雲藏三伏熱，水散百溪津。曾氐蘭花供，無書又過春。（戴表元《剡源文集》）

因上人

　　小傳：不見畫史記載。身世不詳。

〈因上人以所畫陶隱居留別〉　　　　　　　　　　　　　　元‧吾丘衍

　　真僧寄人間，雲影落大地。倏來無本行，暫止寧有意。嘗覽物外史，覺士吾所欽。擾擾萬境中，丹葩耀陽林。往年識因公，古貌白毫相。今年重相逢，遠意益疎放。金策掛山壁，衲衣懸竹枝。了然離言辭，明珠淨摩尼。陶公古仙人，道備入海岳。寫容寄遐思，神交慰寥邈。一鏡攝眾影，萬有道所將。相送湖水陰，空雲起蒼茫。（吾丘衍《竹素山房詩集》、卷二）

牟存有

　　小傳：不見畫史記載。身世不詳。

〈題牟存有脫靴返棹圖〉　　　　　　　　　　　　　　　　元‧陳　旅

　　題脫靴返棹圖，牟存有為姑孰守日，作此圖。未幾，為董宗臣所讒而去。

　　威鳳翔寥廓，妖蟆窟廣寒。翻令趙飛燕，無處倚闌干。九日姑孰守，千古涪陵翁。高人又返棹，江國夕陽中。（陳旅《安雅堂集》、卷一）

危功遠

小傳：不見畫史記載。身世不詳。

〈題危功遠山水〉　　　　　　　　　　　　　　　　　　　元‧袁　桷

　雲作糢糊冰作棱，玉峯深鎖鐵崚嶒。欲問先天觀前路，釣叟捲蓬終不譍。（袁桷《清容居士集》、卷十三）

仲　山（釋）

小傳：僧人，順帝時人。善畫魚。（見《中國畫家人名大辭典》、八十四頁）。

〈題仲山和尚群魚圖〉　　　　　　　　　　　　　　　　明‧劉　基

　濠梁之樂誰能寫，莊蟻死後無畫者。上人安知身非魚，援毫貌出態更殊。剡藤素拂秋雲冷，眼前驚見滄江永。翠尾輕披水上萍，玉鱗倒漾空中影。前行十二相迴環，吹潝煦沫淵汩間。最後群趨儼成列，皎若寒霄舞流雪。却思昨夜風雨來，赤鯉已去隨奔雷。鮒鱻不作霄漢夢，潛心泳暖何悠哉。贈言還畫重太息，芒鞋竹杖今何適。慎勿作海，水洶湧，龍崢嶸，空令素壁凝塵生。（劉基《誠意伯劉文成公文集》、卷十一）

曲江吏

小傳：不見畫史記載。身世不詳。

〈蜀人曲江之官贈以墨竹〉　　　　　　　　　　　　　　元‧虞　集

　拈筆寫琅玕，清風入室寒。蜀山空偃蹇，海郡更盤桓。雲霧瓊簫遠，冰霜玉莭完。莫忘鄉里意，持向曲江看。（虞集《道園學古錄》、卷二）

任仁發

小傳：字子明，號月山。工書法，善畫馬。（見《中國畫家人名大辭典》、八十六頁）。

〈任月山人馬圖卷〉　　　　　　　　　　　　　　　　　　自　題

　平坡草綠春正肥，圉人放牧除銜羈。芻飽忽作驤塵勢，霜蹄四仰黃埃飛。紫鬣搖搖拂沙磧，回頭真有千鈞力。駑鈍空居十二閑，騏驥裊娜俱辟易。此畫未遜韓與李，出奇變態筆鋒裏。安得王良為爾鞭，逐電追風日千里。月山道人并題。（清龐元濟《虛齋名畫錄》、卷二）

〈任少監畫馬〉　　　　　　　　　　　　　　　　　　　元‧張　雨

素練如平沙，三駿行相追。奚官兩紫髯，牽浴試一騎。安得真龍種，從我駕御之。（張雨《句曲外史貞居先生詩集》、卷一）

〈任月山畫馬〉　　元・華幼武

天馬從龍去，空遺粉墨看。披雲五花白，蹴雪四蹄寒。逸氣何深穩，良材有急難。苦心任水監，直欲比曹韓。（華幼武《黃楊集》、卷下、９/ａ）

〈題任月山畫馬〉　　元・錢惟善

神駿蕭蕭白黑文，圉人調習未能馴。五陵年少黃金絡，騎向長安不動塵。（錢惟善《江月松風集》、卷九）

〈任月山少監職貢圖引〉　　元・王 逢

好風東來快雨俱，夫須亭觀職貢圖。厥酋高鼻深目胡，冠插翟尾服繡襦。革帶韃鞻貂襜褕，左女执盞右執壺。手容恭如下大夫，酋妻髻椎將湛盧。五采雜佩相縈紆，轉顧飛虎飛龍旟。鏤耳者殿帕首驅，瓔珞袒跣兩侏儒。一擎木難珊瑚株，一戴去琢狻猊罏。神獒髬髵狀乳貙，復誰牽之鬖髮須。最後峨弁飾寶珠，若將入朝謹進趨。禿奚踉蹡亦在途，錦膊驄帶汗血駒。尊貴卑賤各爾殊，經營意匠窮錙銖。唐稱二閻道元吳，今也少監稱京都。少監材抱豈畫史，禹跡曾為帝親理。河伯川后備任使，無支祈氏甘胥靡。大德延祐員觀比，輦陸航海填筐篚。鳥言夷面遠能邇，少監臨古不無以。趙公商公暨高李，頡頏霄漢嗟已矣。靄雲曙開儼斧扆，包茅不入顙誰泚。周編大書王會禮，安得臣臣奉天紀。陋儒作歌歌正始。（王逢《梧溪集》、卷一）

〈題月山公九馬圖手卷為任伯溫賦，有序〉　　元・楊維禎

任公月山九馬圖一卷，馬官控而立者二，渴飲者二，赴飲者一，共櫪秣者二，立而昂首回顧者二。昔韓幹善　畫馬，實出曹將軍霸，唐之畫馬稱曹韓，而杜子美評曰“幹惟畫肉不畫骨”，則幹猶未暇入曹將軍室也。今公所畫，法備而神完，使在開元間，未知與霸孰先後，豈獨方駕幹而已哉。其孫士珪出卷求余言，故為賦卷尾。

任公一生多馬癖，松雪畫馬稱同時。已知筆意有獨得，天育萬騎皆吾師。房精夜墮池水墨，龍出池中飛霹靂。圖中九馬氣俱王，都護青驄尤第一。一馬飲水水有聲，兩馬齕草風雨生。其餘五馬盡奇骨，蛮烟洗盡桃花明。君不見佛郎獻馬七度洋，朝發流沙夕明光。任公承旨寫神駿，妙筆不數江都王。任公一化那可復，後生畫馬空多肉。此圖此馬無人看，黃金台高春草綠。（清高宗《御定歷代題畫詩類》、卷一〇二）

〈題任月山圉人調馬圖〉　　明・袁 華

邠寧八坊全盛日，牧馬四十餘萬匹。玉關沉檄野無塵，奮鬣長鳴氣驕逸。就中一馬如游龍，兩目夾鏡磨青銅。圉人騎入橫門道，霜蹏蹴雪生長風。水衡昔閟群玉秘，摸得茲圖落人世。海桑陵谷雖變遷，猶是靈光巋然峙。（袁華《耕學齋詩集》、卷七）

〈題任月山瘦馬圖〉　　　　　　　　　　　　　　　　　明・王　紱

千里追風一日還，年來老瘦骨如山。多情畫史勞傳寫，不在驪黃牝牡間。（王紱《王舍人詩集》、卷五）

〈題任月山紫騮馬圖〉　　　　　　　　　　　　　　　明・徐有貞

洗罷龍池日未沉，奚官閒控綠楊陰。承平不試追風足，誰試驊騮萬里心。香霧微蒸紫玉驄，柳陰駐立迴嘶風。年年飽食天閑粟，獨愧曾無汗血功。（徐有貞《武功集》、卷五）

〈吳汝輝任月山公子醉歸圖〉　　　　　　　　　　　　明・張　寧

清秋灝氣連山區，貴遊子弟行相娛。崇光艷色凌丘隅，景物似與尋常殊。文魚泳躍珍禽呼，金池瓊島周糢糊，老樹眩若紅珊瑚。被服綺麗雲霞敷，冠履美好玉帶紆。雕鞍寶馬交通衢，青黃赤白紫駁盧。驪騄騮駬駃騧騄，矯若遊龍捷飛狐。一一盡是千金駒，上騎五色餘僕夫。窄襜短後纓曼胡，矬幘隘袖襟裯襦。錦囊繡襆垂流蘇，武儀文具步技俱。負乘總是蒼頭奴，想當初筵列行廚。新豐美酒千斗沽，興來一飲三百壺。出門初旭歸及晡，去已矜肆歸豪麤。一人酣儽如曲瓠，中有甚者雙夾扶。垂首鞠背同擒俘，行從輻集高陽徒。瓶傾罍罄恣餟餔，吽呀突兀口囁嚅。蹩立睥睨行連甫，攀鞍將臂掀長鬚。前不辟人後不趨，溺褻不異雞與鶩。月山老手寫此圖，無乃作鑒昭蒙愚。詩書明訓慎勿孤，一日湎喪終身污。君不見嘉賓式燕醉若朐，五陵遊蕩無時無。（張寧《方洲集》、卷六）

〈任月山七馬飲飼圖〉　　　　　　　　　　　　　　　明・吳　寬

一馬初飲泉，三馬共齧草。二馬欲飲一未齧，七馬縶維俱櫪皁。圉人飲飼亦良苦，莝草汲泉須美好。驅馳正用千里力，不使爾渴使爾飽。爾如無用卻徒然，天閑肥馬雲錦連。（清高宗《御定歷代題畫詩類》、卷一〇二）

〈任月山九馬圖〉　　　　　　　　　　　　　　　　　明・吳　寬

前元畫馬任月山，九馬意態皆天閑。開圖似具方皋眼，不在驪黃牝牡間。日午歸來千里道，渴者飲泉飢齕草。風前汗血流未乾，仍見隻蹄騰櫪皁。曹韓已遠圖有無，猶賴杜老詩如圖。慨予何以慰馬癖，空對駃駬幷騧騄。唐家自得王毛仲，一時下乘千金重。此圖卷卻勿浪開，旅斝日日直矇誦。（清高宗《御定歷代題畫詩類》、卷一一二）

〈題任月山飲飼圖〉　　　　　　　　　　　　　　　明・王鏊

　韓生畫馬不畫骨，月山七馬何崒崒。世俗紛紛方舉肥，誰收冀北空群物。連錢驛蹄黃金羈，圉人飲飼勤莫辭。一朝拂拭橫門道，逐電追風君始知。（王鏊《震澤集》、卷七）

〈題任少監百馬圖〉　　　　　　　　　　　　　　明・（釋）一初

　燉煌水涸龍駒伏，未央殿前秋草綠。驢駝負石玉門關，舊苑空餘三十六。憶昔高皇馬百匹，駒騋車府無監牧。只留太僕掌天閑，不許田駕食民穀。古來貴良不貴多，須信儉餘奢不足。任監手畫百驊騮，五色如雲散平陸。八月風高水草甘，飲齕舒閑肆馳逐。騅駂驪黃莫復辯，水葉風花亂人目。任公生遭太平世，結思驅豪逞神速。四海無虞百將閑，無乃圖形華山麓。吾聞善相東門京，坐閱群龍眼如燭。白家口齒謝家鬃，皎皎那容在空谷。爭如下乘得休安，骨相雖凡好毛肉。杏花煙外柳陰中，鞘絡無加飽芻粟。嗚呼此畫世已稀，徒有千金未輕鬻。老矣支郎俊氣銷，捲卷空歌天馬曲。（清高宗《御定歷代題畫詩類》、卷一〇三）

〈任月山九馬圖歌〉　　　　　　　　　　　　　　　明・祝允明

　古人頌馬自魯駉，杜詩尤勝伯樂徑。近代畫馬稱曹韓，後來獨數李龍眠。世無神手有神馬，眼底誰能分造化。鄒陽示我軸有恡，驚絕縱橫電光起。定觀始識任都水，馬後金聲出吳李。房星九點光殷殷，天文地類相爛熳。龍媒無種世亦產，何必置牝宛代間。於今不乏十二閑，如此久墮文書寰。前年禦戎急芻騎，何不引此踏賀蘭。嗚呼，九駿安得歸龍班，一匹可以當三千。吾言亦能道塞淵，爾尚伏櫪吾何言。（祝允明《懷星堂集》、卷五）

〈任仁發畫馬行〉　　　　　　　　　　　　　　　　明・何景明

　畫馬如畫龍，縱橫變化當無窮。吾觀月山子，落筆窺神工。曾向天閑貌十馬，十馬意態無一同。此馬傳來幾百年，左絹猶開沙漠風。樹裏河流新過雨，簇簇草芽寒刺水。圉人雙牽臨水邊，草色離離亂雲綺。今人疑到渥洼傍，波底風雷鬥龍子。細看不是白鼻騧，恐是當朝獅子花。紫燕纖離各惆悵，其餘駑劣何足誇。憶昔愛馬不惜千金貨，君王勤政樓頭坐。奚奴黃衫雙繡靴，廄中騎出樓前過。紅帕初籠汗血香，玉鞭輕拂桃花破。吁嗟玩物竟何益，遺跡徒使丹青播。只今烽火西北來，沙場來聞千里才。千里才固有時，回頭為問御者誰。君看赤驥與騏驎，挽車太行嶺。心期田子方，踟躕駕轅項。霜凋首蓿漢，郊冷骨折。秋風自嘶影，君不見古人養馬如養士。一飽能酬千里志，今人養馬如養豚。廄下常堆蒺藜刺，古之良馬何代無。可笑今人空按圖。（何景明《大復集》、卷十四）

任丹碧

小傳：不見畫史記載。身世不詳。

〈贈任丹碧鍊師〉　　　　　　　　　　　　　　　　　　　元・貢　奎

　　大雲壓峰斜日明，下照百尺清溪橫。丹葩碧樹光爛爛，妙筆可作詩無聲。買田築屋者誰子，江海欲歸吾老矣。袖中豈無于世書，當年曾說黃冠師。（貢奎《雲林集》）

朱大年

小傳：不見畫史記載。身世不詳。

〈贈寫神朱大年〉　　　　　　　　　　　　　　　　　　　元・張　昱

　　筆頭何在覓人知，鏡裏相看不自疑。麟閣盡能圖燕頷，龍沙誰復恨蛾眉。千年名姓毛延壽，一代丹青顧愷之。夢感九重終見召，藝精寧患不逢時。（張昱《可閒老人集》、卷四）

朱元暉

小傳：不見畫史記載。身世不詳。

〈寶林講主所藏朱元暉長江萬里圖〉　　　　　　　　　　　明・謝　肅

　　大江浩浩來天地，最憶乘流萬里行。擊楫每當楊子渡，卜居欲向錦官城。睢塘曉峽孤猿斷，赤壁秋磯一鶴橫。爛醉綠尊還采石，米家船裏有餘情。（謝肅《密庵集》、卷四）

朱　玉

小傳：字君璧，一作均璧，崑山人。喜繪事，從永嘉王孤雲遊，遂精界畫。（見《中國畫家人名大辭典》、七十七頁）。

〈題朱仲華百牛圖〉　　　　　　　　　　　　　　　　　　元・方　回

　　以棟梁成廈屋，萬牛不足；以秉耒命巾車，一牛有餘。畫師幻此沮洳澤，若牯悖犢輩且百。太平村落豐年秋，只欠耳邊聞晚笛。老身元是牧牛兒，憑誰寫作劉凝之。（方回《桐江續集》、卷十二）

朱自齋

小傳：不見畫史記載。身世不詳。

〈朱自齋畫石、鄧覺非作蘭，呂蒙齋賦詩索和〉　　　　　　元・龔　璛滋蘭彌前庭，自是山中英。昔年徵吉夢，今日寄幽情。千里何當遙，睌晚如石貞。勿為童子佩，葯蔓取周名。援毫思楚南，嶷嶷被秋容。長歌植德詩，采采一襟盈。（**龔璛《存悔齋稿》**）

朱　同

小傳：字大同，號朱陳村民，又號紫陽山樵，安徽休寧人，學士朱升之子。朱同文才武略，圖繪丹青，無所不精，時稱三絕。（見《中國畫家人名大辭典》、九十四頁）。

〈古木寒林歌〉　　　　　　　　　　　　　　　　　　　　　　自　題

遂邑蔣存中，以名家子選為稅務官，得請而歸，求余寫古木寒林，賦此題之。．

遂陽山城萬家邑，古木參天蔽原隰。虎踞老石龍迴空，雷擘蒼崖起群蟄。故人結茅溪上居，日臨流水觀扶疎。因懷萬牛棟梁重，乘興偶謁承明廬。滄海無際百川趨，挂席欲進空躊躇。故山喬木邈何許，但見萬里連荒墟。秋風江山客衾薄，夢到家山舊丘壑。青林白日誰共閒，遠望有人高倚閣。解印翩然歸故丘，再覷古榦交螭虯。棟梁無用甘樗散，與爾老壽同千秋。紫陽山人筆如舌，為爾寫向鵝溪雪。堂上今亦生楓樹，安得長歌繼前哲。（**朱同《覆瓿集》、卷一**）

〈萬松道人吹簫圖〉　　　　　　　　　　　　　　　　　　　　自　題

萬松道人者，三衢之開化人也。宗李氏學，有塵外致，好吹簫。其鄉人汪彥修與余會於遂邑，彥修讀儒書，頗能曉葬法，自號拙閒老人。道人因彥修求作萬松道人吹簫圖，值連日苦雨，不能出，因為寫以遣日，併題數語以貽之。

萬松道人持洞簫，吹作鈞天鳴鳳韻。海月初上萬松頂，清影滿地風瀟瀟。吹罷玉宇空寥寥，餘音縹緲隨風飄。青鳥前導豐隆御，乘興便欲凌青霄。玄丹已熟九鼎火，白鶴不畏長天遙。萬靈執役雷電走，倒酌北斗翻招搖。拙閒老人眼如電，每向燈前究黃卷。清癯已是地行仙，識君知心豈知面。求我為寫萬松圖，手弄參差自相娛。吮毫欲寫輒復止，豈以色相摹太虛。我亦吹簫玩月窟，金丹未能換毛骨。賀老誠能識謫仙，大鵬九萬同超忽。（**朱同《覆瓿集》、卷一**）

〈汪谷賓因李雪齋求余寫臨清樓圖併詩〉　　　　　　　　　　　自　題

野人未上臨清樓，作圖題詩神預游。題詩不盡登臨興，作圖漫寫憑欄秋。水南鬟黛入簾小，松蘿空翠當檐流。想像賦成終未穩，安得乘興來上頭。（**朱同《覆瓿集》、卷三**）

〈題自畫榆溪清隱圖寄程國輔〉　　　　　　　　　　　　　　　自　題

榆花飛處杏花開，盡是高人手自栽。古寺晚鐘僧出定，平林春雨鷺飛迴。傳家幸有藏

書屋，報主慚無濟世才。何日許辭金殿直，杖藜莫訝客頻來。（**朱同《覆瓿集》、卷三**）

〈題自畫贈王德中〉　　　　　　　　　　　　　　　　　　　　　自　題

　月出城東頭，團團上明鏡。古樹倚朱樓，棲烏驚未定。小星淡已無，大星遠相映。草露發夜光，荷盤拭秋淨。良朋喜同游，清賞寄高詠。安得白玉繩，為人繫清影。（**朱同《覆瓿集》、卷一**）

〈率溪汪茂卿求寫溪山小隱圖因題圖左〉　　　　　　　　　　　　　　自　題

　漸江天際來如絲，委蛇下遶孫王祠。兩岸青山如走馬，勢與江水俱馳下。疏煙遠近見村墟，茅屋竹籬總堪畫。隱士家居溪上村，雲煙水石供晨昏。田園歲入了官賦，足跡不到王侯門。鱐魚入市充盤餐，啄黍有雞牢有豚。論文痛飲醉方已，高朋滿座無空樽。秋風蕭蕭歲云暮，奔走誰能免公務。乾坤如許憊身多，何況持家立門戶。寫盡題詩良獨苦，夢魂想像無由覯。我欲作詩奉明主，挽此高風還淳古，四海蒼生悉安堵。（**朱同《覆瓿集》、卷一**）

〈漢口程伯齡扁所居曰容膝山房，求余寫喬松古木圖，因題以為贈〉　　自　題

　老松參天依清瀆，卓立迥出凡木群。百年生息飽雨露，一日變化超風雲。雲溪故家足喬木，容膝山房更清淑。知君每愛林下風，故寫幽人坐溪腹。（**朱同《覆瓿集》、卷二、四珍二**）

〈寫墨菊寄陳彥珍〉　　　　　　　　　　　　　　　　　　　　　　自　題

　挑燈乘興寫秋芳，寄與幽人晚菂香。栗里尚遺三徑在，何時同子醉重陽。（**朱同《覆瓿集》、卷三**）

〈題朱同墨菊圖〉　　　　　　　　　　　　　　　　　　　　　元・舒　遠

　　余舊藏朱大同侍郎墨菊，友仁黃兄展玩之餘，感歎哀掉不已，遂賦詩以挽，敬步韻以復，情見乎辭　朱擢禮部侍郎遭厄惜哉。

　　根本東籬不用培，霜葩幻向筆端來。藝林遊戲遺香墨，宦海聲名等燼灰。風韻尚憐存晚節，韶華空憶占秋魁。披圖細玩仍珍襲，獨對西風倍感哀。（**舒遠《北莊遺稿》、卷二**）

朱志德

小傳：不見畫史記載。身世不詳。

〈朱志德雪隱記〉　　　　　　　　　　　　　　　　　　　　　明・陳　謨

士大夫出處不同轍，情性不同嗜，而其歸不殊致者。傳曰是則同，又曰皆是也，夫同且是，天下之美豈復有加於此哉。宜春朱侯志德氏，出處情性皆不異於人人，至其高自標致，託興於雪以隱，獨異人焉。不知者類曰：隱非志於濟物者，雪非陰陽沖和會合之所存也，於侯絕不相似。其知者蓋曰：侯工寫梅竹，梅待雪始英，竹冒雪逾勁，皆隱於雪而極韻度，朱侯特寓焉耳。僕曰：嘻！近之矣，然猶膠乎其外，夫隱有小大，惟隱於市朝謂之大隱，又與顯對，君子有隱斯有顯，謂之中道，豈絕人逃世者所能專哉。夫雪，天地嚴凝之氣之積也。雖非沖和所存，而沖和之氣常由雪以固，則其暢達化育也孰禦。是故春秋書無冰謂冬溫也，閉藏之不密而翕聚之蚤發也，唯雪尤然。故三白兆豐深尺書大，厥係之重若是，然則朱侯托於雪而隱，殆比德於玉之類歟。古今窮而小隱者姑勿論，論其達而大隱位極人臣者，塩虎蓋深，玉龍擎重，魏國公之相業也雪隱也；平治險穢，潤澤焦枯，勢合則色地，功成則回春，荊國公之相業也雪隱也。二公誠異於人者，而孰識其同哉，亦容有議而非之者，而孰究其壹歸於是哉。易曰：君子以同而異。先正曰：不能大同者亂常，咈理之人也。不能獨異者隨俗，習非之人也，要在同而能異爾，以是為雪隱記，其庶矣乎。(陳謨《海桑集》、卷七)

朱季岳

小傳：不見畫史記載。身世不詳。

〈題朱季岳畫菜〉　　　　　　　　　　　　　　　　　　　　　明・王 洪

冰壺道人久矣去，世上富貴徒紛紛。金谷園中歌舞地，祇今蔓草愁寒雲。吾家有菜一千畝，紫翠茸茸爛春雨。空齋釀作百甕虀，朝携暮携樂清苦。久知此味世所稀，贈君遠上黃金闌。盤餐慎勿厭清瘦，但今四海蒼生肥。(王洪《毅齋詩文集》、卷四)

朱叔仲

小傳：不見畫史記載。身世不詳。

〈朱叔仲山水引為鄒生作〉　　　　　　　　　　　　　　　　明・虞 堪

看山朝不飯，畫山夜不眠。西蜀書生有此過傅癖，呼鐙索酒忘青年。東吳朱家叔仲子，愛畫更覺入骨髓。清晨起來頭不梳，快展溪藤撥秋水。長年買船上會稽，耶溪雲門隨所之。越人煮海競取富，孰肯相逐探幽奇。歸來自喜胸腹飽，磊塊崢嶸揮不了。東家幀子高丈尋，落筆唯嗔煙嶂小。鄒生拜揖長衣裙，得畫一紙七尺餘。就中須得戴安道，一丘一壑松兩株。前年我亦畫匡廬，還有松巢安讀書。昔年李太白，最愛雲端蕖。焦桐不著童子抱，先生自是乘籃輿。仙人自在第九疊，牧豎樵夫皆可居。朱叔子，鄒陽生，世俗那辨關與荊。齊君不好瑟，王子自吹笙。何當與子坐待海晏風塵清，更作崑崙頂上行。

（虞堪《希澹園詩集》、卷二）

〈題朱叔仲畫青山白雲橫軸〉　　　　　　　　　　　　　明・虞　堪

　　山青綠樹深，白雲更多少。憶爾越中行，揚帆看春曉。我在山中住，山中秋復春。白雲長罨乍，來往斷無人。（虞堪《鼓枻藁》、二〇頁）

朱叔重

　　小傳：吳人，鐵網珊瑚，作婁東人，工詩畫，每賦一詩，得摹寫之妙，輒肆筆繪之。（見《中國畫家人名大辭典》、九十三頁）。

〈贈畫師朱叔重叙〉　　　　　　　　　　　　　　　　　元・元　瀞

　　吾邦會稽山水府，萬壑千岩如米聚。平生痴絕顧虎頭，道中應接亦良苦。至今清響若耶溪，童子山僧惟杜甫。近代乃有高尚書，時過雲門吐奇語。麥秋天氣小籃輿，移將長松在縑楮。高標遠雲勻不復見，寂寞溪山但風雨。朱君叔重吳下來，示我小圖雲一縷。乾坤秀氣皆可得，李郭董米開門戶。林梢出沒烟霧中，山骨隱顯帶洲渚。江南生意半口口，天真平淡此為愈。君誠破筆書萬卷，魏國風流敢相許。如何叔重心好古，布襪青鞋獨艱阻。明年須償司馬約，綠水青猿宿天姥。老我尚堪歌勝遊，藝苑詞林期一補。至正十五年九月十四日，會稽山樵元瀞書。（明朱存理《鐵網珊瑚・書品》、卷七）

〈贈畫師朱叔重叙〉　　　　　　　　　　　　　　　　　元・朱　桓

　　論畫之工者，于昔代有其人，而今之世尤盛。始國之初，與才人輩出，禮樂文物炳炳為一代典章者，萃然于其間，畫居一也。時翰林大學士魏國趙公、房山高侍郎、李薊丘、商曹南諸大老稱首。數公皆世巨儒，聰明才辨動天下，而身館閣近清光，其所目擊莫非奇聞異觀，又其胸中復自涵容大川喬嶽之不可測識者，故形諸筆端，點染紈素，則必怪奇雄特，深莫知其所自，高莫瞻其所入，千態萬狀，一舉而畫之，宜其名世傳求無忝也。厥後嗜其畫者，或私淑諸人，或臨模想像，遂以升堂造域者常常有之，而南方最多，吳朱叔重氏其尤也。叔重儒者而工畫，每一賦詩得模寫之妙，輒肆筆繪之極，詩咏之工，嘗曰「王右丞水田白露夏木黃鸝之詩，即畫也；而李思訓數年、吳道玄一日，其工夫學力所到者畫，即詩也，庸有二乎？」夫吳人固多喜畫者，往往泥於豪素之末，以之資生，以之餌名，畫雖工，不過為苟取之具而已。君子奚取焉，寧取夫所謂翰墨游戲者，若叔重是也，其衣褐，其冠素，其足跡未嘗遠遊，其身未嘗仕于時，名雖稱于薦紳士大夫，而未嘗赫赫得時譽。飄然其舉，紛然其居，與時世相浮沈，若不異乎庸眾人者，而其賦乎天者醇，其才清，其智明，至發之繪事，有自然之妙，或者其胸中亦有以口之不可測識者歟，人不得而知也。古之人游于藝者，以小物不遺而動息有養也。苟有養也，則游

　　藝不為末矣，又況風流醞藉如叔重者乎，吾將見其名世傳求無忝矣。鄧君恒持卷俾桓以言贈叔重，桓辭不能，弗許，因叔述其所以復之，是為贈。時至正十五年三月廿又五日，大梁朱桓書于中吳旅舍。（明朱存理《鐵網珊瑚書品》、卷七）

〈贈畫師朱叔重叙〉　　　　　　　　　　　　　　　　　　　　　　　　　元・呂　敏

　　朱子耽書畫，風塵空白頭。神令運筆速，力與扛鼎侔。射虎石飲羽，刺山雲迸流。嫩嵐媚白日，爽氣澄素秋。慰我煙霞想，見爾珊瑚洲。何時乘大舶，沈以鐵網收。（明朱存理《鐵網珊瑚書品》、卷七）

〈贈畫師朱叔重叙〉　　　　　　　　　　　　　　　　　　　　　　　　　元・錢　伯

　　良工繪理善丹青，萬里江山方寸生。老樹蒼松乘筆興，顛厓怪石令人驚。浮石冉冉看若動，流水潺潺聽有聲。我欲登臨古刹危。蒼松老人錢伯。（明朱存理《鐵網珊瑚・書品》、卷七）

〈贈畫師朱叔重叙〉　　　　　　　　　　　　　　　　　　　　　　　　　元・邵　復

　　婁江有客朱氏子，解畫丹青稱畫夫。鮫綃一幅淨如水，溪山樹石生筆底。元非丘壑在胸中，安能經營作佳製。便當舞劍助揮毫，翰墨人間恣游戲。南陽野客邵復有初父。（明朱存理《鐵網珊瑚書品》、卷七）

〈贈畫師朱叔重叙〉　　　　　　　　　　　　　　　　　　　　　　　　　元・李伯彰

　　念子高居水屋寬，每將圖畫想衣冠。墨池雨潤秋雲濕，海嶽風生玉樹寒。萬里幽微來眼底，百川平遠出毫端。安能脫得壟間鞅，著我扁舟把釣竿。吳門李□伯彰。（明朱存理《鐵網珊瑚・書品》、卷七）

〈贈畫師朱叔重叙〉　　　　　　　　　　　　　　　　　　　　　　　　　元・吳　昞

　　揮毫落紙妙通神，筆底自有無邊春。他日丹書九重下，肯將巧思畫麒麟。延平吳昞。（明朱存理《鐵網珊瑚・書品》、卷七）

〈贈畫師朱叔重叙〉　　　　　　　　　　　　　　　　　　　　　　　　　元・安　敏

　　秋風蕭蕭吹短髮，十年東遊作行客。青山茫茫幾千里，飽看自能忘拄笏。欲來負郭二頃田，誅茅且待終山澤。歸來一身倦行役，俯仰城市殊偪仄。胸中愛山那可忘，每抱幽思記行迹。婁江朱君名畫者，為我丹青時一寫。眼前態狀寫奇特，□導西林獨歸馬。參差遠樹生鬱蔥，鳥道幽分入平野。九川壯氣凌太空，中有飛龍逐雲下。筆端磊落皆宛然，六法縱橫遍瀟灑。江南三月春雨多，桃花水暖揚微波。買舟載酒不歸去，湖邊醉倒逢狂歌。畫圖只尺勝如許，抱琴坐對長吟哦。只今烽火苦未息，況聞南北徒干戈。不妨歸計養朝夕，一丘一壑終如何。毗陵安敏書于鶴林精舍。（明朱存理《鐵網珊瑚‧書品》、卷七）

〈贈畫師朱叔重叙〉　　　　　　　　　　　　　　　　　　　　　　元‧徐　恒

落筆山雨至，客樓生遠思。風流朱叔重，不似虎頭痴。倚柁寫秋色，曹娥江上頭。樹□連塞雁，天影落沙鷗。錢唐徐恒。（明朱存理《鐵網珊瑚‧書品》、卷七）

〈贈畫師朱叔重叙〉　　　　　　　　　　　　　　　　　　　　　　元‧高恒吉

畫圖只數李將軍　風致流傳恰到君。登樓十日人罕見，寫盡江南萬壑雲。高恒吉。（明朱存理《鐵網珊瑚‧書品》、卷七）

〈贈畫師朱叔重叙〉　　　　　　　　　　　　　　　　　　　　　　元‧錢元善

朱公之畫清且奇，巖崖嶙峋高秋時。興來落筆雷雨垂，醉中飲墨來天池。當時策策西風急，萬木槎牙皆特立。寒凝翠叠只尺間，夜半尚疑山口口。李成不作俱假名，平遠後來惟道寧。如公水墨非畫者，觸熟對之雙眼明。霅川錢元善。（明朱存理《鐵網珊瑚‧書品》、卷七）

〈贈畫師朱叔重叙〉　　　　　　　　　　　　　　　　　　　　　　元‧顧　敬

海岳菴頭積翠峰，蒼松兩兩似遊龍。要知米老騎鯨去，誰把雲山寫淡濃。朱郎純似大痴哥，丘壑胸中寫更多。我欲攜琴訪猿鶴，白頭相與臥松蘿。灌園翁顧敬。（明朱存理《鐵網珊瑚‧書品》、卷七）

〈寄朱叔重畫山水卷〉　　　　　　　　　　　　　　　　　　　　　明‧虞　堪

婁東朱叔重，滿卷畫雲煙。過越乘山轎，歸吳放野船。危峰蒼鶻上，遠樹白鷗前。每愜幽尋意，題詩為爾賢。（虞堪《希澹園詩集》、卷二）

朱孟章

小傳：不見畫史記載。身世不詳。

〈題朱孟章虞學士送別圖後〉　　　　　　　　　　　　　　　　　　明‧劉　基

秋郊一盃酒，握手念將離。落日照野水，涼風生樹枝。今朝重相憶，青山如舊時。鬢毛非松柏，爭得不成絲。（劉基《誠意伯劉文成公文集》、卷十三）

朱芾

小傳：字孟辨，號滄洲生，松江人。洪武初以工詩及篆隸行草名。善畫山水及白描人物（見
　　　《中國畫家人名大辭典》、九十三頁）。

〈朱芾惠麓秋勝圖〉　　　　　　　　　　　　　　　　　　　　　　　　自　題

　第二泉頭坐晚晴，滿林松籟褫谿聲。滌煩老去盧鴻一，謝俗歸來衛疢卿。未必茶經隨
火化，擬尋茅屋待春耕。臥游畫裡違清賞，裹茗它年石上烹。

　甲寅秋立冬日，雲間朱孟辯為志學聘君，并書詩于建業之青谿一曲。（明朱存理《鐵網珊瑚·
書品》、卷四）

〈題朱孟辨臨文與可墨竹〉　　　　　　　　　　　　　　　　　　　　明·林　弼

　胸中千畝老陵州，用寫西風一樹秋。咄咄逼人青瑣客，時來泚筆鳳池頭。（林弼《林
登州集》、卷七）

〈題朱孟辯層巒圖〉　　　　　　　　　　　　　　　　　　　　　　　明·貝　瓊

　叠嶂何崔嵬，遠近皆可數。不學王宰遲，棄墨如棄土。林藏風雨黑，石戴冰雪古。初
疑造化鍾，已覺精靈聚。遙思兩山下，流泉細通圃。茅屋今何如，人去苔生戶。（貝瓊
《清江詩集》、卷二）

〈題朱舍人為史太守寫梧竹〉　　　　　　　　　　　　　　　　　　　明·林　鴻

　舍人退食寫閒情，公子開械玉雪清。曾向鳳池同夜直，挨垣梧竹總秋聲。（林鴻《鳴
盛集》、卷四）

〈題中書舍人朱孟辯墨竹〉　　　　　　　　　　　　　　　　　　　　明·管時敏

　楚楚郎官玉雪溫，朝回緩步出□□。□□□□□金門，揮毫寫得懸崖竹，都是中天雨
露痕。（管時敏《蚓竅集》、卷八）

〈朱芾惠麓秋勝圖〉　　　　　　　　　　　　　　　　　　　　　　　明·牛　諒

　澤國霜晴過雁天，翠微秋色淨無烟。歸來好記登臨處，苜蓿盤香第二香。牛諒。（明
朱存理《鐵網珊瑚·書品》、卷四）

〈朱芾惠麓秋勝圖〉　　　　　　　　　　　　　　　　　　　　　　　明·劉仙客

　惠山泉石幽深處，秋日南宮畫作圖。此地何年得同隱，濁醪應可為君呼。東齋生劉仙
客。（明朱存理《鐵網珊瑚·書品》、卷四）

〈朱芾惠麓秋勝圖〉　　　　　　　　　　　　　　　　　　　　　　　　明・朱夢炎

　積翠擁寒雲，流泉噴飛雪。細讀煮茶經，松根待明月。豫章朱夢炎。(明朱存理《鐵
網珊瑚・書品》、卷四)

〈朱芾惠麓秋勝圖〉　　　　　　　　　　　　　　　　　　　　　　　　明・張　籌

　湖上群山幻九龍，泉頭一客坐雙松，定知別去還相憶，夢入秋雲第幾重。鄉人張籌。
(明朱存理《鐵網珊瑚・書品》、卷四)

〈朱芾惠麓秋勝圖〉　　　　　　　　　　　　　　　　　　　　　　　　明・瞿　莊

　壯遊曾飲惠山泉，客裏披圖思惘然。尚憶信安祠外柳，蕭條猶帶汴隄烟。海門睢莊。
(明朱存理《鐵網珊瑚・書品》、卷四)

〈朱芾惠麓秋勝圖〉　　　　　　　　　　　　　　　　　　　　　　　　明・吳伯宗

　碧樹陰分雲外出，清泉影落石間流。山人獨坐西風裏，正值南天過雨秋。臨川吳伯宗。
(明朱存理《鐵網珊瑚・書品》、卷四)

朱彥和

　小傳：不見畫史記載。身世不詳。

〈敬亭山樵圖詩序〉　　　　　　　　　　　　　　　　　　　　　　　　元・胡行簡

　文江友人袁文欽，示余山水圖一幅，曰此敬亭山樵圖也。敬亭山在大江之東，奇秀聞
於天下。鮑昭李白之流，形諸歌詠亹亹不厭，至今讀其詩者可以想見其勝。寫而為圖者
朱彥和也。彥和之大父野翁，嘗為江東幕賓，樂其山水之美，遂卜居焉。至彥和，嘗侍
其尊甫秋崖為南靜尹，山川阻修，不勝遽反乎敬亭也。而南靜之民，懷尹之德，愛尹深，
攀轅臥轍，情終不自已也。斯邑遂為桐鄉，而秋崖因以為家。彥和不忘敬亭山水，恒曰
一丘一壑吾父祖所經營也，殘山剩水吾童子時所漁樵也，安得恝然而忘情乎？寫之於
圖，欲朝夕覽觀以紓懷抱耳。彥和以予嘗游江左，求為之文，以倡夫歌詠焉。余病且眊，
諾既久，未有以復，暨督之急，因為之說，曰：“世之高蹈遠引者，恒栖遲巖穴以遂其
志，而軒冕之士恬于勢利者，每寄興白石、託意雲林，所以謝紛囂而樂夷曠，陶情性于
物表也。”彥和之寫是圖，蓋不忘堂構之思，而超然山水之外，儻驄車出使道過敬亭，
舊時遺老必能言高明祖父之事。甘棠封植逾久逾昌，想往哲之高風，繩故家之步武，指
諸事業，必將與敬亭相與悠久矣，樵云乎哉。(胡行簡《樗隱集》、卷四、四珍二)

朱 邸

小傳：一作卭，蜀人，善竹木。（見《中國畫家人名大辭典》、九十二頁）。

〈題朱邸竹木〉　　　　　　　　　　　　　　　　　　　元・虞 集

猗猗淇園竹，結根磐石安。枝幹相扶持，風雨不可干。其實鳳所食，君子思保完。恒死聲影疎，蕭條霜露寒。金玉慎高節。千載承清歡。（虞集《道園學古錄》、卷一）

〈題朱邸竹木〉　　　　　　　　　　　　　　　　　　　元・虞 集

江上復春雨，曾陰覆碧波。石高龍影臥，林迥鶴聲過。解佩猗蘭浦，揚舲落木坡。佳人翠袖薄，日暮欲如何。（虞集《道園學古錄》、卷二）

朱 郎

小傳：不見畫史記載。身世不詳。

〈題張起原舟中看山圖〉　　　　　　　　　　　　　　　明・張以寧

張侯往年官衡州，州之名山無與儔。蓉旌羽節降白日，紫蓋石廩騰清秋。侯也愛山得山趣，似是昔時王子猷。每憐馬上看草草，不得獨往探奇幽。茲辰歸來好風色，熨平翠縠舖湘流。中流容與沙棠舟，舟中傲睨紫綺裘。青山喜人不肯走，一一自獻當船頭。掀髯轉盼領其妙，誰歟知者雙蜚鷗。明霞返照儼不動，白雲翠煙相與浮。獨不見巴船摸拖水如箭，盤渦縠轉令人愁。好山縱有豈暇賞，急電一瞬過雙眸。古來會心亦良少，年年幾見斜川遊。絕憐詩句餘秀色，我起高咏心悠悠。朱郎落筆宛飛動，毋乃親見此景不。嗟侯之意我亦有，艇子況繫溪南洲。秋山石上芝草長，我獨胡為此淹留。（張以寧《翠屏集》、卷一）

朱 肅

小傳：字敬之，錢塘人。善畫枯木竹石，得平遠之致。（見《中國畫家人名大辭典》、九十三頁）。

〈題朱肅畫〉　　　　　　　　　　　　　　　　　　　　元・貢師泰

芙蓉零落渚宮秋，翠蓋紅衣漫不收。猶有雪鵠來上立，夕陽無陽遠人愁。（貢師泰《玩齋集》）

朱榘方

小傳：不見畫史記載。身世不詳。

〈題栝士朱榘方畫五松〉　　　　　　　　　　　　　　　元・張 翥

隱君業在栝溪東，種就長松倚翠空。一夕蛟龍起春雨，滿山鱗甲動天風。也知造物生來異，未許煙霞畫得同。想見青田舊巢鶴，時時來唳白雲中。（張羽《蛻菴集》、卷四）

朱德潤

小傳：字澤民，睢陽人，著籍於吳，遷崑山。山水學郭熙，說者謂其規矩出入李昭道父子之間，又謂其蒼潤清逸在子久叔明之間，亦善人物，有古風。（見《中國畫家人名大辭典》、九十二頁）。

〈楚山圖銘為兀顏子中憲僉作〉　　　　　　　　　　　自　題

六書之教，二曰象形。刻諸鼎彝，揭之旂旌。用昭憲度，以節禮刑。去古既遠，風囂淳漓。政繁法夥，民情愈欺。侯伯邦守，宇養或虧。爰陳臬司，俾繩其違。我兀大夫，忠厚而威。繡衣換節，僉憲南陲。令肅政成，百度惟清。作此好圖，以代勒銘。（朱德潤《存復齋文集》、卷一）

〈（自畫）斡克莊侍郎賀蘭山圖贊〉　　　　　　　　　自　題

賀蘭之山，大河之西。毓秀孕靈，渙發天機。我斡大夫，風雲之姿。江湖氣誼，月露襟期。材為國楨，學則民師。用作斯圖，品物象儀。（朱德潤《存復齋文集》、卷七）

〈跋（自畫）雲海圖〉　　　　　　　　　　　　　　　自　題

山澤通氣，昇而為雲。天一生水，環而為海。君子學以致其道，如雲之卷舒無窮。如海之融會貫通可也，海虞盛君以雲海自號，勉為圖之，且為之題云。（朱德潤《存復齋文集》、卷七）

〈跋王達善（求畫）山水圖上〉　　　　　　　　　　自　題

象外有象者，人文也。故河圖畫而乾坤位，坎艮列而山水蒙。蒙以養正，蓋作聖之功也。故君子以果行育德，象山下出泉。王君達善求予作山川之象，其突然而高窪然而深者，山川之勢也。鬱然而青澹然而蒼者，山川之氣也。其所以高深而青蒼者，山川之理也。惟理至微，惟象至著。僕既為作象矣。不能喻之於理，王君其必有自得矣。（朱德潤《存復齋文集》、卷七）

〈贈黃竹村老儒畫梅竹〉　　　　　　　　　　　　　自　題

煙水盱江沙，丹陽度雪寒。夕憐梅淡泊，先問竹平安。夜月清詩思，春風彩筆端。北來知己少，歲莫欲彈冠。（朱德潤《存復齋文集》、卷八）

〈（自作）山水圖詩，呈解之昂御史〉　　　　　　　　　　　　　自　題

　　山川結靈根，厚地秉陰竅。神功自模範，具屼起隻嶠。層巒倚天開，仰盼絕飛鳥。嵐光變氣候，草木通深窈。東山吾舊游，紉索記行藥。平生丘壑情，藉此寫懷抱。荊關竟已矣，玕吪豈真好。會當躡丹梯，共登天門道。（朱德潤《存復齋文集》、卷八）

〈為張疇齋承旨作仙山晚渡〉　　　　　　　　　　　　　　　　　自　題

　　十月之交，朔風其飄。我來自南，子以遊邀。清霜著喬榦，落葉灑江臯。野橋駕略彴，蒼石浴寒潮。客子莫檐簦，蹀蹀上輕舠。澄江靜可渡，不憚前山遙。聞有列仙人，煉玉遺丹膏。鳳音雖寂寞，素鶴可相招。願尋長生道，白日登雲霄。（朱德潤《存復齋文集》、卷八）

〈為八扎御史作山水圖〉　　　　　　　　　　　　　　　　　　自　題

　　岩隈松蘿交，雨歇石燕舞。客子重負戴，攀石行傴僂。山高蒼翠凝，蕭寺紺卒堵。僧裏白馬去，此道竟千古。臨溪兩三士，退食來喚渡。看雲忘心期，恍若坐天姥。明朝棄丹青，我亦上天去。（朱德潤《存復齋文集》、卷八）

〈（自題）為鄧靜春作幽谷圖〉　　　　　　　　　　　　　　　　自　題

　　山深冥冥溪谷陰，怪石突出當重林。迴壑奔流石礧硊，寒霧噴薄浮輕岑。猿猱飛攀山欲立，懸崖老樹蒼鱗濕。有客擔簦負長笈，欲行不行馹腳澀。風吹征衣天欲暮，旅館不逢前沮渡。此際遙知行路難，卻向今朝畫中覩。（朱德潤《存復齋文集》、卷十）

〈（朱德潤）密陽朴質夫廬墓圖記〉　　　　　　　　　　　　　　自　題

　　至正六年冬十月既閏，密陽朴仲剛持翰林應奉官張仲舉書來訪僕。且稱朴生性行淳謹，有志於學，今淮西監憲幹公克莊之門人也。子幸憐其貧遂其請，僕頓首曰：「張君以雅道薦友，敢不唯命。」自是朴生日踵門而問學，且求講朱集註論語大學。居數日，朴生又將為淮西之行，因狀其父質夫守廬王母之墓。墓在高麗王京之東密陽郡，其地可耕可釣，請僕圖而記之。噫！世變風移，流俗侈鄙。生有不能致其養，死有不得謹其藏者矣，而況能守其先墓者乎。昔漢原涉先廬家三年，顯名京師；唐元德秀廬墓，食不塩酪，藉無裀席，夏方廬墓，猛獸循其旁，支叔才廬墓，白鵲止其上。此皆前史之所載也。王京去中原數千里，密陽又在王京千里之外。而朴君之純孝出於性，然抑以見民彝天理之不泯，雖古今異域無少間矣。況朴君素稱習禮之家，廬墓之日且三霜矣。其子仲剛又能揚其父之美，其可不表而出之，以續夫古之孝子且為今之世範哉？若夫塗車芻靈柳翣紋衾，則有未知其合于古者否也。僕既嘉其事而圖以記之矣，且作歌詩，俾聚其族于墓廬而思其先，以厚其生焉，其詩曰：

密陽綿綿，有容有川。渴飲斯水，飢耕其田。美矣朴子，封人之傳。三子登科，既文

且賢。作此圖敍，以表其阡。（朱德潤《存復齋續集》、一一頁）

〈（朱德潤）閭山耕隱圖序〉　　　　　　　　　　　　　　　自　題

　　幽州之山鎮，曰醫巫。閭山之下，曰凌江。江之曰古義州，俗厚而淳，民義而讓，晉慕容氏之東營也。浙省暮長王公輔卿，世居其山之陽。土肥而多稼，水香而便漁，百卉鮮妍，松杉喬茂，飛泉玉駛，高瀑練懸，雙峰挺拔於寺顛，孤嶠獨高於望海，梵刹有其遐邇，寶林界其南北，岩壑之美，莫可殫論。王公蓋嘗結堂而居，扁曰耕隱，暇日謂德潤，曰：“夫朝廷有惠政，吾嘗承宣之。宰臣有美德，吾嘗贊助之。下吏有惡虐，吾嘗戒禁之。生民有施奪，吾嘗均齊之。高宮廣夏，吾寧卑陋之。錦衣玉食，吾寧粗糲之。囂繁華侈，吾寧節儉之。奔趨競進，吾寧端居之。幸有田百畝，徹彼桑土。結繆牖戶，吾將歸休焉。”德潤曰：“今仕祿不養廉，老退無圭田，子何能耕且隱乎？”王公曰：“世所尚者，吾以為卑；世所好者，吾以為惡；世所樂者，吾以為憂；與其競進而苟祿，曷若早退而歸耕；與其享盛名而懷猜疑，曷若處山林而安澹泊。登望海之崖，遊雙峰之寺，迹其山之廣也。蓋遼人構寺者三百有六十，履其山之長也。則寶林界其里者二百，此醫巫閭之大概，而耕隱者之所志也。”於是，德潤聞其言而美其能治國家也，為之圖而序之。且歌曰：

　　閭之陽，食可耕。閭之畛，居可隱。樂土民淳兮不煩其生，欲携我書兮與子偕行。（朱德潤《存復齋續集》、二〇頁）

〈書贈故朴公秋山圖〉　　　　　　　　　　　　　　　　　自　題

　　延祐庚申春，德潤居京都。三韓相國朴公兩來寓所，屢請僕作山水圖，僕以公務未遑也。是年五月，又携書南歸，期以再會，唯命。至治二年春，德潤始以受朝命還京，及携斯圖詣報前諾，公殯墓之木栱矣。於乎，生者不可欺，公靈其可負乎？謹以圖懸諸堂而祝，曰：“昔公生兮，來索我圖。今我來斯，公歿已逾。懸圖約屬公之孤，公沒有知。”（朱德潤《存復齋續集》、四二頁）

〈（為）陳（方）先生（作）寧極圖〉　　　　　　　　　　　自　題

　　人心之靈，理則太極。物交欲蔽，已乃罔克。一口之參，變通在蓄。陽剝為陰，至靜乃復。寧為復中，養在慎獨。惟陳先生，眉壽有康。安處弗貳，居極之常。用作斯圖，山高水長。（朱德潤《存復齋續集》、四三頁）

〈為杜義方先輩作壽山圖〉　　　　　　　　　　　　　　　自　題

　　某弱冠時，嘗侍先子於義方先生杜公座下，時公為郡司理。先子每從談論終日，情眷彌篤，而真意灑然。今先子棄去將一紀，而公康強如昔，神采煥然，語及曩事，歷歷如記載。蓋公長厚而純密，望之儼然，即之也溫。而某每見公，則肅然如見嚴君焉。茲因

俾某作繪事，以為齋閣之遊觀，乃為寫壽山圖，以為純嘏眉壽之祝云。（朱德潤《存復齋續集》、四三頁）

〈題曹德璋千戶所求（自）畫上〉　　　　　　　　　　　　　　　　自　題

僕往年客京師，嘗為翰林承旨張公疇齋□□□□嶂圖。拱木既凋，霜風易序，人移物換久矣。曹君以道忽于京師購得，持歸水行居。其兄德璋博物好學，暇日仍求僕秋山霽靄圖，以為對玩，因題以識歲月，為之慨然。（朱德潤《存復齋續集》、四八頁）

〈（自作）秋山圖〉　　　　　　　　　　　　　　　　　　　　　自　題

豫章湯伯雨廼邵庵先生門人，與僕有門同之誼，且由金陵來吳會，又將南旋而歸豫章。山川遙邈，道路阻修，姑作秋山圖。以識歲月，時歲丁亥九月十九日也。

豫章山人湯伯雨，求我畫作秋山塢。晴峰濛濛崖石古，行人會飲溪亭渡。歸乎歸乎盤之阻，泉井稻香歌樂土，秋清木落猩鼯舞。（朱德潤《存復齋續集》、五五頁）

〈（自作）群峰秀色圖〉　　　　　　　　　　　　　　　　　　　自　題

群峯秀色圖，僕廿八年前所作也。恭甫出以見示，且徵題詩，因成長短句書於卷後，并奉叔方府博一笑。

青天不補罅，山色秀可攬。紅樹醉秋風，碧峰開菡萏。崎嶇深谷有行人，攀磴捫蘿不知險。倚岩樓閣高復低，時見隔溪雲冉冉。憶昔少壯日，征鞍度居庸。畫筆記行蘗，點滴蒼翠誇全工。三十年來重看畫，星星兩鬢生秋蓬。今看古畫我何數，因畫思人今亦古。但願昇平日，魚釣山中泉。食耕山下土，歸乎歸乎盤之阻。（朱德潤《存復齋續集》、五六頁）

〈為王士舉縣尹作松石平遠〉　　　　　　　　　　　　　　　　自　題

去年蔣解元，求我畫仙溪。松林夾石岸，陽雁傍雲低。王宰中原來，愛此丘壑奇。蔣君靳所好，不肯輒贈之。復携新剡藤，令作長松枝。盤盤蒼虬幹，冉冉墨雲披。遠水渡村墅，蒹葭遶迴陂。中有幽人居，門蘿拂晴磯。漂山惡眾照，塵世多是非。安得從王宰，同遊遠水湄。（朱德潤《存復齋續集》、五六頁）

〈朱澤民巖亭聽泉圖軸〉　　　　　　　　　　　　　　　　　　自　題

至正元年夏五廿九日，朱德潤作。（近代龐元濟《虛齋名畫錄》、卷七）

〈睢陽老人小景〉　　　　　　　　　　　　　　　　　　　　　自　題

閑傍青山結蔽廬，愛晴還就一齋居。食貧始信為官拙，年老方知處事迂。對日開窗驅壁虎，焚香展卷辟書魚。何時心緒渾無事，得似浮雲任卷舒。

　　此僕數年前所作也，茲因俞山齋來徵拙作，就寫於後。至正甲午冬十一月廿又三日，睢水朱澤民。（明朱存理《珊瑚木難》、卷五）

〈朱澤民耕漁軒圖〉　　　　　　　　　　　　　　　　　　　　自　題

　　朱澤民耕漁軒圖，為良夫高士作。（清吳升《大觀錄》、卷十八）

〈朱德潤秀野軒圖〉　　　　　　　　　　　　　　　　　　　　自　題

　　一元之氣，生物而得其氤蘊扶輿，以成其精英淑粹者為秀焉。故夫卿雲景星，天之秀也；崇厓潦溪，山之秀也；麒麟鳳皇，羽毛之秀也；賢才碩德，人之秀也。人介乎兩間，又能攬其物之秀，而歸之好樂，寓之游息。如昔人棲霞之樓，醒心之亭，見諸傳記者不一也。吳人周君景安，居餘杭山之西南，其背則倚錦峰之文石，面則挹貞山之麗澤，右則肘玉遮之障，左則盼天地之阪。雙溪界其南北，四山之間，平疇沃野，草木葱蒨，車然而軒者，景安之所游息也。軒之傍，幽蹊曲檻，佳木秀卉，翠軒玉映于闌楯之間。得江浙行省左丞周公題其軒之顏曰秀野，以誌其美，此其是歟。嗟乎！物之有托而傳，野得人而秀，雷塘謝池是已。景安居是軒也，又將觀列史諸書，以鑒其事，服前言往行，以進其學，使它日有偉然秀出於餘杭之野者，吾於景安有望焉。因書以為記。至正二十四年歲甲辰四月十日，睢陽山人時年七十有一，朱德潤畫并記。（明朱存理《鐵網珊瑚・書品》、卷四）

〈奉朱澤民提學賦山水歌〉　　　　　　　　　　　　　　　元・貢　奎

　　朱子平生好毫素，開卷令人心目注。千盤萬折各有殊，所向自得天災趣。畫師紛紛何乃俗，驊騮凋喪空凡肉。朱子客京師，真作無聲詩。想當磅礴經營時，胸中政有丘壑奇。別來會吳門，唐宋不足論。長風高浪太湖靈，疊嶂重巒天目雲。我家雲林在何許，一笑煩君指其處，就買扁舟賦歸去。天歷元年初更書於姑蘇郡齋。（貢奎《雲林集》）

〈題朱澤民畫〉　　　　　　　　　　　　　　　　　　　　元・虞　集

　　松外浮雲過眼空，前瞻無際後無終。幾番白雲經行地，數尺蒼髯俯仰中。健筆祇今韋偃老，吟詩誰似杜陵窮。悠悠無限滄洲興，問取騎驢傲兀翁。（虞集《道園遺稿》、卷三）

〈題朱澤民山水〉　　　　　　　　　　　　　　　　　　　元・虞　集

　　積雪山陰道，嵯峨筆底生。雲門見童子，禹穴闖蛟精。高臥人何在，幽情幾詠成。杜陵空想象，晚飯拖樓晴。（虞集《道園學古錄》、卷二十八）

〈（朱澤民）蔡氏五慶圖詩序〉 元・柳 貫

自養老引年之禮，不見於庠序，而家自為政，人自為俗。雖以君子庶人之老，富貴有於其身者，曾不得隨年為品，以享夫貳膳常珍之奉，則徒行徒食猶為限於力。制不獲已然也。至於與之疑年，而辱之泥塗，抑豈先王示慈惠訓孝弟意哉。夫以五十始杖而不從力，政八十與之杖而復其子，九十就問焉而復其家。所為引戶校年，隆禮備養而優游於佚道之中者，或不能得之於上。而子孫燕私之際，乃能時其涼燠蚤莫之節，適其肥甘輕煖之宜。樂其志以不違其心，則亦一家之曾閔，一鄉之四代而已。學者謂其有仁義之施焉，錄而著之，固亦綱維世變之一機也。浙東廉訪使者治吾婺，自予歸里，亟聞其掾蔡君君美之賢，間雖一二見，終未悉其所以賢也。今年夏，忽以書致吳郡朱澤民所為作五慶圖，要予序，蓋君美世家綿竹，而僑居雲間。大母徐九十猶在養，父檜巖翁亦且踰乎楚萊兒戲娛親之歲矣。於是君美復有三子二孫，蘭菲芝曄，服和襲順。每時節上壽，五世一堂，陳饋羞喬，休有令儀。天之顧綏蔡氏厚矣。而君美又能不薄其厚，既記之繪事以寫夫不可名言之盛。復求能言之士，聲之詠歌，流之笙絃，以章茲一門休顯之符，詩曰：孝子不匱，永錫爾類。又曰：樂只君子，遐不黃耇。然則天之厚君美者寧獨其身，而諸君子之所以為君美厚者，又寧獨于其一人一家哉？顧今養老引年之禮，失於庠序者如彼，而得於燕私者如此。則孝弟仁義之端斷自君美發之，木鐸采焉，彤筆書焉。若畫與詩與夫不腆之言，則亦未為無徵乎爾。（柳貫《柳待制文集》、卷十七）

〈題朱澤民山水〉 元・黃鎮成

與客浮湘水，琴書共一舟。雲間雙樹曉，天外數峯秋。指顧銷塵慮，棲遲發櫂謳。未知身是畫，明月滿滄洲。（黃鎮成《秋聲集》、卷三）

〈題朱澤民畫雪谷曉行〉 元・薩都剌

茆店衝寒出，冰厓拂曙來。蹬危留虎跡，蘿密隱猿哀。行李一檐重，疎梅幾樹開。陽烏在何處，不照雪盈腮。（薩都剌《雁門集》、九二頁）

〈題朱澤民山水〉 元・郯 韶

洞庭南下水如天，篷底看書白日眠。我亦憐君愛山色，直須買酒過秋船。（顧瑛《草堂雅集》、卷十）

〈題朱澤民臨李營邱寒林圖〉 元・柯九思

高林曾記舊黃昏，下筆生春晝掩門。劍器低昂動山岳，翠蛾誰解憶公孫。（柯九思《丹邱集・錄自元詩選》、四六頁）

〈題朱澤民畫〉　　　　　　　　　　　　　　　　　　　　　　　　元・李孝光

　遊山曾識仙人氣，氣見雲來眼為青。夢著娥眉好秋色，小姬戴鐲看銀屏。李孝光。（明朱存理《珊瑚木難》、卷七）

〈題朱澤民所作段吉父應奉別業〉　　　　　　　　　　　　　　　元・貢師泰

　遠山何盤桓，近壠亦連屬。潛颷薄陰崖，鮮雲蕩陽谷。飛樓表層顛，石渠跨縣瀑。參差眾樹丹，夭矯隻松綠。誰與契佳賓，雅會諧所欲。臨流引霞觴，拂石羅野蔌。開圖對華軒，聊以慰貞獨。（貢師泰《玩齋集》）

〈題朱澤民畫〉　　　　　　　　　　　　　　　　　　　　　　　元・張　雨

　山水之圖不盈尺，染得水碧與空青。明朝為借王喬謝舄，飛入匡廬九疊屏。張伯雨。
(明朱存理《珊瑚木難》、卷七)

〈朱澤民畫〉　　　　　　　　　　　　　　　　　　　　　　　　元・鄭元祐

　窈窕溪橋路，陰森楓樹林。岸隨青嶂轉，家在白雲深。畫史分明意，山人去住心。勞形何日已，於此欲投簪。（鄭元祐《僑吳集》、卷三）

〈朱澤民山水〉　　　　　　　　　　　　　　　　　　　　　　　元・鄭元祐

　吹簫江浦秋，舟蕩碧雲幽。擬遜巖松下，詩盟訂白鷗。（鄭元祐《僑吳集》、卷六）

〈朱澤民山水〉　　　　　　　　　　　　　　　　　　　　　　　元・鄭元祐

　樓觀參差山碙坳，漁舟遠嘯出林梢，白雲度盡千峰碧，鑿石幽人始定交。（鄭元祐《僑吳集》、卷六）

〈謝睢陽朱澤民為畫六和塔前放船圖并後序〉　　　　　　　　　　元・王　逢

　青城丹丘舊所賢，畫圖曾惹御爐煙。一官歸老天宮裏，為寫浙江秋水船。

　六和塔前江水流，天清無雲風始秋。夕陽半落錦萬頃，著我一個發仙舟。行行綠水鶯花供，吳山越山作騶從。乘壺美酒鱸十頭，只少桓伊笛三弄"。右歌，逢丁亥歲作也。越一紀，君訪逢吳門，偶見而歎詠之。翌日，逢謁君天宮坊寓，隱案間筆硯楚楚然，徐示圖曰："烽烟良阻，子其意遊乎。"逢喜而持歸，敬題絕句。青城丹丘謂虞、柯二公，舊推重君者。君名德潤，嘗受知英宗，尋遠引去。（王逢《梧溪集》、卷一）

〈題朱澤民提學山水〉　　　　　　　　　　　　　　　　　　　　元・王　逢

　英宗皇帝潛邸時，瀋王高麗國王薦君坐講帷。天機復得畫肯綮，不但怪怪還奇奇。太山高寒並王屋，細路縈紆入斜谷。卻分李靖鬃瓢漿，幻出匡廬水簾瀑。一時清氣千里會，兩賢中居古冠帶。簷暝微籠焙茗烟，溪聲遠合鳴秋籟。東西飛閣群林泉，神往悅爾如生猱。何從今日老此境，便當上界官仙曹。君兮君兮吾舊識，青騾一去無消息。好在靈岩爽翠間，荐杞冰綃潑酣墨。（王逢《梧溪集》、卷四）

〈朱澤民雙松圖，為夏老圃題于綠陰清晝堂〉　　　　　　　　　　元・王　逢

江東提學古韋偃，手寫落落双樹松。深根本托夏氏社，高節肯受嬴人封。蒼然秀色入野澗，勢拏蛟龍欲飛活。白日風雨從震凌，青陽造化先回幹。散樗灌木不敢齊，恍有仙鶴時來栖。杜陵九原如可作，拭目清晨應重題。（王逢《梧溪集》、卷四）

〈奉題朱澤民先生畫山水圖〉　　　　　　　　　　　　　　　　元・李　祁

洞庭之南湘水東，青山奕奕蟠蒼龍。雲陽峰高七十一，欲與衡嶽爭為雄。我家近在雲陽下，來往看山如看畫。十年塵土走西風，每憶雲陽動悲咤。吳中勝士朱隱君，筆精墨妙天下聞。畫圖畫出湘江水，青山上有雲陽雲。雲陽山高湘水綠，十年不見勞心目。只今看畫似看山，萬里歸情寄鴻鵠。（李祁《雲陽集》、卷一）

〈睢陽老人小景〉　　　　　　　　　　　　　　　　　　　　　元・倪　瓚

朱君詩畫今稱絕，片紙斷縑人寶藏。小筆松岩聊爾耳，道寧格律晚堂堂。倪瓚。（明朱存理《珊瑚木難》、卷五）

〈題朱澤民畫〉　　　　　　　　　　　　　　　　　　　　　　元・楊維禎

白雲白如太古白，青山青似佛頭青。何時約客山頭寺，春日題詩錦繡屏。楊廉夫。（明朱存理《珊瑚木難》、卷七）

〈題朱澤民秋江獨釣圖〉　　　　　　　　　　　　　　　　　　元・鄭　東

山川無微雲，萬物粲可數。長江秋風至，美人在中渚。涼風吹蘭舟，木葉下如雨。魴鯉堂必多，書卷良可咀。初非與世殊，聊以樂空屨。（元顧瑛《草堂雅集》、卷七）

〈朱德潤秀野軒圖〉　　　　　　　　　　　　　　　　　　　　元・張　監

予昔游吳中諸山，至周氏秀野軒，領覽天池玉遮之勝。今數年矣，近歸寓軒，獲觀周侍御之大篆，朱提學之新圖，恍然若夢遊也。景安求予著語，聊爾塞責，耄餘材盡，媿無佳語耳。至正廿又五年五月既望。京口張監天民書，時年八十五歲。（明朱存理《鐵網珊瑚・書品》、卷四）

〈朱德潤秀野軒圖〉　　　　　　　　　　　　　　　　　　　　　　　元・朱　斌

我憶天池與玉遮，幽軒水木澹清華。竽笙遠鎮風林竹，錦綺晴連曉徑花。山廚敷牀朝看雨，潤泉漱石夜分茶。番陽大篆睢陽畫，不負舂陵處士家。昔年曾作軒中客，今日重題秀野詩。回檻彩雲晴縹緲，遶牆倉雪曉參差。雨餘山氣侵茶鼎，風過林香落酒卮。念我松楸渾只尺，倚闌長是不勝思。吳郡朱斌。（明朱存理《鐵網珊瑚・書品》、卷四）

〈朱德潤秀野軒圖〉　　　　　　　　　　　　　　　　　　　　　　　元・張　吉

屋裏青山屋外溪，水流雲度坐中如。繁花翠竹春來好，古木蒼藤晚更奇。教子讀書兼學稼，留人炊黍復烹葵。鹿門風景青門趣，都在斜陽曳杖時。張吉。（明朱存理《鐵網珊瑚・書品》、卷四）

〈朱德潤秀野軒圖〉　　　　　　　　　　　　　　　　　　　　　　　元・睢　莊

高士閒門日日開，遠山如髮水如苔。幾時脫卻塵中鞅，布襪青鞋屢往來。睢莊。（明朱存理《鐵網珊瑚・書品》、卷四）

〈朱德潤秀野軒圖〉　　　　　　　　　　　　　　　　　　　　　　　元・薛　穆

琅玕芝草繞軒幽，日靜簾垂不上鉤。臆得翫游聯玉塵，仍同騎鶴赴玄洲。朵朵峰巒擁翠鬟，桐陰多處地尤慳。居人一覽鍾神秀，霽月光風詠笑間。香裊銅奩春晝遲，窗分花影覆參差。只輸我輩烟霞侶，怕得憑闌歌紫芝。靄靄涼雲□□陰，抱琴開酒悒中林。眉山不獨知司馬，安也還能識我心。北潤生薛穆。（明朱存理《鐵網珊瑚・書品》、卷四）

〈朱德潤秀野軒圖〉　　　　　　　　　　　　　　　　　　　　　　　元・張　端

不識餘杭縣，今知秀野軒。溪聲長在耳，山影正當門。人自千鍾祿，君猶獨樂園。樵漁還許到，車馬幾曾喧。江陰張端。（明朱存理《鐵網珊瑚・書品》、卷四）

〈朱德潤秀野軒圖〉　　　　　　　　　　　　　　　　　　　　　　　元・韓　奕

積雨開初霽，郊扉野色新。蒼茫連落景，迢遞映芳春。簷樹陰方合，庭蕪綠乍勻。豈知多難日，獨樂有斯人。韓奕。（明朱存理《鐵網珊瑚・書品》、卷四）

〈朱德潤秀野軒圖〉　　　　　　　　　　　　　　　　　　　　　　　元・高　隅

時雨靄眾綠，開軒欣景幽。烟樹籠遠墟，風笛際平疇。聽禽林間戶，射鴨溪上舟。居幽絕俗地，寧聞亂離憂。高隅。（明朱存理《鐵網珊瑚・書品》、卷四）

〈朱德潤秀野軒圖〉　　　　　　　　　　　　　　　　　　　　　　　元・樊　圃

結構分平野，開軒絕翠岑。輕雲生晝暝，嘉木靄春陰。曖曖烟墟綠，森森華竹深。明常謝塵鞅，杖履一追尋。句吳樊圍孟學。（明朱存理《鐵網珊瑚·書品》、卷四）

〈朱德潤秀野軒圖〉　　　　　　　　　　　　　　　　　　　　　元·田 畊

門掩雨餘苔，時因看竹開。客間碁響罷，犬吠屐聲來。雲冷理琴薦，花繁近酒杯。高情與幽思，只是覓詩材。吳郡田畊仲耘。（明朱存理《鐵網珊瑚·書品》、卷四）

〈朱德潤秀野軒圖〉　　　　　　　　　　　　　　　　　　　　　元·姜文震

聞君溪上結幽居，地僻長通長者車。山愛夕陽留几席，竹因涼雨潤琴書。碧香蟻嫩新篘酒，白味羹分小艇魚。我亦有家山水窟，十年無地著茅廬。會稽姜文震。（明朱存理《鐵網珊瑚·書品》、卷四）

〈朱德潤秀野軒圖〉　　　　　　　　　　　　　　　　　　　　　元·金 震

澗戶掩春陰，鶯啼晚山寂。殘花落徑多，處處迷行跡。渾似入桃源，令人恨難識。桂泉金震。（明朱存理《鐵網珊瑚·書品》、卷四）

〈朱德潤秀野軒圖〉　　　　　　　　　　　　　　　　　　　　　明·周世衡

秀野軒開瞰水濱，無邊光景四時新。十畝樹陰都是雨，一庭草色自生春。好山似畫開屏幛，啼鳥如歌送酒巡。晴色錦波題不盡，幽花修竹總清真。背郭幽居如畫裏，斷林春水綠迴環。樹連烟水猿啼寺，門對湘中過雨山。送客馬嘶清蔭去，釣簾鳥度亂花還。十年奔走風塵際，肯信憑闌一日間。周世衡。（明朱存理《鐵網珊瑚·書品》、卷四）

〈題朱澤民荊南舊業圖〉　　　　　　　　　　　　　　　　　　　明·高 啟

睢陽醉磨一斗墨，夢落荊南寫秋色。大陰垂雨尚淋漓，哀壑回風更蕭瑟。楓林思入煙霧清，湖水愁翻浪波白。溪上初逢野老航，山中遠見先生宅。秋田半頃連芊區，茅屋三間倚蘿薜。僧來看竹乘小輿，客去尋茶借高展。任公台下石可坐，周侯廟前路曾識。虎迹時留暮苔紫，蛟氣或化秋雲黑。城郭當年別已久，風塵此日歸不得。落日書齋半壁明，圖畫卧對空相憶。（高啟《高太史大全集》、卷十）

〈朱德潤秀野軒圖〉　　　　　　　　　　　　　　　　　　　　　明·高 啟

江晚洲渚交，雨晴草菲菲。前山靄欲闇，罟師渡水歸。望烟知君家，花竹隱半扉。半休田中來，猶響林下機。此鄉即桃源，亂後世自稀。開圖身已到，不知塵境非。渤海高啟。（明朱存理《鐵網珊瑚·書品》、卷四）

〈朱德潤秀野軒圖〉　　　　　　　　　　　　　　　　　　　　　　明・楊　基

結茅近東皋，清曠接平衍。新春微雨過，芳草綠如剪。携書坐深竹，自讀自舒卷。興至杖策行，初不賴輿輦。西鄰雞豚社，落日半羊圈。至貴在無求，何勞事冠冕。嘉陵楊基。（明朱存理《鐵網珊瑚・書品》、卷四）

〈朱德潤秀野軒圖〉　　　　　　　　　　　　　　　　　　　　　　明・徐　賁

何處問幽尋，軒居湖上林。竹陰看坐釣，苔跡想行吟。嶂日斜明牖，渚風涼到琴。相過有鄰叟，應只論閒心。郊郡徐賁。（明朱存理《鐵網珊瑚・書品》、卷四）

〈朱德潤秀野軒圖〉　　　　　　　　　　　　　　　　　　　　　　明・張　羽

霽色青蕪外，開軒此獨幽。竹深頻理徑，山近不為樓。茶興邀僧共，花期報客遊。看圖憐到晚，借履擬相求。尋陽張羽。（明朱存理《鐵網珊瑚・書品》、卷四）

〈朱德潤秀野軒圖〉　　　　　　　　　　　　　　　　　　　　　　明・王　行

高館罷零雨，前榮颭微風。霏霏碧蘿花，吹落酒罍中。移席俯流水，揮絃度秋鴻。遙思獨樂意，邈哉誰與同。太原王行。（明朱存理《鐵網珊瑚・書品》、卷四）

〈朱澤民畫〉　　　　　　　　　　　　　　　　　　　　　　　　　明・蘇伯修

朝朝謀隱地，忽見好山川。雄麗皆衡廬，幽深有潤淵。羊眠松下石，虹掛屋頭泉。便欲抽簪去，依崖結數椽。（蘇伯修《蘇平仲文集》、卷十五）

〈朱德潤秀野軒圖〉　　　　　　　　　　　　　　　　　　　　　　明・王　彝

古苔十畝青山麓，窈窕幽華映深竹。中有高人晝掩扉，裊裊藤梢上書屋。清風出谷灑秋香，返照穿林破春綠。不省睢陽畫裡看，細路經丘杖藜熟。王彝。（明朱存理《鐵網珊瑚・書品》、卷四）

〈朱德潤秀野軒圖〉　　　　　　　　　　　　　　　　　　　　　　明・徐達左

春風十里翡翠屏，玉遮對峙峨眉青。清泉白石雜花竹，天放畫圖鍾地靈。高人開軒當此景，酌酒賦詩白日靜。四簷風作翠濤聲，入窗簾捲晴霞影。我亦托跡耕漁間，結屋讀書湖上山。抱琴訪子從茲始，布韤青鞋相往還。徐達左。（明朱存理《鐵網珊瑚・書品》、卷四）

〈觀朱澤民所畫山水有感〉　　　　　　　　　　　　　　　　　　　明・袁　凱

朱公畫圖愛者眾，聲價端如古人重。王公鉅卿數見尋，往往閉門稱腕痛。我時挾冊來郡城，朱公愛我詩律精。時時沽酒留我宿，共聽西牖風雨聲。清晨起來忘洗盥，短衣飄蕭臨几案。太行中條眼底生，巖岫冥冥氣凌亂。禹鑿龍門疏浲水，根入黃河源不斷。南及衡陽抵桂林，東入會稽連海岸。是中置我一畝宮，正如浮藻在江漢。溪流浣浣石齒齒，夾岸桃花迷遠邇。原頭烟霧散雞犬，屋裏詩書雜童稚，偏舟遠來知是誰，豈是昔日鴟夷皮。五湖蝦菜殊可樂，千古功名何足奇。只今四十有三載，公竟不歸畫圖在。世間好手豈易得，終日紛紛勞五采。感時念舊心獨苦，況我頭顱白如許。呼兒捲卻不忍看，白髮高堂淚如雨。（袁凱《海叟集》、卷二）

〈朱德潤秀野軒圖〉　　　　　　　　　　　　　　　　　　　　　　明・朱 吉

得覽先公筆，悠然記昔時。松楸先隴近，花竹故人稀。圖畫留連跡，雲山起遠思。投閑身未遂，感慨一題詩。

秀野軒者，吳周景安眺覽之所也。鄱易周公為題其顏，我先公寫而圖之，復從而記之，蓋軒與吾先隴密邇。景安乃先公之愛友，非若是，孰從而得之哉。先公暮年每倦於此，明年遂即世，此絕筆也。景安亦已物故，景安之婿何幼澄氏持以示予，拜觀後題詠多吳中秀士，俯仰之間，已四十餘年矣。諸公亦多淪沒，豈易得哉。且夫名之著者因以德，境之勝者由乎人，它日何氏子孫傳示永久，亦足以侈外家之雅集矣。幼澄宜珍藏焉，予既賦之以詩，復求識之於後，遂書而歸之。永樂庚寅二月，鄉人朱吉識。（明朱存理《鐵網珊瑚・書品》、卷四）

〈朱德潤秀野軒圖〉　　　　　　　　　　　　　　　　　　　　　　明・徐 珪

東山淑氣曉環翠，南畝斜陽晚映紅。物我兩忘天理見，欣欣花木總春風。徐珪。（明朱存理《鐵網珊瑚・書品》、卷四）

〈朱德潤秀野軒圖〉　　　　　　　　　　　　　　　　　　　　　　明・董 遠

十年歸向山中住，每憶從容訪隱居。雲氣白霏簷外雨，竹光晴映案頭書。憑闌晝靜聽呦鹿，鑿沼泉香愛畜魚。因憶軒中舊賓客，江湖清夢未應踈。董遠。（明朱存理《鐵網珊瑚・書品》、卷四）

〈朱德潤秀野軒圖〉　　　　　　　　　　　　　　　　　　　　　　明・梁用行

素秉丘壑姿，勞生滯予往。覽茲愜幽情，遽爾成真賞。林霖靄孤墅，春物組膏壤。稍行樵徑遠，忽展耕疇廣。所以山水情，遂結雲霞想。掛冠苟有期，終焉稅塵鞅。安定梁用行。（明朱存理《鐵網珊瑚・書品》、卷四）

〈朱澤民耕漁軒圖〉　　　　　　　　　　　　　　　　　　　　　　元・蔣 堂

落落長松積翠環，茯苓今已不知年。何人得似山中樂，春雨來時種石田。桐江樹色綠

如衣，上接晴嵐護石扉。人世浮埃三十丈，西風吹不到漁磯。蔣堂題。（清吳升《大觀錄》、卷十八）

〈朱澤民山水歌〉　　　　　　　　　　　　　　　　　　　　　明・虞　堪

江山青青江水綠，市上何人吹紫竹。避暑宮前不見春，落花滿地遊麋鹿。千古江山列畫圖，朱侯解寫咫尺煙。糢糊扁舟依然在洲渚，應可自此歸五湖。昔人去者今有無，昔人去者今有無。（虞堪《希澹園詩集》、卷一）

〈題朱澤民書釣圖〉　　　　　　　　　　　　　　　　　　　　明・虞　堪

汛輕船兮釣渚，歌滄浪兮自耳。不知所讀何書，竟相忘於魚水。（虞堪《希澹園詩集》、卷二）

〈朱德潤秀野軒圖〉　　　　　　　　　　　　　　　　　　　　明・陳　朴

四運無倚機，生意怕相屬。茲軒俯林園，長年得娛目。灼灼枝上花，娟娟坡間竹。雨過沉時彩，霜餘淨歲綠。清芬謝妖靡，幽姿遠塵俗。心跡淡已安，于焉樂貞獨。四明山人陳朴。（明朱存理《鐵網珊瑚・書品》、卷四）

〈朱德潤秀野軒圖〉　　　　　　　　　　　　　　　　　　　　明・張德常

仰挹天池俯綠疇，軒居巧占澗之幽。映階碧草供吟賞，排闥青山可臥遊。雲氣英英如舞袂，鶯聲隔樹轉歌喉。呼童種竹時須記，留客看花酒旋蒭。勢阻儗同盤谷裏，地偏不減讓西頭。春明擬汛輕舟去，徙倚闌干一散愁。京口張德常。（明朱存理《鐵網珊瑚・書品》、卷四）

〈朱德潤秀野軒圖〉　　　　　　　　　　　　　　　　　　　　明・王希白

濂溪孫子多清致，結屋弘開據澗潯。晴動竹光分畫暝，日移花影作春陰。出林鹿去飲清沚，隔樹禽來弄好音。香靜獸爐還自樂，推窗更愛看山吟。王希白。（明朱存理《鐵網珊瑚・書品》、卷四）

〈朱德潤秀野軒圖〉　　　　　　　　　　　　　　　　　　　　明・王　忱

老去樂幽栖，軒居□澗西。掃庭花雨過，尋徑竹烟迷。偈約鄰僧說，詩求酒伴題。我曾遊此地，歸路夕陽低。洪武甲子。王忱。（明朱存理《鐵網珊瑚・書品》、卷四）

〈朱德潤秀野軒圖〉　　　　　　　　　　　　　　　　　　　　明・朱復吉

南陽之南千疊山，秀野一軒介其間。丹青四合吐晴靄，百草吹香春晝閒。日照錦峯如翠羽，雲入貞山晴更雨。隔林啼鳥自間關，萬壑松聲答人語。木作衡門竹作籬，茯苓堪食蘿堪衣。簾開曉日映長檻，時見白雲生翠微。我生落魄詩與酒，欲結山中歲寒友。為謝軒中美少年，莫取黃金□□斗。睢水後學朱復吉。（明朱存理《鐵網珊瑚・書品》、卷四）

〈朱德潤秀野軒圖〉　　　　　　　　　　　　　　　　　　　　　明・余堯臣

濕翠浮草茅，空青散木杪。輕舟理橫塘，歸人渡清曉。棲鴉返故巢，潛鱗躍新藻。倒景淡斜暉，回飆蕩晴吳。衡門夜不扃，燕坐事幽討。落葉秋自飄，殘花春漸掃。愛此軒中人，朱顏常不老。我欲往從之，稅駕苦未早。揮手謝孤雲，去去沒蒼橋。余堯臣。（明朱存理《鐵網珊瑚・書品》、卷四）

〈朱德潤秀野軒圖〉　　　　　　　　　　　　　　　　　　　　　明・王廷圭

獨憐栖隱處，晴色與春兼。山近青當牖，苔交翠入簾。移雲巖樹合，過雨潤泉添。何日攜琴到，清吟興不厭。吳人王廷圭。（明朱存理《鐵網珊瑚・書品》、卷四）

〈朱德潤秀野軒圖〉　　　　　　　　　　　　　　　　　　　　　明・李至剛

幽居遠城市，寂寞自成村。野色還通市，春潮直到門。竹窗晴曬藥，花塢晚開尊。想像其中趣，何由得共論。李至剛。（明朱存理《鐵網珊瑚・書品》、卷四）

〈朱德潤秀野軒圖〉　　　　　　　　　　　　　　　　　　　　　明・沈　純

遙遙烟際村，村上君家屋。褷花映洲綺，春山繞門綠。所居非鹿門，避亂良已足。月窗古苔詩，松琴綠水曲。不記客來多，惟當酒恒熟。沈純。（明朱存理《鐵網珊瑚・書品》、卷四）

〈朱德潤秀野軒圖〉　　　　　　　　　　　　　　　　　　　　　明・金　覺

幽居謝塵喧，啟戶瞰平陸。東皋夜來雨，百卉如膏沐。泓泓水浮溪，靄靄雲出谷。雉雛麥風暖，蠶眠柘烟綠。忘形絕眾累，居寵有深辱。揮絃對青山，夕陽見樵牧。金覺。（明朱存理《鐵網珊瑚・書品》、卷四）

〈朱德潤秀野軒圖〉　　　　　　　　　　　　　　　　　　　　　明・徐　濟

千岩萬壑中，一徑潤西通。塵跡無由到，風光自不同。竹侵書幌綠，花映紅尊紅。若問桃源路，何須覓舊蹤。徐濟。（明朱存理《鐵網珊瑚・書品》、卷四）

〈朱德潤秀野軒圖〉　　　　　　　　　　　　　　　　　　　　　明・寄　翁

盤盤錦峰陽，原陸平如掌。中有故人居，曾軒起弘敞。綠樹幽鳥啼，清沼游魚上。已知禾黍收，更喜桑麻長。徵輸了官賦，豈念田園廣。躋登壽雙親，賓明時宴饗。怡悅心自安，坐久絕塵想。披圖一長吟，松風答清響。寄翁。（明朱存理《鐵網珊瑚・書品》、卷四）

〈朱德潤秀野軒圖〉　　　　　　　　　　　　　　　　　　明・張　均

　軒居面蒼岑，種藝雜花竹。竹影晝扶踈，花香時馥郁。坐對雲山高，庭陰桑柘綠。石田春雨餘，幽歌聽樵牧。冠蓋豈不榮，誰能受韉來。韜囊琴滿牀，插架書連屋。門前好客來，槽頭酒應熟。張均。（明朱存理《鐵網珊瑚・書品》、卷四）

〈朱德潤秀野軒圖〉　　　　　　　　　　　　　　　　　　明・張　冔

　高人臨秀野，信是幽人居。炎氣遠不到，花竹自扶踈。群葩藹春芳，嘉蔭含夕虛。境勝固云適，況復有琴書。設詠佳遊外，留連清賞餘。應知獨樂意，無復慕華裾。浚儀張冔。（明朱存理《鐵網珊瑚・書品》、卷四）

〈朱德潤秀野軒圖〉　　　　　　　　　　　　　　　　　　明・陳亢宗

　短棹曾經錦里過，高軒虛敞蔽烟蘿。溪浮淨碧澄寒綠，山送遙青叠翠螺。松雨來時涼吹急，梅花香處白處多。畫橋東隔龍池近，碧殿陰陰俯澗阿。永嘉陳亢宗。（明朱存理《鐵網珊瑚・書品》、卷四）

〈朱德潤秀野軒圖〉　　　　　　　　　　　　　　　　　　明・惠　禎

　軒宇何清曠，憑臨散煩襟。叢蘭藹幽芬，修篁結重陰。茲焉愜遐賞，逍遙冥素心。斯誠苟不昧，訪子西山岑。惠禎。（明朱存理《鐵網珊瑚・書品》、卷四）

〈朱德潤秀野軒圖〉　　　　　　　　　　　　　　　　　　明・虞　本

　開軒俯平園，品物競含秀。芳葵耀春陽，叢篁蔭晴晝。嚶嚶鳥和鳴，鸑鸑雉朝雊。傾耳聆洄湍，舉目眺遠岫。煩襟自茲曠，賞心良已遘。不見獨樂人，摛章漫懷舊。白鶴山虞本。（明朱存理《鐵網珊瑚・書品》、卷四）

〈朱澤民雲山障子，為蕭德顒題〉　　　　　　　　　　　　明・楊士奇

　昔聞朱侯寫山水，一幅爭投百金價。至順今來七十年，却在桃原看圖畫。生綃八尺垂中堂，群山叠出開青蒼。前峯如屏錦霞爛，後嶺岩嶬插天半。春風啼鳥渾欲聞，石磴盤盤屢迴轉。隻松如龍千尺強，幾年偃蹇山之陽。松根古道向何處，策馬擔簦去無數。別看丹翠出層樓，雲影濃遮入無路。雲遮霧瀚深復深，信有隱者藏中林。高懷遠致不可即，

空望微茫勞我心。當時此景知何地，雁蕩蘭亭豈相似。自是天機妙入神，位置從容見精意。朱侯朱侯追鄭老，筆勢詞華共妍好。此圖三絕交輝煌，千載人間視為寶。（楊士奇《東里詩集》、卷五十七）

〈朱澤民山水〉　　　　　　　　　　　　　　　　　　　　　　　　明・沈　周

睢陽老人營丘徒，意匠妙絕絕代無。為留清氣在天地，便就片紙開江湖。長松落葉風細細，幽構縈蘿倚江住。壁虎書魚蕩水光，老屋疎苫通雨氣。老人不歸空北山，芳杜春風應厚顏。微官縛人萬事拙，安得浮雲相往還。宦海黃塵迷白髮，雲壑風泉清入骨。思家看畫方兀然，叫落西窗子規月。（沈周《石田先生集》、三〇四頁）

〈題湯溪胡氏藏朱澤民山水大幅〉　　　　　　　　　　　　　　　明・吳　寬

晴雲亂落，長潤疊嶂。秀依密林，水樂鏗然。自作茅堂，可徹鳴琴。（清高宗《御定歷代題畫詩類》、卷十一）

〈朱澤民巖亭聽泉圖軸〉　　　　　　　　　　　　　　　　　　　明・雷　鯉

是幀為楊儀曹君謙故物，今歸諸陸子子虛氏。子虛乃貞山給事族弟，給事紹余觀之，蒼潤清逸，極歎其佳。昔人謂澤民畫在子久、叔明之間，洵不誣也。相與囑弁數語，因假歸題於文瑞樓，建安山人雷鯉。（清龐元濟《虛齋名畫錄》、卷七）

〈朱澤民巖亭聽泉圖軸〉　　　　　　　　　　　　　　　　　　　明・歐陽衡

巖亭聽飛泉，嘯傲面霞壁。小草葉初黃，長松翠疑滴。心隨飛鳥閑，機共停雲寂。拊膝有深情，清襟何用滌。同郡歐陽衡題。（清龐元濟《虛齋名畫錄》、卷七）

朱　翬

小傳：不見畫史記載。身世不詳。

〈題朱翬遠鳳山丹房圖相子先所畫〉　　　　　　　　　　　　　　元・王　逢

子先中國士，棋罷畫雲間。黑翰蜿蜒水，青分鷺鷥山。客捫蘿蔦入，童採术芝還。覽卷神為往，鮮颸洒珮環。（王逢《梧溪集》、卷四）

求　亮

小傳：不見畫史記載。身世不詳。

〈求亮講師鈎勒畫竹，亮號雨篷〉　　　　　　　　　　　　　　　元・呂　誠少時文采貫晴虹，老去能侔造化功。怪石幽篁開颯爽，尺綃寸楮破鴻濛。喜聞舊隱歸雲錫，擬上慈航聽雨篷。要見此君真面目，為煩鉤鐵掃清風。（呂誠《來鶴亭集》、卷五）

初士元

小傳：不見畫史記載。身世不詳。

〈題初士元所畫雙樹圖〉　　　　　　　　　　　　　　　　　　　元・釋良琦

梁溪溪上曉揚舲，吳人竹枝自可聽。不得回船繫崖石，寺門松樹為誰青。（顧瑛《草堂雅集》、卷十四）

〈題初士元松亭圖〉　　　　　　　　　　　　　　　　　　　　　元・釋良琦

蓮花一峰烟際青，潤水松風長茯苓。定復還山有佳句，寄在支公放鶴亭。（顧瑛《草堂雅集》、卷十四）

伯顏不花

小傳：蒙古人，姓畏吾兒氏，字蒼巖，諳元史，諡桓敏。高昌王孫，鮮於樞甥，倜儻好學，曉音律，善草書。（見《中國畫家人名大辭典》、一一二頁）

〈次茂禪師寬字韻為鑑上人題蒙古御史墨竹〉　　　　　　　　　元・李孝光

借問誰家庭院寬，春風喚起玉千竿。客來看竹無人識，獨自吹笙跨鳳鸞。（李孝光《五峰集》、卷八）

赤盞希曾

小傳：女真人，肅慎貴族。喜讀書，能詩善鼓琴，畫墨菊有新意。（見《中國畫家人名大辭典》、一一三頁）

〈題赤盞墨菊〉　　　　　　　　　　　　　　　　　　　　　　明・張以寧

赤盞為肅慎貴族，於今為清門，希曾其字者，讀書為詩，善鼓琴，且工墨菊，有新意，為予作四幅，留其二，徵詩，為賦上云。

昔人畫梅如相馬，此意豈在驪黃者。希曾墨菊洒似之，是何奇趣幽且雅。松窗無人高臥起，池水盡黑臨書罷。玄霜玉盌擣秋風，露濕吳紈淨瀟灑。金錢失卻漢宮寒，蛺蝶飛來怨清夜。曩予步屧東籬下，采采黃花不盈把。即今卻似霧中看，老眼摩挲忽驚託。熟視經營慘淡餘，希曾豈是尋常畫。坡翁墨花詩更奇，我今材薄況衰謝。醉來墨瀋倒淋漓，

自拭烏絲為君寫。（張以寧《翠屏集》、卷一）

佟士明

小傳：上京人，工寫貌。（見《中國畫家人名大辭典》、一一四頁）

〈贈寫真佟士明〉　　　　　　　　　　　　　　　　　　　元・虞　集

佟郎居上京，閱人如風花。拈筆寫其似，千歲留英華。邇來七十年，將相紛在目。來者有如此，往者那可續。昔我初北遊，面白鬢如鴉。點染煩粉墨，華星映丹霞。今如雪中松，苦硬雜蒼白。却視當年容，邈如不相識。不識當如何，臨風且長歌。黃雲接河漢，白雲漫坡陀。乞身願歸者，吳蜀山揔好。贈君千黛螺，翠色秋可掃。（虞集《道園學古錄》、卷一）

佟　生

小傳：不見畫史記載。身世不詳。

〈贈寫真佟生〉　　　　　　　　　　　　　　　　　　　　元・袁　桷

丹青妍醜世間形，碧眼看天畫未成。夢覺已傳商相似，神閒能寫趙郎情。沙場燕頷愁中樂，客舍鳶肩暗裏驚。彩筆閱人頭漸白，長因眸子識公卿。（袁桷《清容居士集》、卷十六）

佟明之

小傳：不見畫史記載。身世不詳。

〈贈畫師佟明之〉　　　　　　　　　　　　　　　　　　　元・曹伯啟

易寫無塩陋子都，難形小白下夷吾。英雄事業傳千古，不假丹青作畫圖。（曹伯啟《曹文貞公詩集》、卷八）

妙　明（釋）

小傳：不見畫史記載。身世不詳。

〈題妙明山人畫〉　　　　　　　　　　　　　　　　　　　元・袁　桷

近有善書僧曰溫、妙明。溫華亭人，明眉山人也。余嘗識明於玉几山，其年未四十，溫老矣。余識於靈隱，視其書之高下亦類夫年也。閏十月，有僧攜明書示余，遂各為一章美之，且記二子之出處焉。

老溫作書誰授訣，少學潘郎繞城帖。興來握筆弄春妍，囂囂芳叢鬧飛蝶。平生大字顏魯公，晚復顛放少露鋒。論功古法雖未至，瀟灑要是僧中雄。醉裏蒲葡墨為骨，秋葉東西雲鬱勃。裏繒急點數玄珠，不識公卿是何物。只今書畫名已傳，華亭鶴唳悲流年。西方金仙在何天，寄聲為了塵中緣。（袁桷《清容居士集》、卷六）

呂尊師

小傳：不見畫史記載。身世不詳。

〈呂尊師畫三茅觀梅藤為圖，號曰二老，走筆賦之〉　　　　　明・危　素

三茅觀頭老梅樹，梅邊更有長藤古。誰將此畫江西來，大瀛海中呂道士。藤枯一似蛟龍懸，梅瘦飽受冰霜纏。柯支不逐浮世換，根柢直與扶桑連。傳聞茅盈新手植，坐使草木皆成仙。宋朝渡江一百年，世人不到吳山巔。豈知二物閱興廢，及見渤澥成桑田。戰爭揖讓等黃土，展卷血淚何漣漣。（危素《雲林集》、卷上）

車老人

小傳：不見畫史記載。身世不詳。

〈題車老人墨竹，其子為崇安簿〉　　　　　　　　　　　明・藍　仁

秋色映琅玕，青青共歲寒。過庭山月白，留影易棲鸞。（藍仁《藍山集》、卷六）

冷　謙

小傳：字啟敬，一作起敬，號龍陽子，武陵人。（見《中國畫家人名大辭典》、一一四頁）

〈冷啟敬長江無盡圖長卷〉　　　　　　　　　　　　　　元・柳　貫

山深冥冥溪谷陰，怪石突出當重林。迴壑奔流石礧硊，寒霧噴薄浮輕岑。猿猱飛攀山欲立，山崖老樹蒼鱗濕。有客擔簦負長笈，欲行不行驢腳濕。風吹征衣天欲暮，旅館不逢前阻渡。此際遙知行路難，欲向今朝畫中覘。金華柳貫。（清李佐賢《書畫鑑影》、卷五）

〈冷啟敬長江無盡圖長卷〉　　　　　　　　　　　　　　元・倪　瓚

□□仙人秉巨杠，一時揮灑世無雙。後山雲起嶂西嶂，隔浦帆過江外江。潮退沙淺寒雁集，聲落遠寺曉鐘撞。畫圖咫尺殊千里，諸老風流久已降。至正癸未冬十月，東海倪瓚。（清李佐賢《書畫鑑影》、卷五）

〈冷謙蓬萊仙奕圖〉　　　　　　　　　　　　　　　　　　　　明·都　穆

　　蓬萊仙奕圖，乃龍陽子冷君所作。君武陵人，啟敬，龍陽子其別號也。中統初，君年
尚少，與邢台劉秉忠後則海雲遊，書無不讀，尤通於易，及邵氏經世天文地理律曆象緯，
皆能過之。至元間，秉忠入拜為保參中書事，君乃棄釋業儒，遊於霅川，第故宋司戶參
軍趙孟頫，於四明史衛王府觀唐李思訓之畫，忽發留臆，效之。不月餘，山水人物悉得
其法，而傅彩尤加纖細，神品幻出，由此以丹青鳴於時。隸淮陽，遇異人，授以中黃大
丹，出示平叔悟真之指，悟之如己作。至正間，百數歲矣，絲鬢童顏如方壯，時值紅巾
之亂，避於金陵，以方藥濟人如神。天朝維新，君有畫鶴之誣，隱壁仙逝。此卷乃至元
六年五月五日，為予作者。予方將訪君於十洲三島，恐後人不識其仙奇異事，混之凡流，
故識之，奉遺元老太師淇國公丘公三丰。此跋蓋永樂二年四月也。冷君名謙，字起敬，
洪武初，以善音律，任太常恊律郎，今名啟敬，或以字行亦未可知。跋謂至正間，啟敬
已百數歲，及謂其隱壁而逝，誠神仙也。三丰，張姓，名玄玄，跋謂至元五年端陽日得
此，至永樂二年，始輟以贈人。計其齒當過冷君，其為真仙無疑矣。予嘗於玉蜃山遇三
丰徒孫，所謂陳鐵牌者，言三丰遼東人，正統間猶在，後不知所之。蓋二公我朝神仙之
最顯者，儒光君子概以為世無神仙，豈通論哉。（明都穆《鐵網珊瑚》、卷四）

余仲揚

　　小傳：不見畫史記載。身世不詳。

〈題金華余仲揚山水〉　　　　　　　　　　　　　　　　　　　　元·劉永之

　　人言吳中山水好，坐思絕境那能到。金華山人懷故山，時拂凡紈寫幽島。贈君此圖更
絕奇，妙墨精思奪天造。陂陀重阜隱喬木，掩仰遙汀帶文藻。石嶠雲生莫色微，海門潮
落秋風早。賀監居臨鑑湖曲，子猷宅近山陰道。江清落日棹船回，照水新袍影顛倒。高
情千古摹前哲，世俗紛華豈堪保。經年烽火遍江南，萬堅千峯亦如掃。畸人奔走厭塵濁，
試觀圖畫開懷抱。思傍幽林結茅屋，柴門低映寒藤老。放鶴前山戴笠歸，獨抱長劍拾瑤
草。（劉永之《劉仲修先生詩集》、卷四）

〈題余仲揚畫山水圖，為余自安賦〉　　　　　　　　　　　　　　明·劉　嵩

　　金華仙人余仲揚，筆墨蕭疎開老蒼。昨看新圖湖上宅，烟霧白日生高堂。層峰上蟠石
皢皢，絕島下瞰江茫茫。長松并立各千尺，間以灌木相低昂。松下上人坐碧草，秋影欲
落衣巾涼。囊琴未發絃未奏，已覺流水聲洋洋。赤城霞氣通雁蕩，巫峽雨色來瀟湘。誰
能千里坐致此，欲往久歎河無梁。風塵漲天蔽吳楚，六年帳望神慘傷。玄猿苦啼巖北樹，
白雁不到江南鄉。赭山焚林絕人迹，如此山水非尋常。此圖本為自安寫，亦感同姓悲殊
方，幽軒素壁泉聲動，對此令我心為狂。何由捫蘿逐塵鹿，振衣直上雲中岡。登臨一寫

漂泊恨，長嘯清風生人荒。（劉嵩《槎翁詩集》、卷四）

余復嬰

小傳：不見畫史記載。身世不詳。

〈題余復嬰寄惠南山別墅圖〉　　　　　　　　　　　　明・藍 仁

道人放筆起崢嶸，一片南山割眼明。秋老層崖黃葉遍，天清幽墅白雲生。振衣便欲乘風去，採藥還隨入谷行。投老相依猿鶴侶，共知溪上草堂成。（藍仁《藍山集》、卷四）

余景山

小傳：不見畫史記載。身世不詳。

〈余景山枯木〉　　　　　　　　　　　　　　　　　　元・胡 助

千年枯木不知春，鐵鎖珊瑚古篆文。前後太陰雷雨黑，老龍蛻骨越江濱。（胡助《純白齋類稿》、卷十六）

余蓬山

小傳：不見畫史記載。身世不詳。

〈余蓬山墨竹四首〉　　　　　　　　　　　　　　　　元・許有壬

興可乘雲去不還，墨香傳印到蓬山。胸中自可容千畝，筆下時教露一斑。天機傳到十分清，曾向淇川印月明。更被涼飈舞蒼翠，眼中無葉不秋聲。幾竿秋碧掠雲高，風月幽林豈不遭。底事一朝輕結實，山顛朱鳳正嗷嗷。老栟槎芽含古春，一林寒碧自凌雲。石兄不肯事攻玉，只恐化山無此君。（許有壬《至正集》、卷二十四）

束遂菴

小傳：佚名，合肥人，善畫山水。（見《中國畫家人名大辭典》、一一二頁）

〈合肥束遂菴學正為畫君山醉月圖長歌奉謝〉　　　　元・王 逢

憶携蓉城霞名酒，醉賞君山雪。興酣俯厓面，三酹大江月。靈奇祕怪不可說，回首十年塵土熟。束卿想像作此圖，如見當時眼為豁。是山傑立皓氣鮮，四八賓從咸華顛。銀濤絲縈料角海，玉台鏡露峨嵋煙。槎枒亂樹拔虎崛，撇捩小艇吞龍淵。樵丁罷斧僧罷磬，木瓢一個滄茫前。君不見江山元與天地闢，有月無人景虛擲。崑岷東來幾萬里，衣冠雲散三千客。三千客後世屢易，曉事僅有羅春伯。龜趺緇翳鬼照火，鼇背蒼涼獸交跡。君不見采石紫綺裘，赤壁洞簫歌舞者信曠達。齷齪將如何，歲云暮矣。雙鬢皤夢恍，茅屋牽青蘿。廣寒白兔下相杵，貝闕鮫女趨鳴梭。卿聞大叫當就隱，指日莫問魯陽戈。（王逢《梧溪集》、卷四）

杏 田
小傳：不見畫史記載。身世不詳。

〈杏田畫〉　　　　　　　　　　　　　　　　　　　　　　　明・王 行

月下相逢縞袂寒，松枝清露濕煙鬟。祇因翠羽能歌舞，留得春風滿醉顏。（王行《半軒集》、卷十）

杜莘老
小傳：不見畫史記載。身世不詳。

〈跋杜莘老畫赤壁圖〉　　　　　　　　　　　　　　　　　　元・胡祇遹

赤壁圖少見絕筆，士大夫以道德勳業而不屑為。畫工胸次塵俗淺陋而不能為，惟高人勝士不得志於世時，一游戲能盡其妙。莘老前身無乃不能相從二客之一耶？（胡祇遹《紫山大全集》、卷十四）

杜敬叔
小傳：不見畫史記載。身世不詳。

〈題杜敬叔廣微子畫山水圖〉　　　　　　　　　　　　　　元・蒲道源

野水孤舟慘澹中，無聲詩裏見元功。却因今日廣微子，還憶向來忠愍公。（蒲道源《閒居叢稿》、卷七）

杜 霄
小傳：不見畫史記載。身世不詳。

〈杜霄畫圍棋圖〉　　　　　　　　　　　　　　　　　　　　元・張 昱

何事今朝嬾畫眉，深宮又是日長時。閒愁不用量紅線，看取新添幾著棋。（張昱《可閒老人集》、卷二）

宋子章

小傳：不見畫史記載。身世不詳。

〈題宋子章竹〉　　　　　　　　　　　　　　　　　　元・成廷珪

黃陵只在斷雲西，苦竹叢深望欲迷。帝子不歸春又晚，滿林烟雨鷓鴣啼。（成廷珪《居竹軒詩集》）

〈題宋子章太守畫〉　　　　　　　　　　　　　　　　元・張　昱

老樹含青雨，平林淡白烟。隔溪茅屋在，好泊米家船。(張昱《張光弼詩集》、卷四)

〈題宋子章效米元暉山水圖〉　　　　　　　　　　　　明・劉　基

昔時米南宮，父子同畫癖。油然煙雨態，千里入盈尺。近代宋尚畫，筆意妙欲逼。置之几格間，新舊莫辨識。應是前後身，神會造化迹。鴻濛迷日月，潝洞飛霹靂。蒼崖晦中斷，天關杳高隔。洪濤漲無倪，龍虎移窟宅。農夫怨昏墊，樵牧絕行跡。破屋雨三家，搖撼已傾側。得非杜少陵，無乃陶彭澤，簪茅委泥濘，籬菊沒狼藉。空江乏舟檝，汗漫安所適。披圖瞻青冥，惆悵至終夕。（劉基《誠意伯劉文成公文集》、卷十三）

宋元凱

小傳：不見畫史記載。身世不詳。

〈題宋元凱都市寺為中正堂畫溪山晚釣圖〉　　　　　元・鄭　洪

百畝青山二頃田，金溪南畔竹菴前。紺園蒲萄花香澹，寶地桫欏樹影圓。日日釣絲牽蓑雨，年年禪榻對茶烟。郎星昨夜明如月，偏照君家書畫船。（清高宗《御定歷代題畫詩類》、卷六十八）

宋成之

小傳：不見畫史記載。身世不詳。

〈題宋成之畫馬卷〉　　　　　　　　　　　　　　　　元・曹伯啟

奚官珍重玉花驄，縱意清漣碧草中。幸際四庭烽火靜，不須騰踏待秋風。（曹伯啟《曹文貞公詩集》、卷九）

宋　克

小傳：字仲溫，家南宮里，因自號南宮生，長洲人。洪武初以善畫名與高啟等稱十友。說者
　　　謂南宮生書學急就章，故寫竹能妙。（見《中國畫家人名大辭典》、一二七頁）

白雲孫〈宋克簹簹圖〉　　　　　　　　　　　　　　　　　　　　　　自　題

予舊與野亭君作雞栖石圖。後七年，復觀於松江之客樓，嗟歲月之易度，慨人事之不齊，為之撫圖悽惻。野亭君謂予耿耿者在，豪邁之氣非復曩時。酒酣出紙徵畫，為寫簹簹圖，筆意縱逸，不計工拙，然自謂差強於曩作。要知水到渠成，顛瀾駭浪，自有靜時，野亭君當示雲林高士，同一賞識也。庚戌九月朔，東吳宋克識。（明朱存理《鐵網珊瑚·書品》、卷四）

〈（宋）仲溫畫扇上作假山樱蕉梧竹〉　　　　　　　　　　　　　　　元·張　憲

樱櫚覆牆陰，芭蕉上窗綠。涼風起高梧，白露下叢竹。明月照假山，雁啼人未還。砧聲不出戶，心在玉門關。（張憲《玉笥集》、卷五）

〈題宋仲溫竹枝〉　　　　　　　　　　　　　　　　　　　　　　　　元·倪　瓚

畫竹清修數宋君，春風春雨洗黃塵。小窗夜月留清影，想見虛心不俗人。（倪瓚《倪雲林先生詩集》）

〈宋仲溫簹簹圖〉　　　　　　　　　　　　　　　　　　　　　　　明·龍惕子

宋先生克，字仲溫，長洲南宮里人，書學急就章，得古人之妙。尤善畫竹。此圖雖寸岡尺塹，而千篁萬玉，雨疊烟森，蕭然無塵俗之氣，允為世珍也。龍惕子識。（清吳升《大觀錄》、卷十九）

宋 杞

小傳：字授之，錢塘人。邃於經史，工詩，畫山水，學於馬夏，能得其妙。（見《中國畫家人名大辭典》、一二七頁）

〈宋授之所畫扇〉　　　　　　　　　　　　　　　　　　　　　　　明·淩雲翰

樓擁千章木，山橫一段雲。夕陽遮不盡，猶照白鷗群。（淩雲翰《柘軒集》、卷一）

〈宋授之所作美人欠伸圖〉　　　　　　　　　　　　　　　　　　　明·淩雲翰

春日深宮靜，閒觀女史箴。倦來俄起立，蝴蝶下庭心。（淩雲翰《柘軒集》、卷一）

〈宋授之鍾馗小妹圖〉　　　　　　　　　　　　　　　　　　　　　明·淩雲翰

戲擔雙鬼當雙魚，小妹停肩雪霽初。莫道丹青資一笑，人間物物是苞苴。（淩雲翰《柘軒集》、卷一）

白雲孫〈宋授之遺墨〉　　　　　　　　　　　　　　　　　　明・凌雲翰

宋玉多才賦遠遊，曾拈彩筆寫清秋。西風吹斷南州夢，翡翠蘭苕摠是愁。（凌雲翰《柘軒集》、卷一）

〈宋授之春山隱居圖〉　　　　　　　　　　　　　　　　　　明・凌雲翰

樓倚東風外，憑高取次吟。柳低黃鳥近，日撫翠屏深。世換如收局，人亡不在琴。淒涼圖畫裏，愁絕百年心。（凌雲翰《柘軒集》、卷一）

宋東溪

小傳：不見畫史記載。身世不詳。

〈宋東溪墨梅圖引〉　　　　　　　　　　　　　　　　　　　元・王惲

性之所得於天，有不行而至不學而能者，況託物游藝意存所寓者哉。總尹漢臣善寫梅，樂之終身而不厭。且梅以墨繪，黯淡枯寂無聲色臭味，可嗜而悅，蓋性之所得有不容自己者。嘗踏雪過南塘，入東閣，主人開樽小酌，醉中出示所製溪雪春風等圖，無以淡僻，故為把玩者久之，覺冷香踈影，動蕩於几案門，今人翛然有孤山籬落之想。後考試洛陽，復與君會府暑之梅花堂，庭之所植者皆是也，因舉觴相屬，曰：“求南梅之淵藪，又久官於此，殆將俾使君移船花光，臻超然之極致耶。”東歸，悉以近作贐予，其風味之勝，瀟洒之工，又非向時吳下矣。及入汳，解裝，盡為好事者索去。嗚呼，君今已矣，梅寧復得邪。其弟唐臣義夫輩追憶風流事，亡如存聯綴遺墨求名士夫題詠，將昭大兄游藝之美，來屬引其端。漢臣於余契久且敬，故知為人頗詳。君天姿誠愊，與人交有終始，於修身齊家孝友純至，一門之中融融怡怡，以及於政，是知託物寓意於歲寒三友之間者，不徒模寫形似，俾自得之趣，冠時人而名後世也。十七年立秋日秋澗序。（王惲《秋澗先生大全文集》）

宋處士

小傳：不見畫史記載。身世不詳。

〈題宋處士竹枝〉　　　　　　　　　　　　　　　　　　　　元・王士熙

月下參差碎玉，風前宛轉青鸞。曾記酒醒茶熟，綠衣人倚闌干。(清高宗《御定歷代題畫詩類》、卷八十一)

宋漢臣

小傳：不見畫史記載。身世不詳。

　　白雲孫〈宋漢臣墨梅〉　　　　　　　　　　　　　　　　　　元‧劉秉忠

　　體盡江村雅淡情，映來紙上照人清。枝梢欲向風中動，根幹原從筆下生。幾簇芳英雪
妝點，一彎新月玉斜橫。華光不死西湖見，也索驚嗟問姓名。（清高宗《御定歷代題畫
詩類》、卷八十五）

　　〈木蘭花幔　宋漢臣墨梅并敍〉　　　　　　　　　　　　　　　　元‧魏　初

　　　嘉議宋公於予為世契兄，向過洛陽，吾兄適宰是郡，尊酒流連者累日。邇後，訃音至長安，
　　　余不勝驚悼。今年，有事來京師，其弟義甫秘監會余於東溪，出示嘉議墨梅橫幅，因作長短
　　　句一章，兼致區區追挽之意云。

　　　愛筆端造化，春不盡，思無邊。看詩意精神，不求頻色，物外神仙。回頭水南水北，
覺冰姿玉骨，卻悽然一片肝腸鐵石。三年雪月情緣，洛陽尊俎泛留連。慷慨正華年，恨
鞍馬匆匆。長亭老樹，芳草離筵。西風雁來，何許忽傳。將幽恨到重泉，昨日東溪再過，
不堪塵滿冰弦。（魏初《青崖集》、卷三）

宋 敏

　　小傳：字好古，魏郡人。工寫竹石，初有以其墨竹進明宗，明宗語左右曰，此真士大夫筆。
　　　　　人遂名其竹，為敕賜士大夫竹云（見《中國畫家人名大辭典》、一二七頁）

　　〈二月朔日，雪中，題歐陽少監所藏宋好古畫竹〉　　　　　　　　元‧揭傒斯

　　晨朝下延閣，貽我翠琅玕。微霜著節勁，細霧入林寒。歌枝偏稱遠，壓葉更宜攢。孤
石覆逾潤，橫波晴不乾。況茲春雪裏，相對五雲端。誤當裁汗簡，誰擬截漁竿。惟應湘
浦上，歸共幽人觀。（揭傒斯《揭文安公全集》、卷三）

　　〈題趙秉彝所藏宋好古竹〉　　　　　　　　　　　　　　　　　　元‧許有壬

　　千畝雲深幾萬竿，月明留影印琅玕。佳人心事誰能識，日暮西風翠袖寒。（許有壬《至
正集》、卷二十六）

　　〈題宋好古綠竹圖〉　　　　　　　　　　　　　　　　　　　　　元‧柯九思

　　仙子相邀駕綵鸞，瑤池玄圃拾琅玕。却憐宋玉多才思，貌得森森翠羽寒。（柯九思《丹
邱集》錄自元詩選、六十頁）

　　〈題宋好古橫枝竹〉　　　　　　　　　　　　　　　　　　　　　元‧胡　布

　　鳳翎蕭瑟吐寒芒，碧玉分陰剪剪香。試啟橫窗看月色，清風天籟起瀟湘。（胡布《玩
音遺響》、卷七）

〈題宋好古墨竹〉　　　　　　　　　　　　　　　　　　　　　明・危　素

　我憶東曹粉署郎，琅玕寫就拂雲長。秖疑散步雲林曲，獨聽秋聲待晚涼。（危素《雲林集》、卷下）

〈宋好古竹石後〉　　　　　　　　　　　　　　　　　　　　　明・楊士奇

　宋好古，魏郡人。元天歷中為藝文監照磨，揭文安公稱其疏通而知學。好交而不苟合，居官必盡其守。臨事必斷以義，真用世之才。而尤工竹石，獨臻其妙。嘗有進於明宗者，明宗語左右，曰：“此真士大夫之筆。”京師之人遂取楊補之村梅故事，名其竹為勅賜士大夫竹。余偶得宋筆，遂識揭語。（楊士奇《東里詩集》、卷二十二）

宋　禧

　小傳：不見畫史記載。身世不詳。

〈自題畫〉　　　　　　　　　　　　　　　　　　　　　　　　自　題

　石壁萬仞不可躋，老樹獨立與雲齊。紛紛藤蘿葉零亂，日暮忽隨風雨西。（宋禧《庸菴集》、卷十）

何　生

　小傳：不見畫史記載。身世不詳。

〈題何生江天疊嶂圖〉　　　　　　　　　　　　　　　　　　　元・唐　元

　我生無封侯之骨相，萬里成功勳。又不能飛鷹走狗，灑血看繽紛。白頭兀兀據書几，昕昏童稚蹉為群。長廊盡日絕人跡，西曛燄熱氣如焚。授書過午渴欲死，冰盤雪藕誰見分。眼明忽見何郎畫，萬疊江山心為快。爭先蕩槳向中流，無復求魚有餘嘅。推頹兩翁似偶語，傴僂癡童攜一介。驅驢下坡大凌兢，尚憶邛郲行者戒。因蹉吾人受形役，百歲膏煎棲大塊。看君所畫亦勞生，未辨脫身塵土界。不如學取巖前樹，鐵榦銅柯煙雨挂。日月成丸弄豈休，苔蘚為衣色不變。枯榮暗與世推移，擁腫可逃人睚眦。莫言與語不點頭，樹若點頭我即拜。願將此意商西風，秖恐傍觀猶未解。（唐元《筠軒集》）

何　君

　小傳：不見畫史記載。身世不詳。

〈水西圖詩〉　　　　　　　　　　　　　　　　　　　　　　　明・釋宗泐

　水西絕境江左無，何君好事寫作圖。良工意匠善盤礴，三峰湧出青芙蕖。古木如龍半天篸，白雲翩翩欲飛動。桓彝廟前莎草長，遺民磯下溪流洶。浮圖隱隱林端起，知是山腰上方寺。高圖五月秋霜寒，山僧坐閱人間世。竹邊幽徑花叢叢，濯纓亭古連東峰。賞溪渡口風浪歇，棹舟之子來相從。我居山中二十載，披圖一見心目駭。昔來年少今白頭，山色青青長不改。何君何君爾好奇，澗阿與爾誅茅茨。卷簾微雨對東郭，高詠謫仙雲錦詞。（釋宗泐《全室外集》、卷四）

何伯度

小傳：不見畫史記載。身世不詳。

〈上清何伯度為兒子畫林塘讀書處〉　　　　　　　　　　　明・鄭　真

林塘浮動水雲虛，芸草春香滿架書。願汝休為原伯魯，祇將力學大先廬。（鄭真《滎陽外史集》、卷九十）

何直長

小傳：不見畫史記載。身世不詳。

〈泉石雙松圖（何直長筆）〉　　　　　　　　　　　　　　元・王　惲

江煙霏霏江雨濕，滿壑秋風蕩虛壁。何工雖老筆有神，寫出双松蔭泉石。君看磊落橫澗枝，墨入太陰凝積鐵。它時不作澗窟虬，定向風巖聞虎裂。煩君十襲為深藏，隄備六丁來電掣。（王惲《秋澗先生大全文集》）

何思敬

小傳：至元時人，善畫山水。（見《中國畫家人名大辭典》、一三二頁）

〈題何監丞畫山水歌〉　　　　　　　　　　　　　　　　　元・戴　良

至正以來畫山水，祕監何侯擅其美。帝御宣文數召見，抽毫幾動天顏喜。有時詔許閱內儲，名筆斑斑世所無。王吳李范已心識，餘者山堆皆手摹。海內畫工亦無數，才似何侯豈多遇。權門貴戚虛左迎，往往高堂起煙霧。人間一筆不可得，門外車徒謾如織，葉君使還親集送。乘興始肯留真迹，于時在座總儒冠。王鄭歌辭晚更妍，豈無片語道離恨。見侯之畫筆盡捐，此畫携歸在鄉縣。萬壑千岩眼中見，却憶都門送別時。回頭瞥覩西山面，莫言短幅僅盈咫。遠勢因當論萬里，既似山河月裏明。復同衡霍牖中起，葉君眼力老愈光。愛之不減雲錦章，年來行橐盡拋棄。惟將此紙十襲藏，何侯遷官定何處。有客披圖正傾慕，北騎南轅倘相值。煩君為我致毫素，諸侯一寫滄洲趣。

此畫乃葉君孔昭為南台宣使時，以公事走京師，秘書監丞何侯思敬為寫以贈。而畫上所題鄭仲舒，蓋孔昭同門友，時為國子博士，其王周叔則孔昭居冑監時同舍生也。時為翰林檢閱，章甫亦宦游京都與孔昭深友愛。一時交舊皆文學之士，而思敬翰墨尤號知名。孔昭既重思敬之所作，而又以諸君子之會合不可驟得。携歸故里，請予詩之。而併識其始末於後，覿圖畫之如新，念游從之日遠，孔昭安得不慨然於斯。（戴九靈《九靈山房集》、卷十六）

〈袁君庭玉以所藏何思敬山水圖求題，為賦長句〉　　　　　　　　元・戴　良

　　有客訪我城東廬，手持何侯山水圖。乍向高堂一披覿，已知筆力天下無。老我愛山兼愛畫，對此心神忽俱化。得非舣柁過瀟湘，無乃枝籐上嵩華。野亭倒影浸江清，耳邊髣髴波濤聲。漁子蒼茫泛舟入，林翁傴僂渡橋行。因憶良工繹思處，元氣淋漓滿亮素。豈但胸藏萬丘壑，西極南溟隨指顧。驅山走海何雄哉，滿堂空翠揮不開。丹丘赤城意綿邈，蓬萊弱水情公洄。何侯天機深，丹青世無敵。自從揮洒近天顏，林下何曾見真迹。年來喪亂走風塵，始為賢豪下筆親。王吳未可誇神逸，閻公致譽安足真。與客傳觀懽未止，却歎何侯今已矣。卷圖還客休重看，世間夢境亦如此。（戴九靈《九靈山房集》、卷十六）

何能之

　　小傳：不見畫史記載。身世不詳。

〈題何能之墨竹圖〉　　　　　　　　　　　　　　　　　　　元・胡長孺

　　李公初得湖州蹟，三日靜對無厭歎。趙公既見坡遺踪，時走招提窺敗壁。高公痼寐古丹青，泓玄幻出王摩詰。三公相隨墮長夜，朔南縑楮更充斥。何能之氏於潛生，嗜好結成山水癖。但逢佳景寫作圖，綠霧翠嵐光照壁。聞道趙公臥吳興，往拜床下求一筆。勾法墨妙悉已傳，去捐館舍無旬日。乘興落手便逼真，維枝可榦蘇瞻石。題字印章酷似染，七十故人猶解識。縱橫顛張纏斜書，請畫江南鈉鎖畫。生平速肖爾固能，知路勿休堪努力。（明朱存理《珊瑚木難》、卷四）

〈題何能之畫〉　　　　　　　　　　　　　　　　　　　　元・黃溍

　　何君家住西天目，平生愛畫尤愛竹。時時寫作風露枝，下與人間掃塵俗。湖州古稱蘇與文，趙公復出今絕倫。朝來見詩猶見畫，品題已盡將何言。山空歲寒路修阻，歸歟且共墨君語。屋梁月落清夜闌，坐聽東溪響如雨。（黃溍《金華黃先生文集》、卷四）

何尊師

　　小傳：匿其姓氏，江南人，在龍德中，居衡岳，往來蒼梧五嶺。工於花石，專門畫貓，種種盡態，為時所稱。（見《中國畫家人名大辭典》、一三一頁）

〈題何尊師畫牛圖〉　　　　　　　　　　　　　　　元・揭傒斯

圖惟一牛，并無坡岸草樹人物之屬。

莫是度關者，寧非喘月時。茫然天地內，誰問復誰知。（揭傒斯《揭文安公全集》、卷四）

何 澄

小傳：世祖時人，工人物。（見《中國畫家人名大辭典》、一三一頁）

〈何秘監歸莊圖卷〉　　　　　　　　　　　　　　　元・鄧文原

昔賢出處皆真，不為矯情。淵明歸去來敘引，可見疇齋承旨喜書此以與人，其亦有感也。至大己酉八月一日，古涪鄧文原書。（清卞永譽《式古堂書畫彙考・畫考》、卷之十五）

〈何秘監歸莊圖卷〉　　　　　　　　　　　　　　　元・趙孟頫

圖畫總管燕人何澄，年九十作此卷，人物樹石一一皆趣，京師甚愛重其蹟，又得承旨張公書淵明歸去來辭于後，遂成二絕。延祐乙卯九月七日，趙孟頫書。（清卞永譽《式古堂書畫彙考・畫考》、卷之十五）

〈劉叔端所收何局長澄四皓圖〉　　　　　　　　　　元・滕安上

嬴舍扶蘇鼎已顛，漢高不戒覆車前。山中自有幡然意，聊假長安辟穀仙。出處無心繫所遭，是非於我等秋毫。誰教畫棄人間事，方許商山萬仞高。（滕安上《東庵集》、卷四）

〈題何澄畫村田樂〉　　　　　　　　　　　　　　　元・程鉅夫

番番白叟，宛宛黃童。飽食而嬉，樂與歲同。白叟番番，黃童宛宛。今日何長，舊日何短。明君在上，良臣在下。今汝樂只，誰識憂者。右三章，章四句。（程鉅夫《雪樓集》、卷二十九）

〈何澄馬〉　　　　　　　　　　　　　　　　　　　元・程鉅夫

畫馬非真馬，猶擅千金價。南山猛虎多，安得馳之射。（程鉅夫《雪樓集》、卷三十）

〈題（何澄）泣麟圖〉　　　　　　　　　　　　　　元・劉岳申

按春秋哀十四年，西狩於大野，叔孫氏之車子鉏商獲麟，以為不祥，以賜虞人。仲尼觀之，曰：麟也，然後取之，穀梁曰：引取之也，釋者曰：麟為孔子來魯，引而取之，公羊氏曰：大之也，以為春秋撥亂反正之應，與文成致麟合。然其間載孔子稱孰為來者二，稱吾道窮者一，且記反袂拭面涕沾袍之事。此秘書監何澄所畫圖，蓋本此意，而畫有史筆，盧陵劉岳申謹拜。稽首而為之贊，曰：（贊文略）（劉岳申《申齋劉先生文集》、卷四）

〈何秘監歸莊圖卷〉　　　　　　　　　　　　　　　　　　　　　　元・虞　集

　　京師人最重何翁，當其在時，每一卷出，不惜千金爭售之。官昭文館大學士，年九十餘而終，其畫益貴數倍。張疇齋自尊重其書，多藏古帖，親見前朝內府故事，所用硯墨紙筆一一上品，如法乃書，官翰林學士承旨，年幾八十而終。姚牧庵先生，意氣魁岸，而樂道人善。吳興趙松雪公，鑒裁精嚴而不物忤。今皆不復見也，惟獨鄧祭酒巋然，書翰之美，今惟此耳，可不慨然。泰定乙丑二月既望，虞集書。（清卞永譽《式古堂書畫彙考・畫考》、卷之十五）

〈題何大夫馬〉　　　　　　　　　　　　　　　　　　　　　　　　元・虞　集

　　國朝畫手何大夫，親臨伯時閱馬圖。伯時絕憶鐵面語，放筆驊騮恨此都。此都大夫八九十，千馬萬馬在胸臆。偶然數驥落江南，棬束上箱謝槽櫪。（虞集《道園學古錄》、卷二十八）

〈何秘監歸莊圖卷〉　　　　　　　　　　　　　　　　　　　　　　元・劉必大

　　疇齋題辭復謂，東坡先生嘗集歸去來辭意，作五言詩十首，不知坡翁和陶詩外，亦有和歸去來兮一篇。及子由謫居海外，子瞻以和辭要領濱同賦，且為淵明之放與子瞻之辨，非人所及。坡翁追和時，乃謫居昌化所作也，蓋以無何有之鄉為家，雖在海外未嘗不歸云爾。今書和篇與淵明作對。己酉中秋日，南岳老人菊里劉必大拜手謹書。（清卞永譽《式古堂書畫彙考・畫考》、卷之十五）

〈何秘監歸莊圖卷〉　　　　　　　　　　　　　　　　　　　　　　元・太玄子

　　靖節樂天知命，文章閒雅，此其去彭澤之辭也，中朝名士圖而書之，其亦可尚也夫？（清卞永譽《式古堂書畫彙考・畫考》、卷之十五）

〈何秘監歸莊圖卷〉　　　　　　　　　　　　　　　　　　　　　　元・揭奚斯

　　右淵明歸去來圖及辭一卷，乃何昭文畫、張承旨書。何昭文畫當時即為所愛重，至今京師之人皆珍。猶然張承旨書，自謂當與趙吳興雁行，然當時求之中貴之中，已莫能及。以趙吳興書畫皆當為天下第一，二絕之評，足為此書此畫之重。李士弘平生好寫竹臨帖，每作一紙必自求趙公跋，然後與人，政欲托不朽也，況他人哉？因并記于此。至元二年歲次丙子九月廿七夜，揭奚斯跋。（清卞永譽《式古堂書畫彙考・畫考》、卷之十五）

〈何秘監歸莊圖卷〉　　　　　　　　　　　　　　　　　　元・柯九思

何秘監以畫稱於北方，張承旨以書自負於當時，姚文公、趙文敏公尤長者，長者豈欺我哉？惟有把玩，健羨不已。丹丘柯九思題。（清卞永譽《式古堂書畫彙考・畫考》、卷之十五）

〈何秘監歸莊圖卷〉　　　　　　　　　　　　　　　　　　明・危　素

僕晚至京師，何昭文、張仲貴皆不及見，得覩其翰墨遺蹟於五十餘年之後，為之欣幸，何敢置評議於其間哉。至正廿四年八月甲寅，臨川危素識，國子博士武君孝隆同觀。（清卞永譽《式古堂書畫彙考・畫考》、卷之十五）

〈何秘監歸莊圖卷〉　　　　　　　　　　　　　　　　　　明・諭　立

至正二十有三年，歲在癸卯十一月甲子，國學諭立、武起宗、張士明、胡益、王章、岳信同觀。（清卞永譽《式古堂書畫彙考・畫考》、卷之十五）

〈何秘監歸莊圖卷〉　　　　　　　　　　　　　　　　　　明・吳　勉

歸去來辭作者甚多，惟何秘監此作取舍萬殊，動定不一，非他作可比者。因歎羨之，遂成一絕，云：

彭澤休官未足奇，文章十載去來辭。寄奴橫劍清劉夏，惟有陶潛醉不知。吳勉題。（清卞永譽《式古堂書畫彙考・畫考》、卷之十五）

〈蕭啟御史赴山東僉憲，以何澄所畫雲山求題〉　　　　　　明・楊士奇

宜陽太守多公暇，肆筆雲山出瀟灑。層峯疊翠凌蒼空，英英玉氣浮鴻濛。縹渺瀰漫渾無跡，妙逼房山高克恭。山乎雲乎定何處，誰結茅屋倚深樹。豈無獨抱千載心，玩水看山適朝暮。栢台御史撫此圖，憶得龍泉江上住。岫幌巖扉意不忘，十載京華未歸去。祗今驄馬復東行，馬上看山向齊魯。君不見泰岱之雲起膚寸，常向人間作霖雨。（楊士奇《東里詩集》、卷五十七）

汪水雲

小傳：不見畫史記載。身世不詳。

〈題呂仲善所藏汪水雲草虫卷子（并序）〉　　　　　　　　元・陳　謨

卷中百虫，各極情態。而終以大小數雁，豈所謂江南。破白雁來乎，水雲寓黍離之感於畫圖，觀者淒斷。

搖琴理罷松風長，孈上湖船看歌舞。行雲流水有心期，野草閑花各天趣。紛紛虫羽恣

飛揚，散入毫端無遯處。尋香逐艷何從來，含睇凝情如欲語。黃筌崔白稱好手，研吮朱鉛眩童豎。不肥不瘦潤有餘，墨暈生春獨清楚。春蘭翛然如處女，短不出叢秀眉嫵。夏芷仙人白紵袍，長身玉立風生宇。何當石根容我步，烏紗筇竹從容賦。漆園蒙莊知道者，夢裏化為蝴蝶去。蘐蘐栩栩情態多，什什伍伍花間住。顛魂無定抑無歸，粉翅織紋何用許。象房守宮半夜走，玉帳佳人成白首。絡緯蕭條蟋蟀寒，山河已落他人手。籬根燁燁牽牛花，瓜蔓藤枝亦何有。西湖清淺綠荷彫，畫橋依約春風柳。海潮不至天目傾，七寶金鞭從北狩。隻隻朔雁俱南翔，莓苔菰米連瀟湘。飛鳴食宿各自得，豈有矰繳仍須防。道人蒿目難為傷，銅山淚盡天亦荒。琴歌既斷賦無續，畫圖彷彿存興亡。平川呂氏好古者，不鄙謅子題此畫。（陳謨《海桑集》）

汪東巖

小傳：不見畫史記載。身世不詳。

〈題寫神汪東巖〉　　　　　　　　　　　　　　　　　　　宋・林景熙

汪東巖為余寫容，求贈詩，余以其學佛者也，故後章及之。

丰神閒整坐凝然，一笑聊憑筆意傳。却有丹青難畫處，獨遺好醜在千年。因形有像轉支離，妙筆從君壓畫師。若向禪中參一指，寫余父母未生時。（林景熙《霽山文集》、卷三）

汪明府

小傳：不見畫史記載。身世不詳。

〈汪明府以畫竹遺唐伯度，求予題〉　　　　　　　　　　　元・戴 良

櫂幹纔數尺，幽姿已猗猗。憶在縣齋日，偏栽此竹多。寫直方有託，持贈意如何。（戴九靈《九靈山房集》、卷十六）

汪孟謙

小傳：不見畫史記載。身世不詳。

〈題秋色平遠圖，贈汪孟謙歸四明〉　　　　　　　　　　　明・劉 嵩

我家住在澄江畔，村北村南去山遠。春風桑柘連麥畦，秋雨菰蒲隔松坡。幾回欲起看山樓，未成忽作神京遊。至今夢落珠浦曲，如見秀色天中浮。昨來驅馬趨燕北，霜草風沙總悽惻。汪郎為寫平遠圖，恍似江南帶秋色。橫坡斷岸向灣涯，危石臨水如蹲犀。松陰一客茅屋底，無乃相對方吟詩。我欲呼之從此起，便踏漁舟弄煙水。月明吹遂下平川，

臥看青天千萬里。情不得遂將奈何，忽復秋霜隻鬢皤。歸田已知生計晚，濫祿頗覺憂慮多。君歸四明滄海上，惜別臨圖倍惆悵。他年載酒看荷花，賀監湖邊定相訪。（劉嵩《槎翁詩集》、卷三）

汪華玉

小傳：不見畫史記載。身世不詳。

〈題汪華玉子昂蘭石〉　　　　　　　　　　　　　　　　　　　元・虞　集

海內出珊瑚，枝撐碧月孤。鮫人拾翠羽，泣露得明珠。參差不可吹，紉佩寄遠道。遂令如石心，歲晚永相好。抱玉下天河，繞叢秋露多。天寒翠袖薄，日暮欲何如。翠袂倚岩嶢，來尋碧玉簫。拂衣成歷刼，遺迹映寒潮。（虞集《道園學古錄》、卷二十九）

汪鏡湖

小傳：不見畫史記載。身世不詳。

〈贈寫真汪鏡湖〉　　　　　　　　　　　　　　　　　　　　　元・胡　助

鏡湖流水涵秋清，照見萬物無逃形。懸知悟取金粟法，況乃家傳獨擅名。虎頭燕頷靡不似，紫髯鍾面何其英。善貌高僧說法相，巧模處士哦詩情。我本山林麋鹿姿，少壯偶為世網嬰。顧今歸田事閑暇，邂逅逢君眼輒青。欣然點綴寫衰朽，病骨藏昂太瘦生。朱衣象簡差少貴，雪鬢霜鬚老可憎。旁觀側視良眱眹，婦女失笑兒童驚。往來芝田挾此藝，黃金堆屋官蓬瀛。君胡不往遊上京，上京比屋皆公卿。（胡助《純白齋類稿》、卷六）

沈子和

小傳：不見畫史記載。身世不詳。

〈題沈子和德沖畫龍〉　　　　　　　　　　　　　　　　　　　元・仇遠

紅霞飛盡元雲同，深山大澤生春風。震雷一聲蟄戶啟，老龍夭矯生蒼穹。憶曾艤舟垂虹外，舟子傳呼黑龍掛。須臾急雨暗吳淞，昔見真龍今見畫。江南久旱草木空，湖水陡落如秋冬。蒼生望霓心顒顒，阿香喚起隆中龍。（仇遠《金淵集》、卷二）

沈仲說

小傳：不見畫史記載。身世不詳。

〈沈仲說畫樹石〉　　　　　　　　　　　　　　　　　　　　　元・鄭元祐

風流沈傳師，浩蕩江海姿。默菴豈誠默，開口譚畫詩。興來捉筆畫樹石，溪深岸高浪波白。豪端無非篆籒法，折鐵中郎此其式。世人貴耳賤目者，於此却令三嘆息。（鄭元祐《僑吳集》、卷三）

沈君瑞

小傳：不見畫史記載。身世不詳。

〈謝秋潤沈君瑞為予寫真〉　　　　　　　　　　　　　　　　元・仇遠

山村道人今老矣，徒有虛名落人耳。夢中誰記版築夫，畫像雖多終不似。偶來招隱九鎖山，隱侯試筆開生顏。鬚眉口鼻宛相肖，只今置之泉石間。聞君尤工畫山水，萬壑千林生筆底。可能更掃隱居圖，布襪青鞋侶樵子。（仇遠《金淵集》、卷二）

沈君錫

小傳：不見畫史記載。身世不詳。

〈題沈君錫畫木〉　　　　　　　　　　　　　　　　　　　　元・郭　翼

君不聞莊椿春秋八千歲，又不聞蟠桃一實三千齡。不知此木歷年幾百萬，雲氣上下摩空青。羲和馭日海底出，白銀宮闕搏桑暾。嗟哉沈君筆力能扛百斛鼎，旋轉造化何其神。蛟螭走壁白日動，列缺御氣流風霆。勇如陸地盪舟子，凜若漢廷折檻臣。車行下走九折坂，劍化躍入延平津。大枝輪囷小枝偃，千千百百子若孫。六月赤日天無雲，珊瑚水屋嘗陰陰。與君展席坐其下，聽我醉讀南華經。（郭翼《林外野言》、卷下）

沈南度

小傳：不見畫史記載。身世不詳。

〈玉山草堂為沈南度賦〉　　　　　　　　　　　　　　　　　明・袁　華

東老草堂在何許，崑玉峰前妻水陽。怪石當門猛獸伏，長松繞屋神蛇翔。芸窗展卷聲琅琅，若出金石諧宮商。嵩高山中聽者所，浣花谿上詩人莊。小亭野芳發幽香，鷗波淼淼涵天光。南鄰老翁覓酒伴，短筇緩策行相羊。草堂之樂樂無央，豺虎遁跡罔兩藏。何人寫圖落塵世，乃是四明狂客老更狂。烏乎，四明狂客老更狂，生紙潑墨兀老蒼。（袁華《耕學齋詩集》、卷六）

沈思禮

小傳：不見畫史記載。身世不詳。

〈沈思禮畫〉　　　　　　　　　　　　　　　　　　　明・凌雲翰

　漁在江湖樵在林，相逢肯信有機心。沙鷗尚未能忘我，飛過雲山不可尋。隔水樓台映翠微，山桃風暖欲花飛。一溪春水深無主，卻被詩人載得歸。（凌雲翰《柘軒集》、卷一）

沈處士

　　小傳：不見畫史記載。身世不詳。

〈贈善畫沈處士〉　　　　　　　　　　　　　　　　　　元・楊　載

　繪畫時賢屢逼直，謾於城市老閒身。孰知麋鹿台前客，解寫麒麟閣上人。種樹十尋知閱世，滋蘭百本喜逢春。詩成有愧丹青引，獨使曹劉見絕塵。（楊載《翰林楊仲弘詩集》、卷七）

沈　復

　　小傳：字復之，舊為僧，名慧，嘉定人。善畫蘭。（見《中國畫家人名大辭典》、一四四頁）

〈僧慧睕畝同芳圖引〉　　　　　　　　　　　　　　　　元・王　逢

　慧，沈姓，嘉定儒家子，今名復，字復之，隱居，教授鄉里。

　君山秀蔚大江白，慧書記者山椒宅。愛吟楚詞畫楚蘭，宿世應為獨醒客。靈均獨醒那復見，見蘭猶見靈均面。邇來蘭亦少見之，騷人志士良心眷。一春天氣今日美，思攬山雲櫂江水。席帽飄蕭蒼集林，松腴爛熳冰蠒紙。灃花沅蕊澹不嬌，光風入簾佩影搖。婉乎凌波之微步，隱然拔俗之清標。孤竹子子節自持，似與玉樹賓朝暉，女蘿婦寺態倒舞厓石青裳。卻憶驂鸞夢遠馳，洞庭瀰茫吞九疑。蔆藜平接賈傅井，鷓鴣叫斷湘妃祠。湘妃祠，賈傅井，跽招魂兮魂莫省。先民不作兮淳風曷回，木魅前跳兮山鬼後馳。慧也釋氏英，意匠攔染趙弟兄。子顒除結習，我顛離夢想。方駕太史窺荊衡，桂酒奠芳烈。琴絲發商聲，以寫我擴世感慕之中情。（王逢《梧溪集》、卷一）

沈　瑞

　　小傳：不見畫史記載。身世不詳。

〈跋君山吹笛圖〉　　　　　　　　　　　　　　　　　　元・楊維禎

　華亭沈生瑞，嘗從余遊，得畫法於大癡道人。此幅畫蓋為予作君山吹笛圖，木石幽潤，山水清遠，人物器具點綴於毫末者，纖妍可喜。瑞年未三十，而運筆如此，加之歲月，其則不在一峯壑者幾希矣。余有感於是者，予往年與大癡道人扁舟東西泖間，或乘興步海底小金山，道人出所製小鐵笛，令余吹洞庭曲，道人自歌小海和之，不知風作水橫，舟楫揮舞，魚龍悲嘯也。道人已先去，余猶隨風塵澒洞中。便若此，竟與世相隔，今將盡棄人間事，追遊洞庭。儻老人歌紫葛如道人者，出笛懷裏間，吾取其口狷相樂者。引樂啟杯，據牀三弄，遂與紫葛者終隱十二峯，瑞能從之否？至正己亥秋八月中秋日。（楊維禎《東維子文集》、卷二十八）

沈養性

小傳：不見畫史記載。身世不詳。

〈沈養性畫〉　　　　　　　　　　　　　　　　　　　　明・凌雲翰

長虹如瀑巘如山，萬竹深藏屋數間。夜半秋聲最堪聽，抱琴來此不須還。（凌雲翰《柘軒集》、卷一）

吳 山

小傳：不見畫史記載。身世不詳。

〈鐵瓶吳處士善畫序〉　　　　　　　　　　　　　　　　　　元・方 回

伏羲之卦，倉頡之字，其初皆一畫也。韻書訓畫為界，而音胡卦切者，通用為繪畫之畫亦訓為界，俗作畫。今從俗用之畫，與畫字不同，而均訓為界。然則畫也者，界而已乎，其亦起於伏羲倉頡之所為乎。秦蒙恬始以毛為筆。漢蔡倫始以絲為紙。古筆用竹必亦始於羲頡，而卦之與字則畫之簡牘乎。尚畫序謂伏羲始作書契，以代結繩之政；易謂伏羲始作結繩為罔罟。繩旁從系，音亡狄切，謂細絲也。伏羲之前，已有絲，已結繩，繩訓為索，索亦從系，則古之有蠶桑久矣，有蠶桑則有絲，有絲則有絹繒，其來亦古矣。舜典始言作繪，則五采五色之畫亦古矣。第其時未有後世之筆紙，則其筆必用竹，筆而繪五色於絹繒之上也耶。姑舍是而論畫一藝也，至於後世精矣、妙矣、神矣，何謂也。畫之工者，其名與聖賢將相立德立功立言之人，書於傳記同宇宙而不朽也。文士有數千百言不能盡者，一畫手能以數筆盡之；詩人於物象極力摹寫或不能近，丹青者流邂逅塗抹輒出其上，此豈非精妙入神而後至是耶。予近至廉使容齋徐公書室，恍然見六和塔岸望海間，萬餘里潮頭洶湧而來，一抹數千丈，細視之，屋壁不盈尋尺，曰此吳生畫也。枚乘七發之所謂潮，鋪張甚盛，殆不如此畫之簡捷。又偶於祕書性存家，公會手所執扇，松風茅屋，一晉衣冠者偃仰一榻，是謂羲皇上人圖，曰此吳生畫也。陶淵明傳及歸去來辭，蓋盡在此一扇間矣，豈不謂之神乎。予家紫陽山下之谷中，先從兄良遇欲予以虛受人，以虛加谷而謚其吟所。吳生未之見也，為想像作水墨一幅，輒復得予之心事，予是以益神之。吳生，吳門人，名山，舊號古梅，今改稱鐵瓶處士，其所居姑蘇城之鐵瓶巷也，予別為賦鐵瓶處士詩矣。又為發揚其所以善畫而入神者，為諸公贈言之序云。（方

回《桐江續集》、卷二十九）

吳中女子

小傳：不見畫史記載。身世不詳。

〈吳中女子畫花鳥歌〉　　　　　　　　　　　　　　　　　元・虞　集

　吳中女兒顏色好，洗面看花花為悄。調朱弄粉不自施，寫作花間雪衣鳥。綠窗沈沈春晝遲，半生心事花鳥知。花殘鳥去人不歸，細雨梅酸愁畫眉。（元《乾坤清氣》、卷七）

吳天碧

小傳：不見畫史記載。身世不詳。

〈贈寫真吳天碧〉　　　　　　　　　　　　　　　　　　　明・凌雲翰

　名士號天碧，傳家由道玄。常於多暇日，每級寫凌煙。妙筆知吾子，峨冠識進賢。何如風雪裏，著我聳吟肩。（凌雲翰《柘軒集》、卷二）

吳　生

小傳：不見畫史記載。身世不詳。

〈題吳生雨吟圖，還寄清江皮野〉　　　　　　　　　　　　元・范　梈

　江雨四時昏，故人家遠邨。如何一見面，還又兩忘言。老樹經蛟淚，空花斷雁魂。由來前日畫，妙手出吳門。（范梈《范德機詩集》、卷三）

吳巨濟

小傳：不見畫史記載。身世不詳。

〈高持正山水卷　原注中山吳巨濟筆也〉　　　　　　　　　元・蕭　㪺

　六合雲同雪欲飛，一襟清興浩然歸。還山此後休輕出，徒有紛紛捷徑譏。（蕭㪺《勤齋集》、卷五、四珍二）

吳西村

小傳：不見畫史記載。身世不詳。

〈吳西村雪霽圖〉　　　　　　　　　　　　　　　　　　　元・歐陽玄

鄭虔能畫又能詩，獨立經營雪霽時。曾向湘江罜釣艇，賣鮮沽酒髮如絲。（元《藝圃集》、卷四）

〈羅傳道所藏吳西村山水〉　　　　　　　　　　　　　　　　　元・黃樞

　　陰壁瀉危瀑，直下踰千尋。石梁樵逕緬，翠潤煙霏深。叢林護雲構，俯視光沈沈。商帆與野艇，怳轉瀟湘潯。西村寫幽趣，價重雙南金。感之動歸興，山陽罷鳴琴。人間有茲境願與長登臨。（黃樞《後圃黃先生存集》、卷一）

吳汝輝

　　小傳：不見畫史記載。身世不詳。

〈吳汝輝任月山公子醉歸圖〉　　　　　　　　　　　　　　　　元・張寧

　　清秋灝氣連山區，貴遊子弟行相娛。崇光艷色凌丘隅，景物似與尋常殊。文魚泳躍珍禽呼，金池瓊島周模糊。老樹眩若紅珊瑚，被服綺麗雲霞敷。冠履美好玉帶紆，雕鞍寶馬交通衢。青黃赤白紫駁廬，驥騄驪駃騠駒騟。矯如遊龍捷飛狐，一一盡是千金駒。上騎五色餘僕夫，窄襜短後縰曼胡。矬幘隘袖襪裪襦，錦囊繡襆垂流蘇。武儀文具步技俱，負乘捴是蒼頭奴。想當初延列行廚，新豐美酒千斛沽。興來一飲三百壺，出門初旭歸及晡。去已矜肆歸豪顱，一人酣僂如曲瓠。中有甚者隻來扶，垂首鞠背同擒俘。行從輻集高陽徒，瓶傾罍罄忿餕餬。叫呶突兀口囁嚅，蹙立睥睨行連哺。攀鞍捘臂抓長鬚，前不辟人後不趨。溷褻不異雞與鳧，月山老手寫此閭。無乃作鑒昭蒙愚，詩書明訓慎勿孤。一日湎喪終身污，君不見嘉賓式燕醉若拘，五陵遊蕩無時無。（張寧《方洲集》、卷六）

〈羅傳道所藏吳西村山水〉　　　　　　　　　　　　　　　　　元・黃樞

　　陰壁瀉危瀑，直下踰千尋。石梁樵逕緬，翠潤煙霏深。叢林護雲構，俯視光沈沈。商帆與野艇，怳轉瀟湘潯。西村寫幽趣，價重双南金。感之動歸興，山陽罷鳴琴。人間有茲境，願與長登臨。（黃樞《後圃黃先生存集》、卷一）

吳伯昭

　　小傳：不見畫史記載。身世不詳。

〈吳伯昭紅蓮綠幕圖歌〉　　　　　　　　　　　　　　　　　　元・黃鎮成

　　烏君之山從西來，拔地萬仞青崔嵬。劃然磅礴下江湄，雲麓隱隱棲樓台。上有飛蘿窅窒古喬木，下有滄浪萬頃青如苔。紅蓮綽約泛渚淨，綠幕縹緲臨湖開。雲烟捲風島嶼沒，窗戶洗雨冰霜迴。高人自是青雲客，日向湖亭賞山色。昔年走馬踏紅塵，射殺南山雙白額。今日綸巾羽扇閒，獨面清泠飲冰蘗。壺箭收投勝負空，棋枰罷局機籌息。延陵公子昔稱賢，畫手復見今道玄。有聲之畫宜詩篇，為子作歌將畫傳。（黃鎮成《秋聲集》、卷一）

吳伯原
小傳：不見畫史記載。身世不詳。

〈贈善畫龍虎吳伯原雜言〉　　　　　　　　　　　　　　　　元・方　回
　荀氏八龍，慈明無雙，豈有頭與角可以模形容。賈氏三虎，偉節最怒，豈有毛與皮可以析毫縷。古人畫馬非畫馬，借此繪寫英雄姿。東方角龍西奎虎，天有之人亦有之。善畫畫意不畫像，妙在託興如聲詩。點睛飛去果有許，烈裔顧凱亦未奇。臥龍未飛，睡虎不吼。一飛鱗蟲附之皆上升，一吼百獸聞之悉竄走。人見此圖指點爪牙然不然，我得此圖屈伸語點觀聖賢。（方回《桐江續集》、卷二十）

吳希貴
小傳：不見畫史記載。身世不詳。

〈題吳希貴為徐將軍畫海青圖〉　　　　　　　　　　　　　　明・林　弼
　黑風吹海海水立，銀山萬丈高巀岌。天吳簸浪天為濕，蛟龍抓舞出復入。羲和著鞭六龍急，扶桑曙色光煜熠。金烏飛上百怪蟄，一碧萬頃秋可挹。海東之鶩怒翔集，片雪飄蕭雙翅戢。浪花滾滾石濈濈，擢身向日思遠及。錦韝金鏃不可縶，憶我挂席東海東。海雲海水浮空濛，神鶩時來休雪羽。玉立蒼石吹剛風，吳君此畫將無同。奇氣矯矯橫秋空，將軍屏帳寧久容。便當飛入天九重，駕鶩奮擊層雲中，四野狐兔無留蹤。（林弼《林登州集》、卷二）

吳希聖
小傳：不見畫史記載。身世不詳。

〈吳希聖畫竹〉　　　　　　　　　　　　　　　　　　　　　元・呂不用
　畫竹高風孰久留，岐陽石刻已千秋。蕭公十五千零落，又數何人第一流。淇園雨過曉凄凄，翠鳳毛寒箇箇低。記得五更春睡覺，隔窗曾聽鷓鴣啼。（呂不用《得月稿》、卷二）

吳孟文
小傳：不見畫史記載。身世不詳。

〈吳孟文水影月香圖〉　　　　　　　　　　　　　　　明・淩雲翰

　卻因清淺見橫斜，水是湖灣影是花。賴有吳生能寫得，不須重到老逋家。卻知浮動近黃昏，風有清香月有痕。貌得玉妃真面目，縞衣無復夜敲門。（**淩雲翰《柘軒集》、卷一**）

〈吳孟文墨梅〉　　　　　　　　　　　　　　　　　明・淩雲翰

　吳生妙寫宮牆畫，不向冰紈寄墨痕。怪得炎天見梅蕊，姚江知有季章孫。（**淩雲翰《柘軒集》、卷一**）

〈吳孟文以古臘箋畫梅，因賦〉　　　　　　　　　　　明・淩雲翰

　舊箋新墨未曾乾，如倚黃昏月下闌。不是一枝斜更好，令人誤作臘花看。（**淩雲翰《柘軒集》、卷一**）

〈吳孟文以白團扇畫梅，因賦〉　　　　　　　　　　　明・淩雲翰

　海波寒浸玉蟾蜍，勾引清風入座隅。借得詩人掣鯨手，驪龍頷下摘明珠。（**淩雲翰《柘軒集》、卷一**）

吳孟郊

　小傳：不見畫史記載。身世不詳。

〈題吳孟郊畫溪山雨霽圖〉　　　　　　　　　　　　　元・吾丘衍

　雨過西風晚，陰晴向此兮。溪山淨如染，猶有未歸雲。（**吾丘衍《竹素山房詩集》、卷二**）

吳季章（大素）

　小傳：不見畫史記載。身世不詳。

〈題吳季章畫江梅翠竹障子歌〉　　　　　　　　　　　元・呂不用

　瀛州美人意閑閑，謫落荒山野水間。為帶東皇好消息，朔風不得悴朱頻。血染霓裳舞影開，疑是丹山翠鳳來。老眼摩挲看始足，日暮分明倚修竹。（**呂不用《得月稿》、卷六**）

吳宗夏

　小傳：不見畫史記載。身世不詳。

〈題吳氏宗夏所作秋林高館圖〉　　　　　　　　　　　明・劉　嵩

江皋秋氣澄，林屋帶幽敻。霜餘群木歛，日落眾山靜。淼淼舟汎葉，湛湛水涵鏡。歸鳥愁暝啼，飛鴻淡遙映。市朝從茲遠，輪鞅焉得競。釣懷渭濱叟，耕憶谷口鄭。彼美孰與期，援琴發孤咏。（劉嵩《槎翁詩集》、卷二）

吳秋山
小傳：不見畫史記載。身世不詳。

〈吳秋山寫江淮秋意〉　　　　　　　　　　　　　　　　　　　元·周 權

江天漠漠秋無際，數點淮山冷屏翠。閒拈枯筆洒松腴，半幅生綃千里意。（周權《此山詩集》、卷十）

吳若水
小傳：不見畫史記載。身世不詳。

〈寫生吳若水〉　　　　　　　　　　　　　　　　　　　　　　元·程鉅夫

畫手吳生妙，如今豈後身。知人古未易，下筆爾能親。顏貌隨年運，風流落世塵。若為傳不朽，千載會如新。（程鉅夫《雪樓集》、卷二十六）

吳起宗
小傳：不見畫史記載。身世不詳。

〈謝吳起宗寫神〉　　　　　　　　　　　　　　　　　　　　　元·張 昱

紫綬空慚老病身，每欲時事與經綸。不呼賀監為狂客，卻謂張良如婦人。潦倒形容何用似，荒唐言語半非真。凌烟畫像今誰在，更與丹青寫此神。（張昱《可閒老人集》、卷三）

吳處士
小傳：不見畫史記載。身世不詳。

〈鐵瓶吳處士善畫序〉　　　　　　　　　　　　　　　　　　　元·方 回

伏羲之卦，倉頡之字，其初皆一畫也。韻書訓畫為界，而音胡卦切者，通用為繪畫之畫亦訓為界，俗作畫，今從俗用之畫，與畫字不同，而均訓為界，然則畫也者，界而已乎，其亦起於伏羲倉頡之所為乎，秦蒙恬始以毛為筆，漢蔡倫始以絲為紙，古筆用竹必亦始於羲頡，而卦之與字則畫之簡牘乎。尚畫序謂伏羲始作書契，以代結繩之政；易謂伏羲始作結繩為罔罟，繩旁從系，音亡狄切，謂細絲也，伏羲之前，已有絲，已結繩，繩訓為索，索亦從系，則古之有蠶桑久矣，有蠶桑則有絲，有絲則有絹繪，其來亦古矣。舜典始言作繪，則五采五色之畫亦古矣，第其時未有後世之筆紙，則其筆必用竹，筆而繪五色於絹繪之上也耶。姑舍是而論畫一藝也，至於後世精矣妙矣神矣，何謂也，畫之工者，其名與聖賢將相立德立功立言之人，書於傳記同宇宙而不朽也。文士有數千百言不能盡者，一畫手能以數筆盡之，詩人於物象極力摸寫或不能近，丹青者流邂逅塗抹輒出其上，此豈非精妙入神而後至是耶。予近至廉使容齋徐公書室，恍然見六和塔岸望海間，萬餘里潮頭洶湧而來，一抹數千丈，細視之，屋壁不盈尋尺，曰此吳生畫也，枚乘七發之所謂潮，鋪張甚盛，殆不如此畫之簡捷；又偶於祕書性存家，公會手所執扇，松風茅屋，一晉衣冠者偃仰一榻，是謂羲皇上人圖，曰此吳生畫也，陶淵明傳及歸去來辭，蓋盡在此一扇間矣，豈不謂之神乎。予家紫陽山下之谷中，先從兄良遇欲予以虛受，似虛加谷而諡其吟所，吳生未之見也，為想像作水墨一幅，輒復得予之心事，予是以益神之。吳生，吳門人，名山，舊號古梅，今改稱鐵瓶處士，其所居姑蘇城之鐵瓶巷也，予別為賦鐵瓶處士詩矣，又為發揚其所以善畫而入神者，為諸公贈言之序云。（方回《桐江續集》、卷二十九）

吳雪塢

小傳：不見畫史記載。身世不詳。

〈贈畫梅吳雪塢〉　　　　　　　　　　　　　　　　　　　宋・謝枋

吳君雪塢善畫梅竹，胸次爽豁，所交多賢人。梅竹其所好，雪塢其所居。穹壤間如有五更風雪夜，當門獨立人必能知吳君之不凡矣。廣信謝枋得贈之詩，曰：

冷凝寒極雪漫漫，天下無人知袁安。起來門前問梅竹，吾友可以話歲寒。歲寒心腸似鐵石，不與萬木同摧殘。有時醉中畫梅竹，洪鈞只在掌握間。人生莫與天爭巧，上帝一見開笑顏。八極俗物不足道，千年陳人無可觀。誰人奈得此雪過，春風去後終須還。千紅萬紫爭爛熳，梅竹携手隱空山。皋陶庭堅不祀苦，程嬰杵臼存孤難。豈無當門獨立者，五更風雪不相干。上帝慈仁須動念，醒來紅日上三竿。（謝枋《疊山集》、卷三）

吳善淵

小傳：不見畫史記載。身世不詳。

〈題觀奕圖，吳善淵作〉　　　　　　　　　　　　　　　　元・成廷珪

仙翁對奕古松根，當局機鋒未易論。只許兩先饒日月，休將一著賭乾坤。滿盤星斗無人測，四角關河有路在。樵子歸來柯已爛，空山寥落又黃昏。（成廷珪《居竹軒詩集》）

吳筠軒

小傳：不見畫史記載。身世不詳。

〈題海寧吳筠軒山水窠手卷〉　　　　　　　　　　　　　　元‧舒　頔

　　世間名士多愛竹，為愛扶疏伴幽獨。虛心直節傲雪霜，盡日相看看不足。松蘿山下延陵裔，自號筠軒詠淇澳。明牕淨几泚霜毫，暖日青風弄蒼玉。有時乘興寫山水，復貌時人真面目。一丘一壑胸次奇，萬貌萬形心匠蓄。瀟瀟洒洒聲秋軒，瑟瑟琅琅撼昏屋。我家昔遇湘江濱，此君與我情最親。別來廿載世離亂，踪跡萍梗無音塵。適與筠軒偶相見，一笑袖拂松蘿昏。怡然贈我一幅畫，滄江萬頃波粼粼。遠岫雲開虎嘯月，疏林霜落鴻來賓。抱琴疑是林和靖，谷口又類鄭子真。扁舟蕩漾空潤際，蘆華兩岸紛繽繽。感子高情寫幽趣，世無管鮑行踆踆。明朝漁翁約我度溪曲，彷彿又似桃源人。（**舒頔《貞素齋集》、卷六**）

吳　福

小傳：不見畫史記載。身世不詳。

〈達摩大師贊〉　　　　　　　　　　　　　　　　　　　明‧宋　濂

　　括蒼吳福平川，以善畫名叢林間。龍門海公請寫初祖圖圓覺大師真像，威德如生，觀者聳然起敬。翰林學士承旨宋濂為之造規，而國子博士鄭君仲舒書之。贊曰：（贊文略）。（**宋濂《宋學士文集》、卷四十五**）

吳德暘

小傳：不見畫史記載。身世不詳。

〈題吳德暘山水小景〉　　　　　　　　　　　　　　　　明‧藍　仁

　　雲山兮遠近，水石助清幽。老眼看名畫，深懷似故丘。草迷行鶴逕，藤引釣魚舟。賣藥忘機者，無人識伯休。（**藍仁《藍山集》、卷二**）

〈魚籃觀音像贊〉　　　　　　　　　　　　　　　　　　明‧宋　濂

　　予按觀音感應傳，唐元和十二年，陝西金沙灘上，有美艷女子挈籃粥魚，人競欲室之，女曰："妾能授經，一夕能誦普門品者，事焉。"黎明，能者二十，女辭曰："一身豈堪配眾夫邪？請易金剛經。"如前期，能者復居其半。女又辭，請易法華經，期以三日，唯馬氏子能。女令具禮成婚，入門即死，死即糜爛立盡，遽口之。他日，有僧同馬氏子啟藏觀之，唯黃金鎖子骨存焉。僧曰："此觀音示現以化汝耳。"言訖，飛空而去。自是陝西多誦經者。烏傷劉某命括人吳福用金碧畫成一燈，月旦十五日，展而謁焉。請予序其事，序以繫之贊，曰：（贊文從略）。（宋濂《宋學士文集》、卷五十一）

吳　鎮

小傳：字仲圭，號梅花道人，嘗自署梅道人，又梅沙彌，嘉興魏塘人。工詞翰，草書，兼工墨花，亦能寫真。說者謂文湖州以竹掩其畫。高學士巽志評其畫如老將搴旗，勁氣崢嶸，莫之能禦。（見《中國畫家人名大辭典》、一六〇頁）

〈吳鎮梅花道人墨竹一幅〉　　　　　　　　　　　　　　自　題

　　至正十一年辛卯歲冬日十一月陽生日，梅花老人戲作于橡林夢復窗下，時冬暖晴日可愛，書此以誌其趣。（明都穆《鐵網珊瑚》、卷七）

〈吳仲圭詩畫〉　　　　　　　　　　　　　　　　　　　自　題

　　平林方漠漠，野水正湯湯。蒼莽日欲暮，辛苦客異鄉。草店月迴合，村路迂更長。渡頭人散後，漁父正鳴榔。梅花道人。（明朱存理《鐵網珊瑚書品》、卷四）

〈題梅花道人墨菜〉　　　　　　　　　　　　　　　　　自　題

　　菘根脫地翠毛濕，雪花翻匙玉肪泣。蕪蔞金石暗塵土，美人壯士何顏色。山人久刮龜毛氈，囊空不貯挪揄錢。屠門大嚼知流涎，淡中滋味吾所便。元修元修今幾年，一笑不直東坡前。

　　梅花道人因食菜虀，戲而作此。友人過廬索墨戲，因書而遺之，聊發同志一笑也。至正己丑。
　　（明朱存理《鐵網珊瑚‧書品》、卷四）

〈吳仲圭畫松〉　　　　　　　　　　　　　　　　　　　自　題

　　幽瀾話別汗沾衣，颯爾西風候雁飛。我但悠悠安所分，誰能屑屑審其徵。釣竿不插山頭路，獵網寧羅水際磯。獨有休心林下者，騰騰兀兀靜中機。

　　青雲山中太玄道人，隱者也，時扁舟往來茜武之上，與游從則樵夫野老而已。拙守衡茅橡林有年矣，夏末會於幽瀾泉，山主常師方啜茗盌，忽若□氣逼懷，黃帽催行甚急。別後流光迅速，惜哉，因就嚴韻，戲成四首，書於畫松之上，且發一笑而別。梅花道人。（明朱存理《鐵網珊瑚‧書品》、卷四）

〈吳仲圭在竹圖〉　　　　　　　　　　　　　　　　　　自　題

　　至正二年秋日，張兄來儀訪我醉里，因寫在竹圖以贈之。梅花道人。（清卞永譽《式古堂書畫彙考‧畫考》、卷之四）

〈仲圭竹下泊舟圖并題〉　　　　　　　　　　　　　　　　　　　　　　自　題

　涓涓多近水，拂拂欲宜山。呼嗟此君子，何地不容閒。梅花道人墨墨也。（清卞永譽《式古堂書畫彙考・畫考》、卷之四）

〈吳仲圭山水并題〉　　　　　　　　　　　　　　　　　　　　　　　　自　題

　古藤陰陰抱寒玉，時向晴窗伴吾獨。青青不改四時容，絕勝凌霄倚凡木。梅花道人戲作并題。（清卞永譽《式古堂書畫彙考・畫考》、卷之五）

〈仲圭漁父圖并題〉　　　　　　　　　　　　　　　　　　　　　　　　自　題

　紅葉村西夕照餘，黃蘆灘畔月痕初。輕撥棹，且歸歟，挂起釣竿不釣魚。點點青山照水光，飛飛寒雁背人忙。衝小浦，轉橫塘，蘆花兩岸一朝霜。醉倚漁舟獨釣謠，等閒入梅即乘潮。從浪擺，任風飄，束手懷中放卻橈。（清卞永譽《式古堂書畫彙考・畫考》、卷之五）

〈吳仲圭山水并題〉　　　　　　　　　　　　　　　　　　　　　　　　自　題

　聞有風輪持世界，可無筆力走山川。巒容盡作飛來勢，太室居然擲大千。吳鎮。（清卞永譽《式古堂書畫彙考・畫考》、卷之五）

〈梅道人竹枝圖并題〉　　　　　　　　　　　　　　　　　　　　　　　自　題

　有竹之地人不俗，而況軒窗對竹開。誰謂墨奴能倒景，一枝獨上紙屏來。梅道人。（清卞永譽《式古堂書畫彙考・畫考》、卷之五）

〈梅道人仿荊浩漁父圖〉　　　　　　　　　　　　　　　　　　　　　　自　題

　漁父圖。

　碧波千頃晚風生，舟泊湖邊一葉橫。心事穩，草衣輕，只釣鱸魚不釣名。收却絲綸歇卻船，江頭明月正團圓。酒屏側，岸花懸，枕著簑衣和月眠。輕風細浪漾漁船，碧水斜陽欲暮天。看白鳥，下長川，點破瀟湘萬里烟。閒情聊爾寄絲綸，處處江湖著我身。波似練，鬢如銀，欲釣如山截海鱗。極目乾坤夕照斜，碧波微影弄晴霞。舟有伴，興無涯，那個汀洲不是家。艖艋為家無姓名，胡盧世事過平生。香稻飯，軟蓴羹，棹月穿雲任性情。雪色髭鬚一禿翁，欲將短棹撥長空。人愛靜，浪無風，宜在五湖烟水中。綠楊和睡暖風微，萬里晴波浸落暉。鼓枻去，唱歌回，驚起沙鷗撲漉飛。年來情況屬漁船，人在船中酒在前。山歷歷，水涓涓，一曲漁歌山月邊。風攬長江浪柏空，扁舟蕩漾夕陽紅。歸別浦，繫長松，出自風恬浪息中。一個輕舟力幾多，江湖穩處載漁蓑。撐皓月，下長坡，半夜潮生不奈何。殘霞返照四山明，雲起雲收陰復晴。風腳動，浪頭生，聽取虛篷夜雨聲。無端垂釣空潭心，漁火船輕力不任。憂傾倒，繫浮沉，事事從輕不要深。釣擲萍波綠自開，錦鱗隊隊遂鉤來。銷歲月，寄芳懷，却似嚴光坐釣臺。近日何人是我隣，滿田鳧鴈最相親。雲浩浩，水磷磷，青草烟深不見人。桃花水暖五湖春，一個輕舟寄此身。時醉酒，或垂綸，江北江南適意人。

　　余最喜關仝山水，清勁可愛，觀其筆法出自荊浩。後見荊浩畫唐人漁父圖，有如此製作，遂仿為一卷。為人求去，今復見之，不意物之有遇時也。一日，維仲持此卷來，命識之，吁，昔之畫今之題，殆十餘年矣，流光易邁，悲夫。至正十二年壬辰九月廿一日。梅花道人書于武塘慈雲之僧舍。（清吳升《大觀錄》、卷十七）

〈吳仲圭官奴執燭圖〉　　　　　　　　　　　　　　　　　　　自　題
　　東坡先生守湖州日，遊胡道兩山，遇風雨，迴憩賈耘老溪上澄暉亭中。命官奴執燭，畫風竹一枝於壁間。後好事者刻于石，真郡庠。余遊霅上，因摩挲斷碑，不忍捨去。常憶此木，每臨池輒為摹想而成，彷彿萬一，遂為作此枝，以識歲月也。梅花道人，時年七十一，至正十年庚寅夏五月十三日竹醉日書也。（清吳升《大觀錄》、卷十七）

〈吳仲圭中山圖〉短卷　　　　　　　　　　　　　　　　　　　自　題
（至正二年春二月，奉為可久戲作中山圖。梅花道人書。（清吳升《大觀錄》、卷十八）

〈吳仲圭漁父圖〉　　　　　　　　　　　　　　　　　　　　　自　題
　　進士柳宗元撰。莊周有漁父篇，樂章有漁。又引太康，有漁父，不言姓名，太守孫緬不能禮，詞屈。國有張志和，自號為烟波釣徒，著書玄真子，亦為漁父詞，合三十二章，自為圖寫，以其寸調不同，恐是當時名人繼和，至今數篇錄在樂府。近有白雲之，亦隱姓氏，爵祿無心，烟波自遂，嘗登舴艋，舟泛滄波，挈一壺酒，釣一竿風，與群鷗自怡情，鼓枻為韻，亦為二十餘章，以繼烟波釣徒焉。（清吳升《大觀錄》、卷十七）

〈吳仲圭四友圖〉　　　　　　　　　　　　　　　　　　　　　自　題
　　至正六年冬至日，來見古泉，出此卷俾畫梅花一枝，以續歲寒相對之意也。梅花老戲墨。
　　研池洋洋墨吐汁，蒼髯呼風山鬼泣。濤聲破夢鐵骨冷，露影搏空翠毛濕。徂徠百畝遶雲烟，湖山九里甘蕭瑟。何當置此明窗前，長對詩人弄寒碧。
　　古泉講師索畫松，遂書此寒請也。梅花道人戲墨。
　　野竹野竹絕可愛，枝葉扶疏有真態。生平愛寫遠荊榛，走辟懸崖穿石罅。虛心抱節山之阿，清風白鳥聊婆娑。寒梢十尺將如何，渭川淇澳風煙多。
　　至正五年乙酉歲冬十月四日，梅花道人為古泉老師戲作野竹于橡林舊隱夢復窗下。
　　舴棹風下東湖舟，栖土移入漳泉秋。初疑紫遜攢翠風，恍如綠綬縈青虬。猗猗九畹易消歇，奕奕百畝多淹留。軒牕相逢與一笑，交結三友成風流。梅花道人戲墨。與可畫竹不見竹，東坡作詩忘此詩。高麗老繭冰雪古，戲成遠塞巖壑姿。紛紛蒼雪落碧篠，謖謖好風扶舊枝。猙獰頭角易變化，細聽夜深雷雨時。

　　梅花道人游戲墨池間，僅五十年，伎止于此。古泉老師每以紙索作墨戲，勉而為之。一日，出此卷屬之欲補于後，以供清玩，遂作以補之。右泉呼童汲幽蘭泉，瀹鳳髓茶，延之于明碧軒，焚香對坐終日，略無半點俗塵浼人。聊書此以識歲月也，至正五年冬十月四日梅花道人書。（清吳升《大觀錄》、卷十七）

〈梅道人著色江邨漁樂圖〉　　　　　　　　　　　　　　　自　題

　　青山窅窅攢修眉，下浸萬頃青玻瓈。斜風細雨蓑笠古，茅屋兩兩楓林低。扁舟欲留去還止，水心撲漉驚鷗起。漁兮漁兮不汝期，漁中之樂那能知。此漁此景定何處，長嘯一聲出門去。梅花道人戲題，至正四年秋八月三日也。（清吳升《大觀錄》、卷十七）

〈吳仲圭仿巨然江雨泊舟圖〉　　　　　　　　　　　　　　自　題

　　梅道人戲作，江雨泊舟圖，至正庚寅秋七月也。（清吳升《大觀錄》、卷十七）

〈梅道人平林野水圖〉　　　　　　　　　　　　　　　　　自　題

　　平秋方漠漠，野水正湯湯。蒼茫日欲落，辛苦客異鄉。草店月迥合，村落迂更長。渡頭人散後，漁父正鳴榔。梅花道人。（清吳升《大觀錄》、卷十七）

〈吳仲圭竹木圖卷（二幅合裱）〉　　　　　　　　　　　　自　題
　　第一幅（墨畫竹梢）
　　晴靄光煜煜，曉日影曈曈。為問東華塵，何如北窗風。梅道人作。余作求趣，正所謂意足不求顏色似者也。
　　第二幅（墨畫竹梢、古木）
　　墨竹之法，公家有息齋李學士行□□譜，備言其詳，豈在山野贅辭。但欲以□摹其彷彿，息齋譜中亦言，宗洋州之趣。蓋文竹近處絕為稀少，倘遇好事家出示，多贗欠真，所令學人慕向不堅，所以異其筆法也。與可之竹，大概出於自然，不求形似，與世畫工略不相入，但傳與可之名不見真蹟者，多縱遇真蹟又涉狐疑臆度。賞會之家如胸中流出，則易於驗辨，如其依他人議論，徒為喋喋評詳，貽笑於大方之家多矣。余之謬言亦多矣，但功力入筆，研文字之餘，久久學，純熟與筆墨兩忘，自然見文洋州之趣，元不費力也。至正元年秋九月，梅花老朽戲書。（清李佐賢《書畫鑑影》、卷五）

〈吳仲圭墨竹卷（共四段）〉　　　　　　　　　　　　　　自　題

　　第一段　文與可授東坡墨竹訣云，竹之始生，一寸之萌耳，而節葉具焉。自蜩腹蛇蚹至於劍拔十尋者，生而有之也，今畫者乃節節而為之，葉葉而累之，豈復有竹乎。故畫竹必先成竹於胸中，執筆熟視，乃見其所欲畫者，急起從之，如兔起鶻落，少縱即逝矣。與可之教余如此，余不能也，而心識其所以，然而不能然者，內外不一，心手不相應不學之過也，且坡公天資迥異，尚以為不能然者不學之過，況它人乎。故畫竹必先得成竹於胸中，然後可以執筆熟視。以追其所見，不然徒執筆熟視將何所見而追之耶。古今作者雖多，得其心者或寡。不失之於簡略必失之於繁雜，麗俗狼藉，不可勝言。惟與可挺天縱之才，筆有神助，妙合天成，聚散得中，繁簡合度。故學者必自法度中來始得。梅華道人錄。

　　第二段　意足不求顏色似，前身相馬九方皋」。此簡齋之詩也，可謂知其道者也。梅華道人。

　　第三段　風來思無限，雨過有餘涼。睠彼古君子，猗猗在沅湘。梅花道人。

　　第四段　未出土時先有節，便凌雲去也無心。梅華道人戲墨，至正九年五月十三日也。
（清李佐賢《書畫鑑影》、卷五）

〈吳仲圭墨竹（八段）卷〉　　　　　　　　　　　　　　　　　　　　自　題

　　第一段（畫晴竹大、小二竿）

　　墨竹位置如畫竹，榦節枝葉四者，若不由規矩，徒費工夫，終不能成畫。濡墨有深淺，下筆有輕重。逆順往來，須知去就。濃淡麗細，便見榮枯。仍要葉葉著枝，枝枝著節。山谷云「生枝不應節，亂葉無所歸」。使一筆筆有生意，面面得自然。四向團欒，枝葉活動，方為成竹。古今作者雖多，得其門者或寡，不失之於簡略，必失之於繁雜。或根榦頗佳而枝葉謬誤，或位置稍當而向背多乖方。或葉似刀截，或身如板束，龕俗狼藉，不可勝言。其間縱有稍異常流，僅能盡美，至於盡善，良恐未暇。獨文湖州挺天縱才，比生知之聖，筆如神助，妙合天成。馳騁於法度之中，逍遙於塵垢之外，從心所欲不踰準繩。故余一依其法，布列成圖，庶後之學者，不隱於俗意云。梅道人筆。

　　第二段（畫風竹三竿）

　　菲菲桃李花，競向春前開。何如此君子，四時清風來。梅道人戲墨。

　　第三段（畫雨竹一竿）

　　風來聲謖謖，雨過色涓涓。梅道人戲墨。

　　第四段（畫晴竹一竿）

　　晴霏光煜煜，曉日影瞳瞳。為問東華塵，何如北窗風。梅道人戲墨。

　　第五段（畫風竹二竿）

　　亭亭月下陰，挺挺霜中節。寂寂空山深，不改四時葉。梅道人戲墨。

　　第六段（畫露竹一竿）

落落不對俗，涓涓淨無塵。緬懷湘渭中，歲寒時相親。梅道人戲墨。

第七段（畫竹梢一枝）擬與可筆意。

第八段（畫叢竹五竿）至正十二年九月十一日。（清李佐賢《書畫鑑影》、卷五）

〈吳仲圭墨竹（三段）卷〉　　　　　　　　　　　　　　　自　題

第一段（畫雨竹）

孔子適衛，公孫青僕。子在淇園，有風動竹，蕭瑟團欒之聲，欣然亡味，三月不肉。顧謂青，曰：“人不肉則瘠，不竹則俗，汝知乎？”梅道人寫至此，遂寫竹以破俗云。

第二段（畫雨竹）

移居每愛竹為鄰，見畫無端思入神。自是橡林多雅趣，胸中往往出清新。此國器詹進士題余墨竹詩，漫錄于此也。梅道人戲墨。

第三段（畫晴竹）

海岳庵中夜醉過，紙粘雪壁興如何。一竿從地不見節，愬我學人難似坡。老坡嘗夜過米元章海岳庵中，米出澄心堂紙一幅，求作墨竹。坡乘醉令粘紙於壁，以筆蘸墨，一筆從地直掃至上，竿不用節。米問何以無節，坡曰：“望竹何曾見節？”寫畢，米珍藏品為名畫，後為都尉王晉卿易去。梅道人戲墨，至正十五年八月晦日。（清李佐賢《書畫鑑影》、卷五）

〈吳仲圭秋山古寺〉　　　　　　　　　　　　　　　　　自　題

秋山古寺。至正二年七月，梅道人戲墨。（清李佐賢《書畫鑑影、卷二十）

〈吳仲圭竹石軸〉　　　　　　　　　　　　　　　　　　自　題

新蟬第一聲，獨有客先驚。何處尋秋信，蕭蕭葉上生。梅道人戲墨。（清李佐賢《書畫鑑影》、卷二十）

〈吳仲圭竹卷〉　　　　　　　　　　　　　　　　　　　自　題

墨竹之法，備於文與可，故息齋李學士作譜傳世，亦言宗其趣，但其真蹟日亡日少。人皆不能辨真贗，而學者多背而違之，龐俗狼藉不可勝言。既識而從之，又須用功而後得。昔與可授東坡訣，云竹之始生，一寸之萌耳，而節葉具焉。今畫者乃節節而為之，葉葉而累之，豈復寫竹，必先成竹於胸中，執筆熟視，乃見其所欲畫者，急起振筆直遂，以追其所見，如兔起鶻落，少縱則逝矣。東坡曰：「余不能然也，而心識其所以然而不能然者，內外不一，心手不相應，不相應不學之過也。」且坡翁天資高邁，識見過人，尚以為不能然者，不學之過，況他人乎？學者必由規矩真積力久自所得。梅道人戲墨。（第一段）

野竹野竹絕可愛，枝葉扶疎有真態。生平素守遠荊榛，走壁懸崖穿石罅。虛心抱節山之阿，清風白雨聊婆娑。寒梢千尺將如何，渭川淇奧風烟多。梅道人戲墨。

（第二段）

東坡先生守湖州，日遊胡道兩山，遇風雨，憩賈耘老溪上澄暉。令官奴秉燭，畫風雨竹于壁間，題詩于上，其略云：更將掀舞勢。秉燭畫風篠，美人為破顏，恰似腰枝裊。後好事者摹刻於石，置邵庠，今年余遊雪，見而熟視，歸而寫此枝，特愧不能彷彿萬一耳。梅道人識。

（第三段）

風來聲謖謖，雨過色涓涓。梅道人戲墨。

（第四段）

輕陰護綠苔，清風翻紫籜。未參玉版師，先放揚州鶴。梅道人戲墨。至正十一年五月端陽日。（近代龐元濟《虛齋名畫錄》、卷二）

〈吳仲圭雨歇空山圖軸〉 自 題

雨歇空山較倍清，新泉一道出林聲。坐深不覺忘歸去，無數亂雲巖下生。梅花道人鎮。
（清龐元濟《虛齋名畫錄》、卷七）

〈吳仲圭巒光送爽圖軸〉 自 題

布穀聲中雨乍晴，巒光送爽到軒楹。山家風物清幽甚，但作歌詩頌太平。梅道人戲筆。
（清龐元濟《虛齋名畫續錄》、卷一）

〈題梅花道人墨菜〉 元・黃玠

江南何有，秋末晚菘。欲知此味，請問周顒。周顒逝矣，物猶在是。口腹累人，幸勿過侈。真率之會，莫非耆賢。時作菜羹，何取腴鮮。黃玠。（明朱存理《鐵網珊瑚・書品》、卷四）

〈題梅花道人墨菜〉 元・黃公望

其甲可食，既老而查。其子可膏，未實而葩。色本翠而忽幽，根則槁乎弗芽。是知達人游戲於萬物之表，豈形侶之徒誇。或者寓興於此，其有所謂而然耶？大癡學人平陽黃公望書於雲間客舍，時年八秩有一。（明朱存理《鐵網珊瑚・書品》、卷四）

〈題梅道人為伯理十幅〉 元・柯九思

雲溪吳仲豈凡儔，寫得湖山數幅秋。良夜漏沈呼翦燭，不知風雨下前洲。（柯九思《丹邱集》錄自元詩選、一一六頁）

〈題梅花道人墨菜〉　　　　　　　　　　　　　　　　　　　　元‧陸居仁

　　菜，草類也，其熟否與五穀同豐，饌以可食也。故羞王公，薦鬼神，奉賓老，供民食，罔不
　　需此而具。然味薄，肉食者賤之，甘之者必有守有為之士也，或者圖是亦豈亡意乎？雲間陸
　　居仁閱而為之銘，曰：

　　惟土之生，厥草萬彙。可薦可羞，乃彙之貴。其色病如，非有舜華之麗。其芳韜如，
　　寂甚芝蘭之氣。嫩甚漂搖，玉食者棄。薄甚藜藋，尚德者嗜。民固不可一日有此色，士
　　何可一日亡此味。摘不厭稀者為情親，茹不厭根者為厲志。啜簞菽而飲瓢水者，不必具
　　其茹。拔家葵而卻園錢者，奚忍攘乎利。坐牖外而致飽于以見其有容，食其老而舍心于
　　以存其生意。固宜入學者持是以合舞，見師者執是以為贄。形萬乘之夢寐，可以齊九重
　　之玉陛，奉穿宗廟之賓祭，可以酥鹽涪於銅器。菜乎，菜乎，又孰為至吾將菹之以享上
　　帝。（明朱存理《鐵網珊瑚‧書品》、卷四）

〈吳仲圭畫荔枝障〉　　　　　　　　　　　　　　　　　　　　元‧張　憲

　　知味何人似蔡襄，方紅陳紫與誰嘗。七閩塵障南來使，腸斷薰風十八娘。（張憲《玉
　　笥集》、卷十）

〈吳仲圭畫松〉　　　　　　　　　　　　　　　　　　　　　　元‧錢惟善

　　以爾為楹，其直不可以中繩；以爾為梠，其曲不可以中矩。一丘一壑，多歷年所。白
　　摧朽骨，太陰雷雨。（錢惟善《江月松風集》、卷二）

〈梅道人墨菜〉　　　　　　　　　　　　　　　　　　　　　　元‧錢惟善

　　晚菘香凝墨池濕，畦菜摘盡春雨泣。梅花菴中吳道人，寫遍群蔬何德色。怪我坐客寒
　　無氈，牀頭却有買菜錢。四時之蔬悉佳味，乃知此等吾尤便。有客忽携畫卷至，一笑落
　　筆南風前。（錢惟善《江月松風集》、卷十二）

〈吳仲圭山水為李源復題〉　　　　　　　　　　　　　　　　　元‧王　逢

　　我生未了煙霞債，見水見山心所快。兵戈潰洞十年餘，真水真山不如畫。梅花道人吳
　　仲圭，斯畫乃出胸中奇。無聲詩託有聲寫，汧也笑謂非公誰。沙洲吐吞石齟齬，三脊仙
　　茅雜香杜。錦繡天開靈鷲雲，笙竽籟過蒼龍雨。一杖商翁自外歸，方舟漁郎若相語。葛
　　藟古木苔蘚皴，形若槁立滕理春。屠蘇略彴密映帶，老我顧作漁商鄰，漁或釣周商避秦。
　　（王逢《梧溪集》、卷七）

〈吳仲圭山水〉　　　　　　　　　　　　　　　　　　　　　　元‧倪　瓚

　　道人家住梅花村，窓下松醪滿石尊。醉後揮毫寫山色，嵐霏雲氣淡無痕。（倪瓚《倪

雲林先生詩集》）

〈題梅花道人墨菜〉　　　　　　　　　　　　　　　　　　　　元・倪　瓚

　肉食固多鄙，菜烹元自癯。曉畦含露氣，夜鼎煮雲腴。春醪時一進，林筍與之俱。游
戲入三昧，披圖聊我娛。倪瓚。（明朱存理《鐵網珊瑚・書品》、卷四）

〈吳仲圭詩畫〉　　　　　　　　　　　　　　　　　　　　　　元・倪　瓚

　鴛湖在嘉禾，湖水春浩湯。家住梅花村，夢遶白雲鄉。弄翰自清逸，歌詩更悠長。緬
懷圖中人，看雲杖桄榔。

　　元初真人嘗居嘉禾紫虛觀，好與吳仲圭隱君游，故得其詩畫為多。今年十月，余始識元初，
　　即出示此幀，命僕賦詩，因走筆次吳隱君詩韻題於上。隱君自號梅花道人云。至正廿一年歲
　　在辛丑，倪瓚記。（明朱存理《鐵網珊瑚・書品》、卷四）

〈梅花道人山水〉　　　　　　　　　　　　　　　　　　　　　元・沈夢麟

　梅花道人盤礴贏，畫山畫水無不可。興來從筆不用撋，奇峯玉立蓮花朵。石根喬木青
叢叢，群柯羅列如兒童。兩翁兀坐茅屋底，衣冠彷彿商顏同。一翁匆匆下山去，涉江擬
趁漁舟過。塵途當暑正炎熱，何事擔簦赴焦火。嗟予頹景已九旬，頻年主試沐聖恩。只
今無由報穹昊，歸休泉石終吾身。（沈夢麟《花谿集》、卷二）

〈皇甫廷玉贈劉士端梅花道人山水圖〉　　　　　　　　　　　　元・沈夢麟

　道人造化蟠心胸，能寫湖上之群峰。氤氳佳氣吐烟壑，冉冉空翠浮雲松。瓊樓高駕九
苞鳳，銀潢下飛雙玉龍。劉公歸去得此畫，出門一笑登吳淞。（沈夢麟《花谿集》、卷三）

〈題梅花道人墨菜〉　　　　　　　　　　　　　　　　　　　　元・元　本

　茅屋浙江東，春深多白菘。披圖成一笑，清味野人間。丹丘元本。（明朱存理《鐵網
珊瑚書品》、卷四）

〈題梅花道人墨菜〉　　　　　　　　　　　　　　　　　　　　元・吳　璋

　天瀉乳膏沐黃壤，老圃嘉蔬日應長。菁菁苣紫韭苗黃，白酒初熟與君嘗。由來此味良
不俗，清真絕勝廟堂肉。酒酣耳熱歌采薇，倚闌泣日江雲飛。吳璋。（明朱存理《鐵網
珊瑚・書品》、卷四）

〈題梅花道人墨菜〉　　　　　　　　　　　　　　　　　　　　元・曹　紹

　吾家疏菴瀼水濱，老圃生涯不計春。食肉何如食鮭好，從渠自說庾郎貧。曹紹。（明

朱存理《鐵網珊瑚・書品》、卷四）

〈題梅花道人墨菜〉　　　　　　　　　　　　　　　　　　　　元・吳　溫

　魚有多腥肉有羶，庚郎滋味正相便。山中雨後春雲暖，飽向松窗榻上眠。吳溫。（明朱存理《鐵網珊瑚・書品》、卷四）

〈題梅花道人墨菜〉　　　　　　　　　　　　　　　　　　　　元・釋自悅

　已有食肉相，青菘且自栽。丈夫成事業，都是菜根來。天台自悅。（明朱存理《鐵網珊瑚・書品》、卷四）

〈題梅花道人墨菜〉　　　　　　　　　　　　　　　　　　　　元・釋德寶

　小園新雨後，旋摘晚菘香。盡道菜羹美，誰知此味長。北禪德寶。（明朱存理《鐵網珊瑚・書品》、卷四）

〈題梅花道人墨菜〉　　　　　　　　　　　　　　　　　　　　元・徐達道

　廣州刺史甘清淡，常食無過菜與魚。雨過小畦供晚摘，短苗嫩甲味何如。徐達道。（明朱存理《鐵網珊瑚・書品》、卷四）

〈題梅花道人墨菜〉　　　　　　　　　　　　　　　　　　　　元・王務道

　披卷憶山中，故人何日逢。隣牆賒濁酒，小圃摘新菘。會稽王務道。（明朱存理《鐵網珊瑚・書品》、卷四）

〈題梅花道人墨菜〉　　　　　　　　　　　　　　　　　　　　元・張　顒

　只宜滋澹泊，安足奉膏粱。食肉非無厭，何如此味長。嘉禾張顒。（明朱存理《鐵網珊瑚・書品》、卷四）

〈題梅花道人墨菜〉　　　　　　　　　　　　　　　　　　　　元・申屠衡

　嗜味無常珍，適口以為美。簞瓢與列鼎，達者同一視。紛紛彼何人，奉養務崇侈。設具窮水陸，解割敝刀几。吾聞古昔言，厚味多累己。羊朵叔牂頤，黿梁子公指。腹果在一飽，過分我何喜。幽人富嘉蔬，五侯那足比。韭菹十八品，木魚三百尾。俎豆杷菊甌，肉食誠可鄙。逍遙玩真味，澹泊有妙理。為問眉山翁，元修無乃是。吳郡申屠衡。（明朱存理《鐵網珊瑚・書品》、卷四）

〈題梅花道人墨菜〉　　　　　　　　　　　　　　　　　　　　元・倪　樞

讀書南山下，朝夕供虀鹽。魚肉非不美，嗜味將無厭。秋風飽畦蔬，采掇或得兼。學業嗟未成，疏食寧不甘。華亭倪樞。（明朱存理《鐵網珊瑚・書品》、卷四）

〈題梅花道人墨菜〉　　　　　　　　　　　　　　　　　　　元・王 綸

食虀腸獨苦，食肉眾所鄙。終當根以嚼，罔俾私欲累。嘉興王綸。（明朱存理《鐵網珊瑚・書品》、卷四）

〈題梅花道人墨菜〉　　　　　　　　　　　　　　　　　　　元・邵亨貞

畫法貴形似，山水為首科。花木與寫生，自古品彙多。難能在興趣，寧論工拙何。菜為群蔬長，雋永久不磨。所以山林間，膾炙不啻過。圖之匪適目，寓意期無他。艷豈比苑芳，秀難並林柯。重之在真味，甘苦無偏頗。對此恒自況，澹泊適太和。撫卷若有得，行當老山阿。邵亨貞。（明朱存理《鐵網珊瑚・書品》、卷四）

〈題梅花道人墨菜〉　　　　　　　　　　　　　　　　　　　元・夏文彥

氣含風露滿深秋，真味由來勝庶羞。若使孔融曾見此，品題當不到元修。夏文彥。（明朱存理《鐵網珊瑚・書品》、卷四）

〈題梅花道人墨菜〉　　　　　　　　　　　　　　　　　　　元・李明復

嗟彼膏粱徒，豈知蔬食樂。所以士大夫，滋味甘澹泊。天台李明復。（明朱存理《鐵網珊瑚書品》、卷四）

〈題梅花道人墨菜〉　　　　　　　　　　　　　　　　　　　元・楊囗孫

食肉仍易厭，菜根滋味長。黃虀三百甕，日日是家常。永嘉楊□孫。（明朱存理《鐵網珊瑚・書品》、卷四）

〈題梅花道人墨菜〉　　　　　　　　　　　　　　　　　　　元・謝德俊

主人多不事膏腴，四月山中櫻筍廚。久客棲園飽風味，何如今日又披圖。謝德俊。（明朱存理《鐵網珊瑚書品》、卷四）

〈題梅花道人墨菜〉　　　　　　　　　　　　　　　　　　　元・顧舜舉

朱門盡日多珍味，貧士窮年祇菜羹。請語當朝食肉者，由來此色在蒼生。顧舜舉。（明朱存理《鐵網珊瑚・書品》、卷四）

〈題梅花道人墨菜〉　　　　　　　　　　　　　　　　　　　元・章 烔

厚味生五兵，彩色聾雙目。所以山林人，食菜勝食肉。章焗。（明朱存理《鐵網珊瑚・書品》、卷四）

〈題梅花道人墨菜〉 　　　　　　　　　　　　　　　　　　　元・啜罽游至

誰識柔蔬味，坡仙詠入詩。君無忘此意，澹泊見操持。啜罽游至。（明朱存理《鐵網珊瑚・書品》、卷四）

〈題梅花道人墨菜〉 　　　　　　　　　　　　　　　　　　　元・釋壽智

短短青菘草，春風細作花。不須誇鼎臠，清味在吾家。壽智。（明朱存理《鐵網珊瑚・書品》、卷四）

〈題梅花道人墨菜〉 　　　　　　　　　　　　　　　　　　　元・錢應庚

老吳嗜好素澹泊，戲畫晚菘三尺強。江南物價正騰踊，山中此味偏悠長。冰壺立傳貴適口，碧潤作羹聊塞腸。自古食焉難忘事，吾儒莫羨大官羊。錢應庚。（明朱存理《鐵網珊瑚・書品》、卷四）

〈吳仲圭漁父圖〉 　　　　　　　　　　　　　　　　　　　元・營　之

荊號作漁父圖，搨本傳于世者多矣。仲圭既得其本，遂作此卷，無一點塵俗氣味，使人便有休官去家之興。其落筆命意之時，豈感張志和越范蠡之意度也。我亦曾作漁父詞數章，書于此。

波平如紙小舟輕，托得綸竿寄此身。忘世戀，樂平生，不識父候有姓名。野色山光水接天，雲烟縹緲思長川。牧此景，老梅仙，萬頃湘江筆底傳，至正巳酉秋，營之。（清吳升《大觀錄》、卷十七）

〈題梅花道人墨菜〉 　　　　　　　　　　　　　　　　　　　明・葉　謙

淡中風味勝珍羞，自命羹藜不外求。無限大宛春苜蓿，如何□合飽驊騮。葉謙。（明朱存理《鐵網珊瑚・書品》、卷四）

〈題梅花道人墨菜〉 　　　　　　　　　　　　　　　　　　　明・王　貞

若有人兮山中居，朝夕抱甕灌春蔬。春蔬漸長翠羽齊，摘入冰壺入寒葅。滋味自與肉食殊，刳龍肝，斫鳳臘。昨日歡宴今日悲，澹泊味久誰能識。鶴上仙王貞。（明朱存理《鐵網珊瑚・書品》、卷四）

〈題梅花道人墨菜〉 　　　　　　　　　　　　　　　　　　　明・潘應辰

夷齊采山薇，四皓歌紫芝。丈夫樂此味，百事誠可為。潘應辰。（**明朱存理《鐵網珊瑚・書品》、卷四**）

〈梅道人著色江邨漁樂圖〉　　　　　　　　　　　　　明・錢挹素

水外青山山外天，疏林茅屋數歸船。垂綸罷網相忘處，還羨逃名樂世賢。

我樂漁而知漁之樂，蓋遠塵樂命之志同耳。介庵示此圖，適符此意，遂為之書。東郭素菴錢挹素稽首。（**清吳升《大觀錄》、卷十七**）

〈槐陰讀書圖序〉　　　　　　　　　　　　　　　　　明・劉　基

槐陰讀書圖者，嘉興吳仲圭所為姑蘇王行道作也。王氏之先，有植三槐於庭，而期其後必為三公者，後果如其言，為宋賢相。今仲圭之作此也，其將勗行道以力學而履前人之發乎，夫盛德大業，有志者成之，聖賢與我皆人也。企斯及之矣，故與人交必常有所勗者，朋友之盛心也。觀聽動息凡有所接，必使可以有所警者，進修之善道也。然則斯圖豈玩好之云乎，雖然吾願益有以勗之，夫王氏之先所以致位宰相者，抑由乎槐耶，非與植柏子大別而異，似禹求南國之棠而息焉。曰：「吾以繼召伯也，可乎哉。」晉公之行事載在史官，若三槐者，蘇子所謂德之符也，思其人象其德，今之槐猶昔之槐也，不然彼園之檀，其下維穀而已矣。吾子勗之，使後人之慕此圖，如今人之慕三槐，則偉矣於是乎言。（**劉基《誠意伯劉文成公文集》、卷五**）

〈應天長詞吳仲圭秋江獨釣圖〉　　　　　　　　　　　明・貝　瓊

澄江日落，渺一葉歸航。渡口初泊，垂釣何人。不管中流風惡，西山青似削。曠千里楚鄉蕭索，問甚處更有桃源。看花如昨，往事總成錯。羨范蠡風流，故跡依約。微利虛名，何啻蠅頭蝸角。宮袍無意著，但消得綠簑青篛鱸堪斫，明月當天酒醒還酌。（**貝瓊《清江詩餘》、一頁**）

〈吳仲圭枯木竹石〉　　　　　　　　　　　　　　　　明・高　啟

叢篠倚喬柯，秋陰雨尚多。風霜莫搖落，留蔭石邊莎。（**高啟《高太史大全集》、卷十六**）

〈吳仲圭墨竹〉　　　　　　　　　　　　　　　　　　明・王　行

煙葉正青青，軒窓曉思清。開簾看春雨，江上有歌聲。（**王行《半軒集》、卷十**）

〈吳仲圭墨竹〉　　　　　　　　　　　　　　　　　　明・袁　華

風生太液水微波，霜影侵階月色多。截得昭華蒼玉琯，多情蕭史奈愁何。（**明袁華《耕**

學齋詩集》、卷十二）

〈題梅花道人墨菜〉　　　　　　　　　　　　　　　　　　　明・佚菴老人

　道人寫菜墨猶濕，空山雨後山鬼泣。秋菘葉老何離離，莫使蒼生見其色。我今京都坐錦韉，太倉日給貫朽錢。食前方丈固不欲，三飧此味吾竟便。偶題此卷寄鄉友，柳花飛墮金門前。

　佚菴老人自洪武庚午歲，始仕刑部主事。吾友忽攜梅花道人墨菜過行邸，喜愛曲江先生所和詩韻，遂步而識之。（明朱存理《鐵網珊瑚・書品》、卷四）

〈吳仲圭漁父圖〉　　　　　　　　　　　　　　　　　　　　明・陸于臨

　吳山褁青苔。千鬟照藍縿。逶迤會深霅，川郭由低昂。我昔遊吳興，經旬入漁鄉。懸罾半烟水，出入皆鳴榔。于時方新秋，水木含蒼涼。陂湖漲新雨，荷芰浮秋香。漁人勸我過，扁舟隱菰蔣。酒酤藉青蓑，繪滑蓴絲長。豈謂老瓦盆，竟狎詩書腸。尚想張志和，千載皆清狂。別來霜滿領，回首嗟黃粱。尋源覓桃溪，此意無時忘。豈料梅花翁，半幅開滄浪。如聞鼓棹聲，數里烟蒼蒼。捲圖獨長嘆，塵塗嘆蒼黃。從此但清夢，與爾同徜徉。右題漁父圖。樗齋陸于臨。（清吳升《大觀錄》、卷十七）

〈吳仲圭漁父圖〉　　　　　　　　　　　　　　　　　　　　明・黃　顒

　武塘吳仲圭，善畫山水竹木，號梅道人，性孤高曠簡，片楮不能取。人知其性，預置佳紙于几案，需其自至隨所為，乃可得耳。昔唐末，荊浩嘗作漁父圖，搨本傳于世，仲圭得其本，遂作此卷，筆力清奇，風神瀟灑，有幽遠閒散之情。若放傲形骸之外者，觀其雲山縹緲，波濤渺茫，樹木扶疎，樓閣盤鬱，漁父圖舟，往來其間，或艤舟荒濱寂徼，或泊遠渚清灣，或鼓楫烟波深處，或刺棹巖石谿邊，或得魚收綸，或虛篷聽雨，或浩歌月明，或棹臥斜陽，態千狀萬，無不自適。要皆仲圭胸中丘壑，發而為幽逸疎散之情，自非高人清士窺其歲月，未悉其意也。噫！仲圭也畫世不多見，今雖墨竹亦不可得，此圖蓋絕無而僅有者，村樂善修藏之。慎勿食寒具者觀焉。洪熙元年龍集乙巳夏蒲節後，瀼東矒翁識。（清吳升《大觀錄》、卷十七）

〈吳仲圭山水并題〉　　　　　　　　　　　　　　　　　　　明・姚　綬

　蒼洲老樹碧山前，秋水茫茫一釣船。昔日畫師非俗士，東菑莊子在藍田。雲東逸史。（清卞永譽《式古堂書畫彙考・畫考》、卷之五）

〈梅道人平林野水圖〉　　　　　　　　　　　　　　　　　　明・鄭　洪

　浣花溪頭車騎發，鏡湖影裡畫圖開。有客相尋草堂去，何人却掉酒船廻。是處山林有

真逸，如此風塵無好懷。書袍不似黃冠樂，二老風流安在哉。鄭洪。（清吳升《大觀錄》、卷十七）

〈題梅花道人偃松〉　　　　　　　　　　　　　　　　　　　　　　　　　明・鄭　洪

　墨池帽脫管城子，壁府罄折徂徠公。玉關金鎖製玄豹，銅台瑤柱蟠蒼龍。星霜鬢眉遽如許，鐵石肝膽將誰同。大夫受命當傴僂，天子法駕行東封。（清高宗《御定歷代題畫詩類》、卷六十八）

〈題吳仲圭平遠圖〉　　　　　　　　　　　　　　　　　　　　　　　　　明・鮑　恂

　蒼山遙遙幾千里，綠樹參差碧烟起。雙帆忽從江上歸，影落斜陽濕秋水。林陰蒼莽鳥不飛，石徑蹭蹬行人稀。松根似可縛茅屋，沙尾亦足容漁磯。我嘗西遊倚江閣，極目長空入寥廓。好山不肯過江來，恨不乘風跨黃鶴。吳君畫手當代無，落筆何年成此圖。安得著我巖壑底，相覓老樵尋釣徒。（清高宗《御定歷代題畫詩類》、卷二十一）

〈吳仲圭畫卷跋〉　　　　　　　　　　　　　　　　　　　　　　　　　　明・張　寧

　鄉先輩吳仲圭倣荊浩畫唐人漁父圖，筆大老蒼，風致高古，雖不事工緻，而規格殊常，氣韻良足，具色味於素淡之中，寄情思於揮染之外。當與古文字並觀，非俗目所及，公綬鑒賞珍愛，間携過余方洲草堂，因遲留累日，稍摸其大，閑時一展，想以娛幽寂，本卷敬以奉還。（張寧《方洲集》、卷二十）

〈題梅花道人墨菜〉　　　　　　　　　　　　　　　　　　　　　　　　　明・謝　禮

　青菘淡中味，一日寧堪無。甘為藜藿腸，食肉者不如。謝禮。（明朱存理《鐵網珊瑚書品》、卷四）

〈梅花道人臨東坡風篠〉　　　　　　　　　　　　　　　　　　　　　　　明・沈　周

　東坡先生好遊戲，壁上寫竹如寫字。三竿兩竿裊風翠，却有渭川千畝勢。題詩執燭倩官奴，白髮紅粉兩無忌。不應誣我抱節君，何嘗解舞腰肢媚。先生調笑皆文章，顧與節君生貢花。千年故事白石在，梅菴載翻新墨香。捕風捉影老手健，鳳駁鸞驚秋月涼，我今拭目良會堂（沈氏堂名）。尚疑耘老亭中央，今人古人不相見，遺跡宛然人未亡。（明沈周《石田先生集》、二八七頁）

〈吳仲圭山水〉　　　　　　　　　　　　　　　　　　　　　　　　　　　明・沈　周

　梅花菴主是吾師，水墨微茫一一奇。此紙拾他餘馥去，淡煙疏樹晚離離。沈周。（清卞永譽《式古堂書畫彙考・畫考》、卷之四）

〈吳仲圭鈎勒竹〉　　　　　　　　　　　　　　　　　　　　明・吳　寬

　畫家不見吳道子，石塔尚記梅沙彌。百年筆法兼眾妙，又向人間看竹枝。秦川織錦文
瑣碎，嶻谷截玉形參差。苦心卻怪揚雄語，雕蟲篆刻嗟何為。（清高宗《御定歷代題畫
詩類》、卷八十）

〈題梅花道人墨菜〉　　　　　　　　　　　　　　　　　　　明・邵　寶

　雨苗風葉綠薑薑，纖手青絲出漢宮。滿眼蒼生總如此，忍看塗抹畫圖中。邵　寶。（明
朱存理《鐵網珊瑚書品》、卷四）

〈題梅花道人鈎勒竹〉　　　　　　　　　　　　　　　　　　明・史　鑑

　協律遺珍世所宗，湖州惟用墨傳神。沙彌老去訛成癖，筆法真能到古人。史鑑《西村
集》、卷四）

〈吳鎮小筆〉　　　　　　　　　　　　　　　　　　　　　　明・祝允明

　樹欲化龍先帶雨，泉將歸海已如濤。直恐化人移幻境，莫誇墨瀋與霜毫。（祝允明《懷
星堂集》、卷八）

〈梅道人竹枝圖并題〉　　　　　　　　　　　　　　　　　　明・祝允明

　淇園一枝春雨足，渭川千畝秋風高。先生青眼對君子，撚落吟鬚如鳳毛。允明題。（清
卞永譽《式古堂書畫彙考・畫考》、卷之五）

〈仲圭竹圖〉　　　　　　　　　　　　　　　　　　　　　　明・祝允明

　湖州逸法共東坡，友石於今不可過。一段天機真假際，詹公妙手即詹和。枝山和詹仲
和題。（清卞永譽《式古堂書畫彙考・畫考》、卷之五）

〈梅花道人竹石〉　　　　　　　　　　　　　　　　　　　　明・都　穆

　梅花道人者，嘉興吳鎮仲圭也。仲圭性高介，工于詞翰，尤善畫山水竹石，每題詩其
上，人稱之絕。仲圭雖善畫，富室求之，不與一筆，惟貧士則贈之。使取直為常，豫題
其暮曰梅花和尚之墓，後葬于是。元末，嘉興被兵，暮多發掘，獨仲圭墓獲免，亦智矣
哉。墓去嘉善縣東地數百步，予嘗過之，題石猶在。（明都穆《鐵網珊瑚》、卷四）

〈仲圭竹圖〉　　　　　　　　　　　　　　　　　　　　　　明・文徵明

　淡墨淋漓粉節香，清風彷彿見瀟湘。一般紅杏沾恩澤，別有濃陰蓋草堂。徵明和詹仲
和題。（清卞永譽《式古堂書畫彙考・畫考》、卷之五）

〈書梅花道人墨竹譜〉　　　　　　　　　　　　　　　　　　　　　明・徐　渭

　　余觀梅花道人畫竹，如群鳳為鶻所掠。翎羽騰閃，捐振變滅之詭。雖鳳亦不得而知，而評者或謂其贗，豈理也哉。（明徐渭《徐文長三集》、卷二十）

〈題馬石渚所藏梅道人墨竹卷〉　　　　　　　　　　　　　　　　　明・朱　淛

　　道人寫竹一尺強，遠勢矯矯凌風翔。乾坤一氣自完足，底事寒梢萬丈長。（朱淛《天馬山房遺稿》、卷八）

〈梅道人仿荊浩漁父圖〉　　　　　　　　　　　　　　　　　　　　明・周鼎客

　　漁父圖一卷。唐帽者六人，一坦腹伸一足坐，手撫枻而不釣；一立而望家欲歸；一橫置枻，手據船坐而回顧；一俯檣倉而身在內；一睡方起，出半體篷下；一坐釣而了角者，操枻在屋。冠者五人，坦而仰事忘所事者；臥而高枕，篷窗洞開者；不釣而袖手坐者；坐而釣或釣而跪者；幅頭而立，不勝魚，撐兩足抓髻而收釣者一人；危坐而枻欲急歸者一人；露髻而抱枻，坐睡待月而後歸者一人；笠而枻且髯鬚者一人。人自為舟，獨一舟為操者焉。人為志和詞一卷十六首注其旁，曰“無船吁？”非無船也，岸樹掩之耳。此梅花庵所畫，詞亦其所自填，匪誠有其人，使誠有之，而詞句則一手出，何耶？世亦烏有若是之聚而漁，皆志和之能言也耶？此卷當載之滄江主人舟，方稱，非沙彌不能畫，非丹丘生人不能有。畫中意、詞中景也，卞民部誦坡仙客未佳之句，正桐邨牧不在座耳。牧自狂不減志和，丹丘以為何如？立秋後八日，桐村周鼎客雲東書，時年七十有七。（清吳升《大觀錄》、卷十七）

〈梅道人仿荊浩漁父圖〉　　　　　　　　　　　　　　　　　　　　明・李日華

　　余昔於戴上舍敬雩所得一卷，景物與此正合，題云姚丹丘臨梅沙彌，滄洲漁舫、烟波浩淼之趣，常在夢中，蓋三十年餘矣。今得沙彌此卷，又元仿荊浩筆，而荊浩亦得自唐人，乃知繪事惟創意之難，如其成就，今古相師所不諱也。唐人重摩詰輞川，皆乞本傳寫，士大夫家有一本，惟元人貴氣韻而輕位置，以為一臨仿即先生動耳。姚御史名綬，別號丹丘子，吾郡魏塘人，半生雲水烟林，不為圭組所困，吾師也，有一舟名滄江虹月，故周伯器跋中及之，對此不能不憶姚江耳，因為之三嘆。竹懶日華。（清吳升《大觀錄》、卷十七）

〈梅道人仿荊浩漁父圖〉　　　　　　　　　　　　　　　　　　　　明・董其昌

　　梅花道人畫，却仿巨然，此文自稱師荊浩，蓋畫家醞釀顧無所不能，與古人為敵乃成名家也。其昌。（清吳升《大觀錄》、卷十七）

〈關山秋霽圖〉　　　　　　　　　　　　　　　　　　　　　明・董其昌

　　梅花道人真蹟。巨然衣鉢，惟吳仲圭傳之。此圖不當作元畫觀，乃北宋高人三昧。董其昌觀因題。（清吳升《大觀錄》、卷十七）

〈梅道人仿荊浩漁父圖〉　　　　　　　　　　　　　　　　　　明・陳繼儒

　　梅道人家武塘，摹漁翁烟波景色，如笠澤叢畫，又以荊、巨筆力出之，遂成大卷。就中似有張志和輩，呼之不得。得此便可共逃名于菰蘆之間，不復呼漁丈人矣。陳繼儒。（清吳升《大觀錄》、卷十七）

〈吳仲圭四友圖〉　　　　　　　　　　　　　　　　　　　　　明・李肇亨

　　梅花道人，嘗賣卜于春波里，所謂笑俗陋室者，彷彿在我家左右也。余有小詩以誌企慕，云「先生風格在林丘，鶴去雲沉幾百秋。欲識君平曾隱處，至今虹月射溪樓」。此四友圖，乃作于武水景德教寺幽瀾泉畔，而又為吾里項氏所藏，以及于余得，不謂梅花道山清夢猶時時在我春波耶？我家舊藏道人為子佛奴寫竹譜；萬玉叢冊廿四幀；為行可寫竹石譜長卷；又為葛可久作中山圖卷；又一葉竹；又散軸山水十餘幀，可謂夥矣。近復得此。于氏道人與吾家友緣，洵不誣耳。李肇亨題。（清吳升《大觀錄》、卷十七）

〈吳仲圭巒光送爽圖軸〉　　　　　　　　　　　　　　　　　　清・高　宗

　　遠岫雲歸膩雨晴，一川新爽拂簷楹。喬松謖謖鳴幽籟，試問因何不得平。己亥暮春中澣，御題。（近代龐元濟《虛齋名畫續錄》、卷一）

〈吳仲圭竹木圖（二幅合裱）卷〉　　　　　　　　　　　　　　清・李佐賢

　　仲圭墨竹卷，每書畫分段，所見不一。此二段多寫竹木，皆屬殘縑不完，余合裝成卷，雖吉光片羽，彌足珍重，微論畫筆之超拔，即題字亦屬無上妙境。元代書名，松雪最重，然松雪學王書，得其圓潤；仲圭學王書，得其超脫，其凌厲無前之概，惟唐之孫過庭、宋之米元章，可與抗手，松雪固未能肩隨也。同治戊辰冬日，利津李佐賢跋。（清李佐賢《書畫鑑影》、卷五）

李士行

　　小傳：字遵道，歌詩字畫悉有前輩風，說者謂其竹石得家學而妙過之，又善山水，嘗以所作大明宮圖入見，仁宗喜其能。（見《中國畫家人名大辭典》、一九七頁）

〈李遵道畫枯木竹石〉　　　　　　　　　　　　　　　　　　　元・釋善住

　　老榦晴嶒立天壤，河漢悠悠無夢想。幽篁石底澹相依，應見馬鞬摩背痒。（釋善住《谷

響集》）

〈李遵道墨竹二首〉　　　　　　　　　　　　　　　　　元‧釋大訴

有美清揚鬢髮垂，神飆為佩水為衣。虯鸞萬舞群仙下，葆羽多儀帝子歸。翠色夜寒雲靡靡，綠陰晝靜日暉暉。李公父子深埋玉，誰肯淋漓醉墨揮。長憶篔簹谷裏行，蕭蕭几杖早涼生。庭虛月色僧還倚，院靜秋聲客獨驚。仙鳳去隨秦弄玉，雲驂留待許飛瓊。錦棚只愛龍孫好，溥露梢頭照眼明。（釋大訴《蒲室集》、卷五）

〈李遵道墨竹〉　　　　　　　　　　　　　　　　　　元‧釋大訴

曾共琅玕節上題，淋漓不記醉時揮。湘波如舞風如佩，猶待騎鯨碧海歸。（釋大訴《蒲室集》、卷六）

〈題李遵道山水〉　　　　　　　　　　　　　　　　　元‧丁　復

層峰高出雲樹外，飛溜直下天河懸。江南老客腸空斷，舊宅不歸三十年。（丁復《檜亭集》）

〈題李遵道枯木〉　　　　　　　　　　　　　　　　　元‧王　沂

孤根偃蹇蟠厚地，廉藺千年有生氣。叢篁瀟洒勢拂雲，王謝諸子超人群。李侯筆端妙如此，坐我小山烟雨裏。安得天風來萬里，仙槎快泛銀河水。（王沂《伊濱集》、卷五）

〈題李遵道古木新篁〉　　　　　　　　　　　　　　　元‧于　立

山中昔日藏書處，無數珊瑚並石根。海上樵夫都不識，斷雲碧蘚長秋痕。（顧瑛《草堂雅集》、卷十一）

〈李遵道竹石老木圖〉　　　　　　　　　　　　　　　元‧許有壬

石怪木老含秀潤，翠竹却愛秋聲多。一門毫索亦可念，今日李家無小坡。（許有壬《至正集》、卷二十四）

〈李遵道柯石二首〉　　　　　　　　　　　　　　　　元‧許有壬

千霜凌轢百霆摧，半是枯榴半是苔。中有古春無盡意，郊原誰羨萬牛來。一卷蒼蘚頑不轉，千尺冷雲僵不飛。從知難勝柱石任，爾厭山林何所歸。（許有壬《至正集》、卷二十七）

〈李遵道枯木竹石圖〉　　　　　　　　　　　　　　　元‧黃鎮成

老樹槎牙倚半空，蒼筠葉葉帶秋風。欲將歲晚論心事，遙憶美人江水東。（黃鎮成《秋聲集》、卷四）

〈題李遵道畫松〉　　　　　　　　　　　　　　　　　　　　元・張天英

蒼髯鐵爪欲飛揚，肯與人家作棟梁。記得石橋明月夜，一溪龍影茯苓香。（顧瑛《草堂雅集》、卷三）

〈題李遵道畫古栢〉　　　　　　　　　　　　　　　　　　　元・張天英

古栢亭亭一虎臣，風雲長遶臥龍身。石根霜榦心如鐵，欲向曹瞞掃戰塵。（顧瑛《草堂雅集》、卷三）

〈李遵道竹木圖〉　　　　　　　　　　　　　　　　　　　　元・薩都剌

風流未識生前面，翰墨不空身後名。鳳尾拂雲秋有影，龍頭出水夜無聲。半生清莭江南夢，萬里靈槎水上行。應逐錦袍弄明月，倒騎赤鯉對吹笙。（薩都剌《雁門集》、一五〇頁）

〈古杉行題陳兵曹所藏李遵道畫靈隱道中二杉〉　　　　　　元・傅與礪

靈隱道中古杉樹，上與雲霧相膠葛。李侯一見為寫真，霜雪蕭蕭起毫末。此杉蒼茫幾百年，鬼物扶持人所憐。貞心豈容螻蟻蝕，老榦或有蛟龍纏。山林萬里那得致，見者皆驚棟梁器。暗壁尋常度雨聲，晴窓彷彿生秋氣。吾聞大廈眾力持，此杉誰能久棄之。君不見道邊不材木，擁腫百圍安所施。（傅若金《傅與礪詩集》）

〈題李遵道松竹泉石畫壁〉　　　　　　　　　　　　　　　元・朱晞顏

李侯畫手名天下，一紙千金不當價。笑將城市換山林，收拾烟雲歸一罅。蒼松偃蹇怪石撐，修竹蕭森冷泉瀉。玄陰低戶雪垂垂，顛倒黑蛟寒不化。雄姿幽態兩奇絕，坐覺清寒逼長夏。道人宴坐心自開，憶得窮幽上嵩華。瘦筇倚壁鶴同癯，門外紅塵朝沒馬。君不畫一匡廬山，清風滿谷聲珊珊，何當著我茅三間。（朱晞顏《瓢泉吟稿》）

〈題李遵道臨米元暉海嶽雲山圖〉　　　　　　　　　　　　元・朱德潤

觀遵道李侯臨海岳雲山圖，使人□□城聯轡□□仙遊既久。山空木落，能無慨然。（朱德潤《存復齋續集》、四四頁）

〈題古木幽篁圖〉　　　　　　　　　　　　　　　　　　　元・劉永之

近者天下寫竹枝，息齋子昂最奇絕。金釵折股錐畫沙，直以高情寄豪墨。後來小李用家法，更覺縱橫脫韁勒。御榻屏風或詔寫，流落人間豈多得。我家真蹟兼數公，錦囊玉軸複壁中。舊宅荒涼經戰伐，故物多隨烟爐去。此圖尋丈小李作，位置頗殊標格同。半身古樹色蒼潤，篔簹因依相澹濃。長林無人秋氣入，蜿蜒蛇蛟起幽蟄，蠟蛸垂絲畫陰靜。老鶴胈翎昏雨集，黃陵廟前湘水深，捐玦江皋思俯拾。浮槎尋源遡空潤，折旌低渡玄雲濕。何郎兄弟最好奇，愛此不減珊瑚枝。幽居正在蘭峯下，亦有喬木當牕扉。共展長圖幽興發，六月涼飆生葛衣。還君珍襲增歎息，他日重看覓舊題。（清高宗《御定歷代題畫詩類》、卷七十三）

〈題李遵道春山圖〉　　　　　　　　　　　　　　　　　元・柯九思

　江上蘭橈倚綠波，江頭聽唱竹枝歌。使君多少傷春意，新畫青山作髻螺。（柯九思《丹邱集・錄自元詩選》、五二頁）

〈題李遵道畫扇〉　　　　　　　　　　　　　　　　　　元・柯九思

　江清地僻野人家，門外橋通石徑斜。不信東華塵十丈，萬山晴雪看梨花。（柯九思《丹邱集・錄自元詩選》、五二頁）

〈題李遵道畫竹〉　　　　　　　　　　　　　　　　　　元・柯九思

　秋風滿紙老黃華，元氣淋漓攲復斜。應是黃巖癯太守，青鞋時過野人家。（柯九思《丹邱集・錄自元詩選》、五九頁）

〈李遵道山水便面，為董仲證題〉　　　　　　　　　　　元・李孝光

　銀河飛來挂絕壁，下有長江徹骨清。謫仙騎鯨上天去，應向山頭吹玉笙。（李孝光《五峰集》、卷四）

〈題李遵道枯木竹石圖〉　　　　　　　　　　　　　　　元・李孝光

　謫仙夜入雷電室，捕得飛來石上梭。却斫靈楂掛明月，橫吹玉笛上天河。（李孝光《五峰集》、卷四）

〈題李遵道古木圖〉　　　　　　　　　　　　　　　　　元・張　雨

　毫染墨池風露足，絕憐長釣拂珊瑚。靈和殿前好垂柳，肯來相伴櫪株拘。（顧瑛《草堂雅集》、卷五）

〈李遵道寫蟠松〉　　　　　　　　　　　　　　　　　　元・張　雨

　樹木何知曲金意，世人莫怪支離形。中茅嶺上蒼髯叟，臥護東南半壁青。（張雨《句

曲外史貞居先生詩集》、卷五）

〈李遵道寫湖石〉　　　　　　　　　　　　　　　　　　　元・張　雨

　好石曾聞牛相國，寫竹今惟李使君。能消龍尾一螺墨，與染峨眉半朵雲。瑤草種來秋
著露，昆刀藏去玉成文。堂上朝來有佳氣，淮南獻壽獨殷勤。（明朱存理《鐵網珊瑚・
書品》、卷六）

〈李遵道海岳圖〉　　　　　　　　　　　　　　　　　　　元・鄭元祐

　李黃岩疎眉瘦體，滿臆秋嶄嶄似厭。分符磵谷底折腰，督郵面皺鬢鬔鬔。竟騎鯨魚上
天去，帝憫人間留不住，乃令筆底飛墨如雲霧。王維鄭虔本有素，早年臨摹米顛海缸圖。
黃岩非有顛非無，庵空月落山木擁，是中疑有窮猿呼。二子風流俱不泯，寶月夜夜生珊
瑚。（鄭元祐《僑吳集》、卷三）

〈李遵道新竹〉　　　　　　　　　　　　　　　　　　　元・鄭元祐

　逗士細行鞭，苔茵暖透穿。生生無限意，都屬薊丘仙。（鄭元祐《僑吳集》、卷六）

〈題李遵道小寒林圖〉　　　　　　　　　　　　　　　　　元・郭　翼

　溪泉溪樹滿春青，寫入桃源翡翠屏。楊子風流那可得，為渠安箇鐵厓亭。（郭翼《林
外野言》、卷下）

〈李遵道枯木〉　　　　　　　　　　　　　　　　　　　元・張　憲

　葉蟲心枯勢欲僵，火焚雷剪類空桑。強扶朽質排元氣，力挽旁枝障太陽。鬼狀魑魎生
意少，龍鱗剝落本根傷。薊邱深意吾知得，珍重君王別棟梁。（張憲《玉笥集》、卷九）

〈題李遵道枯木竹石〉　　　　　　　　　　　　　　　　　元・倪　瓚

　我識黃嵓李使君，墨池詞氣靄如雲。莫言但得丹青譽，曾有人書白練裙。（倪瓚《倪
雲林先生詩集》）

〈題李遵道山居圖〉　　　　　　　　　　　　　　　　　　元・倪　瓚

　披圖慘不樂，日暮眇余思。坐石看雲處，空齋對榻時。世途悲荏苒，墨氣尚淋漓。惆
悵騎鯨客，于今豈有之。（倪瓚《倪雲林先生詩集》）

〈遵道枯木竹石〉　　　　　　　　　　　　　　　　　　元・沈夢麟

　李侯胸中有林壑，揮毫束絹驚搖落。山中夜半霹靂飛，拔地蒼龍奮頭角。霜皮剝盡春

陽姿，雲根削出珊瑚枝。崢嶸不假神明力，下有綠竹相因依。吁嗟李侯誰敢侮，游戲江南文藝囿。如何龍伯忽相招，竟跨神蛟躍波去。（沈夢麟《花谿集》、卷二）

〈（李）遵道枯木竹石〉　　　　　　　　　　　　　　　　　元·沈夢麟

　嫋嫋秋風來洞庭，枯株拔地玉亭亭。白雲晴拂驪龍角，蒼雪涼飄翡翠翎。纖仲揮毫誰作賦，道玄用墨久生寧。薊丘亦有前人與，父子齊名照汗青。（沈夢麟《花谿集》、卷三）

〈（李）遵道溪山春曉圖〉　　　　　　　　　　　　　　　　元·沈夢麟

　李侯解組住荊溪，三客論交遠過之。情似謫仙來鑑曲，興猶杜陵遊渼陂。孤岑削翠青冉冉，清波洗玉綠瀰瀰。昔人風流有如此，披圖令我空歎咨。（沈夢麟《花谿集》、卷三）

〈李遵道竹〉　　　　　　　　　　　　　　　　　　　　　　元·金哈剌

　明月生湘浦，春雷起渭川。何時倚書幌，對此玉娟娟。（金哈剌《南遊寓興詩集》、十一頁）

〈李遵道竹二首〉　　　　　　　　　　　　　　　　　　　　元·金哈剌

　雨暝風吹樹，雲生石上苔。瀟瀟數枝玉，為我洗氛埃。深根滋雨露，直節傲風霜。截作參差管，吹音侑帝觴。（金哈剌《南遊寓興詩集》、三十八頁）

〈題李遵道石林秋思圖為劉元善賦〉　　　　　　　　　　　　明·劉嵩

　李侯昔牧黃巖州，騎馬日向黃巖遊。黃巖山下多水竹，五月海氣凌清秋。李侯為政百不憂，濯纓日尋南澗流。興來往往揮翰墨，點染毫末成滄洲。此圖精妙不易得，非子好懷誰見收。卷舒不窮尋丈間，豈止百里盤綢繆。青山欲盡亂石出，赤岸正隔重沙幽。星芒墮地覺晝立，玉氣穿林疑夜浮。楓柟偃蹇皮半蝕，叢灌苯尊枝相樛。長松或擁翡翠幰，曲蔓亦罥珊瑚鉤。深巖欲雨雷電入，古路無人魑魅愁。峰迴　折見修竹，萬籜搖動寒蕭颼。仙娥鼓瑟環珮合，壯士臨軒戈戟遒。雲巢隱隱出猿狖，雨葉渺渺啼鉤輈。天台雁蕩日落外，湘水蒼梧天盡頭。風烟滿眼入慘淡，霜露在野行夷猶。乃知托興屬幽遠，苦心拂鬱奮獨抽。當家父子風格好，似此更以神情優。只今海內重寸紙，光價豈止琳與璆。平生愛畫少真跡，見此今我消煩憂。秘書內府那得致，願子慎藏思薊丘。乾坤浩蕩文物遠，嗚呼李侯今罕儔。（劉嵩《槎翁詩集》、卷三）

〈題李遵道幽篁古木圖〉　　　　　　　　　　　　　　　　　明·劉嵩

　每愛黃岩筆意妍，蒼枝幽竹淨娟娟。清秋翡翠誰能識，碧海珊瑚更可憐。（劉嵩《槎翁詩集》、卷七）

〈題李遵道枯木圖為建安朱炯作〉 明・藍 智

　　君家枯木稱小李，老榦杈枒翠微裏。忽看怪石起陂陀，復有疎篁映秋水。年年雨露長莓苔，落葉悲風慘澹來。日暮天寒鬼神護，深山大澤棟梁材。牧童樵子不敢近，似有龍蛇此中隱。故將露葉拂晴柯，曾倚雲根長春筍。李侯畫竹世有名，偶見此圖雙眼明。山中黃綺操同古，林下夷齊節獨清。炯也曾為玉京客，挂席海天秋月白。琅玕在谷靈鳳棲，珊瑚出水神魚泣。我本野人溪上居，疎篁古木臨階除。息陰時復朝隱几，汗簡徒勞晚著書。已知樗散非時用，回首何須萬年重。桃李花多漫得春，松柏青青歲寒共。（藍智《藍澗集》、卷二）

〈李遵道竹樹圖〉 明・吳 寬

　　薊丘常共此君遊，又向人間見小丘。滿目疎篁連古木，偶然臨楮忽驚秋。（清高宗《御定歷代題畫詩類》、卷八十二）

李士傳

　　小傳：字仲芳，薊丘人。畫山水、人物學李伯時，尤善摹宋徽宗墨戲。（見《中國畫家人名大辭典》、一九七頁）

〈題李仲芳墨戲〉 元・張伯淳

　　唐李宋郭，皆以畫名世，後其子購遺墨，千金不靳也。仲芳嘗為仲賓作此墨戲，襲藏且數載，今仲芳已矣，復初乃不費而得之，手澤猶潤，當與青氈并傳。（張伯淳《養蒙文集》）

李之順

　　小傳：不見畫史記載。身世不詳。

〈題李之順山水〉 元・同 恕

　　山水含清暉，康樂詩言如。謂此能娛人，可以寄舒徐。秦中山水窟，清暉何時無。熙熙復攘攘，不暇相為娛。畫史妙經營，尺素意有餘。撫卷一慨然，誰哉此茅廬。（同恕《榘菴集》、卷十一）

李 升

　　小傳：字子雲，號紫篔生。善墨竹，亦能窠石及平遠小景。（見《中國畫家人名大辭典》、一九七頁）

〈題李紫篔墨本竹枝〉　　　　　　　　　　　　　　　　元・黃玠

鄭谷愛吟詩，夜闌巖竹折。至今石上影，猶帶山中雪。刻雕妙入神，餘情寄人悅。永懷貞白君，終身惟素節。（黃玠《弁山小隱吟錄》、卷一）

〈題李紫篔畫竹〉　　　　　　　　　　　　　　　　　元・許恕

曾向淮南識李升，黃岩書法尚縱橫。只今葉葉秋聲裏，煙雨蕭條空復情。（許恕《北郭集》、卷五）

李中明

小傳：邵武人，工山水。（見《中國畫家人名大辭典》、一九八頁）

〈題梅花太極圖〉　　　　　　　　　　　　　　　　　元・黃鎮成

太極在物，物中不獨梅也。而梅開冬熟夏，得六陽之純氣，華得受采之全色，實得曲直之正味，是梅為植物之尤異者。中明繪為十圖，以見太極之初終，表而出之也。故各賦其事云。

太極無朕

萬里江天欲雪時，石梁斜路枕寒漪。山翁擬覓春消息，踏遍青苔未有詩。

氣化有形

吟屋蕭疎霜後村，江頭千樹欲黃昏。等閒又被春風覺，添得寒梢月一痕。

性質合凝

携杖來尋碧玉泉，千林紅葉晚霜天。何人寫得琴中意，盡在疎枝淺水邊。

風神全具

曾向燕雲畫裏誇，孤山流水斷橋斜。祇今殘雪疎籬外，始見江南第一花。

含春待放

行到湖邊處士家，春風籬落近晴沙。應將綵筆題新句，直待滿林飛雪花。

得月齊開

幽芳一點無塵到，況是月明霜夜深。怪得陽春滿天地，溪橋千樹玉成林。

疎影橫煙

霜姿月骨夜稜稜，亦有輕煙一帶橫。聊似染空成淡影，幽香不減向來清。

寒枝壓雪

雪枝擎重為花惜，怯冷應開春色中。勁節始知金斷日，歲寒終謝玉成功。

斂華就實

山亭流水雨初歇，楊柳橋頭花正飛。直待清陰成子日，與君携酒送春歸。

待用調元

凝姿已得木味正，鍊粹復專陽德純。大用悉歸調鼎實，生生無盡一腔仁。（黃鎮成《秋

聲集》、卷四）

〈李中明秋山小景〉　　　　　　　　　　　　　　　　　　　元‧黃鎮成

　　家住夕陽三峽口，人行秋雨二崎間。不知何處真堪畫，移得柴門對楚山。（**黃鎮成《秋**
聲集》、卷四）

李夫人

　　小傳：不見畫史記載。身世不詳。

〈李夫人畫蘭歌〉　　　　　　　　　　　　　　　　　　　　　元‧王　惲

　　清閟堂深不知暑，瑤草佳期夢玄圃。孫郎笑折紫蘭來，素影盈盈映修渚。李夫人，澹
丰容，天然與蘭相始終，剗藤一筆作九畹。落墨不減江南工，芳姿元與凡卉異。曄曄況
是湘纍聚，離騷不復作遺恨。千古沈幽宮，君看此花有深意，似寫靈均幽思悲回風。君
家大雅堂，文采東野翁，併入慘澹經營中。秋風拂簾秋日長，芳霏霏兮氾崇光。澹粧相
對有餘韻，畫欄桂子空秋香。淡軒託物明孤潔，五十年來抱霜節。固知色相皆空寂，妙
得於心聊自適。仿像湘娥倚暮花，黃陵廟前江水碧。生平佩服真賞音，升聞紫庭非素心。
喚起謫仙搖醉筆，為翻新曲瀉瑤琴。

　　李夫人，名至規，號澹軒。亡宋狀元黃朴之女，長適尚書李珏子，早寡，今年七十有二，善
　畫蘭撫琴，近為郎中孫榮父作九畹圖，若與蘭為知聞也，且自敘其後云：「予家隻井公，以
　蘭北君子，父東野翁甚愛之，予亦愛之，每女紅之暇，嘗寫其真，聊以備閨房之玩。初非以
　此而求聞於人也。」郎中以蘭者之彥，一日來徵予筆，遂誦點污亦何忍，但覺難以辭之，詩
　以應之。孫求歌詩於予，因樂為賦此者，正取其節而不以其藝故也。秋七月初吉，秋潤老人
　題。（**王惲《秋潤先生大全文集》**）

李少蓬

　　小傳：不見畫史記載。身世不詳。

〈（李少蓬）松月軒記〉　　　　　　　　　　　　　　　　　　元‧楊維禎

　　積陰之氣清而久者，在地為水，在天為月也。木得水而清之象滋焉，得月而清之氣麗
焉。月一也，木之麗其清者，其材品則有不能異者也。桃之得於月也清之而妖，柳之得
於月也清而蕩。竹之得於月也清而矓，梅之得於月者清而孤。荼蘼海棠之得於月也清而
怨，惟清而野而文秀也松之得月。以此，吳郡西門之外，其聚為吾閶闔之間天差王夏駕
之所也。吾方大佑咸輳焉為積居之家者比比耳，獨吾鄉人吳彥昇氏，居不離市而門有散
地數十弓。上有青松數十挺，高秀疎朗若深山客，將儔挈侶出飲乎市，而盤礴於此也。

天空氣清，月在松頂，彥昇或領客坐松下，仰見間摶根株盤而玉兔向人世，斧斤不可斸，已而顧影在地籟籟在空。鈞韶鳴而龍鸞舞也，不知身在此玉關中，黃塵市說有得松松月者，名於其軒，少蓬李公嘗為圖之。大蓬泰野公又為篆額之，而又求文於予，予以素里閒重違其情。而彥昇之人品才氣，可以仕而不仕者，與夫尊師樂友化龍斷之俗。翕然於禮義之趨者，又吾之素與，故為之記。且復哦以詩，曰：文人愛青松，手祖西門內。風聲度玉笙，林影翻朱鷺。仙鬼夜讀騷，衣客秋吟句。文人燕坐餘，海月生東樹。（楊維楨《東維子文集》、卷十六）

李石樓

小傳：不見畫史記載。身世不詳。

〈為王起東題李石樓墨竹遺胡達道〉　　　　　　　　　元‧宋　禧

　　王起東得石樓李侯墨竹一紙，將以遺梅川胡隱君達道，而徵予題詩。前二年，予與起東俱避地梅川，依達道以安。及還邑郭，又與起東為隣，而梅川曩日之事，未嘗不數數以為言。今起東于胡君有墨竹之遺，蓋不忘相依于患難之際，而歲寒之交足恃也。既題一詩，又書此語以識予之所感云。

　　南窗冬至日，雨後看琅玕。為報梅川友，陽和轉歲寒。（宋禧《庸菴集》、卷八）

〈題李石樓清明墨竹二首〉　　　　　　　　　　　　　元‧宋　禧

　　西窗留得此君看，春雨蕭蕭作暮寒。記得前年山雪盛，人間問訊喜平安。粉牆春曉弄春暉，昨天青雲覆入衣。誰料使君持節去，天涯風雨不能歸。（宋禧《庸菴集》、卷九）

〈為徐自牧題李侯石樓墨竹〉　　　　　　　　　　　　元‧宋　禧

　　瀟灑金閨彥，分明玉箸書。天機元不淺，繪事未應踈。持節風霜際，含香雨露初。江南相別後，清興更何如。（宋禧《庸菴集》、卷三）

〈為閭人生題鄭先生、李太守合作蘭竹圖〉　　　　　　元‧宋　禧

　　石樓寫竹有書法，山輝作蘭非畫師。絕憐一老衰遲日，虛憶諸公全盛時。澤國淒涼今見此，玉堂文采舊稱誰。流傳後代應難得，肯與閭人玉雪兒。（宋禧《庸菴集》、卷五）

〈為趙子和題李太守墨竹〉　　　　　　　　　　　　　元‧宋　禧

　　龍泉山陰君子堂，堂前竹影千尺長。李侯胸次似老可，炎天落筆南窗涼。（宋禧《庸菴集》、卷八）

〈題鄭山輝、李石樓蘭竹畫卷〉　　　　　　　　　　　　　元・宋　禧

　　山輝蘭蕙石樓竹，二老風流識者誰。江上春風苦蕭瑟，卻教宋玉不勝悲。（宋禧《庸菴集》、卷八）

李平叔
　　小傳：不見畫史記載。身世不詳。

〈李平叔雙泉圖，其子請賦〉　　　　　　　　　　　　　　元・許有壬

　　高人小數早袖手，問學曾師魯齋叟。一紆紫綬置台省，還夢青鞋繞林藪。西山勝處在雙泉，泉碧沙明淨無垢。衡茅烟霞專一壑，疏竹風霜傲千畝。岡陵引勢護佳城，黍稌崇墉足春酒。水邊盤石平如砥，石上松陰大如蔀。當時奮力爭國是，豈意人間多掣肘。何如來此暫解紛，坐閱浮雲變蒼狗。囊琴不皷非傲物，要與知音論然否。翁今仙去名故存，豈待畫圖傳不朽。（許有壬《至正集》、卷十）

李西山
　　小傳：不見畫史記載。身世不詳。

〈題李西山古木圖〉　　　　　　　　　　　　　　　　　　明・宋　濂

　　薊丘雲昏翔風急，老蛟墮地作人立。震雷怒電破杳冥，山鬼野狐皆夜泣。李侯城南射虎歸，手裂生絹吞墨汁。狂呼袒臂寫此圖，雲霧晦冥元氣濕。回看荒原萬枯樹，顏色慘澹神盡戢。乃知妙奪玄化功，庸史如林豈能及。當時二李如二龍謂西山父子，俊氣英聲動都邑。百年災變不復有，驥去圖存安可繫。君不見風流人物今已徂，豈特丹青絕代無。
（宋濂《宋學士文集》、卷七十）

李仲芳
　　小傳：不見畫史記載。身世不詳。

〈題李仲芳墨戲〉　　　　　　　　　　　　　　　　　　　元・張伯淳

　　唐李宋郭，皆以畫名世，後其子購遺墨，千金不靳。仲芳曾為仲賓作此墨戲，襲藏且數載，今仲芳已矣，復初乃不費而得之，手澤猶潤，當與青氈并傳。（張伯淳《養蒙文集》）

李克孝
　　小傳：不見畫史記載。身世不詳。

〈題石生仲濂所藏李克孝竹木〉　　　　　　　　　　　　　　明・張以寧

　　息齋之孫李公子，盡將幽意入經營。修篁石上生雲氣，十木山中作雨聲。年來好畫不忍見，歲晏故園空復情。烏巾掛在長松樹，吾欲巢居逃姓名。（張以寧《翠屏集》、卷二）

李克進

　　小傳：不見畫史記載。身世不詳。

〈詩贈李克進〉　　　　　　　　　　　　　　　　　　　　　明・凌雲翰

　　送李克進經歷護二親喪歸葬維揚。克進薊州李息齋之孫，工畫竹，寓居維揚，先為平陽府經歷。二親俱歿於閩。至洪武壬子冬，始得歸葬。徐大參命作詩以贈其行。

　　清時人物自風流，寫竹真如老薊邱。綠水芙蓉思晉地，瓊花芍藥記揚州。雨昏雲暗雙親恨，歲晚江空獨客愁。賴有故人知己者，會須能贈麥盈舟。（凌雲翰《柘軒集》、卷二）

李克雋

　　小傳：不見畫史記載。身世不詳。

〈竹石圖有序〉　　　　　　　　　　　　　　　　　　　　　明・劉　嵩

　　省郎中堵君文明作石，兵部李君克雋作竹，共成一圖，以歸於大參唐君，信二美也，予為之賦。

　　東吳妙手不可得，省郎山石兵曹竹。唐侯座上偶相逢，併寫秋光歸一幅。叢篁擺玉分彎環，怪石立鐵支屏顏。筆鋒揮霍斬絕外，意匠回斡蒼茫間。物情境態精描貌，紫蔓青苔見斑駁。鳳雛濯濯散毛羽，稚子差參露頭角。人生會遇安可常，一時合景如干將。千年崖谷注明月，九夏庭館寒飛霜。唐侯特達參朝政，兩君高致誰能並。嗟哉奇絕真二難，此石此竹誰當看。（劉嵩《槎翁詩集》、卷八）

李肖巖

　　小傳：不見畫史記載。身世不詳。

〈贈（寫真）李肖巖〉　　　　　　　　　　　　　　　　　　元・程鉅夫

　　海內畫手如雲起，寫真近說中山李。一入都門天下聞，半紙無由及田里。群公列卿日闐咽，過眼得皮仍得髓。含毫泚墨笑且談，忽見威儀在屏几。精神迢迢出眉目，尚若寒蟾映秋水。自言貌盡千萬人，不獨形殊心更異。邪正惟存瞭眊間，英雄多在風塵裏。我聞其人未曾識，姓名籍籍常在耳。皇慶元年秋九月，退食詞林方徙倚。黃花遶屋白日寒，風罷天高雁如蟻。忽從集賢趙司直，剝啄叩門到堦阤。掃堂展席開清尊，相法蒼然感衰齒。京華出入四十載，顧影周行若疣贅。只堪杖屨老林丘，何用形容汙繭紙。解包拂硯起盤礴，落筆童奴亦驚喜。平生傳寫盈筐篋，豈有疎髯白如洗。懸之素壁日相看，從此歲寒吾與爾。黃金百鎰未能報，贈君肖豈兩奇字。君王思治方盱食，夙夜求賢每虛已。願君莫問江南北，徧歷幽遐閱多士。魚塩版築鼓刀徒，今人豈無古人比。莫待九重勞夢寐，便合圖歸獻天子。（程鉅夫《雪樓集》、卷二十九）

〈贈傳神李肖巖〉　　　　　　　　　　　　　　　　　　元・蒲道源

　人生天地洪爐中，形色散殊俱不同。畫師筆底要真似，妙想乃與天機通。肖巖後出獨超詣，睥睨眾史如兒童。京師摹寫富箱篋，奇龐福艾多王公。神情所賦各臻極，千變萬化無終窮。遂為當代願陸手，足配向來褒鄂雄。明窗副本得寓目，起敬毛髮森寒風。祇今聲價愈增重，姓字已徹明光宮。塵容俗狀亦何者，年齒未及先成翁。既無開朗謫仙韻，又無圖畫凌烟功。君何老然肎相過，坐對熟視心神融。煤黳紙上略點畫，稍類雲月猶朦朧。須臾壁間出幻影，恍若面映新磨銅。人能肖吾不自肖，內發感愧顏生紅。聖賢體貌等人尔，所貴踐履惟能充。作詩答謝肖巖睨，但恨意遠辭難工。（蒲道深《（閒居叢稿》、卷二）

李良心

　小傳：不見畫史記載。身世不詳。

〈跋李良心萬里江山圖〉　　　　　　　　　　　　　　　元・陸文圭

　前代畫山水名家，如大小李將軍范郭渚人，尺楮丈素價重連城，千金不易，以其所繪似真山水也。然而覊人逸士，多居山澤，而貪夫籠山澤之利者，赭山而採，竭澤而漁。所謂山深無計避征徭而魚蠻子告勿語桑大夫者，不幸而遭之。雖欲捐宅舍棄墳墓，避地遠去而不可得，可為世道歎息。周子華示余李良心畫本，余睨視之，峯巒草木，鬱鬱蒼蒼，萬里江山一覽而盡，余驚問，曰："此何境也，其某州某縣界邪？有長江之葦邪？有空山之石邪？"吐舌久之，手捲還客。（陸文圭《牆東類稿》、卷十）

李居中

　小傳：不見畫史記載。身世不詳。

〈跋趙茂叔山居圖〉　　　　　　　　　　　　　　　　　元・盧　琦

　右趙茂叔山居圖，畫師李居中所作也。羣山離立，蒼蒨一色，飛瀑由崖谷中出，滙為平湖，黛蓄膏停，澄徹可鑑；寒雲翠煙，相與往還於莽蒼之外；夕嵐掩冉，坌起於林薄之間；老樹高可百尺許，柯葉紛敷。茂叔玄冠縞衣坐其下，左琴右書，翛翛然嘯傲於埃𡏖之表，厥趣亦奇矣。一日，茂叔持以示予，予覽而嘆曰："嗟乎！世之厭塵雜者，恒慕山居之為高。然非誠能脫去富貴而甘心於寂寞者，其能一朝居哉。茂叔少侍宦四方，壯而遊京師，入國學，歸而客錢塘，市居非山也。豈其平日之所慕者恒在是，與夫自昔英雋之士孰不欲以才謂自見於世，不幸而遭世之否，則山林而已矣。今者明天子在上，雖圭簳門寶之儒皆攘袂而起，茂叔以英年實學方將與群有才者，相馳騖於功名之野，茲豈山林時乎？」茂叔且徵文余，為賦白駒之三章焉，茂叔以為何如。（**盧琦《圭峯集》**）

〈題李居中山水畫二首，為孟彥忠掾史賦〉　　　　　　　　　　明・劉 嵩

　日出清江迴，雲生翠壑重。樓台山上下，車馬路西東。松瀑晴崖雨，苫茨古木風。向來度橋處，曾見抱琴翁。山崦朝陰薄，野橋秋水深。人家住不遠，杖策去相尋。水口分危石，山腰控遠林。蒼茫何處景，迢遞故園心。（**劉嵩《槎翁詩集》、卷四**）

〈題李居中所畫雪景為羅與敬賦〉　　　　　　　　　　　　　明・劉 嵩

　李時家住居庸北，慣寫西山雪裡峯。彷彿舊遊天上去，瑤台開遍玉芙蓉。（**劉嵩《槎翁詩集》、卷七**）

李易安

　小傳：不見畫史記載。身世不詳。

〈題李易安所書（畫）琵琶行後〉　　　　　　　　　　　　　明・宋 濂

　樂天謫居江州，聞商婦琵琶，扷淚悲歎，可謂不善處患難矣。然其辭之傳，讀者猶愴然，況聞其事者乎。李易安圖而書之，其意蓋有所寓，而永嘉陳傳良題識，其言則有可異者。予戲作一詩止之，於禮義亦古詩人之遺音歟。其辭曰：（詩文從略）。（**宋濂《宋學士文集》、卷七十**）

李松雲

　小傳：不見畫史記載。身世不詳。

〈冬至日為楊生題李松雲墨竹〉　　　　　　　　　　　　　元・宋 禧

　至日經過江上宅，竹枝含翠出南牆。歲寒莫道風霜苦，已覺南窗日影長。（**宋禧《庸菴集》、卷十**）

李 衎

　小傳：字仲賓，號息齋道人。拜集賢殿大學士，追封薊國公，諡文簡，薊丘人。說者謂其少　　　時見人畫竹，從旁窺其筆法，始若可喜，旋覺不類，輒歎息捨去，後從黃華老人之子

澹游學，已觀黃華所畫墨蹟，又迥然不同，乃復棄去，至元初，在錢塘得文同一幅，欣然願慰，自後一意師之，善畫青綠設色。（見《中國畫家人名大辭典》、一九六頁）

〈李息齋墨君卷〉　　　　　　　　　　　　　　　　　　　　自　題

大德癸卯夏四月，息齋道人為蹇提舉鄉友，作於王子慶秘校家之寶墨齋。（清吳升《大觀錄》、卷十五）

〈李息齋秋清野思卷〉　　　　　　　　　　　　　　　　　　自　題

秋清野思。大德庚子冬十二月　息齋居士為友人仇仁父作於嘉禾之寓舍。（清吳升《大觀錄》、卷十五）

〈李息齋秋清野思卷〉　　　　　　　　　　　　　　　　　　元・如是翁

蒼筠倚喬木，古色秋逾好。誰能著茅亭，相伴此君老。如是翁。（清吳升《大觀錄》、卷十五）

〈李息齋秋清野思卷〉　　　　　　　　　　　　　　　　　　元・趙孟頫

聞仲賓方苦時行力疾為仁父作此圖，尚能蕭散如此，敬歎。孟頫。（清吳升《大觀錄》、卷十五）

〈李息齋秋清野思卷〉　　　　　　　　　　　　　　　　　　元・金應桂

東坡嘗謂與可胸中自有成竹，乃見於筆下。今觀仲賓所作修篁，勁節猗猗，生意無盡，非胸中有成竹，其能若此耶？信矣。大德壬寅中元日。應桂。（清吳升《大觀錄》、卷十五）

〈李息齋秋清野思卷〉　　　　　　　　　　　　　　　　　　元・鄧文原

極目荒烟落寞中，空山人靜磵泉舂。秋來不用為霖雨，留得閒雲養臥龍。文原。（清吳升《大觀錄》、卷十五）

〈李息齋秋清野思卷〉　　　　　　　　　　　　　　　　　　元・吾丘衍

秋清野思，寄心象外語也。仲賓畫此意，不必行楚邨疎蕪間。大德六年，魯郡吾衍題。（清吳升《大觀錄》、卷十五）

〈李息齋秋清野思卷〉　　　　　　　　　　　　　　　　　　元・程嗣翁

石匭殘雲樹帶烟，猗猗瀟玉正蕭然。若人寫出胸中趣，知道平吞幾渭川。蜀普程嗣翁。

（清吳升《大觀錄》、卷十五）

〈李息齋秋清野思卷〉　　　　　　　　　　　　　　　　　　元・王　逢

露沐疎篁葉葉青，病疎涼閣思橫生。山人神往風塵表，如見留題數老成。梧溪居士王逢，題時歲癸丑十月廿日也。（清吳升《大觀錄》、卷十五）

〈李息齋秋清野思卷〉　　　　　　　　　　　　　　　　　　元・錢惟善

醉車先生落筆處，一竹一石病容開。焚香披向幽齋看，想見秋清野思來。曲江錢惟善。（清吳升《大觀錄》、卷十五）

〈李息齋秋清野思卷〉　　　　　　　　　　　　　　　　　　明・曹　睿

秋風環珮玉珊珊，出谷篔簹野思閒。惆悵謫仙歸去後，空留清影落人間。永嘉曹睿。（清吳升《大觀錄》、卷十五）

〈李息齋秋清野思卷〉　　　　　　　　　　　　　　　　　　明・袁　凱

薊丘筆法殊蕭爽，與可風流竟未亡。安得眉山老居士，為君重記墨君堂。華亭袁凱。（清吳升《大觀錄》、卷十五）

〈李息齋秋清野思卷〉　　　　　　　　　　　　　　　　　　明・蔣季和

薊丘竹木出毫端，便覺清風入座寒。亦有高人明月夜，夢回恍惚聽鳴鸞。（清吳升《大觀錄》、卷十五）

〈李息齋秋清野思卷〉　　　　　　　　　　　　　　　　　　明・陶宗儀

一代衣冠李薊丘，篔簹筆落似湖州。題詩諸老并淪沒，風雨江南幾暮秋。天台陶九成。（清吳升《大觀錄》、卷十五）

〈李息齋秋清野思卷〉　　　　　　　　　　　　　　　　　　明・陸　深

幽篁裊裊倚雲根，舊雨空憐淡墨痕。不見薊丘吾老矣，歲寒心事與誰論。雲間陸深。（清吳升《大觀錄》、卷十五）

〈李息齋竹圖軸〉　　　　　　　　　　　　　　　　　　　　自　題

至大庚戌七月，新秋雨涼，隨意寫此，贈文海承旨。息齋道人李衎。（清龐元濟《虛齋名畫錄》、卷七）

〈觀李仲賓侍郎墨竹〉　　　　　　　　　　　　　　　元‧釋英實存

　妙筆奪天巧，寫出碧玉枝。焚香靜相對，髣髴生清颸。桃李不可儔，霜雪那能欺。寥寥此君心，惟有居士知。（釋英實存《白雲集》、卷三）

〈題李仲賓竹二幅〉　　　　　　　　　　　　　　　　　元‧方　回

　可是筆端如與可，亦須胸次有東坡。自從舉世誇崔白，似覺無人識李頗。李頗，五代時南昌人，墨竹自此人始。畫譜僅取十二人，有文同，無東坡，禁元祐學也。是時已有墨梅，山谷、花光詩亦不取，陳簡齋所和張規臣墨梅五詩，見知徽廟，擢登冊府，而畫譜不錄墨梅，何也？（方回《桐江續集》、卷二十四）

〈題孫廷玉藏李仲賓墨竹〉　　　　　　　　　　　　　　元‧方　回

　仲賓筆底招君子，廷玉胸中敬正人。更著紫陽虛叟句，兩公熌熌見精神。（方回《桐江續集》、卷二十七）

〈李仲賓墨竹四首〉　　　　　　　　　　　　　　　　　元‧方　回

　乾坤各各變三爻，坎兌相依似泰交。認得易中甘節卦，籜龍貞幹寫烟梢。
　春生夏長出牆頭，含籜新梢玉版抽。宜雪宜霜無不可，如椽且與貌宜秋。
　心空節勁翠筠濃，冷笑凡花誨冶容。可是人間秋水碧，東方七宿應蒼龍。
　渭川千畝入毫端，子美臨風野色寒。不是畫師即詩客，可能收拾與人看。（方回《桐江續集》、卷二十八）

〈題羅觀光所藏李仲賓墨竹〉　　　　　　　　　　　　　元‧方　回

　以筆寫竹如寫字，何獨鍾王擅能事。同是蒙恬一管筆，老手變化自然異。胸中渭川有千畝，咄嗟辦此籜龍易。竹葉竹枝竹本根，方寸中藏竹天地。幼年癖好此亦頗，萬卷書右竹圖左。妄希眉山蘇謫仙，擬學湖州文與可。眉山一枝或兩枝，湖州千朵復萬朵。李侯有之以儗之，袖手獨觀誰識我。（方回《桐江續集》、卷二十八）

〈題李衎補文同怪木疎篁圖〉　　　　　　　　　　　　　元‧戴表元

　題怪木疎篁文湖州墨竹，世所通識，不聞其喜作它畫也。州倅番易吳侯熙載，家世雅素，乃能寶藏怪木一紙。湖州自是日嘗併寫疎篁，而熙載偶逸之矣。薊丘李侯仲賓作竹來自湖州，筆力足以追配，因請為補遺，而合刊於奉化學宮，以為好事者共之，異時風流潤澤衣被，照映於是邦文獻為有助云。（戴表元《剡源文集》）

〈謝李仲賓墨竹〉　　　　　　　　　　　　　　　　　　元‧戴表元

君不見李侯筆端如渭川，頃刻匹紙生琅玕。霜柯雪榦鐵石色，忽作小山烟雨寒。問君何從得此本，湖州嫌濃眉州軟。風軒月檻一相逢，妙處不與人意遠。人言學畫先學影，此君風骨青雲並。林深有路鳥聲真，日高無人山氣靜。平生見此我不踈，逢侯得畫兩有餘。從今洗眼空山底，更讀人間瀟酒書。（戴表元《剡源文集》）

〈李仲賓墨竹圖〉　　　　　　　　　　　　　　　　　　　元・鄧文原

石根夭矯出寒梢，明月空山舞翠蛟。散作江湖墨風雨，曾隨海浪過南交。大德二年春，巴西鄧文原題於寓意齋。（清卞永譽《式古堂書畫彙考・畫考》、卷之五）

〈息齋居士墨竹〉　　　　　　　　　　　　　　　　　　　元・釋善住

一枝橫偃剡溪藤，峙鳳停鸞總未能。只恐夜窗風葉響，定中驚起寂寥僧。（釋善住《谷響集》）

〈題李仲賓使君畫瀟湘烟雨竹〉　　　　　　　　　　　　　元・吾丘衍

綠雲繞湘川，九疑亦微茫。帝子不可見，碧鸞自翱翔。李侯洒秋毫，冉冉烟雨鄉。猿嘯非我聽，龍枝日騰驤。緬懷濯纓人，於焉詠滄浪。折我青琅玕，與之拂扶桑。（吾丘衍《竹素山房詩集》、卷二）

〈題李仲賓野竹圖〉　　　　　　　　　　　　　　　　　　元・趙孟頫

吾友李仲賓為此君寫真，冥搜極詩，蓋欲盡得竹之情狀，二百年來以畫竹稱者，皆未必能用意精深如仲賓也。此野竹圖尤詭怪奇崛，窮竹之變，枝葉繁而不亂，可謂豪髮無遺恨矣。然觀其所題語，則若悲此竹之託根不得其地，故有屈抑盤躄之歎。夫犧尊青黃木之災也，擁腫拳曲乃不夭於斧斤，由是觀之，安知其非福耶，因賦小詩以寄意云。

偃蹇高人意，蕭踈曠士風。無心上霄漢，混迹向蒿蓬。（趙孟頫《松雪齋文集》）

〈題仲賓竹〉　　　　　　　　　　　　　　　　　　　　　元・趙孟頫

幽人夜不眠，月吐窗炯炯。起尋管城公，奮髯寫清影。此君有高節，不與草木同。蕭蕭三兩竿，自足來清風。（趙孟頫《松雪齋文集》）

〈李息齋墨竹卷〉　　　　　　　　　　　　　　　　　　　元・趙孟頫

慈竹可以厚倫紀，方竹可愧圓機士。筀有筍兮蘭有芳，石秀而潤，樹老而蒼。李侯平生竹成癖，渭川千畝在胸臆。笑呼墨卿為寫真，與可復生無以易。吾祖愛竹世所聞，敬之不名稱此君。李侯贈我有餘意，要使後人繼清芬。明窗無塵篆烟緣，盡日卷舒看不足。此樂令人欲忘餐，況復呇嗟蓿口粲。

仲賓為玄卿作墨竹，玄卿之詩以紀之，余愛其瀟洒，乃為書此詩其後。至大元年仲春既望，吳興趙孟頫書。（清吳升《大觀錄》、卷十五）

〈李息齋墨君卷〉　　　　　　　　　　　　　　　　　　　元・趙孟頫

僕觀息齋墨竹多矣。此卷老嫩榮悴，風晴備盡，意度尤可寶玩。吳興趙孟頫題。（清吳升《大觀錄》、卷十五）

〈李息齋墨竹卷〉　　　　　　　　　　　　　　　　　　　元・元明善

玄卿口哦子昂詩，手持仲賓墨竹枝。此詩此畫真兩奇，似為玄卿寫幽姿。日光不下雲扃暗，元氣欻忽寒人肌。楓林青青少陵夢，無乃澤畔逢湘纍。楚江小月晃初夜，淇園苦雨秋行迷。二妃彈瑟淚如雨，幽壑龍潛春欲飛。天路迢遙獨後來，黑雨挾風山鬼啼。老氣盤空根徹泉，地靈上訴玄冥悲。摩挲老眼久知恍，然吾與畫造物移。揮杯三叫我非狂，墨潘翻江江竹辭。

己酉秋，玄卿道友提舉求賦墨竹詩，走筆快書。子昂仲賓見之，當大笑其狂也。魏郡元明善復初識。（清吳升《大觀錄》、卷十五）

〈李仲賓風竹橫披〉　　　　　　　　　　　　　　　　　　元・程鉅夫

平生著處惟栽竹，為愛干雲度雪姿。何似卷中三五箇，閒來舒卷看參差。（程鉅夫《雪樓集》、卷三十）

〈李仲賓為劉明遠畫竹〉　　　　　　　　　　　　　　　　元・程鉅夫

李公畫竹真天成，疎枝密榦皆有情。偶然縱筆作長幅，颯颯坐覺聞風聲。古松偃蹇連蒼柏，怪石崔巍如積鐵。李公心事劉子知，歲晚相期飽霜雪。（程鉅夫《雪樓集》、卷三十）

〈李仲賓墨竹圖〉　　　　　　　　　　　　　　　　　　　元・袁桷

筆底玄雲冰雪姿，瀛洲玉佩映參差。如何昔日閣中令，晚歲羞稱老畫師。（袁桷《清容居士集》、卷十五）

〈李仲賓著色竹〉　　　　　　　　　　　　　　　　　　　元・張之翰

此君宜瘦不宜肥，第一功夫在活枝。欲識天然真面目，息齋筆底正猗猗。（張之翰《西巖集》、卷十）

〈李息齋墨竹〉　　　　　　　　　　　　　　　　　　　　元・釋大訢

李公墨妙俱陳跡，誰識湖州苦用心，惆悵此君猶玉立，空山風雨夜堂深。（釋大訢《蒲室集》、卷六）

〈竹齋學士作栢圖，得之李好古，野齋平章舊物也〉　　　　　　　元・黃玠

薊丘學士神仙人，詞翰揮毫有餘力。清風披腹盡琅玕，日費尚方三斗墨。昔年乘傳向蠻邦，修竹如雲楚山夕。却迴官舸過湘中，江雨椎篷寫寒碧。遠勢聯翩數十枝，顛倒縱橫鳳鸞翼。天機到處物變盡，雲影紛紛酒人黑。想見走筆如飛龍，山木水蘿俱辟易。不辭遺蹟購千古，此卷于今妙無敵。（黃玠《弁山小隱吟錄》、卷二）

〈謝李息齋惠墨竹〉　　　　　　　　　　　　　　　　　　　　元・貢奎

湖州墨竹蘇州詩，李侯二美能兼之。長安城中忽到眼，坐臥六月江南時。幽人江南結林屋，紫碧森森萬竿玉。清風激昂此君語，六月寒生不知暑。只今見畫思故鄉，博山日永凝清香。人生萬事真適意，相對悠然希坐忘。（貢奎《雲林集》）

〈題錢德鈞水邨圖，子昂仲賓二公作竹石于後〉　　　　　　　　元・袁易

無多茅屋滄波遶，一半青山竹樹遮。宛似吾鄉荒寂地，真疑割我白鷗沙。枝葉翛然長帶雨，坡陀幽處欲飄雲。故將竹石期貞士，二子風流最絕群。（袁易《靜春堂詩集》、卷二）

〈息齋風竹圖道士華山隱得之，命予賦之〉　　　　　　　　　　元・馬祖常

往年家住箟簹谷，丹鸞之實美如粟。玄雲翻空下深靚，昆玉寶刀削秋玉。石衣漬錦侵書光，風微粉墮生細香。琳館瑤台九天近，夜寒笙磬聲鏘鏘。萬斛蒼烟鬱江雨，二妃彈瑟瀟湘浦。邨筒蜀酒亦堪沽，蟠石隻杖令誰取。河朔歲晏冰為梁，群木鱗皴臨雪霜。遲汝狂飇莫吹裂，截管他年侑帝觴。（馬祖常《石田文集》、卷二）

〈題李仲賓墨竹〉　　　　　　　　　　　　　　　　　　　　　元・馬祖常

石田犖确萬琅玕，天乞幽人寫素紈。帝里未求吹鳳管，溪翁先覓釣魚竿。玉烟乍合春還煖，書粉初飄露已溥。聞道潞河單舸賤，截篙樂去看江湍。（馬祖常《石田文集》、卷三）

〈李息齋墨君卷〉　　　　　　　　　　　　　　　　　　　　　元・李溥光

息齋畫竹，雖曰規模與可，蓋其胸中自有悟處，故能振迅天真，落筆臻妙。簡齋賦墨梅，有云"意足不求顏色似，前身相馬九方皐"余於此公墨竹亦云。大德七年閏五月望，雪菴道人溥光謹題。（清吳升《大觀錄》、卷十五）

〈汪華玉所藏李息齋古木竹石圖〉　　　　　　　　　　　　元・虞　集

　　帝城佛剎西南曲，數仞高堂十尋木。亦有幽篁春笋生，顛倒橫斜亂寒玉。空庭月落蛟龍舞，阿閣雲間孔鸞宿。大德年中最熙洽，四海無虞年穀熟。聖人護念如慈雲，粉金寫徑五千軸。吳興先生承詔起，精藝東南遂空谷。橫窗曲几擅清雅，寶氣龍香散芬郁。我時布衣初到京，隨客來觀嗟不足。棲遲至大到延祐，墜緒遺經蒙見錄。聖明天子心廣大，仁孝東宮協淵穆。金殿朝回即荐賢，鳴鳳高梧麗晨旭。白頭寺主愛文學，游親流水來相續。黃鸝遶樹鳩喚雨，晴絲入戶階眠鹿。中書右府尚多暇，況復西清澹春服。薊丘李公年甚高，親書算筭試拈托。南風堂上住多日，好聽晨鐘赴僧粥。枯樹長葉風雨來，老可黃花俱眷屬。揮毫相軋李河東，共悼房山渺江陸。曹南老商亦有名，拂素先傾酒千斛。蜀人仲淵不會畫，側帽長吟動華屋。蹇予冷撰從諸公，兀然坐隅若鴻鵠。風雲月露不計時，聚散悲歡歲年促。汪侯何處得此圖，其長丈餘高尺六。松檜蒼茫轉樹腰，鐵石嵯峨偃山腹。昔人不見今人老，空憶臨風對森矗。後來把筆誰最能，閣下丹丘嘆幽獨。今渠見此會傷神，況我茅簷揩病目。文章精彩寧復還，天上華星光煜煜。（虞集《道園遺稿》、卷二）

〈息齋竹二首〉　　　　　　　　　　　　　　　　　　　　元・虞　集

　　西清閣老薊丘翁，愛寫疎篁弄晚風。玉殿不屆秋夜冷，好看棲鳳月明中。書帷畫捲下西清，奇石幽篁步晚晴。誰憶他年風雨外，渭川蒼玉一絲輕。（虞集《道園遺稿》、卷五）

〈息齋竹〉　　　　　　　　　　　　　　　　　　　　　　元・虞　集

　　紫貂蚤解獵圍驂，一棹夷猶雪滿簪。山雨欲來春樹暗，盡將情思寫江南。（虞集《道園學古錄》、卷四）

〈息齋畫竹卷〉　　　　　　　　　　　　　　　　　　　　元・虞　集

　　同開先南楚悅禪師，觀息齋畫竹卷於崇仁普安寺煜公之禪室。蓋煜之師一初本公所藏也。因記延祐甲寅，息齋奉詔寫嘉熙殿壁，南楚與之同寓慶壽寺，同予時為太常博士。俯仰之間已為陳迹，乃題其後云。

　　嘉熙殿裏春日長，集賢奉詔寫蒼筤。迄來二十有五載，飄零殘墨到江鄉。匡廬高人昔同住，身見揮毫鳳鸞翥。木枯石爛是何年，修竹森森長春雨。（虞集《道園學古錄》、卷二十八）

〈題息齋竹〉　　　　　　　　　　　　　　　　　　　　　元・楊　載

　　老節嚴嚴若自持，翛然分影覆堦墀。此君不受纖塵污，更看清朝雨過時。（楊載《翰林楊仲弘詩集》、卷八）

〈〈李衍〉畫竹石〉　　　　　　　　　　　　　　　　　　　　元・楊　載

竹前怪石起參差，篁竹叢深使客疑。如過瀟湘江上路，鷓鴣啼罷日西時。息齋道人能畫竹，攬結造化歸毫端。偶從紙上得一個，大勝渭川栽萬竿。（楊載《翰林楊仲弘詩集》、卷八）

〈題息齋竹，為袁仲芳賦〉　　　　　　　　　　　　　　　　　　元・丁　復

息齋老神不可呼，封居千戶渭川都。綠雲旄纛翡翠跗，眼中萬个森相扶。澄波懸影倒玉壺，飛煙淡拂□如無。當時可人商德符，仁皇邸西仁浮圖。不喜神駿遊八極，復愛勝絕羅寰區。素屋不得畫神鬼，亦不得用金朱塗。但令水墨寫河嶽，蒼松赤檜盤根株。此君政爾在所娛，臣衍筆妙生須臾。往往袖手立商側，口雖不語心胡盧。商也蓄機致李劬，積疊壑谷空其餘。一朝清風吹鸝車，電繞左右龍餘趨。指點謂此何所須，古來豐鎬王者居。渭水東來是為墟，群流如輞土膏腴。地產宜竹連沮洳，衍應補之臣弗如。一時京城傳盛事，走方年少宗為迂。空塵成雲下步驅，明明柯幹照鬚鬚。綠色不愧竹與俱，老客江南搔雪顱。見此祇復增長吁，何當喚起二大夫。（丁復《檜亭集》）

〈題李息齋枯木竹圖〉　　　　　　　　　　　　　　　　　　　　元・丁　復

霜柯洞庭寒，露葉渭川冷。幽人美清夜，獨寫秋燈影。（丁復《檜亭集》）

〈題息齋竹，為袁弘甫賦〉　　　　　　　　　　　　　　　　　　元・丁　復

鳳凰西去不可還，一竿清意自蕭閒。袁郎門外三尺雪，卻為晴光畫啟門。（丁復《檜亭集》）

〈題李息齋竹〉　　　　　　　　　　　　　　　　　　　　　　　元・于　立

薊丘最愛山陰道，箇箇人家好竹林。夜半翠烟三萬頃，玉簫人倚鳳皇音。（顧瑛《草堂雅集》、卷十一）

〈題息齋墨竹〉　　　　　　　　　　　　　　　　　　　　　　　元・柳　貫

李侯筆下翠琅玕，著處清風起晝寒。繭紙蘭亭誰絕識，祇將玉匣詫人看。（柳貫《柳待制文集》、卷六）

〈題李息齋墨竹〉　　　　　　　　　　　　　　　　　　　　　　元・蒲道源

息齋生意發毫端，寫出幽篁儘歲寒。橫幅一樹應看足，何須風雪擁千竿。凜然風節伯夷孤，氣壓軍中十萬夫。此老于君情不淺，掃除擁腫作清癯。（蒲道深《閒居叢稿》、卷七）

〈息齋墨竹〉　　　　　　　　　　　　　　　　　　　　　元‧許有壬

　　竹仙骨已蛻，遺墨宛如新。明月秋無價，清風世有人。（許有壬《至正集》、卷二十三）

〈題息齋竹，經進而賜臣下，復歸於李氏者〉　　　　　　　元‧許有壬

　　曾捧清風上九關，人間驚睹翠光寒。不知雨露深多少，直到而今滴未乾。（許有壬《至正集》、卷二十三）

〈息齋著色竹〉　　　　　　　　　　　　　　　　　　　　元‧許有壬

　　錦朋新出玉亭亭，便領蒼寒月一庭。底事清風藏不得，直教高節著丹青。（許有壬《至正集》、卷二十七）

〈息齋墨竹三首〉　　　　　　　　　　　　　　　　　　　元‧吳師道

　　長憶東陽舊使君，秋風吟倚瘦休文。石根數葉蕭蕭碧，長伴幽人一壑雲。　碧鮮迎舞翠華臨，一日秋風滿禁林。得士雖聞諸老薦，報恩誰識此君心。　彭城一派接洋州，千載真傳屬薊丘。舉世隨風翻墨水，凝神誰識與天游。（吳師道《吳正傳先生文集》、卷九）

〈葉敬甫所得息齋墨竹，為火燎其半〉　　　　　　　　　　元‧吳師道

　　李侯墨畫奪天機，回祿祝融將取之。賴是清風滿盤谷，不令雪熖盡高枝。（吳師道《吳正傳先生文集》、卷九）

〈跋李息齋墨竹〉　　　　　　　　　　　　　　　　　　　元‧吳師道

　　文與可、蘇子瞻仙去二百年，墨竹一派，今薊丘李公得之。其用意命筆，天趣冥會，等而置之，未易優劣也。或謂二公在當時，雖貴重，而困悴流落亦不少，詎能救之哉？李公今方以此上當天意，寵譽赫奕抑榮矣。愚謂士之用世，以學術政業，而藝事乃其餘。三君子之道一致也，遇不遇有命，此君何與焉。因覽此卷，併識其語。（吳師道《吳正傳先生文集》、卷十六）

〈題李息齋畫竹一枝〉　　　　　　　　　　　　　　　　　元‧張天英

　　十年不見李青蓮，幾度溪頭共醉眠。寂寞一枝江上影，翛翛龍尾拂蒼烟。（顧瑛《草堂雅集》、卷三）

〈題李息齋竹〉　　　　　　　　　　　　　　　　　　　　元‧熊夢祥

　　薊丘道人寫瀟灑，烟寒兔齒石蒼蒼。素娥剪翠雲葉亂，三十六陂春水香。（顧瑛《草堂雅集》、卷六）

〈題李薊丘畫松〉　　　　　　　　　　　　　　　　　　　元・薩都剌

平生恨不識遵道，忽見此圖如夢間。安得羲之九泉底，枯林風雨似初還。（薩都剌《雁門集》、一八七頁）

〈題李學士嫩竹圖〉　　　　　　　　　　　　　　　　　　元・陳旅

楚雨初晴野水生，新篁落粉鷓鴣鳴。洞庭春去湘娥老，緱嶺人吹紫玉笙。（陳旅《安雅堂集》、卷一）

〈題李息齋畫竹〉　　　　　　　　　　　　　　　　　　　元・柯九思

仙客揮毫不可招，綠雲猶繞翠蕤飄。天風吹醒丹淵夢，冉冉青鸞下九霄。深宮雨過長苔痕，誰憶羊車舊日恩。惟有集賢癯學士，一枝漠漠記黃昏。筆端隨意長清標，疏葉風生翯翯飄。羸馬城南看新筍，雨餘初散集賢朝。使君弭節毗陵日，屏障家家有畫圖。何似小窗橫幅好，青鸞双過洞庭湖。（柯九思《丹邱集》錄自元詩選、五六頁）

〈李息齋墨竹〉　　　　　　　　　　　　　　　　　　　　元・胡助

今代湖州筆，渾無半點塵。霜竿餘老瘦，雨葉極清新。變化孫吳法，風流晉宋人。可能醫俗骨，莊氏此凝神。（胡助《純白齋類稿》、卷七）

〈李息齋竹，為玉山題〉　　　　　　　　　　　　　　　　元・張翥

竹上千年恨未銷，湘皋滿地正迢迢。冷烟疎雨無窮恨，欲為騷魂賦大招。（顧瑛《草堂雅集》、卷四）

〈息齋竹石古木，為會稽韓季博士題〉　　　　　　　　　　元・張翥

老竹葉稀多禿枝，新竹碧潤含幽姿。籜中龍子振春蟄，突出雷雨頭參差。旁蹲怪石石罅裂，裂處恍惚疑龍穴。山中有樹皆十圍，活榦撐青死槎折。霜皮食盡乾蘚文，半頂斬立双橛分。最後一枝身出群，垂枝倒走陰崖雲。李侯標致不可得，小字親題別塗黑。縱橫不在摩詰下，蕭爽直與洋州敵。玉堂學士欣見之，濃墨大書真崛奇。森然一片鐵石筆，妙甚七字瓊瑰詞。此詩此畫今兩絕，把玩微風動毛髮。只應真宰泣瑯璈，一夜山窓冷秋月。（張翥《蛻菴集》、卷一）

〈息齋畫〉　　　　　　　　　　　　　　　　　　　　　　元・邵亨貞

息齋李使君自號廣陵醉客，其守吳興日，郊行見民家小湖石，名蓬花峯，玲瓏奇秀，求之弗獲。乃畫為圖，且書其意，以識不忘。客有持以求題者。

苕霅溪頭石一卷，廣陵移入畫圖傳。崑岡烈焰誰能奪，牛李相看亦憫然。（邵亨貞《蟻

術詩選》、卷七）

〈謝楊震卿山長惠李息齋枯木竹石圖〉　　　　　　　　　　元・陳　鎰

　　我家栝蒼西山西，重岡複嶺藏迴溪。蔦蘿篁竹最深密，半生此地成幽棲。爾來汩汩隨寒暑，走遍東吳與南楚。長嫌客舍似雞栖，夢寐山林有遺墅。李侯標格清逼人，胸中丘壑絕無塵。戲將醉筆一揮灑，怪石古木連蒼筠。先生好事緹藏久，不意今朝落吾手。卻如置我故山間，謖謖清風起林藪。客中愁絕夜不眠，萬里秋思隨人先。便須携此歸挂草堂，時時開酌賞以瑤華篇。（陳鎰《午溪集》、卷五）

〈題息齋枯木竹石圖〉　　　　　　　　　　　　　　　　　元・劉仁本

　　葆羽玲瓏集鳳阿，修然蒼節倚枯槎。玉堂仙子清如許，寫得瀟湘秋思多。（劉仁本《羽庭集》、卷四）

〈李息齋竹〉　　　　　　　　　　　　　　　　　　　　　元・陳　高

　　薊邱墨蹟重今時，一尺琅玕價不貲。想見小窗秋雨後，酒醒貌得過牆枝。（陳高《不繫舟漁集》、卷九）

〈李仲賓雪竹〉　　　　　　　　　　　　　　　　　　　　元・張　雨

　　斷縑黯淡何人墨，四十年前老薊丘。向使戴家多種竹，雪中那肯便回舟。（清高宗《御定歷代題畫詩類》、卷七十七）

〈題息齋竹卷〉　　　　　　　　　　　　　　　　　　　　元・張　雨

　　李侯製竹譜，畫法論毫芒。晚乃與神遇，脫略驚大方。目中無全牛，胸次有籛篔。此圖遇真識，吾詩其併藏。（張雨《句曲外史貞居先生詩集》、卷二）

〈李仲賓畫竹二首〉　　　　　　　　　　　　　　　　　　元・張　雨

　　石室先生竹寫真，薊邱一派最傳神。舉家移入籛篔住，春雨無端礙四鄰。西清閣老薊邱翁，愛寫疏篁韻晚風。誰與山人度秋夕，鳳毛零落月明中。（張雨《貞居集補遺》、卷上）

〈息齋竹月〉　　　　　　　　　　　　　　　　　　　　　元・吳　當

　　蒼龍翻石濕雲交，鳴玉參差出鳳巢。翠黛曉涼香袖薄，一鉤纖月在林梢。（吳當《學言稿》）

〈（息齋）墨竹〉　　　　　　　　　　　　　　　　　　　　　元·李繼本

近時海內稱畫竹，息齋筆意何突兀。蒼然寫此風露枝，墨花落紙秋萬斛。怪處不減文湖州，展玩晴窗醒心目。竹邊巒石更坡陀，便似著身游嶰谷。青篛過雨山霧寒，白月出林烟水綠。葛陂老龍頭角禿，夜噓雲氣墨如沐。白晝慘慄炎耿收，展書宜趁清陰讀。我有竹林漢水西，兒時學種如種玉。春翠森森抽細筍，風碧娟娟散幽馥。有客清似王子猷，拄杖敲門往來熟。欲歸料理不可得，夢遶江村白沙曲。安得大絹長丈餘，請君為我作橫幅。寫我只作六逸儔，掛在秋風江上之小樓。（李繼本《一山文集》、卷一）

〈題李息齋竹〉　　　　　　　　　　　　　　　　　　　　　　　元·王　逢

雨露恩深沐，風霜節愈高。本無斑染淚，秋思滿湘皋。（王逢《梧溪集》、卷一）

〈題息齋李公墨竹〉　　　　　　　　　　　　　　　　　　　　　元·王　逢

公為婺州路同知時，先君獲會于杭，深蒙友重，嘗作風晴雨嫩四竹以贈。其嫩竹中一古樹，尤蒼潤秀特，因指謂曰：「此類若英妙中氣幹耳。」先君每感其言，倏已四十餘年矣。兵後展玩，為之惘然，敬述四韻。

東南文物萃時康，先子曾瞻太白光。湖上薰風歌綠水，袖中霖雨作簀筬。零陵自冷湘君淚，淇澳詩存衛武章。猶有佳人在空谷，天寒愁思碧雲長。（王逢《梧溪集》、卷三）

〈題息齋竹次韻〉　　　　　　　　　　　　　　　　　　　　　　元·貢性之

憶昔舟泊湘江時，青天皓月流素輝。美人騎龍上天去，遊魂夜半招不歸。興來一飲三百斛，醉倒豈惜千金揮。孤鷺隨影秋水碧，鵁鶄叫入蒼雲飛。涼飈颯颯似鳴籟，翠霧漠漠如張幃。胸中氣吐萬菡萏，筆底勢走千明璣。飇車搖搖渺何許，疑是柱頭丁令威。風流雲散世已遠，蕭條遺墨人間稀。眼前頫仰即千載，底問誰亡復誰在。我來見畫如見人，往事悠悠付深慨。掛之高堂素壁中，老氣凜凜迴長風。狂歌起舞還自惜，笑看白日行青空。（貢性之《南湖集》、卷上）

〈題李光祿墨竹〉　　　　　　　　　　　　　　　　　　　　　　元·倪　瓚

雲氣翛翛青鳳翎，湘江皷瑟倩湘靈。壁張此畫驚奇絕，醉倒茅君双玉瓶。（倪瓚《倪雲林先生詩集》）

〈息齋竹〉　　　　　　　　　　　　　　　　　　　　　　　　　元·沈夢麟

薊丘李榮祿，好寫珊瑚枝。丹穴鳳初下，墨池雲起時。裂素風瑟瑟，展卷秋離離。妙手不再作，令人起返思。蟄雷起林谷，石根稚子萌。解籜粉香濕，捫玉清風生。頭角未盡頭，琅玕已崢嶸。顛持苦節心，永結君子盟。（沈夢麟《花谿集》、卷二）

〈息齋道人竹禽圖〉　　　　　　　　　　　　　　　　　　　元‧沈夢麟

　學士才名冠薊都，興來能寫竹禽圖。吹簫秦女來靈鳳，鼓瑟湘娥怨鷓鴣。風度秋聲宜獨聽，月明清影不同孤。歲寒猶愛江邊水，歷盡冰霜似老夫。（沈夢麟《花谿集》、卷三）

〈李息齋平章著色竹御屏〉　　　　　　　　　　　　　　　　　元‧張　昱

　此君有逸韻，翠珮而長裾。遭彼列仙人，授以鴻爪書。把玩猶未解，倏焉凌空虛。化為九鳳雛，其聲襍笙竽。煌煌薊丘公，描寫登畫圖。丹青照屏幃，如對古丈夫。乃知廟堂上，一日不可無。至今伶倫氏，見之為踟躕。（張昱《可閒老人集》、卷一）

〈李息齋平章畫生色竹〉　　　　　　　　　　　　　　　　　　元‧張　昱

　一代風流畫，丹青付此君。忍將湘浦淚，更洒九疑雲。（張昱《張光弼詩集》、卷四）

〈息齋學士竹〉　　　　　　　　　　　　　　　　　　　　　　元‧金哈剌

　文湖州，李薊丘，二公妙筆誰能儔。篔簹谷中春未老，瀟湘江上雨初收。李公此圖與文肖，長枝大葉寒光流。彩鳳為實當來游，彩鳳為實當來游。（金哈剌《南遊寓興詩集》、三十六頁）

〈息齋竹，為鄭明道處士題二首〉　　　　　　　　　　　　　　元‧金哈剌

　鳳羽夜娟娟，瑤笙度九天。徵君心似水，對此玉堂仙。

　雨葉淨無塵，雲梢更可人。有時懸白壁，書幌不勝春。（金哈剌《南遊寓興詩集》、三十八頁）

〈李息齋竹石〉　　　　　　　　　　　　　　　　　　　　　　元‧呂不用

　使君昔日世稱好，風流翰墨天機開。手幹崑山太古瓊，鳳凰隨手雙飛來。稚龍脫胎疑有神，一夜起欲高過人。世間筆跡難再得，人去名存良可惜。（呂不用《得月稿》、卷六）

〈題李息齋竹〉　　　　　　　　　　　　　　　　　　　　　　明‧宋　濂

　別駕聲名遠，先生節行尊。百年耆舊盡，二老典刑存。已返遼城鶴，難招楚客魂。人間留翰墨，不獨重璵璠。（宋濂《宋學士文集》、卷七十）

〈題李息齋墨竹〉　　　　　　　　　　　　　　　　　　　　　明‧劉　基

　李侯貌出蒼篔竹，葉上湘妃淚未乾。烟雨晝迷丹鷺鷥，霜風秋勁碧琅玕。修莖擬截伶倫管，和氣潛驅嶰谷寒。此意祇令誰賞識，高堂素壁靜時看。（劉基《誠意伯劉文成公文集》、卷十六）

〈薊丘墨竹歌，為克雋李兵曹賦〉　　　　　　　　　　　　　　　明·劉　嵩

　薊丘墨竹妙天下，海國中州重聲價。事往雲流五十年，孫子兵曹更瀟灑。昨來相見渾河東，身騎官馬行匆匆。從君早懷壯士志，將命綽有前賢風。當家譜竹精形類，傾軋湖州出清致。縑絹磊落動千古，翰墨晶熒照三世。自云真跡世已訛，後來作者俱不多。空庭月落見脩影，絕壁秋風聞振珂。我家江南竹林裏，與竹同遊同臥起。一從北向感飛蓬，卻愛橫梢寫生紙。劃紙落筆生蕭騷，秀色娟娟真鳳毛。薊丘風節慎操勵，看爾騰踔青雲高。（劉嵩《槎翁詩集》、卷三）

〈閒閒道士求題息齋竹〉　　　　　　　　　　　　　　　　　　　明·朱　同

　楚山脩竹不可致，誰寫秋風筆底開。疑是道人吹紫竹，月明引得鳳凰來。（朱同《覆瓿集》、卷三）

〈息齋風竹〉　　　　　　　　　　　　　　　　　　　　　　　　明·童　冀

　夜久商飆起，蕭蕭山月明。小窗雲影亂，無處覓秋聲。（童冀《尚絅齋集》、卷四）

〈題李息齋墨竹〉　　　　　　　　　　　　　　　　　　　　　　明·藍　智

　蕭蕭晴影動秋風，春老湘江碧玉叢。夜半酒醒吹短笛，起看棲鳳月明中。（藍智《藍澗集》、卷六）

〈題息齋南風堂松竹圖，有歐陽虞揭諸公詩〉　　　　　　　　　　明·鄭　潛

　京師遍閱名公畫，此卷傳來亂後看。滿紙煙雲元氣濕，半軒蒼翠日光寒。文章閣老儀鸞鳳，江海羈人佩蕙蘭。空憶南風悲歲暮，獨憐松檜照琅玕。（鄭潛《樗菴類稿》、卷一）

〈息齋雙竹圖〉　　　　　　　　　　　　　　　　　　　　　　　明·王　冕

　李侯畫竹真是竹，氣韻不下湖州牧。墨波翻倒徂徠山，筆鋒移出篔簹谷。千竿萬竿清影遠，百丈十丈意自足。就中分取一兩枝，別是山陰瀟洒族。疎梢颯颯鳳尾顫，脩榦隱隱虬龍伏。憑軒忽若秋風來，坐使傍人脫塵俗。我生愛竹太僻酷，十載狂歌問淇澳。歸來不得翠琅玕，聽雨冷眠溪上綠。而今已斷那時想，見景何曾動心目。便欲為君真致之，相對空窗慰幽獨。（王冕《竹齋詩集》、二八頁）

〈柯博士竹圖〉　　　　　　　　　　　　　　　　　　　　　　　明·王　冕

　先生元是丹丘仙，迎風一笑春翩翩。琅玕滿腹造化足，須臾筆底開渭川。我家只在山陰曲，脩竹森森照溪綠。只今榛莽暗荒烟，夢想清風到茅屋。今朝看畫心茫茫，坐久忽覺生清涼。夜深明月入高堂，吹簫喚來雙鳳凰。（王冕《竹齋詩集》、二九頁）

〈題李息齋雙竹圖〉　　　　　　　　　　　　　　　　　　明・唐文鳳

　　隻龍已化葛陂水，兩鳳初集丹山羽。虞廷既遠費仙歸，留得瀟瀟雜風雨。老聃文孫神
思寄，筆吐元氣何淋漓。一天秋興收不得，疎影散作青瑤枝。（唐文鳳《梧岡集》、卷二）

〈李息齋墨君卷〉　　　　　　　　　　　　　　　　　　　　明・沈　周

　　十年一見黃叔度，倏來似為清風吹。手中所把薊丘竹，風晴老嫩凡數枝。茅堂六月發
蕭爽，呼酒酹此瓊林株。想當此老握筆際，其用左手筆不知。縱橫妙用竹神死，手亦無
用心能之。道人之心竹之祖，生生化化無窮期。松雪雪菴兩題辭，書中有法後世師。我
因書法論竹法，道理一致曾無岐。卷中三物總神俊，蟠螭鳳□看威儀。還君什襲當秘借，
雷雨破壁豈無時。後學沈周題。（清吳升《大觀錄》、卷十五）

〈題徽州殷氏所藏息齋畫竹〉　　　　　　　　　　　　　　明・周　瑛

　　平生無計醫凡俗，每思開軒學種竹。息齋此畫自何來，坐覺寒陰滿書屋。斷根入地吳
蠶僵，密葉排雲威鳳翔。洒洒清風照長渭，濛濛翠霧浮清湘。人世韶音久不作，有材如
此轉零落。龍笙鳳管歸何處，變作秋聲撼厓壑。紫陽山高白日寒，幽人自倚疎簾看。只
恐六丁下收拾，夜半失卻青琅玕。（周瑛《翠渠摘稿》、卷六）

〈李息齋墨君卷〉　　　　　　　　　　　　　　　　　　　　明・呂　敬

　　道人天機清，心胸飽冰雪。揮灑墨篔簹，清風掃炎熱。風晴與老嫩，榮悴各分別。珊
瑚海底生，琅玕挺奇節。儼如坐推篷，昏目一光潔。王孫美詞翰，筆勢蟠屈鐵。偉哉老
雪菴，妙語重為說。暮生何多幸，從容獲披閱。此圖世所希，撫卷歎三絕。呂敬。（清
吳升《大觀錄》、卷十五）

〈李息齋墨君卷〉　　　　　　　　　　　　　　　　　　　　明・偶　桓

　　西清閣老李薊丘，筆法妙過文湖州。試拈雪繭翻墨瀋，淋漓掃作湘雲浮。釋龍迸土翠
胎綻，秀出亭亭蒼玉榦。十莖五葉何必多，老嫩風晴總堪玩。堅貞者節凌歲寒，裊娜新
梢翔鳳鸞。靈颸宛度佩環響，璧月或照蛟龍蟠。薊丘薊丘難再得，撫卷令人空唶唶。品
題況有松雲翁，從知價重千金值。義陽偶桓武孟。（清吳升《大觀錄》、卷十五）

〈李息齋墨君卷〉　　　　　　　　　　　　　　　　　　　　明・徐　源

　　息齋道人骨已仙，紙上墨竹神猶全。淇園萬榦總枯死，此幅自待留千年。丰姿瀟灑宛
如玉，顧我得覿崑岡前。汲泉便試竹鑪茗，一洗萬慮開雲天。誰知珍重承旨筆，猶來景
蕭僑高賢。乾坤妙趣苟心會，似勝俛默窺遺編。雪菴老人通萬卷，銀鉤鐵畫如扛椽。古
來人物通誇子，傾城女色誰爭妍。黃郎得此賁書屋，玉函金鑰來何緣。古人邈矣見心跡，

何由一拜聊隨鞭。徐源敬題。（清吳升《大觀錄》、卷十五）

〈以李薊丘竹木荒寒圖贈潘少承〉　　　　　　　　　　　　　　明・黎民表

　　大漠飛霜沒平野，見此森然挺奇秀。蒼苔剝落龍鱗粗，翠篠蒙蘢石稜瘦。野火燒殘霹
靂餘，爽氣高標颯回首。佳人絕代臥空谷，賢士驪孤成老醜。何人貌此真苦心，古法兼
應存篆籀。異代流傳李薊丘，父子聲名在人口。輕縑古墨兩相投。粉繪丹青俱落後。潘
生好事偶見之，以手摩挲嘆良久。置身恍在巔崖間，撝呵恐作蛟龍走。錦標鈿軸裝重池，
持歸不用連城購。潘生相就仍索詩，為爾重增遇合悲。杜陵桃竹或變化，張公寶劍能雄
雌。千金敝帚登廊廟，肯使瑰材委路歧。（黎民表《瑤石山人稿》、卷三）

李約禮

　　小傳：不見畫史記載。身世不詳。

〈贈寫真李約禮序〉　　　　　　　　　　　　　　　　　　　　明・陳謨

　　晉人稱傳神寫影正在阿堵中，蓋眸子人之神氣也。然繇頰上三毛概之，則一髮之失而
神非矣。固人以全軀論骨法神情氣韻，坐立當無不肖似，乃名國藝。郭令公女指前畫得
趙郎形貌，後畫兼得其性情語笑；蘇文忠公令人於燭下取壁上影，不施眉眼，而見者識
與不識皆知為東坡，此全體之論也。阿堵固全體之大防，三毛亦全體之一節也，可不務
與。盧陵李約禮，斯藝名三世聞四方。余老復解后疎髯翛翛，天風起之，濯濯如萬絲柳，
而芝宇霞頰光眩暎發可愛。談論古今事變及其先世文物，酒酣氣張，偉然豪傑意態，此
其全體也。凡得君一筆，無不如生，而亦不輕一筆，以予契久屢別。為余筆之，且誚予
江湖間屢筆屢不似。予故以前說為謝，蓋全體未易言也。約禮大父滄波，與鄉袞文信公
同里，常畫信公於南禪，觀者疑隨武子復生，其父波餘亦如之。班固稱士食舊德之名氏，
工用高曾之規矩，亂來食德者希，若規矩高曾如約禮，不替益精幾何人哉。嘗見前輩題
安城劉氏乾坤清氣圖，多宋季魁人碩士，使來者願執鞭不可得於世教有補，今亡矣。約
禮其無忽諸庸，詎知今無其人耶。（陳謨《海桑集》、卷五）

李茂卿

　　小傳：不見畫史記載。身世不詳。

〈李節使（自畫）松溪圖詩引〉　　　　　　　　　　　　　　　元・蒲道深

　　古之名流勝士，寓意於一草一木，豈偶然而已哉。陶翁之喜菊，周子之愛蓮，子猷之
植竹，和靖之賦梅，蓋以其有隱逸之節。君子之德，風致之雅，標格之高，而此數君子
者，其心術踐履，流風餘韻，至今猶可想見。茂卿李侯，質實剛方。老成忠厚，自為御

史曰，風節凜然，聞於四方。及守洋郡，得識芝宇。予始觀其容貌高古，有昇霄聳壑之姿。暨聞其持守不渝，有歲寒後凋之操。今移守鳳，其州當往來之衝，而侯老矣，起歸休之嘆。以其自號松溪，寫為圖，以見示，橫琴於膝，坐古松之下。環以溪流，見之令人塵慮都忘。然則侯之有取於松，蓋與昔人異世而同符也。若夫松風之翛然，溪水之泠然，寓之以七弦，寥寥乎游心太古之前，其一唱三歎之意，賞音者尚能為侯賦之。（蒲道深《閒居叢稿》、卷八）

李 倜

小傳：字士弘，號員嶠真逸，太原人。工書畫，以好書名天下（見《中國畫家人名大辭典》、一九七頁）

〈題李士弘學士畫明復齋風竹〉　　　　　　　　　　　　元・袁 桷

　虛聲出素壁，泠泠天地秋。矧此三伏涼，居然索重裘。盪摩神光旋，戞擊玄露浮。浩蕩白玉京，頃刻瀟湘洲。昂昂員嶠仙，筆底寒颼颼。高齋襲道氣，根深澹無求。（袁桷《清容居士集》、卷十五）

〈上都客舍李士弘為作風竹〉　　　　　　　　　　　　　元・袁 桷

　門巷泥深笑獨清，此君瀟灑未忘情。無端昨夜風花急，卻送秋聲作雨聲。（袁桷《清容居士集》、卷十五）

〈李圓嶠學士仙山圖〉　　　　　　　　　　　　　　　　元・朱德潤

　畫師昔為仙人招，學仙論道有所遭。酒酣下命管城子，束縛萬山歸鼠毫。蒼崖丹谷隱雲嶠，白沙翠竹連江皋。山岩招提出古寺，斷岸略杓橫輕舠。林間數客坐揮麈，手拈丹砂曳輕瓢。似聞謫仙人隱居，赤口高。門開雙華表，有路通九霄。毛龍不來思君切，手揮玄雲浣生絹。（朱德潤《存復齋文集》、卷十）

〈題李士弘墨竹〉　　　　　　　　　　　　　　　　　　元・袁 桷

　漫山桃李艷紛紛，歲晚相看有此君。昨夜墨池新雨過，澹煙輕掃一窗雲。碧海無塵玉作壺，琅玕清淺露流珠。相思忽憶侯都史，為爾疏封墨大夫。（袁桷《清容居士集》、卷十四）

〈李員嶠墨竹〉　　　　　　　　　　　　　　　　　　　元・虞 集

　河東李學士，隨意放洋州。月落亭陰迥，雲生谷口幽。江濤空渺渺，筆墨更悠悠。瀟瀟西清地，令人憶舊遊。（虞集《道園學古錄》、卷二）

〈題上都崇真宮陳真人屋壁李學士所畫墨竹走筆作〉　　　　　　元・揭傒斯

　　玉京灤水上，仙館白雲卿。虛壁數竿竹，清風生滿堂。微吟弄寒影，靜坐佇幽香。有
客仍無事，澹然方兩忘。(揭傒斯《揭文安公全集》、卷二)

〈李員嶠畫墨竹〉　　　　　　　　　　　　　　　　　　　　元・張　昱

　　叢玉軒，軒在淨慈寺方丈後，有塩運使李員嶠畫墨竹一株，儒學提舉趙松雪題名"叢玉"，
　　參政姚江村作記，憲副鄧善之書板，刻在軒楣。

　　河東使君竹成癖，落墨滿林烟雨新。雪壁自期留後日，碧紗誰與護輕塵。百年聚散同
殘夢，一代風流不數人。賴是主僧知敬客，不辭騎馬到來頻。(張昱《張光弼詩集》、卷
六)

〈題翰林李士弘墨竹〉　　　　　　　　　　　　　　　　　元・王元粹

　　白景宣憲僉來江東，翰林李士弘作墨竹以贈，題其後云，貢仲章王氏兄弟不可無詩，白公以
　　見示，因題卷末。

　　冰梢偃蹇出林叢，照眼炎雲一洗空。持贈綉衣知有意，好將南國作清風。(元《宛陵
群英集》、卷十二)

〈李倜雪霽圖詩序〉　　　　　　　　　　　　　　　　　　　明・鄭　真

　　雪霽圖者，元清江守李公圓嶠所作也。皴法遠師董元，近學馬遠。而意匠經營精入能
品，其山之峻險者若鸞鳳之軒翥。突兀者若車馬之奔馳，橫者如案。平者如辰，崇巒別
巘。盤薄起伏，不可名狀。而同雲積雪，一色縞素。樓台層觀，仙居佛所。天光下燭，
恍然不知其為人間世也。迤若野水微茫，長橋偃臥。古木荒籬，閉門自掃。有倒屣迎客
之意，乘扁舟之清興者殆維其時。巖廣架廣，足迹罕至，而睡酣焦寢。凍逼袁門者，可
以問無恙也。峻嶺巍峩，修途慄列。歷藍關而謫潮陽者，髮髯如見其人焉。想運筆之時，
清氣吐吞。傲睨今古，所謂咫尺應須論萬里者。豈虛言哉，圓嶠既沒五十餘年。是圖流
落人間，武林劉公購得之。愛賞弗置，自京師出入燕冀。復渡海人遼，冰天雪野。無入
而弗自得焉，歲時速客。每出以示，曰。是殆我親歷矣，按圖索象。其在茲耶，縉紳君
子多為詩文賛詠之。予得諦觀焉，起而告之。曰：公可謂托物君子矣，夫物之白。莫雪
若也，當夫六霙飛灑。萬象交輝，凡汙而穢、黝而黑者。無不白矣，人稟天地之氣以生。
人心眾理之會，不與雪同其白乎。且夫雨雪浮浮，見晛曰流。詩人之興，以雪之霽也。
以日陰陽動靜循環無端，於是時也。俯仰上下，我室我閭。內融外明，妙悟無際。豈獨
山川之勝可玩可說也哉，公由吏入仕。所至以清白稱，今通守廣信。與司一郡之寄，靈
府真君。光華透徹，蓋將化炎熱為清涼、變塵垢為皎潔者。由是上瑤墀登玉陛，賛襄燮
理。致三白豐年之兆，所以綏寵祿而介遐福者。不亦可乎，莊周所謂虛室生白吉祥止止

者。庶幾在此，此固畫史意外之意。使圓嶠可作，寧不有取於予言哉。公顧予一笑，遂書以為序。時洪武十八年歲次乙丑三月十一日，鄉貢進士具官鄭真序。（鄭真《滎陽外史集》、卷二十三）

李　時

小傳：字居中，北京人，善畫山水。（見《中國畫家人名大辭典》、一九八頁）

〈題李時畫山水圖寄贈羅修己〉　　　　　　　　　　　　　　　　明・劉　嵩

雪擁蓮花嶂，霞明楓樹林。江侵沙嶼潤，泉落洞門深。柳色催移棹，松陰帶抱琴。新亭無限好，何日共登臨。（劉嵩《槎翁詩集》、卷四）

〈題李時小景二首〉　　　　　　　　　　　　　　　　　　　　　明・劉　嵩

山色遶層台，山花滿樹開。何人携酒去，江上看潮來。水面青蒲短，船頭白鷺閑。江南萬里意，好在綠楊灣。（劉嵩《槎翁詩集》、卷七）

〈題李居中所畫雪景，為羅與敬賦〉　　　　　　　　　　　　　　明・劉　嵩

李時家住居庸北，慣寫西山雪裡峯。彷彿舊遊天上去，瑤台開遍玉芙蓉。（劉嵩《槎翁詩集》、卷七）

李真常

小傳：不見畫史記載。身世不詳。

〈重陽王真人憫化圖序〉　　　　　　　　　　　　　　　　　　　元・任士林

重陽王真人憫化圖，凡五十有五，李真常實為之。張誠明遂為之題其目，吏弘真為之傳其事，王資善為之序其然，何竊竊然如也，蓋憫一世之窮相率而期於化，此圖之不可不作也。然吾觀重陽之為道也，如月在天，如風行水，其神凝，其形化，何往非跡，何往非圖，逮雲行月移，竅虛風齊，其神遷，其道傳，何有於跡，何有於圖乎哉？果且無跡與圖乎哉，雖然易象，何為而作也，忘筌忘蹄，必有得是圖之外云。（任士林《松鄉集》、卷四）

李容瑾

小傳：字公琰，善界畫及山水，師王振鵬。（見《中國畫家人名大辭典》、一九七頁）

〈贈李公琰副使畫梅閣〉　　　　　　　　　　　　　　　　　　　元・朱德潤

龍纏飛棟侵雲高，雙蚭蟠礎連山腰。金獸齧環丹鳳翥，雕甍鏤窗相蕩搖。千年復見漢宮闕，甘泉建章高下列。畫圖誰復記興乘，李家父子真藝絕。自從咸陽不復都，蒼煙覆地雲模糊。驪山高樹倚陵谷，月明夜半啼驚烏。人生草露何易滅，徒作露盤和玉屑。莫將圖畫獻當時，土木工成民力竭。（朱德潤《存復齋續集》、五四頁）

李道士

小傳：道、佚其名，居南岳，善畫龍。（見《中國畫家人名大辭典》、一九八頁）

〈南岳李道士畫雙松圖〉　　　　　　　　　　　　　　　　元・宋　旡

道士醉臥天柱峯，睥睨石上千年之老松。松精相感入夢寐，化作蒼髯隻老龍。酒腸空洞生鱗角，飛出兩龍醉不覺。須臾霹靂撼五岳，豐隆縮手不敢捉。神靈頃刻歸虛無，壁上但見隻松圖。松耶龍耶莫能詰，棟梁霖雨藏禿筆。（宋旡《翠寒集》、三八頁上）

李復中

小傳：不見畫史記載。身世不詳。

〈題李復中所畫髯龍圖〉　　　　　　　　　　　　　　　　明・劉　嵩

海外飛騰地軸傾，五雲雷電遶神京。鼎湖天遠人難見，彷彿龍髯下太清。（劉嵩《槎翁詩集》、卷八）

李進臣

小傳：不見畫史記載。身世不詳。

〈題南襃草堂圖手卷并序〉　　　　　　　　　　　　　　　元・蒲道源

襃邑之東，宮曰玉虛，旁有溪園，地形爽塏。仲岩道錄取乾坤一草亭語意，誅茅構其上。西鄉，會綱齋先生李進臣為寫圖。大尹山木公及名士品題成巨軸，故并及之。

君知上界足官府，故葺衡茅在江滸。離喧氣象接鴻濛，昭儉規模存簡古。玉虛連延清境同，勝地雅屬矓仙主。東西日月自縈繞，高下乾坤時仰府。晚山蒼翠鳥知還，秋水空明魚可數。沉香富貴走太白，浣花岑寂留工部。神遊八極初不羈，挽駕聊須憩茲宇。綱齋一見心目舒，老筆淋漓注風雨。流傳文士爭品題，短昀長篇聯繡組。牛腰詩卷固不惡，尚惜奇觀角塵土。（蒲道源《閒居叢稿》、卷二）

李雲山

小傳：不見畫史記載。身世不詳。

〈李雲山畫秋林晚步〉　　　　　　　　　　　　　　　　　　　元・邵亨貞

　　疊疊青山黃葉村，夕陽喬木幾家存。幽人占得前溪住，不是桃源定鹿門。（邵亨貞《蟻術詩選》、卷七）

李遂卿

　　小傳：不見畫史記載。身世不詳。

〈題李遂卿畫〉　　　　　　　　　　　　　　　　　　　　　　　明・張以寧

　　高堂暮冬見杏花，的皪滿樹開丹砂。生香麗色曉浮動，春風夜到仙人家。名園題詩昔時見，曲江煙晴江色變。兩鵝新乳出花間，白雪紅雲光眩轉。野人愛酒兼愛鵝，持酒尋常花下歌。客中看畫色惆悵，春風爾來獨奈何。（張以寧《翠屏集》、卷一）

李溥光（雪菴）

　　小傳：僧，名玄暉，出家名溥光，號雪菴，大同人。官昭文館大學士，工畫山水，墨竹。（見
　　　　　《中國畫家人名大辭典》、五五六頁）

〈題李宗師所藏李仲賓、李雪菴、趙子昂墨竹〉　　　　　　　　元・程鉅夫

　　李侯游戲竹三昧，葉葉枝枝分向背。却憶王猷徑造時，一點清風驚百代。雪庵筆力老且堅，神藏氣密如枯禪。繁霜彫林雪積野，虛堂宴坐方寂然。最後數竿更森竦，高節猶含老龍種。一枝欲費百金求，松雪道人世所重。羨君一朝得三絕，五月對之若冰雪。我但從君覓竹栽，滿植中庭貯秋月。（程鉅夫《雪樓集》、卷三十）

〈李雪菴學士寫竹枝〉　　　　　　　　　　　　　　　　　　　元・張　雨

　　昔我入朝皇慶初，及識此老蒼眉須。殿頭金榜插晶晶，海底鐵網收珊瑚。洋州竹枝氣相敵，涪翁病書誰足模。金色頭陀去已久，献花還自有門徒。（張雨《句曲外史貞居先生詩集》、卷三）

李齊民

　　小傳：不見畫史記載。身世不詳。

〈贈李齊民地仙善琴畫〉　　　　　　　　　　　　　　　　　　元・釋性空

　　三湘兩浙一投筇，會見文章幾鉅公。月榻孤琴彈古操，雲山雙屐閱仙蹤。吟詩放鶴潘邠老，醉墨圖畫陳所翁。如此多材輕別去，楚天春樹暮雲重。（釋性空《廬山外集》、卷二）

李壽卿

小傳：不見畫史記載。身世不詳。

〈題李壽卿山水〉　　　　　　　　　　　　　　　　　　　　元・同　恕

幾家籬落枕江濱，江水澄澄日欲曛。人倚危欄娛晚景，眼隨歸棹沒孤雲。一榻塵埃兩膝穿，眼明快此覩江天。鬼工有識應嗔道，漏泄詩家句外禪。（同恕《榘菴集》、卷十五）

李　銘

小傳：不見畫史記載。身世不詳。

〈題李銘古木竹石圖〉　　　　　　　　　　　　　　　　　　明・劉　嵩

李銘作畫性所耽，筆意遠與黃岩參。山雲不動光淰淰，溪雨欲滴寒毿毿。荊揚自古貢篠簜，匠石何處求梗楠。風沙滿目忽見此，春夢昨夜思江南。（劉嵩《槎翁詩集》、卷六）

李　端

小傳：不見畫史記載。身世不詳。

〈（李端）秋山圖〉　　　　　　　　　　　　　　　　　　　　明・王　冕

前年放船九江口，秋風獵獵吹蒲柳。買魚沽酒待月明，不知江上青山走。三更吹笛欲喚人，溥溥白露侵衣巾。故鄉迢迢書斷絕，空見過雁如飛雲。去年却下七里灘，秋水滿江秋月寒。子陵先生釣魚處，荒台直起青雲端。先生不受漢廷官，自與山水相盤桓。至今高節敦廉頑，清風凜凜誰能攀。泊舟登岸行復止，小逕分岐通草市。石林掩映樹青紅，正與今年畫相似。茅廬半住林木裏，白狗黃雞小如蟻。翁媼無言童樨閒，可是太平風俗美。清溪水落魚蝦新，東隣釀熟呼西隣。相牽相把意思真，親密不異朱陳民。李端筆力能巧妙，寫我舊日經行到。豈是老夢眩水墨，不覺掀髯發長嘯。殷家大樓滄江頭，留我十日風雨秋。觸景感動客邸愁，便欲卜築山之幽。斷橋流水無人處，添種梅花三百樹。直待雪晴冰滿路，騎驢相逐尋詩去。（王冕《竹齋詩集》、一五頁）

李　潛

小傳：不見畫史記載。身世不詳。

〈題李潛畫馬圖〉　　　　　　　　　　　　　　　　　　　　元・胡祇遹

天骨開張八尺龍，李潛何處得英風。汧陽冀北非無馬，滿眼駑駘枉費工。（胡祇遹《紫山大全集》、卷七）

李隴西

小傳：不見畫史記載。身世不詳。

〈為后蒼篋題李隴西所畫墨蓼花雙鳬，玉山同賦〉　　　　　　　　元・釋良琦

　　李老畫精妙，寫生尤出群。秋花照秋水，川鳥亂川雲。歷歷丹砂顆，明明錦繡文。詩成思獨往，把釣大江濱。（顧瑛《草堂雅集》、卷十四）

旺扎勒

小傳：不見畫史記載。身世不詳。

〈題旺扎勒蘭石〉　　　　　　　　　　　　　　　　　　　　　　元・于　立

　　明時宿衛選良材，忽擁旌旗海上來。天馬盡收西國種，將軍新破粵蠻回。弓懸蛇影弦初下，劍發龍吟匣自開。自古相門多作相，五雲佳氣接三台。（顧瑛《草堂雅集》、卷十一）

牧樵子

小傳：不見畫史記載。身世不詳。

〈跋牧樵子花卉〉　　　　　　　　　　　　　　　　　　　　　　元・吳　澄

　　人與喬飛草木之屬，貌像姿態，萬之又萬，莫可勝窮，而無一同者，畫史乃能以筆擬之。清江牧樵子，寄予卉實四小幅，遠視真以為宰物所生也，充齋皮公稱其傳神之筆如化工，且得相人之妙，若鄭圃君子見之當亦心醉。夫生物之巧，自己出而別，其所生貴賤壽夭賢不肖，何如易易事爾，然予嘗命畫者畫予，輒閣筆；命相者相予，輒緘口，或強作終不似，強言終不應，何也？物之生，曲盡其巧，獨予之醜惡，無物可比，蓋大巧所外，則畫者之手相者之目，無所施其法也，宜抑又安知予疇昔所遇，未有如牧樵其人者乎。何時於清江之上聽牛背之笛和谷口之歌，以予示之。（吳澄《吳文正集》、卷五十五）

〈題牧樵子花木〉　　　　　　　　　　　　　　　　　　　　　　元・吳　澄

　　宋代經學，公是先生為天下第一。南渡後，作古文，艮齋先生為天下第一。下至曲藝微巧，如逃禪翁之梅，亦然。更數十年，牧樵子花木，當與逃禪翁梅同價，何清江才人之多歟。（吳澄《吳文正集》、卷五十五）

〈題牧樵子草虫〉　　　　　　　　　　　　　　　　　　　　　　元・吳　澄

入機出機，走草飛草。真假俱幻，玄造玄造。（吳澄《吳文正集》、卷一〇〇）

〈跋牧樵子鶺鴒〉　　　　　　　　　　　　　　　　　　　　　　　元・吳　澄

往年冬，在京師，日以此充旅食之羞。今得此十數，把玩於手，活動如生，其悅吾目有甚於悅吾口者。（吳澄《吳文正集》、卷五十五）

〈跋牧樵子蒲萄〉　　　　　　　　　　　　　　　　　　　　　　　元・吳　澄

芸香樓上汗成珠，起趁清風為掃除。見此西涼甘露乳，冷然齒頰出寒酥。（吳澄《吳文正集》、卷九十二）

〈題牧樵子草虫〉　　　　　　　　　　　　　　　　　　　　　　　元・吳　澄

維野有牧，見彼于于。維山有樵，見彼嘤嘤。子豈樵夫，子豈牧豎。子何見聞，深解蟲趣。牧樵子言，此論未然。聞聞見見，得者淺淺。維蟲能天，天固在我。非牧非樵，亦何不可。（吳澄《吳文正集》、卷一百一）

空隱子

小傳：不見畫史記載。身世不詳。

〈空隱子草虫〉　　　　　　　　　　　　　　　　　　　　　　　元・錢惟善

空隱子以燈花寫草虫人物，蓋用雲巢家法，且書坡翁題雍秀才八詩於右。戲把燈花幻草虫，世間筆墨詎能同。雲巢家法坡仙語，令我披圖悟色空。（錢惟善《江月松風集》、卷十一）

房大年

小傳：善畫，文宗時居金陵潛邸。（見《中國畫家人名大辭典》、二一七頁）

〈夏撫軍房大年唐玉驄馬圖跋〉　　　　　　　　　　　　　　　　明・張　寧

畫馬，貴乎停分向背，毛肉氣韻精神骨法，各極其精為善品，而骨法尤重。昔晉武帝得周穆王八駿圖，腐敗昏潰，而骨法宛在不失其真。是骨法妙解處，所謂天機流動，蓋有出於粉墨之外者。此圖規格既佳，而傳染亦善，人馬拱駐，意象相符，如有所向其對御立仗時也。前輩云一筆畫，大年其近之。夏侯得此，可謂奇絕矣，珍重，珍重。（張寧《方洲集》、卷二十一）

明辨之

小傳：不見畫史記載。身世不詳。

〈明辨之畫〉　　　　　　　　　　　　　　　　　　　　　　明・凌雲翰

　雲抹山腰晚更奇，高人應不愧王維。釣絲收起船頭坐，看刼風波欲定時。（凌雲翰《柘軒集》、卷一）

長春子

　小傳：不見畫史記載。身世不詳。

〈題長春子自畫〉　　　　　　　　　　　　　　　　　　　　　宋・林景熙

　辟穀曾吞日月華，春風不老聚三花。玄關一竅通無極，白髮餘生笑有涯。野鶴相看盟秀竹，洞雲何處食靈瓜。披圖彷彿榴皮迹，珍重還如東老家。（清高宗《御定歷代題畫詩類》、卷六十二）

東山禪師

　小傳：不見畫史記載。身世不詳。

〈十八大阿羅漢贊〉　　　　　　　　　　　　　　　　　　　　明・宋　濂

　東山禪師以所畫應真像求予贊。予謂應真何待贊，有贊則贊矣。東山迫之甚，因為說偈，其詞曰：（贊文略）。（宋濂《宋學士文集》、卷十七）

坦率子

　小傳：佚其姓名，不知何許人，徐幼文謂其善畫。（見《中國畫家人名大辭典》、二一三頁）

〈題坦率子畫〉　　　　　　　　　　　　　　　　　　　　　　明・徐　賁

　林屋闃煙蘿，歸樵已罷歌。獨吟斜日裏，誰復此相過。（徐賁《北郭集》、卷八）

抱素子

　小傳：不見畫史記載。身世不詳。

〈抱素子作自適圖求題〉　　　　　　　　　　　　　　　　　　元・張　翥

　隱者抱幽素，獨行穿杳冥。有時吟木客，無駕勒山靈。寒澗流沙白，秋雲入竹青。攜琴向何處，彈與野猿聽。（清高宗《御定歷代題畫詩類》、卷五十）

怡上人

　小傳：不見畫史記載。身世不詳。

〈題怡上人松風閣圖〉　　　　　　　　　　　　　　　　　　　　明・姚廣孝

　萬松蒼蒼蟠峻嶺，久向耶溪誇絕境。道人層構萬松間，宴坐長年樂深靜。靈飆欻來巖谷口，髯君忽作蛟鼉吼。喧豗直遣嶺猿驚，振迅或令山鬼走。須臾瑟瑟復蕭蕭，初如笙竽再如韶。裂石聲欺匡阜瀑，奔電勢壓錢塘潮。清奇自適烟霞侶，冷落豈宜箏笛耳。長夜寥寥四壁空，贏得此心如止水。黃鶴山中淨名老，援筆圖成過荆浩。金華太史製雄文，秋色南山兩相好。（清高宗《御定歷代題畫詩類》、卷一一四）

松　庵

　小傳：僧，佚名，南岳山僧，善畫葡萄。（見《中國畫家人名大辭典》、二一六頁）

〈題馬元善所藏松庵墨菊歌〉　　　　　　　　　　　　　　　　明・劉　嵩

　松菴道人寫墨菊，幽興宛在山巖中。軒然蒼石立苔蘚，枝葉掩冉生秋風。石傍扶疎出三本，土潤根肥氣深穩。彤霞匝地鑄黃金，白露溥空濕香粉。馬君好古天趣真，昔年省郎吾故人。升堂把酒對圖畫，使我意與南山親。君家舊宅龍沙北，荒圃經年歸未得。何當劚地種千株，日倚湖亭看秋色。（劉嵩《槎翁詩集》、卷四）

松　雲

　小傳：不見畫史記載。身世不詳。

〈松雲畫竹石圖〉　　　　　　　　　　　　　　　　　　　　　明・張　適

　玉堂飛墨寫湖州，彷彿鷗波竹樹秋。珍重王孫歸未得，淡煙斜月不勝愁。（清高宗《御定歷代題畫詩類》、卷八十二）

尚仲良

　小傳：洪武時人，善畫花鳥。（見《中國畫家人名大辭典》、二一六頁）

〈題尚仲良畫鷺卷〉　　　　　　　　　　　　　　　　　　　　明・張以寧

　滄江雨疎疎，翻飛一春鋤。老樹如人立，欲下意躊躇。明年柳條長，遮汝行捕魚。（張以寧《翠屏集》、卷一）

尚仲份

　小傳：善畫山水，嘗為陳孔碩作松岸輕舟圖。（見《中國畫家人名大辭典》、二一六頁）

〈題尚仲份為陳孔碩作松岸輕舟圖〉　　　　　　　　　　　　　明・劉　嵩

青山何處是幽居，生事深憐老向疎。安得短篷仍載酒，松江雪裡釣鱸魚。（劉嵩《槎翁詩集》、卷七）

表上人

小傳：不見畫史記載。身世不詳。

〈題表上人梅〉　　　　　　　　　　　　　　　　　　　　　　明・釋妙聲

夢入梨雲路不分，幽香多在定中聞。起來寫得橫窗影，寄與山中滿谷雲。（釋妙聲《東皋錄》、卷上）

竺希鄰

小傳：不見畫史記載。身世不詳。

〈寓王廷岳，因題竺希鄰畫青山白雲〉　　　　　　　　　　　　元・呂不用

東山一真子，求寫西山村。青山帶茅屋，白雲到柴門。屋中有布衣，早探天地根。上識無懷氏，下復見羲軒。有客來過之，敲門鶴飛起。養鶴如尸鄉，啄食在雲裏。呼之入竹去，殷勤具雞黍。一真如再來，為我更添此。（呂不用《得月稿》、卷五）

易文瑞

小傳：不見畫史記載。身世不詳。

〈送易文瑞之武昌，文瑞可人喜為山水〉　　　　　　　　　　　元・譚景星

柳風浩蕩忽乘流，如此心期付白鷗。田野猶聞徐樂召，山川如待子長遊。春明萬里三生畫，天入重湖一葉舟。亦有舊遊何限意，詩成題在岳陽樓。（譚景星《村西集》、卷三）

易 謙

小傳：不見畫史記載。身世不詳。

〈為易謙畫竹併系以題〉　　　　　　　　　　　　　　　　　　明・劉 嵩

渭川烟雨三千畝，箕谷清風四五年。不是軒庭難種得，高情宜向畫中看。（劉嵩《槎翁詩集》、卷七）

卓 犖

小傳：不見畫史記載。身世不詳。

〈題貢友瞻（卓犖畫）巖巖圖〉　　　　　　　　　　　　　　　　元・唐元

　茂深十年金石交，洒洒筆力專雄豪。南湖漭渺入我屋，側耳似聽玄猿號。青山千摺染空翠，瀑練萬丈懸崖高。行者回頭坐者坐，謂近非近遙非遙。長松夭矯奮鬐鬣，誰家置屋新誅茅。山橋野店迷徑入，稍疑艇子呼招招。問君此圖為誰作，南湖之濱人卓犖。石為肝肺水為文，襟珮芳菲紉杜君。泰山巖巖舊魯瞻，楚尾吳頭并廬霍。君家文靖玉堂仙，彭澤令君聯轡萼。諸孫班班如虎豹，眉目秀異承家學。蒼頭勿使捲圖去，要洗炎囂倚冰壑。（唐元《筠軒集》）

宗上人

　小傳：不見畫史記載。身世不詳。

〈題宗上人畫〉　　　　　　　　　　　　　　　　　　　　　　　元・張仲深

　江南六月露華繁，涼葉紛紛曉不翻。自是故宮風物異，至今煙樹滿祇園。（張仲深《子淵詩集》、卷六）

宗　楚

　小傳：不見畫史記載。身世不詳。

〈題翠薇山人高林疊嶂，山人，宗楚也〉　　　　　　　　　　　　元・呂不用

　翠薇山人今寂寞，滿壁空遺舊丘壑。當時遣興非偶然，五日十日妙盤礴。太筆初開元氣白，天河已向崑崙落。華陽山人舊居處，茅君峰前好樓閣。葛洪井西茅屋小，山家竈有黃金葉。天台劉郎再來路，流水胡麻已冥冥。簪纓見者稱絕倒，嘆君青年有奇作。前年去赴玉樓召，我獨思君望寥廓。思君不求淚如霰，見畫空如見君面。（呂不用《得月稿》、卷六）

岳　生

　小傳：不見畫史記載。身世不詳。

〈岳生畫竹〉　　　　　　　　　　　　　　　　　　　　　　　　元・鄭元祐

　修篁含雨餘，枝拂清風起。掃破碧玲瓏，高堂淨如洗。（鄭元祐《僑吳集》、卷六）

武仁夫

　小傳：不見畫史記載。身世不詳。

〈武仁夫蘭〉　　　　　　　　　　　　　　　　　　　　　元・釋大訢

　有苾藉方丞，紛紛舊蒼玉。山林雨露深，保此媚貞獨。（釋大訢《蒲室集》、卷一）

武季遠

　　小傳：不見畫史記載。身世不詳。

〈題武季遠竹木圖〉　　　　　　　　　　　　　　　　　　　明・藍　仁

　輕紈剪霜素，妙墨寫秋林。修竹露華潤，石厓雲氣深。鳳棲淇水暮，龍化渭川陰。載美武公德，永懷單父琴。(藍仁《藍山集》、卷二)

季居中

　　小傳：不見畫史記載。身世不詳。

〈贈畫士季居中〉　　　　　　　　　　　　　　　　　　　　元・釋道衍

　丹青入妙鬢毛皤，聞道前朝用禮羅。能事但求真識賞，感恩不在賜金多。（《古今禪藻集》、卷二十七）

季宗攝

　　小傳：不見畫史記載。身世不詳。

〈季宗攝窠石圖〉　　　　　　　　　　　　　　　　　　　　元・朱德潤

　高坡俯長流，八月氣已肅。疎林懸古藤，脫葉下喬木。終然抱高節，歲晏凜如玉。及茲霜霰繁，斧斤在空谷。會令柱天闕，偉耀驚世目。（朱德潤《存復齋文集》、卷八）

孟仲良

　　小傳：不見畫史記載。身世不詳。

〈題孟仲良畫雪中才子〉　　　　　　　　　　　　　　　　　元・虞　堪

　席帽羸驂抵朔風，雪中驅策霸橋東。幾時卻向長安道，到處題詩踏軟紅。（虞堪《希澹園詩集》、卷三）

孟　珍

　　小傳：字玉潤，後以字行更字季生，號天澤，歸安人。與同里胡欽亮同學，善花鳥，為世珍重，尤長青綠山水，與吳庭暉同工。（見《中國畫家人名大辭典》、二二五頁）

〈孟玉潤四安圖軸〉　　　　　　　　　　　　　　　　　　　　　　　自　題

　　四安圖（篆書）　。至正十有二年一陽月，孟玉潤製。（近代龐元濟《虛齋名畫錄》、
卷七）

〈題孟珍玉潤畫岳陽樓小景〉　　　　　　　　　　　　　　　　　　元・楊維禎

　　岳陽樓上望君山，山色蒼涼十二鬟。劍氣拂雲連翠黛，珮聲挑月過滄灣。洞庭水落漁
船上，雲夢秋深獵客還。最憶老仙吹鐵笛，馭風時復往來間。（清高宗《御定歷代題畫
詩類》、卷三十二）

〈孟王碉畫瓜〉　　　　　　　　　　　　　　　　　　　　　　　　明・祝允明

　　溧陽夜燕來仲虛（狄沖），示我玉碉畫瓜圖。嫣綿生意好手筆，燈前摸索聊為娛。爾
曰南至氣轉紓，我心之喜君知無。黃台離離幾抱蔓，野田倘有青門夫。焉知大瓞方包杞，
含章隕天天下理。天地相逢與子起，品物咸章自此如。（祝允明《懷星堂集》、卷五）

孟得名

　　小傳：不見畫史記載。身世不詳。

〈孟得名畫冬景寒鴉〉　　　　　　　　　　　　　　　　　　　　　明・凌雲翰

　　飛散寒鴉不可招，數株封雪落長條。茅簷盡日無人到，何處高樓酒未消。（凌雲翰《柘
軒集》、卷二）

邵思善

　　小傳：字青門，休寧人。善山水，師唐棣。（見《中國畫家人名大辭典》、二二六頁）

〈送畫者邵思善遠遊序〉　　　　　　　　　　　　　　　　　　　　元・鄭　玉

　　休寧人邵思善，以給事其縣大夫吳興唐侯（即唐子華），日侍筆硯，於丹青蓋有得也。
今將詰遊四方，以廣其見，徵余言以壯其行。或謂新安山水窟，大好之稱著於昔代。欲
知山水之妙者，舍吾新安何往哉？余曰：斯言之惑，邵生之所以遊也。夫天地之大，幅
員之廣，田方之山川，無或同也。巴蜀之山峭拔，而水峻急，江漢發焉；吳楚之山秀麗，
而水淳溓，五湖在焉；齊魯之山多特起，眾水所歸，東海會焉；幽燕之山多綿亘，水皆
支流，灢潞夾焉。畫者，與山水寫神者也，苟非遍歷四方，盡其態度而窮其情性，則生
於巴蜀者，不知其秀麗淳溓；生於吳楚者，不識夫峭拔峻急，其何能以盡山川之妙哉？
邵生是行，收攬山川形勢以為胸中丘壑。他日來歸，閉門解衣盤礡，不出環堵之間而盡
天下之勝，皆自此遊得之也。豈獨司馬子長之文章為然哉？（鄭　玉《師山遺文》、卷一）

林一清

小傳：字源潔，甌甯人。善山水，說者謂其繪事蒼古，信手揮染無不絕妙。（見《中國畫家人名大辭典》、二三〇頁）

〈送界畫林一清赴台州，并序〉　　　　　　　　　　　　　　　　　　元・許有壬

　予幼讀書江南，舍書無所嗜，買書苦無貲，故於畫不能有，況能別乎。入京，游道廣，時時有見鑒論品第。咻之積久，因知古人以是名家亦豈易哉。我朝傑出者蓋可歷數，十門諸品各見於世，獨宮室台閣名者罕聞焉。宣和秘藏所見，不過唐尹繼昭、五代胡翼、衛賢，宋郭忠恕而已，則知此藝其殆未易精也。皇慶間，王震朋（振鵬）者名一時，今得永嘉林一清，予所知二人爾。天地間事未有無法者，雖一藝囿於繩矩而不為窘束乃可語其至，奮筆作氣揮霍塗抹有足以聳動人者，語其豪宕則可，而未足語乎法也。若夫千門萬戶，正斜曲折，廣狹高下，毫釐之間不悖繩矩，寓算家乘除之法，此畫之有合於學而有用於世者也。故界畫有可据以締構者，有但觀美而施用繆悠者，識者謂之可以拆架乃為得法，此真知畫者哉。一清多藝而攻於此，所謂囿於繩矩而不為窘束，可以拆架者也。昔以岐黃術業供侍文宗青宮，出官監滄州稅，改台州監倉副使。其行士大夫餞之詩，余序其首，為之詩曰：

　天地萬物有規矩，大匠胸中具樓閣。有人悟此謝斧斤，筆鋒乃有公輸學。千門密可數根閩，萬間細不遺榱桷。鈎心鬬角蟲蜂房，各抱地勢分垠堮。橫斜平直自乘除，高下蔽虧相脈絡。按圖考制如指掌，拆架不許差毫末。林君又得高古趣，守法不愛繩墨縛。乃知作事貴有益，舍是但可資談謔。有言贈子試靜聽，阿房迷樓勿輕作。後來賢者識寓戒，謠昏適足媒其惡。子歸好究土階圖，聖治方將復淳朴。（許有壬《至正集》、卷八）

〈觀世音菩薩畫像贊〉　　　　　　　　　　　　　　　　　　　　　　明・宋濂

　梵稱阿縛盧枳伐羅，唐言觀世音也。其觀世音菩薩與南閻浮提眾生有大因緣。凡眾生有急難者，一稱菩薩名號皆得解脫，凡諸所求亦復如是。是故奉其像者，十室而九，各出巧思，莊嚴妙相。永嘉林一清為上原尹，治政之餘，稽首參禮。用清淨毫畫東大瀛海，水勢噴湧，傍有磐石，菩薩見天人相，翹其一足，坐彼石上。護法大神，身被寶鎧，駢立於左，善才童子乘蓮葉舟，合爪遙禮。自右而至其上，日輪正照，雲氣杳漫。其下龍女持珠仰首而献。品物咸秩，觀者動容，如親目菩薩於補怛洛迦山也。比丘似桂乃孚中信公之上足也，耽嗜般若如飲醍醐，以濂信嚮佛，秉持像清贊。濂觀一清運筆皆有所表見，非徒為虔節而已，中繪菩薩現大悲相，表慈憫眾生故。在大瀛海中表香水法界，故日輪正照表本性圓明故；雲影交重表塵沙無盡故；大神威嚴表降伏魔軍故；善財瞻禮表正信不回故；龍女献寶表地無所愛故；惟觀此像者，目擊道存，不以像視像，而以法視像。瞻禮之頃，三十七道品一時證入八萬四千塵勞門，悉皆降伏，則是像者。其於進道亦不為無所助也，胡跪作禮而說贊。曰：（贊文略）。（宋濂《宋學士文集》、卷十）

林士能

小傳：字若拙。善山水，說者謂惜無渾厚秀潤之氣。(見《中國畫家人名大辭典》、二二九頁)

〈題林若拙畫孤山圖 〉　　　　　　　　　　　　　　　　　　元・張 翥

　　孤山處士孤吟處，水影月香餘妙句。鶴聲叫絕陵谷秋，修竹祠空幾愁暮。白雲生根著湖水，力盡西風飛不去。何人鞭石下崔嵬，中流截斷魚龍路。丹青樓觀花如霧，葵麥無情憶前度。何似槎牙半死枝，百年猶是咸平樹。荒烟壞柳斷橋冰，宿葑田深散鷗鷺。畫船歌舞不須臾，落落詩名自如故。野人亦有滄洲趣，安得數椽相近住。長待天寒欲雪時，杖藜來訪梅邊墓。(顧瑛《草堂雅集》、卷四)

〈為隱師題林若拙畫〉　　　　　　　　　　　　　　　　　　　元・張 憲

　　阿師堂上生雲霧，突兀峰巒起縑素。玄雲靉靆濕丹青，積翠斕斑落庭戶。漲空嵐氣湧波濤，噴石寒光飛瀑布。鐘昏煙寺僧未歸，澗跨板橋人不渡。黃茅幾簇尖頭屋，綠林一帶無根樹。茸茸碧蘚雨乍晴，恰恰黃鸝春欲暮。新水桃花溪上舟，閒亭芳草沙頭路。意匠潛移造化機，筆端想有神靈助。尚書在昔已擅場，弟子如今稱獨步。柢須指畫索我題，不世長篇為君賦。(張憲《玉笥集》、卷六)

林子山

小傳：趙孟頫之甥，善畫。(見《中國畫家人名大辭典》、二二九頁)

〈題林子山濯足圖〉　　　　　　　　　　　　　　　　　　　元・張 雨

　　子山，趙文敏之甥，有隱操。

　　宦塵不染山人足，卻寫滄浪濯足圖。果是滄浪能濯足，可曾流到渭陽無。(張雨《貞居集補遺》、卷上)

〈林子山畫為鄭宗表題〉　　　　　　　　　　　　　　　　　元・張 昱

　　尊前可忘世，綸竿聊伴身。樂然溪水上，魚鳥與相親。(張昱《張光弼詩集》、卷四)

〈(林子山畫)般若松贊有序〉　　　　　　　　　　　　　　　明・宋 濂

　　千岩太師於元泰定之冬，度濤江而來，憩止烏傷伏龍山。山有龍壽寺廢基，太師遂縛庵以居。手植一松庵前，誓曰：「此地般若，當興吾松。」其茂乎自時厥後，太師之道盛行，遂化瓦礫之區為伽藍。於亦浸長析為二榦，詰曲斜蟠如虬龍天矯，勢欲飛動。至正丁酉春，南枝忽悴，其夏，太師示寂。嗚呼，松雖植物，其有知興衰死生之意者哉。後植松五十一年，為國朝洪武丁巳，住山龍門海公同太師之上首良杞，請吳興林君子山繪畫成圖，求濂命名。濂因稽太師之言，以般若號之，且為之贊。太師諱元長，會稽人。
贊曰：（贊文略）。（宋濂《宋學士文集・芝園前集》、卷二）

〈林子山畫春山趣遊〉　　　　　　　　　　　　　　　　　　　　　明・淩雲翰
　　蹇驢隨意踏蒼苔，行到溪橋首重回。想得山家春尚早，過牆桃李未全開。（淩雲翰《柘
軒集》、卷一）

〈林子山畫秋江意釣〉　　　　　　　　　　　　　　　　　　　　　明・淩雲翰
　　雨過磯頭流水香，水深更放釣絲長。分明一段江南意，楓葉蘆花共夕陽。（淩雲翰《柘
軒集》、卷一）

〈林子山詩意扇面〉　　　　　　　　　　　　　　　　　　　　　　明・淩雲翰
　　門前春水碧如苔，不見鷗來見鶴來。翻憶斷橋曾喚渡，滿身花雨盪舟回。（淩雲翰《柘
軒集》、卷一）

〈林子山畫菜上有蝸牛，故及之〉　　　　　　　　　　　　　　　　明・淩雲翰
　　曉畦春雨細如毛，菜本青肥挾土膏。葉底蝸牛曾濕久，詩人猶欲刺升高。（淩雲翰《柘
軒集》、卷一）

〈（林子山）三壽圖序〉　　　　　　　　　　　　　　　　　　　　明・蘇伯修
　　浦江縣東行二十里，其地曰長塘，有大姓曰黃氏，世家其上。黃氏之良曰資善，曰資
深，曰資文，其生也同氣，其分也同體，其為人也同德，其處家也同心，其壽而康也，
又同而又有連。山有清流，有茂松巨竹，有佳花美卉，有禽魚，圖史琴奕可以娛其耳目
志意。而三人者寄傲其間，不知日之夕也。吳興林子山過而見焉，於是繪為圖以著其事。
指焉而告予曰：“中坐者資善也，觀書而坐於其左者，資深也，袖手而坐於其右者，資
文也。鞠躬而進茗飲，則資深之嗣子宿也。是雖存其大節，而資善伯仲以垂白之年，相
從於山林之下。衎衎以相友，怡怡以共適。藹然恭順，和孺之風亦可想見也已。斯人也，
而使之遊於鄉，卿之人尚有所觀感乎？而使之居於邑，邑之人尚有所觀感乎？而使之養
於國學，國之人尚有所觀感乎？故吾圖之，不獨以張黃氏一門之盛，蓋將以竦動夫人之
為兄弟者爾。子史官也，其言足信，序之以文，以啟詠歌，不屬之子將誰焉？”予聞壽
也者，存乎人而命於天者也，非智可取，非力可獲，非財可致，以故世之兄弟並臻壽康
者不多見也。藉令見之，往往出於一從再從三從羣從之間。若夫同氣而生同體而分而同
壽者不常有也。藉令有之，私其妻子田盧貨賄，較夫長短得失強弱。以手足親而猶秦越
人之相視，則雖欲同居合食休戚相關，有所不能焉。藉令能之，嗜好不同，趣合亦異，

或仕於朝，或賈於市，或耕於野，睽離之日常多而會合之時常少，則雖欲朝夕聚處自幼至老未嘗相舍，有所不得焉。藉令得之，家非給足，時非休明，凍餒切於體膚，迨乎勞其筋骨，皇皇如也，則雖欲優游俠道之中，共享有生之樂，有所不暇焉。今資善伯仲於在天而智不可取、力不可獲、財不可致者如此。而於人之所不多、所不常、所不能、所不得、所不暇者又如此。求之一邦，未見其倫，況一邑乎？求之一邑，未見其倫，況一鄉乎？子山雖欲不侈以圖，安得而不侈之以圖。展卷之頃，觀其伯仲之參坐也。氣岸莊重，儼然若三趾之鼎，足以鎮浮；威儀煥發，炳然若三階之星，足以美俗，且猶使人歆慕之不已，而況於其族姻時親炙之者乎，而況於其子孫日周還於其左右者乎，恭順之心不油然而生，則吾弗信矣。然則子山圖之，予又從而序之，非過也，宜也。（蘇伯修《蘇平仲文集》、卷四）

〈贈林子山序〉　　　　　　　　　　　　　　　　　　明・蘇伯修

　　人之生，不幸而失身，或為農圃負販、或為百工技藝、或為皂隸倡優。否則，不幸或病狂易、或痴騃、或冥頑、而或矇、或聵、或瘖、或跛，則其最不幸者也。而吾之生也，幸而不跛不瘖不聵不矇，且幸不冥頑天痴騃不病狂易，於凡皂隸倡優也，技藝也，農圃負販也。幸皆不失身為之，則吾之有生也，夫豈易哉。又況群於萬物而靈於萬物，齒於眾人而賢於眾人，與天地並立相為終始者乎。於此見吾生之甚不易也。古之士，知生之如此其不易也，是以慄焉而不寧汲汲焉。務以遷善補不足，俛焉日夜自強而不敢以斯須而肆焉忘道，苟頹然而不省，宴然佚居，侈然飽食，而頑然不務進取，而懵然不聞大道，吾見其面牆而立，冥行妄蹈，與矇者聵者瘖跛者奚以異；師心自用，戾常失正，與病狂易者痴騃者冥頑者奚以異，其名為士而其失身，固有甚於為農圃負販者為百工技藝者為皂隸倡優者，雖曰萬物之靈，終亦必與草木鳥獸眾人同歸於腐壞漸盡泯沒而已。尚何參天地而相與終始之望乎。嗟夫，士之貴賤在聞道，道之存亡在所學，世降習污天下之士，於是始以為士之貴者，在乎爵位之崇高，威權之隆赫，意氣之充溢，名譽之光輝，而相率馳騁於俗學以追世好之不暇。其於道之存亡一切不暇顧也。脫有個流俗而希賢哲，務正學而遵古道者出乎其間，舉天下之士，不以為迂濶則以為計左，不相與訑之則相與笑之矣。矧肯含其學而與之共學乎，於呼，此只不思夫有生之不易而已矣，此只甘心為草木鳥獸眾人之歸而已矣，不亦大可悲也。夫於斯時也而有人焉，能自拔於今之人求合於古之士，即文獻之邦，就當世之碩儒，以講求洙泗濂洛之學為已事，若子山者，豈苟慕其名哉，豈要譽於士林哉，豈將以眩遠近之聽聞哉，其殆灼知生之不易而不忍為草木鳥獸眾人之歸也云爾。推此志也，則子山誠只超於人而有合於古矣，何取於余也。然自幼侍遊他邦，中遭海內變故，憧憧焉，絜絜焉，加之近歲不幸而矇且聵焉，而於鄉學昧昧焉，則其於道亦可見矣。將安所進於子山乎，獨念夫有形則必有神。神者何，精華果銳之氣也，凡物莫不恃之以立，而人為甚。古之君子，幼而壯，壯而老，老而至於死。道以為已任，足乎內無待乎外，不滛於富貴，不詘於貧賤，不奪於禍福，不撓於憂患，不回於勢利，不愧於俯仰，皆是氣之所為也。而不可不養也，是氣也，在人在天地一也。朝氛之絪縕，彌六合而薄三辰，非不勃然盛矣，然不崇朝而銷夜矣，詎足恃乎。雖在天地猶然，況在人乎。夫是以貴乎，有所養也。故曰：「其為氣也，至大至剛，以直養而無害，則塞乎天地之間。」此余不敢以疾疾而不加勉也，余之所願學者如此，子山其謂斯何，苟有意焉，尚勉旃以從事，則不患銳於始而消沮於終，可以究有為之志而極其材力之所至，游於高明之域，不在余則在子山矣，又何任重道遠之慮哉。（蘇伯修《蘇平仲文集》、卷六）

林子文

小傳：錢塘人，多技藝，以星術、醫藥、圖畫遊食江湖。（見《中國畫家人名大辭典》、二二九頁）

〈錢塘林子文以星術醫藥畫筆遊食江湖，為題行卷三首〉　　　　　元・邵亨貞

古來朝野間，靡不重豪素。山水擅甲科，夙昔著名響。漫漶積雪峯，險絕懸崖樹。之子法李郭，惜墨見天然。幸寫桃源圖，艱危得歸路。（邵亨貞《蟻術詩選》、卷一）

林子奐

小傳：不見畫史記載。身世不詳。

〈林卷阿遠齋圖〉短卷　　　　　　　　　　　　　　　　　　　　自　題

癸丑冬閏十一月，余訪遠齋副使于竹崎，談詩論畫。因道余師方壺公及孟循張先生，廼知用行嘗與二師遊，好古博雅，尤精書法。日與雲林倪公、善長趙公游戲翰墨之場，令人慕羨，心同千里晤對。故予寫此為寄，便中萬求妙染，并二公名畫一二見教，以慰懸情。優游生林卷阿上。（清吳升《大觀錄》、卷十八）

林士衡

小傳：不見畫史記載。身世不詳。

〈題林士衡所畫揭學士方壺歌圖，并寄葛哲經歷〉　　　　　　　明・藍　智

方壺之山東海上，魚龍出沒風濤壯。貝闕珠宮亦渺茫，白雲黃鶴空惆悵。上清道士方方壺，筆底江山開畫圖。方丈蓬萊紫翠合，南宮北苑丹青俱。山中龍虎丹庭熟，白髮蕭蕭映秋竹。仙家歲月誰與期，人世兵戈自相促。林生筆力回萬牛，倚棹幔亭風雨秋。十年却憶壺中隱，萬里長懷天上遊。新圖蕭瑟松樹老，我思美人隔煙島。謫仙何處駕長鯨，

杜甫空歌拾瑤草。秋山木落山正空，客行已逐南飛鴻。明年把釣三山去，更向丹丘問葛洪。（藍智《藍澗集》、卷二）

林心鑒

小傳：不見畫史記載。身世不詳。

〈贈畫史林心鑒寫照〉　　　　　　　　　　　　　　　　　　　　元・洪希文

龍章風姿下雲霧，纖鱗弱羽驚飛沈。神之所至妙為物，面有不同宜鑒心。世固期君於絕品，誰當借我以全林。明春閱歷還添閨，整埋行囊剩著金。（洪希文《續軒渠集》、卷五）

林文奎

小傳：不見畫史記載。身世不詳。

〈題彥璋劉簿（梅隱畫）秋山讀書圖〉　　　　　　　　　　　　　明・林弼

龍川簿領山東劉，家住營丘山之幽。讀書山中松桂秋，自言喜避勝宦游。寒光落日低草樹，綠野平蕪接蹊路。書樓遠在山深處，下視人寰莽回互。有時清誦落澗谷，山風蕭蕭壑雲暮。山風忽吹牙籤落，壑雲不掩紅光露。世間清樂在山居，人生真樂惟擁書，山中擁書樂其樂。求如君者能幾歟，梅邊隱君得隱趣。執筆寫景成畫圖，披圖浩歎非故吾。華楚未脫勾稽拘，何當拂袖歸林廬。携書我欲君與俱，秋山猿鶴驚相呼。（林弼《林登州集》、卷二）

〈（林梅隱）秋山高隱圖序〉　　　　　　　　　　　　　　　　　明・林弼

景之可樂者在秋，居之可樂者在山。得其景與居之樂而歸隱焉，亦可謂高士也已。古楊謝元初氏學老氏之學者也，遊方之外，名山大川既足厭而目飫。則曰吾隱者也，游非有求於世，亦適吾志焉耳。玄髮以出，今種種矣，盍亦歸故山以修吾初服耶。林君梅隱聞其言而高之，為作圖，命以今名，請余序首簡。余曰："夫隱，心隱而已矣，心隱則雖遊亦隱也。市廛亦山林也，何必歸隱秋山而後為高哉？"原初曰："秋於時為清，山於物為靜，吾教以清靜為宗。梅隱善名吾隱者，吾將歸隱以清靜吾身心焉。庶幾有得於秋山之意也。"余曰："是可敍已。"博陵林唐臣既敍，重繫以詩。（林弼《林登州集》、卷十三）

〈題梅隱畫愛松林圖〉　　　　　　　　　　　　　　　　　　　　明・林弼

左心上人顏其禪軒曰愛松林，梅隱氏為作圖，索余賦詩，因走筆題之。

山人愛松苦成癖，繞屋盡是蒼龍鱗。長哦其間日不足，更尋梅隱為寫真。摩挲素壁光於雪，錯落金刀交屈鐵。玄豹毛生霧雨寒，老蛟爪擘山石裂。瀟疎似是寒濤驚，恍惚已覺涼風生。徂徠山下雲黯黯，太華峰頂秋泠泠。古心上人貌亦古，矯矯蒼松宛相似。何當結取雲邊巢，從師參透西來意。（林弼《林登州集》、卷三）

〈書（林梅隱）虎溪待渡圖後〉　　　　　　　　　　　　　　　明・林　弼

友生蘇用賓分教漳庠，將歸虎溪之上。石隱上人因徵林君梅隱作圖以贈之，命曰虎溪待渡，持以示余，俾余傳所以畫之意。余謂士君子之處斯世，其所當自勉者，修身行己之要而已，至於時之遇不遇，亦惟靜以待之，固不能汲汲躁競以自貽顛跆也。在易，水在天上象為需，陽剛欲進而坎險在前，為不遽進而有待之象，故其辭曰有孚光亨，又曰貞吉利涉大川。蓋必有孚于中然後光亨，若又得正則吉而利涉大川矣，斯為善處需者也。向使遇險不能有待而必勇往徑涉，則覆溺之禍至矣。虎溪雖小，渡者必待舟以濟，苟或馮焉，其為溺均也。用賓年富學力，方將自見於世，必有以濟於人者。然而不能必進，而有需於時之流行而坎止也。石隱亦可謂知用賓者矣，用賓其尚佩服有孚之言以至於光而亨，則將如初之無咎，二之終吉，五之貞吉，上之敬之終吉矣。孔子曰“君子待時而動”，需於前而濟於後，猶待渡而終渡也。以是廣名圖之義不亦可乎？石隱作曰：“可以教用賓矣。”請書於圖之左方。（林弼《林登州集》、卷二十三）

林彥達

小傳：不見畫史記載。身世不詳。

〈題林彥達臨老米雲山〉　　　　　　　　　　　　　　　　　元・龔璛

海嶽山前路不分，無窮天地幾氤氳。形形色色今猶古，長待幽人臥白雲。（龔璛《存悔斋稿》）

〈林彥達山水〉　　　　　　　　　　　　　　　　　　　　　元・龔璛

看山頭拄背，結屋樹隨緣。一水盈盈隔，閒雲在在眠。（龔璛《存悔斋稿》）

林庭揮

小傳：不見畫史記載。身世不詳。

〈曲密之房記〉　　　　　　　　　　　　　　　　　　　　　明・張以寧

京師之崇真宮毛真人叔達，與予好也。為其弟子長樂林真士請記其曲密之房。予堅辭請不置，則問其制何居，曰房在龍虎山上清宮洞玄院中。院造於其祖耕隱鎦公。而房尤

號雄偉，前當雷壇，林木翳如，上清常禱雨焉；後直靖通觀鶴歸亭，則三十代天師常煉
丹焉；瓊林台峙其左，外史薛玄卿所築；象山巘其右，則林先生讀書之所也，其境又絕
幽邃。問其名何以，曰真士幼穎悟，嗜詩好琴，而攻畫學士虞公第，其山水慕董元、巨
然，墨龍方董羽，而扁其畫室以是名，人罔測也。予讀道經，見有所謂曲密之房，蓋道
家所謂天尊電祖領諸真宰所游者，虞公以是名之，顧予記之何敢也，請以儒者之旨焉。
曲密之名意者，其猶韓子所謂繚而曲，窈而深之義乎？大抵古之妙於畫者，多得幽閑寂
寞之中，而超於筆蹊墨逕之外，故有閉戶不出者，有解衣盤礴而羸者。夫其居幽則其心
靜，心靜則其神全，神全則其趣悟，真士之迹蓋進於道矣，虞公之命意，其或出於此乎？
叔達又為予言，真士多居山中先天觀，或乘月登天風雲外，凌仙人岡，歷塵湖聖井，陟
琵琶諸峯，若將遺一世而覽塵外者；出而觀錢塘潮，探會稽禹穴，攬山川英華。予同其
鄉，固未識，而必其有悟若予言也。夫真士名庭揮，字汝玉，天師命主福之紫極宮兼怡
山沖虛觀，未就，以大宗師命，今住長樂東華宮佑聖觀。真士者，參政危先生搆之也，
其先世有諱運者，南唐兵部尚書淮南節度使云。（張以寧《翠屏集》、卷四）

林景時

　　小傳：自號虛白子，長樂人。工山水，專學二米，亦能竹木林泉。（見《中國畫家人名大辭典》、
　　　　二二九頁）

〈送畫史林虛白歸嶺南〉　　　　　　　　　　　　　　　　　　　　　　明・王　恭

　　佳君本是林泉客，花嶼閑居樂虛白。幾年畫裏識君心，此日尊前見顏色。興來為寫輞
川圖，煙光潭影相糢糊。不羨南宮稱小米，更從物外驚方壺。看君精藝有如此，何乃鬱
鬱栖窮途。悠悠世事東流水，欲向何門曳珠履。梁苑歌鐘久不聞，信陵賓客徒為爾。白
雲望望頻回首，說道家林別來久。斗酒臨岐且盡歡，殷勤更問重來不。（王恭《草澤狂
歌》、卷二）

〈贈別畫史林虛白歸嶺南〉　　　　　　　　　　　　　　　　　　　　明・王　恭

　　憐君心不羈，水墨始清奇。瀟洒南宮態，空濛北苑姿。壺觴傾邂逅，岐路惜分離。後
夜分遙憶，猿啼海樹枝。（王恭《草澤狂歌》、卷三）

〈懷畫史林景時〉　　　　　　　　　　　　　　　　　　　　　　　　明・王　恭

　　故人何處住，獨樹孟家隣。水墨今誰重，雲泉我共貧。襟期多古意，交態任時人。醉
裏從揮洒，無錢奉老親。（王恭《草澤狂歌》、卷三）

林　森

小傳：清江人，工山水。（見《中國畫家人名大辭典》、二三〇頁）

〈林森山水圖歌〉　　　　　　　　　　　　　　　　　　　明・劉嵩

　　清江何人畫山水，西村無傳稚川死。林生後出更清逸，筆法遠師閩浙士。深林大樹交鐵柯，遠峰近巘分陂陀。青天層峽見棧閣，落日平湖聞棹歌。水邊之亭絕瀟灑，更看平橋度羸馬。千崖小徑雪邊分，百道飛泉雨中瀉。自言筆法由心運，墨色重敷看深潤。碧海春雲動杳冥，泰華秋空入雄峻。昨者相逢湖水上，聞築幽居傍漁榜。為君先賦采菱篇，答我新圖迴幽曠。圖中好山重萬重，還似閩中似浙中。祇今欲往河梁絕，指點天末窺冥鴻。我家茆屋珠林底，武姥仙壇兩相峙。何時為寫看雲亭，盡染西原雪華紙。（劉嵩《槎翁詩集》、卷四）

林間子

小傳：不見畫史記載。身世不詳。

〈林間子畫蘭說〉　　　　　　　　　　　　　　　　　　　元・譚景星

　　人間世之事，倏起倏滅，何所不有，吾以為亦猶畫耳。而畫或可擬於夢，方其夢也，不異乎人間世之樂，而亦不知其為夢，及其覺也，追摹無及。故夢如畫，畫亦如夢，夢不可得，畫亦不可得。林間子於不可得而以蘭得之於畫。觀其清淡幽遠，曲盡其妙。方其為之也，萬慮俱遣，一念不起，冥心於溟涬，宴坐於沈寥，豈獨忘其形哉，未嘗不與天地相忘也，心中豈有畫耶？而其為之也，觸景而起，援筆而合，奮臂風雨，壺然而雲臻，廓焉而霧掃，方是時雖口亦不能自言其理，手亦不能自名其妙，而意之所獨至，亦未嘗不與天地相參，於是變化之妙落乎人間世矣。而其香之不可得，此其妙也。謂蘭為畫，蘭之生也，亦猶畫之幻。謂畫者，未必得蘭之意。吾又從而文言之，是亦未必得畫者之意也。（譚景星《村西集》、卷六）

林　泉

小傳：字遵性，後以字行，長樂人。善墨竹。（見《中國畫家人名大辭典》、二二九頁）

〈題嶼南林遵性所贈墨竹〉　　　　　　　　　　　　　　　明・王恭

　　憶昨南遊花嶼頭，問畊堂上幾日留。江雲渭樹無期別，雨散星離空復愁。渭川逸節何瀟洒，多公遠寄山中者。留法偏凌與可前，風流不在吳興下。秋風野館閑蕭蕭，何以報之雙瓊瑤。青山向夕捲幽幔，明月入戶窺參寥。知君本是金門客，何乃栖遲在泉石。見畫令人重憶君，秋風黃葉又紛紛。（王恭《草澤狂歌》、卷二）

金用中

小傳：不見畫史記載。身世不詳。

〈為徐東壁題金用中所畫清江隱居圖〉　　　　　　　　　　　　元・梁　寅

文筆峰高出翠屏，石龍潭冷挂松青。郎官寫得林庐景，宛似東湖處士亭。（梁寅《石門集》、卷上）

金仲宣

小傳：不見畫史記載。身世不詳。

〈金仲宣畫〉　　　　　　　　　　　　　　　　　　　　　　　元・董　紀

上方樓閣層巒巔，鐘鼓髣髴雲間傳。丹梯有路容一到，伸手便可捫青天。霞標東望赤城近，水光下瞰瀟湘連。褒斜潛通子午谷，瀑布倒掛香爐煙。曲闌回磴走千轉，合抱長松知幾年。衣冠何來抱琴客，莫是避世商出賢。夕陽殘釣催羆去，西風快帆爭後先。金郎筆法拟北苑，咫尺萬里多清妍。高堂看畫動歸興，明朝亦理松江船。（董紀《西郊笑端集》、卷一）

金汝霖

小傳：自號藤溪釣叟，新安人。薄聲名而慕閒曠，從容山水游戲，翰墨咸有生趣。（見《中國畫家人名大辭典》、二三三頁）

〈題龍頭〉　　　　　　　　　　　　　　　　　　　　　　　　元・李　祁

昔年登虎榜，人道是龍頭。此日頻看畫，清霜滿鬢秋。

金汝霖為予作此，偶題二十字，以寄疇昔感嘆之意，龕口可笑也。今卷以贈王君本立，故復識於此。（李祁《雲陽集》、卷二）

金與賢

小傳：不見畫史記載。身世不詳。

〈贈金與賢（畫）敍〉　　　　　　　　　　　　　　　　　　　明・蘇伯修

古之善繪者，畫詩，圖孝經，墾爾雅，像論語春秋，著易，象皆附經以行。下至漢、魏、晉、宋之間，講易有圖，問禮有圖，列女仁智有圖，圖遂與史並傳，助風教而翼彝倫，則繪之所係不既重乎？然而豈易能哉，易有之，職人有以見天下之賾，而擬諸其形容象其物宜。是故繪之事象之滋也，實有該造化之妙理者。焉不得其妙而能合於天造，吾弗知之已。於戲，與造物者遊，得於心，形於手，粲然在紙而成象，則謂之畫。余嘗學為文，述山之勢，水之態，烟霞雲霧之變，草木鳥獸之形。以至於神情鬼狀，或曲盡其思致。則使人讀之，不啻若登山臨水，仰煙霞雲霧，俯草木鳥獸，而鬼神出沒乎左右，心目為之竦動焉，雖未必能窮造化之妙也，而其故則可知已。又況心手相應而為畫哉，使人觀紙上之象而竦動也，固當什佰於紙上之文，而或不能，然豈不以規規於筆墨畦町間乎。蓋有道有藝，道至而後藝至。自昔以藝名世者，莫不有道焉，庖丁之於割，輪扁之於斲，由基之於射，宜僚之於丸，非徒積習之所致也。況於畫而可以不事道歟。余抵平陽，會金與賢。與賢先君子曰德謙甫，為優學官，旁暢繪事，尤長於寫神，與賢妙傳家法，有士韻而無俗姿。一時名大夫士無不與之遊，聲稱藉甚。嘗為余作小影，見者咸以為酷肖，而未有以報與賢也。謀諸同志，與賢聞之，曰：「我無事乎報也，以一言贈我足矣。」夫贈之為言，增也，古人之於人，或延譽之而使增重於時，或箴規之以增益其所未至，則贈之言。余固無能為與賢增重，而與賢名聞諸公間，亦無待余之延譽。若夫思繪事所係之重，明物理以進於道，以增崇其筆力以追配於古人，則區區所望於與賢而不容已者，故述以為贈。（蘇伯修《蘇平仲文集》、卷七）

金碧溪

小傳：不見畫史記載。身世不詳。

〈澄潭泛舟圖記〉　　　　　　　　　　　　　　　　　　　　　明・唐桂芳

夫人妙齡氣溢，其視泰山邱垤。滄海盃勺，舉不足搖諸中者，由經涉少知慮淺。老而思之，有悔焉不悔焉，何也，韓退之登陟華山，峻絕不易下，繼以慟哭，常為好奇之悔；蘇子瞻艱難瘴煙中出，元符庚辰渡海北歸。有茲游奇絕冠平生之句，曾不少悔，以遭謫官較處安之時異。二先生當以氣概勝，豈可優劣論哉。予幼侍先兄敏仲，獲與張君定甫交，或篝燈紫陽，策杖南山，題詩水西，日以為凡。乙丑夏，苦雨霶沱，洪濤澎湃，城不冒有咫。定甫買舟載酒漁梁，三人醉眼模糊而不自知。明日，水落岸壅沙痕，始相顧失色。於是，金碧溪繪圖，先兄記之，先君又跋，以申履險之悔。濁亂以來，先君棄背，先兄定甫俱以物故，予逆數漁梁篙舟時，忽忽四十四年，欲蹈往跡，父兄故舊無一人在者，且追其樂不可得，敢忘悔以負先君之訓耶？戊申七月既望，偶會楊鑑泉呂德昭於巖鎮，長空無雲，晴色爛然。德昭駕船以償清興，予笑曰：「子瞻赤壁之賦尚以二客不能從，況鑑泉德昭清姿雅韻，可嗣漁梁故事耶。自澄潭經上下渡，油油湛碧而波不驚，艷艷光揚而月初吐，衣袽而有備，杯槃以自適，使先兄定甫可以復生，其樂當何如耶？鑑泉妙畫過碧溪遠甚，第予白髮摧頹，才剪識薄，不逮父兄為可恨耳。」德昭命吾兒文奎飭紙筆以記，請乃記之。（唐桂芳《白雲集》、卷六）

周子和

小傳：不見畫史記載。身世不詳。

〈梅屋記〉　　　　　　　　　　　　　　　　　　　　　　　　　明‧謝　肅

　　會稽周子和，清慎嗜學，名其所居曰梅屋。間請記於予，予復之，曰：稽山臨鏡湖，湖周數百里，坻島洲渚，參互其中。而子和之居實當其勝，蓋雲霞之舒卷，魚鳥之泳飛，草木之蔚秀，可取以名之者非一，乃獨名一梅屋。屋之外無一梅之植，而以此名，其豈無意耶？意藏修於茲，游戲翰墨，輒以古梅是畫。懸之素壁，則風台月觀若峙於坐隅，羅浮孤山若移於室內。日玩焉，以得夫瀟洒出塵之趣，將以樂終身而名後世，此固子和所欲予之記之者也。然予以為子和之畫梅，固有所受，苟泥常而不能通變，何以盡夫寫生之妙哉？故善畫者，必觀於物，而善觀物者，不唯自接其形，必也，心同其理，明彼曉此，觸處圓融，見天地可以畫八卦，見鳥跡可以制文字，見劍器可以悟書法，況即梅焉。而寓其似乎？"夫梅，真植也，高而山嶺，曠而江湖，茅舍之隱，玉堂之顯，無不可者。槎牙乎，其碩幹之堅於鐵石也；參錯乎，其修枝之撐於空碧也；的皪乎，一花之纔吐而春意非不足也；璀璨乎，萬樹之皆芳而晴昊非有餘也；拂乎，其寒香之度越也；淡乎其夜影之交橫必有數千百之成梅在吾胸中，遇有所適，則振筆而成，形會理得，出入神聖，而生物之天顧不全於是也，果能此矣，將見子和畫梅，當與閻立本之山水，王摩詰之芭蕉，文湖州之竹石枯木，同奪天造，而花光之超絕有不足論，矧其下者乎？雖然畫與書亦類爾，獨不見夫王右軍虞永興乎？此兩公者，吾鄉偉人也，咸以善書名至今，然究其平生所長，豈止善書而已乎？此閻文之徒亦善畫而掩乎其它所長矣。今子和於學方進而未止，吾亦懼其異日第以畫梅之善而著其名也，不得無言以勗之，因書以記。（謝肅《密庵集》、卷五）

周伯溫

小傳：不見畫史記載。身世不詳。

〈題薌林石（周伯溫圖）〉　　　　　　　　　　　　　　　　　元‧許有壬

　　薌林石，吳越間號至珍。本宋向府物，為監憲廉公所得，今又入其甥萬戶齊家，授經郎周伯溫圖其狀，求題。

　　泗濱奇石大如斗，巖竇盤紆關戶牖。化工賦象豈娛人，故作洞天似廬阜。向子得之名薌林，廉家異世同此心。從知石兄頭不點，坐見二子俱消沈。人間尤物竟誰有，一朝又入湯元手。勞心記姓終散落，地下奇章亦知否。我生政欠匡廬行，畫圖一見眼為明。紛紛得失校未了，又遣石兄依楮生。（許有壬《至正集》、卷九）

周伯寧

小傳：佚名，隱居王官谷，善畫。（見《中國畫家人名大辭典》、二四五頁）

〈題周伯寧畫〉　　　　　　　　　　　　　　　　　　　　元・余 闕

殺機起無象，平陸忽成江。蒼生既猛虎，日馭經紛虹。舉目壚里間，但見蒿與蓬。惟有王官谷，于今似畫中。（余闕《青陽先生文集》、卷上）

〈題周伯寧寫竹〉　　　　　　　　　　　　　　　　　　　元・劉永之

偶出，周伯寧至寓舍，寫竹一枝而去，歸見之，因題。

虛館掩秋風，篴篁長新綠。知有幽人來，蒼苔滿行躅。（劉永之《劉仲修先生詩集》、卷三）

〈題周伯寧梅谿圖〉　　　　　　　　　　　　　　　　　　明・劉 嵩

月出青溪上，雲生翠壁間。流輝方繞潤，散影已騰山。聞有梅初發，兼懷桂可攀。悵言尋芳者，曳杖不知還。（劉嵩《槎翁詩集》、卷四）

〈周伯寧春晴江岫圖〉　　　　　　　　　　　　　　　　　明・蘇伯修

尚書襟懷絕瀟洒，揮毫往往愛董馬。平生一筆頗自珍，數尺新圖為君寫。齊山遙接吳山青，碧波萬頃孤帆征。東風綠遍汀洲草，揔是岐亭離別情。一向江南一江北，離情浩蕩嗟何極。正如江上之碧波，縱有并刀那剪得。當時已足令心愁，如今況復隔羅浮。掩圖却上高台望，但見遠海連天流。莫歸朝出誰與侶，蜃霧蠻烟結悽楚。木棉花落鸚鵡飛，苦竹叢深鷓鴣語。（蘇伯修《蘇平仲文集》、卷十五）

周材叔

小傳：不見畫史記載。身世不詳。

〈周蒼厓入吾山作圖，詩贈之〉　　　　　　　　　　　　　宋・文天祥

三生石上結因緣，袍笏橫斜學米顛。漁父幾忘山下路，仙人時訪嶺頭船。烏猿白鶴無根樹，淡月疏星一線天。為我醉呼添濛澒，倦來平臥看雲煙。（清高宗《御定歷代題畫詩類》、卷二十八）

〈方壺圖二首并序〉　　　　　　　　　　　　　　　　　　元・吳 澄

蒼厓周氏，為其徒羅季安畫方壺圖，且畀故相信公遺墨二紙，連作一軸，臨川吳芋賦詩曰。

信是蒼厓畫作仙，等閑幻出小羅天。太師鐵畫家藏舊，雲黯煙昏四十年。忠臣死去去

成仙，住在方壺大洞天。此境移來落塵世，也留遺跡伴千年。（吳澄《吳文正集》、卷九十二、四珍二）

〈贈周材叔能畫，號蒼厓〉　　　　　　　　　　　　　　　　　　　　元・蕭立等

　　昔見蒼厓畫，今讀蒼厓詩。問今十日水石間，幻作五字七字何能奇。君言詩畫本一律，等以造化供娛嬉。閉門磐礴天者定，往往清氣流詩脾。急將畫意入詩律，兔起鶻落無由追。有聲無聲強分別，妙處正不差毫釐。人言精藝不兩能，似亦可洗千年疑。梅花江頭窮竹枝，遙指八境窮煙霏。勿云詩工畫師恥，老瓊笑人焉用彼。江南和糴米如珠，急圖流民獻天子。（蕭立等《蕭冰崖詩集》、卷上）

周　均

　　小傳：不見畫史記載。身世不詳。

〈周德晉作山圖〉　　　　　　　　　　　　　　　　　　　　　　　　元・呂　誠

　　太倉周均德晉，其先人與余家往還，時德晉尚少。庚辰己巳以來，值風塵澒洞，各天一方，聲迹不相聞者五十餘年。洪武癸酉，因訪鈕洞雲，見德晉所作山圖，恍如夢中一見吾故人也，遂賦此以伸意，併求其寫草堂圖云。

　　憶昔居海域，汝翁我之友。子時頤未鬚，我姑十八九。別來五十年，相顧各皓首。往事不可追，存者復何有。前月到城中，遠訪洞霄叟。殷勤下徐榻，靦縷具尊酒。談及子高致，亹亹不絕口。慷慨有所思，我友歿已久。惟今顏貌蒼，秋風颭蒲柳。案上見山圖，尺楮藏培塿。羨子材藝優，豈復居人後。嗟我已踰七，見者驚老醜。我家婁水西，草屋大如斗。流泉走松根，古木立雲藪。林密鶴屢巢，江近黿夜吼。鉤簾豁冥昧，萬象入窗牖。幽哉抱拙素，兀兀但株守。洞雲繪成圖，早晚落吾手。倩子復寫之，張壁慰衰朽。作詩投故人，諒識此情否。（呂誠《來鶴亭集》、卷八）

周東溪

　　小傳：不見畫史記載。身世不詳。

〈題東溪畫魚〉　　　　　　　　　　　　　　　　　　　　　　　　　元・吳　澄

　　得所得所，鄭相可欺。樂也樂也，蒙叟安知。畫好畫好，一點千痴。（吳澄《吳文正集》、卷一百、四珍二）

周孟容

　　小傳：嘉定人，工傳神。（見《中國畫家人名大辭典》、二四五頁）

〈〈（周孟容）聚英圖序〉　　　　　　　　　　　　　　　　　　　　　　明·王　彝

　　洪武三年秋七月，余既得旨賜白金名幣，歸養蘇之嘉定，而臥病國子學，不能趨拜闕
下，乃拖紳受焉。是日，嘉定周孟容自客邸來候余疾，曰："先生之貌則癯，先生之容
固腴也，先生之病則窮，先生之道固通也，小子不敏，竊嘗圖先生，緇冠深衣而垂紳，
闇然有千載之思焉，在前數年時以是卜先生行藏。今歸蓋叶所圖者，惟先生為文以贈
我。"既數日，余舁疾東歸，弗果為，會孟容亦還，復伸前請，且曰："小子嘗圖當世
知名之士，今既盈笥，乃聚而裝潢為帙，得先生文則以冠帙之首。"余觀帙中有自號鐵
崖先生者，是為會稽楊廉夫，其為人若秋潭老蛟，怪顋異顙，目光有稜，其狡獪變化發
諸胸中，則千奇萬詭動成文章。孟容所寫蓋得其混跡斯世與時低昂，為文場滑稽之雄，
可謂善知鐵崖；有翰林子異充者，其文章與宋景濂先生相上下，而同在太史氏，天下以
王、宋並稱。翰林年未五十，而鬚髮俱白，目朗而眉秀，頤豐而準直，其形若霜晨野鶴，
矯抗無媚容，孟容所寫蓋併得峭直之性峻潔之文，可謂善知翰林者；又有張孟兼者，年
甫出三十而少余二歲，余最與之相知，今官禮部，有能名，其為人眉疏顴聳，目長而清，
口角拱而善辯，孟容所寫望而知其為俊才也；其他公卿大夫又若干人，孟容又皆隨其人
之崇卑顯晦進退出處而圖之，余雖有識有不識者，皆可即是而得之目中焉。於是盛世知
名之士，斑斑焉有可考者，余故為名其帙曰"聚英圖"而序之。然余惟列前三人而論焉，
蓋鐵崖吾為之論定於其既往，孟兼吾為之期望於其方來，而於翰林特云然者，使人知文
章名家自有所在也，而帙中顧獨無宋先生。先生嘗見王翰林像而欲把挽致孟容，孟容曰：
"吾方理歸裝，心已東鶩，懼不能得先生之神全也。"蓋化工生人，傳神者其胸中與化
工相融會，則下筆各得其神，今人傳神惟得其貌而已，宜其與人神大相遠也，孟容可謂
得其神者矣。孟容持此帙之京師，介吾斯言謁宋先生而圖其像，以為窮鄉下邑之觀瞻，
則區區之願也。是年冬十一月。（王彝《王常宗集》、卷二）

周　怡

　　小傳：善畫人物，嘗臨韓幹明皇出遊。（見《中國畫家人名大辭典》、二四五頁）

〈題周怡臨韓幹明皇出遊圖〉　　　　　　　　　　　　　　　　　　　　　元·虞　集

　　開元盛事何人畫，玉冠夫容御天馬。從官騎步各有持，移仗華清意閒暇。宮花如錦照
青春，詔許傳看思古人。不知身在瀛洲上，親奉圖書侍紫宸。（虞集《道園學古錄》、卷
二十一）

周　位

　　小傳：字元素，鎮洋人，工山水。（見《中國畫家人名大辭典》、二四五頁）

〈題周原素臨趙文敏公十六馬〉　　　　　　　　　　　　　　　　　　明・袁　華

　　宋諸王孫面如玉，書法鍾張畫顧陸。寫唐內廄十六馬，筆精墨妙天機熟。憶昔岐邠開八坊，四十萬匹皆駿良。平原牧放樂字育，泉甘草肥筋力強。豐水東注波湯湯，柳花吹雪桐陰涼。平頭奴子騎先出，兩奚控勒臨隄傍。騅駉駐駱驊驪黃，徐驅儼若驂雁行。有驊卻立不敢進，畏前反蹴頭高昂。三馬欲復俯飲水，一馬已渡將騰驤。中流夭矯乃龍種，兩耳批竹隻瞳方。斯圖已歸群玉秘，夜夜長虹光燭地。何人援筆解臨摸，吳郡周生富文藝。中原板蕩徧荊榛，千金駿骨化黃塵。摩抄老眼明腮側，展卷題詩一愴神。（袁華《耕學齋集》、卷七）

周　砥

　　小傳：字履道，號菊溜生，吳郡人。博學，工詩文詞，書學東坡，畫山水，能於叔明、大癡兩家法度外，獨標平淡清遠之趣。（見《中國畫家人名大辭典》、二四五頁）

〈次韻周履道為予題所畫山水〉　　　　　　　　　　　　　　　　　　元・張　憲

　　突兀久遁日，酉聿思盪胸。故原忽在望，蒼翠疊重重。削鐵下直壁，潑黛騰晴峰。百怪遞走現，萬媚爭來供。軟裀記獨坐，幽屐懷孤蹤。澄藍止水靜，新綠嘉樹濃。前瞻甫沒鳥，右顧方來龍。依微霽色敞，窅眇透色鍾。隱口紛俱集，勝事諒難從。幻境且自怡，真樂何由逢。不惟步劇韻，亦以寫愁容。（張憲《玉笥集》、卷五）

周　朗

　　小傳：善畫，至元二年，拂郎國進馬，勑朗圖之。（見《中國畫家人名大辭典》、二四五頁）

〈跋喀喇子山平章公（周朗）瑞果卷〉　　　　　　　　　　　　　　元・劉仁本

　　喀喇公舊第在京師，有來禽生一蒂。中岐而二之分，結二子，復聯合為一體。永嘉周朗圖為瑞果，經筵檢討金華王叔善甫跋之，辭翰兼美，客携以徵余語。余聞晉右軍有求來禽帖，謂其為佳果可致子當種之。此帖今不可見，而叔善之書大似晉人丰度，殊可愛也。斯為瑞矣，寶之。時癸卯正月，天台劉仁本書。（劉仁本《羽庭集》、卷六）

周耕雲

　　小傳：不見畫史記載。身世不詳。

〈題周耕雲為蕭元恭畫龍虎仙巖圖〉　　　　　　　　　　　　　　　元・李孝光

　　龍虎之山仙所寰，我昔夢寐遊其間。乾坤風氣結沖秀，中有正一玄都壇。羽人授我九節杖，林磴窈窕窮幽攀。金宮蕊殿起寥廓，翠厓丹献深迴環。峰頭時飄白菡萏，石上誰種青琅玕。諸巖一覽二十四，總似瀛渚蓬萊山。清溪浮空引雪鍊，遠岫隔水來烟鬟。就中仙巖更奇絕，上有玉樹皆團欒。虹光半夜出林杪，云是石室韜神丹。欲求刀圭已衰疾，羽人去我如飛翰。賽裳潤曲采芳杜，斷猿疎雨春山寒。覺來俗事日滿眼，歲月冉冉隨驚湍。會稽蕭君忽相訪，笑以此圖令我看。夢中羽人貌真似，而我別後鬢毛斑。題詩聊復記疇昔，願拂塵服高驂鸞。（清高宗《御定歷代題畫詩類》、卷二十八）

周畫史

小傳：不見畫史記載。身世不詳。

〈寄周畫史〉　　　　　　　　　　　　　　　　　　　　　　元・張　憲

花竹翎毛滿近郊，可憐畫手日蕭條。鳩聲未絕春常雨，鷗影不移江自潮。魏武門風今作庶，梁家奴態動成謠。王淵邊魯俱無信，誰寫先生五柳橋。（張憲《玉笥集》、卷九）

周　愚

小傳：字蘊古，道人，居信州龍虎山，善畫龍。（見《中國畫家人名大辭典》、二四五頁）

〈畫龍說〉　　　　　　　　　　　　　　　　　　　　　　元・李　存

龍虎山道士周愚蘊古，善畫龍，來求說於余。余曰："余非善畫龍者，若何說之求？吾聞龍乃天地間至靈變化物也，大而飛雲漢，橫江海；細而為微塵入罅隙；怒而拔山破石遷陵變谷；柔而蟠泥沙雜蝦蟆，子能畫其常，果能畫其變乎？又聞龍之所以為龍者，以神不以形，形有有無，神無有無，子能畫其形，果能畫其神乎？"蘊古笑而不答，"然則子之畫果安在？"曰："在筆意。"余曰："吾論畫在神氣，萬物皆然，況龍乎？故曰凝吾之神以寫其神，形神備者，上也；形而不神，下矣。雖盈尺之素，望而威如，薄而凜如，睨而益浩浩。如不然，殆畫工耳，兒童耳。"蘊古大笑，長揖而謝，曰："子又吾畫龍也。"（李存《俟庵集》、卷二十一）

周濟川

小傳：熙宗時人，善畫。（見《中國畫家人名大辭典》、二四五頁）

〈題周濟川墨竹〉　　　　　　　　　　　　　　　　　　　元・丁　復

東窗亦既白，疎竹淡搖影。新梢未成實，夜高飢鳳醒。（丁復《檜亭集》）

周鎮撫

小傳：不見畫史記載。身世不詳。

〈東陽送周鎮撫易戍西還，周喜作墨竹〉　　　　　　　　　　　　元・柳　貫

　　綠波浮棹去沄沄，拔劍高歌日又薰。有客呼鷹方習武，何人冠鵕最知文。白鬚似栽千
莖少，墨竹饒君一派分。重有双溪溪上約，揮絃同送北山雲。（柳貫《柳待制文集》、卷
六）

周權府

　　小傳：不見畫史記載。身世不詳。

〈周權府墨竹〉　　　　　　　　　　　　　　　　　　　　　　　元・胡　助

　　將軍絳侯之子孫，千年世冑仍雲屯。竭來出戍東陽郡，時平盜弭兼工文。雙溪清氣青
冥翅，回首人間如夢寐。耆年在泮非吾志，斯文有續曾未墜。幅巾野服逍遙地，百年種
德當平治。明經射策復古制，一郎高攀廣寒桂。異代科名父兄繼，光動邦基昌永世。寵
錫貤恩泉壤賁，天之報喜以子貴。焄蒿悽愴孝思至，春秋備物大夫祭。遺像儼然後人對，
曉山峨峨千古翠。（胡助《純白齋類稿》、卷五）

咬雲莊

　　小傳：不見畫史記載。身世不詳。

〈題（咬）雲莊青山白雲圖〉　　　　　　　　　　　　　　　　　元・許有壬

　　白雲舒卷初無心，青山之青古復今。雲兮於山何損益，自是幽澹攻相尋。昔年下土旱
肆虐，有力足可為商霖。長風多事不相假，悠悠歸來林壑深。猶能粉澤作景物，怡悅方
外供清吟。雲山之人素知雲，清冰寒玉明胸襟。偶從拄笏得爽氣，肯與眾吏爭浮沈。村
墟野屋暮杳杳，風霜老樹森森。小溪幾轉訝無路，懸瀑半天如有音。雲舒雲卷目盡處，
一點隱隱浮遙岑。九衢塵土沒馬首，安得此地投吾簪。便當携手共歸去，披雲醉踏長松
陰。（許有壬《至正集》、卷七）

〈題咬雲莊侍御為龐允中畫山水障〉　　　　　　　　　　　　　　元・許有壬

　　山人夙有愛山癖，拄笏憑闌竟朝夕。市朝一日不見山，便取畫圖張素壁。吾鄉好山冠
河朔，萬丈巉巉倚空碧。維時秋清宿雨收，百里浮嵐手堪挹。昔年皷勇踏其麓，已悔東
南多履迹。隆慮深處有仙境，塵事無端苦相厄。南征馬上幾迴首，夢寐於今悵如失。題
封倏爾到江湖，撲人猶覺烟霏濕。怳疑著我洹水上，西望太行才咫尺。（許有壬《至正
集》、卷七）

〈題（咬）雲莊為韓伯順作山高月小圖〉　　　　　　　　　　　　元・許有壬

黃州江山如有待，直待坡仙發光采。歲行回首幾壬戌，二賦人間故長在。當時泛舟挽椽筆，奔走蛟螭泣神怪。洪音蓬蓬號萬竅，大塊茫茫歸一噫。山高水深人何歸，獨有老月光不改。孤峯嶄巖幾千仞，下有清流鳴石瀨。蒼龍呀口一珠寒，軋輪上覺天衢隘。此時清致似當時，比竹誰能發天籟。之人盡掃豪貴氣，一片清絾收勝概。按圖三叫臂欲飛，夢香舊圃元修菜。（許有壬《至正集》、卷九）

〈題彰德監郡奇凌和叔（咬雲莊畫）登瀛圖〉　　　　　　　　元・許有壬

瀛洲杳在弱水東，世有舟楫無由通。自非真仙具兩翼，倏忽引去如輕鴻。人間塵土幾萬丈，誰知乃有登瀛翁。集賢堂館去天近，松雲華霧春冥濛。景清池勝默感觸，神遊恍惚空明中。雲莊游戲實其幻，落筆便有神仙風。望洋俯瞰萬頃碧，振衣直躡千仞峯。因知此境本非遠，此心到處皆瀛蓬。眼前有道自不見，瓜棗可聞那可逢。秦皇漢武骨盡朽，文成徐福欺愚蒙。赤霄衝舉世誰見，仙與人道將無同。翁今分節守千里，未許遐想求虛空。政成但宜早解組，西山儘可留吟笻。人生至此即仙爾，底用辟穀成疲癃。翁聞儂語應絕倒，他日此圖當著儂。（許有壬《至正集》、卷九）

叚**應奉**

小傳：不見畫史記載。身世不詳。

〈題叚應奉山水圖二首〉　　　　　　　　　　　　　　　　元・余　闕

水如剡溪水，山似剡溪山。想見鱸魚美，扁舟常不還。花隱玉堂署，曲几對雲峰。為問江南客，何如九里松。（余闕《青陽先生文集》、卷上）

苔　磯

小傳：不見畫史記載。身世不詳。

〈（苔磯畫）鄧梅朧雪籬圖〉　　　　　　　　　　　　　　元・蕭立等

夜涼北風三尺雪，懸厓凍崩樹凍折。此時梅花獨清絕，箕山高風首陽節。何人花下騎蹇驢，風雪墮面冰吟鬚。唐巾飄蕭紵袍窄，識者指以為梅朧。屋山稜稜出林罅，隻鶴忍寒追不下。欲尋門巷訪梅仙，人言此是苔磯畫。（蕭立等《蕭冰崖詩集・拾遺》、卷上）

衍道源（釋）

小傳：不見畫史記載。身世不詳。

〈衍師道原雙松圖〉　　　　　　　　　　　　　　　　　　元・黃　玠

小石如拳大如癭，石上亭亭松樹並。誰從山陰得繭紙，幻藥毫端寫隻影。風雷太古見植立，冰雪平生慣淒冷。下有茯苓千歲根，可為人間駐流景。（黃玠《弁山小隱吟錄》、卷二）

〈寄衍上人索畫蘭〉　　　　　　　　　　　　　　　　　元・黃　玠

薄言采蘭蒔，蘭葉□□□。□□□人遠，僻處荒山原。崇炫非素心，澹泊性所存。亦同桃李春，不同桃李繁。　眾芳非不佳，蕙茝尤楚楚。亦荷雨露私，如何在榛莽。庶將展微勞，攬置群玉府。時我方未遑，臨風獨延佇。　漁子蕩兩槳，來從湘水濱。手抱青蘭枝，言報山中春。問我日日醉，恐貽楚叟嗔。獨醒不在酒，舉手謝野人。　日出躋北林，日入下西瀯。幽芳隔遠水，水寒不可屬。歸來看畫圖，瀟洒美風製。萬事何必真，聊與爾同世。（黃玠《弁山小隱吟錄》、卷一）

〈題（衍）道原所作墨蘭蕙四首〉　　　　　　　　　　　元・陳　高

有草維蘭兮，在彼中阿。上蔭幽篁兮，白石峨峨。雪霰交零兮，歲冉冉其幾何。百卉憔悴兮，為憂孔多。嗚呼保此貞節兮，其心靡他。蘭之花兮有苾其馨，蘭之葉兮其色青青。嗟蘭之生兮獨耿介而幽貞，我思古人兮言掇其英。　有草維蕙兮生於林坳，與荃為類兮與蘭為曹，蕭艾離群兮不復混淆，其敢自棄兮化而為茅。蕙之花兮叢生而馥，蕙之葉兮可紉以佩，擥芳菲兮勿使蕪穢。題鶗鴂鳴兮不瑕有害，我思靈修兮歲月其邁。（陳高《不繫舟漁集》、卷二）

〈題山水圖為寶林衍上人作〉　　　　　　　　　　　　明・劉　基

雨過秋山日欲曛，白雲如雪擁山根。高松浥露和烟冷，迸水穿沙出谷渾。擬向蘿陰緣石徑，却尋花片入桃源。畫圖應有通神處，他日相從子細論。（劉基《誠意伯劉文成公文集》、卷十六）

恢上人（釋）

小傳：不見畫史記載。身世不詳。

〈恢上人墨梅〉　　　　　　　　　　　　　　　　　　　元・華幼武

冰姿玉質本天真，幻化移來物外春。可是道人嫌太潔，從教素服染緇塵。（華幼武《黃楊集》、卷下）

枯　林（釋）

小傳：僧人，俗姓葉氏，天台人。有才氣，頗勇俠或不舟渡水，蓋隱於浮屠者，能詩，以畫

蘭名。（見《中國畫家人名大辭典》、二六〇頁）

〈題清溪僧所藏枯林四畫〉　　　　　　　　　　　　　　元・劉詵
　蘭二首
纈花得雨苗，劍葉當風披。道人採藥去，誰與同幽期。
昔從楚皋見，今藝梵王家。諒應面壁禪，無復生心花。
　蒲萄二首
秋藤逸危架，勢重疑欲委。高齋明月上，顆顆如懸水。
枯葉展大蝶，低枝屈長虯。露寒壓成酒，無夢到涼州。（劉詵《桂隱詩集》、卷一）

〈釋枯林鐵如意歌〉　　　　　　　　　　　　　　　　　元・劉詵
　君不是金谷園中石季倫，明珠買妾長安春。錦絲圍障輕一世，珊瑚高株碎如塵。又不
是黃鶴樓邊王處仲，萬騎上流縱馳輊。狂釃千石發浩歌，唾壺敲碎天為動。君是天台丞
相之嫡孫，胸中八九吞崑崙。少年寶玦落荊棘，再拜禪林依世尊。手持鐵如意，笑傲典
午二豪之富貴。良工精髮生碧花，古制蟬螭隱元氣。木盃不用輕大江，蛟鯨辟易馮夷僵。
薊門駿馬疾秋鶻，飛箭穿髀心如忘。談經說史似支遁，四座公卿遜高論。古來豪傑多竄
託，槁面布衫塵土混。畫蘭千紙生秋風，賦詩萬卷老愈工。承平智策無所用，落魄行徧
江湖中。嗟哉爾之如意兮，不願為大梁游俠之袖椎，寧落為許行耕野之鋤犁。寶光發匣
閭里怪，珍重深藏莫輕賣。君不見干將莫邪困豐城，化為兩龍飛去延平津，利器不試空
有神演之儔。

　　枯林，天台葉西澗丞相之後，有才氣，能詩，以畫蘭名世，頗勇俠，或不舟渡水，蓋隱於浮
　　屠者。嘗游京師，走馬海子上，中飛矢，流血滿靴，不顧，殆歐公所稱秘與。（劉詵《桂隱
　　詩集》、卷一）

〈題僧枯林蘭〉　　　　　　　　　　　　　　　　　　　元・劉詵
　短筠峭石共清妍，筆裏幽香九畹傳。夢到高僧檀蔔國，覺來身在畫圖邊。（劉詵《桂
隱詩集》、卷四）

〈題枯林蘭〉　　　　　　　　　　　　　　　　　　　　元・劉詵
　緗花幽幽隱道韻，劍葉披披吹曉寒。城西四月好天氣，時過高僧有畫蘭。（劉詵《桂
隱詩集》、卷四）

〈題李氏甥彥博所藏枯林蘭石〉　　　　　　　　　　　　元・黃鎮成
　幽芳冉冉路雲深，白石滄江見此心。零落佳人在空谷，自彈秋月寄瑤琴。（黃鎮成《秋

聲集》、卷四）

〈題枯林蘭〉　　　　　　　　　　　　　　　　　　　　　元・劉永之

　猗蘭生遠壑，葳蕤粲玉芳。白露溥夕景，光風轉朝陽。吹蕭望澧浦，鼓枻向沅湘。何以貽遠者，徘徊雙鳴璫。（劉永之《劉仲修先生詩集》、卷三、2／b）

〈題枯林墨蘭〉　　　　　　　　　　　　　　　　　　　元・劉永之

　澧浦多瑤草，涔陽足暮雲。臨江捐佩玦，延佇望夫君。（劉永之《劉仲修先生詩集》、卷三）

〈題枯林墨蘭〉　　　　　　　　　　　　　　　　　　　明・劉　嵩

　山中石纍纍，百草寒不芳。猗蘭如高人，跡隱名愈揚。我欲采其英，繫之芙蓉裳。林深路迴窈，竚立以彷徨。（劉嵩《槎翁詩集》、卷二）

〈題枯林上人墨蘭四首〉　　　　　　　　　　　　　　　明・劉　嵩

　曾乘桂楫上清湘，明月蒼波野興長。欲採幽蘭渾不見，深林風定忽聞香。
　掩冉晴雲颺曉風，碧蘭紫穗故成叢。湘娥西去遺仙佩，翠羽明珠滿澗中。
　步入深林有所思，蒼茫白日澹華滋。美人欲渡湘江晚，裊裊金枝出翠旗。
　杜若蘼蕪忽已殘，西風澤國故多蘭。閒來竹底拾翠羽，月下不知清露寒。（劉嵩《槎翁詩集》、卷七）

〈枯林墨蕙〉　　　　　　　　　　　　　　　　　　　　明・凌雲翰

　轉蕙光風百里餘，空庭曾見雪消初。數叢一幹誰能寫，筆法渾如貝葉書。（凌雲翰《柘軒集》、卷一）

春 山

　小傳：不見畫史記載。身世不詳。

〈贈畫師春山〉　　　　　　　　　　　　　　　　　　　元・盧　琦

　人在春山紫翠間，旅途今日忽相看。潮生遠浦孤帆下，雨過蒼厓古木寒。筆底雲煙長滿屋，壺中風物共憑欄。江湖何日重相會，惆悵樽前別更難。（盧琦《圭峰集》）

亮 師（釋）

　小傳：僧人，字虛白，崑山人。善寫墨竹，宗文湖州，又喜畫枯梅。（見《中國畫家人名大辭

典》、二六一頁）

〈客館夜見亮師畫，上有余呂二山人詩〉　　　　　　　　　　　明・高　啟
　　上人圖畫故人詩，相見燈前夜雨時。無限雲山與煙樹，揔含秋色是相思。（高啟《高太史大全集》、卷十八）

相　禮
　　小傳：字子先，華亭人。洪武中召至京師，能詩善奕，當世無敵，工畫山水，學黃大癡逼真。
　　　　　（見《中國畫家人名大辭典》、二六三頁）

〈醉贈相子先（有引）〉　　　　　　　　　　　　　　　　　　元・王　逢
　　子先名禮，素精奕，比學黃大癡畫，輒逼真。近登鳳山，睹予舊所題名，因作圖見寄，既邂逅旅次，乃飲之酒，贈之歌云：　　　老生不能臣諸侯，卻來題名鳳山頭。霜晴木脫壁峭立，鴉兒大字淋漓秋。于時陳（蕭）邵（維翰）隱余薛，遙睇中原心耳熱。兩人既仕李河南，雁斷鵑啼榮夢歇。邇承奕相遊茲山，三復舊記松羅間。野僧有待碧紗護，畫圖已自傳人寰。君本家西河，鍾秀西湖曲。龍城倚高寒，雁蕩濯深淥。華亭道阻汛雪船，四鰓鱸買梅花前。青衣童保進斗酒，邂逅意氣凌吳天。好將金城圖略上天子，回首共訪巴園仙。（王逢《梧溪集》、卷四）

〈題朱鞏遠鳳山丹房圖相子先所畫〉　　　　　　　　　　　　元・王　逢
　　子先中國士，棋罷畫雲間。黑翰蜿蜒水，青分鶯鶯山。客捫蘿蔦入，童採朮芝還。覽卷神為往，鮮飀灑珮環。（王逢《梧溪集》、卷四）

郎元隱
　　小傳：不見畫史記載。身世不詳。

〈題王彥龍藏三茅郎元隱墨蘭〉　　　　　　　　　　　　　　元・成廷珪
　　登句曲兮常良，攬薜帶兮筠裳。縶白駒兮空谷，葆九鳳兮扶桑。汛光風兮既零雨，水淺淺兮石楚楚。望夫君兮不來，悵清風兮日將暮。（成廷珪《居竹軒詩集》）

南宮子
　　小傳：不見畫史記載。身世不詳。

〈題南宮子蠟嘴圖〉　　　　　　　　　　　　　　　　　　　元・薩都刺

南宮山人何俊奇，小窓睡起涼雲飛。野棠秋早霜子熟，枯木葉高蠟嘴肥。滿前粟粟甘爾口，政猶痴心落人手。五陵年少知爾名，一飽無人早回首。（薩都剌《薩天錫詩集》、卷後）

南宮文信

小傳：字子中，號爛心齋，魯人。善墨戲，竝作禽鳥及枯木竹石。（見《中國畫家人名大辭典》、二六二頁）

〈題南宮子中畫鶯〉　　　　　　　　　　　　　　　　　　元・陸文圭

金衣何璀璨，飛向垂楊樹。久立却無聲，東風吹不去。（陸文圭《牆東類稿》、卷十九）

南岳雲（釋）

小傳：僧人，慈報寺長老，善畫，有山雲圖、松圖等傳于代。（見《中國畫家人名大辭典》、二六二頁）

〈慈報寺長老南岳雲畫山雲圖松圖，各有詩，予次韻〉　　　元・王　逢

空山不知春，白雲莽昏曙。幽磬迴已沉，詩禪淡自悟。溪影流一花，月明在雙樹。石間孤生松，天涯特立士。相看兩滴翠，似聞風落子。駕言歸去來，白雲滿蒼苔。（王逢《梧溪集》、卷四）

南　洲（釋）

小傳：不見畫史記載。身世不詳。

〈答僧南洲寫梅見寄〉　　　　　　　　　　　　　　　　　明・管時敏

廿年不見老花光，寫得繁枝遠寄將。一自斷橋相別後，暗香幾度月昏黃。　龍門寺裏梅千樹，開遍山南水北莊。今日老禪頭已白，寫來無色更無香。（管時敏《蚓竅集》、卷八）

韋通甫

小傳：不見畫史記載。身世不詳。

〈題韋通甫所畫乘龍〉　　　　　　　　　　　　　　　　　元・滕安上

因并門馮和卿蓄卻波韋通甫所畫乘龍，託友人王思敬求詩京師，亦為賦此。天上群龍人不識，人間畫工畫不得。韋郎何處見真龍，毫末淋漓風雨集。前幅一龍初奮蟄，巨爪

拉山山破壁。後幅一龍新蛻骨，蜿蜿蜒蜒醉無力。就中二幅更駭怒，拔樹噴珠轟霹靂。
并門馮君好事者，傾囊不惜千金直。夜藏深匵鬼神泣，畫掛虛堂窗戶濕。愛之玩之不一
足，託友求詩走京國。畫中畫龍雲霧質，詩中畫龍有龍德。此詩此畫當誰看，他日示君
窺牖客。（滕安上《東庵集》、卷二）

郁魯珍

小傳：不見畫史記載。身世不詳。

〈郁魯珍畫〉　　　　　　　　　　　　　　　　　　　　　　　　明・淩雲翰

　平生山水嘗見之，不意畫圖如此奇。松雪老仙得其理，筆端幻出無聲詩。森森千丈長
松下，中有高人韻瀟灑。揮絃豈為送飛鴻，情性因之自陶寫。杏壇絕響幾秋春，誰信經
成能致麟。黎陽先生真隱者，為假山水傳其神。溪山蒼蒼溪水綠，君胡為兮在空谷。他
時儻鼓宓賤琴，更效南風歌一曲。（淩雲翰《柘軒集》、卷三）

柯九思

小傳：字敬仲，號丹丘生，台州人。文宗置奎章閣，特授學士院鑒書博士，凡內府所藏法書
　　　名畫，咸命鑑定，又善鑑識金石。博學能詩文，善畫墨竹，師文湖州。說者謂其寫竹
　　　必儧以古木，煙梢霜樾，與叢篠相映，頗具奇趣；又有謂其槎牙竹石，全師東坡，其大
　　　樹枝幹，皆以一筆塗抹，不見痕跡，間作山水，筆墨蒼秀，丘壑不凡，筆法在范寬夏
　　　珪之間，亦善墨花。（見《中國畫家人名大辭典》、二六二頁）

〈自題晴竹〉　　　　　　　　　　　　　　　　　　　　　　　　自　題

　歲寒有貞姿，孤竹勁而直。虛心足以容，堅節不撓物。可比君子人，窮年交不易。曄
曄桃李花，旦暮改顏色。（柯九思《丹邱集・錄自元詩選》、一〇四頁）

〈自題墨梅〉　　　　　　　　　　　　　　　　　　　　　　　　自　題

　神清香冷護苔斑，白玉堂前相對間。只隔遠山塵冉冉，夜深清夢落人間。（明朱存理
《鐵網珊瑚》、卷七）

〈論（自）畫〉　　　　　　　　　　　　　　　　　　　　　　　自　題

　寫竹幹用篆法，枝用草書法，寫葉用八分法，或用魯公撝筆法，木石用折釵股，屋漏
痕之遺意。（清敕編《佩文齋書畫譜》、卷十六、書畫題跋記）

〈柯敬仲山水〉　　　　　　　　　　　　　　　　　　　　　　　自　題

甲申人日，過白雲窗觀雪，坐中可如道人徵畫，遂試繡兒墨為之。（清卞永譽《式古堂書畫彙考・畫考》、卷之四）

〈柯九思古木幽篁圖〉　　　　　　　　　　　　　　　　　　自　題
　丹丘生為天雨老友作。（清吳升《大觀錄》、卷十八）

〈柯九思竹枝圖〉　　　　　　　　　　　　　　　　　　　　自　題
　至正二年壬午九月，僕與高昌正臣，游張公洞天。張德常期而不至，殊懷其人，不禁清興，故作墨竹以寄之。前奎章閣鑒書博士丹丘柯九思識。（清吳升《大觀錄》、卷十八）

〈柯敬仲古木竹石圖〉　　　　　　　　　　　　　　　　　　自　題
　泰定庚子秋八月，丹丘生為伯生老友寫。（清吳升《大觀錄》、卷十八）

〈柯敬仲墨竹坡石圖〉　　　　　　　　　　　　　　　　　　自　題
　生意滿孤根，香凝粉節痕。驚看雷雨夕，化作老龍孫。柯九思。（清吳升《大觀錄》、卷十八）

〈柯丹丘仿與可竹石圖〉　　　　　　　　　　　　　　　　　自　題
　至元後戊寅十二月十三日，留青閣閣，因作此圖。丹丘生題。（清吳升《大觀錄》、卷十八）

〈自題畫竹〉　　　　　　　　　　　　　　　　　　　　　　自　題
　右石室先生文公所畫古木，筆意簡古，破墨清潤，天趣飛動，真逸品也。又有元章至能鑒賞於上，可為寶玩，但欠墨竹一枝，故為補於其後。後學柯九思題。　九思舊於京師見先生墨竹併題如此，今不敢用己意，繼先生之後，全用舊法也。（清繆曰藻《寓意錄》、卷二）

〈柯丹丘霜柯秀石圖卷〉　　　　　　　　　　　　　　　　　自　題
　嘗見東坡有此石本，趙松雪曾擬作之。藏於道場禪室，較之石本，但無荊棘而竹石尤清潤，自有一種高風韻逸，出人意表。一日過道口，長老無可出紙命僕效顰，此卷是也。時有山人韓夢庵在席，見而愛之，遂歸于韓，今二十年矣。而山人之弟公達，出以示予，予切有感焉。而拙作鄙庸，迺為韓氏珍藏若此，蓋以山人所愛故也。且僕自出山中來游宦京師，初聞無可師上駕水示寂，山人又復仙去，今吾與公達同仕于朝，追念舊游，存沒之感，不能不愴然于懷也。至正二年長至日，丹丘柯九思書。（近代龐元濟《虛齋名

畫錄》、卷二）

〈柯丹丘清閟閣竹石圖軸〉　　　　　　　　　　　　　　　　自　題

　　至元後戊寅十二月十三日，留清閟閣，因作此卷。丹丘生題。（清龐元濟《虛齋名畫
錄》、卷七）

〈題柯博士墨竹〉　　　　　　　　　　　　　　　　　　　　元‧甘　立

　　嶰谷春回落粉香，拂雲和露倚蒼蒼。月明後夜吹簫過，塵是伶倫學鳳凰。（清高宗《御
定歷代題畫詩類》、卷七十九）

〈柯敬仲墨竹二首〉　　　　　　　　　　　　　　　　　　　元‧釋大訢

　　醉墨淋漓雨露春，九重何止動奎文。老龍夜奮千年蟄，采鳳朝翔五色雲。淇澳多賢歌
衛武，蒼梧有淚憶湘君。買山只合丹丘住，賸種清陰為我分。何處龍吟百丈泓，驟驚風
雨助從橫。縈紆拳石藏千畝，次第寒梢發寸萌。嶰谷何人調六律，柯亭無客賞奇聲。五
湖付與垂綸手，斬取長竿掣巨鯨。（大訢《蒲室集》、卷五）

〈柯敬仲作枯木竹石圖寄樵隱御史命題其上〉　　　　　　　　元‧釋大訢

　　木石山中託舊盟，歲寒不改此君清。相期雲霧隨龍化，更待天風引鳳鳴。靜對聞琴宜
夜雨，閒來歌枕愛秋聲。老樵自是伶倫手，調入黃鐘取次成。（釋大訢《蒲室集》、卷五）

〈為達兼善御史題（柯九思）墨竹〉　　　　　　　　　　　　元‧虞　集

　　蜀道荒涼多古木，篔簹千尺相因依。小兒慣見今白髮，杜宇夜啼愁不歸。老可嘗作陵
州守，古墨蛟龍多入手。春雷每恐破壁去，神鼎空令夔魅走。丹丘越人不到蜀，篠葉何
以能縱橫。內府人家爛熳寫，使可見之心亦驚。江南御史龍頭客，暫別那能不相憶。知
君深識篆籀文，故作寒泉溜崖石。（虞集《道園學古錄》、卷二）

〈題柯敬仲畫〉　　　　　　　　　　　　　　　　　　　　　元‧虞　集

　　予先世居隆州州治之後山，石室翁守郡時，隆為陵州州事。簡時來就吾家，拾故紙背作芋蘭
竹木之屬，所得頗多。吾幼時尚收得數紙，今亦亡之。丹丘生用文法作竹木，而坡石過之。
近又以新意作墨花，甚妙，從子悅有眉山學官之行，丘為作此，予愛而賦之。

　　昔者老可守陵州，守居北山吾故丘。大守時來看山雨，每畫紙背成滄洲。老蒲松煙色
過重，揮霍陰崖交劍矛。百年離亂亡故物，敝篋江南誰復收。新圖篔簹枝葉修，使我不
樂思昔侯。碧雞祠前杜鵑叫，玉女井上叢篁幽。棠朵樹高青子落，碧花翠蔓縈牽牛。楊
雄無家不歸老，蟪蛄蟋蟀寒相求。丹丘先生東海客，何以見我空山秋。蕭條破墨作清潤，

殘質刊落精英留。陂陁重複分細草，山石縈紆生亂流。眉山學官莫厭冷，言歸故鄉非遠遊。石田茅屋倘可得，萬里欲上東吳舟。百花潭深濯新錦，持報以比珊瑚鉤。（虞集《道園學古錄》、卷二）

〈敬仲畫扇〉　　　　　　　　　　　　　　　　　　　　　　　元・虞　集

松根伏苓如石髓，服食令人壽千歲。子欲求之觀此圖，老身偃蹇枝扶踈。長鑱篝火新雨霽，羽人丹丘期不至。卻剪蒼篔崖石間，吹作龍吟秋滿山。（虞集《道園學古錄》、卷二）

〈題柯博士畫〉　　　　　　　　　　　　　　　　　　　　　　元・虞　集

磯頭風急潮水長，蒹葭蒼蒼繫魚榜。青山一髮是江南，白頭不歸神獨往。幽篁繞屋茅覆簷，木葉脫落秋滿簾。買魚沽酒待明月，定是黃州蘇子瞻。子瞻文章世希有，謫向江波動星斗。夜投斷崖發清嘯，栖鶻驚飛怒蛟吼。圖中風景偶相似，欣然揮洒春雲開。子瞻應是念鄉里，還化江東孤鶴來。（虞集《道園學古錄》、卷二）

〈題柯敬仲雜畫〉　　　　　　　　　　　　　　　　　　　　　元・虞　集

北苑今仍在，南宮奈世何。青山解浮動，端謂白雲多。雨過蒼苔石，雲生野岸泉。幽懷春冉冉，稚子秀娟娟。　鐵石餘生色，冰霜作曉妍。春雷明日起，何處尚龍眠。　雨過黃陵廟，蒼梧雲正愁。何時倚虛幌，對此滿林秋。　江上秋漠漠，風雨晚蕭蕭。千載誰相識，惟應待老樵。　昔過箟簹谷，鉤衣石角斜。疑尋龍作杖，拾得上天槎。　黃金千瑣甲，珊玉六簾鉤。雨送鴛鴦夢，煙籠翡翠愁。　娟娟生玉潤，楚楚作金聲。羽扇迎風定，羊車過月明。　峽口春雲重，江南夜雨多。水深桃葉渡，風急竹枝歌。　蒼涼初出日，黃落早知秋。不遇采芝客，寧知叢桂幽。　明堂要梁棟，大匠取修直。鬱屈崖口間，秋風動蕭瑟。　平陸蒼龍起，近山生遠煙。前村三萬頃，明日水平田。　莓苔生石路，翠竹自交加。不惜青鞵濕，臨流踏白沙。　昨夜采樵去，偶逢三尺枯。山人不到海，不識是珊瑚。　瀟洒一枝新，惟堪掃淨塵。白雲在窗戶，留作老僧隣。（虞集《道園學古錄》、卷三）

〈題柯博士九疑秋色圖〉　　　　　　　　　　　　　　　　　　元・虞　集

余獨遊兮洞庭，野雲徘徊兮天將雨。望九疑兮不可見，結幽篁兮聊延竚。（虞集《道園學古錄》、卷三）

〈敬仲竹樹古石〉　　　　　　　　　　　　　　　　　　　　　元・虞　集

雪樹寒逾勁，霜筠晚更修。玄雲動蒼石，令我憶湖州。（虞集《道園學古錄》、卷三）

〈題柯博士畫〉 元·虞 集

　　登孤丘而望遠，見江上之楓林。放余舟兮澧浦，何天高而水深。（虞集《道園學古錄》、卷三）

〈題歐陽原功少監家柯敬仲畫〉 元·虞 集

　　涔陽日日水生波，翠袖黃裳晚權過。珠樹月明花婀娜，鳳毛春煖錦婆娑。楚宮朝雨過江潭，燕燕新來試浴蠶。庭下錦衣皆稚子，腮前秀色是冝男。（虞集《道園學古錄》、卷四）

〈題畫柯敬仲雜畫〉 元·虞 集

　　夢裡江南憶舊遊，明璫翠珮不勝愁。一鉤纖月清如水，吹笛何人共綵舟。（虞集《道園學古錄》、卷四）

〈題柯敬仲畫〉 元·虞 集

　　牽牛引蔓上棠棃，上有幽禽夜夜栖。自有秋風動疎竹，江南落月不須啼。（虞集《道園學古錄》、卷四）

〈題柯敬仲雜畫五首〉 元·虞 集

　　玉立一長身，風前倚翠鬟。茂陵頭儘白，賴有李夫人。
　　舞影彎彎月，歌聲剪剪雲。恐隨風力去，留取翠綃裙。
　　江波傳雨意，山石長雲根。琴瑟分清潤，階庭列子孫。
　　冰解溥沱動，雲分碣石開。漁竿秋裊裊，還見渭翁來。
　　不見丹丘久，驚見翰墨香。永懷書閣舊，春日繡日長。（虞集《道園遺稿》、卷四）

〈柯博士畫扇〉 元·虞 集

　　旭日鳴幽鳥，露華在芳藂。外廷無奏事，殿閣自微風。（虞集《道園學古錄》、卷二十一）

〈柯敬仲畫古木疎篁〉 元·虞 集

　　不見丹丘四五年，幽篁古木更蒼然。蒹葭霜露風連海，翡翠蘭苕月在川。憶昔畫圖天上作，每題詩句世間傳。前科深雪誰高臥，亦有晴虹貫夜船。（虞集《道園學古錄》、卷二十九）

〈柯博士竹樹古石〉 元·虞 集

江潭木葉盡落，巫峽竹枝更長。剪取微風疎雨，橫吹殘月清霜。石帶苔而蒼翠，竹垂雨以珠璣。藉玉五紋之組，析旌六羽之翬，（元《乾坤清氣》、卷十四）

〈題柯博士為方叔高所畫墨竹〉　　　　　　　　　　　　元・揭傒斯

蒼蒼四君子，意氣侵雲端。六月不敢近，蕭蕭風露寒。（揭傒斯《揭文安公全集》、卷四）

〈題柯敬仲竹木〉　　　　　　　　　　　　　　　　　　元・丁　復

青山白日野中看，南國佳人翠袖寒。老樹不堪承雨露，龍孫春滿錦闌干。（丁復《檜亭集》）

〈題敬仲竹木〉　　　　　　　　　　　　　　　　　　　元・于　立

洞庭秋盡水層波，光動珊瑚碧樹柯。夜半仙人騎紫鳳，滿天清影月明多。（顧瑛《草堂雅集》、卷十一）

〈題（柯九思）墨菊〉　　　　　　　　　　　　　　　　元・黃鎮成

江南九月秋風涼，秋菊采采金衣黃。近時丹丘出新意，卻灑淡墨傳秋香。青城學士曾題藻，散落人間共傳寶。卷舒造化入毫端，回首東籬自枯槁。東陽傅君心好奇，何處得此秋霜枝。湖湘衲子遠相覜，筆勢迥與丹丘齊。香英細蹙元玉屑，老榦拗斷烏金折。不隨粉黛學時粧，自與幽人同志節。淵明已逝屈子沈，晚香縱有誰知心。感君畫圖三歎息，為君長歌楚天碧。（黃鎮成《秋聲集》、卷一）

〈題柯丹丘畫〉　　　　　　　　　　　　　　　　　　　元・陳　旅

奎章博士丹丘子，家住江南落木洲。種得琅玕長百尺，看渠簷外拂高秋。（陳旅《安雅堂集》、卷一）

〈柯氏山雲竹石圖〉　　　　　　　　　　　　　　　　　元・陳　旅

溪上春山生白雲，鷓鴣啼處有湘君。行人來截昭華琯，日暮青林玉氣分。（陳旅《安雅堂集》、卷一）

〈題柯博士梅竹圖〉　　　　　　　　　　　　　　　　　元・郯　韶

天王宴罷奎章閣，博士歸來兩鬢絲。寫得寒梅與修竹，照人清影尚參差。（顧瑛《草堂雅集》、卷十）

〈題柯丹丘畫〉　　　　　　　　　　　　　　　　　　元・郯　韶

　溪上春山石徑紆，暖雲晴嶂錦糢糊。行人如隔湘江岸，日暮青林啼鷓鴣。（**顧瑛《草堂雅集》、卷十**）

〈題柯丹丘墨竹〉　　　　　　　　　　　　　　　　　元・郯　韶

　玉文堂上寫琅玕，只作吳興老可看。一夜秋風動寥廓，綵雲零落鳳毛寒。（**顧瑛《草堂雅集》、卷十**）

〈柯敬仲枯木竹〉　　　　　　　　　　　　　　　　　元・胡　助

　石瀟灑幽篁不受塵，千年枯木篆書文。揮毫鶻落清新意，不減湖州古墨君。（**胡助《純白齋類稿》、卷十四**）

〈柯敬仲竹石枯木〉　　　　　　　　　　　　　　　　元・胡　助

　山石蒼蒼老竹修，襪材一派落丹丘。虛牕晝靜無人到，風動天壇碧玉秋。（**胡助《純白齋類稿》、卷十四**）

〈題柯敬仲植木墨竹〉　　　　　　　　　　　　　　　元・杜　本

　絕愛監書柯博士，能將八法寫疎篁。細看古木蒼藤上，更有藏真長史狂。（**杜本《清江碧嶂集》、九頁上**）

〈題柯敬仲梅竹〉　　　　　　　　　　　　　　　　　元・杜　本

　點點苔枝綴玉，疎疎檀蕊凝香。還記當年月色，笛聲暗渡宮牆。翠雨娟娟帶潤，清風細細生香。頗憶當年供奉，閒情都付流光。（**杜本《清江碧嶂集》、三十頁下**）

〈題柯敬仲竹〉　　　　　　　　　　　　　　　　　　元・杜　本

　翠雨娟娟帶潤，清風細細生香。頗憶當年供奉，閒情都付流光。（**清高宗《御定歷代題畫詩類》、卷七十九**）

〈題（柯）敬仲古木〉　　　　　　　　　　　　　　　元・李孝光

　高鸞不下尚輪囷，百尺龍門半死生。裁製仙禽酬素賞，清風流薄夜啼聲。（**李孝光《五峰集》、卷八**）

〈柯丹丘霜柯秀石圖卷〉　　　　　　　　　　　　　　元・邵亨貞

　素節有虛直，蒼顏無古今。靜存仁者體，清得此君心。筍潤挹朝爽，尊涼借午陰。投

簪時得造，舒嘯一披衿。嚴陵邵亨貞題。（清龐元濟《虛齋名畫錄》、卷二）

〈題丹邱生柯敬仲竹木〉　　　　　　　　　　　　　　　　　元・陳　高
　　雲煙連紫閣，風雨暗丹邱。仙客今何在，淒涼竹樹秋。（陳高《不繫舟漁集》、卷八）

〈題羅成之藏柯敬仲懸崖竹〉　　　　　　　　　　　　　　　元・成廷珪
　　丹邱畫竹出新意，醉墨落紙秋淋漓。青天低垂鳳凰尾，碧海倒插珊瑚枝。誰家俗士饞
食肉，何處高人來賦詩。丹房月夕起清思，莫遣風雷生葛陂。（成廷珪《居竹軒詩集》）

〈題柯丹邱墨竹〉　　　　　　　　　　　　　　　　　　　　元・張　雨
　　奎章閣上恣臨摹，高節偏承雨露多。冷淡故能追石室，蕭疏應不減東坡。（張雨《貞
居集補遺》、卷上）

〈柯敬仲竹〉　　　　　　　　　　　　　　　　　　　　　　元・鄭元祐
　　翩栖江海姿，飛墨鬢如絲。天遠鸞留影，篔簹雨後枝。（鄭元祐《僑吳集》、卷六）

〈題柯敬仲梅竹圖二首〉　　　　　　　　　　　　　　　　　元・鄭元祐
　　苔石相依葆歲寒，憑誰翠袖倚闌干。玉文堂上蕭蕭雨，墨瀋於今尚未乾。誰料丹丘不
復生，眼眵長向墨兮明。鉤竿若拂珊瑚月，少為梅花住越城。（鄭元祐《僑吳集》、補遺）

〈題柯敬仲墨竹〉　　　　　　　　　　　　　　　　　　　　元・鄭元祐
　　夭矯窮鱗江海姿，只今飛墨鬢如絲。五雲天遠龍髯墮，盡作篔簹雨後枝。（顧瑛《草
堂雅集》、卷三）

〈題達監司所藏柯博士秋山圖〉　　　　　　　　　　　　　　元・鄭元祐
　　風光南國典籤孫，筆底江山妙吐吞。雲湧坐隅岩木動，瀑飛書屋浪花翻。危橋僅尺疑
虹飲，怪石逾拳作獸蹲。可即田廬朝掛笏，只應蘿月夜窺門。林深曷致巢松鶴，谷響如
聞嘯樹猿。裹飯趁墟身欲往，擔簦陟嶠手堪捫。公廷未竟東方謔，畫史恒推北苑尊。老
矣玉文堂上客，悲歌一慟為招魂。（顧瑛《草堂雅集》、卷三）

〈題柯敬仲梅花竹石圖〉　　　　　　　　　　　　　　　　　元・郭　翼
　　夜寒起坐看龍影，金閣罘罳小殿東。夢覺香吹梅子樹，玉文殿上月方中。（郭翼《林
外野言》、卷下）

〈柯丹丘霜柯秀石圖卷〉　　　　　　　　　　　　　　　　　　　元・黎　恬

　竹樹瀟疎苔石宜，嗽茗清坐白雲移。滿池水墨香浮暗，正是高人落筆時。清江黎恬。
（清龐元濟《虛齋名畫錄》、卷二）

〈柯丹丘霜柯秀石圖卷〉　　　　　　　　　　　　　　　　　　　元・張　簡

　古木蒼龍影，修篁碧玉枝。相看兩不厭，同抱歲寒姿。雲丘道人張簡為夢菴題於霜月
軒。（清龐元濟《虛齋名畫錄》、卷二）

〈柯丹丘霜柯秀石圖卷〉　　　　　　　　　　　　　　　　　　元・松泉隱者

　碧波浮翠浸珊瑚，看到東磧有幾株。留得丹丘冰雪幹，歲寒何必論榮枯。吳興松泉隱
者。（清龐元濟《虛齋名畫錄》、卷二）

〈次韻虞閣老題柯丹邱畫〉　　　　　　　　　　　　　　　　　　元・張　憲

　夜雨幽篁密，晨霜落未多。月明商女恨，江冷越人歌。（張憲《玉笥集》、卷十）

〈柯丹邱枯木竹石圖〉　　　　　　　　　　　　　　　　　　　　元・張　憲

　粲粲翡翠釵，歷歷珊瑚樹。露涼蘿月高，湘魂不知處。（張憲《玉笥集》、卷十）

〈題柯敬仲博士明雪窓長老蘭竹石合景四幅，各一首〉　　　　　元・錢惟善

　適從楚畹來邂逅，此君乃知岩壑姿。風致頗相似。

　光風泛崇蘭，玉立共瀟洒。襟抱有双清，歲暮遺遠者。

　石逾玉潤不生苔，鐵笛吹殘自裂開。絕似雨晴炎海上，一隻翡翠忽飛來。（錢惟善《江
月松風集》、卷十）

〈題柯博士墨竹〉　　　　　　　　　　　　　　　　　　　　　　元・王　逢

　奎章博士寫蒼筤，葉葉中含雨露香。華髮歸來無限意，九疑山遠暮雲長。（王逢《梧
溪集》、卷一）

〈柯博士臨文湖州墨竹，為頓悟寺堅席石上人題〉　　　　　　　元・王　逢

　官罷奎章閣，竹臨文使君。似將湘女淚，痛灑鼎湖雲。雉扇梢堪把，鸞笙葉忍聞。山
僧置巖塢，佳氣若絪縕。（王逢《梧溪集》、卷四）

〈柯博士竹〉　　　　　　　　　　　　　　　　　　　　　　　　元・貢性之

　丹丘遺老舊詞臣，歷代圖畫鑒賞頻。閒却玉堂揮翰手，墨池染出鳳毛新。（貢性之《南

湖集》、卷下）

〈柯敬仲墨竹〉　　　　　　　　　　　　　　　　　　　　　元·倪　瓚

　　至正十三年三月四日，同章鍊師過張先生山齋，壁間見柯敬仲墨竹。因懷其人，其詩文書畫
　　鑒賞古跡，皆自許為當代所少。狂逸有高海岳之風，但目力稍恕耳，今日那可得耶。
　　柯公鑒書奎章閣，吟詩作畫亦不惡。圖書寶玉尊鼎觶，文彩珊瑚光錯落。自許才名今
獨步，身後遺名將誰託。蕭蕭煙雨一枝寒，呼尔同遊如可作。（倪瓚《倪雲林先生詩集》）

〈用潘子素韻題柯敬仲墨竹〉　　　　　　　　　　　　　　　元·倪　瓚

　　古木幽篁春淡淡，斜風細雨石蒼蒼。何人識得黃花老，弄翰同歸粉墨囊。（倪瓚《倪
雲林先生詩集》）

〈柯丹丘梅竹〉　　　　　　　　　　　　　　　　　　　　　元·倪　瓚

　　山川搖落夜漫漫，老木幽篁巧耐寒。畫裏陳侯有佳句，皎如明月映琅玕。（倪瓚《倪
雲林先生詩集》）

〈柯丹丘梅竹〉　　　　　　　　　　　　　　　　　　　　　元·倪　瓚

　　竹裏梅花淡泊香，映空流水斷人腸。春風夜月無踪迹，化鶴誰教返故鄉。（倪瓚《倪
雲林先生詩集》）

〈題柯敬仲竹，書達兼善秘書後〉　　　　　　　　　　　　　元·倪　瓚

　　誰能寫竹復盡善，高趙之前文與蘇。簡韻蕭蕭人品係，篆籀渾渾書法俱。奎章博士生
最晚，耽詩愛畫同所趨。興來揮灑出新意，孰謂高趙先乎吾。
　　達秘書曰“堤柳拂烟疎翠葉，池蓮過雨落紅衣。娟娟唯有窗前竹，長是清陰伴夕暉；梁王宅
　　裏參差見，山簡池邊爛漫栽。記得九霄秋月上，滿庭清影覆蒼苔”。（顧瑛《草堂雅集》、
　　卷六）

〈柯丹丘墨竹〉　　　　　　　　　　　　　　　　　　　　　元·倪　瓚

　　柯公自比米顛子，文采照耀青琅玕。只今耆舊凋零盡，剩得潘君瘦竹寒。倪瓚。（明
朱存理《鐵網珊瑚書品》、卷八）

〈題柯博士畫〉　　　　　　　　　　　　　　　　　　　　　元·陳　基

　　丹丘仙子渺何之，零落春風玉樹枝。阿閣鳳凰無處宿，漫勞湘管月下吹。（顧瑛《草
堂雅集》、卷一）

〈題柯博士畫竹〉　　　　　　　　　　　　　　　　　　元・陳　基

　群玉仙人佩水蒼，金莖分露服琳琅。曾將天上昭華琯，吹作飛龍春玉皇。（陳基《夷白齋藁》、卷十一）

〈柯博士畫〉　　　　　　　　　　　　　　　　　　　　元・宋　禧

　身自奎章閣上歸，人間竹樹倍光輝。自憐華髮看春筍，不見兒郎著錦衣。（宋禧《庸庵集》、卷十）

〈柯丹丘霜柯秀石圖卷〉　　　　　　　　　　　　　　　元・呂　敏

　老樹最宜清圃，修竹恰稱高齋。敬仲本來面目，長康幻化形骸。辛亥二月，過弘道西齋題，呂敏。（近代龐元濟《虛齋名畫錄》、卷二）

〈柯丹邱枯木竹石圖〉　　　　　　　　　　　　　　　　元・張　憲

　粲粲翡翠釵，歷歷珊瑚樹。露涼蘿月高，湘魂不知處。（張憲《玉笥集》、卷十）

〈柯敬仲畫竹二首〉　　　　　　　　　　　　　　　　　元・唐　肅

　琅玕舊栽處，延閣已生苔。莫把吳鹽灑，羊車不復來。金章鑒書處，寫竹似湖州。今日江南春，蕭蕭故國秋。（清高宗《御定歷代題畫詩類》、卷七十七）

〈題柯敬仲竹石〉　　　　　　　　　　　　　　　　　　元・唐　肅

　蘊真齋裏揮毫日，多得青城大史題。今日南州把遺墨，石篁秋冷蟋蛄啼。（清高宗《御定歷代題畫詩類》、卷八十二）

〈柯敬仲竹〉　　　　　　　　　　　　　　　　　　　　元・金哈剌

　丹台老子寫叢幽，豈減當年李薊丘。試看石根三五葉，淡煙踈雨不勝秋。（金哈剌《南遊寓興詩集》、十二頁）

〈柯敬仲小景〉　　　　　　　　　　　　　　　　　　　元・金哈剌

　山高雲欲動，溪轉樹偏多。中有崑栖客，開軒看鶴過。（金哈剌《南遊寓興詩集》、三十六頁）

〈柯敬仲畫〉　　　　　　　　　　　　　　　　　　　　元・金哈剌

　鳳羽迎風翠欲流，蛟鱗過雨不勝秋。當時曾見奎章畫，今日相看海水頭。（金哈剌《南遊寓興詩集》、五十一頁）

〈題柯敬仲竹〉　　　　　　　　　　　　　　　　　　　　　元・丘　民

　　奎章閣下文明日，偏寫琅玕寄遠遊。踈雨夜蹄湘女泪，蜚鸞朝下羽人丘。月移簾影金閨夢，風度簫聲玉宇秋。幾見畫圖憐往事，碧雲凌亂使人愁。（元《大雅集》、卷七）

〈題柯敬仲墨竹〉　　　　　　　　　　　　　　　　　　　　元・鄭　東

　　湘江何處予湘妃，極目愁雲是九疑。欲寄所思秋水隔，鳳簫吹徹玉參差。（元《大雅集》、卷八）

〈題柯丹丘梅竹〉　　　　　　　　　　　　　　　　　　　　元・釋良琦

　　丹丘歸老江南日，每話奎章儤直時。一夜春寒愁漠漠，白雲蒼雪共襟期。（顧瑛《草堂雅集》、卷十四）

〈柯丹丘墨竹〉　　　　　　　　　　　　　　　　　　　　　元・瓠　齋

　　丹丘寫竹師老可，能寫倒影青琅玕。張之草堂雪色壁，壞葉蕭蕭烟雨寒。瓠齋。（明朱存理《鐵網珊瑚書品》、卷八）

〈題柯敬仲竹二首〉　　　　　　　　　　　　　　　　　　　元・台哈布哈

　　堤柳拂烟疏翠葉，池蓮過雨落紅衣。娟娟唯有牎前竹，長是清陰伴夕暉。
　　梁王宅裏參差見，山簡池邊爛漫栽。記得九霄秋月上，滿庭清影覆蒼苔。（清高宗《御定歷代題畫詩類》、卷七十九）

〈題柯敬仲墨竹〉　　　　　　　　　　　　　　　　　　　　元・翁德元

　　湘江何處弔湘妃，極目愁雲是九疑。欲寄所思秋水隔，鳳簫吹徹玉參差。（元《元藝圃集》、卷四）

〈題柯敬仲墨竹花石〉　　　　　　　　　　　　　　　　　　明・劉　基

　　紅桃花夭夭，綠竹葉蕤蕤。水邊石上相依倚，恰似佳人配君子。奎章博士丹丘生，寶書鑑盡芸閣清。染朱涅翠歸墨筆，收入造化無逃形。烟濃風暖春如醉，竹有哀音花有淚。花枯竹死今幾年，空留手跡令人憐。（劉基《誠意伯劉文成公文集》、卷十一）

〈題柯敬仲墨竹〉　　　　　　　　　　　　　　　　　　　　明・劉　基

　　蒼龍倒掛不入地，回首却攀雲上天。夜深雲散明月光，化作修篁舞翠烟。（劉基《誠意伯劉文成公文集》、卷十七）

〈題柯敬仲墨竹〉　　　　　　　　　　　　　　　　　　　明・林　弼

　　宣文博士老丹丘，戲寫瀟湘一段秋。留向竹山隱居處，虹光夜與劍光浮。（林弼《林登州集》卷七）

〈柯敬仲墨竹〉　　　　　　　　　　　　　　　　　　　　明・凌雲翰

　　聞韶曾見鳳來儀，回首蒼梧又一時。寫出竹枝歌外意，楚雲湘水不勝悲。（凌雲翰《柘軒集》、卷一）

〈柯敬仲竹為陳常仲賦〉　　　　　　　　　　　　　　　　明・凌雲翰

　　奎章閣下日談經，曾寫幽姿上御屏。雲暗蒼梧清淚盡，空教瑤瑟怨湘靈。（凌雲翰《柘軒集》、卷一）

〈柯敬仲枯木竹石〉　　　　　　　　　　　　　　　　　　明・凌雲翰

　　欲問奎章石，無言似點頭。竹昏虞廟晚，木落洞庭秋。楚客心偏苦，湘娥黛正愁。百年成俛仰，題畫憶丹邱。（凌雲翰《柘軒集》、卷二）

〈題汪資深所藏柯博士竹木〉　　　　　　　　　　　　　　明・謝　肅

　　奎章閣高風日清，閣中博士丹丘生。幽篁古木妙揮洒，萬里不盡江南情。洞庭山青湘水碧，二妃遺廟無行跡。鷓鴣聲歇江雨殘，夭矯蛟龍影垂壁。向來懷古良悠悠，零落此畫知誰收。汪子得之宜寶玩，三湘咫尺可神遊。（謝肅《密庵集》、卷二）

〈題柯丹丘畫竹〉　　　　　　　　　　　　　　　　　　　明・謝　肅

　　參書戲墨冠神州，忽作飛仙又幾秋。昨夜海天涼月白，玉笙吹鳳下丹丘。（謝肅《密庵集》、卷四）

〈題柯敬仲畫竹〉　　　　　　　　　　　　　　　　　　　明・錢　宰

　　我愛丹丘飛白石，疎篁老樹倚林皋。空中鸞鳳雙飛下，海上珊瑚二尺商。奎閣舊曾承雨露，蒼梧今已渺雲濤。荒林斷隴秋風外，零落當年雲錦袍。（錢宰《臨安集》、卷二）

〈柯敬仲古木竹石圖〉　　　　　　　　　　　　　　　　　明・王　恭

　　龍虎飛騰鳳影孤，水蒼鳴珮小珊瑚。漢家陵樹秋蕭索，也似秋聲落畫圖。（王恭《白雲樵唱集》、卷四）

〈書柯丹丘墨竹并古木幽篁〉　　　　　　　　　　　　　　明・王　恭

鳳簫吹斷夜初澄，雲葉離披玉露凝。絕勝洞庭涼月曙，數聲瑤瑟度零陵。孤根曾是老風烟，直節從教雨露偏。憶得樂游原上路，漢陵千樹世蕭然。（王恭《白雲樵唱集》、卷四）

〈柯丹丘霜柯秀石圖卷〉　　　　　　　　　　　　　　明・陳　鑑

　竹樹簫踈水石隈，山中雅趣足奇哉。分明一段眉山意，移入丹丘筆底來。長洲陳鑑。（清龐元濟《虛齋名畫錄》、卷二）

〈柯丹丘霜柯秀石圖卷〉　　　　　　　　　　　　　　明・彭　華

　山光倒漾石溪流，竹影交加古木稠。一任風霜搖落後，個中景物不知秋。安成彭華題。（清龐元濟《虛齋名畫錄》、卷二）

〈題柯敬仲竹木〉　　　　　　　　　　　　　　　　　明・鄭　潛

　丹丘神已化，竹樹動寒飈。自笑乘槎客，相看鬢欲絲。（鄭潛《樗菴類稿》、卷一）

〈柯博士畫竹〉　　　　　　　　　　　　　　　　　　明・王　冕

　湖州老文久已矣，近來墨竹誇二李。紛紛後學爭奪真，畫竹豈能知竹意。奎章學士丹丘生，力能與文相抗衡。長縑大楮盡揮掃，高堂六月驚秋聲。人傳學士手有竹，我知學士琅玕腹。去年長歌下溪谷，見我忘形笑淇澳。我為愛竹足不閒，十年走徧江南山。今日披圖看新畫，乃知愛竹亦如我。何當置我於其下，竹冠草衣相對坐，坐嘯清風過長夏。（王冕《竹齋詩集》、二六頁）

〈題柯丹丘竹〉　　　　　　　　　　　　　　　　　　明・胡　奎

　奎章閣下柯亭管，學得雲間綵鳳鳴。還逐軒皇上天去，夜涼吹過闔廬城。（胡奎《斗南老人集》、卷五）

〈題柯參書竹二首〉　　　　　　　　　　　　　　　　明・虞　堪

　秋風來蒼梧，白月下九疑。不見湘夫人，一枝空淚垂。

　海上青琅玕，曾持天上看。蕭條風雨夜，誰拾鳳毛寒。（虞堪《希澹園詩集》、卷二）

〈柯丹丘霜柯秀石圖卷〉　　　　　　　　　　　　　　明・陳　鑑

　竹樹簫踈水石隈，山中雅趣足奇哉。分明一段眉山意，移入丹丘筆底來。長洲陳鑑。（近代龐元濟《虛齋名畫錄》、卷二）

〈題柯九思竹〉　　　　　　　　　　　　　　　　　　　　　明・杜　瓊

　　奎章閣下職論思，猶有餘閒掃鳳枝。明日江南歸去後，杏花春雨笋生時。（杜瓊《杜東原集》、八頁）

〈柯丹丘山水〉　　　　　　　　　　　　　　　　　　　　　明・徐　憲

　　黃鶴不得意，來栖珠樹中。仙嶠隱光輝，萬里空天風。東海徐憲。（清卞永譽《式古堂書畫彙考・畫考》、卷之五）

〈柯敬仲竹譜三十幅〉　　　　　　　　　　　　　　　　　　明・劉　鉉

　　右竹譜一冊，元奎章閣鑒書博士柯九思敬仲所作。晴雨風雪，橫出懸垂，榮枯稚老，各極其態，殊不易及。今監察御史張公孟弼得之，求需予題其後。宋文與可善竹墨君，蘇子瞻亦嘗效而為之，至今名于世。或謂其所寫，皆以意而不以形，蓋以意則仿彿于理，不以形則非膠滯于物，意不拘于物而惟求乎理者，此致知之功，君子之所當務。敬仲此譜，其亦有志于前人者歟？豈研書吮丹之所倫。張公得而珍藏之，時取適于目，其所尚者有在矣，豈其玩物耶？用歸而書其後。天順元年三月初吉，朝列大夫國子祭酒兼經筵講官長洲劉鉉識。（清吳升《大觀錄》、卷十八）

〈柯敬仲竹譜三十幅〉　　　　　　　　　　　　　　　　　　明・錢　溥

　　今同年友，監察御史句容張公孟弼家，藏元柯丹丘竹譜一冊。余見而嘆曰：“當是時也，學息齋畫竹，似而不神，趙松雪神而不似。然得神于運筆之表，求似于有迹之餘，其丹丘乎？孟弼寶愛之，以俟能辨之者耳。”天順元年夏，東吳錢溥，書于玉堂之署。（清吳升《大觀錄》、卷十八）

〈柯敬仲竹譜三十幅〉　　　　　　　　　　　　　　　　　　明・劉昌欽

　　抱遺道人謂，丹丘生為天曆一文學士，至比之東方朔、司馬相如。或以丹丘生之於天曆也，職列鑒別，特一畫史耳，何取乎文學？余竊疑之。乃今見丹丘生竹譜於京兆尹張公孟弼所，其言竹之晴葉破墨，曰此法極難，非積學之久不能到。又曰凡踢枝，當用行書法，古人能畫者惟文、蘇二公，又自以為高彥敬、趙子昂後，獨解其趣。以蘇文忠公之文章，高進前古而不廢于此，然則丹丘生之以文學稱，固有以哉？況世傳其所自著建儲論、招鷗夷文，又多為知者所稱，則豈畫史之所能盡哉？而張公寶重此譜，亦豈真以其竹而已哉？姑蘇劉昌欽譔識。（清吳升《大觀錄》、卷十八）

《柯敬仲古木寒梢圖》　　　　　　　　　　　　　　　　　　明・劉　堪

　　短日虛窗俯遠郊，高林古木見寒梢。春風一去支離久，無復丹丘綵鳳巢。劉堪。（清

卞永譽《式古堂書畫彙考・畫考》、卷之四）

〈柯敬仲竹譜三十幅〉　　　　　　　　　　　　　　　　　　　　　　明・蔣主忠

　古之畫竹者多矣。宋時論者，獨以文湖州、蘇東坡為首稱，豈非以其得竹之理趣，而不拘拘于形似者然？即前元盛時，若趙松雪、高房山、李薊丘皆留意于此，求其所以繼文、蘇之妙，則有間矣。其時鑑書博士柯公，獨維古作，其視文蘇駸駸乎可謂升其堂而入室者。嗚呼！一藝之微，苟非自得之妙趣，卒莫能造其妙，況其大者乎？監察御史張公孟弼，家藏博士竹譜一帙，其有闕者，復求太常夏公仲昭為補之。夏公寫竹，自王孟端之後，獨步一時，其運筆之妙，雖與博士有不同，而瀟灑清潤之趣亦自可重，正所謂珠聯而璧合也。間以示予，姑以識其後，御史公尚其珍襲之。天順元年秋九月望後，淮南蔣主忠書。（清吳升《大觀錄》、卷十八）

〈題柯丹邱畫竹〉　　　　　　　　　　　　　　　　　　　　　　　　明・邵　寶

　休將畫竹論難易，剛道繁難簡更難。君看蕭蕭祇數葉，滿堂風雨不勝寒。（邵寶《容春堂後集》、卷十一）

〈柯丹丘霜柯秀石圖卷〉　　　　　　　　　　　　　　　　　　　　　明・彭　華

　山光倒漾石溪流，竹影交加古木稠。一任風霜搖落後，個中景物不知秋。安成彭華題。（近代龐元濟《虛齋名畫錄》、卷二）

〈題陸宗淳所藏柯敬仲墨竹〉　　　　　　　　　　　　　　　　　　　明・文徵明

　文湖州畫竹，以濃墨為面。淡墨為背，東坡謂此法始於湖州。柯奎章此幅頗奇，人多不知其本，蓋全法湖州也。虞文靖云，丹丘雖師湖州，而坡石過之。但時世所傳湖州竹絕少，余兩見，又皆小幅無坡石可驗。用書伯生之論以答宗瀛，聊當評語。敬仲名九思，號丹丘生，天台人，仕元文宗時為奎章閣鑑書博士。頗見寵禮，畫有訓忠之家印，蓋文宗題其父墓有訓忠之碑故云。（文徵明《甫田集》、卷二十一）

《柯敬仲古木寒梢圖》　　　　　　　　　　　　　　　　　　　　　　明・董其昌

　柯敬仲為鑑書博士，內府歷代真蹟皆得題評，故行筆有北宋人風致。雖然右軍墨池有識者曰，假令寡人耽之技不止也，亦別具眼人語也。其昌題。（清卞永譽《式古堂書畫彙考・畫考》、卷之四）

〈柯丹丘清閟閣竹石圖軸〉　　　　　　　　　　　　　　　　　　　　清・高　宗

　抹月披煙迥出塵，櫺槮倚石矗新筠。為思愛竹洋州老，一寫精神便逼真。御題。（近

代龐元濟《虛齋名畫錄》、卷七）

〈柯丹丘雙竹圖軸〉　　　　　　　　　　　　　　　　　　清・陸愚卿

　　柯丹邱畫竹，以一筆寫就，非胸有成竹者不能造。宋文與可後元人中推為第一。余家
藏有丹邱對臨與可倒垂竹一枝，真定相國梁蕉林舊物，廿年前竹癡翁以梅道人臥澗長松
圖易去，余常往來於懷。此雙竹圖向藏維揚馬氏，昔竹癡翁以重金購得，與垂竹一圖，
珍如雙璧。翁辭世後，其令嗣長君以此圖歸余，倒垂竹不知祕何人笥中，蓋翁嗣君有六，
無從一一詢訪也。嘉慶丁巳臘月二十九日，閑鶴巢主人剪燭呵凍識。（清龐元濟《虛齋
名畫錄》、卷七）

柳　貫

　　小傳：字道傳，浦江人，仁宗仕官，累至翰林待制，博學，工詩，能畫。（見《中國文學家大
　　　　辭典》、八九四頁）

〈（自）作枯木醜石因題二詩遺李輔之檢校〉　　　　　　　　自　題

　　窗光入筆吐晴虹，我豈能俟造化功。巨石長林開颯爽，尺綃寸楮破鴻濛。古文篆籀雕
鐫外，楷法波戈點畫中，書畫本來同一物，莫將視作馬牛風。　　曾與深山木石俱，故將
句子寫成圖。錦城黛吧參天有，艮嶽奇峰扠地無。槁面稜稜霜雪亞，陰飇肅肅鬼神驅。
諸房檢正文書簡，清坐相看喚酪奴。（柳貫《柳待制文集》、卷五）

〈（自）作寒崖古木，送侯伯弘總管還鎮〉　　　　　　　　自　題

　　角聲吹徹小梅花，棹發津亭日未斜。此士材全如白璧，幾人年少擁高牙。去從二峴携
春色，歸向双溪攬物華。酒盡揮毫不成畫，儘將生意寄枯槎。（柳貫《柳待制文集》、卷
六）

〈王長卿檢校將北歸，作古木幽篁一幅贈別，自繫長句〉　　自　題

　　十尺枯槎百尺筵，驅向毫端發性靈。倡條冶葉外姿媚，瘦筋勁骨中儀刑。裁將巀谷伶
倫管，移下天津析木星。酒闌拈與君為別，留眼相看似此青。（柳貫《柳待制文集》、卷
六）

〈鄉友趙用章自庐山來訪，作仙華曉霽圖贈之并題絕句〉　　自　題

　　看徹匡庐五老峯，雲山點點故山同。似人寫出仙華面，兮付歸源與晚風。（柳貫《柳
待制文集》、卷六）

〈（自作）嘉溪圖序〉　　　　　　　　　　　　　　　　　　　　　　自 題

　　太原既稱山水之囿，而嘉溪以地配名。宜絕勝矣，其地勝，故其產不凡，珍卉異植雜羽毛之物，不能以獨當之。而勁正環特之材，注注出乎其間。詩曰：瞻彼旱麓，榛楛濟濟。又曰：瑟彼玉瓚，黃河在中，明沃土無瘠，品美器無褻味，然則論其人而不本之其地可乎？予友瑕君某，其居嘉溪，宦遊于南，每亟道溪居之勝。所至即以嘉溪自名其堂，示不忘其先也。蓋君方從事於江西廉訪使者之府，用清裁敏識玫聞于時，其駸駸華要以需為天朝羽儀。固若探囊而取物，將未能終有是溪審矣。然溪之閟於昔顯於今者，由君發之，則溪非有麗於君，而君亦非有徼於溪也。溪之水可以濯君之纓，溪之石可以厲君之齒。其鮮可以膾，其毛可以薦。不辱以愚，不亢以廉，媲其德，顯其名，雖全體乎勁正環特，而謂之嘉，於君何朕哉。夫尊其所出，仁也。知其所揮，智也。予於名堂而知君仁智之兼盡，故以意圖之，且序以實之。而因以賀茲溪之有章也。引聲而歌，詩人之義將毋以予言為夸焉。（柳貫《柳待制文集》、卷十六）

〈磧雪騎行圖〉　　　　　　　　　　　　　　　　　　　　　　元・吳師道

　　柳道傳提舉自作此圖併題，其所為詩，有「百年行役今如此，安用文章氣吐蜺」之句。

　　自寫新詩自製圖，記曾萬里從鑾輿。莫嫌不得文章力，風雪詩人老跨驢。（吳師道《吳正傳先生文集》、卷九）

〈秋山樓觀圖，柳道傳常博以荊浩所作巨細幅縮成小卷〉　　　元・吳師道

　　奉常先生客燕都，縱閱三館之圖書。秋山樓觀忽到眼，印章猶是宣和儲。當年絕藝洪谷子，身在太行秋色裏。萬里雲飛木落時，遙寫朱闌半空起。先生恢廓山水胸，紛紛畫史難為工。偶窺得意微妙處，自出變態經營中。蘭亭易用燈展影，梓人乃以堵畫宮。莫言尺素非巨幅，形體雖異精神同。京塵歸來二十載，篋中寶劍騰晴虹。一丘一壑金華下，以道卷之無愧者。澹然誰識先生心，許我閒來時看畫。（吳師道《吳正傳先生文集》、卷五）

皇甫德剛

　　小傳：不見畫史記載。身世不詳。

〈皇甫德剛（洪生）黃山送別圖〉　　　　　　　　　　　　　　元・唐 元

　　大凡山川之奇特，不在乎通都大邑，而在乎荒郊寂寞之濱；於人之所好者，不在乎彈冠結綬之徒，而在乎倜儻迂疎之士。蓋由物之異者，往往離群而立於獨。而於嗜之深好之篤者，可以觀其為人焉。黃山去新安郡城百里，其神仙之往來，龍蛇虎豹之詭怪，溫泉之鬻沸，靈藥之叢產，其所謂菡萏金芙蓉者。橫陳天際，千岡萬嶺，皆所拱伏，而子

焉孫焉者也。垂白之老，或未能一造其間。但朝夕視其儀形，抗遠思於埃壒之外，不啻足矣。間有佔危而入，如沿笮橋，以行蜀道，十步九息，拊膺坐嘆，可勝言耶。比歲，趙仲簡歸姑孰。里人洪生繪為圖以送別，今皇甫德剛之錢塘，洪生又出新意，以寫繾綣之情。好事者從而歌詩之，徽水之源三，如雁爪分馳邵城下。東赴浙江，以抵海門。然則挹黃山之水以釀酒材，杓黃山之泉以烹茗飲。染黃山之雲以泚筆札，孰謂僑居非黃山之人哉。德剛早出齊魯之邦，氣習深厚，來遊紫陽之墟，必得異聞，為偶儷識時之俊茂，日即吾儒迂疎者同其嗜好，其無愧乎三十六峰哉。因其清言之勤，輒書末簡云。（唐元《筠軒集》、卷十一）

茲息菴

小傳：不見畫史記載。身世不詳。

〈寄茲息菴乞水墨蒲萄〉　　　　　　　　　　　　　　　　　　元・岑安卿

息菴戲墨聞奇古，碧蔓縈紆濕涼露。聲名籍籍逼老溫，我未得觀如病瘖。剡溪涵雪持入山，須憶同窗舊情素。揮毫倘寄絕倫技，當置雲林息遊處。（岑安卿《栲栳山人詩集》、卷中）

茅 翁

小傳：不見畫史記載。身世不詳。

〈題茅叟夏山過雨圖〉　　　　　　　　　　　　　　　　　　　　明・高 啟

前山冥冥雲欲開，後山隱隱猶聞雷。江南六月風雨過，樹暗不見巫陽台。奔流衝斷石橋路，下瀉谷口相喧豗。陰開林壑鬼神去，氣濕古洞蛟龍回。人家出門看新霽，泥封墜果多楊梅。漁樵欲歸謂已暝，返照石壁蟬鳴衰。山中此景誰解寫，茅翁素有丹青才。新圖一片似海岳，高堂未展涼先來。嗟余久逐揮汗客，蒻帽障日趨黃埃。問翁幾欲東遊去，如此畫圖安在哉。（高啟《高太史大全集》、卷九）

〈茅翁畫雙竹〉　　　　　　　　　　　　　　　　　　　　　　　明・高 啟

不學篔簹滿谷栽，兩竿斜佛楚烟開。應緣茅叟吹橫玉，喚得双飛碧鳳來。（高啟《高太史大全集》、卷十八）

茅隱君

小傳：不見畫史記載。身世不詳。

〈寧真道館夜觀茅隱君畫〉　　　　　　　　　　　　明・高　啟

　　看山如見君，君家在山下。仙館憶君時，明燈對圖畫。（高啟《高太史大全集》、卷十六）

茅澤民

　　小傳：號翟叟，身世不詳，善畫山水。（見《中國畫家人名大辭典》、二六五頁）

〈題茅澤民臨董北苑夏山圖〉　　　　　　　　　　　明・袁　華

　　群山迴抱中絕谷，萬木陰森嵐氣溽。知有逃名聽者徒，捫葛扳蘿結茅屋。北苑風流去不還，尚留遺墨在人寰。含毫伸紙能模寫，優孟商歌抵掌間。（袁華《耕學齋詩集》、卷七）

〈題茅澤民蟠松圖為陳彥廉壽〉　　　　　　　　　　明・袁　華

　　太丘仙人初度日，高景山前覽秋色。才名不減鄭廣文，百年繞過三之一（時年三十三歲）。長松臥地數百弓，全生不與杜櫟同。蒼髯鮐背冰雪操，根有虎魄燕支紅。茅君欲駕茅龍去，為貌蜿蟺入囊楮。蟠桃再食河再清，遲子披圖重延佇。（袁華《耕學齋集》、卷七）

〈題茅澤民壁上松石〉　　　　　　　　　　　　　　明・袁　華

　　昔人畫松妙入神，畢宏韋偃及張藻。宋三百年惟李成，石磴烟林更深窈。近世首推文敏公，尚書雲山氣勢雄。後來作者黃岩李，修篁古木岡巒重。中吳江南佳麗地，前輩風流猶未墜。忽驚素壁走蛟螭，乃是茅君醉遊戲。大者昂霄梁棟材，根穿石罅貫鐵鎚。稚者新承雨露厚，密葉曾栖鸞鳳來。是中亦有支離叟，欲同杜櫟同上壽。不材固可全天年，鐘鼎由來異畎畝。軒中之人讀韋編，坐對松石心悠然。焚香寓目竟白日，默究未盡義皇前。（袁華《耕學齋詩集》、卷七）

〈晚節軒茅澤民畫壁，次韻倪雲林〉　　　　　　　　明・袁　華

　　前輩風流嗟已矣，看山畫裏跫然喜。石腳下插江水清，煙嵐杳眇群峰峙。玩圖安得隨漁人，桃花源上秦時民。草木叢深蹊徑邃，溪水春波花鳥新。一塵隔斷那能往，勝地雖遠神偏親。清詩戛玉題壁畫，森列琅玕共琪珣。福地蕭森雖只尺，側身東望嗟風塵。魚牙異香尚留意，得與不得寧須嗔。何如晚節老居士，默究不二心尤勤。綠衣行酒列孫子，高軒窈窕當南闉。人生會合良有數，飄散倏忽如煙雲。重來握手成大笑，滄溟水淺三千春。（袁華《耕學齋詩集》、卷七）

洪元質

小傳：不見畫史記載。身世不詳。

〈（洪元質）望雲圖詩序〉   元・陳 高

　　凡為人子之愛其親也，在乎左右則敬養之禮備。違乎膝下則思慕之情深，故雖顛沛流離之際，耳目不及夫形聲之接，而所以思其親者曷嘗頃刻忘哉。昔者詩人於行役之勞而不得終養也。則有陟岵之篇，蓼莪之賦，發之於性情，形之於歌詠，使後世讀之者，感慨之意猶不能已。又況於身處其地而親歷其事者乎？常熟繆侃叔正，世居海虞山之陽。至正丙申春二月，江城陷，叔正避地荒野，時父仲素君為掾江浙，故父及弟恒寓居杭。秋七月，寇犯杭城，二弟相繼殁於兵若疾，叔正携妻子入杭省，觀居無何，三關有警，乃奉母渡浙江，僑居會稽之柯山。既而，杭城克復，母氏復返父所，叔正方從事浙東帥府，縻於職守，弗獲歸侍。而仲素君於己亥歲丁大父憂，自杭歸常熟之故里。明年庚子，叔正且自四明從君來溫，去家千里，道途阻兵，父子相望各天一涯。十餘年間，其得在侍側者僅留杭數月耳。叔正每以不獲奉溫清進修遁為恨，對人言之則欷歔太息。乃取唐狄梁公望白雲思親舍故事，俾洪元質畫其故鄉雲山之景及所居之室，曰猗猗堂者以為圖。題曰望雲，而士大夫之相知者又為賦詩，以述其志，并寫其上。叔正朝夕掛圖寓所，想像白雲親舍之似，而設誦朋友所賦之詩。儼然若身處乎虞山之下，而聆聲欬於父母之前，可謂不忘其親而切於思慕者矣。嗚呼，孝者百行之本，而身者父母之遺體也。叔正之思親如是，則孝敬之心常存，而所以奉父母之遺體者，必將無所不至矣，況虧其行以辱親乎。予故為之題辭，抑亦古人序詩之意云爾。（陳 高《不繫舟漁集》、卷十）

〈題洪元質墨竹〉   明・林 弼

　　今代畫竹稱妙絕，李公息齋趙松雪。天風吹墨落人間，一幅千金香未滅。今君筆勢清且揚，直與二公相頡頏。千林露滴翠葆濕，萬竿風拂琅玕長。山齋晝閒快一覩，錯落篆籀猶遺古。鳳凰飛去蒼梧雲，鷓鴣啼破黃陵雨。人言無聲勝有聲，畫思何如詩思清。馮君為我寫梅雪，歲寒結此泉石盟。（林弼《林登州集》、卷二）

洪 生

小傳：不見畫史記載。身世不詳。

〈皇甫德剛黃山送別圖跋〉   元・唐 元

　　大凡山川之奇特，不在乎通都大邑，而在乎荒郊寂寞之濱，於人之所好者；不在乎彈冠結綬之徒，而在乎偶儻迂疏之士。蓋由物之異者，往往離群而立於獨，而於嗜之深好之篤者，可以觀其為人焉。黃山去新安郡城百里，其神仙之往來，龍蛇虎豹之詭怪，溫泉之巂沸，靈藥之叢產，其可謂菡萏金芙蓉者，橫陳天際，千岡萬嶺，皆所拱伏，而子焉孫焉者也。垂白之老，或未能一造其間，但朝夕視其儀形，抗遠思於埃𡏖之外，不啻足矣。間有佔危而入，如沿筰橋，以行蜀道，十步九息，拊膺坐嘆，可勝言耶？比歲，趙仲簡歸姑蘇，里人洪生繪為圖以送別，今皇甫德剛之錢塘，洪生又出新意，以寫繾綣之情。好事者從而歌詩之。徽水之源三，如雁爪分馳郡城下，東赴浙江，以抵海門。然則挹黃山之水以釀酒材，杓黃山之泉以烹茗飲，染黃山之雲以泚筆札，孰謂僑居非黃山之人哉？德剛早出齊魯之邦，氣息深厚來遊紫陽之墟，必得異聞，為偶儻識時之俊茂，日即吾儒迂疏者同其嗜好，其無愧乎三十六峰哉。因其請言之勤，輒書末簡云。（唐元《筠軒集》、卷十一）

洪舜民

小傳：不見畫史記載。身世不詳。

〈和溪漁隱圖詩序〉　　　　　　　　　　　　　　　　　　　元・汪克寬

古之賢者，未達而隱居以求志。莫不有所託而自晦焉，是以卜式隱於牧。朱買臣隱於樵，鄭子貞隱於耕。呂尚莊光張志和之徒隱於釣，初非以樵牧耕釣為可樂。特藏濟時之為而託跡於是耳，苟不知幼之所學者為何道。壯之所行者為何事，而濟世之無具猥曰隱焉。奚隱之云乎，余外家和溪陳氏內兄之孫曰可宗。少而嗜學，嘗問業於先生。長者而有得，適值時事搶攘。迺寄跡於漁釣，亡友洪舜民繪為圖。而名士多詩詠以美之，客歲之冬。携卷謁余於縣齋，而請序其卷右，余屬負茲未果。今年春，復來趣余。言渠渠悃悃，叩欵復固。余力疾而起，語之曰：「子之學既知鄉方而亦為範於人矣，其盍孜孜不已求造其極。以儲濟世之具，毋徒獨善而已也。辟之漁也，溝渠不足以容舟。而蹄涔非鯨鯢之所潛也，繼今以往。棹艨衝之舟，泛浩渺之波。游於三江五湖，懸數犗之餌以掣巨鼇。則其志不既大矣乎？」既以語可宗，遂書為序。（汪克寬《環谷集》、卷四）

〈伯禮雨笠圖序〉　　　　　　　　　　　　　　　　　　　　明・唐桂芳

事有適於當然，則人以為常；出於偶然，則人以為怪。衣冠所以定貴賤也，衣裘而緩帶，公子之常也；披蓑而戴笠，野人之常也。苟輕裘帶而慕蓑笠，不以為怪歟？然常人以為怪者，君子以為高也。至正十年夏五，予僦屋三槐山中，效龐德公故事，不入城府者幾屢月。伯禮日日語人，曰：「唐先生閩南歸，明年句容杜氏厚聘，先生以不獲終養辭。今先生不幸二親繼逝，情懷於邑，自弃於山中，吾徒其可不往顧焉。」時驟雨淋漓，溪流澎湃，頃刻尋丈許。十有一日，沙壅水縮，晴曦穿漏，於是伯禮要吳君裕、潘君信卿、周君彥明，四人與俱山中。予洒掃樹陰，具瓜果，酒三行，上馬去。無何，信卿寓書，以伯禮衝雨，假農家一笠以自戴，市人笑曰：「伯禮，萬戶侯家公子也，顏容白皙，鬓眉如畫，輕裘帶而反慕野人之為者，何耶？”洪舜民貌為圖，朱侯克用為引首，伯禮皆不與知也。予聞之，曰：“學者稍知內外之辨，則內重而外輕矣。伯禮讀書嗜古，雍容揖讓，其詩思閎富典雅，雖儒生素習所不逮。故緩帶而衣裘可也，戴笠而披蓑亦可也，曾何足為耻，適足以為高也。世之人梔貌蠟言，粉澤態度，笑而怪之也固宜。”或者曰：“東坡謫儋耳，遇雨蓑笠，人笑犬吠。”坡曰：“笑所怪也，吠所怪也。”伯禮放而為之歟。予曰：“坡以大才不偶於世，流離放逐，殆欲托野人姓名而不可得。伯禮以沙卜珠之胄，遭際文明之時，事有出於偶然，而人笑之亦偶然耳，初何容心耶。”朱侯名士，能古文，其為引首者。不知與予合耶？姑為說以寄之，詩凡若干首。（唐桂芳《白雲集》、卷五）

〈黃山圖經詩集序〉　　明・唐桂芳

予嘗讀禹貢一編，豈後世輿地圖山水經之比也。觀其規模次茅，治水曲折，何必研丹吮墨，然後謂之圖哉？儒先以經文如化工，史文如畫工，況大禹告成厥勛，凡操觚左右，是亦聖人之徒也。故尊之曰經，則史文謂之畫工，不誣矣。天下之山，磅礴綿亘，起於崑崙，伏流地中，泛濫渟蓄，溢而為黃河，則又水之源委也。江南諸山之大，有天台天目。天目高一萬八千丈，而黃山僅一千一百七十丈，反企於黃山，何也？以地勢推之，錢塘迤邐逆流而上。尾蟠頸轉，為灘三百六十，石廉利劍狀，黃山雄拔最高處。浙東西宣歙池饒江信列郡之山，蜿蜒聯屬，殆若培塿。湯泉閟靈孕秀，清泚香滑，支分派別，東南導於歙，北達於宣，南瀦於錢塘，又南會於睦。過大鱅入於衢，自衢之西浮於饒，至舉根西北，逾於貴池。是其餘波也，識者以為小崑崙焉。黃帝公孫氏都於涿鹿，校黃山相距數千里許。未必棄萬幾之繁，遂高引之舉，而問道廣成子，受胎息於客成子，蓋出周書異記。其說不經，至今丹竈棋局，駕鶴之洞，涔蹄之石，宛然猶存。但從望仙峰頂，乘龍上昇，與鼎湖天山之事不侔矣，得非世人好瑰嗜譎傳之，不曰黟山而曰黃山者，理或然歟。吳君諱華祖，字子庸，號庸窩，劬書樂善，雅志優閒。集八巖十二洞二十四溪，峯如源，皆三十六，各有名，名各有實，綴以為經。洪君舜民繪而為圖，大夫士把玩亦可概見矣，益裒李太白賈島以後人詩，而曰題詠前續集。一日，其孫滙橐是集以邀予敍，予猶憶童丱時，獲鄉先生吳公古梅鮑公魯齋二三公遊黃山，記喪亂之秋，精神衰耗，其三人予失之矣。當時海宇寧謐，人物豊阜，而諸公曠放有韓退之登華山之雅趣。乾餱肉脯，每至懸崖峭壁，必長繩牽挽而進，襆被幾月不肯去天都峰。有云：鐵笛一聲天未曉，吹開三十六峰雲，矧子庸於古梅生同時，又同譜系，推賢嗜好，彼此殆必聞風而起也歟，不可得而覈矣。予以先公筠軒先生舊作畀滙，俾加蒐輯，而僭為序其首，用充別集。滙字德淵，力學有詩聲，他日尚與詰山靈而共賦之。（唐桂芳《白雲集》、卷五）

姜清叟

小傳：不知何許人，善畫。（見《中國畫家人名大辭典》、二七三頁）

〈跋姜清叟畫〉　　　　　　　　　　　　　　　　　　　　　元・吳　澄

　　郡人姜清叟，工畫。嘗進之翰林學士程公，公曰：「吾往來臨川數數，乃不知有此畫史。」與同遊別墅，留半月。學士公既善之，天師真人又喜之。二人貴且富，蓄古今名畫非一。其於畫品高下，瞭然心目，間得二評，亦可以收名定價矣夫。（吳澄《吳文正集》、卷五十八）

〈姜清叟畫格〉　　　　　　　　　　　　　　　　　　　　　元・程鉅夫

　　論畫以形似，見與兒童鄰，固也。然畫而不似，何以畫為？蓋能以意求之者鮮，而以形索之者多。然則形意兼盡，傑出橫生，畫者以意形其形，觀者以形而意其意，善之善者也。姜清叟最善於此。其來也，予置之煙霞泉石間，半月海濱之琴，當浩乎沛然；其歸也書以送之。（程鉅夫《雪樓集》、卷二十五）

范子正

小傳：不見畫史記載。身世不詳。

〈范子正竹樹圖〉　　　　　　　　　　　　　　　　　　　　元・馬　治

　　冰壺道人清若秋，愛竹前身王子猷。戲灑淋漓一池墨，君看翠雨舞蒼虬。馬治。（清吳升《大觀錄》、卷十八）

范伯剛

小傳：不見畫史記載。身世不詳。

〈范伯剛為予作翠屏別墅圖，因賦雲林茅屋歌〉　　　　　　　明・藍　仁

　　我昔結屋依雲林，開窗正對浮雲岑。山花爛漫散春色，崖木慘淡垂秋陰。籃輿欲往空費力，十步五步還坐息。日斜又向茅屋歸，惆悵三年登未得。范寬生紙寫作圖，中堂忽見遙峯孤。白雲黃霧自舒卷，濕翠晴嵐時有無。半空石壁懸飛瀑，下有良田藝桑竹。買牛春雨早歸耕，莫遣兒孫忘鄉曲。（藍仁《藍山集》、卷一）

范松石

小傳：不見畫史記載。身世不詳。

〈衢牧范松石為余作秋江晚渡圖〉　　　　　　　　　　　　　元・洪　焱

風帆已落山生煙，霜葉半紅新雁天。野店小橋通線路，孤峯古寺斜陽邊。荷擔驅驢者誰子，滿衣山翠涼娟娟。一人趁渡出沙際，何處撐來鷗外船。使君為我圖此景，披閱令人發深省。一日將昏一歲秋，大似百年逢老境。如何拋卻雲水鄉，揔是埋頭聲利場。早覓家店到彼岸，莫待月黑迷津航。（洪焱《杏庭摘稿》、一一頁）

施淳民

小傳：不見畫史記載。身世不詳。

〈為施淳民題臨本郭熙山水歌〉　　　　　　　　　　　　　　　元・王 沂

崇寧一片郭熙山，淪落人間感流轉。毫分隱顯別清妍，千疊峰巒坐中見。葱籠雲樹只重重，世間春風幾度逢。怪石常存奔蟄勢，幽泉微露出山蹤。緣奇挹勝茅亭小，亭下清江自縈繞。諸峰斬絕出陂陀，夭矯蒼松立塵表。百尺絲綸一釣舟，石闌斜對路悠悠。山色自多朝暮趣，江流不盡古今愁。郭家名筆誰摹寫，鄒氏山房絕瀟洒。臨流點綴入精微，意態神情豈其亞。施君之筆良足稱，畫樓粉壁時相親。長歌一曲丹青引，莫道今人愧古人。（王沂《伊濱集》、卷四）

俞文輔

小傳：不見畫史記載。身世不詳。

〈俞文輔墨竹〉　　　　　　　　　　　　　　　　　　　　　明・凌雲翰

春日深宮靜，閒觀女史箴。倦來俄起立，蝴蝶下庭心。（凌雲翰《柘軒集》、卷一）

〈俞文輔竹石〉　　　　　　　　　　　　　　　　　　　　　明・凌雲翰

怪石玄雲立，修篁翠雨垂。雖非與可筆，消得子瞻詩。（凌雲翰《柘軒集》、卷一）

〈俞文輔墨竹〉　　　　　　　　　　　　　　　　　　　　　明・凌雲翰

文同本進士，家有篔簹谷。所以俞省元，胸中出淇澳。（凌雲翰《柘軒集》、卷一）

〈俞文輔墨菊〉　　　　　　　　　　　　　　　　　　　　　明・凌雲翰

間色幽花卻耐看，墨香和露不曾乾。魏家池館如栽得，喚作秋風小牡丹。（凌雲翰《柘軒集》、卷一）

俞伯澄

小傳：至正間人，仕官為參政，善畫。（見《中國畫家人名大辭典》、二八二頁）

〈題王參政贈畫士俞伯澄序後〉　　　　　　　　　　　　　　　元・朱德潤

　河圖象數，人文一畫。數以數生，象以象物。日月旌旗，山川鼎彝。垂裳作服，五彩彰施。貴為尊禮，列為民章。惠此後世，以協綱常。勗哉伯澄，肖形是圖。惟理惟一，為形萬殊。外形內性，丹青豈橅。進修在學，俾復厥初。（朱德潤《存復齋文集》、卷七）

俞幾先

　小傳：不見畫史記載。身世不詳。

〈題俞幾先山水〉　　　　　　　　　　　　　　　　　　　　　元・張伯淳

　雲容樹色，隱約有無，此墨戲所以妙，太分明則妙意失矣，雖然，不特畫也。（張伯淳《養蒙文集》）

俞景山

　小傳：洪武時人，善山水，仿董源。（見《中國畫家人名大辭典》、二八二頁）

〈題俞景山畫山水障〉　　　　　　　　　　　　　　　　　　　明・錢　宰

　老夫索居江上樓，廿年不出懷舊游。扣門下樓出迓客，但見絕壑風颼颼。岱宗日觀山上頭，日出未出蒼烟浮。嵩高插天太華碧，峨嵋青城翠欲流。匡廬老泉挂白石，蒼梧水落湘江秋。懸崖倚天萬山立，翔鸞舞鳳蟠蒼虬。幽岑遠樹互出沒，白雲不散松風收。松根老樵列四五，招我共入青林幽。平生遊歷走不遍，千里萬里窮遐搜。如何一日墮我前，空翠雜沓來隻眸。舉頭問客何因入此，迺是手持圖畫來滄洲。俞君作畫時，雅有山林癖。朝登望秦山，萬壑千岩盡棋臆。暮上香爐峰，海色秋清上遙碧。歸來放筆作董元，筆底丹青浩無跡。海桑一別三千年，山月江風耿相憶。仰觀岩上泉，俯看松下石。故人不見空畫圖，十幅雲烟捲還客。（清高宗《御定歷代題畫詩類》、卷二十二）

〈五月廿八日為梅川羅翁題會稽俞景山山水圖〉　　　　　　　元・宋　禧

　關情俞老廿餘年，忽見畫圖東海邊。閱世兵戈成死別，銷愁山水覺渠賢。登高昔有穿雲屐，訪舊今無泛雪船。索我題詩羅處士，卷簾梅雨落梅川。（宋禧《庸庵集》、卷五）

俞碧窗

　小傳：不見畫史記載。身世不詳。

〈俞碧窗畫紫菊〉　　　　　　　　　　　　　　　　　　　　　明・凌雲翰

　菊有黃花秋滿籬，誰看紫艷半開時。碧窗分得研朱露，寫出無聲趙葭詩。（凌雲翰《柘

軒集》、卷一）

俞凝清

　小傳：不見畫史記載。身世不詳。

〈題俞凝清小樓，凝清善畫〉　　　　　　　　　　　　　　　　元・董佐才

　　戶牖翛然樹杪開，小樓新結俯池台。書聲直與浮氣抗，畫幅遙臨列岫來。豈可胡床留
俗客，莫教明月照空杯。元龍豪氣今誰繼，述作須憑沈謝才。（元《大雅集》、卷七）

俞 麋

　小傳：不見畫史記載。身世不詳。

〈題俞氏錦野亭詩意圖〉　　　　　　　　　　　　　　　　　　元・王 逢

　　錦野亭詩者，宋吏部侍郎臨安俞公烈若晦，傷在昔錢氏為國歛重民困而作也。公登淳熙初第，
累遷中書舍人，會宗室希閭由官所奔喪歸，誤伐韓侂冑祖壙傍竹為造墓具。法司承侂冑意旨，
援持仗竊盜例，公曰：「壙墓非人室比，兼未嘗持仗，今追兩資送它州安置，罪涉太重，夫
有官之家猶得贖例，矧希閭在屬籍，特不得贖乎？」遂獨以聞，止罪伐竹者。侂冑痛銜之，
尋嗾言事者論，去家食凡五年，起知贛、明、鎮江三郡。時饑疫并興，活淮民流移者不可勝
計，又捐己田倡義役，鄉人多德之，後召為吏部卒。麋，蓋其裔也。麋築室松江之青龍，存
志斁歈，曰不忘先澤，因取詩意繪圖，屬予序而歌之，用啟孝子順孫之永慕也。

　　孰有血氣兮不知所天，孰知禮義兮而忘其先。錢社既屋兮錦野草莽，俞有詩存兮風系
吳土。萬支一本兮何間今古，顧瞻歈歈兮匪稌伊黍。黍稌播兮歈鍾，日鼓腹兮歌雍。雍
謂燕雀兮毋遠，爾穀子若孫兮肯搆。（王逢《梧溪集》、卷一）

俞巖隱

　小傳：佚名，善畫魚龍。（見《中國畫家人名大辭典》、二八二頁）

〈題俞巖隱寫陋容〉　　　　　　　　　　　　　　　　　　　　元・虞 集

　　無住和尚命俞巖隱寫予陋質，予蓋簪纓家子，其意亦蕭散，因作山偈一首戲贈，聊發住公一
笑也。

　　我欲自識面，莫如鏡中真。引鏡實有我，卻鏡見無因。俞侯乃善幻，作此意生身。旁
人摠言似，我亦愛其人。但恐年歲久，不知是何人。俞侯俞侯吾已老，百事無能勿復道。
幸自不曾虧損他，莫將塵影瞞人好。（虞集《道園遺稿》、卷二）

姚子中

小傳：不見畫史記載。身世不詳。

〈姚子中左司墨竹〉　　　　　　　　　　　　　　　　　　元・袁桷

雪花搖曳被春欺，的的琅玕侍玉墀。千歲玄霜誰拾得，紫薇花畔寫參差。（袁桷《清容居士集》、卷十三）

〈姚左司墨竹，為賈仲章尚書賦十韻〉　　　　　　　　　　元・馬祖常

江渚春生雨，山楹夜宿雲。籜鱗穿石錦，節粉帶書芸。玄玉昆刀削，素絲并剪兮。魚竿方問野，鳳管已相君。莫作宣房楗，還歌華澤文。露零忻鶴警，星度恐螢焚。影似風櫳見，聲如雪幌聞。裁冠終有製，作屋更無氛。移植驚燕嬰，盤根識楚妘。中郎揮墨汁，宗伯侑鑪熏。（馬祖常《石田文集》、卷二）

〈姚子中墨竹〉　　　　　　　　　　　　　　　　　　　　元・馬祖常

高堂秋聲星滿河，玄雲灑雨參差多。江中頭角蛟龍子，夜風裂石將如何。（馬祖常《石田文集》、卷四）

〈題姚子中墨竹，為巴延清卿監司賦二首〉　　　　　　　　元・許有壬

吟印枝枝月，清含葉葉秋。斯人有高節，同在鳳池幽。
香雪寒不飛，琅玕濕晴碧。化筆足清風，蒼生待蘇息。（許有壬《至正集》、卷二十三）

姚子昂

小傳：不見畫史記載。身世不詳。

〈姚子昂畫馬〉　　　　　　　　　　　　　　　　　　　　明・李俊民

雄姿卓立開天骨，騰踏萬里如神速。可憐不遇九方皋，空使時人指為鹿。自從大奴守天育，無由更騁追風足。中原一戰收乾坤，白髮將軍髀生肉。（清高宗《御定歷代題畫詩類》、卷一〇五）

姚安仁

小傳：善山水。（見《中國畫家人名大辭典》、二八二頁）

〈跋姚安仁畫山水卷〉　　　　　　　　　　　　　　　　　元・胡祇遹

姚安仁畫，謂之名筆則不情，謂之畫工則太刻。細密中得閒遠趣，所謂以俗為雅者也。

（胡衹遹《紫山大全集》、卷十四）

〈跋姚安仁山水圖序〉　　　　　　　　　　　　　　　　　元‧蒲道源

　余寓京師，聞秋谷李韓公言，昔嘗於春元高左丞飛卿家，坐間，有畫師姚安仁適至。
高詢所為畫山水，安仁應曰，人言畫山水易事，某甚以為苦，每作一幅，必往來胸中，
經營累日，然後敢落筆，亦如文士得題而苦思也。當其未得時，局促無聊，雖囚之桎梏
無以踰此。及其豁然有得，方脫然而釋矣。高為之大笑。觀其所作此幅，僅三尺許，渺
然有千萬舉武之氣象。其山川之開闊，樹林之疎密，樓閣之掩映，景色之晦明，石潤而
雨冥，水舒而空濶，其天趣之入眼恍然。坐我於滄洲烟渚之間，則古人之所謂畫工之心
苦，并安仁所言不為過矣。智君善甫，雅人也，持卷求跋，余非真識，姑以聞于秋谷及
所見之梗概，題諸左方。（蒲道源《閒居叢稿》、卷七）

姚竹居

　小傳：不見畫史記載。身世不詳。

〈題姚竹居畫卷〉　　　　　　　　　　　　　　　　　　　元‧吳　澄

　竹居昔過此，荏苒三十春。此畫今到眼，見竹不見人。（吳澄《吳文正集》、卷九十一）

姚雪谷

　小傳：不見畫史記載。身世不詳。

〈題姚雪谷梅圖〉　　　　　　　　　　　　　　　　　　　明‧唐桂芳

　天荒地老春長在，斗落參橫夜未央。每憶矓仙姚雪谷，毫端自有返魂香。（唐桂芳《白
雲集》、卷四）

〈題姚雪谷墨竹〉　　　　　　　　　　　　　　　　　　　明‧唐桂芳

　道人胸次著琅玕，破墨淋漓作雨寒。萬丈曉風吹欲暮，恍疑翠佩响珊珊。每憶東坡道
上歸，女奴執燭立多時。毫端欲寫無窮態，得似清風一兩枝。肯慮人間寒暑侵，風霜飽
受碧沈沈。仙家描得枝梢影，曾聽鸞鳳月下吟。江南四月見新梢，嫩籜初抛粉未消。卻
要薰風相愛護，直教箇箇拂雲霄。（唐桂芳《白雲集》、卷四）

姚澹如

　小傳：身世不詳，能書，善畫。（見《中國畫家人名大辭典》、二八六頁）

〈謝彥明宴予西墅，姚澹如為予畫雙松平遠圖，醉題圖左〉　　　　　元・王　逢

　　胥溪西堂雪壁立，徂徠雙松忽飛入。節角觡繆甲衣濕，白帝玄冥氣交襲。昂霄聳壑爭
長雄，下視棘樹嬰孩同。陶鎔自出大匠手，點染不藉東皇功。彷彿子落苔潤響，慘澹影
掃霜林空。靈根如蛇石面走，女蘿欲拂幽人首。千巒連雲驅陣馬，一舸乘仙上牛斗。洲
情渚思殊未休，我贈之歌飲之酒。澹如早歲名家駒，學士趙公坐以隅。大歷詩指授，永
和帖鉤摹。時康歲稔多在客，龍顛虎斃猶為儒。酒酣笑，老免鬚。松下添我潦倒夫，明
月滿袖春風扶。（王逢《梧溪集》、卷四）

〈題姚澹如畫扇寄梁彥思大尹〉　　　　　　　　　　　　　　　　明・董　紀

　　青山深處白雲多，茅屋依然在澗阿。借問隱君歸去後，故園秋色近如何。（董紀《西
郊笑端集》、卷一、四珍二）

姚檢校

　　小傳：不見畫史記載。身世不詳。

〈試院中戲題姚檢校山水圖〉　　　　　　　　　　　　　　　　　元・范　杼

　　故園不涉已經秋，何日徑辭黃鶴樓。卻無仙人綠拄杖，乘風散上碧峰頭。（范杼《范
德機詩集》、卷六）

胡玄素

　　小傳：不見畫史記載。身世不詳。

〈題胡玄素畫山居圖〉　　　　　　　　　　　　　　　　　　　　明・徐　賁

　　幾度尋幽到澗阿，荒谿峻嶺入烟蘿。白雲九曲人家少，黃葉千林虎跡多。試茗就當泉
上飲，看花須向酒邊歌。相逢重憶山中客，獨對新圖奈別何。（徐賁《北郭集》、卷七）

胡去華

　　小傳：不見畫史記載。身世不詳。

〈題長史胡去華畫竹〉　　　　　　　　　　　　　　　　　　　　明・管時敏

　　阿翁能愛竹，又與竹傳神。萬戶不須等，一枝尤可人。謂川烟外晚，湘水雨餘春。終
日亙相對，應忘徑造頻。（管時敏《蚓竅集》、卷三）

〈題胡去華畫〉　　　　　　　　　　　　　　　　　　　　　　　明・管時敏

富春胡清之隱居蓆帽山，嘗名其室曰白雲窩。既歿，其子去華不忘其親，乃繪為圖，以寓美墻之意，故為賦詩，以慰其孝思云。

蓆帽山人隱澗阿，白雲深處有行窩。忽驚仙化從龍去，猶想神遊與鶴過。門外海濤翻白石，屋頭山雨落青蘿。太行千載如今日，目斷孤飛淚更多。（管時敏《蚓竅集》、卷六）

胡敦

小傳：字仲厚，鄞人，善青綠山水，師董源。（見《中國畫家人名大辭典》、二九三頁）

〈題胡仲厚所畫孫原理雪屋圖〉　　　　　　　　　　　　元・張　庸

野雀暮成群，江天隘飛雪。孫郎開戶看梅花，回首山腰玉為玦。四簷無塵逼清風，冠是人間一天地。茶鐺煮雪還有詩，凍筆呵冰不成字。欲問酒家沽濁醪，百錢那惜杖頭挑。但怪寒光眩人目，出門平地皆銀濤。有客携壺入林杏，定與孫郎共懷抱。人方附熱擁紅炉，誰肯衝寒踏清曉。江山有佳趣，胡君寫作圖。當時下筆若相見，著我西牕夜讀書。（張庸《張處士全歸集》、卷二、5/a）

〈仲厚為予寫陋容，詩以謝之〉　　　　　　　　　　　　元・戴　良

世間誰是丹青手，神妙如君不多有。一朝來訪逆旅中，戲捉霜毫貌予醜。人生落地無常身，紅頻幾日白頭新。況當萬死干戈際，豈有半神堪寫真。胡君胡君眼如電，席上乍窺如慣見。二毛既已發天機，五采亦復開生面。試拂鸞台青鏡銅，時時鑒我憂世容。双眉交攢兩肩聳，政與此圖標格同。聞說朝家畫麟閣，褒公鄂公無處著。不從當代寫英雄，却向途窮繪老翁。老翁醜狀固無比，一種孤高差足喜。里巷從今詫許仙，值勿取錢盈二千。（戴九靈《九靈山房集》、卷十六）

〈（胡仲厚）松風老人呂君像贊〉　　　　　　　　　　　元・戴　良

君名復字元膺，松風其別號也。胡仲厚氏為寫像，九靈山人贊之，曰：（贊文略）（戴九靈《九靈山房集》、卷十八）

〈題胡仲厚畫山水圖〉　　　　　　　　　　　　　　　　明・烏斯道

胡隱君畫山水，僊筆俱勻世無比。平生出入范華原，范有聲名抗關李。亂山壁立氣勢雄，盤礴造化搏空濛。我走江南不可見，無乃嵩華烟雲中。況有層巒積飛雪，萬丈寒光耀天關。正似玉龍天上來，虎豹出林肝膽裂。河流橫絕水成梁，關門陰陰道路長。谷口桃花舊開處，藤蘿古屋烟蒼蒼。東嵂琳宮炫樓閣，中有神仙稅黃鶴。鳳笙麟脯醉瓊漿，靜看松飇起寥廓。遠山隔水何冥冥，放游不得呼山靈。但見輕雲過山去，雲邊一點芙蓉青。隱君今老矣，揮洒已絕筆。好事得盈尺，重之如異物。朱君對此酌春酒，興入高深

不論斗。呼我共醉山水間，古今消凝一回首。（烏斯道《春草齋集》、卷二）

〈（胡仲厚）雲山圖〉　　　　　　　　　　　　　　　　　　　明・烏斯道

　　雲山雲山一何好，日夜無端入孤抱。平生性僻愛雲山，豈知却被雲山惱。昔住闞湖烟水東，一行一坐青山中。青山起伏春靄靄，白雲吞吐天空空。尋復扁舟泛吳越，吳越青山更清絕。聯聯翩翩接荊楚，千里白雲如噴雪。只今置身城市閒，可憐舉眼無青山。琴撫歸樵碧嵸靜，歌詠紫芝清夜闌。安得便携妻子去，入山竟作山中住。縱然賓客遠目過，山窅雲深不知處。自念少時貪讀書，壯年立志卑唐虞。半世未明周孔學，九重空望夔龍趨。短劍雖曾鑄頑礦，前緱零落塵埃冷。忍聞天下暗旗旌，耕莘釣磻向何境。仰天俯地徒爾為，與世低昂心轉迷。幾迴對飯不能食，慨然只起雲山思。城中隱君胡仲厚，酌酒論詩十年友。經書不獨滿胸中，畫作何曾在人後。知我已是山中人，先為畫山兼畫雲。晴天倒飛秋海浪，浪中亂叠蒼龍鱗。中有喬林結層綠，長梢半掩溪邊屋。兔迹鳥道隔重巒，正好開門枕寒玉。我得此圖良慰心，但覺雲山思愈深。他日能償結茅願，可無仲厚來相尋。袖拂白雲相對坐，坐久嗒然吾喪我。此時不復有雲山，山鳥自啼花自墮。

〈題胡仲厚先生畫〉　　　　　　　　　　　　　　　　　　　　明・鄭　真

　　樓閣重重最上頭，石橋有路接蓬洲。多才欲著興公賦，適意須招太傅遊。棘屋半藏巖日曉，松關深鎖澗雲秋。郭熙自得忘言趣，掛壁爭看醉墨流。（鄭真《滎陽外史集》、卷九十四）

〈題胡仲厚先生山水圖〉　　　　　　　　　　　　　　　　　　明・鄭　真

　　范寬筆法誇神妙，安定古君契深要。向來贈我山居圖，恍入蓬萊循海嶠。祇今遠作靈峰遊，層崖疊巘涵清秋。浮嵐散盡雨新霽，萬丈倒掛銀河流。金碧樓台半天倚，下視人間深澗底。南扉北嶰近相望，蒼樹重重碧雲起。危橋兩兩如垂虹，跨驢策杖紛相從。林深誰憐採樵者，雙肩軋軋懸崖重。浮世光陰去如電，往者憂勞來者倦。異鄉相見祇須臾，禮俗人情空戀戀。十洲三島滄溟天，夢回夜半聞啼鵑。故園松菊幸無恙，揮毫欲賦歸來篇。寄語當時老丘壑，百歲襟期宛如昨。安期羨門如可招，便與山中侶猿鶴。（鄭真《滎陽外史集》、卷九十六）

〈胡仲厚先生畫林塘讀書圖〉　　　　　　　　　　　　　　　　明・鄭　真

　　按宋宣和畫譜，河陽郭熙為御畫院藝學。山水寒林宗李成法，得雲煙出沒峰巒隱顯之態。布置筆法獨步一時，後學莫及也。吾鄉胡先生仲厚，為吾兒東昇作林塘讀書圖。形勝宛轉，識者謂其有千古無窮之趣，使郭河陽見之，寧不以伯仲推之耶。因題詩其上以寄意云。

　　我家住近荊公台，天光一鑑林塘開。面面青山如圖畫，烟雲捲盡空翠來。岸頭種花還種竹，風日芳菲艷紅綠。珠簾捲起倚危欄，生意欣欣快心目。錦魚群躍双鷗飛，俯仰上下皆天機。世外游塵飛不到，石牀但聽聲唔呀。客來試問滎陽派，通德門前長書帶。青春滿架鄴侯書，舳檣雲飛蠆與蠆。衣冠想像南渡時，瓊枝玉樹相光輝。百年祖考見餘慶，佩衿濟濟越庭幃。笑我平生探簡牘，伯仲翩翩期嗣續。寒波清影落孤燈，風雨瀟瀟夜深讀。科名作教淮海堧，升除又上江西船。玉溪冰雪大於斗，廣文座冷憐無氈。脊令原頭聲更苦，手足摧殘愁肺腑。不才幸有兩男兒，玉臂雲鬟吟杜甫。熊兒欲遣尋歸途，驥子不來將奚如。吁嗟文獻猶一線，莫令先澤俱荒蕪。田園欲歸看圖畫，胡公胡公神變化。何時共坐秋水深，詩酒襟懷悅情話。（明・鄭真滎陽外史集、卷九十六）

胡廷暉

小傳：吳興人，善山水。（見《中國畫家人名大辭典》、二九三頁）

〈題胡廷暉畫〉　　　　　　　　　　　　　　　　　　　元・郯韶

仙館空青裏，春船罨畫中。鷗波千丈雪，笛一絲風。（顧瑛《草堂雅集》、卷十）

〈與三山驛官陸公亮同舟至水口驛，為題胡廷暉山水畫〉　　元・宋禧

入閩貪看武夷山，箭急官船不得閒。水口題詩酬驛使，酒醒雲影畫圖間。（宋禧《庸菴集》、卷九）

〈題胡庭輝畫〉　　　　　　　　　　　　　　　　　　　明・胡儼

兩舟繫榜依林樾，隔岸好山青一抹。時時舉網得新魚，衣食無憂生計活。朝朝賣魚收百錢，烹鮮沽酒醉即眠。蘭苕無烟風日美，綠水蕩漾搖青天。篷上扠魚蓬底叫，舉室談諧雜歡笑。想當開元全盛日，漁家豈識租庸調。百花爛熳曲江頭，樓船簫鼓任遨遊。漁舟此地誠寂寞，何不移去生處樂。（胡儼《頤庵文選》、卷下）

〈胡庭暉院景〉　　　　　　　　　　　　　　　　　　　明・張寧

遊絲落紅春賞罷，金屋瓊樓敞如畫。乳燕雙鳴午夢醒，曲闌半露薔薇架。太液池頭花正開，水香清逐南薰來。冰山雪艦無人到，共聽朱絃歌阜財。（張寧《方洲集》、卷五）

胡貫道

小傳：不見畫史記載。身世不詳。

〈（胡貫道）瀟湘八景圖序〉　　　　　　　　　　　　　明・唐桂芳

天下奇山水，以八景稱者多矣。未有如瀟湘盛傳於世，何也，必其地之勝得其人之勝。

然後三者相資，地與人，人與詩，聯輝並著，其傳於世也較然不誣矣。吾鄉先達方史君萬里，博學重望，前無古人。登岳陽樓，見詩滿壁。史君左題子美詩，曰"吳楚東南坼，乾坤日夜浮"；右署浩然詩，曰"氣蒸雲夢澤，波撼岳陽城"。自後游者閣筆，信地勝人不可不勝，人勝詩不可不勝也。予童卯時，手錄施公必達八景詩，音韵鏗鏘，神思颯爽，有超然拔俗之想，寶蓄之不肯輕以示人。及長，江湖士夫間莫不口誦，蚤歲上春官為名進士，歷任融顯，無何擢郡從事，潔已涖人，百務就理，公退一室，重念二十年餘，征舳縹緲，經迴鷗沙雁渚，秋風夕照，不知幾矣，且喜且愕，如發夢寐，迺命婺源胡貫道畫瀟湘八景，裝為大軸，而使唐仲敍之。仲考漢唐之詩十三，國風始於周南，蓋詩之祖也；詩之後有騷，屈原楚大夫，而湘又騷之窟宅也。論近體，不本於周南，不稽於楚騷，可乎？公以江漢之詩，冠於群經，以繡衣之賦，魁於多士，安知前日之進士，不為暴勝之御史乎？今日之從事，不為必達之事輔乎？公其靜候之。（唐桂芳《白雲集》、卷五）

班惟志

小傳：字彥功，一作彥恭，號恕齋，大梁人。至元間人，工詩，能文，精書法，善墨戲。（見《中國畫家人名大辭典》、三〇〇頁）

〈班彥功為蕭君璋畫紅梨花〉　　　　　　　　　　　元・龔璛

節物臨寒食，莆丘冷淡新。院落尋香雪，京華生軟塵。（龔肅《存悔齋稿》）

〈題班彥功山水扇圖〉　　　　　　　　　　　元・許有壬

錢塘江上又秋風，老友淪亡夢不通。勝概肯教同羽化，山河寫在月輪中。（許有壬《至正集》、卷二十九）

柴楨

小傳：字君正，號適庵，一作適齋，東平人。畫山水，才思天賦，不習而工（見《中國畫家人名大辭典》、二六五頁）

〈題柴君正所畫江山春曉圖〉　　　　　　　　　　　元・劉敏中

春曉江煙浩不收，參差翠阜接重樓。披圖喚起江南興，誰具山陰萬里舟。（劉敏中《中庵集》卷五）

柴浩

小傳：字養吾，永嘉人。工山水，師米芾，寫雲山渾然天成。（見《中國畫家人名大辭典》、

　　二六五頁）

〈蒼雲圖贊〉　　　　　　　　　　　　　　　　　　　　　元・戴　良

　　姚江嚴宗道，漢子陵先生裔孫也。嘗扁所居之室曰蒼雲，蓋取范文正公祠堂記語，所以寓夫
懷思祖德之微意云耳。其友九靈山人為請柴君養吾作圖以遺之，且為之贊，曰：

　　群陰既屏，萬象聿新。誰居黃屋，平生故人。玉帛雖玉，肯屈吾身。雲山蒼蒼，作世
隱淪。繪事既素，孰知其因。覩象思德，慰我後昆。芳時固速，清風尚存。動靜作息，
蒼山白雲。（戴九靈《九靈山房集》、卷二十六）

笑印（釋）

　　小傳：僧，住南嶽。工畫葡萄。（見《中國畫家人名大辭典》、三〇一頁）

〈題雙峯祿天泉上人所藏南岳笑印蒲萄幛〉　　　　　　　　　明・張以寧

　　南岳之僧今玄奘，西遊慣見龍珠帳。滿襟蕭爽金天秋，醉洒雙峯雪色幛。雙峯上人畫
誦經，堦前雨花深一丈。老髯合遝獻夜光，貝闕蒼蒼月東上。我嘗酷愛溫日觀，今見此
畫尤豪宕。古藤千年蛟始蛻，霜骨脫落轉崛強。柔枝百尺鳳下翔，翠蕤嫋娜森相向。新
鬚舊葉更可憐，蟬翼蠅頭紛萬狀。下有漪蘭雜奇石，意態翛然甚幽曠。憶昔吾家漢博望，
萬里乘槎凌浩蕩。今朝展幛寒色來，眼底玉關冰雪壯。亦欲因之歌遠遊，大乎千斛涼州
釀。（張以寧《翠屏集》、卷一）

奚　瑄

　　小傳：江夏人，為武城令奚瑛之弟。

〈鵠山秋思圖〉　　　　　　　　　　　　　　　　　　　　　明・管時敏

　　江夏奚瑛以進士出宰武城。其兄瑄作鵠山秋思圖寄之，索題，為賦絕句一首。

　　每懷難弟有難兄，貌得家莊寄武城。千里鵠山秋色裏，異鄉多少故鄉情。（管時敏《蚓
竅集》、卷八）

〈竹隱圖〉　　　　　　　　　　　　　　　　　　　　　　　明・管時敏

　　江夏奚翁自號竹隱，既歿，其子瑄寫竹隱圖以寓孝思。因題二十八字，以慰其意。

　　孝感坊中孟氏隣，為親寫竹倍思親。百年霜露淒其意，不獨當時泣笋人。（管時敏《蚓
竅集》、卷八）

時圩公

小傳：不見畫史記載。身世不詳。

〈疎林平遠圖〉短卷　　　　　　　　　　　　　　　　　元‧誠道源

蜀圩公作畫，覺隱題。

余嘗為此畫卷，圩仙亦到。圩仙喜，遂援筆作此圖，余因題此詩，秋晚溪上作。

日暮東溪上，秋深景寂寥。葉稀林影薄，水落岸痕高。野燒明江島，漁舟入浦橋。故人烟水隔，悵望首空搔。（清吳升《大觀錄》、卷十八）

貢　繼

小傳：不見畫史記載。身世不詳。

〈為盧彥輝題貢繼墨竹〉　　　　　　　　　　　　　　元‧劉永之

秀色媚，護玉階，揮毫曾坐蕙邊無。別來又見秋風莫，搖落高鬟翡翠釵。（劉永之《劉仲修先生詩集》、卷三）

晏道人

小傳：不見畫史記載。身世不詳。

〈題晏道人畫龍〉　　　　　　　　　　　　　　　　　元‧胡天游

長壽晏道人，自號阜雲，嘗賣藥遊江湖。有道術，能致雷雨。歲旱，州官命禱雨有應。一日，以畫龍半軸徵予語，因賦長句云。

幕阜何巍峨，連雲亦巃嵷，兩山蒼蒼知幾重。下有百尺潭，上有千仞峯，中有道人炯炯懸雙瞳。道人有道超凡庸，結廬何年依喬松。赤手捕得潭中龍，撫而豢之如守宮。一瓢寒淥銀溶溶，往往為人作年豐，有時（下闕）。（胡天游《傲軒吟稿》、三五頁）

家龍溪

小傳：不見畫史記載。身世不詳。

〈題家龍溪畫龍〉　　　　　　　　　　　　　　　　　元‧李　祁

龍溪溪上見蒼龍，勢在飛騰變化中。沛作甘霖能濟旱，九州四海樂年豐。（清高宗《御定歷代題畫詩類》、卷一〇八）

海雪道人

小傳：不見畫史記載。身世不詳。

〈謝海雪道人以張仙畫像見贈〉　　　　　　　　　　　　　　　明・高　啟

余未有嗣，海雪道人以張仙畫像見贈，蓋蘇老泉嘗禱而得二子者，予感其意，因賦詩以謝。

我年已及壯，吉夢未兆熊。雖有三女兒，豈足慰乃公。每聞隣家子，夜雨誦經史。起坐秋燈前，顧影長嗟不能止。道人念我書無傳，畫圖卷贈成都仙。云昔蘇夫子，建之玉局禱甚虔，乃生五色兩鳳鸘。和鳴上下遂與夫子相聯翩，勸我勤禮之。當有明珠出深淵，我感道人意，捧觴拜其前。君不見東家翁，力耕積多田。平生辛苦立門戶，兩兒棄擲如浮煙。惡兒亦何須，願得一子賢。上以承吾宗，下以與我玄。仙乎有驗看明年，請君更賦懸弧篇。（高啟《高太史大全集》、卷十一）

剛中錢

小傳：不見畫史記載。身世不詳。

〈贈剛中錢（寫竹）序〉　　　　　　　　　　　　　　　　　　元・朱德潤

剛中錢君，曩官黃冠。經故鄉，曾共樽俎話桑梓。情甚親也，時剛中以寫竹得名，日酣詩酒，意甚閑也。（下略）。（朱德潤《存復齋文集》、卷五）

郝夢卿

小傳：不見畫史記載。身世不詳。

〈題（郝夢卿）孝猿圖〉　　　　　　　　　　　　　　　　　　元・方　回

鄂有養子母猿者，母死，子抱屍哀號不食。至肉腐皮存，仍抱其皮，不食。或繪為圖，郝夢卿俾賦之。

攫果實飢噪，三聲淚霑裳。尼居曾子侍，寧甘讀此章。不食痛所生，乃能善居喪。林端有返哺，未敵烏衣郎。面故可顏彪，臂豈徒李廣。泣血同高柴，託音異原壞。謂當葬其母，山林縱之往。勿復絆渚籠，克此兒女賞。（方回《桐江續集》、卷十五）

〈和陶詠二疏為郝夢卿畫圖盧處道題跋作〉　　　　　　　　　　元・方　回

彭澤五斗米，竟為督郵去。動千寄奴誅，孰識日涉趣。漢元潛震宮，廣受忽高舉。心已料恭顯，定至殺蕭傅。事君義當死，肯復問生路。威福弗惟辟，明哲有回顧。淵明詠二疏，寄意匪自譽。喪元辱先體，貪位綜世務。未若見幾微，政爾養高素。展畫讀瑰染，公等各超悟。風霜歛勁氣，泉石入幽慮。足可休餘年，何用造朝著。（方回《桐江續集》、卷十五）

祝丹陽

小傳：不見畫史記載。身世不詳。

〈次韻虞伯生題祝丹陽道士摹九歌圖〉　　　　　　　　　　　元・袁　桷

玉眸精佇朝玉皇，五采萬物迎初陽。神鈞空洞光茫茫，瑤席合奏樂未央。沈幾經綸自為章，膚寸帝青下填阬。朝挾朱鳥招八方，旋轉風輪盪金剛。君山之峰陷可望，玉女鼓瑟哀不傷。世職玄籍元運昌，靈壽給扶顏色蒼。賜齡金篋難度量，仲氏之道誰為長。深根抱一真有常，下憫濁世生復亡。浴精昧谷暾扶桑，寥陽昭德森九芒。互劫永寶天地光，安流舒舒復湯湯。儼思白璧謝汝將，歷險有戒勿垂堂。乘貍從豹何陸梁，菰蒲粗粆弦管張。積變不化游益荒，屈子調苦心忠良。歌罷雲遏投靈湘，簫巫鼓胥紛莫詳，嚴嚴祝冊遺丹黃。握管用九神歸藏，出入森衛視錦囊。（袁桷《清容居士集》、卷十五）

祝洞天

小傳：不見畫史記載。身世不詳。

〈題祝洞天雲山圖〉　　　　　　　　　　　　　　　　　　　明・鄭　真

客邸遙聞祝洞天，蓬萊島上友群仙。試求鸞鶴飛昇處，雲在青山月滿川。（鄭真《榮陽外史集》、卷九十）

祝道士

小傳：不見畫史記載。身世不詳。

〈祝道士龍贊〉　　　　　　　　　　　　　　　　　　　　　元・袁　桷

靈碎碎，三五一。視若存，水神立。玄為光，高原粒，天門開，靈受秩。（袁桷《清容居士集》、卷十七）

鬼谷仙人

小傳：不見畫史記載。身世不詳。

〈協晨中寥辭一首〉　　　　　　　　　　　　　　　　　　　明・宋　濂

鬼谷仙人畫列禦寇御風圖，以獻其師四十二代天師真人。真人號沖虛子。而唐封禦寇之號實曰沖虛，此其圖之所以作歟。濂竊觀之，髯松奮張，有風泠泠然起於其中，霞光發舒，閃鑠無定，禦寇方乘飆回旋，龍裳鸞帶，凌亂不可止。遙見神山隱起大瀛海上，旭日一點如火，海濤噴薄迎之，濺沫而舞珠，景物遒瓊，令人情塵銷實，直超鴻濛間。

嗚呼，仙人之畫奇絕矣，蓋以媲真人非果在於禦寇也。真人或飛神上謁太清，排空馭氣，靡所不之，將真人之似禦寇乎？抑禦寇之同真人乎？是未可知也。濂因造協晨中寥辭一篇，真人或咏於淵精之區，九都眾真當有彈八瓊太璈來和之者，庶幾後天而終可以凋三光者乎？至若禦寇寓言旬有五日而後反者，微旨已備見其書，茲可略云。辭曰：（辭文略）。（宋濂《宋學士文集》、卷十九）

栢子庭（釋）

　小傳：僧，嘉定人。喜畫柏石，菖蒲。（見《中國畫家人名大辭典》、二六三頁）

〈石菖蒲為子庭作〉　　　　　　　　　　　　　　　　　　　　元・張天英

　冰夷出海獻珊瑚，帶得鮫人數葉須。今夜九疑仙客到，滿衣風露濕玄珠。灑筆能招壯士魂，春風芳草憶王孫。何人擊破連城璧，留得衝冠髮數根。（顧瑛《草堂雅集》、卷三）

〈吳僧子庭古木竹〉　　　　　　　　　　　　　　　　　　　　元・薩都剌

　歲寒古木性所愛，況有此君相附之。江湖眼明世無幾，太息不生元祐時。（薩都剌《雁門集》、一八七頁）

〈題柏子庭枯木〉　　　　　　　　　　　　　　　　　　　　　元・熊夢祥

　鐵珊瑚樹飛鬼蝶，王子敫爲不許躐。乞與海神神不收，湧樹雪晴光煜煜。何人潑墨淡復濃，使我一見成心獵。便令退從未畫前，無孔笛中官徵叶。（顧瑛《草堂雅集》、卷六）

〈子庭古木〉　　　　　　　　　　　　　　　　　　　　　　　元・鄭元祐

　巨材千稔資，特立僵挺挺。東風吹不回，雪厓冰墊冷。（鄭元祐《僑吳集》、卷六）

〈栢子庭畫松障歌〉　　　　　　　　　　　　　　　　　　　　明・釋妙聲

　高堂誰畫青松障，越栢下筆開殊狀。小枝交錯鐵不如，大枝森竦劍相向。筆驅元氣天為泣，龍擎海水神俱王。滄江風雨六月來，白日雷霆九天上。想當飛墨縱揮灑，應遣酣歌助悲壯。于時畫者亦有人，栢也用意實豪放。猶憶海虞山裏時，往往見我索題詩。豪縑到手不暇擇，爛漫圖寫寧復辭。只今風流已冥寞，使我見之增歎愕。況當木落秋氣悲，撫事哀吟忽如昨。嗚乎栢兮那復見，蕭瑟凄風動廖廓。蕭瑟凄風動寥廓，應有松子僧前落。（釋妙聲《東皐錄》、卷上）

〈題子庭松栢〉　　　　　　　　　　　　　　　　　　　　　　明・釋妙聲

　越栢畫松松露骨，老龍怒拔靈湫立。天池一夜飛霹靂，月落庭空影千尺。（釋妙聲《東

阜錄》、卷上）

〈題子庭竹石喬柯〉　　　　　　　　　　　　　　　　　　　　　明・王 行

高空飛飆激清商，一夜黃落滿礧岡。百蟲銷聲流水澁，獨有古木凌寒霜。層崖削鐵斧鑿在，亂石磊磊秋雲荒。蓁藜交榮灌莽盛，綠青紫翠碧與蒼。條枯榦壯忽盡埽，依舊煙篠連風篁。我嘗見之興歎息，觀變乃能知厥常。茲因遺楮聊示幻，便與所見爭毫芒。波翻墨池漫傾瀉，雨入溪山同混茫。豁然晴日快先覩，槎牙蕭瑟撐高堂。逃禪石室到爾柏，以墨寫戲成清狂。書牆涴壁正如此，癡戇醉顛安足當。惟應老巨差或近，吐氣矼碿終難方。亦知造化不可量，筆端賦形誰翁張。蛟蚪虎兒鸞鳳凰，攫身騰躍勢欲翔。天機神妙露欲藏，我今作詩喚蒙莊。空山樗櫟壽莫強，與子共入無何鄉。（王行《半軒集》卷十）

〈題栢子庭畫石菖蒲〉　　　　　　　　　　　　　　　　　　　　明・虞 堪

蹲此於菟，直將爾鬚。大嘯一聲，風清月孤。（虞堪《希澹園詩集》、卷一）

〈栢子庭畫蒼蒲〉　　　　　　　　　　　　　　　　　　　　　　明・龔 詡

愛爾青青石上蒲，寒泉清浸一塵無。世人不識無鹽女，姣媚惟知羨子都。（龔詡《野古集》、卷下）

栢本道

小傳：不見畫史記載。身世不詳。

〈栢本道墨禾〉　　　　　　　　　　　　　　　　　　　　　　　元・許 恕

雲林近說倪東海，竹石不數柯丹丘。道人高臥江南雨，只寫西風一穗秋。（許恕《北郭集》、卷二）

〈題栢本道墨禾〉　　　　　　　　　　　　　　　　　　　　　　元・許 恕

道人寫嘉穀，粒粒秋可數。香積冷炊煙，飢來不堪煮。（許恕《北郭集》、補遺）

殷周卿

小傳：不見畫史記載。身世不詳。

〈爛柯圖為福寧州尹殷周卿作〉　　　　　　　　　　　　　　　　元・劉將孫

福寧州尹殷公，往貳三衢府事，為爛柯圖，名士紋詠成卷。予昔以郡文學獲事公於閩憲，知公嘗用是以消日，乃為爛柯圖詩，曰：神仙閒日無處消，借棊對著聊逍遙。蓬萊光景無晝夜，頃刻坐見年光凋。信安山中亦塵世，樵夫來往朝復暮。偶然觀奕出世間，遂號柯仙無再遇。迺知仙境只眼前，三山弱水非桑田。仙乎終日與我即，我自不見吁無緣。清風明月時時有，空山無人夜如晝。蕭然有客聽松風，卻怪旁觀柳生肘。我評二奕證樵夫，此樵三世名金書。儻非仙骨當發舒，柯且爛矣安得渠。（劉將孫《養吾齋集》、卷四）

倪 宏

小傳：字原道，不詳里居，善圖繪。（見《中國畫家人名大辭典》、三一四頁）

〈金粟塚中秋日燕集（詩畫）後敘〉　　　　　　　　　　　　　　　元・于 立

綽山乃句吳顧仲瑛氏之先塋在焉。予客仲瑛許餘三十年，而綽山□予與仲嘗集遊地也。前四、五年，予還會稽山中。未幾，兵變吳下，而錢唐遂有北南之限。後二年，事平，予得復來界溪，隱處瑞應宮之天基莊。適予患風痺，手足奇□不得以運掉，對客蹇蹇□若箝。所居去綽山三、四里，抱疴頻年不能一朝往也。且聞仲氏附先塋營繭室，□自銘其墓，題曰金粟塚，則知仲氏之曠達，蓋有昔賢司徒空傳奕之遺風焉。今年，予亦得異人授方藥，服之閱月，向之奇□者，亦運掉而能舉，□之蹇蹇□若箝者，亦刺刺而能語矣。時八月既望，顧君以書約遊茲山，予乃欣然就往，而平昔交舊咸集焉。慰勞之頃，仲瑛肅客登隴，藉以茵蓐環坐塚上，前列短几，陳列觴豆，各置筆札於□方，興至而詠，情暢而飲，不以禮法束也。於是，顧君揚觴而言，曰："齊物我一，死生先生，玄門之道也，予雖不敏，豈以死生動其心哉，以其歿而吾故人哭於斯、祭享於斯，曷若生而與吾故人飲于斯、賦詠于斯也。昔之遭值兵革顛沛，吾故人皆得以無恙，而先生之疾適以瘳，不必有以相者矣。今而喪亂未平，今日之集，又安知明日為何如也，顧諸君各盡歡。"予亦作而告，曰："吾有大患，為吾有身及吾無身，何患之有？達生委命，視死猶歸，吾學老氏者固不必論。若夫窮理盡性，以至於命原始反終而知死生之說，孔子之道也，學孔氏者，能不以死生動其心、爵祿惑其志？子其幾道歟？子之□是其亦玩世之士也屬，予疾患以來一切忘世，至於身亦忘、言亦忘也，久矣又何以言為哉？"既授簡於□□□欲予言。予與仲氏交最深、佑最厚，而茲山又予嘗集游，則言又不得忘之矣。千古在前，萬古在後，生而與故人飲酒泉臺之上，則句吳顧君始也。倪生原道做李龍眠蘭亭修禊圖□□□□于右，淮海秦君敘之首。是集主客凡十有二人，為詩者八人，詩不成者四人。昆丘朱珪伯盛代予作小篆書，于□□□爵餘，依觴政行罰云。至正紀正歲在庚子是月日，匡廬于立敘。（明朱存理《鐵網珊瑚・書品》、卷四）

〈題（倪原道）黃氏林屋山圖〉　　　　　　　　　　　　　　　　元・蘇大年

太湖三萬六千頃，盤根錯節，鉤連地軸。山東西聯絡名洞庭七十二峰，巑岏突兀倒影照寒碧，翠劍峭拔冷插芙蓉青。鱗堂貝闕直下開水府，霞車霧輦直上來仙靈。洞天林屋古仙境，九品地位題山經。我嘗泛舟攬奇勝，胸次空瀾吞滄溟。鴟夷甫里千載呼不起，俯視乾坤浩蕩浮秋萍，黃塢佳城在山北。石上松根生茯苓，春園野花散飛蝶，夜台宿草棲寒螢。人生歸歟可為樂，返此真宅安清寧。蓋棺事定萬事足，誰復強辨誰醉誰獨醒。嗟君思親報罔極，模寫家山開畫屏。松楸丘壠朝夕宛在目，悽愴焄蒿霜露零。思親一念萬萬古，哀哉孝子心煢煢。我家家山隔南北，干戈澒洞兵塵腥。登高北望魂欲斷，落日慘澹風冷冷。為君題詩淚如雨，白頭江海嗟吾生。趙人蘇大年。（明朱存理《鐵網珊瑚‧書品》、卷四）

〈題（倪原道）黃氏林屋山圖〉　　　　　　　　　　　　　元‧顧　瑛

　　隱君消夏灣頭地，一脈來龍到海分。隧道青松當日樹，羨門黃石舊時墳。夢中見鶴歸華表，壁上看圖起白雲。孝友定應書太史，諸郎況復又能文。

　　前日，會雲卿於法海僧舍，今日携荑索詩，美其思親之念懸懸於翰墨間，為賦一律。更命畫
　　生倪原道寫小圖於前，蓋欲重起雲卿之所思也。至正壬辰臘月十日，顧仲瑛識。（明朱存理
　　《鐵網珊瑚‧書品》、卷四）

〈題（倪原道）黃氏林屋山圖〉　　　　　　　　　　　　　元‧釋寶月

　　林屋秋風起，滄江客思多。墓田多感慨，歲月坐蹉跎。白髮經時變，青山余老何。思親心獨在，歸夢洞庭波。釋寶月。（明朱存理《鐵網珊瑚‧書品》、卷四）

〈題（倪原道）黃氏林屋山圖〉　　　　　　　　　　　　　元‧王　同

　　黃公先壠包山下，湖鏡幽光照夜台。水落龜黿時出沒，月來松桂影徘徊。廣文記擬思親亭作，外史詩從勾曲來。千載畫圖看未已，山靈長護白雲堆。山陽王同。（明朱存理《鐵網珊瑚‧書品》、卷四）

〈題（倪原道）黃氏林屋山圖〉　　　　　　　　　　　　　元‧文　質

　　太湖湖上黃公墓，畫得圖成慰所思。林屋天寒龍起夜，水精宮白月來時。山山暑雨楊梅熟，樹樹風霜橘子垂。遺訓不忘鄉井念，望雲應廢蓼莪詩。甬東文質。（明朱存理《鐵網珊瑚‧書品》、卷四）

〈題（倪原道）黃氏林屋山圖〉　　　　　　　　　　　　　元‧易　恒

　　黃家墓荒林屋幽，子孫遠在滄江頭。幾番一百五日雨，都化七十二峰愁。木客霜寒盜橘柚，山鬼月黑悲松楸。高堂披圖動悽惻，對疑白雲如水流。盧陵易恒。（明朱存理《鐵網珊瑚‧書品》、卷四）

〈題（倪原道）黃氏林屋山圖〉　　　　　　　　　　　　　　　　元・余熀

只尺家山久未歸，歸心長繞白雲飛。秋風隴樹應無恙，一對新圖淚滿衣。望望松楸隔太湖，幾年銜土塊慈烏。秋霜春露頭今白，指點兒孫認畫圖。昆山余熀。（**明朱存理《鐵網珊瑚・書品》、卷四**）

〈題（倪原道）黃氏林屋山圖〉　　　　　　　　　　　　　　　　元・黃原隆

林屋先塋圖，蒙諸名公題詠成集，至正壬辰兵火失去，越六年得之於海虞譚希聲，不勝悲感，遂賦七言十六韻。

吾親昔喪黃家塢，路入黃泥近上方。冢墓高封如馬鬣，峰巒回抱若牛岡。羨門木拱松雲合，龍穴泉來石體香。視聽已忘徒眷慕，羹牆有見倍悲傷。先塋繪寫歸圖畫，諸子詞章為發揚。絕句特書句曲史，長歌倚韵鐵厓楊。遂昌趙郡詩尤古，靈隱雲巖語更長。記著孝思推鄭老，筆傳詩意屬倪郎。南州高士相傳誦，下里諸生亦激昂。歲值辛壬兵革起，會逢百六紀綱亡。西方豺虎相吞啖，東海鯨鯢又陸梁。殿地殺聲秋慘慘，薰天刧火夜煌煌。園池第宅成焦土，父子妻孥各異鄉。神物豈隨桑海變，法書空作玉函藏。雖稱劍化延平內，終賴珠還合浦傍。譚子高情能遠復，名公佳製不淪喪。六年散逸浮萍迹，一旦來歸玩易堂。歷覽故山愁暗暗，載瞻遺像淚浪浪。丁寧子姪宜加護，銘刻心胸孰敢忘。待我明年省丘壠，擬鐫貞石立山陽。孝子原隆泣血拜書。（**明朱存理《鐵網珊瑚・書品》、卷四**）

〈題（倪原道）黃氏林屋山圖〉　　　　　　　　　　　　　　　　明・無名氏

右佳城圖，觀於玉峰黃應龍氏。應龍蓋先為林屋山人也，此圖遂為家寶。自鄭東之記而下，凡二十人，如楊鐵厓、張句曲、鄭遂昌輩，皆名作也。倪宏作圖并為山人寫像，筆法清古可觀。宏字原道，嘗於顧玉山文翰中見之。（**明朱存理《鐵網珊瑚・書品》、卷四**）

倪瓚

小傳：初名珽，或自稱倪迂，嘗自署名曰嬾瓚，或曰東海瓚，變姓名曰奚元朗，又曰元映。字元鎮，號雲林，又署雲林子或雲林散人，別號有五，曰蠻民、曰淨名居士、曰朱陽館主、曰簫閑山卿、曰幻霞生。無錫人。生平好學攻詞翰，皆極古意。書從隸入手，翰扎奕交有晉人風氣，山水早歲以董源為師，及乎晚年，愈益精詣，以天真幽淡為宗。（見《中國畫家人名大辭典》、三一五頁）

〈為徐有常畫葉湖別墅〉　　　　　　　　　　　　　　　　　　　自　題

葉湖水淪連，松陵在其西。望見吳門山，波上翠眉低。白蘋晚風起，寒烟遠樹齊。水蕉籠筆格，露柳罩金堤。居貞寧汲汲，旅泊自栖栖。屏處觀魚鳥，風雨夜烏啼。（倪瓚

《倪雲林先生詩集》）

〈畫竹贈以中〉　　　　　　　　　　　　　　　　　　自　題

　吾右張以中，少年如老翁。因過修竹裏，邀我碧岩東。琥珀松醪釅，玻瓈茗碗紅。子端今已矣，千載事同風。（倪瓚《倪雲林先生詩集》）

〈畫贈呂志學〉　　　　　　　　　　　　　　　　　　自　題

　江雲昏絕巘，汀樹猶斜陽。獨立霜柳下，渺然懷故鄉。歸來茅屋底，篝燈寫微茫。（倪瓚《倪雲林先生詩集》）

〈畫竹贈志學〉　　　　　　　　　　　　　　　　　　自　題

　綠竹飽霜雪，歲寒無荏容。風至夭然笑，復愛夏陰濃。寒暑不能移，德比栢與松。豈若桃李榮，春花但丰茸。（倪瓚《倪雲林先生詩集》）

〈畫竹寄友人〉　　　　　　　　　　　　　　　　　　自　題

　先春競桃李，凌陽歎蒲柳。謝君靜者徒，種竹安所守。亭亭清淨心，鬱鬱霜雪後。賦詩寄遠懷，此君真可交。（倪瓚《倪雲林先生詩集》）

〈為曹僉事畫溪山春曉因題〉　　　　　　　　　　　　自　題

　荊溪之水清漣漪，溪上晴嵐紫翠圍。連舸載書烟渚泊，提壺入林春蕨肥。身遠雲霄作幽夢，手栽花竹映竹扉。磯頭雪影多鷗鷺，也著狂夫一浣衣。（倪瓚《倪雲林先生詩集》）

〈（自題）畫竹〉　　　　　　　　　　　　　　　　　自　題

　吾友王翁字元舉，喚我濡毫畫縑楮。喬柯修竹蒼蘚石，霜葉風梢碧滋雨。湖州仙去之三禩，坡翁高絕孰與侶。黃華父子亦間出，氣粗惜產旃裘所。本朝高趙妙一世，蔑視子端少稱許。薊丘黃岩筆墨閒，瑞鶴神鸞競翔羉。二公去後無復有，谷鳥林烏誰指數。奎章博士丹丘生，未若員嶠能濡呴。道園歌咏譽丹丘，坡曉畫法難為語。常形常理要玄解，品藻固已英靈聚。少陵歌詩雄百代，知畫曉書真謾與。坡深書畫詩更妙，味永甘香試躭咀。嗟余生後愛詩畫，所恨邀遊不從汝。王翁好古已成癖，說史淡詩身欲羽。吳江遇我涕縱橫，飯我羹芹一炊黍。晚持此卷索塗抹，醜婦為鼙走隣女。此詩此畫君勿笑，焚弃筆硯當樽俎。（倪瓚《倪雲林先生詩集》）

〈寫秋林遠岫圖贈約齋，因題〉　　　　　　　　　　　自　題

　五言常刺史，此地曾數遊。無復綠陰靜，空悲紅樹秋。市聲晨浩浩，雲影暮悠悠。徵

士沖襟勝，邀余共茗甌。（倪瓚《倪雲林先生詩集》）

〈（自）題畫竹〉　　　　　　　　　　　　　　　　　　自　題

　　本朝畫竹高趙李，慙愧後來無寸長。下筆能形蕭散趣，要須胸次有籆篰。（倪瓚《倪雲林先生詩集》）

〈畫竹贈王允剛〉　　　　　　　　　　　　　　　　　　自　題

　　子猷借地種修筠，何可一日無此君。葉籠書席搖翠雨，陰結香炉屯綠雲。聞孫近住吳江渚，二仲遨遊如蔣詡。置酒邀余寫竹枝，隔竹庖人夜深語。（倪瓚《倪雲林先生詩集》）

〈贈顧定之〉　　　　　　　　　　　　　　　　　　　　自　題

　　輕薄紛紛新少年，論詩作賦如湧泉。為雲為雨手翻覆，背面傾擠當面憐。阿翁七十仍踰四，與我同心生并世。高臥白雲食絳霞，草堂門對露岩寺。（倪瓚《倪雲林先生詩集》）

〈二月廿二日潘子素王叔明來慰藉，臨別為寫水傍樹林圖并題〉　　自　題

　　積雨開新霽，汀洲生綠薋。臨流望遠岫，歸思忽如雲。（倪瓚《倪雲林先生詩集》）

〈夜作古木怪石因題〉　　　　　　　　　　　　　　　　自　題

　　夜遊西園渚，初月光炯炯。徒倚岩石下，愛此林木影。（倪瓚《倪雲林先生詩集》）

〈為文舉畫泖山圖因題〉　　　　　　　　　　　　　　　自　題

　　華亭西畔路，來訪田時踪。月浸半江水，蓮開九朵峯。酒盃時可把，林叟或相從。興盡泠然去，雲濤起塈松。（倪瓚《倪雲林先生詩集》）

〈為仲章寫竹石〉　　　　　　　　　　　　　　　　　　自　題

　　沈君好古嗜尤淡，奇石幽篁心所欣。為寫雲林齋下景，月明春露濕衣中。（倪瓚《倪雲林先生詩集》）

〈為唐景玉畫丘壑圖并賦〉　　　　　　　　　　　　　　自　題

　　丹經留玉斧，真籙佩青童。蛻迹氛埃外，怡情岩穴中。吹笙緱嶺月，理詠舞雩風。欲畫玄洲趣，揮毫清興同。（倪瓚《倪雲林先生詩集》）

〈為曾高士畫湖山舊隱〉　　　　　　　　　　　　　　　自　題

　　厭聽殘春風雨，卷簾坐看青山。波上鷗浮天遠，林間鶴帶雲還。（倪瓚《倪雲林先生

詩集》）

〈為潘仁仲寫梧竹草亭〉　　　　　　　　　　　　　　　自 題
　翠竹蕭蕭倚碧梧，一亭聊以賦閑居。浮杯樂飲思潘岳，藻思春江濯錦如。（倪瓚《倪
雲林先生詩集》）

〈畫江天曉色贈志學〉　　　　　　　　　　　　　　　　　自 題
　不見呂君久，題詩懷不忘。風聲渾落葉，山影半斜陽。獨鶴來遲暮，孤帆出渺茫。為
圖秋色去，留寄讀書堂。（倪瓚《倪雲林先生詩集》）

〈畫竹寄王彝齋〉　　　　　　　　　　　　　　　　　　　自 題
　荆南山色裏，翠竹密緣溪。冉冉春煙薄，冥冥暮雨迷。夢長胡蝶化，行遠鷓鴣啼。舊
日栽桃李，清陰自滿蹊。（倪瓚《倪雲林先生詩集》）

〈畫竹與張元實〉　　　　　　　　　　　　　　　　　　　自 題
　髯翁中歲得麟兒，添點双瞳玉作頤。可惜空齋無楮穎，為拈禿筆掃風枝。（倪瓚《倪
雲林先生詩集》）

〈畫竹贈王光大〉　　　　　　　　　　　　　　　　　　　自 題
　荆溪王隱士，相見每從容。借地仍栽竹，巢雲獨傍松。青苔盤石淨，喜樹綠陰重。約
我同栖道，嵩高第幾峰。（倪瓚《倪雲林先生詩集》）

〈畫竹贈申彥學〉　　　　　　　　　　　　　　　　　　　自 題
　吳松江水似清湘，煙雨孤篷道路長。寫出無聲斷腸句，鷓鴣啼處竹蒼蒼。　阿儂渡江
畏風波，聽渠聲唱竹枝歌。淇園青青洪水綠，不似瀟湘煙雨多。（倪瓚《倪雲林先生詩
集》）

〈畫竹贈徐季明〉　　　　　　　　　　　　　　　　　　　自 題
　梓樹陰當戶，時聞好鳥鳴。獨携一壺酒，展席坐前楹。招邀白鶴侶，吹弄紫鸞笙。杳
杳日景晚，紛紛飛絮輕。風翻竹影亂，明月已東生。（倪瓚《倪雲林先生詩集》）

〈畫寄王雲浦〉　　　　　　　　　　　　　　　　　　　　自 題
　蕭敬賢公子，衡門似水清。花間青鳥過，砌下綠苔生。山色排簷入，江波照眼明。開
圖想幽境，欲為寫閑情。（倪瓚《倪雲林先生詩集》）

〈畫贈馮文仲〉　　　　　　　　　　　　　　　　　　　　自　題

　知君近住西湖曲，湖水淪漣似輞川。窗下青松高百尺，時時落雪滿琴絃。（倪瓚《倪雲林先生詩集》）

〈寫山陰丘壑圖寄趙士瞻〉　　　　　　　　　　　　　　　自　題

　吾愛趙徵士，清才能逸群。昔營山陰宅，今在吳松濆。月牖白理詠，春羹偏美芹。遠懷松上鶴，寫寄嶺頭雲。（倪瓚《倪雲林先生詩集》）

〈寫墨竹贈顧友善〉　　　　　　　　　　　　　　　　　　自　題

　顧伯末派隱君子，林居江濆古東里。澡身潔行讀書史，思友天下之善士。綠竹猗猗蔚材美，獨立不懼群不倚。長吟揮毫為君起，寫其形模惟肖似。諒哉直清可以比。（倪瓚《倪雲林先生詩集》）

〈題畫〉　　　　　　　　　　　　　　　　　　　　　　　自　題

　至正辛丑十二月廿四日，德常明公自吳城將還嘉定，道出甫里，捩柂相就語，俯仰十霜，怳若隔世。為留信宿，夜闌更秉燭相對如夢寐者甚似為僕發也。明日，微雪作，寒戶無來迹，獨與明公逍遙渚際，隔江遙望，天平靈岩渚山在荒烟遠靄中。濃纖出沒，依約如畫。渚上踈林枯柳，似我容髮蕭蕭。可憐生不能滿百，其所以異於草木者，猶情好耳，年逾五十，日覺死生忙，能不為之撫舊事而縱遠情乎？明公復命畫江濱寂寞之意，并書相與乖離感慨之情悰悰。德常今為嘉定同知，於民有惠政，即昔日之良常山人也，朱陽館主蕭閑仙卿倪瓚言。（倪瓚《倪雲林先生詩集》）

〈題畫贈王仲和〉　　　　　　　　　　　　　　　　　　　自　題

　曾住南湖宅，于今已十年。鼛筶還自翳，喬木故依然。雨雜鳴渠溜，雲連煮木煙。何時重相過，爛醉得佳眠。（倪瓚《倪雲林先生詩集》）

〈題墨竹送顧克善府判之高郵〉　　　　　　　　　　　　　自　題

　高郵古淮甸，世產不乏賢。顧君往佐郡，才華當妙年。歌詩隱金石，八音以相宣。侈哉錦囊句，雅甚朱絲絃。而此艱虞際，撫事一愴然。飢者易為食，君能念顛連。何以贈子行，墨君霜節堅。（倪瓚《倪雲林先生詩集》）

〈黃本中書齋為寫寄傲窗圖〉　　　　　　　　　　　　　　自　題

　庭樹綠交蔭，時鳥語清綿。春竹羅逕笋，夏花敷沼蓮。慨然三季後，契彼羲農前。古井汲脩綆，空齋縆素絃。長歌歸去來，悟悅陶公賢。終尋桃花巘，息景窮幽玄。（倪瓚

《倪雲林先生詩集》）

〈畫竹寄張天民〉　　　　　　　　　　　　　　　　　　　自　題

良常南洞口，聞有掃塵氅。竹影春當戶，泉聲夜遶堦。自矜霜兔健，安有魯魚乖。截得青鸞尾，因風寄好懷。（倪瓚《倪雲林先生詩集》）

〈畫吳松山色贈潘以仁〉　　　　　　　　　　　　　　　　自　題

吳松春水綠，搖蕩半江雲。嵐翠窗前落，松聲渚際聞。潘郎狂嗜古，容我醉書裙。鼓枻他年去，相從遠俗氛。（倪瓚《倪雲林先生詩集》）

〈題畫送僧〉　　　　　　　　　　　　　　　　　　　　　自　題

不到荊溪三十秋，南津溪水亦東流。用公住近金鵞嶺，魏族猶隣白虎丘。楓葉爛斑霜落後，竹枝蕭瑟渚邊頭。歸逢古德方厓叟，為話談玄田日遊。

用大機，吳人也，住宜興保安寺，壬子九月十九日，將還山，戲寫秋樹筠石并詩以贈之，且以呈方厓禪伯云。（倪瓚《倪雲林先生詩集》）

〈水傍樹林圖〉　　　　　　　　　　　　　　　　　　　　自　題

二月廿二日潘子素王叔明來慰藉臨別為寫水傍樹林圖并題。

積雨開新霽，汀洲生綠薋。臨流望遠岫，歸思忽如雲。（倪瓚《倪雲林先生詩集》）

〈題自畫〉　　　　　　　　　　　　　　　　　　　　　　自　題

東海有病夫，自云繆且迂。書壁寫絹楮，豈其狂之餘。青林藏曲密，遠水間微茫。飛鷺浴鳧處，人家半夕陽。（倪瓚《倪雲林先生詩集》）

〈題溪山雪霽圖贈張以中〉　　　　　　　　　　　　　　　自　題

水影山容黯淡，雲林細篠蕭踈。誰見重居寺裏，雪暗沙際吟餘。（倪瓚《倪雲林先生詩集》）

〈絕句四首次九成韻〉　　　　　　　　　　　　　　　　　自　題

我別故人無十日，衝煙艇子又重來。門前積雨生幽草，墻上春雲覆綠苔。

斷送一生某局裏，破除萬事酒盃中。清虛事業無人解，聽雨移時又聽風。

沒逕春泥不出門，出煙江霧晝長昏。槽床聲雜茅簷雨，破却陰寒酒自溫。

郊子論詩冀北空，晤言千里意常同。待晴紫陌堪縈手，行咏山光水影中。

至正十四年二月廿五日雨，郊君九成賦絕句四首，云：“杏花簾幙看春雨，深巷無人騎馬來。

獨有倪寬能憶我，黃昏躡屐到蒼苔。春色三分都有幾，二分已在兩聲中。墻東兩個桃花樹，恨殺朝來一番風。十日春寒早閉門，風風雨雨怕黃昏。小齋坐對黃金鴨，寂寞沈香火自溫。春寒時綠病頭風，惆悵年華逝水同。世事總如春夢裏，兩聲渾在杏花中。"倪瓚留宿高齋，篝燈為寫春林遠岫圖，并次韻四詩題畫上，時夜漏下三刻矣，佩韋齋中書。（倪瓚《倪雲林先生詩集》）

〈為吳處士畫喬林磵石〉　　　　　　　　　　　　　　　　自　題

山家日出無行踪，雪樹烟蘿遠且重。不見鹿眠盤石上，提壺自挂一長松。（倪瓚《倪雲林先生詩集》）

〈為德常寫竹枝〉　　　　　　　　　　　　　　　　　　　自　題

張公宅裏挑灯話，對影依依夢寐同。坐到夜深喧境寂，庭前踈竹起秋風。（倪瓚《倪雲林先生詩集》）

〈書畫竹〉　　　　　　　　　　　　　　　　　　　　　　自　題

以中每愛余畫竹，余之竹聊以寫胸中逸氣耳。豈復較其似與非，葉之繁與踈，枝之斜與直哉。或塗抹久之，它人視以為麻為芦，僕亦不能強辨為竹，真沒奈覽者何，但不知以中視為何物耳。（倪瓚《倪雲林先生詩集》）

〈為方厓畫山就題〉　　　　　　　　　　　　　　　　　　自　題

摩詰畫山時，見山不見畫。松雪自纏絡，飛鳥亦間暇。我初學揮染，見物皆畫似。郊行及城遊，物物歸畫笥。為問方厓師，孰假孰為真。墨池挹涓滴，寓我無邊春。（倪瓚《倪雲林先生詩集》）

〈為馮文仲畫山水小幅〉　　　　　　　　　　　　　　　　自　題

知君近住西湖曲，湖水淪漣似輞川。窓下青松高百尺，時時落雪滿琴絃。（顧瑛《草堂雅集》、卷六）

〈題自畫竹〉　　　　　　　　　　　　　　　　　　　　　自　題

東海有痴夫，自稱繆且迂。書壁寫絹楮，豈其狂之餘。（顧瑛《草堂雅集》、卷六）

〈題自畫喬林磵石〉　　　　　　　　　　　　　　　　　　自　題

山家日出無行蹤，雲林烟蘿遠且重。不見鹿眠盤石上，提壺自挂一長松。（顧瑛《草堂雅集》、卷六）

〈題（自）畫雲林小景圖〉　　　　　　　　　　　　　　　　　自　題

　赤城霞暖神芝秀，洞裏桃花不記春。何事卻將山水腳，鍾陵市上踏紅塵。

　馮文仲自玉山來，携向畫雲林小景圖，復求題詩，因用前韻。（顧瑛《草堂雅集》、卷六）

〈為方厓上人畫山，就題摩詰畫山時〉　　　　　　　　　　　　　　自　題

　見山不見畫。松雪自纏絡，飛鳥亦閒暇。我初學揮染，見物一似癡。郊行及城游，物物歸畫笥。為問方厓師，孰假孰為真。墨池浥涓滴，寓我無邊春。（顧瑛《草堂雅集》、卷六）

〈倪元鎮枯木竹石〉　　　　　　　　　　　　　　　　　　　　　　自　題

　益公以道不見，忽忽七改年矣。辛亥七月，余來自苕溪，偶寓松陵之相里雙昇院數日矣，以道因過慧日懺堂，邂逅一見，因寫竹樹小山，并賦詩寄意云。

　一笑相逢豈有期，因懷西崦話移時。李公堂裏頻曾宿，陸子泉頭舊有詩。旅思淒淒非中酒，人情落落似殘棋。雲濤眠底三生夢，鷗彭秋汀又語離。

　以道因詠予舊詩春日試筆一首，今三十年矣。并書畫上「喜看新酒似鵝黃，已有春風拂草堂。二月江南初破柳，扁舟曉下獨鳴榔。苔生不凝山人屐，花發應連野老牆。世外寧辭千日醉，未容人事惱年光」。是日，性源、秋水二上人同集，廿一日，懶瓚。（明都穆《鐵網珊瑚》、卷六）

〈倪元鎮畫竹石〉　　　　　　　　　　　　　　　　　　　　　　　自　題

　採蓮逕上漣漪綠，笋竹幽篁依古木。遇著幽人同傑翁，邀予把酒清池曲。予解后仲傑隱君子採蓮逕上，戲寫此圖，并賦詩為贈，至正癸卯五月廿二日，倪瓚。（明都穆《鐵網珊瑚》、卷七）

〈倪元鎮畫龍門獨步圖〉　　　　　　　　　　　　　　　　　　　　自　題

　雲林逸人為復庵長老寫龍門獨步圖。恩公者佳太平日，林下相逢璪色袍。行列龍門無腿力，右肩褊袒吃櫻桃。此詩乃伯雨外史訪斷江恩公所作者也。予嘗與外史有師友之義。□己歲，余訪復庵，留山中者數日，復庵誦此詩不輟口。余既寫圖，遂俾書于其上。倪瓚。（明都穆《鐵網珊瑚》、卷七）

〈雲林畫扇〉　　　　　　　　　　　　　　　　　　　　　　　　　自　題

　庚庚蒼石雨斑斑，竹樹扶疏倚暮寒。卻憶□□庵裡夜，一方秋影月中看。（明朱存理《珊瑚木難》、卷六）

〈飲飛雲樓作松石圖〉　　　　　　　　　　　　　　　　　自　題

　公子池館靜，雨晴生綠苔。孤琴候蘿徑，濁酒泛空杯。鉤簾待華月，庭宇無纖埃。倪
瓚。（明朱存理《珊瑚木難》、卷六）

〈雲林荊溪清遠圖〉　　　　　　　　　　　　　　　　　　自　題

　荊溪吳國良，工製墨，善吹簫，好與賢士大夫遊。張貞居每館寓其家，艤舟籬傍，興
盡便返。故國良得貞居翰墨為多。今年夏，予以事至郡，泊舟文忠祠後，國良便從溪上
具小舟相就語，為援簫作三五弄，慰予寂寞，并以新製桐烟墨為贈。予嘉其思致近古，
遂寫荊溪清遠圖以遺之。實至正十四年四月廿一日也，東海倪生記。（明朱存理《鐵網
珊瑚・書品》、卷四）

〈倪雲林倣高房山山水〉　　　　　　　　　　　　　　　　自　題

　無錫王容溪先生，嘗賦如夢令，云：「林上一溪春水，林下數峯嵗翠。中有隱居人，
茅屋數間而已。無事，無事，石上坐看雲起。」高房山嘗繪之為圖。貞居詩曰：「歌此
夫容窈窕章，山陰茅宇日凄涼。不是筆端天與巧，誰割雲山與侍郎。」今已亡失。余戲
用其意，為圖贈仲冕，辛亥春，倪瓚。（明朱存理《鐵網珊瑚・書品》、卷四）

〈倪雲林隔江山色圖〉　　　　　　　　　　　　　　　　　自　題

　正月十四日，舟過吳江第四橋。大風浪中，貯水一瓢而去。乃賦小詩，曰：“松陵第
四橋前水，風急猶須貯一瓢。敲火煮茶歌白苧，怒濤翻雪小停橈。”是夜，泊舟吳江城
外家，水月皓然，與希言理詠久之。明日，題壁詩，曰：“人家近住江城外，月色波光
上下天。風景自佳時俗異，泊舟閑詠白雲篇。”十五日，與希言謁三高祠，望江上渚山，
為寫隔江山色圖，并賦詩贈別：“白鷗飛處夕陽明，山色隔江眉黛橫。試看三高祠下水，
悠悠中有別離情。”十九日，雨留陶蓬，寫遠樹石岫，并錄三詩，用發一笑，倪瓚。（明
朱存理《鐵網珊瑚・書品》、卷四）

〈雲林惠山圖〉　　　　　　　　　　　　　　　　　　　　自　題

　至正五年三月八日，玄素先生來林下，瓚乃賦詩，曰“吳淞江水春映空，浪波沄沄霞
影紅。畊田鑿井居其左，令我長懷甫里翁。夢見維舟江畔柳，剝啄敲門散杯酒。整冠起
接平生歡，石逕蘭芳重携手。”雨後共行林下，正見惠山，先生命瓚寫之。畫訖，因書
此詩于上，張外史、陳先生見之，必大笑也。倪瓚記。（明朱存理《鐵網珊瑚・書品》、
卷四）

〈倪雲林畫春山嵐靄〉　　　　　　　　　　　　　　　　　自　題

　　東海倪瓚寫春山嵐靄，贈仲章沈君。至正九年三月一日。

　　露草雨苔青不乾，牀頭澗水夏生寒。傳經長史揮毫處，只作當時舊宅看。南澗實張君舊業故云。倪瓚。（明朱存理《鐵網珊瑚・書品》、卷四）

〈倪雲林為虞勝伯作山水圖〉　　　　　　　　　　　　　　自　題

　　江渚暮潮初落，風林霜葉渾稀。倚杖柴門閴寂，懷人山色依微。

　　至正癸卯秋九月望日，戲為勝伯微君寫此并賦小詩，倪瓚海雲菴燈下記。（明朱存理《鐵網珊瑚・書品》、卷五）

〈（良常）草堂圖〉　　　　　　　　　　　　　　　　　自　題

　　結屋政臨流水，開門巧對長松。為待神芝三秀，移居華岳西峰。倪瓚。（明朱存理《鐵網珊瑚・書品》、卷八）

〈倪元鎮設色圖并題〉冊頁　　　　　　　　　　　　　　自　題

　　紫溪翁過甫里，先生舉酒屬和而歌曰：“一丘之木，其棲深也，屋我容，不辱一溪之石，其居平也；席石勞，以息一竇之泉，其音清也；絃吾方在懸，得乎人得乎天，吾不知所以然而然。”先生賡之曰：“采江之魚兮，朝船有鱸，采江之蔬兮，暮筐有蒲，左圖且書，右琴與壺，與天與貴，與賤與歌，與而⋯（下闕）。”至順三年春三月，松雲隱倪珽書。

　　余為希賢作此圖，今已七年。至元四年秋，希賢攜以示余，不復記憶。因題詩於左方。

　　怡神息繁陰，洗耳臨長流。縱情丘壑間，聊以寫我憂。瓚重題。（清卞永譽《式古堂書畫彙考・畫考》、卷之三）

《倪雲林碧梧翠竹圖》冊頁　　　　　　　　　　　　　　自　題

　　翠竹蕭蕭倚碧梧，一亭聊以賦閒居。浮盃樂飲思潘岳，藻思春江濯錦如。辛亥歲三月二日，寫寄贈仁仲醫師并詩。雲林生。（清卞永譽《式古堂書畫彙考・畫考》、卷之四）

《倪雲林江雲館圖并題》冊頁　　　　　　　　　　　　　自　題

　　江雲館。

　　至正十五年清明後一日，風雨阻泖中，寂寥。偶客囊檢出米友仁江村讀書作詩十二首，偶補圖以紀之。瓚。（清卞永譽《式古堂書畫彙考・畫考》、卷之四）

《雲林楓林亭子圖并題》冊頁　　　　　　　　　　　　　自　題

　　曠遠蒼蒼天氣清，空山人靜晝暝暝。長風忽度楓林杪，時送秋聲到野亭。壬子七月十又六日寫於楓林亭中。東海農倪瓚。（清卞永譽《式古堂書畫彙考・畫考》、卷之四）

《雲林春山圖并題》冊頁　　　　　　　　　　　　　　　自　題

　狂風二月獨凭闌，青海微茫煙霧閒。酒伴提魚來就煮，騎曹問馬只看山。汀花岸柳渾無賴，飛鳥孤雲相與還。對比持杯竟須飲，也知春物易闌珊。延陵倪瓚，王子春。（清卞永譽《式古堂書畫彙考・畫考》、卷之五）

〈倪元鎮耕漁軒圖卷〉　　　　　　　　　　　　　　　自　題

　耕漁軒。至正壬寅四月十日東海倪瓚畫。（清吳升《大觀錄》、卷十七）

〈倪元鎮耕漁軒圖卷〉　　　　　　　　　　　　　　　自　題

　予既為良輔友契作耕漁軒圖，後為之詩：

　鄧山之下，其水舒舒。林廬田圃，君子故居。載耕載漁，爰讀我書。唐虞緬邈，愴兮其悲。栖遲衡門，聊得我娛。敬慎誠篤，德罔二三。四勿是克，三益來萃。彼溺于利，我以吾義。彼棄懦頑，吾以仁智。匪今之同，古學是嗜。徐虛逍遙，隱約斯世。倪瓚。
（清吳升《大觀錄》、卷十七）

〈倪元鎮耕漁軒圖卷〉　　　　　　　　　　　　　　　自　題

　溪水東西合，山家高下居。琴書忘產業，蹤跡隱畊漁。積雨客留宿，新晴人趁墟。厭喧來洗耳，清泚遶前除。倪瓚。（清吳升《大觀錄》、卷十七）

〈倪高士獅子林圖卷〉　　　　　　　　　　　　　　　自　題

　余與趙君善長，以意商確，作獅子林圖，真得荊關遺意，非王蒙所夢見也。如海因公宜寶之，癸丑十二月，懶瓚記。（清吳升《大觀錄》、卷十七）

〈倪高士竹石坡亭圖卷〉　　　　　　　　　　　　　　自　題

　瑤芳樓下曾留宿，因見明琅舊日圖。錢起能詩多逸思，為渠吟嘯不能歌。倪瓚寫贈自銘徵君。（清吳升《大觀錄》、卷十七）

〈倪高士溪山亭子圖〉　　　　　　　　　　　　　　　自　題

　東海倪瓚畫溪山亭子贈孟佶文學，歲乙未閏正月八日。

　戲黑重看十七年，闔廬城外蕩飛烟。間村蘭若風波外，坐對湖山一惘然。辛亥十一月九日復覽重題，雲林生。（清吳升《大觀錄》、卷十七）

〈倪高士秋林山色圖〉　　　　　　　　　　　　　　　自　題

　寓館風雨秋，間門草苔翳。懷人思奮飛，携書此留滯。玉琴和幽吟，竹牖聊靜憩。西山日在望，白雲流生媚。寂寞棲德園，清虛捐世味。石灶有餘烟，未收煮茗器。

八月二日，寫秋林山色并詩，以遺伯循文學。瓚。（清吳升《大觀錄》、卷十七）

〈倪高士秋林山色圖〉　　　　　　　　　　　　　　　　　　自　題

秋林山色圖。辛亥八月廿三日，舟過子賢逸人幽居。十月一日寫圖併賦詩留別，瓚，詩効樂
天體。

不到幽人宅，于今十二年。窮秋八九月，舟過爾門前。粥飯同晨暮，香霏雜茶烟。酒
飲三二酌，詩吟一兩篇。篝燈獨擁被，捫櫛向林泉。八足蟹螯美，四腮鱸膾鮮。磨白作
豆乳，碓紅收稻田。羹蓴浮玉脆，醉墨折釵妍。我時苦暴下，寒熱搜相煎。畏病不舉酒，
多艱少佳眠。時乘小艇出，或與隣僧禪。聊為禦冬計，豈有新蠶綿。裝醪頗興慨，交游
寧汝憐。坐窓每兀兀，心旆徒懸懸。踰旬鶴骨健，逸情禽影翩。波月寒瀲灩，山眉翠孿
娟。美翰寫詩意，孤帆白鷗邊。（清吳升《大觀錄》、卷十七）

〈倪徵君南邨隱君圖〉　　　　　　　　　　　　　　　　　　自　題

陶公卜宅南邨裏，快雪初晴思一遊。樹辨微茫來獨鶴，榻搖敧側散輕鷗。墨池繞溜春
冰滿，塵榻翻書夕照狀。相見惘然如有失，掉頭吟咏出林丘。

雪後過子貞隱居，寫此并詩以贈。甲寅正月十二日雲林瓚。（清吳升《大觀》、卷十七）

〈倪雲林贈陳惟允棲隱圖〉　　　　　　　　　　　　　　　　自　題

岷江陳秀士，棲隱闤廬城。覓句仍工畫，看山不愛名。棋枰消永日，琴調寄閒情。摩
將鬚髯美，春苗紫過繯。

惟允契友，讀書，工為詩歌，而圍碁鼓琴，無不造其妙。雖游名公卿間，無意于仕進，故立
爾。瓚。（清吳升《大觀》、卷十七）

〈淨名居士溪山春靄圖〉　　　　　　　　　　　　　　　　　自　題

至正九年四月廿八日，勾吳倪瓚畫溪山春靄圖，贈王元賓至廣陵。（清吳升《大觀》、
卷十七）

〈倪徵君松亭山色圖〉　　　　　　　　　　　　　　　　　　自　題

阿翁好讀閒居賦，桃李春風滿庭戶。時與華陽道士行，還鄭甫里先生住。寶淨僧居共
齋粥，已看富貴如風霧。我來三宿夜連床，行路荊榛歲將暮。

壬子九月十九日，為潘翁仲輝寫松亭山色圖，并賦七言題右方瓚。（清吳升《大觀》、卷十
七）

〈倪雲林優鉢曇花圖〉　　　　　　　　　　　　　　　　　　自　題

　　優鉢曇花不世開，道人定起北巖隈。遠山迢遞窗中綠，垂柳低昂水次裁。丈室淨名禪
不二，三生圓澤夢應迴。閒雲野鶴時相遇，草草新詩為爾裁。

　　壬子正月廿三日，邂逅講主芝巖於姜江朱氏之芥舟軒中，芝巖熟天台之教旨，嚴菩薩之戒儀，
　　七遮既淨，一乘斯悟，與語久之，歛袵敬嘆，因寫圖賦詩以贈。瓚。（清吳升《大觀》、卷
　　十七）

〈倪高士江岸望山圖〉　　　　　　　　　　　　　　　　　　自　題

　　江上春風積雨晴，隔江春樹夕陽明。疎松近水笙聲奏，青嶂浮嵐黛色橫。秦望山頭悲
往蹟，雲門寺里看題名。蹇余亦欲尋奇勝，舟過錢塘半日程。

　　癸卯二月十七，賦此詩并寫江岸望山圖，奉送惟雲友契之會稽，倪瓚。（清吳升《大觀》、
　　卷十七）

〈倪高士高梧翠竹圖〉　　　　　　　　　　　　　　　　　　自　題

　　貞居道師，時徃常熟山中，訪王君章高士，余因寫梧竹秀石奉寄仲素孝廉，并賦詩云。

　　高梧秀竹溪南宅，五月溪聲入座寒。想得此時窗戶暖，果園撲栗紫團團。倪瓚。（清
吳升《大觀》、卷十七）

〈倪雲林綠水園圖〉　　　　　　　　　　　　　　　　　　自　題

　　倚石蒼蒼玉一枝，鷟池雨霽墨淋漓。誰知綠水園中客，流日虛亭獨詠詩。

　　六月五日，寫贈綠水園主翁并詩。瓚。（清吳升《大觀》、卷十七）

〈淨名居士水竹居圖〉　　　　　　　　　　　　　　　　　　自　題

　　至正三年癸未歲八月望，進道過余林下，為言儗居蘇州城東，有水竹之勝，因想像圖此，并
　　賦詩其土云。

　　儗得城東二畝居，水光竹色照琴書。晨起開軒驚宿鳥，詩成洗硯沒游魚。倪瓚題。（清
吳升《大觀》、卷十七）

〈倪高士簡村圖〉　　　　　　　　　　　　　　　　　　自　題

　　壬子十一月，余再過簡村，為香海上人作此圖，并詩其上云。

　　簡村蘭若太湖東，一舸夷猶辨丟踪。望裡孤烟香積飯，聲來遠岸隔林鐘。避人野鶴曾
留憂，息景汀鴻與住冬。慧海上人多道氣，玄言如密淡相從。懶瓚。（清吳升《大觀》、
卷十七）

〈倪高士紫芝山房圖〉 自　題

　　山房臨碧海，燁燁紫芝榮。雲上飛鳧舄，月中聞鳳笙。木烟生石竈，竹雪灑前楹。誰見陳高士，熙夷善養生。

　　壬子八月廿日，為叔平畫紫芝山房圖并賦五言詩。（清吳升《大觀》、卷十七）

〈倪高士幽居圖〉 自　題

　　山郭幽居正向陽，喬林古木鬱蒼蒼。剡藤百幅誰能致，為掃虯枝蔽日長。荊蠻民寫。
（清吳升《大觀》、卷十七）

〈倪高士蒲秋圖〉 自　題

　　春渚芹蒲，秋効梨棗，西風沃野收紅稻。簷前炙背媚晴陽，天涯轉瞬淒芳草。魯望漁村，陶朱烟島，高風峻節今如掃。黃雞啄黍濁醪香，開門迎笑東鄰老。曲全叟倪瓚，至正甲辰八月。（清吳升《大觀》、卷十七）

〈淨名居士清逸圖〉 自　題

　　吳市隱者傳古民，世為金華之義門。去鄉居吳三十載，針砭療病窮淵源。只今年已七十四，生子在乳如曾孫。養生有道秘神訣，烹鍊服食身長存。去年蹔歸舊鄉縣，悲如歸鶴返故村。晏坐初平叱羊處，起餐霞氣觀晨暾。日行萬里不困頓，今復來吳棲水雲。居然孤鳳止榛棘，蔚彼眾蕭蒙芷蓀。家徒四壁集風雨，古木幽筠限石根。固窮好義明取與，邀我對月開清樽。吳宮越館走麋鹿，殘山剩水惟烟雲。酒酣長歌踏筵舞，荷花落羽何繽紛。感今懷古意悽惻，高義非子吾誰論。濡毫擘紙寫清逸，醉語駭俗抒煩冤。何當與子橘中隱，坐玩清景窮朝昏。七月十日，寫此圖并為長歌贈古民先生。瓚。（清吳升《大觀》、卷十七）

〈倪高士楓林霜葉圖〉 自　題

　　江渚暮潮初落，楓林霜葉暉晞。倚杖柴門聞寂，懷人山色依稀。

　　至正癸卯九月望日，戲為勝伯徵君寫此并賦小詩。倪瓚。（清吳升《大觀》、卷十七）

〈淨名居士古木幽篁圖〉 自　題

　　何遜來時梅似雪，小山竹樹寫幽情。東風吹上毗陵道，為報相思夢亦清。

　　正月十日，毗陵故人何士信先生來求予畫，因寫古木幽篁圖并賦詩以贈，甲寅倪瓚。（清吳升《大觀》、卷十七）

〈倪高士古木幽篁圖〉 自　題

古木幽篁寂寞濱，斑斑蘚石翠寒生。自知不入時人眼，畫與蛟溪古逸民。雲林生。（清吳升《大觀》、卷十七）

〈倪高士虞山林壑圖〉　　　　　　　　　　　　　　自　題

陳蕃懸榻處，徐儒過門時。甘冽言游井，荒涼虞仲祠。看雲聊弄翰，把酒更題詩。此日交歡意，依依去後思。

辛亥十二月十三日，訪伯琬高士，因寫虞山林壑，并題五言以紀來游。倪瓚。（清吳升《大觀》、卷十七）

〈倪高士叢篁古木圖〉　　　　　　　　　　　　　　自　題

雲林生為玄暉都司寫。

玄暉五字為君休，今日玄暉却姓劉。解道眼前兼味句，叢篁古木思悠悠。

已酉五月十二日，玄暉君在良常高士家雅集。午過矣，坐客飢甚，玄暉為沽水酒一罌、麵斤二個，良常為具水飯醬蒜苦蕒，徜徉遂以永日，如享天厨醍醐也。復以余舊畫竹樹索詩，因賦。王元舉、明仲、張德機，咸在焉。瓚。（清吳升《大觀》、卷十七）

〈倪高士霜枯竹石圖〉　　　　　　　　　　　　　　自　題

十一月燈下，戲寫竹石霜枯并題五言。

久客令人厭，為生只自憐。每書空咄咄，聊偃腹便便。野竹寒烟外，霜枯夕照邊。五湖風月逈，好在轉漁船。雲林子。（清吳升《大觀》、卷十七）

〈倪高士檗軒圖〉　　　　　　　　　　　　　　　　自　題

壬子歲七月五日，雲林生寫。

屋角春風多杏花，小齋容膝度年華。金梭躍水池魚戲，彩鳳棲林潤竹斜。疊疊清談霏玉屑，蕭蕭白髮岸烏紗。而今不二韓康價，市上懸壺未足誇。

甲寅三月四日，檗軒翁復携此圖來，索謬詩以贈寄仁仲醫師。錫山予之故鄉也，容膝齋則仁仲燕居之所，仁仲壽當遂吾志也。雲林子識。（清吳升《大觀》、卷十七）

〈倪高士墨君圖〉（一）　　　　　　　　　　　　　自　題

酒俠詩狂一世豪，淡然如見古陶匏。珍羞直欲奴呼酪，險語真能僕命騷。夜話挑燈君獨賞，朝餐把酒我偏遭。異鄉又遇同鄉客，留宿寒廳飫老饕。

至正甲辰十一月十七日，在吳淞學宮南池之賓興堂，將與仁伯、廣文謝別，復為鄉友何君置酒留宿。因寫竹枝并走筆賦，留別廣文云。是日，同集則楊太史同陳包山助教也。倪瓚。（清吳升《大觀》、卷十七）

〈倪高士墨君圖〉（二）　　　　　　　　　　　　　　　　　　　　　自　題

　　以中每愛予畫竹。予之竹，聊以寫胸中逸興耳，豈復較其似與非，葉之繁與疎，枝之斜與直哉。或塗抹久之，他人視以為麻、為蘆，僕亦不能強辯為竹，直沒奈覽者何。但不知以中視為何物耳。戊申十月七日，倪瓚。（清吳升《大觀》、卷十七）

〈倪高士竹村圖〉　　　　　　　　　　　　　　　　　　　　　　　　自　題

　　十月江南未隕霜，青楓欲赤碧梧黃。停橈坐對西山晚，新鴈題詩小著行。己酉歲。倪瓚。（清吳升《大觀》、卷十七）

〈倪高士安處齋圖〉（元人合璧圖卷之第三幅）　　　　　　　　　　　　自　題

　　湖上齋居處士家，淡煙疎柳望中賒。安時為善年口樂，處順謀身事口佳。竹葉夜香缸面酒，菊苗春點磨頭茶。幽棲不作紅塵客，遮莫寒江捲浪花。十月望日，寫安處齋圖并賦長句。倪瓚。（清吳升《大觀錄》、卷十八）

〈倪高士溪林山色圖〉　　　　　　　　　　　　　　　　　　　　　　自　題

　　至正乙巳閏十月五日，因瓊野上人以此紙來需畫，既為寫溪亭山色，并書洪容齋所筆僧具圓復詩一首，畫止贈之。

　　灘聲噌噌雜雨聲，舍北舍南春雨平。柱杖穿花出門去，五湖風浪白鷗輕。右送僧。

　　朝入羊腸暮鹿頭，十三官驛是荊州。具車秣馬曉將發，寒燭燒殘語未休。

　　右送翁士特又一篇云。

　　燒燈過了客思家，獨立衡門數暝鴉。燕子未歸梅落盡。小窗明月屬梨花。

　　又吳門僧惟茂，住天台山一禪刹，喜其旦暮見山，作絕句曰。

　　四面峰巒翠入雲，一溪流水漱如根。老僧只恐山移去，日午先教掩寺門。

　　甚有詩家風旨，而或者謂山若欲去豈容人掩住，蓋吳人癡獃習氣也，其說可謂不知音。淨名菴主懶齋瓚書于蝸牛廬。（清吳升《大觀錄》、卷十七）

〈倪徵君惠麓圖〉　　　　　　　　　　　　　　　　　　　　　　　　自　題

　　元鎮寫贈仲明。辛卯十一月廿日、廿二日，復明從明許假此以贈陸信甫，雲林生記。好畫龍官黑仲明，長松磵下渥冠纓。當年小筆今重展，回首蘭陵夢亦驚。　仲明高昌名族也，嘗為宜興、嘉定二州同知，甚有惠政。余至蘭陵郡，每館于其家，偶寫此圖贈仲明，而陸信甫適至，復取以遺信甫，雖片喬亦可觀也。至正廿三年八月二日，偶適志學鄉友書齋中，忽以相示轉瞬十有二年矣，世殊事異，為之慨然。志學時寓笠澤施民館中。瓚題。（清吳升《大觀錄》、卷十七）

〈倪高士竹梢圖〉 　　　　　　　　　　　　　　　　　　　　　　　　　　自　題

　邂逅海虞姚彥吉，停雲軒裏語移時。眼看春雨春風霽，寫遺湘江玉一枝。

　辛亥閏三月廿五日，寫竹梢贈彥吉徵君，併發子賢高士一笑。倪瓚。（清李佐賢《書畫鑑影》、
　　卷四）

〈倪高士林亭遠岫圖軸〉 　　　　　　　　　　　　　　　　　　　　　　　　自　題

　敬亭山色青如染，宿德幽居在西崦。片雲出岫本無心，拂口口梢晴冉冉。江西汎影又
江南，笑看群狙等四三。道過化城聊暫止，更營寶淨小禪龕。九月望日，過孤雲大士寶
淨精舍，留宿一日，為畫林亭遠岫並賦。無住主爛瓚。（清李佐賢《書畫鑑影》、卷二十）

〈倪高士小山竹樹圖〉 　　　　　　　　　　　　　　　　　　　　　　　　　自　題

　來訪幽居秋滿林，塵喧暫隔散煩襟。風迴硯沼搖山影，夜聽寒蛩和客唫。危磴白雲侵
野屐，高桐清露濕瑤琴。蕭然自得閒中趣，老鶴眠松萬里心。

　至正壬午秋仲，雲浦判官設茗讌，索余作畫，因寫小山竹樹以贈。東海雲林子瓚。（清李佐
　　賢《書畫鑑影》、卷二十）

〈倪高士幽亭秀木軸〉 　　　　　　　　　　　　　　　　　　　　　　　　　自　題

　七月一日風雨急，桐里湖邊吟夕涼。蕉葉滴懸籠翡翠，荷花迷睡鎖鴛鴦。卻疑身在瀟
湘渚，且著舟停雲錦鄉。笑我雖非徐孺子，陳蕃下榻更銜觴。七月一日，留昌言高尚書
堂，戲寫此圖并賦贈焉。瓚。壬子。（清李佐賢《書畫鑑影》、卷二十）

〈倪高士漁莊秋霽圖軸〉 　　　　　　　　　　　　　　　　　　　　　　　自　題

　江城風雨歇，筆研晚生涼。囊楮未埋沒，悲歌何慷慨。秋山翠冉冉，湖水玉汪汪。珍
重張高士，閒披對石牀。

　此圖余乙未歲戲寫於王雲浦漁莊，忽已十八年矣。不意子宜友契藏而不忍棄損，感懷疇昔，
　　因成五言。壬子七月廿日。瓚。（清李佐賢《書畫鑑影》、卷二十）

〈倪高士疏林小景軸〉 　　　　　　　　　　　　　　　　　　　　　　　　　自　題

　疏林小筆聊娛戲，畫口金華張隱君。好為林間橫玉笛，秋風吹度碧山陰。倪瓚畫并詩
書贈德性徵君。歲七月。（清李佐賢《書畫鑑影》、卷二十）

〈倪雲林贈周伯昂溪山圖軸〉 　　　　　　　　　　　　　　　　　　　　　自　題

　荊溪周隱士，邀我畫溪山。流水初無競，歸雲意自閒。風花春爛熳，雨蘚石爛斑。書
畫終為友，輕舟數往還。至正甲辰四月一日，為伯昂寫此圖，賦詩以贈，東海倪瓚。

戊申六月一日，養痾靜軒，題。汀煙冉冉覆湖波，六月寒生淺翠蛾。獨愛窗前蕉葉大，綠羅高扇受風多。是日，陰寒襲人。

五日，又題。點點青苔欲上衣，一池春水鶴雛飛。荒村闃寂人稀到，只有書舟傍竹扉。七夕日，謾寫紙空，瓚。（清龐元濟《虛齋名畫錄》、卷七）

〈倪雲林秋林遠岫圖軸〉　　　　　　　　　　　　　　　自　題

綠波佳思復如何，塪下清陰芳草多。爛醉哦詩絃寶瑟，閒眠欹枕幔煙蘿。莫將華髮臨明鏡，還寫黃庭換白鵝。剪取吳松雲錦麗，天孫機杼隔明河。用大機，吳人也，住宜興保安寺，壬子九月十九日，將還山，戲寫秋林遠岫并詩以贈之，且以呈方厓禪伯云，倪瓚。（近代龐元濟《虛齋名畫錄》、卷七）

〈倪雲林林亭春靄圖軸〉　　　　　　　　　　　　　　　自　題

至正四年十一月，袁員外來林下，為留兼旬，臘月十七日，快雪初霽，庭無來迹，與僕靜坐，因取琴鼓之。古音蕭寥寥，如茂松之勁風，春壑之流冰。員外時年八十有二，言貌筋力未如四五十許人。為言甫弱冠，遭逢盛明，初宰當塗，過九華山，道逢神人，與棗食之。後數數見夢寐間，若冥感玄遇者。員外韜耀蘊真，仕祿以自給，不為人所知，豈郭恕先之流歟。為賦五言一首，并寫林亭春靄。

郎官調綠綺，谷雪賞初晴。兩忘絃與手，流泉松吹聲。問言踰八十，云嘗見河清。挂帆望九華，神人欻相迎。啖以海上棗，歡愛若平生。玄遇甯復得，惜哉遺姓名。倪瓚。（清龐元濟《虛齋名畫錄》、卷七）

〈倪雲林吳淞春水圖軸〉　　　　　　　　　　　　　　　自　題

吳淞春水綠，搖蕩半江雲。嵐翠窗前落，松聲渚際聞。張君狂嗜古，容我醉書裙。皷柂他年去，相從遠俗氛。倪瓚。（近代龐元濟《虛齋名畫錄》、卷七）

〈倪雲林竹石霜柯圖軸〉　　　　　　　　　　　　　　　自　題

十一月一日，燈下戲寫竹石霜柯并題五言。久客今人厭，為生只自憐。每書空咄咄，聊偃腹便便。野竹寒煙外，霜柯夕照邊。五湖風月迥，好在轉漁船。雲林子。（清龐元濟《虛齋名畫錄》、卷七）

〈倪雲林淡室詩圖卷〉　　　　　　　　　　　　　　　自　題

欲寫新詩塵滿几，味我迂言淡如水。白雲淡淡何從來，伴我孤吟北窗裏。酒味甘湛易變酸，世情對面九疑山。白雲且結無情友，明月幽禽與往還。八月廿日過道宗雲棲樓，命余賦子安淡室詩，因賦并圖，是日，疏雨生涼，山光滿几，殊有幽興也。瓚。（清龐

元濟《虛齋名畫續錄》、卷一）

〈倪雲林竹樹小山圖并書內景經卷〉　　　　　　　　　　　自　題

　　益公以道不見，忽忽七改年矣。辛亥七月四日，余自苕溪偶口，遇松陵之桐里雙井院數日矣，呂道回過惠日懺堂，解后一見，回出自臨內景經一卷，并寫竹樹小山賦詩寄意云。一咲相逢豈有期，因懷西崦話移時。李公堂裏頻曾宿，陸子泉頭舊有詩。旅思淒淒非中酒，人情落落似殘碁。雲濤眼底三生夢，鷗影秋汀又語離。倪瓚。（近代龐元濟《虛齋名畫續錄》、卷一）

〈倪雲林六君子圖軸〉　　　　　　　　　　　　　　　　　自　題

　　盧山甫每見，輒求作畫。至正五年四月八日，泊舟弓河之上，而山甫簹鐙口此紙，苦徵畫，時已憊甚，只得勉以應口口。大癡老師見之，必大嘆也。倪瓚。（近代龐元濟《虛齋名畫錄》、卷七）

〈倪雲林叢篁古木圖軸〉　　　　　　　　　　　　　　　　自　題

　　雲林生為元暉都司寫。

　　玄暉五字為君休，今日元暉却姓劉。解道眼前無味句，蘩篁古木思悠悠。己酉五月十二日，元暉君在良常高士家雅集，午過矣，生客飢甚，元暉為沽紅酒一罌，麵筋二個，良常為具水飯，醬蒜苦蕡，倘佯遂以永日，如享天廚醍醐也。，復以余舊畫竹樹索詩，因賦王元舉明仲張德機咸在焉。瓚。（清龐元濟《虛齋名畫續錄》、卷一）

〈題耕雲徵士東軒讀易圖〉　　　　　　　　　　　　　　元・鄧文原

　　衡門寂寂有儒風，相對高人笑語同。何必隔離沽取醉，新詩初就竹爐紅。棐几清疎無俗物，圖書雜沓有仙言。晚來靜倚南窗下，始識山林道味尊。（清高宗《御定歷代題畫詩類》、卷四十八）

〈倪雲林為靜遠畫〉　　　　　　　　　　　　　　　　　元・黃公望

　　遙山近山青欲滴，大木小木葉已疎。斜日疎篁無鳥雀，一灣溪水數函書。（清高宗《御定歷代題畫詩類》、卷十二）

〈題倪雲林贈耕雲東軒讀易圖〉　　　　　　　　　　　　元・黃公望

　　君家書屋鎖閒雲，庭前叢桂吹清芬。東軒虛敞坐良夜，撲簾香霧來紛紛。金吹不動露華潔，月裏仙人降瑤節。奇葩點綴黃金枝，靈種移來白銀闕。秋林瀟灑秋氣清，千竿修竹開前楹。自是燕山尚清貴，不與桃李爭芳榮。花下詩成日未盡，更喜幽人往來近。清

絕何如元鎮圖，應識耕雲是高隱。(《御定歷代題畫詩類》、卷四十八)

〈倪雲林六君子圖軸〉　　　　　　　　　　　　　　　　　元・黃公望

　遠望雲山隔秋水，近看古木擁坡陁。居然相對六君子，正直特立無偏頗。大痴贊雲林畫。(近代龐元濟《虛齋名畫錄》、卷七)

〈題倪雲林為韓復陽寫空山芝秀圖〉　　　　　　　　　　　元・栢子庭

　每憶雲林子，隱居清且閒。褰裳采芝秀，倚杖自秋山。微雪松陰暝，青苔石上斑。韓康偏有意，時復到柴關。(顧瑛《草堂雅集》、卷十四)

〈題倪元鎮畫林泉〉　　　　　　　　　　　　　　　　　　元・于　立

　城中對雨住十日，雨晴出城山更幽。入林下馬坐盤石，紵衣紗帽思如秋。(顧瑛《草堂雅集》、卷十一)

〈雲林惠山圖〉　　　　　　　　　　　　　　　　　　　　元・陳　方

　佳樹陰森卻礙空，畫成夜落燈光紅。絕憐帶經自鋤者，未慰竟別天隨翁。汾湖春雲散高柳，湖水微茫綠於酒。翁歸天末見青山，臨風莫負揮絃手。陳方用元鎮詩韻，題其畫上。(明朱存理《鐵網珊瑚・書品》、卷四)

〈題倪氏雨竹〉　　　　　　　　　　　　　　　　　　　　元・陳　旅

　落日楚江深，鵁鶄啼遠林。相思不可見，池上寫春陰。(陳旅《安雅堂集》、卷一)

〈倪徵君惠麓圖〉　　　　　　　　　　　　　　　　　　　元・唐　元

　雲林畫法學王維，氣韻風流或過之。猶記昔年清閟閣，春風吹滿鳳凰枝。西郊唐元。(清吳升《大觀錄》、卷十七)

〈雲林畫竹樹秀石〉　　　　　　　　　　　　　　　　　　元・饒　介

　斷劍故留碧，館刀終有神。祇陀歲寒色，不似醉時真。饒介。(明朱存理《珊瑚木難》、卷六)

〈和雲林翁畫竹石圖〉　　　　　　　　　　　　　　　　戈元・饒　介

　雲林先生瞳色綠，江村老叟相如木。畫情卻寄倪夫子，不問鏡湖才一曲。(明都穆《鐵網珊瑚》、卷七)

〈倪元鎮畫竹石〉　　　　　　　　　　　　　　　　　　　　　元・饒　介

　臥食黃精鬢鬖綠，情似萬花身似木。忽然市上肆墨煙，濁酒一卮歌一曲。樵介和雲林翁遺村子。（明都穆《鐵網珊瑚》、卷七）

〈倪元鎮畫〉　　　　　　　　　　　　　　　　　　　　　　　元・郯　韶

　玄館夏初度，青林暑氣中。開軒對流水，坐石待薰風。花落葛巾側，鳥鳴山几空。經鋤者誰子，散髮奏絲桐。（顧瑛《草堂雅集》、卷十）

〈題倪元鎮畫二首〉　　　　　　　　　　　　　　　　　　　　元・郯　韶

　斷靄生春樹，微茫隔遠汀。梁溪新月上，照見惠山青。

　高江新水生，微月流雲度。美人胡不知，相思隔春樹。

　梁溪倪元鎮，為余寫湖山清曉圖，河東張仲舉題詩於上。友人鄭君傑竟持去不還，雖往欲觀亦不出示，鄭真忍人也。今觀斯圖，觸景會意，寧不為之慨歎，漫賦長句云。（顧瑛《草堂雅集》、卷十）

〈題雲林墨竹〉　　　　　　　　　　　　　　　　　　　　　　元・劉永之

　望霓旌兮雲間，吹參差兮湘沚。靈雨兮朝飛，衝風兮夕起。憶素手兮同攜，步逍遙兮玉臨。解翠佩兮明瑙，寄相思兮千里。（劉永之《劉仲修先生詩集》、卷三）

〈題倪幻霞良常草堂圖〉　　　　　　　　　　　　　　　　　　元・柯九思

　幽舘曉山如沐，斷橋春水初生。花下班荊酒熟，松間散策詩成。（柯九思《丹邱集》錄自元詩選、一○四頁）

〈題倪元鎮紈扇〉　　　　　　　　　　　　　　　　　　　　　元・李孝光

　野水見落日，幽人殊未還。白雲滿洲渚，搔首望青天。（李孝光《五峰集》、卷四）

〈題元鎮畫古木寒林〉　　　　　　　　　　　　　　　　　　　元・李孝光

　冬氣漸閉密，萬物亦歸根。崴晏龍蛇蟄，山深雪霰繁。物理不終剝，上天諒何言。春風一朝至，清陰被萬軒。（李孝光《五峰集》、卷四）

〈題項鍊師山房倪元鎮小畫〉　　　　　　　　　　　　　　　　元・邵亨貞

　空同山下無名樹，秀葉飄飄翳翠霞。移向玄都壇上種，春花開遍玉皇家。（邵亨貞《蟻術詩選》、卷七）

〈題雲林畫竹〉　　　　　　　　　　　　　　　　　　　　　元・潘　純

　　雲林畫竹師蕭悅，更愛燕人王澹游。為問梁溪千尺影，何如老可在洋州。（明朱存理《珊瑚木難》、卷六）

〈次雲林韻，題耕雲東軒讀易圖〉　　　　　　　　　　　　　元・吳　鎮

　　山堂昨夜起秋風，景物蕭條便不同。豈是天公嫌冷淡，故將林木染黃紅。高人相對東軒下，竟日曾無朝市言。幾卷圖書幾竿竹，天香冉冉泛芳尊。雲林點筆染秋山，往道荊關今又還。別去相思無可記，開緘時見墨纖纖。（高宗《御定歷代題畫詩類》、卷四十八）

〈題倪元鎮小景〉　　　　　　　　　　　　　　　　　　　　元・貢師泰

　　高松半為槎，細竹亂如棘。峰色遠近見，慘澹帶古色。幽居在林下，可望不可即。（貢師泰《玩齋集》）

〈題倪文鎮雲林圖〉　　　　　　　　　　　　　　　　　　　元・姚文奐

　　昔從雲林遊，靈光散霞外。迴薄萬古情，逍遙五噫態。臨流以濯纓，息陰為解帶。浩歌激清商，參差動天籟。（顧瑛《草堂雅集》、卷十）

〈元鎮為作天池石壁圖〉　　　　　　　　　　　　　　　　　元・張　雨

　　嘗讀枕中記，華山閟中吳。神泉發其顛，青壁繚其隅。春風四山來，群綠平分扶。羽觴曲折行，浮花與之俱。采珠搴薜荔，洗玉弄芙渠。鼇叟頗好名，石窪作魚湖。鴻乙志草堂，桃煙遂成圖。而此滌煩磯，閱世如樗蒲。發興雲林子，盥手為我摹。居然縮地法，挈入壺公壺。（張雨《句曲外史貞居先生詩集》、卷二）

〈倪瓚倪元鎮寫竹贈武昌廖如川，廖請題〉　　　　　　　　　元・張　雨

　　坐愛雲林，風雨一竿。歸近南榮，規模黃華。老子□□，□□□□。（張雨《貞居集補遺》、卷上）

〈雲林畫〉　　　　　　　　　　　　　　　　　　　　　　　　元・張　雨

　　望見龍山第一峯，一峯一面水如弓。水邊亭子無人到，猶有前時躡屐蹤。（張雨《貞居集補遺》、卷上）

〈題雲林畫〉　　　　　　　　　　　　　　　　　　　　　　　元・張　雨

　　楓樹亭前江水深，酒船日暮少相尋。落花煙草蒼茫外，只有青山識此心。（張雨《貞居集補遺》、卷上）

〈題雲林山水〉　　　　　　　　　　　　　　　　　　元・張　雨

　爽氣初浮溢野籓，山高水盎落秋痕。樹底一窗明籔籔，風聲月色寄黃昏。（張雨《貞居集補遺》、卷上）

〈題倪雲林蓮涇隱居圖〉　　　　　　　　　　　　　　元・張　雨

　洒掃空齋住，渾忘應世情。身閒成道性，家散膽詩名。古器邀人玩，新圖揀客呈。可憐山水興，投老失昇平。

　此予處圍城時，懷雲林詩也。今道路既通，猶未得一聚首為恨。適允恭持此索題，因書其上。句曲外史張雨。（張雨《貞居集補遺》、卷上）

〈題倪元鎮畫〉　　　　　　　　　　　　　　　　　　元・張　雨

　為覓高人梁伯鸞，遺墟井臼已凋殘。天寒日暮一瓢酒，采藥行蹤卷裏看。（顧瑛《草堂雅集》、卷五）

〈題雲林畫〉　　　　　　　　　　　　　　　　　　　元・張　雨

　歷歷溪山欲暝，離離草樹長春。風雨綠蓑歸去，苔磯一向無人。（元《乾坤清氣》、卷十四）

〈（良常）草堂圖〉　　　　　　　　　　　　　　　　元・張　雨

　珠樹風來翠鳳鳴，玉泉雨過作琴聲。識得良常洞中路，前生我本山玄鄉。張雨。（明朱存理《鐵網珊瑚・書品》、卷八）

〈倪雲林春山嵐靄圖〉　　　　　　　　　　　　　　　元・張　雨

　秀色雲林畫未乾，一峰天柱倚蒼寒。玉人只隔輕烟靄，三尺圖中正面看。

　元鎮此幅又作巨然之室，謂二米所不逮也。張雨閱。（清吳升《大觀錄》、卷十七）

〈倪高士高梧翠竹圖〉　　　　　　　　　　　　　　　元・張　雨

　清桐陰下一株口，回棹來看雪未消。展圖彷彿雲林影，肯向燈前玩楚腰。

　元鎮寫此紙，附老僕至蒲軒即景，書圖上。雨。（清吳升《大觀》、卷十七）

〈倪徵君惠麓圖〉　　　　　　　　　　　　　　　　　元・王國器

　秋聲吹碎江南樹，正是瀟湘腸斷處。一片古今愁，荒倚水亂流。披圖驚歲月，舊夢何堪說。追憶謾多情，人間無此清。右調菩薩蠻，筠菴王國器。（清吳升《大觀錄》、卷十七）

〈倪元鎮古木竹石〉　　　　　　　　　　　　　　　　　　　　　　元・鄭元祐

雲林子，外生死。解內弤，為天使。帶經而鋤倦即休，亦復拈筆為林丘。樹枝鱗皴崖石幽，若有人兮在空谷。招之不來兮雲慘瘁以令人愁。（鄭元祐《僑吳集》、卷三）

〈元鎮畫〉　　　　　　　　　　　　　　　　　　　　　　　　　　元・鄭元祐

倪郎作畫如斯冰，濁以淨之而獨清。溪寒沙瘦既無滓，石剝樹皴能有情。珊瑚忽從鐵網出，瑤草乃向齋房生。譬則飲酒不求醉，政自與物無虧成。（鄭元祐《僑吳集》、卷四）

〈雲林小景〉　　　　　　　　　　　　　　　　　　　　　　　　　元・鄭元祐

雲起野橋西，層峰翠隔溪。欲尋清閟閣，古木亞簷低。（鄭元祐《僑吳集》、卷六）

〈倪雲林春山嵐靄圖〉　　　　　　　　　　　　　　　　　　　　　元・鄭元祐

九龍峰上雨雲乾，影落栖神碉水寒。不是天機飛聖妙，何由寫入畫圖看。

畫固妙矣，謂二米所不逮然乎。鄭元祐。（清吳升《大觀錄》、卷十七）

〈倪雲林贈周伯昂溪山圖軸〉　　　　　　　　　　　　　　　　　　元・張　監

十年奔走歎關間，且為新圖一解顏。絕似方溪無事日，滿前喬木看官山。八十五歲老人張監。（近代龐元濟《虛齋名畫錄》、卷七）

〈題倪元鎮畫雲林圖〉　　　　　　　　　　　　　　　　　　　　　元・郭　翼

鬱鬱倦時燠，雲漢雨如洗。美人既云邁，胡寧不忻喜。微烟升夕樹，鮮月度秋水。人生豈所適，所適正在爾。（郭翼《林外野言》、卷下）

〈題倪元鎮畫〉　　　　　　　　　　　　　　　　　　　　　　　　元・郭　翼

不見草堂橙樹西，早來雲氣忽相迷。野老迴船怕風雨，竹雞柵裏莫教啼。（郭翼《林外野言》、卷下）

〈次韻雲林畫〉　　　　　　　　　　　　　　　　　　　　　　　　元・華幼武

山光澹澹樹陰陰，溪水湯湯漱玉琴。此境不知何處有，清風吹起鹿門心。（清高宗《御定歷代題畫詩類》、卷十二）

〈為吳子道題雲林畫〉　　　　　　　　　　　　　　　　　　　　　元・華幼武

萬里乾坤一草亭，吳山相對越山青。袛憐修竹最深處，佳客長留醉不醒。（清高宗《御定歷代題畫詩類》、卷十二）

〈雲林畫山水竹石〉　　　　　　　　　　　　　　　　　元・華幼武

　秋雲無影樹無聲，湛湛長江鏡面平。遠岫烟銷明月上，小亭危坐看潮生。窗前梧竹倚高標，簾底龍香不住燒。記得醉眠清閟閣，一庭春雨晚蕭蕭。（華幼武《黃楊集》、卷下）

〈雲林竹〉　　　　　　　　　　　　　　　　　　　　　元・張　簡

　廣平舊作梅花賦，鐵石心腸嫵媚辭。高士巖前清賞足，月明窗外更橫枝。笠澤庄頭道士家，書林風竹翠交加。新梢便有凌雲勢，高出牆簷掃落花。張簡。（明朱存理《珊瑚木難》、卷六）

〈雲林畫竹樹秀石〉　　　　　　　　　　　　　　　　　明・張　簡

　支機靈石墜星河，夜半紅光發潤阿。憶在栖神山下宿，幽篁佳木共婆娑。張簡。（明朱存理《珊瑚木難》、卷六）

〈倪高士竹石坡亭圖卷〉　　　　　　　　　　　　　　　元・張　簡

　幽篁孤石是行窩，秋樹層層碧玉珂。聽雨樓中居一月，醉餘揮灑若為多。白羊山樵張仲簡題。（清吳升《大觀錄》、卷十七）

〈（雲林）雙龍圖〉　　　　　　　　　　　　　　　　　元・張　憲

　雲谷道人手持一片東溪鑪，雲林散人為作隻龍出入清朝圖。硯池濃磨五斗墨，手塗腳踏頃刻雲糢糊。既不為爬山引九子，亦不作挈電双吞珠。但見一龍盤空偃蹇飛下尾閭穴，一龍靚海奮迅直上青天衢。雄者筋脉緊，雌者腹肚龕。隻衝交挺白玉柱，兩角對樹青銅株。宛宛修尾捲蹴浪花白，聶聶鉅甲挾拍口風烏。性馴肯入孔甲駕，氣惡欲踢豐隆車。張吻啖阿香，舞爪拏天吳。轟霆時或取旱魃，飛雨自足蘇焦枯。寸池尺泊雖云不能一日處，十年未用猶可高臥南陽廬。雲谷子，七寶缽盂深袖手。雲林子，光環金錫且載室。吾將倒三江傾五湖，洗餘百戰玄黃血，盡率凡鱗朝帝都。（張憲《玉笥集》、卷七）

〈倪元鎮耕漁軒圖卷〉　　　　　　　　　　　　　　　　元・張　緯

　幽人薄世榮，耕漁宿所喜。朝耕西華田，暮釣洞庭水。浮湛干戈際，無譽亦無毀。釀秫雲翻甕，膾魚雪飛几。客來共杯酌，客去味經史。緬懷清渭濱，何如鹿門裏。徑者不復見，斯人亦云已。努力勤所業，庶免素恥餐。荊南山樵者張緯。（清吳升《大觀錄》、卷十七）

〈倪徵君惠麓圖〉　　　　　　　　　　　　　　　　　　元・張　緯

　曉日淒淒涼雨過，也應草木漸飄零。水邊石畔無人到，惟有長松滿意清。張緯。（清

吳升《大觀》、卷十七）

〈題倪雲林畫〉　　　　　　　　　　　　　　　　　　元‧錢惟善

　曲江老人喜雲林之畫與詩，不徒作，蓋識其人之賢，故次其韻以發清賞。

　太丘遺澤被諸孫，東葵深居雨外村。濁水摩尼因見地，好山罨畫正當門。得錢賸買詩千卷，留客時沽酒一尊。名利區區等春夢，貪夫未覺古槐根。（錢惟善《江月松風集》、卷十二）

〈倪高士檗軒圖〉　　　　　　　　　　　　　　　　　　元‧錢惟善

　惟松也茂以貞，惟竹也直以清。惟石也靜以寧，君子有之是為歲寒之盟。曲江居士題。

（清吳升《大觀》、卷十七）

〈倪高士霜枯竹石圖〉　　　　　　　　　　　　　　　　元‧錢惟善

　去年溪上泊輕舟，笑弄滄波狎海鷗。雲去樓空無此客，寒林留得數竿秋。曲江居士題。

（清吳升《大觀》、卷十七）

〈倪元鎮耕漁軒圖卷〉　　　　　　　　　　　　　　　　元‧周　砥

　夙存邁徃志，結苑依山澤。不辭沮溺勞，更慕濠梁逸。既耕亦以釣，四體欣暨息。新稼登場宜，嘉魚薦晨夕。丞嘗無足患，喜復留我客。野田荒烟羃，平湖徵景寂。開檐睇孤雲，窅然無遺跡。緬維高世士，何嘗異今昔。識達理自周，情恬慮非易。念子屬紛紏，抗俗願有適。束帶趨城府，婗予尚促戚。百年誠草草，會當從茲役。勾吳周砥。（清吳升《大觀錄》、卷十七）

〈雲林竹〉　　　　　　　　　　　　　　　　　　　　　元‧王　逢

　雲林不作梅花賦，能為梅巖寫竹枝。雨過粉香渾欲濕，月明清影似曾移。靜臨童子敲茶臼，隱接吾家洗硯池。日暮天寒倚亭望，絕勝雉尾露宮墀。席帽山人王逢。（明朱存理《珊瑚木難》、卷六）

〈倪雲林倣高房山山水〉　　　　　　　　　　　　　　　元‧王　逢

　余謝病將還小隴，道謁梁侍郎顧先生祠，就宿寶雲禪舍。是夕，王仲冕相與論心，久之而去。明日，過冕，見先友倪幻霞所畫，且獲覯王容溪、張貞居二公詩詞。還，冕徵賦苽村，亦為長短句一闋，衰億之餘，一時清興，殊洒然也：簹簹數株松子，村繞一灣苽米。鷗外迴聞雞，望望雲山烟水。多此，多此，酒進玉盤雙鯉。」梧溪丈人王逢，時年六十有五。（明朱存理《鐵網珊瑚‧書品》、卷四）

〈倪高士竹村圖〉　　　　　　　　　　　　　　　　　　　元・王　逢

　雲林君所愛，故號倪雲林。雲林嗟已矣，對畫勞苦吟。雲兮何冉冉，林兮何陰陰。茅
亭鎮虛敞，苔徑空幽深。石既長綠髮，水還鳴瑤琴。豈無好事者，一樽重登林。不惟今
視昔，亦猶古視今。而我闠闍客，雲林有風生。欲免山靈笑，杖履時遠尋。雲林同我來
吳菰，回首仙遊隔幾塵。畫裡題詩報新鴈，銀箏小院暗移春。歲庚申。王逢題于薛竹邨
之故第。（清吳升《大觀》、卷十七）

〈倪雲林竹木圖〉　　　　　　　　　　　　　　　　　　　元・陸大本

　蒼□紛紛碧一梢，雲林筆意在匋陶。玉樓天上初成後，誰向鵝池得鳳毛。陸大本。（明
朱存理《珊瑚木難》、卷六）

〈倪雲林畫張伯雨恩斷江題於上〉　　　　　　　　　　　　元・韓　奕

　達人抗高志，清時樂其閒。棄彼千金產，倀事非所關。遂偕方外士，勝日相徃還。放
舟五湖上，杖策遊名山。百年見遺墨，清風洒人間。豈若鄙夫輩，狥物遭時艱。斯世與
斯人，邈矣不可攀。（韓奕《韓山人詩集》）

〈題倪雲林畫〉　　　　　　　　　　　　　　　　　　　　元・韓　奕

　山中舊宅去多年，落日蒼波理釣船。白首歸來訪鄰里，廢池喬木思淒然。韓奕。（明
朱存理《珊瑚木難》、卷六）

〈倪雲林竹石喬柯圖〉　　　　　　　　　　　　　　　　　元・沈夢麟

　有詩題其上，鄰友得之，索予步武其韻。

　此老文章五色霞，胸中丘壑載浮家。酒酣弄筆如種玉，步屧到門頻索茶。喬木拂雲青
冉冉，叢篁低地綠斜斜。別來想像風流意，不覺秋霜滿鬢華。（沈夢麟《花谿集》、卷三）

〈題雲林為叔芳所畫竹石圖〉　　　　　　　　　　　　　　元・沈夢麟

　雲林為叔芳所畫竹石圖，鄰友得之，索予題識，感舊興懷，悵然有作。

　喬木槎牙霜滿天，幽篁相倚綠娟娟。筆飛翡翠秋數葉，玉琢芙蓉石一拳。彷彿求羊來
蔣逕，分明丘壑似藍田。兩翁仙逝花谿晚，今我披圖思黯然。（沈夢麟《花谿集》、卷三）

〈倪高士竹石坡亭圖卷〉　　　　　　　　　　　　　　　　元・錢龍仙

　水會魚監市，霜清蟹稱天。高橋十字巷，新剎四邊田。樹老烏銀芙，花開白玉鈿。野
翁誇樂歲，年粟直三錢。題倪雲林竹石坡亭，寒雨贈錢自銘，時為虞子賢西賓，錢龍仙
在瑤芳所書。（清吳升《大觀錄》、卷十七）

〈雲林竹〉　　　　　　　　　　　　　　　　　　　　元‧楊維禎

　瑟瑟清風響翠濤，金鸞飛影下亭皋。何人吹斷參差玉，滿地月明金錯刀。鐵笛道人。
（明朱存理《珊瑚木難》、卷六）

〈倪高士竹石坡亭圖卷〉　　　　　　　　　　　　　　元‧楊維禎

　雲林色晻靄，竹樹氣蕭森。翠石留朝潤，青樟生夕陰。飄雲江海夢，搖落故園心。擬
就歸田計，應須賣賦金。鐵笛道人楊維禎書。（清吳升《大觀錄》、卷十七）

〈淨名居士溪山春靄圖〉　　　　　　　　　　　　　　元‧楊維禎

　千年不見老雲林，片雲東來聞定音。畫圖何處看秋色，瑤江草堂深復深。鐵笛道人在
滄洲試老溫舊穎。（清吳升《大觀》、卷十七）

〈倪高士墨君圖〉（一）　　　　　　　　　　　　　　元‧楊維禎

　何郎湯餅亦人豪，況有麋郎吹鳳匏。但覺高歌驚野老，不須痛飲讀離騷。鐵枝鈎鎖無
雙價，畫鷁遨遊定幾遭。為問故人髯博士，能分廩稍養吾饕。楊維禎次韻。（清吳升《大
觀》、卷十七）

〈倪雲林竹石霜柯圖軸〉　　　　　　　　　　　　　　元‧楊維禎

　懶瓚先生懶下樓，先生避俗避如仇。自言寫此三株樹，清閟齋中筆已投。老鐵在素軒
醉筆。（清龐元濟《虛齋名畫錄》、卷七）

〈題倪元鎮畫〉　　　　　　　　　　　　　　　　　　元‧陳　基

　西池亭館帶芙蓉，雲水蒼茫一萬重。此日畫圖看不足，滿簾秋雨夢吳淞。（陳基《夷
白齋藁》、卷十一）

〈題倪元鎮平遠圖〉　　　　　　　　　　　　　　　　元‧宋　禧

　此畫吳郡倪翁元鎮所作。吾邑胡斯原得而藏之者也。吾聞張氏入吳時，聞翁名欲官之，翁作
　漁人乘扁舟，遁太湖萑苻中，猶焚香自適，張氏竟以此得翁，然終不能奪其志也。斯原徵予
　題其畫，予以所聞而敬其為人，遂書絕句一首。
　菰蒲深處恨焚香，笠澤扁舟不可藏。誰倚疏林看山水，太平無事得清狂。（宋禧《庸
菴集》、卷十）

〈倪元鎮耕漁軒圖卷〉　　　　　　　　　　　　　　　元‧蘇大年

　青溪溪上敝廬存，隨分耕漁樂此身。千古清風仰高節，南州孺子彼何人。西磵翁蘇大

年。（清吳升《大觀錄》、卷十七）

〈倪徵君惠麓圖〉 元‧王 蒙

八月梁溪新畫霽，溪南溪北水交流。徵君滌硯臨池後，貌得灣村幾樹秋。王蒙。（清吳升《大觀錄》、卷十七）

〈倪雲林畫林亭遠岫〉 元‧呂 敏

憶過梁溪宅，于今向廿年。賦詩清閟閣，試茗惠山泉。夜雨牽幽夢，春雲黯遠天。鄉情與離思，看畫共茫然。迂繆生呂敏。

窓倩夏林綠，高齋口口曛。幽花垂泫露，遠岫欲歸雲。停篲風初至，移尊酒半醺。明朝憶佳賞，回首念離群。辛亥五月過弘道西齋重題。敏。（明朱存理《鐵網珊瑚書品》、卷四）

〈（良常）草堂圖〉 元‧陸 友

家住華陽□，長松映華堂。平生有高致，不似賀公狂。陸友。（明朱存理《鐵網珊瑚‧書品》、卷八）

〈雲林畫竹樹秀石〉 元‧于思緝

喬木千章高出雲，幽篁幾箇石嶙峋。平生丘壑真成癖，莫怪烏藤來往頻。于思緝。（明朱存理《珊瑚木難》、卷六）

〈題倪雲林畫〉 元‧俞貞木

笠澤東頭陸氏庄，竹梧百畝畫陰涼。憶君曾借庄中住，長夏高眠不下堂。俞貞木。（明朱存理《珊瑚木難》、卷六）

〈倪雲林畫林亭遠岫〉 元‧俞貞木

栖神山下玄元館，華表巍然鶴來歸。寂寂小亭人不見，夕陽雲影共依依。俞貞木。（明朱存理《鐵網珊瑚‧書品》、卷四）

〈倪雲林畫林亭遠岫〉 元‧俞 允

青山隔橫塘，踈樹散幽徑。山中人未歸，閑亭秋色暝。俞允。（明朱存理《鐵網珊瑚書品》、卷四）

〈倪元鎮耕漁軒圖卷〉 元‧高巽志

耕漁軒記（文闕錄）。　至正二十一年夏五月，河南高巽志。（清吳升《大觀錄》、卷十七）

〈倪高士霜枯竹石圖〉　　　　　　　　　　　　　　　元・高巽志

蒼然古木石巖幽，移得江南一段秋。共說倪君知籀法，數竿瀟灑晉風流。河南高巽志。
（清吳升《大觀》、卷十七）

〈題倪雲林竹石〉　　　　　　　　　　　　　　　　　元・高遜志

卷石不盈尺，孤竹不成林。惟有歲寒節，乃知君子心。（清高宗《御定歷代題畫詩類》、
卷八十二）

〈倪元鎮耕漁軒圖卷〉　　　　　　　　　　　　　　　元・唐　肅

耕漁軒銘。

軒以耕漁名，非耕漁于斯也。耕漁之暇必休于斯，則軒之所以休吾之耕也。軒以休吾
之耕漁，而直以耕漁名軒可乎？軒之人曰：“吾于田而耕，則樂在耕，輟耕而休則樂在
吾軒矣。吾于川而漁，則樂在漁，輟漁而休則樂吾軒矣，豈軒之樂異于耕漁之樂哉？出
而耕漁也，入而休于軒也，其樂同也，則名軒曰耕漁不可乎？” 或為之銘，曰 “軒之幽，
釋來而休其樂也油油，軒之口，投早以愒其樂也洩洩，朝華其宮，暮或易，而翁昨鼎而
食，今或爨而骼，勿舍余田，勿忘余筌，于以老于軒”。會稽唐肅。（清吳升《大觀錄》、
卷十七）

〈倪高士霜枯竹石圖〉　　　　　　　　　　　　　　　元・唐　肅

木客夜吟秋露翻，山空無人石榻寒。不似君家子午谷，雲旂晝下玄都壇。會稽唐肅。
（清吳升《大觀》、卷十七）

〈倪高士古木幽篁圖〉　　　　　　　　　　　　　　　元・馬　治

古木籠傱鴻爪，細篠差參鳳翎。尚憶雲林堂下，一枝蒼石苔青。義興馬治。（清吳升
《大觀錄》、卷十七）

〈倪高士墨君圖〉（二）　　　　　　　　　　　　　　元・馬　治

坡翁畫竹惟畫意，倪老得詩如得仙。今古相望三百載，只應詩畫出心傳。馬治。（清
吳升《大觀》、卷十七）

〈倪雲林雲崖圖賦〉　　　　　　　　　　　　　　　　元・胡　布

鐵圍標古石，龍象萃淵環。嘘呵翳大塊，晻靄互飛巒。六合擁浮漚，乾坤微彈丸。香風匝淨土，清泰撫冥翰。顧盼四無垠，疎身空花間。摩尼忽在眼，覿面表奇觀。要眇纜虛舟，同塵接回瀾。握手成三笑，幻泡浩漫漫。（胡布《元音遺響》、卷二）

〈題倪雲林畫，為劉二紹賦〉　　　　　　　　　　　　　　　元・胡　布

昔在松陵識幻霞，仙風雅度玉無瑕。泖湖秋水通吳會，携手同登星漢槎。俱邀劍履侯王第，玉饌珍鮭濁無味。多情紫步袁使君，舘以高軒顏綠綺。綠綺泠泠瓊作台，流蘇香拂碧霞杯。題封烜赫壁間出，珂佩琳琅天外來。傾心放意塵台古，知我鴻濛事騫舉。至今金骨尚塵寰，碧眼方瞳浪相許。曉移綵鷁三高祠，青綠蓴脆鱸魚肥。雪花水鳥供異饌，九醞時傾金屈卮。軟羅蜀纈飄巾幘，翠氅初來刹賓國。醉呼蒲璧換黃庭，遙見掉頭心不懌。卻從寶帶望九峯，回橈蕩漾橫江龍。袁使倚枕高士醉，我獨披襟乘晚風。過從小隱湖東曲，繞迤蒼梧夫修竹。溪亭金碧帶斜陽，一抹飛煙澹華屋。青瑤盌薄犀筯輕，紫鱗出釜炊黃精。明珠屑粉如璃液，舌乳西施香骨清。琅玕誌刻邠儀仲，草聖來游陳蓋眾。時同綠綺架閣君，三珠樹底鸞簫弄。轉盼相携二十年，展圖如見雲林仙。瓏璁苔石玉在璞，偃蹇喬柯龍際天。掣鼇長得侵雲幹，幾棄鸞翎入神觀。當時筆底覷風雲，此日人間疎奇玩。東平寶愛如瑤琨，以我知心徵舊言。千秋交誼恨何釋，遙託高情長嘯軒。（胡布《元音遺響》、卷三）

〈題張氏珍藏倪雲林小景〉　　　　　　　　　　　　　　　　元・胡　布

蘿月當溪屋，松雲繞石亭。瑟空閒玉柱，劍古滅金星。望氣覘三曜，開襟極八溟。白鵝承遠寄，翌日寫黃庭。（胡布《元音遺響》、卷五）

〈倪雲林小畫并自題，因次韻道舊〉　　　　　　　　　　　　元・胡　布

尚友松陵舊，方舟溯泖流。雲林邀劍履，丹壑閟藏修。葉縣曾飛舃，函關或駕牛。惟餘素毫在，清興滿滄洲。（胡布《元音遺響》、卷五）

〈次韻倪雲林自題竹石小畫〉　　　　　　　　　　　　　　　元・胡　布

筆底天章迥不群，寫生羞說李將軍。空林著得林貞魄，笑殺師雄媚縞裙。（胡布《元音遺響》、卷七）

〈題倪雲林小幅山水〉　　　　　　　　　　　　　　　　　　元・釋良琦

雲林隱者絕風流，嘗到潤西僧寺游。下馬脫巾青竹裏，題詩寫畫野泉頭。房山墨法誰能得，謝朓襟懷自可侔。便儗梁溪一相覓，桃花春水隔芳洲。（顧瑛《草堂雅集》、卷十四）

〈淨名居士水竹居圖〉　　　　　　　　　　　　　　　　　　　　元‧釋良琦

好在雲林一老迂，畫圖寄到玉山居。向來王謝元同調，宜向城東讀舊書。龍門良琦。
（清吳升《大觀》、卷十七）

〈倪高士溪山亭子圖〉　　　　　　　　　　　　　　　　　　　　元‧王　植

故人一別動經年，雲樹雲山隔遠烟。來看畫圖如夢裡，焚香清對意悠然。

雲林高士在儒林酌別，今隔歲矣，謹用韻寫上，海雲方丈一教之，王植。（清吳升《大觀錄》、
卷十七）

〈題雲林畫〉　　　　　　　　　　　　　　　　　　　　　　　　元‧曾日章

梁鴻溪上草堂幽，紅樹黃花幾度秋。回首雲林人不見，西風落日思悠悠。（明朱存理
《珊瑚木難》、卷六）

〈題倪元鎮畫雲林圖〉　　　　　　　　　　　　　　　　　　　　元‧宗本元

窈窕平林岸岸流，兩柯涼葉樹樓樓。秋風箇裏梁溪思，南市津頭欲問舟。（顧瑛《草
堂雅集》、卷十三）

〈雲林畫竹樹〉　　　　　　　　　　　　　　　　　　　　　　　元‧姜　漸

熊君元修徵予詩，適雲林過而見之，訝曰：「此余舊作，今忘之矣。」僕因戲之，曰：
「對面不識梁武，違機優孟善為孫叔敖，識者駭其抵掌談笑，然九方皋具眼，當不在驪
黃牝牡間也。」遂相與一笑，且賦詩，曰「相思喜似人，相對憶風神。親見雲林面，分
明識主賓」。時至正癸卯二月一日，姜漸題。（明朱存理《鐵網珊瑚‧書品》、卷四）

〈倪雲林畫林亭遠岫〉　　　　　　　　　　　　　　　　　　　　元‧顧　敬

雲林人法寫倪迂，夏木幽亭翠幾株。雨後長洲政如此，騎駝山色近何如。灌園翁顧敬。
（明朱存理《鐵網珊瑚‧書品》、卷四）

〈雲林畫竹樹秀石〉　　　　　　　　　　　　　　　　　　　　　元‧盧元積

清閟當年風度，雲林此日襟期。每向詩中見畫，今於畫裡觀詩。盧元積。（明朱存理
《珊瑚木難》、卷六）

〈倪元鎮耕漁軒圖卷〉　　　　　　　　　　　　　　　　　　　　元‧余　詮

朝畊鄧山雲，暮釣巨區雪。茲焉寄幽悰，孰云事高潔。石田雖磽确，貢賦歲不缺。烟
波空浩蕩，踪跡誰能滅。矧非沮溺儔，畎畝穫不輟。寧同羊裘子，翩翩與世絕。林盧頗

深幽，門巷寡車轍。暇日肆微勤，追踪古先哲。素志諒不違，餘生自怡悅。豐城余詮士平。（清吳升《大觀錄》、卷十七）

〈倪高士霜枯竹石圖〉　　　　　　　　　　　　　　　　元・余　詮

三春雷雨蒼龍角，萬里雲霄翠鳳毛。怪得君家圖畫裡，虛窗涼月夜蕭騷。余詮。（清吳升《大觀》、卷十七）

〈雲林竹〉　　　　　　　　　　　　　　　　　　　　　元・文　信

燦燦碧玉枝，托根在崑崙。日出四海靜，影拂青雲端。君王愛直節，樹之黃金門。花繁實且多，持以慰青鸞。永嘉文信。（明朱存理《珊瑚木難》、卷六）

〈雲林畫竹樹秀石〉　　　　　　　　　　　　　　　　元・薛毅夫

雲林之樹森如玉，春雨琅玕長更多。使我臨風重懷想，幽篁喜木共婆娑。薛毅夫。（明都穆《鐵網珊瑚》、卷四）

〈雲林竹〉　　　　　　　　　　　　　　　　　　　　　元・李　繹

雲林寫竹與梅巖，自比清貧太守饞。蒼翠滿庭聲似玉，一枝先喜出松杉。薊邱李繹。（明朱存理《珊瑚木難》、卷六）

〈倪元鎮亭溪山色圖〉　　　　　　　　　　　　　　　元・張　宣

石渭巖前村，泉香樹杪風。江山無限景，都聚一亭中。張宣為士雍題。（明都穆《鐵網珊瑚》、卷六）

〈倪元鎮耕漁軒圖卷〉　　　　　　　　　　　　　　　明・包大同

耕漁軒銘。

安乎其廬，載耕載漁，或以鄙子之迂，淡乎其榮，載漁載耕，或以薄子之窮。孰鄙孰薄，耕漁自樂，君子烏乎，余以寧其處。若吾子者，志于道而已耳。孰知其故也耶？會稽包大同。（清吳升《大觀錄》、卷十七）

〈倪元鎮耕漁軒圖卷〉　　　　　　　　　　　　　　　明・釋隆山

鄧尉山中春雨餘，徐公開軒方讀書。力田歸來飽炊忝，持釣徜徉多得魚。滄浪水清白石爛，歌濯纓兮夜何旦。謂我栖栖澤畔行，空役長吟歲將晏。隆山。（清吳升《大觀錄》、卷十七）

〈倪元鎮耕漁軒圖卷〉　　　　　　　　　　　　　　　　　　　　明・陳　寅

　　一犁具，工頃田，力耕而食度年年，若人之樂無比焉。一葉舟，五湖水，風引釣絲魚
不起，滄浪一樂耳。陳寅。（清吳升《大觀錄》、卷十七）

〈雲林小隱為崔彥暉賦〉　　　　　　　　　　　　　　　　　　　　明・凌雲翰

　　白雲何英英，蔭此嘉木林。雲氣有卷舒，林木恒蕭森。六天慕高躅，於焉遂初心。舉
頭弁山高，濯足苕水深。草堂自秋爽，松廳空夕陰。冥鴻飛避弋，野鶴下聽琴。載歌招
隱章，重賦歸來吟。白駒在空谷，毋遏金玉音。（凌雲翰《柘軒集》、卷三）

〈倪雲林小景〉　　　　　　　　　　　　　　　　　　　　　　　　明・貝　瓊

　　雲林筆力如王宰，剪斷吳淞水半江。更須著我扁舟坐，閑看飛來白鳥双。（貝瓊《清
江詩集》、卷九）

〈題倪雲林木石〉　　　　　　　　　　　　　　　　　　　　　　　明・貝　瓊

　　東海倪迂十年別，昨日朱顏今白髮。作詩作畫猶未休，酒後揮毫見三絕。緣江白屋知
幾家，參天古木僵龍蛇。蒼皮半死或垂瘦，赤葉未脫都成花。我知用心亦獨苦，眾史庸
如焉足數。英華已剝餘本根，老氣尚存冰雪古。（貝瓊《清江詩集》、卷四）

〈題倪雲林畫〉　　　　　　　　　　　　　　　　　　　　　　　　明・貝　瓊

　　雲林先生老更迂，酒酣落筆元氣俱。滄洲赤縣隨意掃，不學徐熙沒骨圖。沈犀石帶波
濤潤，石上煙梢勢千仞。參天古木蛟龍僵，赤葉已脫荊門霜。北風蕭蕭白日暮，相偶應
知不相附。丹山之羽何時來，會待春色陰厓回。（貝瓊《清江詩集》、卷十三）

〈觀倪雲林惠麓小隱圖有感〉　　　　　　　　　　　　　　　　　　明・錢子正

　　二老久為泉下客，舊題圖畫未消磨。燕泥句好空名在，鸚鵡才高奈爾何。兩晉風流能
有幾，前朝人物固無多。當時卻笑雲村子，尤幸迂疎絕網羅。（錢子正《三華集》、卷一）

〈題倪雲林所畫義興山水圖〉　　　　　　　　　　　　　　　　　　明・高　啟

　　嘗啜陽羨茗，不遊陽羨山。銅官結秀色，都在畫圖間。樊川醉遊處，水榭依沙樹。雲
入縣城來，溪流太湖去。我愛露林生，高歌無俗情。石庭梅欲發，須放酒船行。（高啟
《高太史大全集》、卷四）

〈題雲林小景〉　　　　　　　　　　　　　　　　　　　　　　　　明・高　啟

　　歸人渡水少，空林掩烟舍。獨立望秋山，鍾鳴夕陽下。（高啟《高太史大全集》、卷十

六）

〈題倪雲林畫贈因師〉　　　　　　　　　　　　　明・高　啟

　含暉峯下路，樹石盡垂藤。欲認莓苔迹，相尋行道僧。（高啟《高太史大全集》、卷十六）

〈倪元鎮墨竹〉　　　　　　　　　　　　　　　　　明・高　啟

　倪君好畫復耽詩，瘦骨秋來似竹枝。前夜夢回如得見，紙窗斜影月低時。（高啟《高太史大全集》、卷十八）

〈倪元鎮畫竹石〉　　　　　　　　　　　　　　　　明・高　啟

　珊瑚紅映琅玕綠，也知不是凡花木。雲林無復見幽人，□世空傳探芝曲。天香秋染新袍綠，敘別尊前歌伐木。登樓目送渡江人，十二闌干倚雲曲。天全公為友人顧贛州子崇善上舍題。（明都穆《鐵網珊瑚》、卷七）

〈倪元鎮畫竹石〉　　　　　　　　　　　　　　　　明・高　啟

　山瓢倒瀉瀟湘綠，道人過似段干木。踰垣不舍酒在樽，歸來醉按無絃曲。高生啟題殊古介持為書。（明都穆《鐵網珊瑚》、卷七）

〈雲林為梅岩寫竹〉　　　　　　　　　　　　　　　明・高　啟

　秋思與秋影，閒齋助久清。幽人夢迴處，烟鳥月中鳴。高啟。（明朱存理《鐵網珊瑚・書品》、卷四）

〈倪元鎮耕漁軒圖卷〉　　　　　　　　　　　　　　明・高　啟

　朝聞孺子歌，暮聽梁父吟。豈無滄州懷，亦有畎畝心。昔賢在泥蟠，終當起為霖。釣穮溪上璜，鉏揮瓦中金。茲世方喪亂，伊人邈難尋。既迷烟波瀾，復阻雲谷深。嘆我豈其偶，聊將學幽潛。惟子是同抱，相期清渭陰。渤海高啟。（清吳升《大觀錄》、卷十七）

〈倪雲林畫竹〉　　　　　　　　　　　　　　　　　明・楊　基

　寫竹是傳神，何曾要逼真。惟君知此意，與可定前身。（楊基《眉菴集》、卷十）

〈雲林為梅岩寫竹〉　　　　　　　　　　　　　　　明・楊　基

　清閟閣前烟雨春，梅花岩裏玉生塵。老懷不聽參差曲，卻剪橫枝贈野人。楊基。（明

朱存理《鐵網珊瑚‧書品》、卷四）

〈倪元鎮耕漁軒圖卷〉　　　　　　　　　　　　　　　　明‧楊　基
　　耕漁軒記。
　　震澤之東有隱者焉，朝而耕，夕而漁，結屋若干楹，倦則休息其中，題曰耕漁軒。弮籬山牧，方飲牛水濱，乃舍牛而叩之，曰：「爾耕且漁，亦知所以耕漁之說乎？若庖犧氏王天下，為網罟以漁，而人得茹其鮮。神農氏斲木為耜，揉木為耒，以耕以穫，而人得食其甘，此犧農之耕漁也。重華側微，耕歷山之陽，而人讓畔，漁雷夏之澤，而人讓居，此虞舜之耕漁也。桀之時，伊尹耕于有莘之野；紂之世，呂望漁于東海之濱，此伊尹、呂望之耕漁也。羲農之耕漁，所以教天下；虞舜之耕漁，所以化天下；伊尹、呂望之耕漁，所以待天下。教天下者宣其極，化天下者變其俗，待天下者辟其亂。是數聖人者，或以教民，或以善身，雖窮達不同，而皆有事于耕漁者也。千載而下，戴髮含齒，操耒耜、運網罟，畎畝波濤之間者，皆羲農之遺教也。處聖明之世，事耕漁之業，以興揖讓厚風俗者，皆虞舜之遺化也。外兵華避禍亂，或耘于高，或釣于深，以待天下之清者，皆伊尹、呂望之遺風也。爾其守羲農之遺教歟？被虞舜之遺化歟？不然則迯兵華避禍亂，以襲伊尹、呂望之遺風歟？」耕漁子笑曰：「余耕以糧，漁以羞，晝作而夜休，春耘而秋收，不知守羲農之遺教耶？非羲農之遺教耶？壯者耕，弱者稚，息者漁，耄者食，鄰里相助，溝澮相讓，不知被虞舜之化耶？金革不聞于耳，旌旗不接于目，無束帛之招，無車馬之臨，亦不知襲伊尹、呂望之風耶？非伊尹、呂望之風耶？子飲牛而行，飯牛而歌，豈所謂箕山、巢許之友歟？南山扣角之儔歟？否則，乘蒲輪，挂漢書，徘徊而徜徉者。」輔牧者不答，策牛而去。耕漁子姓徐氏，字良。輔牧者，嘉陵楊基也。（清吳升《大觀錄》、卷十七）

〈倪高士竹石坡亭圖卷〉　　　　　　　　　　　　　　　　明‧楊　基
　　踈篁結秋陰，枯樹濕寒雨。空庭鳥雀散，索索莎雞語。幽人在東岸，泉石相與伍。彷彿畫中真，烟蘿深幾許。嘉陵江釣者楊孟載題。（清吳升《大觀錄》、卷十七）

〈倪雲林畫林亭遠岫〉　　　　　　　　　　　　　　　　　明‧張　羽
　　灑掃空齋住，渾忘應世情。身閑成道性，家散剩詩名。古器邀人玩，新圖揀客呈。可憐山水興，投老失升平。
　　此予處圍城時，懷雲林詩也。今道路既通，猶未得一聚首為恨。適志學徵君持此求題，因書其上。尋陽張羽。（明朱存理《鐵網珊瑚‧書品》、卷四）

〈倪元鎮耕漁軒圖卷〉　　　　　　　　　　　　　　　　　明‧張　羽

之子住銅坑，人傳好事名。如何同甲子，翻遣昧乎生。野岸風中釣，湖田雨後耕。秋天漸涼冷，或可赴前盟。潯陽張羽。（清吳升《大觀錄》、卷十七）

〈為開元道士題倪雲林畫〉　　　　　　　　　　　　　　　　　　　明・徐賁

聞說仙翁去採真，山中草木幾回春。開元堂上重來客，猶是當年問道人。（徐賁《北郭集》、卷九）

〈題倪雲林竹六首〉　　　　　　　　　　　　　　　　　　　　　　明・徐賁

憶君我有淚淋漓，正似湘江雨後枝。記得秋聲夜同聽，消閒館裏對床時。
江鄉處處憶陪遊，見寫湘雲數葉秋。今日仙魂乘鶴去，猶存遺墨動人愁。
春江誰唱竹枝歌，春雨蕭蕭傍竹多。欲借琪園一竿玉，桃花磯下公寒波。
出海琅玕翠色新，娟娟春雨洗芳塵。夢迴影落虛窗月，却怪毫端寫未真。
綺窗晝寂自焚香，十日春陰不下堂。幾度吟成微醉後，興來拈筆寫修篁。
不見高人倪幻霞，流傳遺墨尚清華。鳳毛零落湘江水，春雨新梢整復斜。（徐賁《北郭集》、卷九）

〈雲林畫〉　　　　　　　　　　　　　　　　　　　　　　　　　　明・徐賁

久約樵翁共結隣，青山如待早歸人。屋西有個茅亭子，飽聽松風起澗濱。（徐賁《北郭集》、卷九）

〈倪雲林畫林亭遠岫〉　　　　　　　　　　　　　　　　　　　　　明・徐賁

遠山有飛雲，近山見歸鳥。秋風滿空亭，日落人來少。徐賁。（明朱存理《鐵網珊瑚・書品》、卷四）

〈倪元鎮耕漁軒圖卷〉　　　　　　　　　　　　　　　　　　　　　明・徐賁

余過耕漁軒，出示耕漁諸作，觀之真了可得也。然沒者既不復見，存者猶不能親，展卷嘆恨。忽讀潯陽張羽詩，而恨書于別紙，良輔俾余書之言後，綴于此云。

荷插喜逢春雨，鳴榔又近黃昏。誰道南陽渭水，不似桐江鹿門。門泊陶朱歸棹，家住張翰故鄉。霜落鱸魚出水，秋晴嘉穀登場。東海徐賁。（清吳升《大觀錄》、卷十七）

〈題倪元鎮畫〉　　　　　　　　　　　　　　　　　　　　　　　　明・王行

平生泉石共襟期，身後園林失舊姿。最是今人久相念，詩中圖畫畫中詩。

東海倪君瓚，字元鎮，居南蘭陵之梁溪，家故多資，不樂進取，以詩酒縱商山林泉石間，每援筆自圖其所游境象，好事者多得之。庸人俗流求終不興，晚年家益索，時往來吳城中，隨處宿留。一日，雲間人有以財自雄者，聞君名，使使致綺索縑布雜物直數百千館下。君笑曰：「此人亦知有我耶。」將受之，使因出楮口三數握前，曰：「主願得佳迹為玩。」君艴然曰：「是欲工藝我耳。」乃盡以所遺散與坐間寒客及陪臺賤夫，不留毫髮，謂使曰：「趣持扇去語而主，我畫不可賄得也。」其自重如此。此幅其盛年蹟也，法度修整，氣韻清逸，君逝矣，見之令人增念，因詩於上。其不肯畫扇一事，當時甚高之，不記久皆忘矣，故書如此。噫！元鎮雖非大雅士，亦豈易得哉。（王行《半軒集》、卷十）

〈倪雲林竹樹〉　　　　　　　　　　　　　　　　　　明・王　行

　　幽篠弄寒姿，喬柯霜後時。吟窗有殘墨，畫得醉中詩。（王行《半軒集》、卷十）

〈倪雲林畫林亭遠岫〉　　　　　　　　　　　　　　　明・王　行

　　每看新圖憶舊游，遠情閒景共悠悠。亂鴻沙渚烟中夕，黃葉江村雨外秋。亂後得安翻訝夢，醉來因感卻生愁。那能便結滄洲伴，重向烟波覓釣舟。太原王行。（**明朱存理《鐵網珊瑚・書品》、卷四**）

〈倪元鎮耕漁軒圖卷〉　　　　　　　　　　　　　　　明・王　行

　　耕漁軒詩序。

　　世之事，不可以形跡論也。徒論其形跡，則失其所以然，之意猶照影而求與之談，對偶人而責其揖讓也，得不為狂且病乎？昔仲尼射于矍相之圃，蓋亦欲觀盛德焉。而謂其主于皮者，不知射者也。子產與裨諶而適野，謝安命駕以出山墅，非事乎游觀而已也。苟以游觀而論之，則君子何所取哉？有人于此焉，業庸人之業，貌庸人之貌，而行則古人之行也，直視之以庸人其可乎？故君子之論人，必自其內而求之，自其內而求之，則其外者弗較矣。東海徐良輔，築室太湖之上，以耕漁為業，吳之大夫士多賦詩以詠歌之，既久而成卷。因其友高君士敏來徵其序于篇端。余誦其詩而嘆曰：「今之耕漁者，夫豈少哉？而獨于是詠歌焉。豈其所謂耕漁者，異于他所謂耕漁者耶？豈大夫士偶于是而有所感發耶？抑其人之行，果有可嘉尚而不可泯者，不然何其羨之者之多，多如是也。蓋耕漁野人之事耳，以野人之事而得詠歌于士大夫者，其必有道矣。吾意其耕也，足以養其家，漁也，足以奉其親。在堂有餘歡，在室有餘樂，混跡乎鄉人之途，致意于哲人之言，而存心于聖人之道也。大夫士求之于內，而嘉其志于道，故時而稱敭之，稱敭之不足以盡其賢也，故發之于詠歌焉，噫！是其然也耶？苟如是，吾益知不可膠于形跡矣。然或耕焉以自美其餐漁，焉以自甘其茹，弛然而自放也，優然而自佚也，悠悠然而忘乎蹈道，則不有孤乎詠歌者之意乎？雖然傳有之，曰『以友輔仁』。今其友有高君焉，高君多聞而好學，良輔既得而友之，必不至于怠也。審矣，則余之所云者，蓋亦閑其未然之意也。至正二十二年秋八月二日介休王行序。（**清吳升《大觀錄》、卷十七**）

〈題倪雲林枝木竹石小景〉　　　　　　　　　　　　　　明・陶宗儀

　蒼玉庚庚翠袖扶，墨池洗出碧珊瑚。倪顛老去風流盡，只有雲林小畫圖。(清高宗《御定歷代題畫詩類》、卷七十四)

〈倪高士竹石坡亭圖卷〉　　　　　　　　　　　　　　　明・張　紳

　春林無人白日香，白雲飛來江上房。扁舟載得吳娃去，三十六灣春夢長。雲間山樵張紳士行題。(清吳升《大觀錄》、卷十七)

〈題倪元鎮先生小景〉　　　　　　　　　　　　　　　　明・管時敏

　泖上相逢記昔年，風姿曄曄似神仙。如今看盡渾疑夢，春樹雲林一惘然。(管時敏《蚓竅集》、卷八)

〈倪元鎮畫〉　　　　　　　　　　　　　　　　　　　　明・董　紀

　地僻無人掃，亭前長綠苔。不知丁氏鶴，何日可歸來。(董紀《西郊笑端集》、卷一)

〈倪高士竹石坡亭圖卷〉　　　　　　　　　　　　　　　明・譚　奕

　石根修竹翠修修，木葉霜空海甸秋。畫靜雲林人不到，一簾烟雨夢南洲。任洋譚奕仲偉題。(清吳升《大觀錄》、卷十七)

〈倪高士竹石坡亭圖卷〉　　　　　　　　　　　　　　　明・錢　泳

　泉石膏肓二十年，每逢山水即留連。畫圖酷似幽人意，嘉樹疏篁最可憐。吳野耕夫錢泳自銘題。(清吳升《大觀錄》、卷十七)

〈題張復初所藏倪雲林畫〉　　　　　　　　　　　　　　明・袁　華

　春草藹碧色，春泉流白雲。時覓漁樵侶，行穿麋鹿群。覽左發長歎，尋幽探秘文。娟娟隻徑月，流景照夫君。(袁華《耕學齋詩集》、卷三)

〈倪雲林天平山圖〉　　　　　　　　　　　　　　　　　明・袁　華

　峨峨天平山，秀色橫具區。龍門兩崖束，壁立削鐵如。嵐深蘿磴滑，岡迴樵徑紆。野禽鳴聲和，巖樹清蔭敷。遐觀見夫椒，一點煙中孤。俯眤白雲泉，慘澹在有無。翳誰抽秘思，歷覽摸新圖。仿若楚米顛，乃是吳倪迂。斯人不可得，安能相與娛。笠澤春水生，悵望正愁予。(袁華《耕學齋詩集》、卷四)

〈倪雲林竹木圖〉　　　　　　　　　　　　　　　　　　明・袁　華

初陽被原隰，微風度簷楹。修竹弄晴色，嘉木敷春榮。隱君笠澤上，觀物以怡情。寫生寄毫素，持贈重瑤瓊。（袁華《耕學齋詩集》、卷四）

〈題倪雲林所寄陳彥廉春草軒圖〉　　　　　　　　　　　　　明・袁 華

彼美陳徵士，幽居愜素心。字臨張旭帖（彥廉所藏張旭帖），詩詠孟郊吟。老圃秋花瘦，閒庭春草深。寫圖并琢句，持寄自雲林。（袁華《耕學齋詩集》、卷八）

〈題倪雲林山居圖〉　　　　　　　　　　　　　　　　　　　明・袁 華

地僻無轍跡，知為靜者居。山泉激石駛，岩樹覆窗虛。洗藥坐濯潤，負笭行讀書。茲邱倘可老，吾欲樂耕鋤。（袁華《耕學齋詩集》、卷八）

〈題倪雲林畫〉　　　　　　　　　　　　　　　　　　　　　明・曹 恕

雲林應是別何年，共泛東湖笠澤船。仙骨已為遼海鶴，只遺詞翰尚翛然。曹恕。（明朱存理《珊瑚木難》、卷六）

〈倪雲林綠水園圖〉　　　　　　　　　　　　　　　　　　　明・曹 恕

慨想高人竟杳然，只于詞翰閱清妍。當時杖履行吟處，竹樹涓涓墨沼邊。城南曹恕。（清吳升《大觀》、卷十七）

〈倪徵君六君子圖〉　　　　　　　　　　　　　　　　　　　明・金本清

江頭碧樹動秋風，江上青山接遠空。若向波心添釣艇，還須畫我作漁翁。朽木居士。金本清。（清吳升《大觀錄》、卷十七）

〈倪高士幽居圖〉　　　　　　　　　　　　　　　　　　　　明・尚左生

雲林雨過踏青陽，碙水濺濺老樹蒼。不是硯坳雲作陣，疎篁空自拂雲長。尚左生次韻。（清吳升《大觀》、卷十七）

〈倪元鎮耕漁軒圖卷〉　　　　　　　　　　　　　　　　　　明・王 隅

南山飢牛嘗待飯，而君力田致疎懶。北溟游鯤幾千里，而君垂釣滄浪水。高堂老親鶴兩鬢，二者本自供甘旨。禾困三百既有獲，得魚可羹而已矣。甫田之詩誠足歌，犢耳之談真浪耳。五湖飛濤雪崩奔，高軒卻立青山根。魚龍出舞日色死，四面綠窗相吞吐。輟根羅釣來臥坐，每與明月爭黃昏。抽書腰下教兒讀，身等長鋸支柴門。有時風雨得頳尾，沽酒約客東西村。秋樹磯頭淨淘米，蘋香滿席羅盤餐。頹然醉飽無一事，淵識自許探乾坤。鄙夫或問榮與辱，笑指浮雲無一言。主人可能從我請，借我開軒對烟暝。與君極談濟世略，君抱長策玉在砥。借則今足亦可笑，聖賢出處有要領。呂望豈意遭周獵，伊尹負却于湯鼎。吾以吾手奉君鋤，君以君力為我聘。聊將榔板敲一聲，蛟鼉跼歛風波靜。清時有材亦如此，奚必區區事真穎。鱠魚飛雪落牛蓑，暫賞湖光三萬頃。吳郡王隅。（清吳升《大觀錄》、卷十七）

〈倪元鎮耕漁軒圖卷〉　　　　　　　　　　　　　　　　明・劉天錫

　高人謝塵囂，俯仰忘昏旦。興散固無繫，舒卷任蕭散。鮮鱗醒莫酣，新炊應晨饌。羊裘猶近名，茲隱發深歎。適意好歸來，江空歲將晏。淮南劉天錫禹玉父。（清吳升《大觀錄》、卷十七）

〈倪元鎮耕漁軒圖卷〉　　　　　　　　　　　　　　　　　明・仇　機

　白日帶經隴上鋤，夜間撥棹澤中漁。有米即周鄰舍急，得魚遠寄故人書。山川雨露柔麻地，風月圖書水竹居。出處不慚徐孺子，文華能獻馬相如。仇機。（清吳升《大觀錄》、卷十七）

〈倪元鎮耕漁軒圖卷〉　　　　　　　　　　　　　　　　　明・王　禔

　太湖湖上結苂廬，盡日耕漁樂有餘。釣罷一蓑春雨足，歸來南渚帶經鋤。三山王禔。（清吳升《大觀錄》、卷十七）

〈倪元鎮耕漁軒圖卷〉　　　　　　　　　　　　　　　　明・堅白老人

　風塵眯目獨安居，耕隴漁溪樂有餘。試問虎邱山下客，當年箕穎果何如。堅白叟。（清吳升《大觀錄》、卷十七）

〈倪元鎮耕漁軒圖卷〉　　　　　　　　　　　　　　　　　明・陳宗義

　築室遠塵囂，開軒更清絕。間鉏南澗雲，時釣東湖月。犢口晚山青，船頭秋水白。安得往從之，使我心如結。陳宗義。（清吳升《大觀錄》、卷十七）

〈倪元鎮耕漁軒圖卷〉　　　　　　　　　　　　　　　　　明・釋道衍

　耕漁軒後序。

　余居穹窿間，年將耆，然客之來無虛日，識之者寡，求志相得語相合者尤寡，甚常鬱鬱不自樂。日有隱君子徐良輔氏，峨其冠，儼其服，翹然而來，與之揖，貌加恭，坐于室西隅，與之談言加溫夐，與向之來者異。余私喜之，曰：「不意今日有是子也。」起辟席僂而問焉，曰：「子來何居也？」良輔曰：「某家太湖之濱，讀祖父之書，親耕漁之業，不求知于人，不謀庸于世，樂乎其心，恒猶有餘，忖乎其己，每若不及，既飫其食，又燠其裳，故吾適其適而不外之也。吾以偃休之所，名之曰耕漁，幸而賢士大夫多為詩文，以道吾事，遂成一卷。子雖浮屠而識子初，將求子之文以序其後，子弗吾拒也。」余然而受其卷，披而覽之，凡作者多吾友也，如句吳周砥、嘉陵楊基、會稽唐肅、吳郡王隅、介休王行、渤海高啟、河南高巽志、東海徐賁，或規以文，或歌以詩，若駢貝聯錦，爛然錯陳而炫人目也。予甚嘉之，意良輔不求知于人，而自適其適，何賢士大夫交相贊詠之盛，豈非其德之所感耶？況吾友數君子，學廣而識明，行高而德厚，期樹業如古先哲，凡毀譽人一一弗妄，人得其言者亦勿易也。今良輔交其人而得其言，余以見良輔之賢信不失矣。雖然良輔之交于數君子不薄矣，然而數君子或出于仕途，或覊于異方，或處于城郭，雖欲適良輔之居，敘耕漁之樂不可得也。然予浮屠也，多閒暇，又非若數君子之出處，願從荷鋤于畦疃之間，聽鳴榔于烟波之上，倦則休于軒，醒而歌，醉而臥，或倚于床，或枕于股，冥然出于萬物之表者，良輔非我其誰俱乎？遂序其末。至正二十五年二月十八日古汴沙門道衍序。（清吳升《大觀錄》、卷十七）

〈倪高士簡村圖〉　　　　　　　　　　　　　　　　　　明‧釋道衍

湖頭蘭若人稀到，竹樹森森夏積陰。碧殿雲歸玄鶴去，上方風過暮鐘沉。映堦閒蒔無生法，隔岸長松不住心。欲與能仁塵外友，扁舟重載作幽情。

洪武甲戌五月，能仁待者請題其上，援筆漫書，衍。（清吳升《大觀》、卷十七）

〈題倪雲林墨竹〉　　　　　　　　　　　　　　　　　　明‧姚廣孝

開元寺裏長同宿，笠澤湖邊每共過。誰說江南君去後，更無人聽竹枝歌。（清高宗《御定歷代題畫詩類》、卷八十）

〈題倪元鎮畫〉　　　　　　　　　　　　　　　　　　　明‧胡 奎

往年曾訪天隨子，煙樹微茫過太湖。雪色寒鱸臨水買，翠毛春島隔林呼。只今圖畫渾相似，如此家山住得無。皎皎白駒空谷裏，令人搔首憶潛夫。（胡奎《斗南老人集》、卷三）

〈題雲林畫竹〉　　　　　　　　　　　　　　　　　　　明‧胡 奎

第二泉頭玉一枝，淡煙疏雨碧參差。葛陂龍去無消息，惆悵雲林七字詩。（胡奎《斗南老人集》、卷五）

〈題倪元鎮畫竹樹〉　　　　　　　　　　　　　　　　　明‧虞 堪

個個竹弄雨，了了樹撐煙。還教來拜石，痴絕伴清妍。（虞堪《希澹園詩集》、卷二）

〈為王明仲題倪雲林畫二首〉　　　　　　　　　　　　　明・虞　堪

　　東遊久不見倪寬，落日秋風海樹寒。一箇草堂偏窅窱，王猷於我憶盤桓。

　　參差海樹珊瑚立，窈裊風篁翡翠分。尚想君家清閟閣，臨池誰見榻鵝群。（虞堪《希
澹園詩集》、卷三）

〈題倪雲林竹樹圖〉　　　　　　　　　　　　　　　　　明・虞　堪

　　侵晨好在不梳頭，寫此疎篁古木秋。清氣逼人當不得，歲寒誰與說風流。（虞堪《希
澹園詩集》、卷三）

〈倪徵君惠麓圖〉　　　　　　　　　　　　　　　　　明・虞　堪

　　天末遠峰生掩冉，石間流磵落寒清。因君寫出三株樹，忽起飛雲野鶴情。虞堪。（清
吳升《大觀錄》、卷十七）

〈倪徵君惠麓圖〉　　　　　　　　　　　　　　　　　明・殷　敖

　　葛翁井上久不住，一日披圖生遠思。記得山中有書報，白雲長遶歲寒枝。殷敖。（清
吳升《大觀錄》、卷十七）

〈倪徵君六君子圖〉　　　　　　　　　　　　　　　　明・趙　觀

　　天風起雲林，眾壑動秋色。仙人招不來，空山倚晴碧。澂江趙觀。（清吳升《大觀錄》、
卷十七）

〈倪徵君六君子圖〉　　　　　　　　　　　　　　　　明・錢　雲

　　黃公別去已多年，忽見雲林畫裏傳。二老風流遼鶴語，悠然展卷到江天。吳興錢雲。
（清吳升《大觀錄》、卷十七）

〈倪雲林溪山圖軸〉　　　　　　　　　　　　　　　　明・王汝玉

　　消搖天地一閑身，浪迹江湖七十春。惟有雲林堂下月，于今曾照昔年人。青城山人王
汝玉為伯永契家題。（近代龐元濟《虛齋名畫錄》、卷七）

〈倪雲林溪山圖軸〉　　　　　　　　　　　　　　　　明・元　傑

　　羨子高名肖懶殘，紫泥空降白雲端。不言世上無人物，眼底無人欲畫難。（清龐元濟
《虛齋名畫錄》、卷七）

〈倪雲林畫春山嵐靄〉　　　　　　　　　　　　　　　明・胡　寧

千年石上苔痕裂，落日溪迴樹影深。我亦江南樵隱者，人間何處有雲林。胡寧。（明朱存理《鐵網珊瑚・書品》、卷四）

〈題倪雲林竹〉　　　　　　　　　　　　　　　　　　　明・李　傑

倚風寒翠不禁吹，秋盡瀟湘暮雨時。極目蒼梧魂欲斷，隔江休唱竹枝詞。（清高宗《御定歷代題畫詩類》、卷八十）

〈倪雲林畫春山嵐靄〉　　　　　　　　　　　　　　　明・陸繼善

十年不鼓江湖楫，木葉蕭蕭鬢影秋。忽憶滿江風雨夕，雲林渡口獨維舟。陸繼善。（明朱存理《鐵網珊瑚・書品》、卷四）

〈倪雲林畫春山嵐靄〉　　　　　　　　　　　　　　　明・顧　盟

偶因滌硯寫從容，點染那能似畫工。千載風流誰可擬，令人猛憶米南宮。（明朱存理《鐵網珊瑚・書品》、卷四）

〈雲林竹〉　　　　　　　　　　　　　　　　　　　　明・謝　徽

風葉闇秋林，煙梢帶夕陰。美人離思遠，湘水夜來深。謝徽。（明朱存理《珊瑚木難》、卷六）

〈雲林畫竹樹〉　　　　　　　　　　　　　　　　　　明・陳允明

長憶山中舊草廬，蒼厓古木共扶疎。今朝偶爾看圖畫，便擬身同木石居。永嘉陳允明。（明朱存理《鐵網珊瑚・書品》、卷四）

〈雲林為梅岩寫竹〉　　　　　　　　　　　　　　　　明・本　初

海上琅玕碧玉枝，紛紛蒼雪帶雲飛。仙人拾得青鸞尾，裁作朝元翠羽衣。本初。（明朱存理《鐵網珊瑚・書品》、卷四）

〈雲林為梅岩寫竹〉　　　　　　　　　　　　　　　　明・如一道人

涼陰一片在灣碕，墨捲蒼龍起硯池。記得月明江上見，秋風吹折玉參差。如一道人。（明朱存理《鐵網珊瑚・書品》、卷四）

〈題倪元鎮墨竹，次鄭德明韻〉　　　　　　　　　　　明・釋一初

渭水秋聲動萬竿，小牕新雨一枝寒。坡仙老去風流盡，誰向何山秉燭看。（清高宗《御定歷代題畫詩類》、卷八十）

〈雲林竹〉　　　　　　　　　　　　　　　　　　　　　　明・王　宥

　堂上娟娟竹，翛然悟滄游。南風時隱几，不復夢洋州。臥龍山民王宥。（明朱存理《珊瑚木難》、卷六）

〈雲林竹〉　　　　　　　　　　　　　　　　　　　　　　明・周　彝

　我愛雲林竹繞池，繁陰映水綠漪漪。十年不到蕭閒館，卻寫高秋慰所思。周彝。（明朱存理《珊瑚木難》、卷六）

〈雲林竹〉　　　　　　　　　　　　　　　　　　　　　　明・葛　蒙

　秋思與秋聲，閒齋助多清。幽人夢迴處，煙鳥月中鳴。天台葛蒙。（明朱存理《珊瑚木難》、卷六）

〈題德機荊南精舍圖樣〉　　　　　　　　　　　　　　　　明・張　毅

　誰畫荊南精舍圖，煙霏嵐翠墨糢糊。林間野鹿時相逐，洞口山猿不受呼。尚有流泉悲夜雨，已迷幽徑入寒蕪。癡人莫彈西飛鶴，雲外仙君恐姓蘇。（明朱存理《珊瑚木難》、卷五）

〈倪雲林畫林亭遠岫〉　　　　　　　　　　　　　　　　　明・顧　弘

　雲湧岡巒起伏，烟籠草樹凄迷。空見蘭亭筆法，不逢夔府詩題。武陵顧弘。（明朱存理《鐵網珊瑚・書品》、卷四）

〈倪雲林畫林亭遠岫〉　　　　　　　　　　　　　　　　　明・卞　同

　雲開見山高，木落知風勁。亭下不逢人，斜陽淡秋影。卞同。（明朱存理《鐵網珊瑚・書品》、卷四）

〈倪雲林畫林亭遠岫〉　　　　　　　　　　　　　　　　　明・陳　則

　落花愁殺未歸人，亂後思家夢更頻。縱有溪頭茆屋在，也應芳草閉深春。陳則。（明朱存理《鐵網珊瑚・書品》、卷四）

〈倪雲林畫林亭遠岫〉　　　　　　　　　　　　　　　　　明・金　震

　開圖見新景，翻思舊題處。山閣晚來看，寒江片帆去。微微遠天雁，漠漠遙汀樹。無那鬱煩襟，沈吟起延佇。彭城金震題。（明朱存理《鐵網珊瑚・書品》、卷四）

〈倪雲林畫林亭遠岫〉　　　　　　　　　　　　　　　　　明・曾　烜

故山何處最關心，亭外遙岑入望深。卻恨浪遊江海上，漫教猿鶴守空林。曾烜。（明朱存理《鐵網珊瑚・書品》、卷四）

〈倪雲林畫林亭遠岫〉　　　　　　　　　　　　　　　　　明・梁用行

原野眇無際，島嶼深更幽。溪增一夜雨，木落千山秋。□□□□□，孤亭亦曾遊。披圖宛在目，此意良悠悠。梁用行。（明朱存理《鐵網珊瑚・書品》、卷四）

〈題倪元鎮小畫〉　　　　　　　　　　　　　　　　　　　明・施漸

片石叢篁豈在多，丹青只論意如何。若能咫尺看千里，即是瀟湘壁上過。（清高宗《御定歷代題畫詩類》、卷十二）

〈倪高士幽居圖〉　　　　　　　　　　　　　　　　　　　明・胡寧

十年石上苔痕裂，落日溪回樹影深。我是江南樵隱者，人間何處有雲林。胡寧。（清吳升《大觀》、卷十七）

〈倪高士叢篁古木圖〉　　　　　　　　　　　　　　　　　明・梅隱叟

老樹槎枒節未摧，凌霄聳壑倚岩隈。此君擬結歲寒友，生意春浮紫翠堆。歲在癸未暮春望越九日，梅隱叟敬題。（清吳升《大觀》、卷十七）

〈倪雲林綠水園圖〉　　　　　　　　　　　　　　　　　　明・朱昇

楂機石在星槎遠，棲鳳枝寒暘谷虛。彷彿神遊清閬閣，題詩忍對白頭餘。弄翰焚香閉草堂，高情常與世相忘。如命遺墨人稀得，珍重深宜什襲藏。無錫朱昇。（清吳升《大觀》、卷十七）

〈題雲林畫〉　　　　　　　　　　　　　　　　　　　　　明・杜瓊

右圖為倪迂先生所作，蓋早歲筆也。先生元季人，諱瓚，字元鎮，號雲林生，別號淨明庵主。性好潔，行好奇，人又以倪迂稱之。家常之無錫，素塃封，以納粟補官道錄，應時君之詔，以濟飢乏，非求貴也。嗜讀書，善吟詠，畫師王維，字效鍾元常。中年散失財賄，家乃落，而詩畫則日進焉，遂成三吳名流，會稽楊鐵崖、句曲張外史輩，皆尊讓之。惟字法不能進，然亦自成一家。後世以其書而辨其畫之真贗，殊不知自有早歲之作。其筆意如人之妙嫩者焉，庸可概論也。此圖人皆以為非本真，而吾絸菴沈公獨能識之，可謂有識之士矣。一日，出示求題，予亦粗知繪事者，故書此云。（杜瓊《杜東原集》、一二三頁）

〈倪元鎮畫竹石〉　　　　　　　　　　　　　　　　　　　　明・杜　瓊

雲林水墨非青綠，幻出天然美筠木。饒高二老融心神，一唱三嘆歌青曲。錯刀劈出淇園綠，籀文寫就靈槎木。倪仙逸筆妙天機，賞鑒人人□慰曲。東原杜瓊。（**明都穆《鐵網珊瑚》、卷七**）

〈倪元鎮畫竹石〉　　　　　　　　　　　　　　　　　　　　明・王用古

淇園過雨驚潑綠，老郎凌雲依古木。春雷一夜長孫杖，載知虞廷九成曲。

吾鄉顧氏，自入國朝，祖孫三代皆以辰年登第，世謂之三辰進士，信奇遇矣。故是詩云云，雖然由崇善而上，則三辰進士，由崇善而下，其數尚不止此，且不必其皆以辰也。王用古筆。
（**明都穆《鐵網珊瑚》、卷七**）

〈倪元鎮畫竹石〉　　　　　　　　　　　　　　　　　　　　明・馬愈和

玉碗濃分荔枝綠，醉毫還寫山水木。老無用材不足論，根到九泉那肯曲。姑蘇臺下蘼蕪綠，清閟閣前狐嘯木。於今畫裏見清冷，何待貞元供奉曲。清癡馬愈和。（**明都穆《鐵網珊瑚》、卷七**）

〈倪元鎮畫竹石〉　　　　　　　　　　　　　　　　　　　　明・張　弼

九龍山前春草綠，老眼柯人識喬木。清風聊寄剡溪藤，吳人盡和陽春曲。東市高生髮猶綠，犧尊自古災嘉木。朱絃玉軫尚依然，誰繼廣陵散一曲。

倪雲林畫太史詩，皆百年前奇寶也，進士顧崇徵題，乃陵之有，一以思雲林，一以傷太史云。華亭張弼。（**明都穆《鐵網珊瑚》、卷七**）

〈倪元鎮畫竹石〉　　　　　　　　　　　　　　　　　　　　明・黎　擴

鄉貢進士顧崇善持此軸求題，予閱之，乃中吳先進諸公詩畫也。創之者倪公元鎮，詩而和之者高公季迪、饒公介之。其上所書，饒則公筆也。三公皆作古，人難得其真迹，今並得之，是誠三絕。崇善舊從余遊，予每愛其篤學有雋才，且好古書畫。雖然崇善有大抱負者，建功立業，在彼不在此也。成化乙酉十月望，教授臨川黎擴大量跋。（**明都穆《鐵網珊瑚》、卷七**）

〈淨名居士古木幽篁圖〉　　　　　　　　　　　　　　　　　明・鎦　儒

梁溪山水清且奇，爽氣散入詩人脾。雲林平生才俊逸，江湖著處墨淋漓。興來時作希世筆，石上傑出春風枝。何期仙夢化飛鶴，使我對景成遐思。

倪雲林，予湖海故人也，以詩名重于世，時寫山水木石圖，人每得之，以為奇玩。近聞雲林作古，予不能忘情，因題五十六字于右。乙卯春，彭城鎦儒。（**清吳升《大觀》、卷十七**）

〈淨名居士古木幽篁圖〉　　　　　　　　　　　　　　　　　　　　明・吳庚一

　　古木修篁景更多，江香曾記誓山河。靈槎一去無消息，細看宣王石鼓歌。道林老友吳
庚一為曜闇先生。（清吳升《大觀》、卷十七）

〈題倪雲林畫〉　　　　　　　　　　　　　　　　　　　　　　　　　明・王璲

　　叢桂已消歇，白雲亦悠悠。當時鴻山宅，花落空林秋。平生山水趣，晚歲江湖遊。撫
卷三歎息，空遺晉風流。（王璲《青城山人集》、卷四）

〈題倪雲林畫〉　　　　　　　　　　　　　　　　　　　　　　　　　明・王璲

　　水流花謝白雲飛，滄海桑田幾是非。莫問蘭亭舊蹤跡，當時文采古來稀。（王璲《青
城山人集》、卷八）

〈題倪雲林畫次高季迪徐幼文韻〉　　　　　　　　　　　　　　　　　明・王璲

　　水流花謝歲華深，江左風流不可尋。留得當時陳迹在，永和遺墨寫山陰。（王璲《青
城山人集》、卷八）

〈題倪雲林畫二首〉　　　　　　　　　　　　　　　　　　　　　　　明・王璲

　　清閟閣前芳草綠，小蓬壺上落花多。吳山西畔人何在，遺墨空存晉永和。
　　逍遙天地一閒身，浪迹江湖七十春。惟有雲林堂上月，于今猶照昔年人。（王璲《青
城山人集》、卷八）

〈倪雲林畫林亭遠岫〉　　　　　　　　　　　　　　　　　　　　　　明・王璲

　　群樹葉初下，千山雲半收。空亭門不掩，禁得幾多秋。王璲。（明朱存理《鐵網珊瑚
書品》、卷四）

〈倪高士霜枯竹石圖〉　　　　　　　　　　　　　　　　　　　　　　明・王璲

　　流光冉冉逐驚波，文物空思晉永和。遼鶴重尋舊城郭，當時風致已無多。王璲。（清
吳升《大觀》、卷十七）

〈倪高士古木幽篁圖　　　　　　　　　　　　　　　　　　　　　　　明・松泉隱者

　　碧波浮翠浸珊瑚，看到東風有幾枝。留得雲林冰雪幹，歲寒何必論榮枯。吳興松泉隱
者。值十五金。（清吳升《大觀》、卷十七）

《倪雲林江雲館圖并題》冊頁　　　　　　　　　　　　　　　　　　　明・唐順之

倪元鎮補米友仁江村十二景，用筆清勁，勢如削鐵。雲林在舟中所作，意趣甚濃。故此冊之工者也，筆底荊、關，墨色清潤。余得此冊於京師，以為寶玩。但恨失去米書，無刻不想，不意中復得米書，合為一卷，尚為寶藏之。唐順之識。

〈倪高士檗軒圖〉　　　　　　　　　　　　　　　　　　明・苕東生
　懶瓚先生守太玄，高懷水墨寄雲箋。山中化鶴成仙後，清閟無人繼尚賢。苕東生。（清吳升《大觀》、卷十七）

〈倪高士檗軒圖〉　　　　　　　　　　　　　　　　　　明・□中山
　朽株半承雨澤，翠篠徒倚溪濱。留伴山人草石，蕭然後下無人。中山。（清吳升《大觀》、卷十七）

〈倪高士檗軒圖〉　　　　　　　　　　　　　　　　　　明・冰玉堂
　古石離離野水濱，疎篁幽木帶寒雲。雲林畫裡藏書法，要識先秦篆籀文。冰玉堂牛馬走。（清吳升《大觀》、卷十七）

〈倪雲林秋林遠岫圖軸〉　　　　　　　　　　　　　　　明・楊循吉
　倪迂今已矣，真跡在人間。無限天然趣，白雲滿遠山。南濠楊循吉。（清龐元濟《虛齋名畫錄》、卷七）

〈題倪雲林竹〉　　　　　　　　　　　　　　　　　　　明・謝　縉
　與竹傳神勝寫生，能兼書法藝尤精。定知筆意雖殊俗，不及雲林一種清。（謝縉《蘭庭集》、卷下）

〈題倪雲林墨竹〉　　　　　　　　　　　　　　　　　　明・徐有貞
　江東清士有斯人，瀟灑風姿敻出塵。不是偏能寫修竹，只應留意自傳神。（徐有貞《武功集》、卷五）

〈題倪元鎮雙樹小景〉　　　　　　　　　　　　　　　　明・鄭文康
　百年片紙非朋貝，湖海收藏墨未昏。金谷園中千萬樹，不知留得幾株存。（鄭文康《平橋稿》、卷三）

〈倪徵君南邨隱君圖〉　　　　　　　　　　　　　　　　明・鄧伯言
　高人卜築避塵璞，山似蓮花水似面。半晝猶眠疑是夜，推窗只許月明來。新淦鄧伯言。

（清吳升《大觀》、卷十七）

〈倪徵君南邨隱君圖〉　　　　　　　　　　　　　　　明・景 星

　尋山因避俗，水竹是幽居。無事還山老，閒來可著書。餘姚景星。（清吳升《大觀》、卷十七）

〈倪徵君南邨隱君圖〉　　　　　　　　　　　　　　　明・士 奇

　虛堂寂寂片雲籠，山色蒼蒼一望中。檻外笙簧驚夢起，琅玕歷亂響西風。士奇。士奇（清吳升《大觀》、卷十七）

〈倪徵君南邨隱君圖〉　　　　　　　　　　　　　　　明・澹 菴

　我愛溪頭山色，遠憐竹裡風聲。寂靜元非人世，茅茨總是迯名。澹菴。（清吳升《大觀》、卷十七）

〈倪徵君南邨隱君圖〉　　　　　　　　　　　　　　　明・上清外史

　山高白石秀，竹密綠陰濃。窓映風光掃，溪流月影重。上清外史。（清吳升《大觀》、卷十七）

〈倪徵君南邨隱君圖〉　　　　　　　　　　　　　　　明・上官伯圭

　避俗尋幽處，虛堂倚石臺。響泉清磬合，飛嶠畫屏開。竹散風前影，松垂雨後苔。浮沉不應問，何似小蓬萊。上官伯圭。（清吳升《大觀》、卷十七）

〈倪元鎮亭溪山色圖〉　　　　　　　　　　　　　　　明・卞華伯

　倪迂仙去幾時還，留得溪亭對晚山。老我今為亭上客，啜茶閒試鷓鴣斑。卞華伯題。（明都穆《鐵網珊瑚》、卷六）

〈倪元鎮亭溪山色圖〉　　　　　　　　　　　　　　　明・奚時亨

　朝看雲往暮看還，大抵幽人好看山。倪老風流無處問，野亭留得蘇痕斑。奚時亨。（明都穆《鐵網珊瑚》、卷六）

〈倪徵君松亭山色圖〉　　　　　　　　　　　　　　　明・沈 周

　華屋不能留此圖，秀色今來照書戶。夸父空將碧嶂移，羽人仍在丹丘住。非人玩物物玩人，老墨重披眼迷霧。門前桃李換春風，只有青松自遲暮。此圖實吾蘇貴游，家物嘗目擊其人。愛護比珠玉人徃，物移今為淮陰趙。文美所得文美號，賞識其致重將逾。于前而保于久也。

　　雲林戲墨在江東，人家以有無為清俗。此筆先生疎秀逾常，然非丹青炫燿，人人得而好之，好之者非古雅士不可。先生之道，殆見溢于南而流于北矣。文美持來求跋，以次先生韻為詩，庸當夫得失之嘆之。長洲沈周。（清吳升《大觀》、卷十七）

〈題倪雲林畫〉　　　　　　　　　　　　　　　　　　　　　　　　　　　　明・李東陽

　　江雲亂人目，江水綠人衣。苔雨疑將濕，林風聽漸稀。吳儂歌竹送，越客采菱歸。不見滄洲老，垂揚拂舊磯。（清高宗《御定歷代題畫詩類》、卷十二）

〈倪高士江岸望山圖〉　　　　　　　　　　　　　　　　　　　　　　　　明・莫士安

　　潮未坐時江正平，江山江樹總分明。吳中越上從教去，都向風波穩處行。吳興莫士安。（清吳升《大觀》、卷十七）

〈倪高士江岸望山圖〉　　　　　　　　　　　　　　　　　　　　　　　　明・丹房生

　　杳靄鐘聲隔翠微，清泉白石映斜輝。道人豈是知心者，結個茅亭待我歸。丹房生。（清吳升《大觀》、卷十七）

〈倪高士江岸望山圖〉　　　　　　　　　　　　　　　　　　　　　　　　明・得　完

　　江波淼淼樹離離，隔岸青山雨後奇。偶向雲林畫中見，却疑京口待潮時。白雲山人得完。（清吳升《大觀》、卷十七）

〈倪元鎮畫竹石〉　　　　　　　　　　　　　　　　　　　　　　　　　　明・駱　巽

　　淇水仙人新掛綠，足躡雲根登若木。此去金鑾獨對時，誰能和得陽春曲。山陽駱巽。（明都穆《鐵網珊瑚》、卷七）

〈倪元鎮畫竹石〉　　　　　　　　　　　　　　　　　　　　　　　　　　明・劉　玨

　　隱君重價如結綠，蘿屋蕭然倚喬木。藍輿不到五侯家，只在夫椒與句曲。悵望雲林消故綠，無人更識雞登木。天寒歲暮抱琴來，為君重奏相思曲。彭城劉玨。（明都穆《鐵網珊瑚》、卷七）

〈倪雲林溪山圖軸〉　　　　　　　　　　　　　　　　　　　　　　　　　明・盛　昹

　　疎木晴巒墨尚近，清詩佳麗出風塵。披圖便覺成今古，詞翰誰能繼昔人。休休翁盛昹。（清龐元濟《虛齋名畫錄》、卷七）

〈倪元鎮畫竹石〉　　　　　　　　　　　　　　　　　　　明‧吳　寬

白雲下映雲潭綠，周翁宅畔多喬木。清晴自持能娛人，月送秋鴻彈古曲。芙蓉山下苔痕綠，一代清風吹墓木。畫裏題詩和者多，誰此言是巴人曲。

雲林子以詩畫名一時，然性情甚，非當其意，不與。彼周仲傑者何人，乃辱與之不吝，而使至今知其詩者，尚知有傑焉。其亦老社之黃四娘，長公之林行婆也耶？予友顧崇善，雅好畫，其藏此，意在雲林耳，亦豈以傑故哉？時成化己丑之歲季秋十有七日，吳生寬初寓南都之珍珠橋署，橋對紫金山，爽氣誠佳。（明都穆《鐵網珊瑚》、卷七）

〈倪雲林秋林野興圖〉　　　　　　　　　　　　　　　　　明‧吳　寬

經鉏堂前木犀黃，何人晏坐聞天香。迂翁胸中有清癖，欲摘繁花歸枕囊。秋林野興圖親寫，百年零落燕都下。市門不遇杜長垣，殘墨誰將手重把。（清高宗《御定歷代題畫詩類》、卷五十一）

〈倪雲林墨竹〉　　　　　　　　　　　　　　　　　　　　明‧吳　寬

古來畫法即書法，時從用墨窺良工。雲林胸次本高潔，墨氣自與為人同。扁舟日暮過甫里，竹梢落紙含清風。想應停筆悵然久，詩思遙逐天隨翁。（清高宗《御定歷代題畫詩類》、卷八十）

〈倪雲林秋林遠岫圖軸〉　　　　　　　　　　　　　　　　明‧吳　寬

聽松菴裏試茶還，第二泉頭更看山。猶有去年詩興在，雲林清閟墨斑斑。
成化庚子三月廿六日，吳寬題于京師官舍。（清龐元濟《虛齋名畫錄》、卷七）

〈倪雲林贈周伯昂溪山圖軸〉　　　　　　　　　　　　　　明‧邵　寶

十年風雪走南州，驚見溪山眼倍幽。何地可能如畫裏，綠簑烟雨繫漁舟。邵寶。（近代龐元濟《虛齋名畫錄》、卷七）

〈倪雲林秋林遠岫圖軸〉　　　　　　　　　　　　　　　　明‧祝允明

何事高人訪大還，忘機城市即深山。倪迂清閟今何處，留得精妍墨瀋斑。弘治庚戌十月祝允明。（近代龐元濟《虛齋名畫錄》、卷七）

〈題倪雲林畫壽齋詩，轉壽唐龍江〉　　　　　　　　　　　明‧陸　深

倪郎逸筆壽齋詩，轉壽龍江海鶴姿。如此山林歲寒節，便拚千丈鬢成絲。（陸深《儼山續集》、卷七）

〈淨名居士水竹居圖〉 　　　　　　　　　　　　　　明・文徵明

　不見倪迂二百年，風流文雅至今傳。東城水竹知何處，撫卷令人思惘然。徵明。（清吳升《大觀》、卷十七）

〈倪雲林秋林遠岫圖軸〉 　　　　　　　　　　　　　　明・文徵明

　楓林日落鳥飛還，天際脩眉似遠山。欲覓仙踪何處是，展圖惟有墨斑斑。文璧奉和。（清龐元濟《虛齋名畫錄》、卷七）

〈題倪元鎮小畫〉 　　　　　　　　　　　　　　明・王世貞

　懶瓚真懶瓚，殘楮復殘墨。不結丹青緣，物外寫秋色。（清高宗《御定歷代題畫詩類》、卷一二〇）

〈題元鎮江亭秋色〉 　　　　　　　　　　　　　　明・唐 寅

　不見倪迂今百年，故山喬木領蒼烟。晴窗展軸觀圖畫，澹墨依然見古賢。（唐寅《唐伯虎先生全集》、卷五）

〈倪雲林秋林遠岫圖軸〉 　　　　　　　　　　　　　　明・彭 昉

　識得澹中趣，真成太古天。雲林聲價重，傳播百千年。彭昉。（清龐元濟《虛齋名畫錄》、卷七）

〈倪高士漁莊秋霽圖軸〉 　　　　　　　　　　　　　　明・宋 旭

　萬昏辛丑三月，獲觀于天馬山之雙松僧舍。七十七翁宋旭。（清李佐賢《書畫鑑影》、卷二十）

〈倪高士漁莊秋霽圖軸〉 　　　　　　　　　　　　　　明・孫克弘

　石田云，雲林戲墨，江東之家以有無為清俗。孫克弘。（清李佐賢《書畫鑑影》、卷二十）

〈題倪雲林畫〉 　　　　　　　　　　　　　　明・董其昌

　洞天深靚秘清都，彷彿群真在玉壺。若個丹青能幻出，倪迂端勝米於菟。（董其昌《容台集》、卷四）

〈題倪迂畫二首〉 　　　　　　　　　　　　　　明・董其昌

　剩水殘山好卜居，差憐院體過江餘。誰知簡遠高人意，一一毫端百卷書。

錫山無錫是無兵，怪得倪迂不再生。但有煙霞填骨髓，可知吾法本同卿。

　　因倣雲林畫，題此，錫山誌云“有錫兵，無錫寧”，余以雲林生於勝國，故云。（董其昌《容台集》、卷四）

〈倪高士秋林山色圖〉　　　　　　　　　　　　　　　　　　明・董其昌

　　迂翁畫，師我家北苑，晚年一變，遂有關家小景古宕之致。嘗自謂合作處，非王蒙輩所能夢見。此圖似山陰丘壑，荊蠻民喬林古木，漁莊秋霽，可為絕調矣。山陰丘壑在南徐陳從訓家，喬林在予家，漁莊在陳仲醇家。癸卯十月夜，宿周李良清鑒閣，觀因題，董其昌。（清吳升《大觀錄》、卷十七）

〈倪雲林優鉢曇花圖〉　　　　　　　　　　　　　　　　　　明・董其昌

　　倪迂畫，江南以有無為清俗。此圖兼精楷，妙蓋內景經，藏在倪家故也。此圖今又藏程季白家，季白書益集老倪名矣。戊午五月，董玄宰觀。（清吳升《大觀》、卷十七）

〈倪雲林優鉢曇花圖〉　　　　　　　　　　　　　　　　　　明・董其昌

　　京口陳從訓家，有林雲畫山陰丘壑圖，秀潤沉鬱，過南徐者詣陳索觀，如金蕉在篋。自曹重甫得此優鉢圖，遂與頡頑。余一歲再過重甫，端為臥遊，此畫今既贈季白，余請息清溪之棹矣。玄宰再題。（清吳升《大觀》、卷十七）

〈倪高士漁莊秋霽圖軸〉　　　　　　　　　　　　　　　　　明・董其昌

　　倪迂蚤年書勝于畫，晚年書法飂然自放，不類歐柳，而畫學特深詣，一變董巨，自立日庭，真所謂逸品，在神妙之上者。此漁莊秋霽圖尤其晚年合作者也。仲醇寶之，亦氣韻相似耳。董其昌，己亥秋七月廿七日，泊舟徐門書。（清李佐賢《書畫鑑影》、卷二十）

〈倪高士小山竹樹圖〉　　　　　　　　　　　　　　　　　　明・董其昌

　　迂翁畫，在勝國可稱逸品。昔人以逸品置神品之上，歷代惟張志和可無愧色，宋人米襄陽在筆墨蹊徑之外，餘皆從陶鑄而成。元之能者雖多，然稟承宋法稍加蕭散耳。吳仲圭大有神氣，獨雲林古淡天真，米顛後一人也。甲子八月二日，董其昌觀因題。（清李佐賢《書畫鑑影》、卷二十）

〈倪雲林吳淞春水圖軸〉　　　　　　　　　　　　　　　　　明・董其昌

　　倪元鎮題子久畫，常稱為老師，蓋以子久善談空玄，為三教之人所宗，尚非謂其畫品足執弟子禮也。然此圖則摹倣咄咄逼人矣，蕭灑古淡，仍是本家筆在。董其昌題。（近代龐元濟《虛齋名畫錄》、卷七）

〈畫倪元鎮畫〉　　　　　　　　　　　　　　　　　　　　　明・徐　渭

　一幅淡烟光，雲林筆有霜。峰頭棋片石，天際渺長蒼。雖贋須金換，如真勝璧藏。偏舟歸去景，入畫亦茫茫。（徐渭《徐文長三集》、卷六）

〈倪雲林吳淞春水圖軸〉　　　　　　　　　　　　　　　　　明・王穉登

　此圖烟巒層複，溪路盤紆，不類倪先生平日之作，當是倣黃子久筆意為之。其蕭散絕塵之氣，終不可掩，雖彷彿一峰之法，而實青於藍也。王穉登題。（近代龐元濟《虛齋名畫錄》、卷七）

〈倪雲林淡室詩圖卷〉　　　　　　　　　　　　　　　　　　明・錢謙益

　剩水殘山且卜居，粗憐馬夏渡江餘。誰知簡遠高人意，一一豪端百卷書。昔人評趙令穰畫，謂欠五百卷書。若元季雲林，得稱逸品，正由胸中古今淘洗，無畫師俗氣耳。丙戌長至後七日，虞山蒙叟錢謙益題。（清龐元濟《虛齋名畫續錄》、卷一）

〈倪雲林六君子圖軸〉　　　　　　　　　　　　　　　　　　明・王　鐸

　畫之簡者，具神骨韻，氣則不薄，以氣有餘也。倪雲林茲圖，高淡疏遠，不稠不穠，譬之淵明，與柴桑輩，逍遙敷淺。煙浦間蕭條高寄，眽為領略，斯堇堇作畫觀也歟。明崇禎十三年端陽後五日，隱漁王鐸題為北海孫父母，時在北畿，同觀吳達可申素園也。（近代龐元濟《虛齋名畫錄》、卷七）

〈倪雲林六君子圖軸〉　　　　　　　　　　　　　　　　　　明・趙　觀

　口風起雲林，眾樹動秋色。仙人招不來，空山倚晴碧。澂口趙觀。（近代龐元濟《虛齋名畫錄》、卷七）

〈倪雲林竹石霜柯圖軸〉　　　　　　　　　　　　　　　　　清・高士奇

　兩株樹與數竿竹，寫出寒空霜落時。不是此翁迂更懶，當年終是沒人知。雲林此幅，曾藏王太常，笡侍御家，今為余所有已數年。春日，張之簡靜齋，晨夕相對，愈服其筆力清迥也，不禁遠想其人。康熙戊寅二月三十日竹窗高士奇。（近代龐元濟《虛齋名畫錄》、卷七）

〈倪雲林六君子圖軸〉　　　　　　　　　　　　　　　　　　清・孫承澤

　李君實云，雲林六君子圖，乃松柏樟楠槐榆六樹，行列脩挺，疏密掩映，位置得宜。而皆在平地，且氣象蕭索，有賢人在下位之象，豈當日運數否塞，高流隱遁而為是與。（清龐元濟《虛齋名畫錄》、卷七）

〈倪雲林竹石霜柯圖軸〉　　　　　　　　　　　　　　　　　　清・王翬

　　元鎮此幅，畫竹如楷法，畫石如行押，畫樹如作草書。一種清逸孤迥之氣在筆墨外，宜其元四家中獨步也。兼鐵崖曲江諸名流相為唱詠不輟。向得觀於王太常先生處，今復為江上侍御介得之，以助山林高致，而翬與高士復得結兩重緣矣。謹識以誌快云。虞山王翬。（近代龐元濟《虛齋名畫錄》、卷七）

〈倪雲林竹樹小山圖并書內景經卷〉　　　　　　　　　　　　　　清・曹溶

　　予嘗見吳郡韓宗伯家，藏黃素黃庭內景經一卷，陶穀跋，則以為右軍換鵝書；米海嶽以為六朝人書，無虞褚習氣；趙松雪以為楊羲真蹟，羲乃神僊之徒，故其書飄飄有凌雲意，非塵俗所能庶幾也。松雪博聞，其言必有所據。故後人遂以為證佐焉。迨　世祖章皇帝時，韓氏已不能世守，歸于　大內，不可再見矣。倪元鎮此卷，風神秀逸，宛肖羲迹，非止虎賁中郎僅似其貌也。若其畫之蕭散高寄，具眼者皆能欣賞，不待予言矣。及門笪子在辛巳經鑒定，予復述昔之所見，以志源流所自云。醉李曹溶。（近代龐元濟《虛齋名畫續錄》、卷一）

〈倪雲林淡室詩圖卷〉　　　　　　　　　　　　　　　　　　　　清・吳奕

　　倪迂品行高潔，故筆墨清遠，雖一木一石，有山林隱逸之度，非後世能于點染者，所敢效顰也。若云以六法中求之，又非深識倪迂者。明古先生出此卷示予，謹以斯語告之。吳奕識。（清龐元濟《虛齋名畫續錄》、卷一）

〈倪雲林淡室詩圖卷〉　　　　　　　　　　　　　　　　　　　　清・黃雲

　　過雨山如罨畫明，溪聲直到白雲亭。雲遮不斷溪聲去，流出平蕪兩岸青。白髮雲林老畫師，一生辛苦竟誰知。何須更上峰頭望，滿目清秋滿目詩。黃雲題。（清龐元濟《虛齋名畫續錄》、卷一）

〈倪雲林竹樹小山圖并書內景經卷〉　　　　　　　　　　　　　　清・笪重光

　　雲林畫法，脫化於荊關，書法得筆於分隸。故澹遠之中，具有古雅，非徒意致瀟灑，僅見高人之趣也。此卷竹樹小山，與余向藏師子林圖，氣味略同，而所書內景黃庭經卷，宛然楊許遺意，可想見六朝風度，非宋元諸公所能彷彿。元鎮真翰墨中第一流人，不食煙火而登仙者矣。江上外史笪重光識。（清龐元濟《虛齋名畫續錄》、卷一）

〈倪雲林竹石霜柯圖軸　　　　　　　　　　　　　　　　　　　　清・笪重光

　　雲林此圖，似為曹雲西作，楊鐵崖先生跋中所云：素軒者是也。曲江居士錢惟善與鐵史二詩，其清絕同於高士畫法詩意，每為展玩吟詠，滌盡胸中百斛塵矣。舊屬婁東王煙客太常家藏，余從其嗣君得之。因憶曩藏有師子林圖，竹樹小山，江亭山色諸卷幅，皆散去無復存。幸獲此幀為娛老之物，能無珍祕耶？江上外史笪在辛記。（近代龐元濟《虛齋名畫錄》、卷七）

〈倪雲林竹樹小山圖并書內景經卷〉　　　　　　　　　　　　清‧程光袒

倪元鎮生平不隨流俗，故書畫皆有仙氣。予往時在藍謝青齋頭，得縱觀其家藏真蹟。此卷為笪在辛侍御所珍秘，不知何以墮落燕市，亟語同學兄趙恒夫，重價購之，實可寶也。康熙三十有六年閏三月下澣，篁墩程光袒。（清龐元濟《虛齋名畫續錄》、卷一）

〈倪雲林竹樹小山圖并書內景經卷〉　　　　　　　　　　　　清‧梁學昌

吾杭元代多詩人，書家獨數仇山村。亦有寓公吾瞎子，篆籀學古追周秦。主於小楷擅場少，得松雪法唯福孫。誰歟寫此換鵞帖，絹本縮於王右軍。不施闌道真若綾，蠅頭一一珠璣勻。偏從窄處見寬綽，卻用全力逾丰神。鄭瑤其名彥瑛氏，泰定二年月在春。自署武林譜失載，可知傳少彌堪珍。吾家舊藏倪迂卷，出自寶笈頒先臣。內景全帙五千字，自首至尾無脫文。筆如游絲之輕颺，冉冉欲墮無凡塵。玉虹鉤橅幾歲月，珉石始得傳其真。以君此卷相比校，邢尹不須優劣分。一為逸品一能品，思翁而在宜云云。頻羅菴主題元鄭彥瑛小楷黃庭經卷，偶錄一過，以相印證。時壬辰端午日梁學晶識。（清龐元濟《虛齋名畫續錄》、卷一）

〈倪雲林竹石霜柯圖軸〉　　　　　　　　　　　　　　　　清‧高　宗

古樹欲生雲，疏竹如搖風。對之多意趣，學者為愚蒙。庚辰春日御題。（清龐元濟《虛齋名畫錄》、卷七）

〈倪雲林竹樹小山圖并書內景經卷〉　　　　　　　　　　　　清‧高　宗

高朋簪盍若為期，過眼雲烟又一時。桐里人閒年是日，苕溪秋老畫成詩。佛言聞道如觀電，世事從來似奕棋。獅子林中小參罷，底緣重惜幻分離。乾隆戊辰御題，即用圖間原韻。（清龐元濟《虛齋名畫續錄》、卷一）

〈倪高士幽亭秀木軸〉　　　　　　　　　　　　　　　　　清‧錢　載

倪雲林山水真蹟。庚戌十一月望日，八十三歲老人錢載題。（清李佐賢《書畫鑑影》、卷二十）

〈元倪雲林書畫合璧卷〉　　　　　　　　　　　　　　　　清‧金嘉琰

乾隆乙未穀雨前三日，小雨乍晴，蕭齋清寂，正試龍井新茗，適吾友鮑子攜倪高士畫卷見示，展玩一過，覺蒼潤之氣溢於紙墨之外，筆簡亦極古雅沖澹，真可寶也。用志時日，漫題於後。竹泉居士金嘉琰。（近代龐元濟《虛齋名畫錄》、卷二）

〈元倪雲林書畫合璧卷〉　　　　　　　　　　　　　　　　　清・梁同書

　　迂翁不獨畫入逸品，即書法亦天然古澹，神韻獨絕，由其品高故能如此，若詩家之有陶潛，不徒於翰墨遇之也。余家藏竹樹小山卷子，為（皇）上賜先文莊公物。畫僅尺幅，跋字居其半，後有朱闌楷書黃庭內景經全卷，不下四千言，用筆有凌雲欲仙之妙。內府標識入石渠寶笈上等，御題和倪瓚韻七律一首於畫幅，真不世之寶也。今觀此卷書畫合璧，居然無天上人間之異，鮑君其足以自豪矣。乾隆乙未王春月廿又七日，山舟梁同書觀并記。（清龐元濟《虛齋名畫錄》、卷二）

〈元倪雲林書畫合璧卷〉　　　　　　　　　　　　　　　　　清・鮑廷博

　　右雲林先生山水手簡共一卷，瀟灑絕俗，足稱二妙，皆為寓齋作也。寓齋姓袁，名泰，字仲長，吳郡人。父易，字通甫，宋之遺老，仕元為愛神徽州路石洞書院山長，長才高行，古與郭祥卿、龔子敬齊名，趙松雪有吳中三君子之目，即簡尾所稱靜春先生是已。袁氏世居尹山，至泰始別徙居，因以寓名其齋，王忠文公禕為作記，可按也。考靜春卒於大德丙午，此畫作於至正庚寅，相距已五十六年，惟時寓齋春秋已高，而雲林年僅四十有四，故簡中詞極謙下。簡無年月可考，按停雲館帖，有雲林次韻陳惟寅懷古詩，亦作於庚寅之冬，自跋云：今年予病瘦，下疾幾半載，惟寅雨來問余。十一月一日，覺體中稍佳，遂復書此，云云。今簡中有致謝惟寅并贈藏用丸，及要大令嗣畫到家，憒憒大不堪，稍遲納上之語，度是時疾尚未平，去十月二日作畫時不甚相遠也。雲林真蹟世不多見，茲以無意得之，客窗多暇，復於靜春堂集後檢得寓齋姓氏，更以停雲館帖證印之，無不脗合，尤快事也。因疏右方，俟博雅者審定焉。乾隆三十八年歲次癸巳閏三月三日，歙鮑廷博識於翠玲瓏館。（近代龐元濟《虛齋名畫錄》、卷二）

〈元倪雲林書畫合璧卷〉　　　　　　　　　　　　　　　　　清・雲　藻

　　雲林人品清高絕俗，故書畫真蹟傳世頗稀，弇州山人正續二稿，題跋宋元名畫可謂多極，而雲林畫僅兩種，孫退谷庚子書畫記亦然。今儷荃四弟，收藏倪迂真蹟乃至四種，足以豪矣。此卷書畫合璧，足稱逸品，因結屋藏之，顏曰迂庵。復以生性迂僻，喜潔好懶，亦與雲林相似，遂以迂庵自號。信乎物常聚於所好，抑亦針芥之投，有以感召也。雲藻題。（清龐元濟《虛齋名畫錄》、卷二）

〈元倪雲林書畫合璧卷〉　　　　　　　　　　　　　　　　　清・潘正煒

　　昔人以藏家有無倪蹟分雅俗。高士墨寶，光照宇內久矣。此卷一畫一書，珠聯璧合，

妙絕千古，所謂神品而兼逸者，此也。元季四大家，自當首推一席。戊申八月，潘正煒書。（清龐元濟《虛齋名畫錄》、卷二）

〈元倪雲林書畫合璧卷〉　　　　　　　　　　　　　　　　　　清・張維屏

高士書畫之妙不待言，此畫作於壬寅。考壬寅為元順帝至正二十二年，是年先生六十一歲，老懷恬澹，老境深淳，可於筆墨間遇之。己酉六月，張維屏識。（清龐元濟《虛齋名畫錄》、卷二）

〈倪雲林六君子圖軸〉　　　　　　　　　　　　　　　　　　　清・成親王

雲林六君子圖，乃元人名跡中有數之物，與大癡富春山居叔明聽松二圖同藏天府。嘉慶己巳，香東少宰蒙賜出，洵詞林稽古之榮，不然人間安得覯此名蹟也。成親王。（近代龐元濟《虛齋名畫錄》、卷七）

〈倪高士小山竹樹圖〉　　　　　　　　　　　　　　　　　　　清・成親王

雲林畫，逝世極推巨手，思翁極贊此幅，信為得意之筆，石田老人詩，亦極推稱，均非虛美也。成親王。（清李佐賢《書畫鑑影》、卷二十）

〈倪高士幽亭秀木軸〉　　　　　　　　　　　　　　　　　　　清・成親王

擘石先生於乾隆癸卯南歸，此鄉居時所題簽也。嘉慶丙子余購得之，相距廿七年矣。圖中錢字朱印及名印，猶是予手製。成親王。（清李佐賢《書畫鑑影》、卷二十）

〈倪雲林六君子圖軸〉　　　　　　　　　　　　　　　　　　　清・許乃普

錢唐許乃普借觀，留几案者三日，子彭壽侍。道光己酉嘉平下澣。（清龐元濟《虛齋名畫錄》、卷七）

〈倪雲林六君子圖軸〉　　　　　　　　　　　　　　　　　　　清・周壽昌

歲事崢嶸，兀坐斗室，取此畫張之。雖暑短天寒，覺靜對移時彌覺其永，先生能移我情哉？此亦何減成連之琴也。時同治十二年嘉平月小除夕，長沙周壽昌自菴氏靜賞於退思室并記。（清龐元濟《虛齋名畫錄》、卷七）

〈倪高士小山竹樹圖〉　　　　　　　　　　　　　　　　　　　清・李佐賢

雲林畫，世多贋本。此幅秀骨天成，真所謂藐姑仙子，不食人間煙火者。即題字亦饒別趣，豈凡筆所能彷彿耶？同治己巳冬至前三日。利津李佐賢。（清李佐賢《書畫鑑影》、卷二十）

〈倪雲林六君子圖軸〉　　　　　　　　　　　　　　　　　清・王懿孫

　　孫承澤庚子銷夏記卷二，記此圖云，雲林畫在逸品，收藏家以有無論雅俗。予見其畫最多，然偽者十之六七。生平妙蹟無如六君子圖，其傾倒如此。光緒四年二月錫縝張度胡義贊張之洞，王守訓，王懿榮同觀於東棋廠漢軍許氏西園，懿榮記。同時京師藏倪迂畫真蹟者，胡戶部義贊有竹石霜柯圖，張兵部度家一圖，有孫大雅題。皆此日同觀此圖中人，故牽連記之。（清龐元濟《虛齋名畫錄》、卷七）

夏　永

　　小傳：字明遠，身世不詳，善界畫。（見《中國畫家人名大辭典》、三一九頁）

〈明遠夏氏界畫高駢夏日山居詩意〉　　　　　　　　　　　明・凌雲翰

　　科分界畫見良工，詩意分明筆意同。直下樓陰渾似霧，偶來花氣郤因風。水晶簾動粼粼皺，雲母屏開曲曲通。聞道主翁騎鶴去，不應猶落畫圖中。（凌雲翰《柘軒集》、卷二）

夏考昌

　　小傳：號九山，未詳爵里。善山水，氣韻大似倪迂。（見《中國畫家人名大辭典》、三一八頁）

〈夏九山山谿漁樂圖軸〉　　　　　　　　　　　　　　　　自　題

　　至正庚寅九月五日，寫於佘山頑仙廬。九山夏考昌寄贈玉山高士。（近代龐元濟《虛齋名畫續錄》、卷一）

夏后德

　　小傳：不見畫史記載。身世不詳。

〈題蕭鵬舉所藏（夏后德）草蟲雜圖〉　　　　　　　　　　明・劉嵩

　　鬼車團春米囊拆，萱竹緗桃紅迫迮。牽牛花碧露初隆，枸杞子紅秋可摘。青菘赤芥碧玉葱，攢英灌本當蒿蓬。羽衣淒切自絡緯，蝸角低昂方戰攻。蜻蜓頭圓赤色尾，亦有纖纖綠羅袂。草行蜥蜴金背爛，升竹盤拏更貪噬。青蛙支頤目睊睊，黑甲推車車倒行。螳螂怒臂乃當轍，蜂蠆君臣誰敢爭。愁來對客看圖畫，似向芸牕箋爾雅。丹青婉變歸動植，風日晴和到田野。吾聞夏后德所形，昆蟲草木皆清寧。苕華芸黃星在罶，卷畫歌詩雙淚零。（劉嵩《槎翁詩集》、卷四）

夏　迪

　　小傳：字簡伯，溫州人，善山水及竹石，尤善畫松。（見《中國畫家人名大辭典》、三一八頁）

〈題夏簡伯畫〉　　　　　　　　　　　　　　　　　　　　元・陶　凱

　　西南遠山隔流水，山色蒼茫煙霧濃。東南諸峰氣勢高，層崖絕壁連雲起。巖隈野人屋數椽，白石齒齒泉涓涓。橫坡敧岸接林杪，有路可上層崖巔。道中行人問前路，只愁空山白日暮。山南樓觀已在眼，相期尋幽須奔騖。稍過前村水亂流，危橋直上巖之幽。一客騎驢看飛瀑，一客把琴凌素秋。終日山中行未了，大山小山看總好。人間茫茫行路人，何如山中拾瑤草。刺船東歸何太遲，泊舟巖下聊娛嬉。一船生涯在煙水，□□世人安得知。東來西去各有適，飄飄清風生兩腋。村深雨露足桑麻，是處山中堪躡屐。夏君愛畫入骨髓，足跡江山數千里。興來寫此遺故人，終日披圖為君起。君家斗城我赤城，山深夜夜鳴秋聲。同是天涯倦遊客，吟詩到此猶含情。好事珍藏莫輕擲，人間好畫不易得。時向亭齋一卷舒，中有天機人莫識。（明朱存理《珊瑚木難》、卷七）

〈題夏迪雙松圖〉　　　　　　　　　　　　　　　　　　　　明・王　冕

　　我昔曾上五老峰，白雲盡處看青松。中有兩樹如飛龍，正與夏迪畫者同。夏迪畫松得松趣，箇箇乃是郎廟具。貞固不時凌雪霜，偃蹇猶能吐烟霧。蒼髯獵獵如有聲，鐵甲半掩苔花青。六月七月炎火生，對此似覺形神清。丈人兀坐試有道，豈比商山采芝皓。有琴有琴不須彈，而今世上知音少。（王冕《竹齋詩集》、四六頁）

夏時用

　　小傳：不見畫史記載。身世不詳。

〈題夏時用山水便面〉　　　　　　　　　　　　　　　　　　元・許　恕

　　青葱嘉樹映蒼煙，窈窕閒雲度碧川。一似定山山下路，杖藜來聽虎跑泉。鶴氅烏紗薜荔裳，高懷真是古人群。結茅擬傍橋西樹，長對青山看白雲。（許恕《北郭集》、卷二）

袁　桷

　　小傳：字伯長，慶元人。泰定間，仕官至翰林侍講學士，善文，工詩，能畫（見《中國文學家大辭典》、八九一頁）

〈題袁伯長學士畫〉　　　　　　　　　　　　　　　　　　　元・朱德潤

　　漸漸之石維甚高，宣澤布氣凌紫霄。雨餘氣清無秋毫，谷泉無風天籟號。老樹偃立吹寒梢，紛紛客子征途遙。褰裳涉溪行乘橇，蓮花玉芝在山椒。久欲尋真不憚勞，蓬萊海闊翻風濤。鳳笙和鳴王子喬，願一見之同遊遨。（朱德潤《存復齋文集》、卷十）

唐子良

小傳：宋末金華人，善寫真，兼工畫馬。（見《中國畫家人名大辭典》、三二六頁）

〈贈寫照唐子良〉　　　　　　　　　　　　　　　　　　　宋・謝　翱

　　吳中眾史今代畫，不獨畫人兼畫馬。唐生家住金華雲，對予獨肯畫古人。夕陽西下東流水，紛紛古人呼不起。東都留守吳中豪，王府勳僚舊俊髦。當時氣薄陰山日，勾陳蒼蒼太白高。百年水竭海塵上，誰見凌烟拂蛛網。霜髯磔磔開清新，彷彿猶帶黃河冰。忽疑稍會怒色止，或可從傍窺諫紙。唐生見我淚如洗，頗憶古人今不死。俟我氣定神始閒，命筆更起唐衣冠。（清高宗《御定歷代題畫詩類》、卷五十四）

唐　生

小傳：不見畫史記載。身世不詳。

〈書趙文學所藏（唐生）馬圖後〉　　　　　　　　　　　　　明・陳　謨

　　右蒙古唐生所作青驄馬，文學趙君藏之，遇能賦者輒求題詠，愈益不厭，最後以示余評。余觀唐生筆，殆規模於吳興趙公，而吳興則由李龍眠以達於曹將軍，風致故自超，宜文學珍愛之。馬有出群姿，圉人唐衣冠亦清楚，賦者以其仰嘶，疑為困羈束局者，殊不然，觀其逸氣凌厲，豈輶下駒可儗。君子必束身規檢，良驥必服靮罕而后有用，何足為病哉？文學循循然常恐不及，謙謙乎古道是遵，固將比德於驥，幸甚勉旃，而毋徒以脫畧繩策為駿且神也。雖然余因是圖私有感焉，余家藏厲歸真牛一軸，吳元瑜馬一卷，二公皆五代人，宣和畫譜具載其事。歸真黃冠，善劇飲，口大容拳，人或求畫，不應輒以拳塞其口，獨時時作以與酒家耳。馬圖則徽廟題其上，曰吳元瑜駉牧圖，殆百十馬不止，小不踰寸，大可二三指，馬之態大畧具是，甚可珍也。亂後不省落誰手，然往來余心時一耿耿，以為宋內府所藏，由靖康入金，又自金入元，不知何自流落而歸於我，而竟化去，物亦玩人矣哉。文學其慎之慎之，而毋若余之既，可也。諸詩各極用意，若憤切頓挫，則有萬石子與最後題，然格調意趣俱到，卷中律詩一而已。（陳謨《海桑集》、卷九）

唐古憲僉

小傳：不見畫史記載。身世不詳。

〈定風波詞題筆生菌圖〉　　　　　　　　　　　　　　　　元・姚　燧

　　南州以菌生竹間為蕈，并樹雞瘦薄而赭，雖日乾，猶可煮茹。此筆竹絲為之，蕈蓋得竹餘氣而生，然以世多未見，故祥之，余以理推如此。唐古憲僉筆生菌，繪為圖，因有是作。

　　五馬双旌出郡堂，歸來椽筆對凝香。只為好書天作意，相戲故生三秀在毫鋩。不是畫

師生手觸，拳曲層雲連葉幾何長。我有一占君試記，何事已開他日判花祥。（**姚燧《牧庵集》、卷三十五**）

唐　俊

小傳：不見畫史記載。身世不詳。

〈望雲圖詩序〉　　　　　　　　　　　　　　　　　　　　　　　　明・宋　濂

　唐俊，字士明，先世睢陽人，金季避地南陽，遂居此。入明，洪武間仕官，由兵馬副指揮遷升福建承宣布政司右參政。因思念母親，作有〈望雲圖〉，宋濂為作序。（**宋濂《宋學士文集・芝園前集》、卷五**）

唐　肅

小傳：字處敬，號丹崖，山陰人。工詩文，精篆籀，善山水，格力高妙，兼善畫石。（見《中國畫家人名大辭典》、三二六頁）

〈題自畫梧石〉　　　　　　　　　　　　　　　　　　　　　　　　　自　題

　縹緲未央闕角，淒清長信宮門。人起轆轤聲裏，月在梧桐石根。（**清高宗《御定歷代題畫詩類》、卷七十三**）

唐　棣

小傳：字子華，吳興人。善山水，師郭熙，說者謂子華學畫於松雪公，得其華潤森鬱之趣云。
　　　　（見《中國畫家人名大辭典》、三二六頁）

〈唐子華朔風飄雪圖〉　　　　　　　　　　　　　　　　　　　　　　自　題

　朔風飄雪圖。至正十一年秋九月上澣，吳興唐棣子華作。（**清吳升《大觀錄》、卷十八**）

〈唐子華岸闊帆懸圖〉　　　　　　　　　　　　　　　　　　　　　　自　題

　潮平兩岸闊，風正一帆懸。至正辛丑秋日，用北苑法寫王灣詩意。唐棣。（**清李佐賢《書畫鑑影》、卷二十**）

〈唐子華風微笛遠圖軸〉　　　　　　　　　　　　　　　　　　　　　自　題

　雨過山色青，風微笛聲遠。至正二年二月八日，舟過楚湘，篷窗無聊，作此以遣孤悶。子華。（**近代龐元濟《虛齋名畫錄》、卷七**）

〈唐子華雲松仙館圖〉　　　　　　　　　　　　　　　　　　元·鄧文原

　　危峰削玉插晴空，淋漓秀色含鴻濛。世間萬物有時易，惟有青山今古同。隱君山下營茅屋，烟霞笑傲逃塵俗。日長心境鶴俱閒，自掃白雲松下宿。谿頭覓句行遲遲，童子囊琴歸竹籬。猗蘭調古少人聽，等閒何處尋鍾期。（清高宗《御定歷代題畫詩類》、卷一一三）

〈唐子華詩集序〉　　　　　　　　　　　　　　　　　　　　元·黃溍

　　荀卿子曰：藝之至者不兩能。言人之學力有限，術業貴乎專攻也。若夫天機之精，而造乎自得之妙者，其應也無方。其用也不窮，如泉之有源。不擇地而皆可出，豈一藝所得而名歟，且聲之與色二物也。人知詩之非色畫之非聲，而不知造乎自得之妙者。有詩中之畫焉，有畫中之詩焉，聲色不能拘也。非天機之精而幾於道者，孰能與於此乎。子華弱冠時，以善畫際遇先朝，嘗登於乙覽而列於東壁圖書之府矣。散落人間者，好事之家莫不襲藏，用為珍玩。其馳名四方已三十年，固未始規規然若窮閻下士，璃章刻句。蘄以詩顯門名家，而為詩之工如此。蓋其詩即畫畫即詩，同一自得之妙也。荀卿所謂不兩能者，特指夫藝而言之耳。詎為知道者發哉，是故庖丁之技與養生之道同，不知者第見其能庖而已。誠使易其事而為之，則老聃列禦寇之徒矣。竊恐時人有愛子華之畫而未知愛其詩者，是用表而出之以為序云。（黃溍《金華黃先生文集》、卷十六）

〈唐知州梅圖〉　　　　　　　　　　　　　　　　　　　　　元·蒲道源

　　畫圖髣髴見當時，肯作秋山坐忍飢。已為梅花成絕唱，不應今日更題詩。　西湖風物縱依然，詩律誰能續斷弦。惟有孤山霜夜月，照溪疎影記當年。（蒲道源《閒居叢稿》、卷七）

〈題唐子華雲山圖〉　　　　　　　　　　　　　　　　　　　元·薩都剌

　　閩帥資善公以息齋著色竹見遺，予以唐子華雲山圖酬之，并賦詩其上云。

　　我有郎官萬疊青，換得將軍半窗綠。月明恐有鳳來栖，日暮何妨雲借宿。清平海宇無烽烟，五風十雨謂豐年。看山愛竹了公事，焚香掛畫如神仙。城頭漏箭催更鼓，將軍燕寢元戎府。怪底雲山風滿林，床頭倒掛三珠虎。（薩都剌《雁門集》、七三頁）

〈題唐子華山水〉　　　　　　　　　　　　　　　　　　　　元·郯韶

　　東風吹雪嫩寒生，有客騎驢畫裏行。今日相看渾似舊，江南何遜獨多情。（顧瑛《草堂雅集》、卷十）

〈題唐子華山水，末句用楊廉夫五字〉　　　　　　　　　　　元·郯韶

我愛會稽楊使君，洞庭秋月約平分。時時吹笛中流去，臥看苔山如畫雲。（顧瑛《草堂雅集》、卷十）

〈題唐子華畫秋江亭子〉　　　　　　　　　　　　　　　元・柯九思

林皋霜老紅初冷，巖畔煙虛翠欲消。記得山陰曾訪隱，一筇秋色度溪橋。（柯九思《丹邱集・錄自元詩選》、六九頁）

〈題唐子華畫王師魯尚書石田山房〉　　　　　　　　　　元・張　翥

秋水橋邊紅葉林，數家茆屋傍青岑。岡頭種玉朝煙煖，隴上鋤雲宿雨深。摩詰輞川宜入畫，少陵韋曲自成吟。束薪歲晚來同煮，應許山中道士尋。（張翥《蛻菴集》、卷五）

〈題唐子華畫〉　　　　　　　　　　　　　　　　　　　元・吳　當

老樹吳江上，茅茨八九椽。晚山濃似黛，秋水淨無煙。盤石堪垂釣，孤舟許醉眠。卜居宜近此，何日賦歸田。（吳當《學言稿》）

〈唐子華知州山水為王駿致遠題〉　　　　　　　　　　　元・王　逢

天歷巳巳庚午間，每從鄉執承公顏。龍翔畫壁動宸聽，歸來官舍餘清閒。忽思霅雪溪山好，溪光不流山色老。巒崖怪石鬼呈面，號寒枯梢鵲僵爪。長途泥濘馬衣濕，鮫宮鱗潛漁罟入。携琴伊誰興彌集，蜿蜒雙松夾而立。公乘白雲何所之，此幅乃是臨郭熙。亂中金玉軸焉有，能以善守方世奇。為拂爾塵題我詩，我昔俊髦今老衰。（王逢《梧溪集》、卷五）

〈唐子華知州山水〉　　　　　　　　　　　　　　　　　元・王　逢

唐侯至正辛卯間，徘徊列宿郎官班。是時元綱方解紐，花縣尚爾琴書閒。雲嵐黃旗紫蓋氣，木石牛鬼蛇神顏。岩岩樓閣密寶網，蓊蓊蘿蔦深紫關。扶藜老叟臨泂灣，琴童殊覺徒步艱。何人驢背兀吟影，興寄亦厭窮躋攀。君不見瀑流天半落，佩環欸乃歌接漁舟蠻。此中佳處未少我，鑿徑擬背盧家山。嗚呼，畫史五馬何時還，五馬畫史何時還。（王逢《梧溪集》、卷六）

〈題唐子華畫山水〉　　　　　　　　　　　　　　　　　元・釋自恢

江門如雪樹高低，竹裏人家傍水西。滿地松陰春雨過，好山青侶若耶溪。雲兮情磴樹交加，蘿屋陰陰石腳斜。絕似龍門三尺路，一溪紅雨漲桃花。（顧瑛《草堂雅集》、卷十四）

〈題唐子華春雲出谷圖〉　　　　　　　　　　　　　　　元・葉　顒

　　雲住山色佳，雲去山骨瘦。雲物屢變更，青山但如舊。子華亦何人，胸有山水痼。嵯峨萬疊青，收拾在尺素。春雲去何之，出谷漸彌布。瀴鬱復氤氳，天下期蓋覆。或然化甘霖，江山起烟霧。枯槁及林木，巨細沾雨露。慎勿漫遮天，掩蔽激眾怒。無心我亦雲，偶出非有故。讀書幸不多，早被儒冠誤。巍然抗高節，要與雲同步。得失費卷舒，坐閱歲月度。富貴情易圖，不義愧攀附。負郭二頃田，自足慰衰暮。慇懃送雲出，我欲尋歸路。（葉顒《樵雲獨唱》、卷一）

〈唐知州隻松圖〉　　　　　　　　　　　　　　　　　元・沈夢麟

　　唐侯胸中有丘壑，落筆長松出林薄。蛟龍並作勢欲飛，鸞鳳隻棲翠交錯。開卷清風諗諗吹，掃花黃雪紛紛落。唐侯早歲稱奇童，畫山初學趙魏公。晚年縱筆入韋偃，下視眾史俱群空。吁嗟此公今已逝，流傳遺墨人間世。老夫興懷為題識，陳家寶之永毋墜。（沈夢麟《花谿集》、卷二）

〈唐子華朔風飄雪圖〉　　　　　　　　　　　　　　　元・沈夢麟

　　清山凍合水悠悠，玉樹風凋白髮愁。欲買扁舟從二客，月明釣雪也風流。

　　苕郡唐吳江，僕之親長也。唐侯幼從松雪翁遊，其畫親受翁之指示，故其筆意殊出眾史之上。丙子春暮，因訪子宜契家，承唐侯之孫，以其祖之飄雪圖求題，僕因想像當時追遊之盛，俯仰之間，歲月如此，令人慨然嘆息久之。華溪老人沈夢麟。（清吳升《大觀錄》、卷十八）

〈題唐子華畫便面山水〉　　　　　　　　　　　　　　元・呂不用

　　松日斜明依樹屋，山雲低逐渡溪驢。高公一去無消息，此老風流名不虛。（呂不用《得月稿》、卷二）

〈題唐子華畫江山小景〉　　　　　　　　　　　　　　元・呂不用

　　憶昔吳興士，天機手心同。碧山才夜雨，白屋又秋風。鳥道空青外，漁梁落照中。悽其人不見，翹首送冥鴻。（呂不用《得月稿》、卷三）

〈為文中上人題唐子華畫〉　　　　　　　　　　　　　元・釋良琦

　　江岸潮生白，烟鐘樹杪撞。漁舟浮箇箇，沙鳥去雙雙。野曠雲橫樹，天青月墮江。看圖思長史，獨倚暮樓窗。（顧瑛《草堂雅集》、卷十四）

〈別峯和尚方丈題唐子華山陰圖〉　　　　　　　　　　明・劉　基

　　連山走陂陀，太谷入晻曖。屋藏深樹中，路出巨石背。煙雨時有無，澗谷互顯晦。輕盈曳飛綃，縹緲沃浮黛。雄梁矯修畾，駢壁駮文瑋。崢嶸紫霞高，屈曲白水匯。陰森神鬼宅，奮迅龍馬墜。風雲氣象寬，日月光烟碎。借問此何鄉，或有捐余佩。答云越山陰，信美無與對。自從永和來，燕遊推勝概。佳人去不還，盛集嗟未再。唐令實好奇，掇拾歸畫繪。上人遠公徒，我亦瀟明輩。會晤屬時艱，觀覽增感慨。故園沒灌莽，舉足蛇豕礙。放歌自太息，激烈驚厚載。（劉基《誠意伯劉文成公文集》、卷十三）

〈題滑州吏同張文質所藏鮑節判見贈吳興唐子華畫雲山小景圖〉　　明・宋訥

　　君不見夏圭昔寫漁村春霧時，江山半入無聲詩。又不見馬麟昔作關山秋色，千里風煙來座隅。夏圭馬麟去已遠，一入九原呼不返。只今畫者亂如麻，吳興近數唐子華。子華非夏亦非馬，得意雲山自揮洒。一幅生綃不滿尺，平遠高深生筆下。恍如坐我武夷山，主人見客開柴關。幽蹊曲徑歸路迷，白雲引出青松間。又如坐我瀟湘側，漁子艤舟來迓客。水邊籬落自成村，佇望九疑江樹隔。隔岸人家茅蓋亭，過橋二老指山青。飛泉落層石，古木挂寒藤。晴窗忽看不似畫，霏丹凝翠疑天生。相對融心神，頓覺塵夢醒。疎懶胸中有丘壑，得此珍藏作清樂。平生寓意不留意，一朝笑贈芙蓉幕。芙蓉幕底風流賓，高堂挂壁無紅塵。公餘把酒自怡悅，便是雲山圖上人。（宋訥《西隱集》、卷四）

〈題唐明府畫馮隱士像〉　　明・張以寧

　　能詩能畫唐明府，置子清泉白石間。秋色半林黃葉老，野心一遍白雲間。王維自愛欹湖道，李渤元居少室山。幾處溪山莫歸醉，扁舟留在月中還。（清高宗《御定歷代題畫詩類》、卷五十四）

〈題唐子華江居平遠圖〉　　明・劉嵩

　　宛其長洲，在彼中流。上列灌木，旁引高丘。彼君子居，于林之右。言敞東軒，緬覯平岫。盤石在渚，叢蔭在門。有風夏涼，維日冬溫。豈無方舟，可以遊釣。言曳其杖，於焉遐眺。油油行雲，靡靡逝波。歲既晏矣，云如之何。鳥鳴于谷，魚麗于罶。君子之居，君子之友。（劉嵩《槎翁詩集》、卷一）

〈題唐子華江干幽居圖，為余子芳賦〉　　明・劉嵩

　　山風不作眾壑靜，江雨初飛入寒暝。綠浦迢迢碧草交，丹崖窈窕青林並。金牛石前螺子岡，子行何時歸故鄉。野航把釣秋水迴，江亭讀書春晝長。（劉嵩《槎翁詩集》、卷三）

〈題唐子華小景〉　　明・劉嵩

　　飛鳥遠矣將夕，幽人澹其欲秋。抱瑤琴以歎息，渺芳草乎中洲。松落落以雙峙，雲翩翩而獨還。望佳人其既遠，見隔水之青山。（劉嵩《槎翁詩集》、卷七）

〈題山水小景〉　　　　　　　　　　　　　　　　　　　　　明・劉　嵩

　不見高人唐子華，秋江烟樹渺雲沙。短筇野服青林下，絕似高吟坐日斜。（劉嵩《槎翁詩集》、卷七）

〈唐子華畫〉　　　　　　　　　　　　　　　　　　　　　明・凌雲翰

　我識吳興唐子華，丹青一出便名家。抱琴童僕隨驢去，山縣今朝早放衙。（凌雲翰《柘軒集》、卷一）

〈題趙思謹所藏唐子華漁洲橫笛圖〉　　　　　　　　　　　　明・謝　肅

　不見高人張志和，扁舟吹笛雪溪過。桃花水暖鱖魚美，可是金章勝綠簑。（謝肅《密菴藳》、卷戊）

〈題唐子華畫山水〉　　　　　　　　　　　　　　　　　　　明・釋復初

　江雲如雪樹高低，竹裏人家傍水西。滿地松陰春雨過，好山青似若耶溪。（清高宗《御定歷代題畫詩類》、卷十二）

〈為世賢題唐子華釣舟圖〉　　　　　　　　　　　　　　　　明・吳　寬

　日落長堤古樹陰，溪舟爭放碧溪潯。看渠共理絲綸手，真有前人竭澤心。（清高宗《御定歷代題畫詩類》、卷六十八）

〈唐子華岸闊帆懸圖〉　　　　　　　　　　　　　　　　　　明・張　丑

　子華此圖，全師叔達，典型燦然，得其筆潤森鬱之氣，亦元人中之巨擘也。吳郡張丑。（清李佐賢《書畫鑑影》、卷二十）

高　君

　小傳：不見畫史記載。身世不詳。

〈代答高君寫贈老檜圖〉　　　　　　　　　　　　　　　　　元・周霆震

　江東老檜天下奇，雪霜鍊骨知老誰。榦通碧漢星斗垂，野鶴夜過翻雲旗。根吐元氣春淋漓，蟄龍守護防顛危。黑風曠刼海倒吹，六合草木紛離披。偉哉傲兀永奠基，造化留此持坤維。高侯畫逼鄭與祁，熟視眼空超對夷。氣酣落筆天自隨，恍若曲阜林中移。崔嵬樛枝蒼蘚皮，古藤蔓引怪石攲。卷舒坐右乃所宜，持贈老拙夫何為。秘藏稻檟時一窺，夜中神彩光陸離。按圖求索吁然疑，被之寶瑟同鼎彝。紫霄鸞鳳若可期，變化詎容螻蟻欺。扶桑萬丈開晴曦，特立丹心朝帝畿。（周霆震《石初集》、卷二）

高克恭

小傳：字彥敬，號房山老人，其先回鶻人，占籍大同，後居武林。仕至刑部尚書，畫山水初
　　學米氏父子，後乃用李成、董源巨然造詣精絕，為一代奇作，然不輕易於著筆，又好
　　作墨竹。說者謂其墨竹實學黃華老人云（見《中國畫家人名大辭典》、三三一頁）

〈高尚書夜山圖〉　　　　　　　　　　　　　　　　　　　　　　　　自　題
　萬松嶺畔中秋夜，況是樓居最上方。一片江山果奇絕，卻看明月似平常。高克恭為公
略作。（明朱存理《鐵網珊瑚書品》、卷三）

〈高彥敬臨米元暉畫冊〉　　　　　　　　　　　　　　　　　　　　　自　題
　大德乙巳孟秋上吉，房山道人高克恭敬畫。（清卞永譽《式古堂書畫彙考・畫考》、卷
之五）

〈高彥敬倣老米雲山圖并題卷〉　　　　　　　　　　　　　　　　　　自　題
　青山半晴雨，遙現行雲底。佛髻欲爭妍，政恐勤梳洗。高彥敬作於雲巖精舍。（清卞
永譽《式古堂書畫彙考・畫考》、卷之十七）

〈高彥敬倣老米雲山圖并題卷〉　　　　　　　　　　　　　　　　元・吳　鎮
　空山兮寂歷，石氣蒸兮籠葱。人家兮木末，望雞犬兮雲中。水流花謝淹冬春兮無窮，
江亭兮，石瀨灝灝兮，深松山中人兮，歸來颯長嘯兮，天風。彥敬尚書弄襄陽墨戲，作
此圖，沙彌老人倣招仙之辭，作此贊，白日寒冰，手皴龜拆，雲川居士應笑我多事饒舌。
至正成子正月。（清卞永譽《式古堂書畫彙考・畫考》、卷之十七）

〈高尚書烟雲翠岫圖〉　　　　　　　　　　　　　　　　　　　　　　自　題
　烟雲翠岫。延祐五年秋九月五日，為山村遺老畫，克恭。（清吳升《大觀錄》、卷十五）

〈高尚書墨竹卷小品〉　　　　　　　　　　　　　　　　　　　　　　自　題
　紫陽仙生，無心君子。寫竹郎中，長生不死。（清吳升《大觀錄》、卷十五）

〈高房山青山白雲圖〉　　　　　　　　　　　　　　　　　　　　　　自　題
　青山白雲圖。兩巖之間，曾不容刃。白雲悠悠，與山俱高。元祐五年春山三月，房山
翁畫。（清吳升《大觀錄》、卷十五）

〈高彥敬春雲曉靄圖〉　　　　　　　　　　　　　　　　　　　　　　自　題

歲在庚子九月廿日，為伯圭畫春雲曉靄圖，房山道人。（清吳升《大觀錄》、卷十五）

〈題彥敬郎中為公略所作夜山圖〉　　　　　　　　　　　　　　元・周 密

　郎潛暇日多冥搜，夜深獨上千尺樓。天回海立月政濕，風起雲湧山疑浮。縈青繚白互變滅，浮嵐飛露寒颼飀。潛虹栖鶻聲磔磔，山鬼木客鳴呦呦。城中痴兒方囈語，有夢不到千山幽。遙岑寸碧目力遠，欲溯汗漫凌風游。高侯落筆萬象泣，寫出千古蒼茫愁。無聲詩與有聲畫，一夕異事傳南州。玉琴在膝酒在手，欲寫天籟無莊周。感誰為問華表鶴，城郭人民今是否。弁陽周密頓首。（明朱存理《鐵網珊瑚・書品》、卷三）

〈高彥敬畫山村隱居圖卷〉　　　　　　　　　　　　　　　　　元・周 密

　我昔遊七閩，百嶺爭巉嶪。白雲漲川原，深谷如積雪。又遊天姥岑，幽磴緣曲折。長林翳寒日，千里行落葉。轉頭五十年，遐想正絕愁。開圖意忽動，懨悅生內熱。何當駕松廬，分我翠一疊。弁陽吾所廬，見謂山水穴。漂零愧楸檟，歲月老薇蕨。平生既遙集，足痺履齒折。何當賦歸田，初志遂所愜。懷哉復懷哉，清夢遶林樾。弁陽老人周密。（清吳升《大觀錄》、卷十五）

〈題彥敬郎中為公略所作夜山圖〉　　　　　　　　　　　　　元・湯炳龍

　人知麗日江山奇，月中更奇人不知。古今畫手不能畫，高侯能畫兼能詩。風流文采乃如此。筆意所到神莫窺，琉璃宇宙入萬象。清寒周畫天四垂，群鴉已息薄露下。一雁不度行雲遲，龍飛鳳舞又千里。一起一伏相追隨，潮來不見江吸海。但見夜壑寂口舟，無遺廢宮隱約認。孤塔長竿高下標，叢祠俯視下界萬壑如鱗次。其間醉夢覺者誰，金城樹老歲月往。昆明刼盡天地移，匆匆吳越已陳迹。丹青先寫興亡悲，虞山禹穴會稽路。蒼蒼涼涼隔煙霧，平生慣向圖中游。老我臥游無勝具，昏花疑是雪欲晴。刻溪直在無山處，何人說與李將軍。太清豈必微雲口，毫端巽二峀一揮。清光應更餘幾分，天然人境兩相值。樓頭白也思不群，胸中雲夢可八九。呼吸沆瀣歸雄文，虎頭著我坐岩壑。書窗半席一詣君，舟中不須覓謝尚。詩成三誦君當聞。北村民湯炳龍頓首。（明朱存理《鐵網珊瑚・書品》、卷三）

〈題彥敬郎中為公略所作夜山圖〉　　　　　　　　　　　　　元・盛 彪

　錢唐城中吳山高，右皆湖水前江濤。江南江北口周遭，隱若廢堞緣空壕。山椒樓居湖海豪，晝趨省垣坐郎曹。夜歸感闌呼濁醪，維時江月明秋毫。群動一息沈譁囂，山如聚米樹如蒿。刹竿籬籬如桔橰，江流無聲夜滔滔。風帆何處藏千艘，下窺萬垤埋腥臊。政夢膏火相煎熬，揖身便擬虛空逃。東將入海凌鯨鰲，昔年采石披錦袍。蕩兀未免隨輕舠，近者觀潮躇江皋。卻恨管籥重門牢，何如坐窓寂不遨。一覽不費躋扳勞，兔蟾西飛首重搔。寫留尚賴中山毛，鉅公賦詠追風騷。江山動色矜袞褒，野客嗜山老逾饕。展卷物色分殘膏，快剪已具并州刀。不須汗漫期盧敖。虎林盛彪。（明朱存理《鐵網珊瑚・書品》、卷三）

〈題彥敬郎中為公略所作夜山圖〉 元・屠 約

李侯登樓見明月，清景曾持向人說。高侯忻然為作圖，剗藤半紙吞吳越。西風八月天氣涼，白露亂下濃如霜。萬井鱗鱗閛蟻穴，群峯點點陳雁行。鳳皇翱翔貙虎踞，斗牛光射潛蛟怒。方驚畫色辨羽毛，尚覺遠林帶烟霧。嵯峨孤塔撐雲暗，坐令旺氣東南消。玉宇璚樓在何許，高低草樹寒蕭蕭。陰陽剖割太朴散，天地悠悠昏復旦。江山千古月千古，中秋看月人幾換。丹青之筆何代無，此夜此山應難摹。侯能胸次發新意，傾泄造化皆無餘。二公生來不同地，燕魯相望各千里。偶然一笑吳山巔，城中明日傳清事。城中人得知造化，妙處人莫窺唐人兼重廣文畫。輞川況有摩詰詩，李侯李侯君寶之。錢唐屠約再拜。（明朱存理《鐵網珊瑚・書品》、卷三）

〈題彥敬郎中為公略所作夜山圖〉 元・李 震

樓据吳山，背倚高寒。塵飛不到，越山相對。老月騰輝群動息，獨坐清分沉瀲更滿。聽潮聲澎湃，醉裡詩成神鬼泣，景蒼淳又在新詩外。憑誰妙筆能圖繪，羨中郎前身摩詰。宛然心會，拈出清霄無限意。半幅溪藤光怪，方信人間仙界。雲淡天低奇絕處，笑僧殊未識丹青在。留此軸誇千載。盧陵李震敬題。（明朱存理《鐵網珊瑚・書品》、卷三）

〈題彥敬郎中為公略所作夜山圖〉 元・戴 錫

風露百尺樓，湖海兩奇士。山空霄月滿，寥落非城市。明明浙河西，宛宛豪素裡。德人與天游，恢廓應如此。會稽戴錫。（明朱存理《鐵網珊瑚・書品》、卷三）

〈題彥敬郎中為公略所作夜山圖〉 元・張逢源

地位清高眼界寬，盡收風景入毫端。廢宮台榭和煙鎖，隔岸江山對月看。一水中分吳越近，層樓低接斗牛寒。有聲畫意吟難了，更把瑤琴膝上彈。（明朱存理《鐵網珊瑚・書品》、卷三）

〈題彥敬郎中為公略所作夜山圖〉 元・王易簡

高侯妙筆生夜光，李侯正倚斗牛傍。凄涼看盡吳山月，玉鏡台前翠鳳皇。山陰王易簡。（明朱存理《鐵網珊瑚・書品》、卷三）

〈題彥敬郎中為公略所作夜山圖〉 元・呂同老

我昔絕江看吳山，朝光政落山水間。金波遠自海門入，翠嵐高插扶桑般。安知璚樓有夜景，明月蒼茫墮清影。李侯勝賞高侯筆，展卷一時如夢醒。濟南呂同老。（明朱存理《鐵網珊瑚·書品》、卷三）

〈題彥敬郎中為公略所作夜山圖〉　　　　　　　　　　元·戴表元

　　僕異時嘗中秋夜，醉坐吳山絕頂觀月。四無人蹤，飄飄然江湖高爽處也。去之三十年，想念此樂如新，李公略坐中示高郎中畫圖，援筆為賦。

　　君不見浙江中秋中夜潮，凌空斗起如銀橋。又不見西湖中秋中夜月，滿眼玲瓏散冰雪。紅塵車馬曉爭門，畫船歌鼓晚相聞。誰知須臾人事息，祕玩棄在荒涼口。吳山山人氣清放，窮居縱游隨所往。千門夜月少人行，獨上山椒看蒼莽。蒼鸞彩鳳從何來，涼風簸鼓天關開。空光水影相晃眩，坐見千里無纖埃。當時少年輕世故，兩腋飄飄欲生羽。浮槎已似水中仙，吹簫更尋雲外侶，陳迹荒來三十年。逢人再說無由緣，聞編忽得中郎畫。意趣皆是心茫然，山中李侯亦瀟洒。卻燭掩簾風露下，更深百怪弄清妍。一一尊前供嘿寫，高林低岫來枰枰。浮圖窣堵參差生，想當含毫意將決。山精海若同經營，袁宏扁舟何足道。庾亮南樓只秋草，何似如今緗素中。明月常圓意長好，月明山空誰往還。沙鷗野鶴亦歡顏，還有飄零舊時客。白頭夜夜夢吳山。剡源戴表元再拜。（明朱存理《鐵網珊瑚·書品》、卷三）

〈題彥敬郎中為公略所作夜山圖〉　　　　　　　　　　元·鄧文原

　　吳山面滄江，中秋氣颯爽。樓居謫仙後，公退謝塵鞅。孤月出海上，高懷一俛仰。佳哉高侯畫，得意超象罔。我來秋雨晚，月色寒蒼茫。山遠落未淨，風高怒潮響。奔騰萬雲氣，忽駕蒼虬上。平湖雨翻江，渺渺波蕩槳。思回圖畫時，歲月倏已往。山川更晦明，陰陽遞消長。人生何獨勞，局促老穹壤。我將乘倒景，千載縱清賞。松喬遺世人，一笑凌煙像。巴西鄧文原題。（明朱存理《鐵網珊瑚·書品》、卷三）

〈高尚書墨竹卷小品〉　　　　　　　　　　元·鄧文原

　　人纔有我難忘物，畫到無心恰見工。欲識高侯三昧手，都緣意與此君同。鄧文原。（清吳升《大觀錄》、卷十五）

〈高尚書青山暮靄圖卷〉　　　　　　　　　　元·鄧文原

　　傍溪草舍隔林中，望際雲山翠幾重。長憶雨餘閒信馬，輕鞭遙指兩三峰。鄧文原。（清吳升《大觀錄》、卷十五）

〈高房山雲橫秀嶺圖軸〉　　　　　　　　　　元·鄧文原

往年，彥敬與僕交極厚善。嘗見作畫時，真如蒙莊所謂痀僂承蜩者，蓋心手而得物我俱忘者也。此卷擬董元，尤得意之筆，原不可復作矣，令人雪涕。鄧文原題。（清吳升《大觀錄》、卷十五）

〈題彥敬越山圖〉　　　　　　　　　　　　　　　　　　　　元・趙孟頫

越山隔濤江，風起不可渡。時於圖中看，居然在煙霧。（趙孟頫《松雪齋文集》）

〈題高彥敬樹石圖〉　　　　　　　　　　　　　　　　　　　元・趙孟頫

喬林動秋風，索索葉自語。堂堂侍郎公，高懷政如許。（趙孟頫《松雪齋文集》）

〈題高彥敬畫二軸〉　　　　　　　　　　　　　　　　　　　元・趙孟頫

踈踈澹澹竹林間，煙雨冥濛見遠山。記得西湖新霽後，與公携杖聽潺湲。

萬木紛然搖落後，唯餘碧色見松林。尚書雅有冰霜操，筆底時時寄此心。（趙孟頫《松雪齋文集》）

〈題李公略所藏高彥敬夜山圖〉　　　　　　　　　　　　　　元・趙孟頫

高侯胸中有秋月，能照山川盡豪髮。戲拈小筆寫微茫，只尺分明見吳越。樓中美人列仙矓，愛之自言天下無。西窗暗雨政愁絕，燈前還展夜山圖。（趙孟頫《松雪齋文集》）

〈高尚書墨竹卷小品〉　　　　　　　　　　　　　　　　　　元・趙孟頫

僕至元間為郎兵曹，秩滿，彥敬與僕為代，情好至篤，是時猶未甚作畫，後乃愛米氏山水，專意摹仿，久而自成一家，遂能名世傳後，蓋其人品高，胸次磊落，故其見於筆墨間，亦異乎流俗耳。至於墨竹樹石，又其游戲不經意者。因見此二紙，使人緬想不能已矣，書東坡墨君堂記於其後。至治元年六月二日，吳興趙孟頫書。（清吳升《大觀錄》、卷十五）

〈高彥敬畫山村隱居圖卷〉　　　　　　　　　　　　　　　　元・趙孟頫

彥敬所作山水，真杜子美所為元氣淋漓者耶？仁近得之，可為平生壯觀也。孟頫。（清吳升《大觀錄》、卷十五）

〈高尚書青山暮靄圖卷〉　　　　　　　　　　　　　　　　　元・趙孟頫

蘆汀動山色，山翠護雲衣。如何千載後，再有米元暉。孟頫。（清吳升《大觀錄》、卷十五）

〈高尚書墨竹坡石圖，為子敬作〉　　　　　　　　　　　　　元・趙孟頫

　　高侯落筆有生意，三立兩竿烟雨中。天下幾人能解此，蕭蕭寒碧起秋風。子昂題。（清
吳升《大觀錄》、卷十五）

〈題高房山寫山村圖卷并序〉　　　　　　　　　　　　　　元・仇　遠

　　大德初元九月十九日，清河張淵甫貳車會高彥敬御史於泉月精舍，酒半為余作山村圖。頃刻
而成，元氣淋漓，天真爛漫。脫去畫工筆墨畦町，余方棲遲塵土，無山可耕，展玩此圖，為
之悵然而已。

　　我家仇山陽，昔有數椽屋。誤落塵市間，讀書學干祿。井枯竈煙絕，況復問松菊。如
此五十年，一出不可復。高侯丘壑胸，知我志幽獨。為寫隱居圖，寒溪入空谷。蒼石壓
危構，白雲養喬木。向來仇池夢，歷歷在我目。何哉草堂資，政爾口不足。視我舌尚存，
吾居有時卜。（仇遠《山村遺集》、三頁上）

〈題彥敬郎中為公略所作夜山圖〉　　　　　　　　　　　　元・仇　遠

　　感高宜晚更宜秋，下馬歸來即倚樓。納納乾坤雙老眼，滔滔江海一扁舟。滿城明月空
吳苑，隔岸青山認越州。李白酒豪高邁筆，當時人物總風流。考城仇遠。（明朱存理《鐵
網珊瑚・書品》、卷三）

〈高尚書墨竹卷小品〉　　　　　　　　　　　　　　　　　元・廉希貢

　　僕嘗與彥敬游，愛其所作山水竹石，雖法米元暉、文與可，而又出於胸次之妙者。今
觀此紙，緬懷其人，不能不興感慨也。至治元年九月望日，薊丘廉希貢書。（清吳升《大
觀錄》、卷十五）

〈題彥敬郎中為公略所作夜山圖〉　　　　　　　　　　　　元・薛羲玄

　　高李風流仕西浙，共倚危樓望吳越。吳越江山千萬重，高侯畫對中秋月。生紙經營入
董源，朦朧烟樹迷宮闕。玉露沈沈四沴寥，潮聲已息簫聲咽。不寫思陵全盛時，空遺白
塔堪愁絕。君不見不子猷，亦向山陰弄雪舟。誰拈禿筆掃清遊，古今佳致總悠悠。上清
外史薛羲玄。（明朱存理《鐵網珊瑚・書品》、卷三）

〈題彥敬郎中為公略所作夜山圖〉　　　　　　　　　　　　元・陳康祖

　　君不見謝公臨江佳興發，牛渚磯頭泛秋月。舫中乃有臨汝郎，泳史清音振林樾。又不
見子猷夜吟招隱闋，開尊四望山陰雪。彷徨忽作安道思，郊邑寒光正飄瞥。江山勝跡何
代無，往往因人見奇崛。錢唐信美東南會，山勢衡從紛嶙嶒。李侯開軒當上方，坐駕蒼
螭子吳越。是時月上三秋中，飛鏡懸空萬塵沒。海門縹緲江吞天，宛在三山白銀闕。落

木寒生烏鵲枝，回潮光光蛟鼉窟。西陵襟帶連山開，秦望遙岑青一髮。憑虛金氣騰星躔，白露林端酒高潔。鸘鵝裘上沾清華，鸚鵡杯中湛芳冽。參橫斗轉天雞鳴，城鼓填填角幽咽。夜來風景非人間，圖畫天開為君設。平明跨馬超省垣，公退往就高侯說。高侯前身定摩詰，此畫此詩俱妙絕。看君寧久淹此留，乘傳行當擁三節。吳山越水尺素間，舒卷還如向西浙。吳興陳康祖。（明朱存理《鐵網珊瑚・書品》、卷三）

〈題彥敬郎中為公略所作夜山圖〉　　　　　　　　　　　　元・孟 淳

　　月底江山如畫好，樓中几席與秋清。剡藤不到高人手，一段風流可得成。江行山立月盤桓，有客無言樓上看。清興肯隨城漏盡，夜深風露恐高寒。（明朱存理《鐵網珊瑚・書品》、卷三）

〈題彥敬郎中為公略所作夜山圖〉　　　　　　　　　　　　元・釋雄覺

　　靜夜江山吳越中，高侯筆力壓晴空。雲開海氣波濤壯，月照城池氣象雄。高閣有人觀北極，平林落木晻西風。誰知墨妙留塵世，彥老風流萬古同。臨川漕山雄覺。（明朱存理《鐵網珊瑚・書品》、卷三）

〈題彥敬郎中為公略所作夜山圖〉　　　　　　　　　　　　元・徐 琰

　　彥敬郎中高君，讀書窮理外，留心繪事，所謂吳裝山水者，尤為得意焉。左右司秩滿之後，閒居武林，不求仕宦，日從事於畫，心愈好而技愈進，雖專門名家有弗逮也。行省照磨李君公略，性沖澹，樂山水，寓居吳山之巔，南向開小窗，俯瞰錢塘江及浙東諸山，歷歷可數，如几案間物。彥敬每相過，未嘗不留連徙倚，以展清眺。公略謂夜起登此，闇月下看山，尤覺殊勝。彥敬聞之，躍躍以喜，遂援筆而為是圖。公略持以示予，且請著語，因賦錢塘夜山圖歌一篇，書之左方，聊為道其梗概，云：

　　常人畫山皆畫山，青天白日摹何難。郎中畫山作夜景，沆瀣滿空生筆端。雲散月皎皎，山長江漫漫。近山龍虎踞，遠山眉黛灣。江南與江北，碧玉飛屧顏。千崖無人萬壑靜，只有謫仙之裔獨坐臨飛欄。幅巾不畏風露冷，得句杳在蒼茫間。會稽秦望道塗近，雁蕩天地金華寬。穹林羅叢祠，曲暗鬼所寰。浼浼燈火收，唯見煙中竿。佛塔如巨靈，被甲峨寶冠。巍巍桂天立，威猛恭而安。相對兀不語，色並星芒寒。似憐騷人孤，詎為非類干。日入罔將作，特來衛詩壇。遂覺蔣魑魅魍魎走皆盡，攝衣縱少危巢更可棲鶻攀。不知中郎何從得是木，祗因曾向吳中小閣忍睡觀更闌。天下江山有如此，杭州城中人得看。人得看知者少，競利爭名昏復曉。豪家翕翕志歌歡，下戶營營急溫飽。萬象橫陳棄若遺，東門爼豆鸚鷗鳥。若非高李相與拈出付後來，暴殄天物誠可哀。至元甲午而陽月望日，徐琰谷齋子方父跋于武陵官舍之芳潤堂。（明朱存理《鐵網珊瑚・書品》、卷三）

〈題彥敬郎中為公略所作夜山圖〉　　　　　　　　　　　　　　　元・鮮于樞

　　世人看山在山下，李侯看山向絕頂。世人畫山畫白日，李侯畫山摹夜景。絕頂看山山更奇，夜景摹出人少知。遠山蒼蒼近山黑，岩樹歷歷汀樹微。天高露下暮潮息，月明一片寒江遲。藏深樂淵潛，驚定安林栖。耳絕城市喧，心息聲利機。古人無因駐清景，高侯有筆能奪移。容齋復作有聲畫，冥搜天巧為補遺。後來知有李侯之德高侯畫，千人誦容公詩。鮮于樞。（明朱存理《鐵網珊瑚・書品》、卷三）

〈題彥敬郎中為公略所作夜山圖〉　　　　　　　　　　　　　　　元・牟應龍

　　觚稜昔枕萬松嶺，金碧青紅縹緲間。萬家環之密如櫛，只見樓台不見山。九街車馬何填咽，隱隱轟轟夜不絕。市聲未散朝馬嘶，只見燈火不見月。祇今山上居民稀，岡巒盡露青逶迤。昏鼓鼕鼕人跡絕，山空月明景更奇。謫仙把酒看不足，摩詰收之入橫幅。要令赤日黃埃中，翠色冷光常在目，就中何處最愁予。剎竿高矗白塔孤，綵筆昔曾干氣象。短髮搔斷空踟躕，世間萬事何不有，雍門悲涼百年後。惟有明月與青山，古往今來鎮如舊。陵陽牟應龍。（明朱存理《鐵網珊瑚・書品》、卷三）

〈題高彥敬青山白雲圖〉　　　　　　　　　　　　　　　　　　　元・程端禮

　　中州方岳岱為宗，誰寫巍巍第一峯。膚寸雲生雨天下，何曾有意為乾封。（程端禮《畏齋集》、卷二）

〈高房山雲橫秀嶺圖軸〉　　　　　　　　　　　　　　　　　　　元・李　衎

　　予謂彥敬畫山水，秀潤有餘，而頗乏筆力，嘗以此告之。宦遊南北，不得會面者今十年矣。此軸樹老石蒼，明麗灑落，古所謂有筆有墨者，使人心降氣下，絕無可議者，其當寶之。至大已酉夏六月，薊丘李衎題。（清吳升《大觀錄》、卷十五）

〈高尚書青山暮靄圖卷〉　　　　　　　　　　　　　　　　　　　元・郭麟孫

　　長江萬里流滔滔，風平如席靜不濤。老楓疎梛澹雲影，敧崖側倒明秋毫。紅塵一點飛不到，何人結屋江之臯。霜清水落沙嶼出，蘆葉瑟瑟鴻南翔。一峰崒嵂聳我髻，俯視培塿如兒曹。晴嵐朝爽滴空翠，樹林露沐滋流膏。心融造化意慘淡，筆挾風雨聲蕭騷。淋漓元氣猶帶濕，收拾萬象無能逃。扶輿清淑聚胸次，固應獨擅人間豪。未容小米詫能事，千古且說文昌高。世間神物不易得，牙籤玉軸歸時髦。我來坐腸疲不邀，展卷頓覺舒鬱陶。何煩蠟屐躋攀勞，崦西小紅尋野桃。郭麟孫題。（清吳升《大觀錄》、卷十五）

〈題彥敬郎中為公略所作夜山圖〉　　　　　　　　　　　　　　　元・姚　式

　　越山蒼蒼秋月白，江水無口群動息。此時此景天下無，縹緲飛樓人獨立。昔人清賞政

爾開，苦道丹青摹不得。請看此紙如何長，卷取素縑三百尺。吳興姚式題。（**明朱存理《鐵網珊瑚・書品》、卷三**）

〈題高彥敬煙嵐圖〉　　　　　　　　　　　　　　　　　　　　元・程鉅夫

　　西南多連峯，東北多大野。大野少人耕，連峯有人寫。寫之紿臥遊，誰為識真者。獨有房山翁，癖山如癖馬。向宦浙河干，收拾不盈把。雲煙何慘澹，水木亦瀟洒。匪徒妙丹青，秀句蔚騷雅。胸中殊磊塊，筆底聊復且。君看諸可翫，何者獨非假。削平藝稻粱，庶以飽天下。（**程鉅夫《雪樓集》、卷二十八**）

〈題彥敬郎中為公略所作夜山圖〉　　　　　　　　　　　　　　元・趙孟籲

　　絕愛樓居臥看山，照人秋月入樓寒。祇今此景那能得，時展新圖對月看。大梁趙孟籲書。（**明朱存理《鐵網珊瑚・書品》、卷三**）

〈題彥敬郎中為公略所作夜山圖〉　　　　　　　　　　　　　　元・王英孫

　　等閒吳越在毫端，疊巘微茫月影寒。一曲危闌人獨倚，江山渾作夢中看。山陰修竹王英孫。（**明朱存理《鐵網珊瑚・書品》、卷三**）

〈題彥敬郎中為公略所作夜山圖〉　　　　　　　　　　　　　　元・張復亨

　　畫山畫易工，畫山夜難狀。高侯江海姿，落筆勢雄放。毫芒見神功，超忽移物象。越岡遞起伏，浙水尤滉漾。初看浪如山，卻訝山似浪。簸岩烟月間，未數冥島壯。茲圖欻流傳，披展神為王。何當就謫仙，一醉秋閣上。南譙張復亨。（**明朱存理《鐵網珊瑚・書品》、卷三**）

〈題高彥敬桑落洲望廬山圖〉　　　　　　　　　　　　　　　　元・袁　桷

　　長江亭亭桑落洲，一塔獨傲蘋花秋。邊聲已逐鼙鼓盡，水氣欲挾漁榔浮。謫仙騎鯨五柳老，真景變滅隨沙鷗。空餘秦箏與羌管，斷續不洗琵琶愁。玉堂小窗解蒼珮，宴坐得意毫端收。空青點雲碧痕濕，方諸取月寒光流。匡廬老人在何許，似覺頷首相遲留。佳峯棱棱鐵鈎鎖，寸樹點點銅浮漚。要知翰墨洒清氣，俗子政爾勞雕鎪。秋泉山人息機事，青眼不與王公酬。高張素壁凜太古，擬跨獨鶴還磯頭。人坐江湖在適意。底用絕俗埋林丘，披圖覽古重歡息。天際靄靄疑歸舟。（**袁桷《清容居士集》、卷六**）

〈題彥敬、子昂蘭蕙梅菊畫卷〉　　　　　　　　　　　　　　　元・袁　桷

　　余嘗見彥敬、子昂親作繪事，生香疎影，光透紙墨，觀者莫不歛衽。二公既下也，摹傳益多，優孟之叔敖，幾不可辨。觀此生意，猶侍仗履時也。（**袁桷《清容居士集》、卷**

四十七）

〈高彥敬遠山木石圖，為記夢符學士作〉　　　　　　　　元・袁　桷

　　身比寒崖枯木，心似浮雲太虛。落日前峰堪隱，丹青渺渺愁予。（袁桷《清容居士集》、卷十四）

〈高彥敬尚書墨竹〉　　　　　　　　　　　　　　　　　元・釋大訢

　　西域高侯自愛山，此君冰雪故相看。蒼梧帝子秋風淚，翠袖佳人日暮寒。妙處寧論鐵鉤鎖，深情莫報翠琅玕。誅茅何處陰崖底，靜看梢頭玉露溥。（釋大訢《蒲室集》、卷五）

〈題高彥敬越山春曉圖〉　　　　　　　　　　　　　　　元・侯克中

　　滿目烟嵐滿意春，江山如畫畫如真。巖巖萬壑千峰秀，可惜中間無一人。（侯克中《艮齋詩集》、卷十）

〈題李公略所藏高彥敬夜山圖卷〉　　　　　　　　　　　元・侯克中

　　幽人清夜思高閒，誤落龍眠筆硯間。萬伊峰巒千里月，廣寒宮裏看三山。（侯克中《艮齋詩集》、卷十）

〈高侯畫桑落洲望廬山〉　　　　　　　　　　　　　　　元・貢　奎

　　楚江浩浩山磝磝，澹然粉墨凝冰綃。直峯橫嶺藏曲折，筆力巧處疑鐫雕。高堂淨如拭，坐覺風蕭騷。莫雲春樹隱復見，人家半落滄洲遙。中有隱者居平生，不受東林招日夜。千帆萬柁過未已，誰肯拂袖同寂寥。我愛高侯得天趣，所見歷歷窮秋毫。米家父子稱好手，率意尚復遭譏嘲。靈機直恐神鬼設，變態叵測魚龍驕。玉峽飛孤泉，香爐障層霄。自憐失腳行萬里，微官羈繫何由逃。焚香沽酒靜相對，長日令人愁恨消。（貢奎《雲林集》）

〈高彥敬黃州雲山圖〉　　　　　　　　　　　　　　　　元・馬祖常

　　雲山萬疊江南岸，江北高樓眺望時。晴靄蔽虧橋過市，夕霏薈蔚樹連枝。行人不帶遮塵帽，遊客嘗携注酒卮。我有故園淮水上，竹岡相接到黃陂。（馬祖常《石田文集》、卷三）

〈高彥敬青山白雲圖〉　　　　　　　　　　　　　　　　元・虞　集

　　兩崖之間，曾不容舠。白雲悠悠，與山俱高。（虞集《道園學古錄》、卷一）

〈題高彥敬竹石〉　　　　　　　　　　　　　　　　　　　元・虞　集

　疎篁幽草潤邊生，群玉參差若弟兄。更待拂雲棲紫鳳，何年臨海挈長鯨。尚書蕭散今摩詰，子墨凄涼舊客卿。風雨夜來家四壁，龍吟微應讀書聲。（虞集《道園遺稿》、卷三）

〈題高彥敬尚書趙子昂承旨共畫一軸為戶部楊侍郎作〉　　　　　元・虞　集

　不見湖州三百年，高公尚書生古燕。西湖醉歸寫古木，吳興為補幽篁妍。國朝名筆誰第一，尚書醉後妙無敵。老蛟欲起風雨來，星墮天河化為石。趙公自是真天人，獨與尚書情最親。高懷古誼兩相得，慘澹酬酢皆天真。侍郎得此自京國，使我觀之三歎息。今人何必非古人，淪落文章付陳迹。（虞集《道園學古錄》、卷二）

〈題彥敬郎中為公略所作夜山圖〉　　　　　　　　　　　　　　元・虞　集

　吳越蒼茫只尺間，尚書能畫夜看山。塵消海市露初下，雪積江山湖始還。坐上賦詩誰絕唱，夢中化鶴或臨關。高情久逐年華盡，秋樹寒波愧妙顏。虞集。（明朱存理《鐵網珊瑚・書品》、卷三）

〈題高尚書竹石〉　　　　　　　　　　　　　　　　　　　　元・楊　載

　矯龍疑蒼筠，踞虎肖白石。倘乘風雲會，變化那可測。（楊載《翰林楊仲弘詩集》、卷八）

〈題高尚書墨竹〉　　　　　　　　　　　　　　　　　　　　元・楊　載

　尚書善畫名天下，戲掃修篁筆更奇。何異補陀巖石上，雪霜摧折有殘枝。（楊載《翰林楊仲弘詩集》、卷八）

〈高尚書青山暮靄圖卷〉　　　　　　　　　　　　　　　　　　元・陳　邁

　層巒叠嶂堆青髻，薄霧輕雲罨疎木。高侯胸次清絕塵，開卷令人觀不足。陳邁。（清吳升《大觀錄》、卷十五）

〈題高尚書秋山暮靄圖〉　　　　　　　　　　　　　　　　　　元・郭　畀

　遠樹含空煙，群峯緘積翠。離離雁外檣，落日來天際。高侯丘壑心，點墨悟三昧。我欲傲滄洲，畫長枕蓬睡。（郭畀《快雪齋集》、六頁）

〈題高房山青山白雲圖〉　　　　　　　　　　　　　　　　　　元・黃　溍

　十年失腳走紅塵，忘卻山中有白雲。忽見畫圖疑是夢，冷花涼葉思紛紛。（顧瑛《草堂雅集》、卷二）

〈題高公畫竹木〉　　　　　　　　　　　　　　　　　　　明・黃溍

　木葉蕭蕭半欲空，竹竿裊裊不成叢。絕憐意匠經營處，都在風煙慘淡中。（黃溍《金華黃先生文集》、卷六）

〈題高彥敬尚書竹石圖〉　　　　　　　　　　　　　　　　元・柳貫

　尚書胸中貯秋色，翠石蒼筠隨點筆。當其被酒氣當酣，芒角森森出矛戟。墨痕散作紙背光，虎臥龍騰俱有跡。伯夷去後凜清風，叔向生來古遺直。見之冠佩不敢燕，矧是圓壇方荐璧，房山西北弁山南。二老交情當莫逆，陶泓毛穎始受呼。不寫穠芳寫寒碧，流傳此物成宅相。鈿軸縹囊新潢飾，老夫饞口近更滋。便欲歸山煮吾簣，詩成題作主林神，未害西湖渠不識。（柳貫《柳待制文集》、卷一）

〈題高尚書籐紙畫雲林煙嶂圖〉　　　　　　　　　　　　元・柳貫

　髯翁昔飲西湖淥，滿意看山看不足。醉拈官紙寫秋光，割截五州雲一幅。吾聞妙畫能通仙，此紙度可支千年。只愁蓬萊失左股，六鼇戴之飛上天。（柳貫《柳待制文集》、卷三）

〈題高尚書畫雲林煙嶂〉　　　　　　　　　　　　　　　元・柳貫

　房山老人初用二米法寫林巒烟雨，晚更出入董北苑，故為一代奇作。然不輕於著筆，遇酒酣興發，或好友在前，雜取縑楮，研墨揮毫，乘快為之，神施魔設，不可端倪。今俗工極意臨摹，豈能得其彷彿哉。昔米元章嗜石，見輒再拜。予所甚愛其能無侶容乎？（柳貫《柳待制文集》、卷十九）

〈高房山青山白雲圖，為蔡仲謙運使賦〉　　　　　　　元・許有壬

　房山人品素高賢，流出天機肺腑間。一片冰紈才數尺，幾重雲樹幾重山。（許有壬《至正集》、卷二十八）

〈題高彥敬越山圖三首〉　　　　　　　　　　　　　　　元・吳師道

　漁浦渡頭烟淡，錢塘江上潮平。吳越興亡何在，青山長對人橫。
　潮平風定日落，雲白山青水乾。憶得晚秋天氣，浙江亭上憑闌。
　西域有茲奇士，東州無限佳山。一幅西興漁浦，風流千載人間。（吳師道《吳正傳先生文集》、卷八）

〈高房山畫〉　　　　　　　　　　　　　　　　　　　　元・王士熙

　高尚書字彥敬，西域人，早仕省郎有能名，出為江浙省左右司郎中，能畫山水，詩甚

有唐人意度。作樂府，止記得兩句，曰吳山青，越山青，兩岸青山相送迎。又記得絕句，曰無限飛紅隨馬足，春光更比路人忙。其作山水，人家多有之，珍藏什襲，其價甚高，為大元能畫者第一。青山白雲甚有遠致，業儒，瀟灑，戴包巾，著長袍，為刑部尚書。其言子不得證父，妻不得證夫，奴不得訐主，此乃綱常正道，至今著為令格，真乃國家養成，傳之千古。今見青山白雲一軸，士熙晚生後輩，延祐四年，封贈尚書，士熙實當筆，後為浙東廉使，其子名桓，為紹興路同知，以尚書文集請予作序，催取為南台侍御行急，不曾作得序文。高同知今在何處，其人病弱不能世其家，可歎也哉。吳山重疊粉團高，有客晨興洒墨毫。百兩真珠難買得，越峯壓倒湧金濤。中奉大夫江南諸道行御史台侍御史東平王士熙頓首謹題。（明朱存理《鐵網珊瑚書品》、卷三）

〈高房山畫〉　　　　　　　　　　　　　　　　　　　　　元・王士熙

　吳山重疊粉團高，有客晨興灑墨毫。百兩真珠難買得，越峰壓倒湧金濤。（清高宗《御定歷代題畫詩類》、卷十二）

〈題高尚書青山白雲圖〉　　　　　　　　　　　　　　　　元・張天英

　仙人中有琅玕樹，吐作千峰落毫素。峰上蒼蒼一尺天，峯下雲行亦無數。因憶曾為天帝客，家在白雲深處住。白雲隨龍飛出山，我亦攀龍躡雲路。青山笑人不早歸，大笑龍為龍所悸。變化無定端，飛揚為誰故。試問古共工，何勞不周怒。飄飄巢止翁，肯受風塵污。安得兩齒屐，載我逍遙步。醉臥青山看白雲，莫嗔老子來遲暮。（顧瑛《草堂雅集》、卷三）

〈題高房山畫〉　　　　　　　　　　　　　　　　　　　　元・陳　旅

　林扁曉散青楓雨，水國春涵白蜃雲。縹緲房山何處在，晴窗短紙映斜曛。（陳旅《安雅堂集》集、卷一）

〈跋吳季行（高克恭畫）青山白雲圖後〉　　　　　　　　　元・李　存

　夫嗜好可以觀人，若叔夜之於琴，伯英之於書，蠡之貨殖，穀之博塞，一外物不膠，必皆有恬乎其情，陶乎其神者也。故人之言曰：“定其取舍，其賢庸之夫固惡所遁哉？”往年，吳公季行之子塡，得畫一幅於京師以歸。山木蒼潤，風雲噓薄，甚不類於今者，而謂高彥敬尚書作也。公雅好書畫奇古物，大喜之，以為郭熙輩有不能以優。舒之中壁，日以拂玩，戒他事毋我關。凡鄉中之能文辭者，咸請為歌詩，以宣其樂，金石鏦鳴，至數十篇未已也。嗚呼，世教之卑久矣，沒有名能事其親者，不過欲甘鮮其口，輕煖其體，而親之於其子也，亦鮮有外是而歡者焉，此豈帷塡之善養。若公者，真可謂嗜好不流於俗，知所恬陶其神情者矣。番之吳氏，世為儒者，家至公，又蓄德積學，不乘時競利，寬然為鄉之長者。而塤又慎學夷愉，無刻刻於人，朝夕之事，僅僅而備而親以安，其不調之父子相樂於道，游懷於物者邪。存不才，亦嘗奉公以詩，其辭近有不當公意者，故復為之敍云。（李存《俟菴集》、卷二十六）

〈題高彥敬尚書雲山圖〉　　　　　　　　　　　　　　　元・朱德潤

高侯以文章政事之餘，作山水樹石。落筆便見雲烟溫鬱之象，真所謂品格高而韻度出人意表者也。（朱德潤《存復齋文集》、卷七）

〈題高彥敬尚書房山圖〉　　　　　　　　　　　　　　　元・朱德潤

高侯回紇長髯客，唾灑冰紈作秋色。山南山北風景殊，妙寫總能隨筆墨。當時我見潯陽圖，疏林古墅秋岑寂。黃蘆滿灘飛鳥盡，屋底漁樵行逼仄。顆珠瑕玉久眩人，歎息此圖誰復識。清氛滿堂千疊山，華岳嵩高何峻極。昔也懸心徐省郎，今日緘隨石彭澤。只今世俗稱高侯，多愛青山白雲白。白雲已去作飛雨，貌　得中原一片石。（朱德潤《存復齋文集》、卷十）

〈題高彥敬山水〉　　　　　　　　　　　　　　　　　　元・朱德潤

高侯畫學，簡淡處似米元暉，叢密處似僧巨然，天真爛漫處似董北苑，後人鮮能備其法者。今觀此卷天真爛漫，故可寶也。（朱德潤《存復齋續集》、四六頁）

〈題王仲弘縣尹所藏高彥敬尚書巴陵山水圖〉　　　　　元・郯韶

尚書愛畫水，落筆生遠色。微茫洞庭野，迥與湘渚隔。青山迤邐盤春空，江波欲落江樹重。望中雲夢開七澤，猿啼直與巴陵通。王郎家住巴陵道，按圖只說巴陵好。巴陵女兒歌竹枝，微風落日行人少。山中春雨生石田，柴門流水聲濺濺。釣竿長日倚沙樹，扁舟中閣生晴烟。愛此只合山中住，十年作官不歸去。高堂見畫夜夢之，夢中離離濕秋露。白頭官滿思轉多，江南酒美仍蹉跎。人生得意夜行樂，酒酣且和巴陵歌。王郎王郎奈爾何。（元顧瑛《草堂雅集》、卷十）

〈高尚書青山暮靄圖卷〉　　　　　　　　　　　　　　　元・柯九思

三代以來推盛世，九州之外有斯人。君看筆底生秋色，盡在瀟瀟楚水濱。丹邱柯九思識。（清吳升《大觀錄》、卷十五）

〈高尚書青山暮靄圖卷〉　　　　　　　　　　　　　　　元・李國蕃

去年弭楫香鑪下，烟雨漫天失圖畫。只今見畫似成癡，紙上匡廬美無價。晴雲戀雨凝不能，蘆邊雁影秋離離。聯檣高下森列戟，茅屋參差紛置棊。溟濛缺處忽見樹，翠峰直

下疑無路。乘皇先生杳莫尋，香山居士今何處。桑落渚□五老峰，勝境常存夢寐中。憑
誰喚起高八座，短棹枯筇著此翁。檇李李國蓍。（清吳升《大觀錄》、卷十五）

〈高尚書青山暮靄圖卷〉　　　　　　　　　　　　　　　　　　　元・文志仁

　時巒掩靄雲容薄，遠樹微茫山氣秋。如此江山亦奇絕，若為著我釣魚舟。文志仁題。
（清吳升《大觀錄》、卷十五）

〈高彥敬亂石奔流〉　　　　　　　　　　　　　　　　　　　　　元・胡　助

　白雲微茫橫歛閣，興到時時自盤礴。高侯寫出胸中奇，亂石奔流美林壑。西風老樹三
峽秋，雪花濺沫巖之幽。雷轉空山駭猿狖，毫端直與元化侔。倦客思歸結茅舍，丹青一
幅千金價。誰知正乏買山錢，安得長安看此畫。（胡助《純白齋類稿》、卷六）

〈高彥敬山水〉　　　　　　　　　　　　　　　　　　　　　　　元・張　翥

　房山得法黃華山，筆力斷取青屏顏。居然真境開九瑣，中有美人茅屋間。羽人訪道不
辭遠，一劍江湖游未返。時從畫裏到家林，老木清溪照層巘。我思鄧葉兩隱君，天壇石
室多白雲。紛紛相尋採芝去，寄聲黃鵠君應聞。（元顧瑛《草堂雅集》、卷四）

〈高房山畫〉　　　　　　　　　　　　　　　　　　　　　　　　元・張　翥

　兩岸溪流抱岸迴，人稀野徑滿蒼苔。樹陰古屋無多住，岩際歸雲一半開。老筆精神如
米虎，此山秀氣亂天台。因何借得仙人杖，直到雲霞最上來。河東張翥。（明朱存理《鐵
網珊瑚書品》、卷三）

〈題高侍郎竹石〉　　　　　　　　　　　　　　　　　　　　　　元・張　翥

　高侯畫石聊信筆，更著數竹穿雲根。豈如王宰須五日，率爾意到精靈奔。東齊野人開
一樽，想見盤礴須眉掀。破泓禿穎發光采，渭川太華相雄吞。竹如劍拔石虎蹲，濃雨晝
黔蒼烟渾。淋漓滿紙元氣濕，尚帶當時紅酒痕。只今作者漫紛紛，前輩風流無復存。君
不見寂寞雲山烟霧裏，古苔空臥老龍孫。（顧瑛《草堂雅集》、卷四）

〈題彥敬郎中為公略所作夜山圖〉　　　　　　　　　　　　　　　元・張　翥

　危樓遙夜倚高冥，落木蒼烟認遠汀。潮上海門連月白，山來口浦徹雲青。畫中絕筆空
秋思，句裏群賢已曉星。勝概只今誰復寫，卜居應愧草堂靈。

　昔在童子時，得以筆硯侍諸先生。俛仰五十年，彥方出示夜山圖。卷中作者皆翥所口事，風
流盡矣。典型故在，慨然久之。不敏小子輒題，以志歲月，所未識者李震也。張翥。（明朱存
理《鐵網珊瑚・書品》、卷三）

〈高彥敬畫山村隱居圖卷〉　　　　　　　　　　　　　　　　　元・張　翥

　　南陽先生列仙癯，舊仕仇山雲一隅。平生廣文官既冷，投老故村田已無。唯留詩卷在
天地，清名正似孤山逋。我時總角山之徒，每操几杖從宴娛。百年豈獨前輩盡，而我今
亦形容枯。栖霞嶺空悲拱木，泉月庵廢愁寒蕪。忽披遺墨重再拜，想見五老風流俱。人
生有情況多感，坐念往昔睫欲濡。白漚浩蕩不復返，黃鵠一舉安能呼。高侯筆力何如所，
前身朱方老於菟。故能胸次吐巖壑，但怪滿紙風煙麗。安得好手為一摹，著我中間茅屋
孤。君其寶之勿輕出，便是米家驚倒圖。

　　右山村圖卷，故尚書高克恭彥敬為御史時，為仇先生作於月泉精舍，舍乃故宋漳州僉判張逢
　　原淵甫之墳庵。淵甫即句曲外史伯雨之大父也。先生一為栗陽教，湖北先生墓在焉。弁陽則
　　草窗周公謹之別號，弁山在武康溪上，先生羡師也。大德初元，年甫十有一，常從先生出入
　　諸公間，今逾再世矣。景寧尚書得此卷，以屬題，傷年運之既邁，感事物之非昔，愴然于懷，
　　以敘卷末，庶幾覽者知四三君子，文獻之可徵也。至正昭陽赤奮若夏五之望，河東張翥書于
　　京師寓所虛游軒。（清吳升《大觀錄》、卷十五）

〈題彥敬郎中為公略所作夜山圖〉　　　　　　　　　　　　　　　　　元・吳福孫

　　予自丙寅歲來稠城，識信齋萬戶，眾仲陳先生在西席。至正丁亥，奉省謁檄來，首謁
彥方總管，又識復禮李先生，因出示高尚書此圖。追憶少時受學于容齋，公時主憲事在
西浙，一時南北名士大夫，皆得朝夕相與瞻奉，今子卷中翰墨，使予慨嘆不已。復禮珍
秘之，予復書其邑里爵位標其上云。金華吳福孫書。（明朱存理《鐵網珊瑚・書品》、卷
三）

〈題高彥敬竹木圖〉　　　　　　　　　　　　　　　　　元・釋大圭

　　尚書縱筆寫新圖，古木疎篁半有無。厓雨未數泉散漫，山雲不斷雪糢糊。鳳鳴朝日來
阿閣，龍去秋天泣鼎湖。前代風流那復見，幾回清夢繞燕都。（清高宗《御定歷代題畫
詩類》、卷八十二）

〈房山畫竹〉　　　　　　　　　　　　　　　　　元・馬　庸

　　老龍吹笛海波寬，一夜湘君白髮寒。只恐驚飛隻鐵影，長留明月護天壇。（清高宗《御
定歷代題畫詩類》、卷七十八）

〈題高房山墨竹〉　　　　　　　　　　　　　　　　　元・成廷珪

　　黃花山主澹遊翁，寫竹依稀篆籀工。獨有高侯知此趣，一枝含碧動秋風。（成廷珪《居
竹軒詩集》）

〈高尚書山水，仲川第請題橫幅上〉　　　　　　　　　　　元・張　雨

　　我識房山紫髯叟，雅好山澤嗜杯酒。政事不減李長源，畫中乃復稱仙手。規模北苑出新意，却顧巨然嫫母醜。此圖仍是江南筆，米家父子應鉗口。卷藏閱歷五十載，雲氣依然投戶牖。剡藤何知得所托，一代精靈豈枯朽。南山獎庐圖寫徧，壁掃黃泥無復取。吁嗟大賢不可作，老矣向來牛馬走。舉圖還君百憂失，臥聽松風搔白首。（張雨《句曲外史貞居先生詩集》、卷三）

〈題高尚書墨竹卷〉　　　　　　　　　　　　　　　　　元・張　雨

　　淨業清風披洒，老竿元氣淋浪。並要墨君高節，惟許房山侍郎。（張雨《貞居集補遺》、卷上）

〈題高彥敬廬山圖〉　　　　　　　　　　　　　　　　　元・張　雨

　　曾識侍郎燕肅，獨於畫史超群。誰知蒲萄喂肉，也會香炉看雲。（張雨《貞居集補遺》、卷上）

〈題高方山畫〉　　　　　　　　　　　　　　　　　　　元・張　雨

　　歌此夫容窈窕章，山陰茅屋日淒涼。不是筆端天與巧，誰割雲山與侍郎。（張雨《貞居集補遺》、卷上）

〈高房山煙嶺雲林圖〉　　　　　　　　　　　　　　　　元・張　雨

　　西村元不隔西泠，未晚人家戶半扃。要覓巢居新閣處，試從烟雨喚樵青。（張雨《貞居集補遺》、卷上）

〈題岳家舊藏高尚書雲山圖〉　　　　　　　　　　　　　元・張　雨

　　猶是相台故物，如許雲山有情。老我慧因潤上，猶夢尚書履聲。（元顧瑛《草堂雅集》、卷五）

〈高房山墨竹〉　　　　　　　　　　　　　　　　　　　元・鄭元祐

　　高侯胸中渭川之千畝，家居房山未必有。如何文章政事之暇日，能為此君圖不朽。想當飛墨時，蒼龍投硯池。山雨急洗琅玕節，海月靜照珊瑚枝。自侯騎箕上天去，浮世茫茫水東注。千秋萬古房山雲，載拜為侯賦墨居。（鄭元祐《僑吳集》、卷三）

〈高彥敬畫〉　　　　　　　　　　　　　　　　　　　　元・鄭元祐

　　千疊硯坳雲，巖崖杳莫兮。圖餘清興在，又為客書裙。（鄭元祐《僑吳集》、卷六）

〈題岳家舊藏高彥敬雲山圖〉　　　　　　　　　　　　　　元・鄭元祐

　　干柱華槵淇渌堂，只今衷草野田荒。空餘寶玩誰開闔，一疊雲山淚一行。（鄭元祐《僑
吳集》、補遺）

〈高尚書墨竹卷小品〉　　　　　　　　　　　　　　　　　元・班惟志

　　大名之下無虛士，便是洋州授雪堂。甚欲一顰愧鄰女，謾將醉墨學吳妝。後學班惟志
頓首書。（清吳升《大觀錄》、卷十五）

〈題高尚書畫〉　　　　　　　　　　　　　　　　　　　　元・張　憲

　　土山豐隆石山瘦，大溪春容小溪驟。遠林濕翠結秋陰，茅屋空村鎖清晝。板橋跨渡一
逕微，泥滑只憂騎馬歸。雲昏列嶂最深處，一段楚天無雁飛。高侯畫山誰與匹，名重當
今稱第一。萬疊千尋丈尺間，益知庸工無此筆。論畫甚勿先論人，以名求實常失真。但
看所畫何如耳，強辯不須多討論。尚書才藝真英物，胸次雄蟠山水窟。每驚爽氣起高堂，
恨不日來開拄笏。（張憲《玉笥集》、卷六）

〈高尚書春曉圖〉　　　　　　　　　　　　　　　　　　　元・舒　遠

　　萬壑青涵春遠近，千秋曉濕翠糢糊。尚書胸次何瀟洒，寫出匡廬一段圖。（舒遠《北
莊遺稿》、卷二、四珍二）

〈題高彥敬竹石（又序）〉　　　　　　　　　　　　　　　元・錢惟善

　　彥敬自跋云，草窗出謬紙一幅，就破研完僧筆，磨臭膠墨。命寫竹，賴有紅酒一尊，少助浩
　　然之氣，故有此君子不可轉之妙態。校官仇山村、屠月汀、鄧匪石，今歸之吳子靜，子靜及
　　草窗外孫，故及之。

　　石似於櫟竹似槎，尚書醉墨酒流霞。弁陽寶繪今餘幾，片紙清風想外家。（錢惟善《江
月松風集》、卷一）

〈高尚書墨竹卷小品〉　　　　　　　　　　　　　　　　　元・錢惟善

　　兩賢自是神仙侶，冰雪襟懷鐵石腸。坡可當時正如此，千年風致墨君堂。曲江錢惟善。
（清吳升《大觀錄》、卷十五）

〈高尚書墨竹為何生性題　有引〉　　　　　　　　　　　　元・王　逢

　　公嘗寫竹，自題云：“子昂寫竹，神而不似，仲賓寫竹，似而不神，其神而似者，吾之兩此
　　君也。”為浙省郎中時，會經理田糧，致甌、婺小梗，遂焚冊罷免，民至今德之。

　　子昂寫竹，神而不似，仲賓寫竹，似而不神。茲觀房山雙墨君，素節抱霜臘，翠葆擁

露晨，文蘇隔世同超倫。左司昔焚經理冊，至今遺民手加額。使槎既泊桑落洲，仙仗頻隨柳林陌。大言非夸孰信之，布衣垂老神交客。維山有岳星有斗，若趙若李俱不朽。（王逢《梧溪集》、卷五）

〈題彥敬郎中為公略所作夜山圖〉　　　　　　　　　　　　　元‧林泉生

善畫尚書高彥敬，能詩學士趙子昂。兩翁秋興江海動，一天夜山吳越蒼。霜松霧塔參差見，野水寒沙渺漭長。上窗撫卷應惆悵，卻憶東坡賦雪堂。林泉生。（明朱存理《鐵網珊瑚‧書品》、卷三）

〈高尚書青山暮靄圖卷〉　　　　　　　　　　　　　　　　　元‧沈　右

高侯筆法妙天下，貌得江南雨後山。都是乾坤清淑氣，興來移入畫圖間。沈右。（清吳升《大觀錄》、卷十五）

〈房山畫滄洲石林圖〉　　　　　　　　　　　　　　　　　　元‧顧　瑛

渴龍飲海海水寬，鐵網下截珊瑚寒。道人醉臥叫寒玉，金粉亂落松花壇。金粟道人顧阿瑛。（明朱存理《鐵網珊瑚書品》、卷四）

〈次韻題高房山畫卷〉　　　　　　　　　　　　　　　　　　元‧倪　瓚

屋邊昨夜春風起，蔣芽荇葉生春水。睡醒獨坐無人聲，歷歷青山水光裏。（倪瓚《倪雲林先生詩集》）

〈高尚書青山暮靄圖卷〉　　　　　　　　　　　　　　　　　元‧倪　瓚

房山高尚書，以清介絕俗之標，而和同光塵之內，蓋千載人也。僦居餘杭，暇日策杖携壺酒詩冊，坐錢塘江濱，望越中諸山，岡隴之起伏，雲烟之出沒，若有得于中也。其政事文章之際，用以作畫，亦以寫其胸次之磊磊者歟。因閱允同文學所藏著色山水一卷，後有默菴詩題畫上云。倪瓚。

白雲孤鶴暮知還，船泊錢塘看越山。珍重今朝重展卷，吟詩作賦北窗間。己亥六月十八日也。（清吳升《大觀錄》、卷十五）

〈高尚書畫竹〉　　　　　　　　　　　　　　　　　　　　　元‧倪　瓚

石室風流繼老蘇，黃華父子亦敷腴。吳興筆法鍾山裔，只有高髯不讓渠。（倪瓚《倪雲林先生詩集》）

〈房山畫滄洲石林圖〉　　　　　　　　　　　　　　　　　　元‧楊維楨

高秋木落天宇寬，洞庭瀟湘生暮寒。劍氣橫空月在地，老蛟夜護仙都壇。老鐵。（明朱存理《鐵網珊瑚書品》、卷四）

〈鄭遂昌以趙魏公所題高尚書畫遺沈東林要予賦詩〉　　　　　　　　元・陳 基

高侯高侯畫無敵，魏公之書何可得。半幅冰紈不盈尺，千年老幹化虯龍。氣挾太陰雷雨黑，彼美幽篁尤正直。挺身故有千鈞力，赤松子，孤竹君，鄙夫與爾情最親。逍遙歲晚東林下，杖策相從鄭子真。（陳基《夷白齋藁》、卷五）

〈高房山畫扇〉　　　　　　　　　　　　　　　　　　　　　　　元・張 昱

結屋清溪上，仙凡此路分。終朝看不厭，惟是滿山雲。（張昱《可閒老人集》、卷一）

〈高房山畫廬山圖〉　　　　　　　　　　　　　　　　　　　　　元・張 昱

高房山畫廬山圖，貢雲林待制有詩在上，為其子戶部尚書貢師泰賦，蓋其家物也。

萬壑匡廬紙滿張，好詩好畫兩相當。十年物色偶然得，二老風流何可忘。還見虹光生靜夜，却驚雲氣濕高堂。尚書座上多遊容，獨有張翰思故鄉。（張昱《張光弼詩集》、卷六）

〈高尚書青山暮靄圖卷〉　　　　　　　　　　　　　　　　　　　元・馬 治

雲山千里海山，烟雨江南幾邨。元氣渾淪誰化，尚書醉墨無痕。辛酉歲秋八月十有九日，馬治。（清吳升《大觀錄》、卷十五）

〈高彥敬山水〉　　　　　　　　　　　　　　　　　　　　　　　元・金哈剌

空中樓閣樹頭山，山上晴雲去復還。誰住溪邊小茅屋，日高獨自閉柴關。（金哈剌《南遊寓興詩集》、十頁）

〈高彥敬山水〉　　　　　　　　　　　　　　　　　　　　　　　元・金哈剌

天濶秋無際，山光紫翠分。斷崖皆有樹，空谷自生雲。野徑從橋轉，溪流隔岸聞。高堂塵不到，圖史侑炉燻。（金哈剌《南遊寓興詩集》、十六頁）

〈高彥敬橫披〉　　　　　　　　　　　　　　　　　　　　　　　元・金哈剌

春嵐鬱鬱濕人衣，石枕溪流樹影稀。誰辨清資營草閣，開窗終日看雲飛。（金哈剌《南遊寓興詩集》、五十一頁）

〈高彥敬畫山村隱居圖卷〉　　　　　　　　　　　　　　　　　　元・釋來復

　　古燕尚書山澤癯，風采照耀南天隅。平生畫筆入神品，千金匹練人間無。當時求者遍都邑，冠蓋填門如索逋。仇池先生列仙徒，握手一見相歡娛。醉磨濃墨寫丘壑，老樹幻作蛟龍枯。西湖北山莽空闊，蒼煙白鳥迷秋蕪。披圖感物念疇昔，乾坤孰與斯人俱。弇陽讀書仍博古，後來膏馨多沾濡。蛻庵虛遊老京國，峨冠不受山人呼。詩窮半世聲赫赫，西馳白霫東玄菟。吳興舊是宋宗室，奚以丹青論精麤。嗟哉諸公勿復作，清賞未覺雲泉孤。豈無好事掃空翠，為我添入廬山圖。

　　右高尚書所畫山村圖卷，蛻庵張承旨題識甚詳，崆峒外史王溥得之，攜以見示，慟傷前輩凋謝，不能無感今懷昔之思。蛻庵余故人也，遂次其韻附于卷末，不足言詩，聊記歲月云耳。洪武丙辰長至後五日，豫章蒲庵來復題。（清吳升《大觀錄》、卷十五）

〈高彥敬臨米元暉畫冊〉　　　　　　　　　　　　　　　　元・文禮愷

　　辯章榮祿公，平日樂山水。既得高侯彥敬所臨元暉墨本，總為巨衷，以便閱玩。每幅為圖，圖目廿，各繫小詩，字如圖數。峰巒林莽，煙雲洲渚，樓觀舟梁，高下遠邇，如示指掌，信乎其能，鳴於今昔也。於戲，自聖人以動壽靜樂取喻仁智，公卿士夫肆以斯鳴多矣，辯章心聖學必當獨得於圖畫之表。至正辛巳日端午，葵軒文禮愷謹識。（清卞永譽《式古堂書畫彙考・畫考》、卷之五）

〈高彥敬臨米元暉畫冊〉　　　　　　　　　　　　　　　　元・李克敏

　　嗚乎，泉石膏盲纏綿予心甚久，遍閱神醫終弗能差。及聞江南山水甲天下，恨未一到，厥疾轉劇。今貢士孟仁致雲南平章相國公，令懇跋家藏房山家寶廿題并圖，試為一披，彷彿歷歷如躬到其處，閱其勝概。江之南山與水，弗勞足力盡墮吾目中矣。披覽既周，脫然不覺沉疴之去體也。或言陳琳檄癒頭風，杜甫詩癒瘧疾，而今而後始知前言信不誣矣。詩律之深嚴，模寫之奇偉，鄧翰林、文員外自有成說，予何容置喙。然謹識觀畫之歲月，以塞垂諉雅意。至正新元月屆蕤賓莫生十有五葉西都小儒李克敏拜手書於楮若亭。（清卞永譽《式古堂書畫彙考・畫考》、卷之五）

〈高彥敬臨米元暉畫冊〉　　　　　　　　　　　　　　　　元・王弁

　　筆架山邊濛鴻雲，元暉家法妙通神。有聲圖畫無聲句，青出於藍更可人。京兆王弁題。（清卞永譽《式古堂書畫彙考・畫考》、卷之五）

〈高彥敬臨米元暉畫冊〉　　　　　　　　　　　　　　　　元・張沖

　　墨妙傳心妙，居然老更成。煙雲無盡藏，泉石有餘清。雅意形新帙，前修益舊名。相君常寶此，時一快高情。張沖頓首敬書。（清卞永譽《式古堂書畫彙考・畫考》、卷之五）

〈房山畫滄洲石林圖〉　　　　　　　　　　　　　　　　　元・周谷賓

　　房山雲湧硯坳寬，鐵史冰甌滌筆寒。海上仙人應拔宅，卻飛林影落詩壇。

　　鐵厓先生在雲間時，朝陽薛真人偕玉峯顧仲瑛氏載酒見之。流連於草玄閣，酒半，先生為真
　人題舊藏高尚書滄洲石林圖。誠墨妙絕筆。得者當永寶之。以名物遇之有自，遂亦奉和，致
　景仰云。雲間周谷賓。（明朱存理《鐵網珊瑚書品》、卷四）

〈房山竹〉　　　　　　　　　　　　　　　　　　　　　　　元・羅　元

　　智老能師杜拾遺，雪舟不忝浣花溪。過人為有才如錦，好客常拚醉似泥。早歲傳經曾
　玉殿，暮年通籍必金閨。禪房夜詠袈裟薄，十月燕山憶馬蹄。

　　至正巳丑，友人李宗表锴予往訪雪舟。是日，酌酒談詩，宗表且以詩題畫，意甚適，暮歸，
　而宗表復得此詩，寄雪舟。越五日，師携此畫示予，乃房山高尚書真跡，因談及宗表詩，請
　書其上，十月廿有七日也，吳郡羅元寫記。（明朱存理《鐵網珊瑚書品》、卷四）

〈題高彥敬尚書畫山水圖〉　　　　　　　　　　　　　　　　元・劉　鑄

　　憶昔東走吳越間，杖藜所過皆名山。扁舟無端復西上，巫峽照眼青螺盤。五年塵埃卧
　環堵，慨想昔游良自許。偶然圖畫見崢嶸，似與故人成晤語。遠山屼翠近山重，白雲漲
　谷烟濛濛。平林雅淡見秋色，蒼崖古木蟠虬龍。溪迴林紛山路足，林下何人結茅屋。小
　橋野逕寂無人，依約山翁清睡熟。鵝溪一幅君家珍，尚書妙與元暉鄰。驪黃牝牡皆神駿，
　誰謂水墨殊丹青。平生愛山仍愛畫，畫裏看山天所借。此身此畫兩俱亡，孰與莊周同蝶
　化。（元《宛陵群英集》、卷四）

〈高彥敬畫山村隱居圖卷〉　　　　　　　　　　　　　　　　明・宋　濂

　　右高文簡公畫，趙文敏公題識，仇山村、周草窗詩，皆絕無而僅有者，河南張承旨翥
　為賦詩，吾友蒲庵復和之，予欲效顰老病未能也，姑書此以識吾愧。金華宋濂題。（清
　吳升《大觀錄》、卷十五）

〈題高彥敬青山白雲圖〉　　　　　　　　　　　　　　　　　明・劉　嵩

　　松橋石瀨雨潺潺，杉檜陰森暮色還。誰共西樓一尊酒，白雲堆裡看青山。（劉嵩《槎
　翁詩集》、卷七）

〈題高尚書九江暑雨圖〉　　　　　　　　　　　　　　　　　明・釋妙聲

　　尚書畫山山巃嵷，九江秀色開森茸。況當五月暑雨交，雲氣瀚勃川光動。五峰削出青
　如蓮，綠樹彷彿聞露濺。猶瞻謝朓青山宅，不見米家書畫船。何人見門面山立，頭上烏
　紗翠痕濕。誰喚山東李謫仙，來觀瀑布三千尺。于今戈戟亂如麻，使我披圖一永嗟。欲

買沃洲歸吳隱，江山如此屬誰家。（釋妙聲《東皋錄》、卷上）

〈題高房山山水〉 　　　　　　　　　　　　　　　　　明・釋妙聲

　尚書天上早知名，長憶君王聽履聲。回首白雲山萬疊，蒼梧何處最關情。（釋妙聲《東皋錄》、卷上）

〈高房山畫〉 　　　　　　　　　　　　　　　　　　　　　明・凌雲翰

　尚書京口住經年，每寫雲山出自然。此幅得來如有意，虹光曾射米家船。（凌雲翰《柘軒集》、卷一）

〈題高房山畫〉 　　　　　　　　　　　　　　　　　　　　明・錢 宰

　尚書好畫江南住，寄與題詩兩翰林。千古高情俱妙絕，至今春樹暮雲深。（錢宰《臨安集》、卷二）

〈題鄭德彰員外所藏高彥敬畫楚江春曉圖〉 　　　　　　　　明・藍 仁

　旭日未出群山昏，蒼茫楚江多白雲。芳洲無人採蘅杜，落花飛絮春紛紛。晴嵐滿戶漁家曉，花枝彷彿聞啼鳥。巫陽夢斷三峽空，湘渚愁深九疑小。文彩風流高尚書，如此江山歸畫圖。平蕪烟藹水空濶，陰壑松檜天糢糊。左司郎官何處得，高堂紫翠生春色。是中宜有五湖人，一葉扁舟蕩空碧。風塵兵革浩茫茫，對此便欲歌滄浪。碧梧翠竹生高岡，豈無彩鳳鳴朝陽。（藍仁《藍山集》、卷一）

〈題高彥敬雲山圖〉 　　　　　　　　　　　　　　　　　明・高 啟

　尚書生長口台下，慣識風沙草漫野。何由得見山水鄉，烟嶺雲林遠能寫。平時四海作宦遊，高興最愛江南秋。雪溪清曉剡源晚，閑解狂轡尋扁舟。此中謝屐曾經處，半是啼鴉棲宿樹。斷橋旗下問農歸，遠寺鐘邊訪僧去。風流一沒歲未遙，坐覽遺迹成前朝。何當遍覓畫中景，聖恩已許從漁樵。（高啟《高太史大全集》、卷九）

〈高房山寒江孤島圖〉 　　　　　　　　　　　　　　　　　明・王 行

　千山萬山重復重，煙嵐草樹深莫窮。高堂大袖示寬廣，要以筆力誇奇雄。青紅蒼翠滿縑素，缺處殘碧兮遙峯。雖云眼底供一快，未見濶遠開心胸。歷觀畫史每如是，意謂此法由來同。昨嘗凌秋口揚子，一舸縹緲乘長風。洪波春天渺無際，出沒但有孤輪紅。中冷盤陀瞬息過，回首浮玉雲濤中。乃知山水有佳處，到此始覺飛埃空。當時海岳應飽見，落墨便自超凡庸。不將層疊競工巧，遂使氣象齊源瀁。平生愛畫惟愛此，苦恨妙法無能攻。九州之表有人物，意匠彷彿宗南宮。莫言未入米家奧，百年猶數房山翁。茲圖咫尺便千里，生綃數幅徒為功。亦知盤礡意有在，正欲逐米追高蹤。愛之歌詠乃常理，好事況有天隨宗。同觀何人江海客，氣似貫月書艫虹。文辭瀾翻沛難禦，奔走風雨驅豐隆。古稱珠玉在我側，濡翰自愧言非工。黃塵城郭久見困，何地閒靜能相容。詩成忽後三歎息，矯首長望青冥鴻。（王行《半軒集》、卷十）

〈高房山雲山圖〉　　　　　　　　　　　　　　　　　　　　明・袁　華

尚書高公寫山水，神妙深造董與米。想當解衣盤礡初，雲氣淋漓落生紙。憶昔故都全盛時，大藩冠蓋羅熊□。春明幕府文字簡，緩帶輕裘信馬歸。湖上青山龍鳳飛，五雲特立何巍巍。陰晴朝暮多變態，點染粉墨歸毛錐。嗟予生晚徒企慕，不獲從容陪杖履。小窗展卷記曾遊，彷彿初陽台下路。谿迴略彴號驚湍，松山漠漠生畫寒。仙翁丹成已長往，空留館宇瓊林瑞。三邊烽火埋黃霧，夢墮湖山未能去。雞犬相隨欲問津，避地桃源在何處。（袁華《耕學齋詩集》、卷六）

〈題陳仲良所藏高彥敬青山白雲圖〉　　　　　　　　　　　　明・鄭　真

碧崖浮動白雲低，山雨青時水落溪。日午醉眠人未起，勝如騎馬聽朝雞。（鄭真《滎陽外史集》、卷八十九）

〈跋麗水俞元吉所藏高彥敬臨米元章越山圖〉　　　　　　　　明・鄭　真

按松江夏氏圖繪寶鑑云，米元章山水本出董源，而天真發露。後二百餘年，高公彥敬實得其筆意，所臨越山圖，凜乎逼真。松雪趙氏與高公同官於朝，親書論定，後有作者無敢異議。俞君元吉，家於括倉，正古勾踐封域，浮雲白日，展圖玩諷，殆如見諸君子於千巖萬壑也。原吉來淮海，出以相示，書二小詩以歸之。

南宮跨鶴九天遙，雲暗房山悵莫招。賴有吳興書跋在，畫圖珍重似瓊瑤。

剡江東渡指西陵，萬疊天開紫翠屏。掉得扁舟歸舊隱，夜涼光動少微星。（鄭真《滎陽外史集》、卷九十）

〈題（高克恭）墨竹〉　　　　　　　　　　　　　　　　　　明・王　紳

娟娟盈尺素，誰寫凌雲姿。長梢拂霄漢，群鳳來參差。坡仙久已往，湖州不復追。高公有清致，醉墨何淋漓。（王紳《繼志齋集》卷二）

〈（高房山）墨竹歌〉　　　　　　　　　　　　　　　　　　明・釋宗泐

房山高侯愛寫竹，一掃生綃數十幅。風影翩翩此兩枝，湘君遺珮湘江曲。兵戈十年翻地軸，零落殘籹如斷玉。晴軒試掛驚老目，素壁清颺拂寒綠。魏公文章妙天下，世稱善書兼善畫。松雪高齋秋氣清，照眼琅玕入模寫。一竿秀出何瀟灑，美人獨立疎而野。九

疑雲老楚江寒，翠蓋臨風為誰把。（釋宗泐《全室外集》、卷四）

〈（高）房山竹〉　　　　　　　　　　　　　　　　　　　　　明·王璲

輞川昔畫鐵鈎鎖，滿幅縱橫鳳毛墮。澄心初畫金錯刀，烟梢數葉風蕭蕭。房山挺出文蘇後，近代誰能出其右。綵毫揮成玉兩枝，弄晴帶雨青猗猗。此君真得寫神手，宛然空谷相逢時。吳興洒翰飛霜雪，名畫名書稱二絕。風流一代屬儒家，什襲珍藏宜檢閱。（王璲《青城山人集》、卷二）

〈題高彥敬畫〉　　　　　　　　　　　　　　　　　　　　　明·王璲

孤榜繫落日，清風秋思長。隔溪望林閣，夕靄正蒼蒼。（王璲《青城山人集》、卷七）

〈題高彥敬畫，和高啟迪、張來儀韻〉　　　　　　　　　　　明·王璲

貞元大曆舊風流，賦盡江南芷若秋。何用山陽聞夜笛，水光雲影總雜愁。（王璲《青城山人集》、卷八）

〈題高彥敬畫〉　　　　　　　　　　　　　　　　　　　　　明·王璲

輕烟漠，雨㲯㲯，風景分明海岳庵。北望房山數千里，如何清興落江南。（王璲《青城山人集》、卷八）

〈題高克恭墨竹有跋〉　　　　　　　　　　　　　　　　　　明·楊士奇

房山高韻五十仞，松雪清風二百年。山齋寶氣不可掩，夜夜雨虹光燭天。

高嘗云：“息齋竹真而不妙，雲松竹妙而不真，吾乃於二者之間著筆。”然高甚少作竹，或問之，曰：“不欲心掩息齋。”雅度如此，固併志之。（楊士奇《東里詩集》、卷六十）

〈高尚書墨竹卷小品〉　　　　　　　　　　　　　　　　　　明·沈度

房山寫竹真無敵，松雪為詩妙入神。二美合成希世寶，萬年光采照青春。華亭沈度。（清吳升《大觀錄》、卷十五）

〈題高彥敬畫竹〉　　　　　　　　　　　　　　　　　　　　明·謝縉

煙梢漸長拂雲端，露葉高垂不可攀。遺墨未乾人去遠，獨留清節在人間。（謝縉《蘭庭集》、卷下）

〈高尚書墨竹卷小品〉　　　　　　　　　　　　　　　　　　明·張肯

古人作字用八法，而寫竹亦用八法，能然始造精妙，不能此，則畫沙之字傳神之竹耳。

今觀房山之竹，松雪之詩，咸得八法之妙，世所難得，矧一卷而其二美，尤世之所難得者，□□□氏其寶諸。浚儀張肯。（清吳升《大觀錄》、卷十五）

〈高尚書墨竹卷小品〉　　　　　　　　　　　　　　　　　　　　　明・王　紱

房山寫山水，多宗米元暉，而清潤過之。其墨竹尤絕倫，此作雖不經意，葉葉瀟灑，自有天然生意，蓋其人品之高，故得天趣之妙如此。松雪翁復以墨君堂記書之於後，一代法書名畫，猶隋珠趙璧，聯映光燦，為世之希者。今為□□□所藏，宜其寶之也。永樂辛卯清明前一日，錫山王孟端題。（清吳升《大觀錄》、卷十五）

〈高彥敬畫山村隱居圖卷〉　　　　　　　　　　　　　　　　　　　明・李東陽

仇山有遺老，白首慕林屋。塵塗謝簪組，雅志不為祿。誰將西湖水，去灌南陽菊。舊藏房山圖，幽意時往復。人皆愛毫素，此與渠所獨。新聲世亦少，遺響在空谷。蕭條異代間，不獨悲草木。嗟予亦何心，對此還駐目。平生不識畫，賞此一詩足。茲山幸吾鄉，老矣願終卜。

　　舜臣殿講藏山水圖，云高侯為仇山村作者，仇詩在焉，余愛而和之。余嘗為舜臣題畫，有「與子坐結東西憐」之句。不一年，果協鄰卜，殆亦非偶然者。故余此詩并致意云。成化乙巳春三月既望，翰林侍講學士長沙李東陽書於懷麓堂。（清吳升《大觀錄》、卷十五）

〈高尚書墨竹卷小品〉　　　　　　　　　　　　　　　　　　　　　明・金　問

昔文湖州以書法寫竹，元祐諸老若長公、涪翁，咸謂用筆甚妙，深加賞識。迄今僅三百年，而其墨跡已不多見，獨幸墨君之名，因長公文以博不朽。則後世欲求君於湖州者，不待見諸毫素，讀公之文亦可以想見其妙矣。松雪翁才識超卓，特書文於茲房山墨竹後，豈非能繼武湖州者，其在房山歟？不然摹寫之功比之武事，其文不以敔槊矣。吳郡金問書於鳳城官舍，時永樂壬辰正月八日也。（清吳升《大觀錄》、卷十五）

〈題高房山山水〉　　　　　　　　　　　　　　　　　　　　　　　明・吳　寬

燕南蹙翠維房山，高公昔者生其間。戲拈畫筆少明豁，玉女峰亞垂煙鬟。積雨初收隔春樹，望見人家隝邊住。亦知中有王維詩，行到水窮無覓處。（清高宗《御定歷代題畫詩類》、卷十二）

〈高尚書青山暮靄圖卷〉　　　　　　　　　　　　　　　　　　　　明・吳　寬

淮南春夜風兼雨，空堂蕭蕭雜人語。戶曹好客無與娛，故展橫圖慰覊旅。火山矗矗如覆釜，小山歷歷還聚黍。人間隔岸見衡茅，艇子隨潮知漵浦。眼昏莫辨雲中樹，據案呼童執高矩。千里悠悠亦遠遊，却喜意行無險阻。闔閭城中為我家，俗事到門多峻拒。平生惟有山水緣，招我登臨無不許。憶昨離家始浹旬，此物依然人東楚。乃知高侯盡有神，未讓道寧與僧巨。願君從茲慎藏弄，對棋寧賭淮南墅。

　　予北上，道經淮南過，宿故人邵文敬公署，承示房山此卷，愛而題之。成化十三年三月廿八日。吳寬。（清吳升《大觀錄》、卷十五）

〈高彥敬畫山村隱居圖卷〉　　　　　　　　　　　　　　　　　　明・吳　寬

　　雲氣濛濛繞碉浮，眼明誰辨數峰頭。深林茆屋依然見，應是前村雨腳收。村居隱隱卻通舟，中有山人舊姓仇。二百餘年遺墨在，令人欲作武林遊。

　　元仇仁近先生，自號山村，高房山尚書為作此圖。今吾僚友尹君舜臣得之，以示余，為題其後而識之。歲癸卯七月廿二日，長洲吳寬。（清吳升《大觀錄》、卷十五）

〈高克恭畫水墨雲山〉　　　　　　　　　　　　　　　　　　　　明・吳　寬

　　高房山裔出西域，山水師二米，烘染變幻，煙雲出沒，深得二米之妙。或謂其稍宗北苑，惜未見也。（清李佐賢《書畫鑑影》、卷十）

〈家藏高尚書松陰落澗圖〉　　　　　　　　　　　　　　　　　　明・祝允明

　　倚壑高松一萬株，拂巖飛瀑甗巾鋪。白龍隱映蒼龍舞，山氣虛兼水氣濡。淨壁沈沈懸瑀珮，空堂隱隱奏笙竽。平生負得匡廬約，幸拜尚書賜不孤。（祝允明《懷星堂集》、卷八）

〈題高房山雲山〉　　　　　　　　　　　　　　　　　　　　　　明・張鳳翼

　　海嶽清癖天下無，芸窗棐几澄冰壺。有時興發展縑素，濡毫幻出雲山圖。後來復有高尚書，豈獨小米稱鳳雛。試向晴明張此軸，滿堂烟雨在須臾。（清高宗《御定歷代題畫詩類》、卷九）

〈題高房山畫山水行〉　　　　　　　　　　　　　　　　　　　　明・黃希英

　　房山西湖之子孫，一腔汎掃與雲屯。有時槎枒撐肺腑，幻出雲濤潋灩翻。黿頭群峰壓不住，海上浮來雲外露。長松落落鎖翠煙，前邨後邨盡寒雨。小橋駕壑無人行，雨溪流水經石砰。亂樹深中更綿邈，五城縹緲飛朱甍。此君北斗司喉舌，妙手場中誇藝絕。規模董李神更豪，素練雲烟欲明滅。中堂忽生太古色，溰漾交迴渺難測。安得人間有此幽曠可冥搜，吾將誅茅結屋終老長松側。（清高宗《御定歷代題畫詩類》、卷十二）

〈小畫高克恭〉　　　　　　　　　　　　　　　　　　　　　　　明・傅汝舟

　　春山溟溟氣欲滴，古絹元代標房山。空亭盡與惡木離，恍有仙客遊其間。吾鄉漫仕早

學此，筆意迥入房山裏。晴天簡點更摩挲，滿堂煙霧來無何。(清高宗《御定歷代題畫詩類》、卷十二)

〈題高房山橫軸〉　　　　　　　　　　　　　　　　　　　明・文徵明

春雲離離浮紙膚，翠攢百疊山糢糊。山空雲斷得流水，只尺萬里開江湖。依然灌莽帶茅屋，亦復斷渚迷菰薄。岡巒出沒互隱見，明晦陰晴日千變。平生未省識匡廬，玉削芙蓉正當面。宛轉香罏霏紫烟，依稀夢澤分秋練。未遂扁舟夢裏遊，酒醒獨展燈前卷。問誰能事奪天工，前元畫史推高公。已應氣概吞北苑，未合胸次饒南宮。南宮已矣北苑死，百年帷有房山耳。只今遺墨已無多，窗前把卷重摩挲。世間呪筆爭么麼，掃滅畦徑奈爾高公何。(文徵明《甫田集》、卷七)

〈高彥敬畫山村隱居圖卷〉　　　　　　　　　　　　　　　明・文徵明

春山擁春雲，蓊然失茆屋。下有幽貞士，冥心謝榮祿。卓哉淵明志，夫豈在叢菊。李愿盤中居，居深繚而復。亦有杜陵翁，長鑱劚黃獨。豈無終南徑，不博王官谷。仇山在何許，村居幽灌木。乃令千載下，開圖見天日。青山臥有餘，白雲看不足。願言往從之，不疑我何卜。

> 仇仁近名遠，錢塘人，前元老儒也，號山村居士。高尚書為作山村隱居圖，仁近自題其後，頗示不遂隱居之意。然易世之後，此圖遂傳為故事，則亦何恨哉。自大德初元丁酉抵今之嘉靖王寅二百四十五年矣，企仰雅懷，因追次其韻。長洲文徵明。(清吳升《大觀錄》、卷十五)

〈高房山雲橫秀嶺圖軸〉　　　　　　　　　　　　　　　　明・王　鐸

高尚書畫，神氣淋漓，界峨滋長，展日造化，從毫天地無功。丙戌正月十三日，同汴梁張雲齋憲觀於燕山。王鐸。日對此幅，如生瀁水，傍觀少室諸峰，何知人世繁華封疆金革之事。丙戌，王鐸又跋，為二弟仲和憲副，時年五十五，王鐸。(清吳升《大觀錄》、卷十五)

〈高房山雲山圖軸〉　　　　　　　　　　　　　　　　　　清・王　鑑

高尚書深得米顛三昧，為元季大家所推重。雲林題子久畫，有“雖未能夢見房山”之語，在彼時已寶如天球拱璧矣。此幀筆法遒美，墨氣靈通，尤為傑作，不可以尋常視之也。王鑑。(近代龐元濟《虛齋名畫錄》、卷七)

高昌王

小傳：不見畫史記載。身世不詳。

〈（高昌王）墨龍〉　　　　　　　　　　　　　　　　　　元・張　雨

　　高昌世子寫墨龍，此龍乃出開元東井中。東井水與天河通，龍下取水遺其踪。道人識
為黑帝子，逃入世子之筆鋒。井頭半夜飛霹靂，元氣淋漓雪色壁。一鎖銀床五百年，攙
點目睛生羽翼。（張雨《句曲外史貞居先生詩集》、卷三）

〈高昌王所畫蒲萄，熊九皋藏〉　　　　　　　　　　　　　　元・成廷珪

　　玉關西去火州城，五月蒲萄無數生。今日江南池館裡，萬株聯絡水晶棚。（成廷珪《居
竹軒詩集》）

高　啟

　　小傳：字季迪，江蘇長洲人，元亡入明，仕官至戶部侍郎，後獲罪腰斬，長於文，工詩，能
　　　　　畫（見《中國文學家大辭典》、九八五頁）

〈高（啟）太史墨竹〉　　　　　　　　　　　　　　　　　　明・王　恭

　　乍見琳琅憶澹游，恍然金薤想湖州。誰將史籀臨池法，醉掃湘江幾葉秋。（王恭《白
雲樵唱集》、卷四）

高　暹

　　小傳：蜀人，工草書，善畫馬。（見《中國畫家人名大辭典》、三三二頁）

〈高暹獻天馬圖歌〉　　　　　　　　　　　　　　　　　　明・詹　同

　　蜀人高暹能畫馬，令人往往愁龍化。凡夫肉眼非方歅，世間誰是識龍者。前年曉御慈
仁殿，拂郎之國天馬獻。蘭筋虎脊渥洼姿，長風西來起雷電。侍臣傳敕貌真龍，周郎為
圖圖最工。玉堂學士揭曼碩，早朝奏賦蓬萊宮。當時觀者集如堵，敕賜金盤五色露。天
馬出馳海子東，但見中天黑煙霧。君不聞太宗奔虹赤，玄宗照夜白。唐初曾數江都王，
今之名畫亦難得。吾聞高暹善草書，墨池向復飛龍駒。黃鶴樓中獻馬圖，藩王一見極所
娛。天機剪取雲錦段，玉盌分賜葡萄珠。好去京師謁周郎，應見揮毫九天上。翠華所駕
皆龍媒，何事江南繪屏幛。（清高宗《御定歷代題畫詩類》、卷一〇三）

高　讓（士謙）

　　小傳：不見畫史記載。身世不詳。

〈高士謙竹石〉　　　　　　　　　　　　　　　　　　　　明・凌雲翰

　　翠雨何曾濕，蒼雲本自低。湘山不可到，轉覺望中迷。（凌雲翰《柘軒集》、卷一）

〈高士謙墨竹〉　　　　　　　　　　　　　　　　　　明・淩雲翰

　　陰濃愈覺重疊，翠濕何曾動搖。靜裏試聽餘韻，評來□勝芭蕉。　右雨竹。

　　新篁解籜春盡，畏日移陰晝長。一枕南薰破夢，時聞粉節吹香。　右晴竹。

　　紫極宮中暫宿，黃陵廟下曾行。一夜洞庭木落，打窗都是秋聲。　右風竹。

　　天寒翠袖正薄，月滿瓊枝又新。祗恐鳳凰巢冷，截筩吹轉陽春。　右雪竹。（淩雲翰

《柘軒集》、卷一）

〈（高士謙）墨竹〉　　　　　　　　　　　　　　　　　明・淩雲翰

　　筆下簹篔有谷，胸中清渭成川。為問湖州老可，何如赤壁坡仙。山童偶敲茶臼，野老

閒歌竹枝。明月不離襟袖，好風都在蒲葵。墨君寫以老可，石丈拜之米顛。何似王維高

適，一時詩書同傳。（淩雲翰《柘軒集》、卷一）

〈高士謙所畫煙竹〉　　　　　　　　　　　　　　　　明・淩雲翰

　　江上秋陰生暮寒，平林渾似老年看。九疑山在雲深處，更得詩人眼界寬。（淩雲翰《柘

軒集》、卷一）

〈為沈景玉題高士謙所作煙雨萬竿圖〉　　　　　　　　明・淩雲翰

　　影薄猶疑翠袖寒，東林日暮憶曾看。渭川千畝誰能寫，煙雨空濛十萬竿。（淩雲翰《柘

軒集》、卷一）

〈高士謙竹石扇面〉　　　　　　　　　　　　　　　　明・淩雲翰

　　何處參差舞翠鸞，瑤臺明鏡上雲端。如今織女支機石，也被嫦娥借得看。（淩雲翰《柘

軒集》、卷一）

〈高士謙竹石〉　　　　　　　　　　　　　　　　　　明・淩雲翰

　　秋色分毫待客揮，雲根煙篠巧相依。夢回記得吹笙處，倒跨青鸞月下歸。（淩雲翰《柘

軒集》、卷一）

〈枯木竹石畫并序〉　　　　　　　　　　　　　　　　明・淩雲翰

　　高讓士謙，為予作枯木竹石并題其上。予遍索交遊得十四人，終之以予詩，凡十六首，二畫

共三十二首。披圖則存沒如見，庶幾篤友道云。張昱光弼，則廬陵人也；王裕如問、陳曄宗

亮，則山陰人也；朱誼仲誼，則維揚人也；章師孟季醇，則嚴陵人也；浦長源，則句吳人也；

周昉元亮，則新城人也；張興行中，則崇德人也；王立本宗，則金華人也；王謙自牧、楊明

復初、俞友仁文輔、王正道子中、萬振文遠，則皆錢塘人也。洪武丁巳秋八月初吉題。

枯樹婆娑近竹叢，欲將心事託春風。江南庾信今頭白，不為愁多賦未工。抱畫求題莫厭頻，好詩比竹更清新。坐來不待風敲戶，滿眼相看是故人。（**凌雲翰《柘軒集》、卷一**）

〈為趙玘題高士謙墨竹〉　　　　　　　　　　　　　　明・凌雲翰

公子翩翩也自佳，從人寫竹寄幽懷。只今有酒誰澆筆，能使清風到小齋。（**凌雲翰《柘軒集》、卷一**）

〈題高士謙畫竹〉　　　　　　　　　　　　　　　　　明・王 燧

錢塘高君愛修竹，拄杖敲門看不足。經營慘淡入胸中，落筆縱橫萬竿玉。昔年曾向大梁遊，曳裾王門經幾秋。淇園晴茭數千頃，興來信手風蕭颼。白頭老作京華客，暑往寒來歲頻易。豪家僧舍挽相迎，到處畫屏留畫迹。夏官司馬舊同鄉，牙籤玉軸圖瀟洒。只今君乘黃鶴去，此卷什襲歸珍藏。公署朝回頻展對，滿堂冉冉生雲氣。山雨飛遮鼓瑟祠，江風吹碎凌空珮。我昔尋君白玉堂，簷花落盡青燈涼。宛然屈指疑昨日，自嘆鬢影沾吳霜。人生聚散有如此，世間萬事東流水。古今回首在須臾，何必溟波變桑梓。我欲招君不可追，芙蓉城裏自芳菲。倘思故國平生樂，好逐岐山綵鳳歸。（**王燧《青城山人集》、卷三**）

馬九淵

小傳：不見畫史記載。身世不詳。

〈題馬九淵墨龍〉　　　　　　　　　　　　　　　　　元・虞 集

曾乘雲氣九天行，振鬣揚鬐海岳驚。變化已隨雷電遠，作成霖雨慰蒼生。（**虞集《道園遺稿》、卷五**）

馬元章

小傳：不見畫史記載。身世不詳。

〈題馬元章水墨美人圖〉　　　　　　　　　　　　　　元・耶律鑄

為嫌脂粉污顏色，故著尋常淡薄衣。借問赤烏緣底事，驚魚深入鳥高飛。（**耶律鑄《雙溪醉隱集》、卷六**）

〈馬元章畫廬山清曉圖〉　　　　　　　　　　　　　　元・王 惲

平生愛讀廬山高，不識廬山何面目。眼中忽角匷山真，萬叠蒼烟彭蠡曲。江南地卑苦炎蒸，暖翠濃嵐氣多鬱。馬鄉幻作清曉圖，將為千峰濯秋骨。恍疑坐我瀑流下，淨盡煩

襟貯清淑。何當杖履東林遊，一樽共吸江山醪。（王惲《秋澗先生大全文集》）

馬公振

小傳：不見畫史記載。身世不詳。

〈題馬公振畫叢竹圖，要玉山同為文海屋賦〉　　　　　　　　元・秦　約

鳳丘張樂夜厭厭，飛蓋追隨思未恢。憶得瑤階新雨過，笑渠猶倚水晶簾。昔年曾住風
篁嶺，綠玉參差眼愈明。五月涼生不知暑，臥聽山溜落溪聲。

顧瑛就題，曰“渚宮避暑晝厭厭，折得宜男思不恢。薄暮羊車過圖道，夢隨春雨度湘簾”；
“瀟湘江頭秋水灛，芙蓉城裏月波明。為君截作參差玉，吹徹鈞天廣樂聲”。（元顧瑛《草
堂雅集》、卷十三）

〈題馬公振畫竹〉　　　　　　　　　　　　　　　　　　　元・釋良琦

馬氏白眉者，隱居婁水湍。閒將筆五色，醉掃玉千竿。露重鳳毛碧，月明龍氣寒。春
山歸正好，稚子喜相看。（顧瑛《草堂雅集》、卷十四）

馬竹所

小傳：身世不詳，善畫。（見《中國畫家人名大辭典》、三三九頁）

〈為題馬竹所九歌圖〉　　　　　　　　　　　　　　　　　元・虞　集

屈子久去國，行吟山澤秋。思君不復見，婆娑感巫謳。仰瞻貴神遠，俯慨深篁幽。衝
波起浩蕩，玄雲暗綢繆。初陽翳扶桑，莽蒼蕩海漚。渺渺君夫人，遺玦在中洲。壽夭乘
陰陽，孰知制命由。慨然長太息，悲歌寫離憂。想象以惝怳，開卷令人愁。（虞集《道
園學古錄》、卷二十七）

〈題馬竹所畫〉　　　　　　　　　　　　　　　　　　　　元・虞　集

霜清木落江海空，一棹歸來何處翁。双松千歲如鐵石，為尔回薄旋天風。憶昔神龍劍
所化，夕臥滄波弄明月。望中冉冉雲氣生，直接銀河上瓊闕。（虞集《道園學古錄》、卷
二十八）

〈題馬竹所畫〉　　　　　　　　　　　　　　　　　　　　元・虞　集

老樹依江岸，歸舟傍釣竿。水花看晚淨，風葉識天寒。雁字來千里，魚羹付一餐。遠
山青可隱，目下是長安。（虞集《道園學古錄》、卷二十八）

〈題馬竹所照磨捕魚圖〉　　　　　　　　　　　　　　元・虞 集

　　霜寒水淨已無魚，漁者縱橫罔不踈。羹食盡供晨市遠，炊烟猶待晚歸餘。已知漠漠濠梁異，豈盡洋洋鄭沼如。萬里江湖春雨潤，海鷗不去小舟虛。（虞集《道園學古錄》、卷二十九）

馬郎中

　　小傳：佚其名，善畫鶴。（見《中國畫家人名大辭典》、三三九頁）

〈為潘仲暈題定使君所贈馬郎中畫鶴〉　　　　　　　　　元・劉永之

　　郎中畫鶴稱第一，江海十年多見之。蘭皋明月照獨舞，雪影參差風倒吹。滄江玄圃三山上，琪樹金芝日應長。萬里懷歸惜羽毛，中宵怨別流孤響。通泉素壁久漂零，忽見新圖百感并。華亭舊歡傷心切，赤壁扁舟入夢驚。綠錦池邊飼秋雨，驄騎多情每同賦。相思欲報故人知，為傳一札東飛去。（清高宗《御定歷代題畫詩類》、卷八十二）

馬致遠

　　小傳：字千里，號東籬，大都人，元代初期雜劇作家，人稱曲狀元。

〈題馬致遠清溪曉渡圖〉　　　　　　　　　　　　　　明・張以寧

　　今晨高臥不出戶，歲晏黃塵九衢霧。美人遠別索題詩，眼明見此清溪之曉渡。溪傍秀林昨夜雨，落花一寸無行路。歌闌桃葉人斷腸，艇子招招過溪去。紅日青霞半晦明，白雲碧嶂相吞吐。詩成君別我亦歸，此景宛是經行處。我呼九曲峯前船，加帆正渡瀟湘渚。雁去冥冥紅葉天，猿啼歷歷青楓樹。是時美人不相見，我思美人美無度。美人之材濟時具，我老但有蒼洲趣。他日開圖思我時，溪上春深采芳杜。（清高宗《御定歷代題畫詩類》、卷五十六）

馬雲章

　　小傳：不見畫史記載。身世不詳。

〈題（馬雲章畫）太初壽星〉　　　　　　　　　　　　元・張伯淳

　　比方有名畫，吾愛馬雲章。昔年遭亂離，流落向武昌。孟氏授館粲，游戲翰墨場。作此壽者相，瞳碧鬢毛蒼。瑞芝生坐石，清心炷妙香。珍襲知幾年，上射斗牛光。車書混一後，發此屋壁藏。吾宗夢符君，得之猶珪璋。思與博雅共，傳寫入縑緗。伊誰會筆意，述者趙子昂。毫髮無少差，後先相頡頏。太初天下士，展卷懷故鄉。持此安所施，素壁映高堂。人事有分合，精藝足流芳。托物尚可傳，況迺名譽彰。願言斯文壽，天地同久

長。(張伯淳〈養蒙文集〉)

馬 琬

小傳：字文璧，號魯鈍，金陵人。山水得董北苑、米南宮之法，工書與詩。(見《中國畫家人
名大辭典》、三三九頁)

〈馬文璧春山清霽圖〉短卷　　　　　　　　　　　　　　　　　　自 題

春山清霽。至正丙午歲春正月望日，馬文璧畫于書聲齋。(清吳升《大觀錄》、卷十八)

〈馬文璧春雲曉靄圖軸〉　　　　　　　　　　　　　　　　　　　自 題

春雲曉靄，扶風馬琬文璧為碧溪高士作。(近代龐元濟《虛齋名畫錄》、卷七)

〈馬文璧圖并識〉　　　　　　　　　　　　　　　　　　　　　　自 題

至正癸卯元日，借筆亂塗，頗有佳意。因憶子蕭索畫，遂以此寄之， 扶風馬文璧識。
(清卞永譽《式古堂書畫彙考‧考考》、卷之三)

〈馬文璧春山晚翠圖〉　　　　　　　　　　　　　　　　　　　　自 題

至正十三年五月，馬文璧為齊賢學博寫春山晚翠圖。(清卞永譽《式古堂書畫彙考‧》、
卷之四)

〈題曹元博壁間馬文璧小畫〉　　　　　　　　　　　　　　　　元‧邵亨貞

巖谷幽閒雨露深，翠煙長護讀書林。春風長養承平樹，期爾菟裘歲晏心。(邵亨貞《蟻
術詩選》、卷七)

〈馬文璧幽居圖〉　　　　　　　　　　　　　　　　　　　　　元‧錢惟善

兩衲閒尋竹裏棋，清風掃石午陰移。不知若個疎林外，行過溪橋細咏詩。曲江居士。
(清吳升《大觀錄》、卷十八)

〈題馬文璧弁山圖〉　　　　　　　　　　　　　　　　　　　　元‧楊維禎

七十二弁一弁高而孤，兩雷相望有如大小姑。我昔攀蘿上孤弁，曾見碧眼胡浮屠。生
綃一幅在下地，三萬六頃鷗夷湖。湖山開圖一嘆息，胡僧幾歲寄我空中書。(元《乾坤
清氣》、卷五)

〈寄馬文璧徵士〉　　　　　　　　　　　　　　　　　　　　　元‧張 昱

有客寄家胥浦上，族懷詩酒四時春。輞川蕭散王摩詰，谷口優游鄭子真。夢裏江花生綵筆，醉來山雨墊烏巾。因君寫出蓬萊路，喚起江湖老病身。（張昱《張光弼詩集》、卷七）

〈題馬文璧秋山圖為盧仲章賦〉　　　　　　　　　　　　　　　元‧魯　淵

野館空山裏，林泉象外幽。淡雲初霽雨，紅葉早驚秋。路轉山藏屋，橋危岸倚舟。直疑人境異，便欲問丹丘。（元《大雅集》、卷五）

〈馬文璧秋山蕭寺圖軸〉　　　　　　　　　　　　　　　　　　元‧陶　振

蒼巖一何高，喬松倚層雲。上有招提境，疏鐘渡磵濆。於茲結口想，麋鹿堪為群。因知學道者，靜躁此從分。鰲叟。（近代龐元濟《虛齋名畫續錄》、卷一）

〈馬文璧秋山蕭寺圖軸〉　　　　　　　　　　　　　　　　　　明‧盛　著

仙境靈區何處尋，古松怪柏與雲深。山中一日真千載，應是清幽達素襟。盛著。（清龐元濟《虛齋名畫續錄》、卷一）

〈題馬文璧畫二首〉　　　　　　　　　　　　　　　　　　　　明‧貝　瓊

龍江今喜對，雁蕩昔曾聞。樹黑深藏雨，山青半出雲。行人知虎跡，仙客問羊群。老我來何日，林泉定許公。

小橋危跨壑，破屋幸依山。避地人相過，朝天客未還。麇眠春草外，猿挂古松間。寂寞南窗月，殘書只久閒。（貝瓊《清江詩集》、卷七）

〈題馬文璧畫二首〉　　　　　　　　　　　　　　　　　　　　明‧貝　瓊

長憶秦溪馬文璧，能詩能畫最風流。酒酣落筆皆天趣，剪斷巴江萬里秋。

田家一簇江南路，草閣柴扉近水開。人背夕陽巫峽去，雁將秋色洞庭來。（貝瓊《清江詩集》、卷九）

〈跋馬文璧雲林隱居圖後〉　　　　　　　　　　　　　　　　　明‧貝　瓊

昔余客雲間，與今撫州太守秦溪馬俠文璧居相近，志相合，未始一日相違焉。文璧工畫山水，能兼董北苑米南宮筆法，視今人蔑如也。讀書之暇，往往託興毫素，三吳人以重價購之。嘗為余作雲關曉度，彷彿游青城太白間。而位置神氣若出造化，不見其為巧而巧自形焉。兵變之餘，東西散處。洪武三年，文璧以召至京師，遂有撫州之命。後二年，余繼起為國子助教，相望十有餘里，六閱霜暑，求如向之在雲間時窮日夜為樂，何可得邪？儒者詹明初自西江來，文璧貽余近詩，讀之恍然如夢。明初且言其耳聰目明，公退不輟筆，但髮少白耳，乃出隱居圖相示。觀其山之若有若無，而高下靈氣戎戎，疑欲飛動，如天之將雨，玉女暴衣也。下有伏流曲折，小橋橫臥，橋外人家皆草屋荊扉，前後古木不根著者數十株，殆無刻畫。視南宮未可優劣已復題其左，只有歸老之志焉。余久思林壑即其詩畫，而益增感慨，第竊祿於朝，未能引疾而退耳。然老不任事亦何能為邪？徒使龍湫虎穴之盟久寒而不從之也。因言以志余之心，使山靈有知，尚無拒於他日云。（貝瓊《清江貝先生集》、卷十三）

〈馬文璧秋山蕭寺圖軸〉　　　　　　　　　　　　　　　　　明‧盛　著

　仙境靈區何處尋，古松怪柏與雲深。山中一日真千載，應是清幽達素襟。盛著。（近代龐元濟《虛齋名畫續錄》、卷一）

〈題馬太守文璧畫〉　　　　　　　　　　　　　　　　　　　明‧鄭　真

　蹇驢同過碧雲重，不是關中是洛中。杖履如逢巖穴士，好令咫尺上虛空。憶曾跨蹇渡臨濠，萬木雲山舞翠濤。千古莊周勞夢寐，畫圖時復倚秋高。（鄭真《滎陽外史集》、卷九十）

〈馬文璧圖并識軸〉　　　　　　　　　　　　　　　　　　　明‧王文麟

　老樹如龍石如虎，長護書聲出翠微。一片閒雲未為雨，時時來傍屋頭飛。王文麟。（清卞永譽《式古堂書畫彙考‧考考》、卷之三）

馬尊師

　小傳：不見畫史記載。身世不詳。

〈靈龜篇為陳渭叟作馬尊師所畫芝龜也〉　　　　　　　　　　元‧楊　載

　蒼龜生中山，深阻絕中道。不飲亦不食，靈和中自抱。嫗休凝神液，巖上產芝草。支干集五采，相射顏色好。彼遊江海上，作計苦不早。一罹豫且罔，性命莫能保。歸遺宋元君，天意資探討。築宮修祠祭，相承以為寶。神者固如斯，遺骨易枝槁。古聞蒙莊氏，苦語欲相曉。持為衛生經，千載長不老。（楊載《翰林楊仲弘詩集》、卷一）

馬道士

　小傳：不見畫史記載。身世不詳。

〈馬道士為詹仲明作柳城春色圖〉　　　　　　　　　　　　　元‧陸文圭

　城門外柳樹連堤，桃花夾竹，小橋漁艇，茅屋下有讀書人，不知何處景也，為題二絕。

渭城客舍柳烟遮，漁叟桃源去路賒。松竹林中讀書處，一圖風景屬三家。城外春風野水渾，橋頭雙槳下孤村。柳桃紅綠撩人眼，獨坐書齋懶出門。（陸文圭《牆東類稿》、卷二十）

馬臻

小傳：字志道，號虛中。錢塘人，道士。隱居西湖，善畫山水及花鳥。（見《中國畫家人名大辭典》、三三九頁）

〈再題（自畫）白湛淵買宅圖後〉　　　　　　　　　　　　　　　　自　題

靜者貴行止，即事在厥初。君家鄉黨敬，稱善真不虛。昔我當青年，寫君買宅圖。清風羅竹樹，曲沼蔭游魚。嘉賓沓然至，日以清事娛。稚川昔移家，提挈何區區。少陵得草堂，經營三載餘。東野亦移家，家具少於車。君今向人境，森爽葺其廬。居安則資深，無乃種德歟。復見屋下郎，箕裘振文儒。展卷三十載，撫迹肝膽舒。願保歲寒節，看教諸孫書。（馬臻《霞外詩集》、卷十）

〈為張仲美畫夢元遺山雪夜論詩圖〉　　　　　　　　　　　　　　自　題

虐焰焦玄根，古道日淪墜。安知大化中，元氣塞天地。遺山與仲美，先後本一揆。上士以神契，冥冥感靈會。長淮夜風雪，清夢短檠對。玄趣非名言，豈索形骸外。煌煌三百篇，光焰高百世，曰予託人境，塵土觸肝肺。苦吟愧蠅鳴，況復事粉繪。諸公足題品，靡靡發真秘。持此寄遠心，江漢已秋意。中有號風蟬，哀哀响寒翠。（馬臻《霞外詩集》、卷一）

〈為方仲客作子晉吹笙扇兼賦詩寄意〉　　　　　　　　　　　　　自　題

昔君別桑梓，彼此姿年芳。音書兩莫致，路遠徒相望。暖風吹帆三百里，闤闠城裏花如綺。停車來扣故人家，恍然一見心驚喜。問余別後今何之，摩挲髭鬚已如此。論文把酒還相親，幽尋幾處隨芳塵。荒林雜卉留餘春，愁姿野氣空惱人。劍池舊事惟明月，大笑高歌醉中別。歸來一臥吳山雲，忽地西風下庭葉。思君如江水，迢迢不可忘。我有尺素書，魚雁不得將。却憶仙人王子晉，月下吹笙向緱嶺。仙人去世遠，鶴亦竟不來，為君寫入白團扇。王冠絳裳，仙風道骨，洒落何奇哉。恍惚聽希聲於至寂，一曲人間殊可哀。獨坐長松下，上有凌霄開。此心隨此畫，遠寄姑蘇台。（馬臻《霞外詩集》、卷二）

〈為疇齋張府卿作樵雲圖〉　　　　　　　　　　　　　　　　　　自　題

喧寂本異軌，乃知靜者心。清晨整芒屩，斧斤入山林。檐桃煙霞氣，出沒窮幽深。終南太華長入眼，蕭蕭不斷松濤响。靜觀天地生化機，抱膝無言坐成晚。昔日會稽朱買臣，汲汲行吟背負薪。輕將富貴博幽意，野風吹老青山春。碧桃花底煙光算，應見仙人著棋處。時清不用歌紫芝，獨自穿雲下山去。（馬臻《霞外詩集》、卷三）

〈寓金台（自）畫西湖空濛圖〉　　　　　　　　　　　　　　自 題

　吳雲飛燕山，舒卷在所得。西湖不在眼，客子氣蕭瑟。幾夕憑夢歸，月暗失阡陌。豈若隨天遊，疇能縮地脈。今朝好晴景，木落窗影白。潑墨水雲翻，幻出空濛色。頓失羈旅愁，萬里如不隔。何當歸江南，展卷畫江北。（馬臻《霞外詩集》、卷三）

〈為松瀑黃尊師作溪山疊翠圖〉　　　　　　　　　　　　　自 題

　平生固多愚，懶墮足棄捐。賴有詩畫事，與物相磨研。恨無鵝溪絹，幽意鬱不宣。秋晚形神清，落筆且周旋。尺素混太古，眾具剖闢先。溪山忽重疊，浩思浮雲煙。樓觀金碧開，眾態敷幽妍。秋色挾以至，高風生樹巔。群有備一幻，孰謂理不然。老耳厭喧卑，但覺靜所便。幸遇古君子，締此翰墨緣。見山有真意，淵明得其全。（馬臻《霞外詩集》、卷五）

〈（自）畫青山白雲圖〉　　　　　　　　　　　　　　　　自 題

　每見青山即解顏，生平不道住山難。和雲數畝無錢買，投老傳來畫裏看。（馬臻《霞外詩集》、卷七）

〈為翁子善作晴江圖〉　　　　　　　　　　　　　　　　　自 題

　故人遺我清江縣裏一疋紙，白光晶熒心所好。幾欲寫作晴江圖，塵土昏人意不到。竹風入戶忽然鏗戞琅玕聲，為我胸中掃煩躁。濡毫掃素遊其神，乃悟周穆王時西極之化人。但見重巒列嶂盤春轉碧，應接來不斷。滄浪之水倒影翻青春，風檣沙島紛入眼，物色明麗不可陳。因思神禹功，疏鑿本天意。愧我一寸筆，浩浩逼茫昧。又疑此水通星河，八月秋風揚素波。君若乘槎訪牛渚，為言博望成蹉跎。嗚呼，雲邊縱得支機石，成都卜肆今日無人識。（馬臻《霞外詩集》、卷七）

〈題（自）畫龍門山桑乾嶺圖〉　　　　　　　　　　　　　自 題

　昔我經龍門，晨發桑乾嶺。回盤鬱青冥，驅車盡絕頂。驛騎倦行役，苦覺道路永。引領望吳楚，日入眾山暝。歸來愜棲遲，山水融心境。寸毫寫萬里，歷歷事可省。理也存自然，疇能搜溟涬。（馬臻《霞外詩集》、卷七）

〈偶成小軸山水寄仰山長老熙晦翁〉　　　　　　　　　　　自 題

　　南山每獨往，問認西隱樓。清陰藹喬木，天風忽涼秋。歸舟泝平湖，遙見仰山月。月色如德人，萬古光不滅。素練不盈尺，寫此千里心。欲知相憶不，明月是知音。（馬臻《霞外詩集》、卷八）

〈題自寫三老坐松石間像〉　　　　　　　　　　　　　　　　　　自　題

　　暇日偶寫熙晦翁、仇山村，俾予陋貌，髯髭三老坐松石間，傳于短縑，長不盈尺，就成七言詩一首，奉寄仰山丈席。

　　晦機老子八十餘，青瞳炯炯霜眉鬚。風幡自動心自如，胸中錯落盤經書。別時記得吟詩送，世事區區等春夢。漢無綺皓商山輕，越有鴟夷五湖重。神遊夜邊梅花洲，覺來衣袂清香留。賴有白頭仇博士，與我聲氣同相求。招邀三老成圖畫，從渠讚嘆從渠罵。不然只作虎溪看，他日叢林作佳話。（馬臻《霞外詩集》、卷九）

〈馬虛中為廬山黃尊師畫西湖烟雨〉　　　　　　　　　　　　　　元・吾丘衍

　　湖山秀絕錢塘西，六鼇截岸開雲霓。瑤峯綵樹綺羅色，孰將烟雨看冥迷。昔年繁華有如此，金碧樓台畫圖裏。今來觀畫想當年，一片生綃但烟水。紫霞道士璚樓仙，棲真養素玄又玄。含毫深霧入幽思，寫開十里玻璃天。玻璃浮天漾天色，倒影斜兮雨雲墨。元暉有意共蒼茫，豈在西孃艷雕飾。晴天散雨東風吹，雨收已覺非當時。它年攜此故山去，松風酒瀑遙相思。（吾丘衍《竹素山房詩集》、卷二）

〈馬虛中柳城春色圖〉　　　　　　　　　　　　　　　　　　　　元・龔璛

　　城中塵頭十丈高，欲畫春風風怒號。佩霞仙人騎鶴背，卻度太虛觀樂郊。當時丹青爭出色，借與天公動搖碧。上流老子餘舊蹤，極大將軍亦曾植。樹猶如此我何堪，莫學江南繫船客。雉堞平成天下平，有情有思弄春晴，隔葉睍睍黃鸝聲。（龔璛《存悔齋稿》）

〈題馬虛中畫〉　　　　　　　　　　　　　　　　　　　　　　　元・黃溍

　　人歸白雲處，丹在清溪曲。不聞欸乃聲，但見山水綠。（黃溍《金華黃先生文集》、卷六）

〈題馬道士畫二首〉　　　　　　　　　　　　　　　　　　　　　元・陳旅

　　道人江上寫春雲，絕似房山高使君。綠樹青岑吞吐處，惱人晴絮白紛紛。江上群山翠作堆，人家門檻對江開。小樓應有憑闌者，天遠歸帆似不來。（陳旅《安雅堂集》、卷一）

〈馬虛中剡溪圖〉　　　　　　　　　　　　　　　　　　　　　　明・凌雲翰

　　清興都生眺望間，放舟溪上又空還。道人筆底天機熟，盡把雲山變雪山。雞黍交情不

可違，如何興盡便空歸。詩翁偶寫胸中趣，肯道溪山有是非。（凌雲翰《柘軒集》、卷一）

孫子林

小傳：不見畫史記載。身世不詳。

〈寄孫子林白描芙蓉〉　　　　　　　　　　　　　　　　　　　　明・劉　嵩

　　孫郎作縣有高情，閒把芙蓉學寫生。玉柱靜含秋露白，銀屏低立曉風清。洞庭水落愁新浦，錦里霜飛憶故城。亦擬放船螺子港，幾時呼酒看秋晴。（劉嵩《槎翁詩集》、卷六）

〈（孫子林）青易歸隱圖記〉　　　　　　　　　　　　　　　　　元・梁　寅

　　敖君遂初家于萬載縣之野，青易山之傍。當承平時，其伯父及先君以貴富文雅著稱。其所居亭觀之美，枕高跨深，林窮石峻，澗幽泉清。而一時才名之士，或經其鄉則必造其門，觀遊之娛，宴談之樂，必留連意愜而後去。兵興以來，巨室俱毀，今朝創業，雖強鎮之悉平，民生之復遂，而君之家竟墮矣。君以嘗食前朝之祿，徵玉闕下，於是思其山栖之樂，而自號曰青易隱者，因求孫子林氏為青易之圖，且屬寅記其左，按圖是山在其居之西南。可五里，而屹然其中者，曰青易道院，君之伯父玉谿翁之所作也。道院之左，曰魯文逊之墓，文逊唐末葬師楊筠松之弟子。為敖氏相墳，故卒而葬於是也。其右曰西爽亭，以西山之爽氣為可挹也。西爽之西曰巖巖亭，其前有隻石如門，而亭峙乎石之上者也。二亭之後，其左曰白雲窩，蓋周圍皆石而其中寬平可坐者也。右曰鴻濛奧，取杉之存膚者以為亭之材，而又覆以杉之膚，蓋唯樸之尚而同於古初者也。又其後曰碧霄壇，於是而雩祭也。山之北為池，池之中三石參立，名之曰小蓬萊。取其象也，是山舊名觀丘，而易之曰青易，本之道口口口口必受東方生氣，乃可仙也。山周迴口口口口口口口三面水縈之如玦，葬家以為有朝拱之象焉，則宜其地之靈也。寅常觀世之人，莫不有所嗜，其嗜之在是則樂之在是也。凡以貴，以富，以飲啖，以蒲慱，以聲伎，以游畋，無非樂也。而一或失焉，則慍且戚，其甚者至於鬱悒。而或傷其生焉，斯嗜欲之弊也。唯君子之樂，則安於命適於義，故無入而不自得，雖顛沛之甚，憂患之久，而樂固自若也，敖君之客于京師也，其於山栖之樂不可得矣。而察之其中則夷然以安，觀之其外則粹然以和，與昔若無異焉者，則所謂無入而不自得，君蓋庶幾乎。君之得請而歸老是山，吾知其後之樂又有踰於前之樂也。審矣君之家，凡亭觀之美，鉅公才士形之文辭者多矣。而今皆泯焉，況又託之畫圖，而又藉後來之記述，安知其不同於泯者也，是可也。雖然君之知寅也久，則固不可以無述，此記之所以作也。（梁寅《石門集》、卷下）

孫君澤

小傳：杭州人，善山水人物，學馬遠、夏珪。（見《中國畫家人名大辭典》、三四六頁）

〈為毛貞甫題孫君澤山水〉　　　　　　　　　　　　　　　　　　明·吳　寬

　　十月一水五日石，昔人畫筆殫精力。後來簡澹亦天成，披圖試看孫君澤。山腰飛瀑千尺長，懸匡它樹為山梁。人間溽暑不可耐，欲從二老乘新涼。（**清高宗《御定歷代題畫詩類》、卷十五**）

孫希文

　　小傳：不見畫史記載。身世不詳。

〈題龍虎孫希文尊師為蕭泰定所作丹房寓隱圖〉　　　　　　　　　　元·錢惟善

　　結茅雲裏萬塵空，辟穀相期伴赤松。晝夜常明羽人國，春秋不老蕊仙宮。飛騰舐藥容雞犬，蟠伏成形看虎龍。縮地壺天今有術，願辭覊絆問參同。（**錢惟善《江月松風集》、卷四**）

孫君德

　　小傳：不見畫史記載。身世不詳。

〈贈寫真孫君德〉　　　　　　　　　　　　　　　　　　　　　　　明·劉　嵩

　　廬陵寫真誰最良，昔有昌叔今孫郎。風流未覺前輩遠，遠有意氣能專揚。家臨官道青山下，白日垂簾絕瀟洒。灘口頻回使客舟，綠楊慣繫行人馬。人言精藝自有神，下筆可奪形容真。吾常按圖究所貌，神爽豈是尋常人。清如春蘭茁芳谷，潤如秋波出寒玉。壯如泰華倚石檜，勁如箽當濯霜竹。少年紅頰桃花枝，老人白髮春蠒絲。心同衡鑒見機穎，功與造化窮銖錙。吾家祖母年八秩，老父前年逾五十。當時寫置慈壽堂，老稚來看動趨揖。喜君絕藝感君情，作歌贈君當遠行。清朝奮志寫褒鄂，會且見子趨承明。（**劉嵩《槎翁詩集》、卷三**）

孫　卿

　　小傳：不見畫史記載。身世不詳。

〈題（孫卿畫）張孟兼太常白石山房圖〉　　　　　　　　　　　　明·釋宗泐

　　浦江先生張太常，白石山下開山房。讀書養親不下堂，青山自高溪自長。一從攀龍上天關，山中十年春草歇。夜飛清夢到山房，堂上雙親已華髮。孫卿頗擅丹青好，為寫新圖尉懷抱。秋雲半掩草齋寒，白鶴不歸松樹老。我見新圖憶舊山，石梁垂瀑蘿陰閒。金華赤城咫尺間，何日拂衣從此還。（**釋宗泐《全室外集》、卷四**）

孫　植

小傳：不見畫史記載。身世不詳。

〈題孫植所畫馬圖為德明何參政賦〉　　　　　　　　　　　明・汪廣洋

　　烟氛四塞山河裂，海內人心望昭晰。赤龍飛渡東南來，摩盪乾坤開日月。當時際會乘風雲，左之右之皆駿犇。騏驑寧數月氏種，驪黃況是滎河孫。朝蹴鯨波上荊楚，莫踏燕塵過齊魯。固知逸足誇騰驤，實是雄才燿奇武。將軍稟賦雄武姿，攀鱗每獨爭先馳。十年跨馬事雄戰，乃復得此龍媒奇。紫絲垂韁金絡腦，慣向都門踏清曉。體如疋練氣虹，舉手真堪接飛鳥。梨花吹雪東風香，蘭筋鳳臆森開張。鏡瞳的皪瑩鉛水，竹耳揮霍批秋霜。將軍歸來重追憶，緩轡從容花下立。故令毫素為揮洒，肯忘當初戰征日。君不見長安昔數曹將軍，畫馬愛畫骨與神。天閑十二總名馬，意度經營殊絕倫。又不見汾陽亦有獅子花，霜啼卓鐵盤風沙。潼關蜀道屢來往，展轉百戰開京華。予亦平生事奇絕，按圖對馬心神悅。不須更論畫者工，且以汾陽為君說。（汪廣洋《鳳池吟稿》、卷二）

孫景周

小傳：不見畫史記載。身世不詳。

〈鵝湖晴翠圖序〉　　　　　　　　　　　　　　　　　　明・龔 　

　　由廣信郡城，南行七十里，有山曰鵝湖，矗立乎屬城鉛山之北，如龍驤鳳躍，上摩青霄，暮靄朝嵐，變態萬狀。其麓則竹樹林壑，掩映蔽虧，軒豁端倪，若隔河濟而望泰華也。考其得名之始，則出自吾家，其說謬悠，莫可盡信。唐僧大義結屋其下，層樓高棟，金碧絢爛。其後，紫陽朱夫子暨呂伯恭、陸子靜、子壽三先生，講無極太極於其間，而地益顯。地當孔道，閩浙往來之人，車馬憧憧，冠蓋相望。夾道十餘里間，松風冷冷，脫然流俗，過之者如遊化城，如登閬風，鮮有不留連徘徊於斯須之項也。西江張德明為征官於鉛者四年，金陵孫景周作鵝湖晴翠圖以餉之。洪武戊午，德明解印東遊，將以斯圖博求題詠，請余序其左方。余曰：「江南山水之勝，何處無之，豈必鵝湖哉？德明昔年為吏於西江，而西山、南浦之勝，殆不減於是哉。繼而贊戎幕於旴江，而麻姑、軍山之勝，亦不減於是矣。又繼而宰九江湖口驛，而匡廬五老之勝，尤不減於是矣。推此以求異日，遷秩而之他，將無往而不得溪山之勝也。然茲鵝湖也，吾家寄跡於斯數十世矣，未嘗為勢家所奪。今德明持此以歸，豈欲分我華山白雲之一半耶？詢其然，德明笑而不答。（龔 《鵝湖集》、卷五）

孫碧霄

小傳：不見畫史記載。身世不詳。

〈題孫碧霄畫四時小景，為王存睿賦〉　　　　　　　　　　　　明・劉　嵩

其一

高樓乘曉望春歸，日照桃花錦作圍。最愛野橋楊柳外，綠波晴影漾人衣。

其二

遙山樓觀隱晴霞，芳樹庭台瞰浦沙。白鷺驚人忽飛去，滿湖風動綠荷花。

其三

野園寒落露初零，采采黃花酒半醒。悵望故人愁欲暮，隔江烟淡數峰青。

其四

冰厓霜樹隱房櫳，明月澄波夜正中。間有早梅花發盡，衝寒驚起獨吟翁。（劉嵩《槎翁詩集》、卷七）

〈青陽行樂圖序〉　　　　　　　　　　　　　　　　　　　　明・陳　謨

清江孫碧霄，為西昌貳守黃侯允中寫青陽行樂圖，僕元年冬歸自韶石，始獲與侯面且觀圖焉，乃序之曰：古之君子極軒晚珪裳之貴，而不易其山林畎畝之守者，其樂無不存也。故觀豐水之有芑，可以知數世之仁，動高山景行之思，可以忘其身之老。夫山與水，何所獨無，何人不玩，然反諸已而深契省者寡矣。彼其考潤槃以自足，樂泌洋而忘飢，自謂三公不與易者，抑豈知窮達一致定應不拔，即廟郎與巖谷何遠。故君子之樂無適而不存焉，無適而不存者，得喪是非舉不足以為累也。昔有以間樂之故曷以曰仁，仁故樂極天下，至善不足以過之。況山與水乎，山與水寓也，而樂亦無不存也。黃侯系出隻井，生岳州臨湘縣青陽里，長即宦遊四方，因以青陽為別字，不忘本也。畫史寫而成圖，若常對然，侯起居卽適時而展之。先人之桑梓，童子所釣，歷歷然也。昔太公封齊，五世皆返葬於周。狄公望太行白雲，念親舍在其下，君子移忠於君，而孝思常不替若此。然則觀斯圖者，不獨見侯之樂，抑足以知其孝矣。況夫青陽者，春之司也，在天為元，在人為仁。元，首善也；仁，全德也。里以為名，而侯以別字，豈徒然祁。凡立身種種，歸宿於仁；涖官行政，根本於仁。一動靜和之以天倪，外窮達安之乎素履。將風日妍美，吾沖襟也；原隰光華，吾生意也。青陽之景常淑，青陽之里常近。何陰威慘戚之患，何道路阻修之懷，亦何適何寓而不樂哉？吾故曰：仁故樂而非窮達一致定應不拔者，其亦孰能與於斯。（陳謨《海桑集》、卷五）

〈（孫碧霄）龍山小隱圖記〉　　　　　　　　　　　　　　　明・陳　謨

雪竹之溪，金龍之山，有隱居者焉，曰蕭君福可氏。福可生長承平時，既壯，而浮游江湖，未老而逍遙泉石，崇本而謙撝，家和而身潤，田園約而子孫蕃。莫年不出戶庭，而交游風月無虛日，及是世亂且一紀，入其境復如未亂時，嗚呼，可為福也已。渝川孫君碧霄避地焉依君，一見知為奇士，即避堂以館之。孫君忘其羈旅，居閒歲，則取幅紙

為君圖龍山小隱，盡用郭熙家法。而以趙千里遠景參差映帶，咫尺而有無窮之勢，將持為君壽，辱先示余，曰：「積日而成之，殆天機所到也，吾未嘗為人作及此也，先生其為蕭君序之。」余諦觀不忍釋手，嗟呼！福可也能使碧霄每況益清如是，其高自標致詎有涯哉？是圖也，層巒而叠巘，奔濤而湧霧。其間有若神仙中人騎驢渡橋者，非青蓮居士，則浣花老翁也；有長松落落四五，如虬如龍，而兀兀一茅亭，其間囊琴而坐者，其昭文氏之無成虧與；有瀑布千尺起而引睇者，有瑤草黃華赤楓丹桂心賞而神者，非劉柴桑陶隱君所託而寄歟；文鹿也，濠梁之所逐與；馴鶴也，孤山之所放與；祝雞也，尸鄉之學仙歟；垂釣也，桐廬之客星歟。古之君賢其人不而不得見，則或圖其所居而觀之，圖固甚有補也。為蕭氏族里者，聞福可之風而興，按圖而得龍山之勝概，讀吾文而想像古之數君子者，苟冀及其一焉，皆足以垂光無窮，此碧霄畫中史筆意也。福可有賢孫曰魯者，從予學經術，志昂而才逸，必將擴大其家聲，其福蓋未艾也，然則是圖愈遠而愈耀矣。（陳謨《海桑集》、卷七）

〈題（孫碧霄）春江送別圖〉　　　　　　　　　　　明・陳　謨

　　跨牛菴前松兩株，跨牛菴中誰讀書。金華仙伯黃太史，至今虹霓四壁光。有無往時聞人侯，獨駕一篷雪，來從太史遊。風致兩奇絕，賢郎故是鸑鳳雛。僑居奉母樂有餘，七千里外懷定省。新年欣得陝州書，黃河鐵牛安且都。河中水暖多嘉魚，民恬俗熙官府靜。召南復頌賢大夫，賢郎江頭買舟好。六月潘輿到家早，公館甘棠蔽芾陰。壽觴先進安期棗，書史孫碧霄，寫景春江潯。別意恒苦多，畫意恒苦深。江清柳碧天沉沉，誰能贈君綠綺琴。沙鷗往來未近人，燕燕亦復多好音。江水去不迴，柳條空爾長。松飄金粉綴離席，絮住淨萍隨去航。就中龐眉老禪伯，夙昔賢侯心莫逆。河梁日晏重牽衣，一望青山三歎息。歎息深深禮白雲，但祝平安厚眠食。郎君歸戲綵衣披，圖吟詠，想依依。月明卻憶金魚浦，應是南來翔雁飛。（陳謨《海桑集》、卷一）

〈（孫碧霄）桃源圖序〉　　　　　　　　　　　　明・陳　謨

　　桃源圖者，渝上碧霄孫君為友人劉君以文作也。不繁不簡，遠近濃淡，無不得所。几陶彭澤所為記，韓昌黎所為歌，第隱約半幅盡之，信佳手也。圖成，以文求予序誌之。余唯碧霄方承平時，圖桃源凡幾，直寄耳想耳。及來西昌，西昌幸出劫灰外，其可為桃源宜不一所。碧霄皆身歷之，非寄與想也。以文本五雲宦裔，僑鳳岡垂四十年，嘗仕而旋隱。五雲未免劫灰，即鳳岡亦一桃源也。丹青蓋寫其實云然，陶公記曰：晉太元中，漁人黃道真自桃花源歸，詣太守劉歆說其事，太守即遣人隨往，已迷不復得路。南陽劉子驥，高尚士也，聞之欣然親往，未果，後遂無問津者。噫！二劉以跡求桃源耳，毋怪乎覿面九疑，使頗知津，安知不為入海求三山者，舟輒近而風引去之也。陶公辭彭澤，老柴桑，翛然世外，桃花源有是人否乎？然則柴桑亦一桃源也。今之時視晉宋之間，南北麗裂，抑又有間矣。以文任運自然，掇皮皆真，與陶公等宜乎雅尚如是。予壯游鳳岡雪顛，重來樂與君共此桃源也。故欣然序述，且以告諸同志者，肆為歌詩以張之。（陳謨《海桑集》、卷六）

孫寫真

小傳：佚其名，善寫真，故人多以此稱之云。（見《中國畫家人名大辭典》、三四六頁）

〈贈孫寫真〉　　　　　　　　　　　　　　　　　　元・李 存

平生懶照鏡，不自見其老。孫子偶寫之，嗒焉一枯槁。坐令百邪念，勢若河堤倒。焚香白晝靜，冉冉庭前草。古今富貴者，功勳在生民。百世不可忘，宜爾寫其真。顧此貧錢夫，誰喜復誰嗔。描摸亦勞爾，壁上徒凝塵。（元・李存俟菴集、卷一、四珍二）

孫澹如

小傳：不見畫史記載。身世不詳。

〈孫澹如墨梅〉　　　　　　　　　　　　　　　　　元・胡 助

寫梅老手稱花光，誰知並者楊與湯。孫郎晚出亞三子，筆端造化分毫芒。澄心古紙生秀色，枝柯瘦硬骨老蒼。疏花冷蕊隨手出，直恐勾引蜂蝶狂。眼明見此橫斜影，鼻觀已作春風香。何妨尚玄不尚白，妙意有在終難忘。小窗棐几風日靜，坐令孤山歸草堂。是真是畫莫生別，為歌一曲傾一觴。（胡助《純白齋類稿》、卷六）

徐子方

小傳：不見畫史記載。身世不詳。

〈題徐子方以詩并畫梅寄李晉臣卷後〉　　　　　　元・蒲道源

一枝疏影落橫披，名畫新詩寄所思。二老風流今已矣，卷中猶得見當時。（蒲道源《閒居叢稿》、卷八）

〈徐子方竹〉　　　　　　　　　　　　　　　　　　明・凌雲翰

昌化縣訓導章景文，以圖經事至杭。事竣，將還，子方寫竹以贈。吾友周元亮俾題其上。

蝌蚪曾聞寫汗青，先生今復理圖經。故人贈竹緣何，要使清風滿笏庭。（凌雲翰《柘軒集》、卷一）

徐子英

小傳：不見畫史記載。身世不詳。

〈徐子英畫燕雛寓意，屬予題之〉　　　　　　　　　　　　　　元・張　翥

曾立庭陰看燕雛，羽毛長就色如濡。恩深卵翼渾忘報，愁絕雌雄漫自呼。楊柳影空遺殼在，蒴藋魂斷舊巢孤。憑君莫為忘情嘆，畫取林間返哺烏。（顧瑛《草堂雅集》、卷四）

徐子修

小傳：身世不詳。善畫山水。（見《中國畫家人名大辭典》、四三〇頁）

〈題徐子修為陸德比畫溪山風雨圖〉　　　　　　　　　　　　　元・王　逢

群山岋搖雲四襲，大木低回小松揖。陰舒陽翕神鬼交，澗溢谷溢蛟鼉立。一人正涉險畏途，老馬旋濘僕且痛。垂堂遺體弗戒謹，卒跌利祿名貪愚。泊舟者誰西沙澨，怪雨盲風若知避。苟能六鑿同天游，靜觀大化真兒戲。徐修徐修雙賓旛，盍為別畫瓢春窩。老夫小車花外過。（王逢《梧溪集》、卷五）

〈徐子修畫山水歌〉　　　　　　　　　　　　　　　　　　　　明・袁　凱

夏家高堂生晝寒，徐卿畫圖墨未乾。深山大澤貯烟霧，黑處似有龍蛇蟠。襄陽小米師董源，妙處不受繩墨牽。頃刻萬里皆自然，房山尚書世稱賢。化為白雲滿晴巔，李家將軍極清妍。畏避退縮不敢前，至今海內人爭傳。卿惟得此二家意，損益往往無凝滯。意思元居造化先，筆力正在蒼茫際。前年為客寫林麓，百道飛泉出幽谷。老夫醉來不敢眠，深慮波濤捲茅屋。長堤曲板路如線，遠入深林時隱見。水上人家不閉門，門外幽花滿芳甸。徐卿徐卿吾所慕，廿載相看髮垂素。安得瀟湘三尺水，更畫城東種瓜處。（袁凱《海叟集》、卷二）

徐士清

小傳：不見畫史記載。身世不詳。

〈徐士清墨竹〉　　　　　　　　　　　　　　　　　　　　　　明・王　翰

士清世上清狂士，狂寫墨竹竟得名。狂發拈筆寫一箇，鐵網出海珊瑚青。持縑候謁四方客，醉臥木榻呼不醒。如山白壁不敢換，時拂素壁千竿成。士清士清狂且真，死為狂鬼應有神。南山松下昔有墳，墳作平地松為薪。壁間墨竹墨如新，我詩便作簹簹記，千載更有如斯人。（王翰《梁園寓稿》、卷二）

徐士振

小傳：不見畫史記載。身世不詳。

〈題徐士振（歐陽）蜀路看梅卷〉　　　　　　　　　　　　　　　　明・藍 仁

綵服曾遊錦水濱，見梅如見故鄉親。當時鼓棹難為別，此日揮毫欲寫真。萬里蜀山頻入夢，一枝春色遠隨人。歐陽翰墨名當代，贈爾寒梢數萼新。（藍仁《藍山集》、卷三）

徐山人

小傳：不見畫史記載。身世不詳。

〈題徐山人畫贈內弟周思恭〉　　　　　　　　　　　　　　　　　　明・高 啟

複澗兼重嶺，雲嵐處處生。君家還可認，為有讀書聲。（高啟《高太史大全集》、卷十六）

徐文珍

小傳：豫章人，身世不詳，善山水，尤工畫竹。（見《中國畫家人名大辭典》、三五七頁）

〈筠窗圖為荊南曹以章賦，豫章徐文珍畫〉　　　　　　　　　　　　元・張 昱

此君何可一日無，徐君為繪筠窗圖。深居碧雲憐日暮，展卷清風生座隅。漆簡舊來銷翡翠，漁竿釣罷拂珊瑚。荊南不近周王獵，晚節猶能宿鳳雛。（張昱《可閒老人集》、卷三）

〈題徐文珍畫林塘幽居圖〉　　　　　　　　　　　　　　　　　　　明・劉 嵩

青居碧潤轉逶迤，中有幽居帶草茨。似是浣花溪上客，一簾草色坐題詩。（劉嵩《槎翁詩集》、卷七）

〈贈成都畫者徐文珍〉　　　　　　　　　　　　　　　　　　　　　明・孫 蕡

徐郎瀟洒雲月姿，早年讀易仍工詩。金門獻賦髮種種，天隨艇子天之涯。黃牛白馬瞿塘峽，雨雪蕭騷鬢毛颯。馮虛歷覽更窮搜，眼如飢鷹凍不匝。喝來調笑諸侯門，錦城住屋如住村。撐腸拄腹何所有，銀河百折千崑崙。酒狂興發一揮掃，渺瀰雲煙塞晴昊。黯入虛無鬼魅憐，光奔霹靂神蛟倒。煙收雲散江海空，峰巒錯出金芙蓉。恍疑八月十五夜，一葉著我瀟湘中。徐郎善畫世稀有，同時誰復稱妙手。豪家屏障林壑間，見者嗟吁不容口。我謂徐郎莫自輕，便須濡筆寫蓬瀛。層城弱水三萬里，與爾翱翔于玉京。（孫蕡《西菴集》、卷四）

徐　公

小傳：不見畫史記載。身世不詳。

〈(徐公)畫龍歌〉　　　　　　　　　　　　　　　　　　　　　　　明・周是修

　雲如車輪風如馬，雷鼓硏訇電旗撱。其中踴躍何爾為，無乃蜿蜒作霖者。古來善畫此者誰，葉翁所翁稱最奇。筆端揮灑絕相似，亦有風雲雷電隨。大梁徐公生卓犖，自少以來深好學。揮毫灑墨運天機，鬼泣神愁日光薄。斯須縞素騰真龍，莽蒼真奪造化工。恍如列缺引霹靂，欻若巽二驅豐隆。枯木槎枒頭角露，鱗拂雪花駭成怒。劃然威犁海門開，勁望層空欲飛去。我時見畫心膽豪，拔劍起舞翻絨袍。波濤萬頃東溟闊，瘴烟千丈南衡高。嗟哉徐公天相爾，後恐無繼前無比。酒酣神氣益灑然，白日風雲牖戶起。為君一作畫龍歌，雷風激烈雲嵯峨。魚蝦混處不可久，龍兮龍兮奈爾何。（周是修《芻蕘集》、卷二）

徐太虛

小傳：道士，不知何許人，善山水。（見《中國畫家人名大辭典》、三五六頁）

〈(徐太虛)鄭谷圖〉　　　　　　　　　　　　　　　　　　　　　　元・虞　集

　道士徐太虛，生紙畫山居。林壑春煙裏，桑麻夜雨餘。過橋九節杖，連屋一床書。似是子真谷，歸耕三月初。（虞集《道園學古錄》、卷二）

徐以文

小傳：不見畫史記載。身世不詳。

〈徐給事山水歌〉　　　　　　　　　　　　　　　　　　　　　　　明・貝　瓊

　給事中徐以文善山水，嘗為禮部員外張惟中作層巒叠嶂圖。惟中求予題詩於上，予久置篋中，竟為好事者持去，乃賦長歌一首以復之，云：

　吳門故人徐給事，一水一山稱絕藝。濃毫燥墨隨意成，位置非難在神氣。大山積鐵青巉屼，小山起伏蛟龍蟠。水有百道噴薄之飛湍，宛然坐我明星玉女下。五月六月松聲寒，荊關筆法自奇古未數。畫師楊契丹，仙家樓台十二闌，飯煮胡麻須可食。采藥何人入少室，讀書有客居玉官。我游白下未得去，五更出門雪滿鞍。虛空翠黛不復覽，一日剪向高堂看。員外張公尚文采，身住南宮志滄海。李白已死今無詩，卷示老夫增慷慨。近來好事復持去，夢覺烟霞竟安在。白鶴夜怨清猿悲，山中春老歸何時。寫我平生有聲畫，償君太古無聲詩。（貝瓊《清江詩集》、卷四）

徐希傑

小傳：不見畫史記載。身世不詳。

〈徐希傑二色梅圖〉　　　　　　　　　　　　　　　　　　　明・淩雲翰

　　酒痕暈透雪肌膚，紅影春園見一株。好似石家金谷裏，戲將如意擊珊瑚。疏影曾看上薄紗，揮毫落紙便橫斜。驪珠一顆誰採得，散作東風滿樹花。（**淩雲翰《柘軒集》、卷一**）

徐　君

小傳：不見畫史記載。身世不詳。

〈題蘇昌齡（徐君）畫〉　　　　　　　　　　　　　　　　　明・張以寧

　　徐君遠從西江來，親為蘇子作松石。松三千年鐵作膚，石亦蒼寒太古色。幾株老木相因依，氣格不敢與之敵。洲前搖搖者舟子，短棹滄江蕩晴碧。著子歙歌於其中，仰觀青天岸白幘。是時東山月始出，無邊露氣連赤壁。潛蛟出舞巢鶻翔，江姬色動三太息。眼中之人有太白，風雲變態俱無跡。前輩風流今復聞，人間絕景豈易得。徐君更為添野夫，共泛靈槎臥吹笛。（**張以寧《翠屏集》、卷一**）

徐君美

小傳：不見畫史記載。身世不詳。

〈題徐君美山水圖〉　　　　　　　　　　　　　　　　　　　明・張以寧

　　天雲慘淡江欲雨，古木陰森精靈語。春潮夜落富陽江，短篷曉繫蒼崖樹。篷間文人清隱者，傲視滄浪吟太古。蜑人捉魚貫楊柳，沽酒欲歸沙店暮。掀髯以手招其來，劃起沙汀數行鷺。鷺飛不盡青天長，漁舟散入蘆花霧。遠山近山無數青，我恐斯人有新句。酒船獨載西家施，玉手冰盤行雪縷。酒酣竹弓抨野鴨，笑調吳兒短襃舞。開圖興發思賦歸，山水東南美無度。（**張以寧《翠屏集》、卷一**）

徐信之

小傳：不見畫史記載。身世不詳。

〈金陵徐信之牧牛圖〉　　　　　　　　　　　　　　　　　　元・楊宏道

　　誰貌吳牛馱牧豎，建業徐生寓深趣。母子孤特牛儔侶，行行暫息烟中樹。九十其犉何處尋，或訛或寢隔山林。牽柔折脆方為劇，詎識離群舐犢心。（**楊宏道《小亨集》、卷二**）

徐原甫

小傳：金華人，案明畫錄作徐原文，善畫梅，行筆清勁，翛然出塵。（見《中國畫家人名大辭典》、三五七頁）

〈題徐原甫墨梅〉　　　　　　　　　　　　　　　　　　　　　　明・宋　濂

唐人鮮有畫梅者，至五代滕勝華始寫梅花白鵝圖。而宋趙士雷繼之，又作梅汀落雁圖。自時厥後，丘慶餘，徐熙輩，或儷以山茶，或雜以双禽，皆傳五采，當時觀者輒稱為逼真。夫梅負孤高偉持之操，而乃溷之於凡禽俗卉間，可不謂之一厄也哉，所幸仲仁師起於衡之花光山，怒而掃去之，以濃墨點滴成墨花，加以枝柯，儼如疎影橫斜於明月之下，摩圍老人大加賞識，既已拔梅於泥塗之辱，及逃禪老人楊補之之徒作，又以水墨塗絹出白葩，尤覺精神雅逸，梅花至是益飄然不羣矣。同郡徐原甫清曠標韻之士也。性愛梅，行吟坐設無斯須離去，間參用補之法，與其傳神，老榦傾敧而數花翹乎其顛，真一絕也。世之好事者，往往多寶玩之。濂因推本而題之，若此士大夫有如陳去非和張規臣之作者，尚津津而有繼哉。（宋濂《宋學士文集》、卷十）

〈（徐原父）畫梅贊〉　　　　　　　　　　　　　　　　　　　　明・方孝儒

金華潛溪公，以翰林學士承旨致仕。居家時，嘗以郡人徐原父所梅寄余兄希學，筆法清勁，有出塵之意。公薨今數年矣，藏之不忍視。族祖雪窩處士雅好畫，論及畫梅，取公所寄而閱之，如見公焉。處士欲得之，因以獻處士，且贊之，曰：

玉質冰姿，不汙纖塵。破顏一笑，萬物皆春。我思若人，潛溪之上，見者凜然，如對公像。（方孝儒《遜志齋集》、卷十九）

徐雪州

小傳：不見畫史記載。身世不詳。

〈題徐雪州墨菊〉　　　　　　　　　　　　　　　　　　　　　　明・貝　瓊

先生愛菊似柴桑，三徑歸來只未荒。莫道空山秋色淡，新花一朵御袍黃。（貝瓊《清江詩集》、卷九）

徐　陵

小傳：不見畫史記載。身世不詳。

〈徐陵墨梅〉　　　　　　　　　　　　　　　　　　　　　　　　明・凌雲翰

盡道徐熙似趙昌，墨花有韻郤無香。詩人又動揚州興，春色真疑到玉堂。（凌雲翰《柘

軒集》、卷一）

徐　賁

小傳：字幼文，號北郭生，蜀人，居蘇州。工詩善書，時稱十才子之一，山水法董源。說者
　　　謂其圖染有山澤間意，林石尤渥渥可愛云。（見《中國畫家人名大辭典》、三五七頁）

〈徐幼文畫蜀山秋林圖〉　　　　　　　　　　　　　　　　　　　　　　　　　　自　題

　三月廿五日夜，風雨中，予與呂高士對酌于蜀山書舍。行觴之次，邀予作畫，醉中圖
此，政自不知醜惡也。徐賁。（明朱存理《鐵網珊瑚・書品》、卷四）

〈徐幼文眠雲軒圖并題〉　　　　　　　　　　　　　　　　　　　　　　　　　　自　題

　谷口高人宅，晴雲自卷舒。晴眠好天日，清夢到華胥。幼文畫并題。（清卞永譽《式
古堂書畫·彙考・畫考》、卷四）

〈徐方伯天香深處圖〉　　　　　　　　　　　　　　　　　　　　　　　　　　　自　題

　天香深處。癸丑九月三日，蜀山人徐賁畫。叢桂擅幽妍，陰陰遶館連。種分仙斧後，
花發羽衣前。涼影敷瑤月，秋香結翠烟。栽培今已久，高折看君先。
　余既為遜學畫天香深處圖，後七日，復賦此詩。蜀山人徐賁。（清吳升《大觀錄》、卷十九）

〈徐方伯風竹圖〉　　　　　　　　　　　　　　　　　　　　　　　　　　　　　自　題

　欲暝投僧舍，風將雨忽來。愁腸與詩思，都被竹聲催。東海徐賁畫并題。（清吳升《大
觀錄》、卷十九）

〈徐方伯一竿風竹圖〉　　　　　　　　　　　　　　　　　　　　　　　　　　　自　題

　一竿風月，一簑煙雨。家傍釣臺西住，賣魚生怕近城門，況肯到紅塵深處。潮生解纜，
潮平鼓枻。潮落放歌歸去，時人錯認嚴光，自是無名漁父。剡郡徐賁。（清吳升《大觀
錄》、卷十九）

〈徐賁人物山水圖〉　　　　　　　　　　　　　　　　　　　　　　　　　　　　自　題

　隱居結蓮社，地僻無人聲。瑤草穿階綠，幽蘭入夢清。吟詩憐楚澤，分坐憶南屏。色
映千華偈，香同九畹英。何當風月下，相對說無生。至正五年春二月，徐賁贈文遠道兄
作。（清李佐賢《書畫鑑影》、卷十二）

〈徐方伯風竹圖〉　　　　　　　　　　　　　　　　　　　　　　　　　　　　明・宋　濂

人去詩存竹更妍，我常吳下想當年。春風只在乾坤裏，閒向珠璣掩世賢。宋濂。（清
吳升《大觀錄》、卷十九）

〈徐幼文畫蜀山秋林圖〉　　　　　　　　　　　　　　　　　　明・高　啟

　幾疊蜀山雲，秋林半夕曛。畫中藜杖者，相見只疑君。

　久不見幼文，偶於佛慧精舍觀其所畫小圖，悵然思之，遂題，啟。（明朱存理《鐵網珊瑚・
書品》、卷四）

〈徐幼文眠雲軒圖并題〉　　　　　　　　　　　　　　　　　　明・高　啟

　古弁一高士，白雲與之儔。性懶復好眠，招雲宿林丘。下雲作簟席，上雲作衾裯。雲
去稍舒膝，雲來正蒙頭。一生無心夢，與雲兩悠悠。自言眠雲樂，世無一可侔。浩然身
欲飄，若乘無倪舟。朝至乎帝鄉，夕返乎仙洲。寧知日月旋，但覺乾坤浮。穴雞叫不醒，
窅窅空巖幽。我觀山川氣，出入不可求。或逐鷺鶴翔，或從蛟龍遊。或為風伯驅，狼藉
不得收。或遭雨師怒，奔走無停休。小生膚寸閒，大覆遍九洲。變化實多狀，欲算苦費
籌。奈何一室間，爾獨解使留。我行塵霧區，願出久未由。舉足常防危，開眼即見愁。
不如閉戶眠，往尋孔與周。愧無山中緣，雲肯相隨不。唯當去從爾，一夢三千秋。勃海
高啟。（清卞永譽《式古堂書畫‘彙考・畫考》、卷四）

〈徐方伯風竹圖〉　　　　　　　　　　　　　　　　　　　　　明・高　啟

　風雨南禪夜，那堪聽竹聲。燈前同酒客，但有感懷情。

　啟與幼文過南禪寺信上人，宿留，風雨灑玉，竹聲搖戞，深感於懷。而幼文寫竹賦詩，啟不
能無言，故詩以識之。渤海高啟。（清吳升《大觀錄》、卷十九）

〈徐幼文畫惠山圖〉　　　　　　　　　　　　　　　　　　　　明・呂志學

　天寒華表鶴歸遲，隔世令人起壞思。偶見漪瀾堂上畫，猶看悟澹卷中詩。

　徐幼文居姑蘇北郭，時稱十才子，幼文其一也。詩書文章，妙冠一時，畫則餘事耳。今見為
道機長老寫惠山圖，肆筆遒麗，清潤而帶書法。幼文已矣，而畫獨存，道機徵題，感歎賦此。
幼文所製樂府詩文若干卷，籤題悟澹集，漪瀾即惠山堂扁也。無錫縣庠呂志學題，實洪武庚
申七月也。（明朱存理《鐵網珊瑚・書品》、卷四）

〈徐幼文畫蜀山秋林圖〉　　　　　　　　　　　　　　　　　　明・呂志學

　是日，宿于悟澹齋，連榻話舊，酒半作此圖。明一日，南仲雅友意欲得之，予豈凝滯于物者
邪？遂割愛贈之也。南仲字曾，政為伯南云。時洪武六年春也，志學記。

　雲鎖蜀山秋，重來佛慧遊。含毫得詩句，題入畫中愁。

幼文寫此圖，余得之，轉與伯南。季迪賦詩于上，衍師兄亦有追感之句。噫！幼文、季迪、伯南皆物故，衍師之北平國師，余獨守職無錫冷署，嘆所沒者已矣，所存者猶復離居也。追古感今，聊識此云。時丁卯五月廿二日重題，無碍居士志學。（**明朱存理《鐵網珊瑚・書品》、卷四**）

〈為惠機長老題徐幼文寫惠山圖〉　　　　　　　　　　　　　　明・呂　敏

　天寒華表鶴歸遲，隔世令人起遠思。偶見漪瀾堂上畫，猶看悟淡卷中詩。（**清高宗《御定歷代題畫詩類》、卷二十八**）

〈徐幼文畫蜀山秋林圖〉　　　　　　　　　　　　　　　　　　明・釋道衍

　霜葉覆亭幽，相宜最是秋。蜀山雖在望，無處間青丘。

　甲寅秋九月，與江邊叟過佛慧精舍，因觀幼文所畫小圖，季迪有詩于上。時幼文仕于朝，季迪已入鬼錄，觀圖賦詩，其悵惘當何如耳？題畢，不覺出涕焉。衍識。（**明朱存理《鐵網珊瑚・書品》、卷四**）

〈徐方伯風竹圖〉　　　　　　　　　　　　　　　　　　　　　明・劉　宣

　寫竹題詩贈老禪，夜窗聽雨夢金蓮。百年留得清風在，三絕令人仰大賢。

　東吳高季迪、徐幼文，乃國朝洪武初名臣。於未遇時，寓僧舍，值風雨，夜窗寫竹賦詩，曲罄懷抱，到今百有餘年，而遺墨如新可愛，況學士宋公，復為題志，可謂三絕也。故書此以見珍重云。安城劉宣。（**清吳升《大觀錄》、卷十九**）

〈題徐幼文畫，次高季迪、張來儀韻〉　　　　　　　　　　　　明・王　璲

　雲生疎林晚，花落空山青。徘徊林下路，惆悵山中人。（**王璲《青城山人集》、卷七**）

〈題西華曹宗道所藏徐幼文畫〉　　　　　　　　　　　　　　　明・徐有貞

　二月江南好物華，青青芳草帶晴沙。無邊水色兼山色，是處桃花間李花。蘭槳並搖漁子艇，槿籬深穫野人家。向時遊樂今能記，天末孤吟思轉賒。右春遊圖。山頭雲氣如墨浮，山下溪泉皆倒流。清風捲去一天暑，涼雨飛來六月秋。竹嶼深穿苔徑滑，柴扉半掩草堂幽。元卿自得歸閒後，日與求羊話不休。（**徐有貞《武功集》、卷五**）

徐　貽

　小傳：號醉墨生，江陰人。善山水，得南宮北苑法。（見《中國畫家人名大辭典》、三五六頁）

〈贈醉墨生徐貽〉　　　　　　　　　　　　　　　　　　　　　元・王　逢

君不見王勃醉墨腹稿成，張旭醉墨草聖鳴。生也醉墨心醉畫，落筆迥奪天人精。首法
米南宮，繼習北苑董。試臨老閤職貢圖，頭飛鼻飲欲活動。去年傳馬大夫，黃冠野服賀
監湖。今年寫鍾進士，絕行高名魯男子。不圖木落黃龍灣，寫我弄月扁舟間。醉墨生，
復何有，胸中魚鳥在沼囿。所願淳風化日回，上為至尊千萬壽。千萬壽，良有時，殷高
舊貌版築相，漢顯曾草雲台姿。匪生是望將誰期，生再拜，生再舞。一尊來看最閒圍，
三花且對江珧柱。（王逢《梧溪集》、卷四）

徐景暘

小傳：南徐人，一作丹徒。工書史，善吟詠，旁通繪事，有士韻而無俗姿。（見《中國畫家人
　　　名大辭典》、三五七頁）

〈畫原（贈徐景暘）〉　　　　　　　　　　　　　　　　　　　　　　　　　明・宋　濂

　史皇與蒼頡，皆古聖人也。蒼頡造書，史皇制畫，書與畫非異道也，其初一致也。天
地初開，萬物化生，自色自形，總總林林，莫得而名也，雖天地亦不知其所以名也。有
聖人者出，正名萬物，高者謂何，早者謂何，動者謂何，植者謂何，然後可得而知之也。
於是上而日月風霆雨露霜雪之形，下而河海山嶽草木鳥獸之著，中而人事離合物理盈虛
之分，神而變之，化而宜之。固已達民用而盡物情，然而非書則無以紀載，非畫則無以
彰施，斯二者，其亦殊塗而同歸乎？吾故曰："書與畫非異道也，其初一致也。且書以
代結繩，功信偉矣。至於辨章服服之有制，畫衣冠以示警，飭車輅之等威，表與旂之後
先，所以彌綸其治具，匡贊其政原者，又烏可以廢之哉！"畫繢之事，統於冬官，而春
官外史專掌書令，其意可見矣。況六書首之以象形，象形乃繪事之權輿，形不能盡象，
而後諧之以聲，聲不能以盡諧，而後會之以意，意不能以盡會，而後指之以事，事不能
以盡指，而後轉注假借之法興焉。書者，所以濟畫之不足者也，使畫而可盡則無事乎書
矣. 吾故曰："書與畫非異道也，其初一致也。古之善繪者，或畫詩，或圖孝經，或貌
爾雅，或像論語暨春秋，或著易象，皆附經而行，猶未失其初也。下逮漢魏晉梁之間，
講學之有圖，問禮之有圖，列女仁智之有圖，致使圖史並傳，助名教而翼彝倫，亦有可
觀者焉。"世道日降，人心寖不古，若往往溺志於車馬士女之華，怡神於花鳥虫魚之麗，
游情於山林水石之幽，而古之意益衰矣。是故顧陸以來，是一變也；閻吳之後，又一變
也。至於關李范三家者出，又一變也。譬之學書者，古籀篆隸之茫昧，而唯俗書之姿媚
者，是耽是玩，豈其初意之使然哉。雖然非有卓然拔俗之資亦未易言此也。南徐徐君景
暘，攻書史，善唫古今詩，信為才丈夫也。旁通繪事，有士韻而無俗姿，一時賢公卿皆
與之游，名稱藉甚。有荐於朝者，景暘以母老不仕，予尤愛景暘者。於其別去，故作畫
原以贈焉。嗚呼，易有之，聖人有以見天下之賾而擬諸其形容，象其物，宜是故謂之象。
然則象之事，又有包乎陰陽之妙理者，誠可謂至重矣，景暘其亦知所重乎哉？（宋濂《宋

學士文集》、卷十）

徐運判
小傳：不見畫史記載。身世不詳。

〈徐運判畫松〉　　　　　　　　　　　　　　　　　　　　　元・金哈剌

空谷年深石老蒼，長材合抱立中央。梓人一見憐修直，擬獻明堂作棟梁。（金哈剌《南遊寓興詩集》、37/b）

徐　壽
小傳：不見畫史記載。身世不詳。

〈題徐壽畫牛〉　　　　　　　　　　　　　　　　　　　　　　元・仇遠

此大武者，二十八蹄。茂樹之下，豐草萋萋。牧童且嬉，夕陽未西。何如桃林，歸去來兮。（仇遠《金淵集》、卷一）

徐碧澗
小傳：不見畫史記載。身世不詳。

〈贈畫師徐碧澗〉　　　　　　　　　　　　　　　　　　　　　明・龔敩

幾度山齋眠夢醒，風泉石瀨瀉清泠。雲陰半染松邊黑，苔色全添雨後青。人帶殘陽歸谷口，鶴翻清露滴林坰。如今收拾新閣裏，始信徐生筆有靈。（龔敩《鵞湖集》、卷二）

徐醉墨
小傳：不見畫史記載。身世不詳。

〈徐醉墨外景二首〉　　　　　　　　　　　　　　　　　　　　元・趙鎮

濃淡煙雲帶石林，藤花如雪草堂深。只疑龍井山頭雨，飛過西湖作晚陰。

瓜皮艇子釣魚翁，烏桕根邊寄短篷。落葉不知深幾許，吳淞江上問秋風。（元人《大雅集》、卷八）